C# 프로그래밍

for Beginner

지은이 **우재남** 5288893@hanafos.com

서강대학교에서 정보시스템 전공으로 석사 과정을 마친 후 다양한 IT 관련 분야에서 실전 업무를 수행했고, 대학교에서 프로그래밍, 데이터베이스, 운영체제 등을 강의해왔습니다. 현재 디티솔루션의 공간데이터베이스 연구소장으로, 공간 정보와 IT 융합 학문인 유시티 IT 분야의 공학박사 학위도 취득했습니다. 지금은 한양사이버대학교 컴퓨터공학과와 삼성, LG, 현대, CJ, KT, SK, 대한상공회의소 등에서 인공지능 및 IT 전문 분야를 강의하고 있습니다. 자신이 체험한 다양한 IT 실무 경험과 지식을 최대한 쉽고 빠르게 수강생과 독자에게 전달하는 것을 모토로 강의와 집필을 하고 있습니다. 한빛미디어와 한빛아카데미에서 『뇌를 자극하는 Redhat Fedora: 리눅스 서버 & 네트워크』(2005)를 시작으로 『IT CookBook, 파이썬 데이터 분석 for Beginner』(2022) 등 50여권을 집필 및 번역했습니다.

- **비기너 카페:** https://cafe.naver.com/itCookBook
- **저서(한빛미디어/한빛아카데미)**

IT CookBook, 파이썬 데이터 분석 for Beginner (2022)
IT CookBook, C언어 for Beginner(4판) (2022)
IT CookBook, 파이썬 for Beginner(3판) (2022)
IT CookBook, Android Studio를 활용한 안드로이드 프로그래밍(7판) (2022)
혼자 공부하는 SQL (2021)
IT CookBook, 난생처음 파이썬 프로그래밍 (2021)
IT CookBook, 파이썬 자료구조와 알고리즘 for Beginner (2021)
이것이 우분투 리눅스다(개정판) (2020)
IT CookBook, 코틀린을 활용한 안드로이드 프로그래밍 (2020)
이것이 MySQL이다(개정판) (2020)
이것이 리눅스다(개정판) (2020)
IT CookBook, 리눅스 실습 for Beginner (2020)
이것이 MariaDB다 (2019)
이것이 Fedora 리눅스다 (2019)
IT CookBook, 데이터베이스 for Beginner (2019)
IT CookBook, 자바 프로그래밍 for Beginner (2018)
이것이 오라클이다 (2018)

C# 프로그래밍 *for* Beginner

초판발행 2022년 10월 6일

지은이 우재남 / **펴낸이** 전태호
펴낸곳 한빛아카데미(주) / **주소** 서울시 마포구 연희로2길 62 한빛아카데미(주) 2층
전화 02-336-7112 / **팩스** 02-336-7199
등록 2013년 1월 14일 제2017-000063호 / **ISBN** 979-11-5664-627-3 93000

책임편집 김성무 / **기획** 김도윤 / **편집** 이수희
디자인 표지 박정화 내지 윤혜원 / **전산편집** 김미경 / **제작** 박성우, 김정우
영업 김태진, 김성삼, 이정훈, 임현기, 이성훈, 김주성 / **마케팅** 길진철, 김호철, 주희

이 책에 대한 의견이나 오탈자 및 잘못된 내용에 대한 수정 정보는 아래 이메일로 알려주십시오.
잘못된 책은 구입하신 서점에서 교환해 드립니다. 책값은 뒤표지에 표시되어 있습니다.

홈페이지 www.hanbit.co.kr / **이메일** question@hanbit.co.kr

Published by HANBIT Academy, Inc. Printed in Korea

C# 프로그래밍

for Beginner

우재남 지음

한빛아카데미
Hanbit Academy, Inc.

프로그래밍 입문자를 위한 친절하고 쉬운 C# 교과서

IT 관련 분야에서 종사하고자 한다면 프로그래밍 언어 하나 정도는 능숙하게 다뤄야 합니다. C#은 C, C++, 자바 등과 더불어 IT 분야의 필수 언어로 여겨지고 있습니다. 그래서인지 국내외 많은 기업에서 IT 관련 부서의 입사시험 및 회사 내부 평가시험에 C++, 자바, 파이썬 등과 더불어 C#도 시험과목에 포함시키고 있습니다.

C#은 간결하고 쉬운 문법으로 프로그래밍에 입문하는 사람에게 적합한 언어로 평가되고 있습니다. 더불어 C#은 완전한 객체지향 언어이기에 최신의 크고 복잡한 앱을 작성하기에도 아주 적당한 프로그래밍 언어입니다. C#을 학습하면 처음에는 명확하고 간결한 문법과 더불어 강력한 기능에 놀라지만, 학습을 진행할수록 C#의 다양한 확장성에 한 번 더 놀라게 됩니다.

C#이 IT 분야에서 인기가 많은 이유는 '쉬움+강력함'이 결합된 객체지향 언어이기 때문입니다. 그래서 C#은 IT 분야에서는 필수로 여겨지며, 일반 IT 분야뿐 아니라 게임 / 그래픽 / 모바일 등과 다양한 공학 분야에서도 다양하게 활용되고 있습니다.

이 책의 특징은 다음과 같습니다.

첫째. C# 초보자를 위한 쉬운 내용

C# 및 프로그래밍 언어를 처음으로 접하는 초보자가 학습하기 적합하도록 책을 집필했습니다. 이 책은 프로그래밍 학습 경험이 없어도 C#을 배울 수 있으며, 학습을 진행함에 따라서 한 단계씩 실력이 점차 향상되는 것을 확인할 수 있습니다.

둘째. 대학 강좌 및 IT 전문 강의에 최적화된 구성

이 책은 혼자서 학습해도 되지만, 대학이나 IT 전문 강좌에 최적화된 구성을 갖췄습니다. 총 14장으로 구성하여, 한 학기 대학 강좌에 적합하도록 분량을 수록했습니다. 특히 IT 관련학과 저학년이 충분히 학습을 따라올 수 있는 내용으로 구성하였으며, IT 관련 학과 고학년이나 실무자를 위해서 실무내용과 관련된 심화된 내용도 함께 실었습니다.

셋째. 실전 프로그램을 단계별로 학습해 코드에 대한 이해도 증가

각 장의 도입 부분에는 함께 만들어볼 프로그램 2개가 소개됩니다. 이 프로그램을 완성하기 위해서 기본적인 문법부터 차근차근 단계별로 학습해 나가게 되며, 장의 중간 및 마지막 부분에서는 장 도입 부분에 소개된 프로그램 2개를 완성하게 됩니다. 단순히 문법만 익히는 구성이 아닌, 문법의 학습을 통해서 실전 프로그램을 작성할 수 있도록 훈련을 하게 됩니다.

넷째. 응용력을 키워주는 [응용예제]를 수록

각 장의 제일 마지막에는 난이도별 [응용예제]를 수록했습니다. 난이도는 별 1개짜리부터 최대 5개짜리로 구성되어 있습니다. [응용예제]에서 제공되는 코드를 이해한다면 실무에서 적용되는 수준의 C# 내용도 충분히 이해할 수 있습니다.

다섯째. 실력을 스스로 테스트 해볼 수 있는 [SELF STUDY]와 [연습문제]

학습한 내용을 스스로 점검할 수 있는 [SELF STUDY]를 내용 중간중간마다 제공합니다. 책에서 설명한 코드를 이해했다면 쉽게 [SELF STUDY]를 해결해서 응용력을 키울 수 있을 것입니다. [연습문제]는 해당 장에서 학습한 내용을 정확히 이해했는지를 확인하는 다양한 형태의 문제를 수록했습니다. 그리고 연습문제 중 마지막 한 문제는 난이도가 상당히 높은 프로그래밍 문제를 수록하였으니, 중급 이상의 프로그래머가 되기 위해서 스스로 해결해 보는 것을 권장합니다.

이 책은 C# 초보자에게 필요한 필수적인 내용을 위주로 구성했으며 나아가 중·고급자도 추가로 학습할 수 있는 다양한 응용 프로그램을 수록했습니다. 부디 이 책을 통해 공부하는 것이 C# 입문자는 중급자로, 중급자는 고급 프로그래머로 도약하는 계기가 되기를 바랍니다.

끝으로 책을 출간하기까지 많은 지원을 해주신 한빛아카데미㈜의 전태호 대표님과 김성무 팀장님에게 감사의 말씀을 전합니다. 특히 책의 완성도를 위해서 많은 노력을 해주신 김도윤 대리님께 감사를 전합니다.

지은이 **우재남**

이 책의 사용 설명서

강의 보조 자료

한빛아카데미 홈페이지에서 '교수회원'으로 가입하신 분은 인증 후 교수용 강의 보조 자료를 제공받으실 수 있습니다. 한빛아카데미 홈페이지 상단의 〈교수전용공간〉 메뉴를 클릭해 주세요.

http://www.hanbit.co.kr/academy

연습문제 해답 안내 본 도서는 대학 강의용 교재로 개발되었으므로 연습문제 해답은 제공하지 않습니다.

구성 요소

본문 구성

1장에서 C# 소개와 설치를 간단히 진행한 후, 2장에서 기본적인 프로그램을 처음으로 작성합니다. 3~13장은 기본 문법을 익히면서 각 장마다 2개의 C# 프로그램을 완성하는 형태로 구성되어 있습니다. 마지막 14장에서는 실전에서 사용 가능한 실무 프로젝트를 2개 작성합니다.

실습

C# 콘솔 앱, 윈폼, 터틀 그래픽 프로그램을 작성하는 과정을 소개합니다. step-by-step으로 실습할 수 있도록 구성했습니다.

요약/연습문제

해당 장에서 잊지 않았으면 하는 중요한 내용을 요약해서 정리했습니다.
연습문제로는 자신의 실력을 테스트해볼 수 있습니다. 문제 중 [심화문제]는 응용예제 등을 변형하는 형태가 많으므로, 응용예제를 먼저 따라 구현해 본 후에 풀어보면 도움이 됩니다.

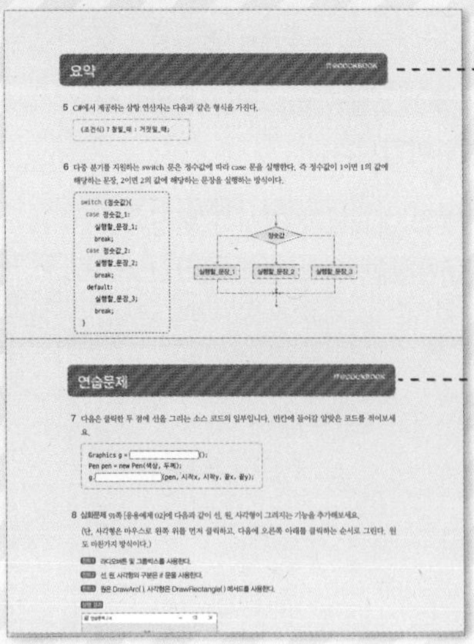

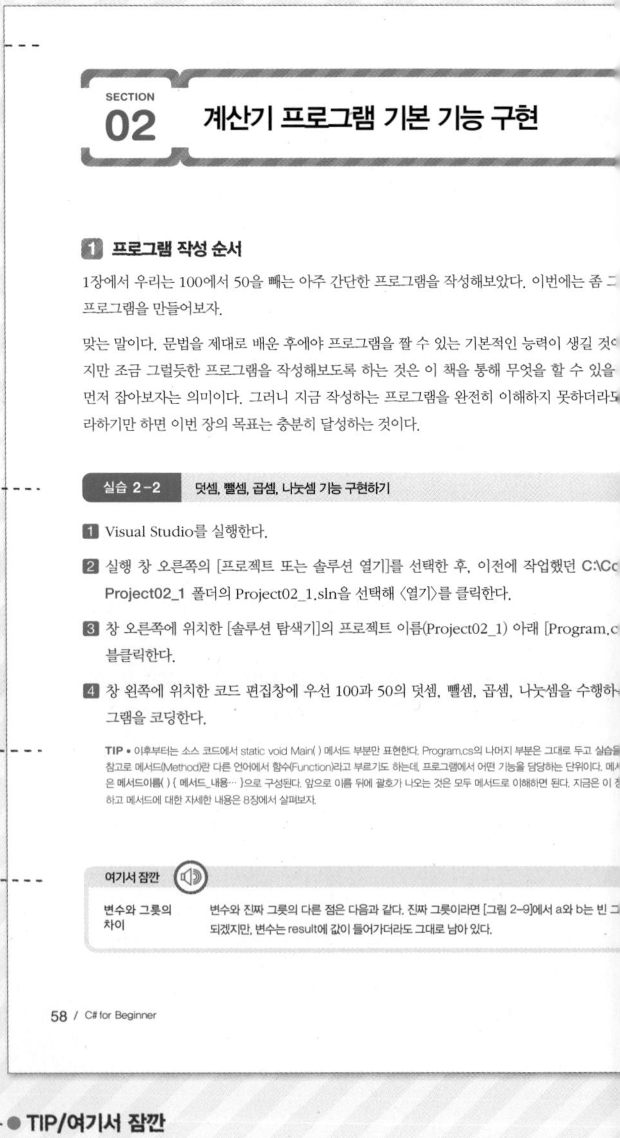

SECTION 02 계산기 프로그램 기본 기능 구현

1 프로그램 작성 순서

1장에서 우리는 100에서 50을 빼는 아주 간단한 프로그램을 작성해보았다. 이번에는 좀 프로그램을 만들어보자.

맞는 말이다. 문법을 제대로 배운 후에야 프로그램을 짤 수 있는 기본적인 능력이 생길 것이지만 조금 그럴듯한 프로그램을 작성해보도록 하는 것은 이 책을 통해 무엇을 할 수 있을 먼저 잡아보자는 의미이다. 그러니 지금 작성하는 프로그램을 완전히 이해하지 못하더라도 라하기만 하면 이번 장의 목표는 충분히 달성하는 것이다.

실습 2-2 덧셈, 뺄셈, 곱셈, 나눗셈 기능 구현하기

1 Visual Studio를 실행한다.

2 실행 창 오른쪽의 [프로젝트 또는 솔루션 열기]를 선택한 후, 이전에 작업했던 C:\Co Project02_1 폴더의 Project02_1.sln을 선택해 〈열기〉를 클릭한다.

3 창 오른쪽에 위치한 [솔루션 탐색기]의 프로젝트 이름(Project02_1) 아래 [Program.c 블클릭한다.

4 창 왼쪽에 위치한 코드 편집창에 우선 100과 50의 덧셈, 뺄셈, 곱셈, 나눗셈을 수행하 그램을 코딩한다.

TIP • 이후부터는 소스 코드에서 static void Main( ) 메서드 부분만 표현한다. Program.cs의 나머지 부분은 그대로 두고 실습을 참고로 메서드(Method)란 다른 언어에서 함수(Function)라고 부르기도 하는데, 프로그램에서 어떤 기능을 담당하는 단위이다. 메서 은 메서드이름( ) { 메서드_내용… }으로 구성된다. 앞으로 이름 뒤에 괄호가 나오는 것은 모두 메서드로 이해하면 된다. 지금은 이 하고 메서드에 대한 자세한 내용은 8장에서 살펴보자.

여기서 잠깐

변수와 그릇의 차이	변수와 진짜 그릇의 다른 점은 다음과 같다. 진짜 그릇이라면 [그림 2-9]에서 a와 b는 빈 그 되겠지만, 변수는 result에 값이 들어가더라도 그대로 남아 있다.

58 / C# for Beginner

TIP/여기서 잠깐

본문과 관련된 도움말이나 참고로 알아 두면 좋은 내용입니다.

예제소스와 실습환경

실습에 필요한 예제소스는 다음 주소에서 다운로드할 수 있습니다.

http://www.hanbit.co.kr/src/4627

이 책의 실습환경은 다음과 같습니다.

- **운영체제 : Windows 11 또는 10**
- **개발 도구 : Visual Studio 2022**(Visual Studio 2015 버전부터 실습 가능)
- **추가 설치 프로그램 : TurtleGraphics**(4장 이후), **SQL Server 2019 Express**(13장), **OpenCV**(14장)

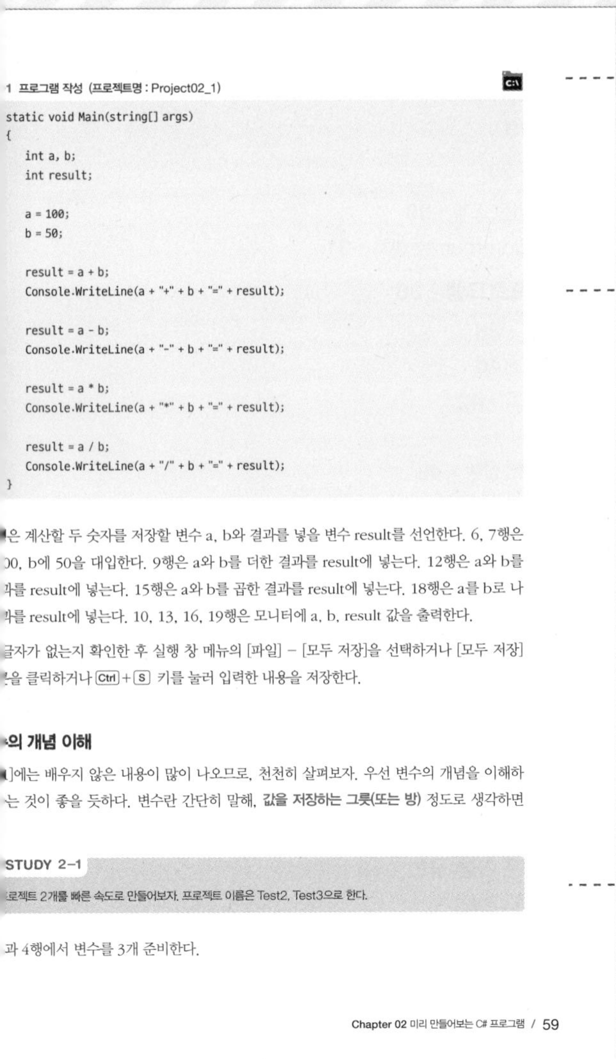

1 프로그램 작성 (프로젝트명 : Project02_1)

```
static void Main(string[] args)
{
    int a, b;
    int result;

    a = 100;
    b = 50;

    result = a + b;
    Console.WriteLine(a + "+" + b + "=" + result);

    result = a - b;
    Console.WriteLine(a + "-" + b + "=" + result);

    result = a * b;
    Console.WriteLine(a + "*" + b + "=" + result);

    result = a / b;
    Console.WriteLine(a + "/" + b + "=" + result);
}
```

은 계산할 두 숫자를 저장할 변수 a, b와 결과를 넣을 변수 result를 선언한다. 6, 7행은 00, b에 50을 대입한다. 9행은 a와 b를 더한 결과를 result에 넣는다. 12행은 a와 b를 를 result에 넣는다. 15행은 a와 b를 곱한 결과를 result에 넣는다. 18행은 a를 b로 나 를 result에 넣는다. 10, 13, 16, 19행은 모니터에 a, b, result 값을 출력한다.

글자가 없는지 확인한 후 실행 창 메뉴의 [파일] – [모두 저장]을 선택하거나 [모두 저장] 을 클릭하거나 Ctrl + S 키를 눌러 입력한 내용을 저장한다.

의 개념 이해

]에는 배우지 않은 내용이 많이 나오므로, 천천히 살펴보자. 우선 변수의 개념을 이해하 는 것이 좋을 듯하다. 변수란 간단히 말해, **값을 저장하는 그릇(또는 방)** 정도로 생각하면

STUDY 2–1

로젝트 2개를 빠른 속도로 만들어보자. 프로젝트 이름은 Test2, Test3으로 한다.

과 4행에서 변수를 3개 준비한다.

Chapter 02 미리 만들어보는 C# 프로그램 / 59

C# 프로젝트 타입

- C:\ : 콘솔 애플리케이션
- GUI : 윈폼
- 🐢 : 터틀 그래픽

소스 코드

간단하게 문법적으로 익힌 내용을 C#으로 직접 구현하고 활용해봅니다.

응용예제

각 장에서 익힌 이론과 기능을 실무 프로그램처럼 응용해보는 예제 모음입니다. 다양한 난이도의 프로그램을 제공함으로써 C# 프로그래밍 수준을 한 단계 업그레이드할 수 있습니다.

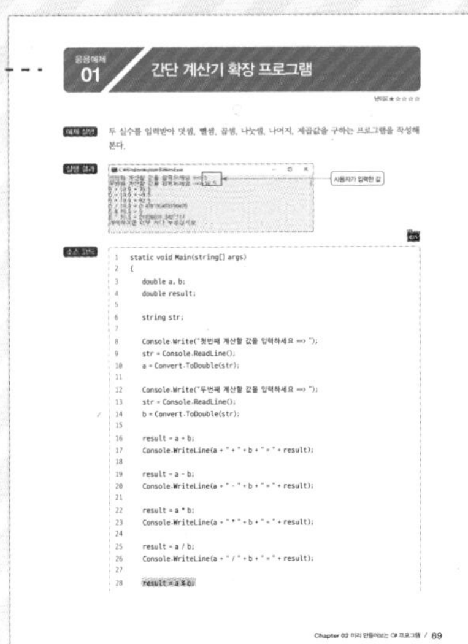

응용예제 01 간단 계산기 확장 프로그램

예제 설명 두 실수를 입력받아 덧셈, 뺄셈, 곱셈, 나눗셈, 나머지, 제곱값을 구하는 프로그램을 작성해 본다.

실행 결과

사용자가 입력한 값

소스 코드

```
static void Main(string[] args)
{
    double a, b;
    double result;

    string str;

    Console.Write("첫번째 계산할 값을 입력하세요 ==> ");
    str = Console.ReadLine();
    a = Convert.ToDouble(str);

    Console.Write("두번째 계산할 값을 입력하세요 ==> ");
    str = Console.ReadLine();
    b = Convert.ToDouble(str);

    result = a + b;
    Console.WriteLine(a + " + " + b + " = " + result);

    result = a - b;
    Console.WriteLine(a + " - " + b + " = " + result);

    result = a * b;
    Console.WriteLine(a + " * " + b + " = " + result);

    result = a / b;
    Console.WriteLine(a + " / " + b + " = " + result);

    result = a % b;
```

Chapter 02 미리 만들어보는 C# 프로그램 / 89

SELF STUDY

코드에서 익힌 내용을 중간중간 스스로 체크할 수 있도록 간단한 문제를 제시합니다. SELF STUDY를 통해서 스스로 학습의 이해도를 점검해 볼 수 있습니다.

목차

목차

목차

목차

CHAPTER 01

C# 개요와 개발환경 구축

학습목표

- 프로그래밍 언어가 무엇인지 알 수 있다.
- 프로그래머가 하는 일이 무엇인지 알 수 있다.
- C#을 사용할 수 있는 Visual Studio를 설치한다.
- 첫 C# 프로그램을 만들어본다.

SECTION
01 프로그래밍 언어의 개념과 종류

1 프로그래밍 언어의 개념

사람이 이해하는 말을 '언어'라고 부르듯이, 컴퓨터가 이해하는 언어를 '프로그래밍 언어'라고 부른다. 좀 더 풀어서 이야기하면 프로그래밍 언어란 컴퓨터에서 작동하는 소프트웨어(엑셀, 한글, 인터넷 익스플로러 등)를 만들기 위한 도구라고 할 수 있다. 또한 스마트폰에서 작동하는 앱(App)도 프로그래밍 언어로 만든 것이다. 이러한 프로그래밍 언어를 사용해서 소프트웨어나 앱을 만드는 직업을 가진 사람을 프로그래머라고 부른다.

TIP • 예전에는 일반 PC에서 작동하는 것을 응용 프로그램(= 애플리케이션)으로, 스마트폰에서 작동하는 것을 앱(App)이라고 불렀다. 요즘은 PC, 스마트폰, 태블릿 등을 특별히 구분하지 않고 응용 프로그램, 애플리케이션, 앱 등을 같은 의미로 취급한다.

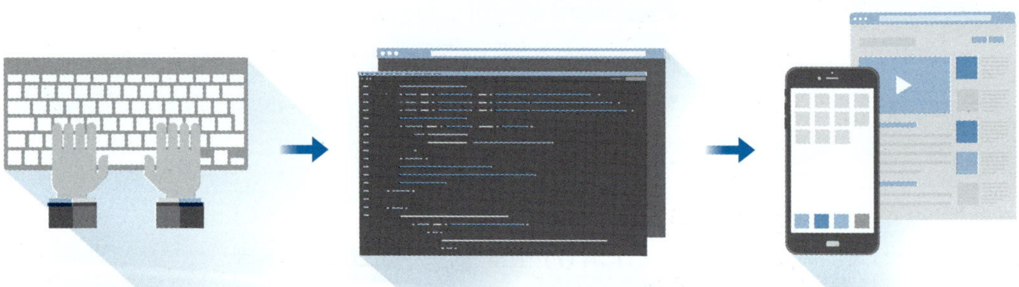

그림 1-1 프로그래머, 프로그래밍 언어, 소프트웨어

그렇다면 프로그래밍 언어의 종류는 한 가지뿐일까? 스포츠도 종목이 다양하듯이 프로그래밍 언어의 종류도 수백 가지가 넘는다. 그중에서도 많이 사용되는 프로그래밍 언어로는 C, C++, 자바, HTML, PHP, 파이썬, C# 등이 있다.

TIP • C#은 '씨샵'으로 읽으면 된다. C++는 C에 +(플러스) 기호가 2개 붙은 것이며, C#은 C에 + 기호가 4개 붙은 것을 의미하기도 하는데, C보다 훨씬 진보되었다는 것을 은유적으로 표현한 것이다.

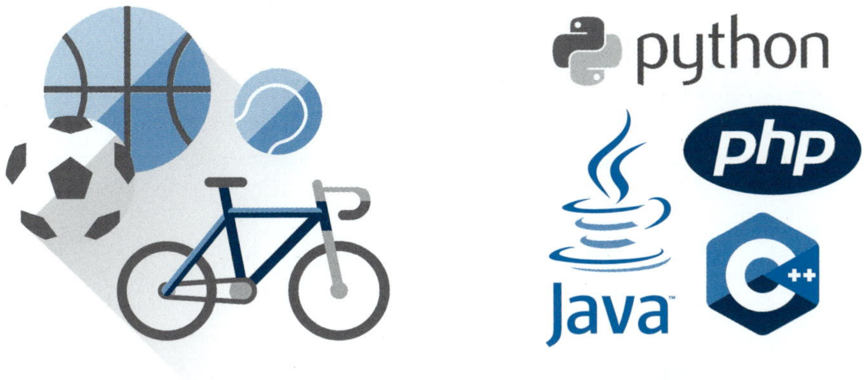

다양한 스포츠 다양한 프로그래밍 언어

그림 1-2 스포츠와 프로그래밍 언어

C / C++는 엑셀, 한글, 웹브라우저 등 소프트웨어를 만드는 데 주로 사용되고, 자바는 안드로이드 스마트폰의 앱을 구현하는 데 많이 활용된다.

2 프로그래밍 언어의 종류와 인기도

전 세계에 인간이 사용하는 언어의 종류는 2022년을 기준으로 7,151개 정도라고 한다(www.ethnologue.com). 이 중 실제로 많이 사용하는 언어는 몇십 개에 불과하며, 수많은 언어가 안타깝게도 소멸되고 있다. 각 언어는 각기 다른 문법과 표현력, 사용성을 지니고 있지만 기본적인 언어의 역할과 방식은 거의 비슷하다고 볼 수 있다.

컴퓨터 프로그래밍 언어도 700개가 넘는다고 알려져 있으며 각각의 문법과 표현력, 사용성을 지니고 있다. 특정한 목적을 위한 언어도 있고 특정 환경에서 더 장점을 발휘하는 언어도 있다. 컴퓨팅 환경과 활용 범위에 따라 언어의 인기가 오르내리기도 하고, 새로운 언어가 등장하기도 하며, 기존 언어가 사라지기도 한다. [그림 1-3]은 2022년 상반기 프로그래밍 언어의 인기 순위를 나타낸 것이다.

Mar 2022	Mar 2021	Change	Programming Language	Ratings	Change
1	3	^	Python	14.26%	+3.95%
2	1	˅	C	13.06%	-2.27%
3	2	˅	Java	11.19%	+0.74%
4	4		C++	8.66%	+2.14%
5	5		C#	5.92%	+0.95%
6	6		Visual Basic	5.77%	+0.91%
7	7		JavaScript	2.09%	-0.03%
8	8		PHP	1.92%	-0.15%
9	9		Assembly language	1.90%	-0.07%
10	10		SQL	1.85%	-0.02%
11	13	^	R	1.37%	+0.12%
12	14	^	Delphi/Object Pascal	1.12%	-0.07%
13	11	˅	Go	0.98%	-0.33%
14	19	^^	Swift	0.90%	-0.05%
15	18	^	MATLAB	0.80%	-0.23%
16	16		Ruby	0.66%	-0.52%
17	12	˅˅	Classic Visual Basic	0.60%	-0.66%
18	20	^	Objective-C	0.59%	-0.31%
19	17	˅	Perl	0.57%	-0.58%
20	38	^^	Lua	0.56%	+0.23%

그림 1-3 2022년 상반기 프로그래밍 언어 인기 순위 © https://www.tiobe.com/tiobe-index

SECTION
02 C# 소개

1 C#의 간단한 역사

프로그래밍 언어 중 이 책에서 배울 언어는 바로 C#이다.

TIP • 'C#'과 'C# 언어'는 같은 의미다. 이 책에서는 문맥에 따라 혼용해서 사용하겠다.

그림 1-4 C# 로고 © 위키백과

C 언어는 1972년 벨 연구소의 데니스 리치(Dennis Ritchie)가 B 언어의 후속으로 개발한 언어이다. C 언어를 활용해 유닉스(Unix) 운영체제가 만들어진 것을 계기로 C 언어는 프로그래밍 언어의 주류로 자리 잡는다. 이후 1983년, C 언어에 객체지향 개념이 추가된 C++('씨 플러스플러스'라고 읽는다)가 개발된다. C++는 C 언어의 기능을 그대로 포함하면서 한 단계 향상되었다는 의미로 ++ 기호를 붙여 명명하였다.

한편 C++의 복잡성 등을 개선한 자바(Java) 언어가 1991년 제임스 고슬링(James Gosling)에 의해서 개발되었다. 자바가 인기를 많이 얻게 되자 마이크로소프트에서는 자바 언어의 확장판인 J++를 개발했으나, 얼마 가지 않아 J++를 포기했다. 대신 마이크로소프트는 2000년에 닷넷 프레임워크(.NET Framework)에서 사용하는 C# 언어를 발표했다. C# 이름의 의미는 C++ 언어에 + 기호를 2개 더 추가한 것으로, C++를 계승하지만 자바에 많은 영향을 받은 언어로 볼 수 있다.

TIP • 닷넷 프레임워크(.NET Framework)란 마이크로소프트에서 개발한 윈도우(Windows) 프로그램 개발 및 실행환경을 총괄해서 일컫는 말이다. 2002년에 1.0 버전을 발표한 이후 2019년에 4.8 버전까지 발표되었다. 닷넷 프레임워크는 웹서비스를 쉽게 개발할 수 있을 뿐 아니라 Windows의 기능을 쉽게 활용하고 개발할 수 있는 다양한 클래스 라이브러리를 제공한다. C# 언어는 닷넷 프레임워크 환경에서 가장 적절한 개발 언어로 인정받고 있다. 이외에도 C++, Visual Basic, 파이썬 등의 언어로도 개발이 가능하다.

C#은 강력하고 배우기 쉬우며, 언어의 완성도가 높다는 좋은 평가를 받고 있다. C#은 비주얼 스튜디오(Visual Studio)로 불리는 통합 개발환경에서 개발한다. Visual Studio는 무료 버전과 유료 버전이 함께 제공되므로 별도의 비용 없이도 C# 응용 프로그램을 개발할 수 있다. 특히 C#은

GUI(Graphical User Interface) 프로그래밍 과정에서 다른 언어에 비해 월등하게 편리하고 강력하기 때문에, Windows 환경의 개발자가 많이 사용한다. 이 책에서도 C#의 GUI를 적극 활용해서 응용 프로그램을 종종 제작해볼 것이다.

그림 1-5 Visual Studio 로고 © 위키백과

2 C#과 Visual Studio

C#의 버전은 통합 개발환경인 Visual Studio의 버전과 함께 발전했다. 또한 닷넷 프레임워크의 환경과도 밀접한 연관이 있다. Visual Studio에서 처음 C#이 소개된 버전은 Visual Studio .NET 2002 버전이며 닷넷 프레임워크 1.0 버전 환경에서 구동되었다.

[표 1-1]은 Visual Studio 버전과 닷넷 프레임워크, C# 버전을 정리한 것이다. 외울 필요는 없으며 참조만 하면 된다. Visual Studio 버전 이름에는 버전이 발표된 연도가 나란히 표시되어 있다(일부는 이름과 발표 연도가 다른 경우도 있다).

표 1-1 Visual Studio 버전에 따른 C# 버전

Visual Studio 버전(내부 버전)	닷넷 프레임워크 버전	C# 버전	기타
Visual Studio .NET 2002 (7.0)	.NET Framework 1.0	C# 1.0	.NET Framework 환경을 지원하기 시작
Visual Studio .NET 2003 (7.1)	.NET Framework 1.1	C# 1.1	
Visual Studio 2005 (8.0)	.NET Framework 2.0	C# 2.0	64bit OS 지원 무료 Express 버전 발표
Visual Studio 2008 (9.0)	.NET Framework 2.0~3.5	C# 3.0	Windows Vista 정식 지원
Visual Studio 2010 (10.0)	.NET Framework 2.0~4.0	C# 4.0	Windows 7 정식 지원
Visual Studio 2012 (11.0)	.NET Framework 2.0~4.5	C# 5.0	C++ 지원 강화
Visual Studio 2013 (12.0)	.NET Framework 2.0~4.5.1	C# 5.0	Windows 8.1 정식 지원
Visual Studio 2015 (14.0)	.NET Framework 2.0~4.6	C# 6.0	Windows 10 정식 지원
Visual Studio 2017 (15.0)	.NET Framework 3.5~4.7	C# 7.0	.NET Framework 3.5 미만은 지원 안 함
Visual Studio 2019 (16.0)	.NET Framework 3.5~4.8	C# 8.0	.NET 5 지원
Visual Studio 2022 (17.0)	.NET Framework 4.6.2~4.8	C# 9.0 C# 10.0 C# 11.0	64bit 전용 .NET 5 / 6 지원

이 책에서는 Visual Studio 2022 버전을 사용해서 실습을 진행하겠지만, 다른 버전을 사용해도 대부분 동일하게 실습할 수 있다.

TIP • 참고로 책이 집필되는 시점에서는 Visual Studio 2022의 내부 버전 17.2가 출시되었다. 이 책에서는 .NET Framework 4.8 버전(C# 버전은 7.3)에서 코드를 작성한다. 사실 C# 초보 개발자의 입장에서는 .NET 버전이나 C# 버전은 별로 중요하지 않으므로 신경 쓰지 않아도 된다.

현재 Visual Studio는 유료 버전인 Enterprise, Professional 에디션과 무료 버전인 Community 에디션으로 나뉜다. 이 책에서 사용할 Visual Studio Community는 유료 버전과 기능 차이가 없다. 개인 / 교육기관 / 비영리기관은 제한 없이 무료로 사용할 수 있으며, 중소기업(250대 PC / 사용자 또는 매출 10억 원 이하인 기업)에서는 최대 5개의 라이선스를 무료로 사용할 수 있다.

3 C#의 특징

C# 이전에 가장 많이 쓰인 객체지향 언어는 C++ 또는 자바였다. 그런데, C++는 너무 복잡하며 직접 메모리를 관리하는 기법을 사용해 프로그램에 심각한 버그가 생기는 등의 문제점을 원천적으로 가지고 있었다. 그래서 C#은 C++의 객체지향적인 장점을 그대로 가져오되 C++의 여러가지 문제점을 보완해 만들어졌다.

TIP • C++나 자바를 공부한 후에 C#을 공부한다면 지금 설명하는 C#의 특징이 잘 이해될 것이다. 하지만, 이 책은 C나 C++, 자바를 학습한 경험이 없다는 전제로 구성되었다. 그러므로 지금 이야기하는 C#의 특징이 생소하게 느껴질 것이다. C#의 특징을 잘 이해하는 것이 C#을 학습하는 전제조건은 아니므로, 이해가 되지 않는다면 그냥 넘어가도 괜찮다. 향후 C#을 어느 정도 학습한 후에 C#의 특징을 다시 읽어본다면 자연스럽게 받아들여질 것이다.

❶ 프로그래밍하기 위한 간결한 문법을 제공한다

C#은 다른 프로그래밍 언어(특히 C++)와 비교해서 문법이 쉽기 때문에 프로그래밍 초보자가 배우기 적절한 언어다. 쉬운 문법만으로도 많은 기능을 제공하기에 더욱 가치가 있다. 물론 문법이 쉽다고 고급 프로그래밍도 간단히 할 수 있는 것은 아니지만, 어려운 문법 때문에 프로그램이 복잡해지는 것을 최소화할 수 있다.

또한, C / C++의 강력하지만 문제점으로 꼽히는 포인터를 과감히 없앴으며, 메모리 관리를 **가비지 컬렉터(Garbage Collector)**가 전담함으로써 프로그래머는 더 이상 메모리에 대해 고민하지 않고 자신의 프로그래밍 로직에 집중할 수 있게 되었다.

TIP • 가비지 컬렉터는 C#뿐 아니라 자바에서도 비슷한 개념으로 작동한다. C#과 자바는 비슷한 부분이 많다. C#이 자바보다 늦게 출시되었기 때문에 C#이 자바를 흉내냈다는 의견도 일부 존재한다. 하지만 C#은 자바뿐 아니라 C / C++, 심지어 Visual Basic의 장점까지도 흡수해 완성된 독자적인 언어로 보는 것이 더 설득력 있는 의견이다.

❷ 엄격한 문법으로 프로그래머의 실수를 방지한다

C#은 형식 및 문법 체크가 기존보다 더욱 엄격하다. 예를 들어 case 문에 break가 없을 경우 오류로 처리되며, 변수도 초기화되지 않으면 오류로 인식한다. 즉, 암시적인 변환으로 인해 생기는 버

그를 미연에 방지한다. 이러한 점 때문에 C / C++ 개발자들이 C#을 학습할 경우 불편함을 느끼기도 하지만, 대형 프로그램을 제작하는 경우에는 버그가 생길 확률이 적어진다. 이러한 엄격한 문법 체크가 전체적으로는 더 유용하다고 평가받는다.

❸ 완전한 객체지향 언어이다

C#은 기존 C / C++에서 사용되던 구조적인 프로그래밍 기법을 그대로 지원한다. 나아가 현재 실무에서 가장 일반적으로 사용되는 객체지향 프로그래밍 기법을 100% 지원한다. 객체지향의 개념은 클래스(Class), 추상화(Abstraction), 캡슐화(Encapsulation), 다형성(Polymorphism), 상속(Inheritance) 등 다양한 용어와 개념을 통해서 완성된다. 이에 관한 내용은 12장 이후에 상세하게 다룰 예정이다.

❹ 멀티 스레드 프로그래밍을 지원한다

C#은 하나의 프로세스(Process) 안에서 여러 개의 스레드(Thread)가 동시에 작동되도록 프로그래밍할 수 있다. 스레드는 쉽게 말해, 작은 프로세스와 같다. 이렇게 동시에 작동되는 스레드를 작성하면 병렬 처리가 가능해져, 복잡한 대용량 작업을 빠른 시간에 처리할 수 있다. C#은 자체 라이브러리에서 이러한 **멀티 스레드 프로그래밍(Multi Thread Programming)**을 지원하기 때문에 프로그래머는 비교적 쉽게 병렬 프로그래밍을 할 수 있다.

❺ 다양한 응용 프로그램을 작성할 수 있다

C#은 한글, 알집, 엑셀과 같이 일반 컴퓨터에서 작동하는 데스크톱 응용 프로그램, 웹 서버에서 작동하는 ASP.Net 프로그래밍, 데이터베이스 응용 프로그램, 유니티 환경의 게임 프로그래밍 등을 작성할 수 있다. 즉, 현재 IT 환경에서 작동하는 여러 응용 프로그램을 작성할 수 있다고 보면 된다.

TIP • C / C++와 비교했을 때, C#은 하드웨어를 직접 제어하는 프로그램을 작성하는 것이 상당히 제한적이다. 그래서 하드웨어를 직접 제어하기 위해 C / C++와 C#을 혼용해서 프로그램을 작성하기도 한다.

❻ CLR 환경에서 개발된다

C#은 CLR(Common Language Runtime, 공용 언어 런타임)과 통합 클래스 라이브러리 집합을 포함하는 닷넷 프레임워크 환경에서 실행된다. CLR을 사용하면 코드를 실행하거나 개발하는 일이 기존보다 훨씬 쉬워진다. 또한 서로 다른 언어로 개발된 코드를 통합하거나 통신이 가능하도록 프로그램을 작성할 수 있다. C#이 CLR을 사용하면 다음과 같은 장점이 생긴다.

- 실행 코드의 성능 향상
- 타 언어로 개발된 구성요소 쉽게 호출해 사용
- 다중 스레드 프로그래밍 지원
- 예외 처리의 지원

- 클래스 라이브러리에서 제공하는 기능 사용
- 객체지향 프로그래밍 기능
- 가비지 컬렉션
- 안정성의 향상

4 닷넷 프레임워크

이번에는 앞에서도 종종 언급됐던 닷넷 프레임워크 환경을 좀 더 자세히 살펴보자. 닷넷 프레임워크는 마이크로소프트에서 제공하는 Windows 프로그램 개발 및 실행환경에 대한 이름이다. 최근 실행되는 많은 Windows 응용 프로그램은 닷넷 프레임워크 환경에서 작동되며, Windows 10, Windows Server 2016 이후 버전에서는 Windows 업데이트를 수행하면 자동으로 최신 닷넷 프레임워크가 설치된다. Windows 구 버전에서는 제어판의 [Windows 기능 켜기 / 끄기]에서 닷넷 프레임워크를 활성화하거나, 마이크로소프트 웹사이트에서 무료로 다운로드해 설치하면 된다. Visual Studio를 설치하면 개발용 및 실행용 닷넷 프레임워크가 자동으로 설치되므로 우리는 별도로 설치하지 않는다.

C# 초창기에는 닷넷 프레임워크를 컴퓨터에 설치해야 되는 것에 대한 부정적인 시각도 있었으나, 지금은 컴퓨터에 설치하는 백신, 압축 프로그램, 웹브라우저 등과 같은 기본 프로그램으로 인식되고 있으며, 최신 Windows에는 기본으로 포함되어 있다. 그래서 현재는 C#으로 작성된 프로그램이 별다른 거부감 없이 사용되고 있다.

TIP • 원래 닷넷 프레임워크의 목표는 한 번의 코딩으로 Windows, 리눅스(Linux), 맥(Mac) 등에서도 모두 작동되도록 하는 것이었다. 하지만, 현재는 윈도우 전용의 개발 플랫폼으로 자리 잡았다.

여기서 잠깐

닷넷 프레임워크, 닷넷 코어, 닷넷

세 용어의 이름이 비슷하므로 헷갈리 수 있어 간단히 정리하고 넘어가려고 한다.

2002년에 발표된 닷넷 프레임워크(.NET Framework)는 현재 Windows 전용 응용 프로그램을 작성하는 데 사용되고 있다. 마이크로소프트에서는 2022년 닷넷 프레임워크 4.8 버전을 마지막으로 버그 패치 외에는 더 이상 새 버전으로 업그레이드하지 않겠다고 발표했다. 하지만 앞으로 나올 Windows 버전에는 닷넷 프레임워크가 기본으로 제공될 것이라 언급해 닷넷 프레임워크로 개발된 환경이 향후에도 계속 작동될 것으로 보인다. 닷넷 코어(.NET Core)는 2014년 크로스 플랫폼(윈도우, 리눅스, 맥 등을 통칭)에서 작동하는 응용 프로그램을 작성하기 위한 용도로 출시됐다. 닷넷(.NET)은 닷넷 프레임워크와 닷넷 코어를 통합한 이름으로 2020년에 닷넷 5가, 2021년에 닷넷 6가 발표되었다. 닷넷 6부터는 모바일 환경까지 지원되는 진정한 크로스 플랫폼 환경을 지원한다.

이 책은 C# 초보 개발자를 대상으로 하므로 Windows 전용 응용 프로그램만 작성한다. 그러므로 기존 C# 소스 코드 대부분이 작성된 환경인 닷넷 프레임워크를 사용해서 코드를 작성할 것이다.

SECTION

03 C# 프로그램 작성 방법

1 C# 프로그램 작성 흐름 요약

이번에는 C# 프로그램이 어떻게 만들어지고 실행되는지 알아보자. 여기에서 익힌 내용을 바탕으로 다음 절에서 Visual Studio를 설치한 후 간단한 실습을 해볼 것이다.

C# 프로그램의 작성법을 요약하면 다음과 같다.

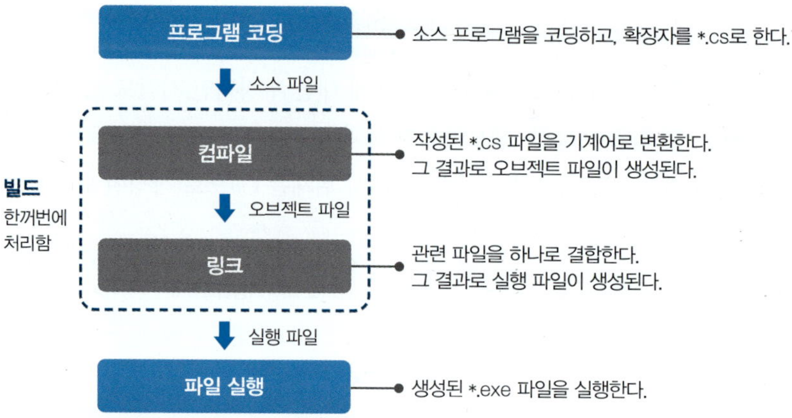

그림 1-6 C# 프로그램의 작성과 실행 순서

여기서 잠깐

닷넷 프레임워크 환경에서의 컴파일과 실행

[그림 1-6]은 일반적인 프로그래밍 측면에서 C#이 처리되는 모습만 요약해서 표현한 것이다. C#은 닷넷 프레임워크 환경에서 작동하므로 그림의 마지막에 보이는 *.exe 파일을 어셈블리(Assembly)라 부른다. 어셈블리는 중간 단계의 언어로 IL(Intermediate Language)로도 부른다(자바의 바이트 코드와 비슷한 개념이다). *.exe 파일을 실행하기 위해서는 닷넷 프레임워크 환경의 핵심인 CLR(Common Language Runtime, 공용 언어 런타임)이 작동해서 내부적으로 다시 컴파일 과정 등을 거쳐 원시 코드(Native Code)로 변환해야 한다. 하지만 지금 설명한 내용은 모두 내부적으로 처리되기 때문에 실제로는 그냥 *.exe 파일이 바로 실행되는 것처럼 보인다. 그러므로 *.exe 파일이 바로 실행되는 결과라고 생각해도 C# 프로그래밍을 학습하는 데 별 문제가 없다.

2 프로그램 코딩

코딩(Coding)이란 용어는 머릿속에 그려진 결과물을 실제로 만들기 위해 C# 컴파일러가 알아들을 수 있는 형식으로 문서를 작성한다는 의미이다. 예를 들어, **100에서 50을 뺀 값을 계산하라**는 프로그램을 작성한다고 했을 때 다음과 같이 코딩하면 컴퓨터는 알아듣지 못할 것이다.

```
어이 컴퓨터~
100에서 50을 뺀 결과가 뭐지?
모니터에 한번 출력해봐~~
```

위와 같은 방식은 '사람'만 이해할 수 있는 코딩이다. 그러니 컴퓨터(정확히는 C# 컴파일러)가 알아들을 수 있는 C# 문법에 맞춰서 코딩해야 한다.

다음 예제를 살펴보자. C# 소스 코드 중 일부만 표현해 아직 무슨 뜻인지 이해가 가지 않을 것이다.

소스 1-1 C# 프로그램 맛보기

```
static void Main(string[] args)
{
    int result;
    result = 100 - 50;
    Console.WriteLine(result) ;
}
```

위의 이상한 글자들의 모음이 100에서 50을 뺀 결과를 모니터에 출력해주는 전형적인 C# 프로그램 형태이다. 아직은 눈에 잘 들어오지 않더라도 **100에서 50을 빼라**는 의미 정도는 눈치챌 수 있을 것이다.

SELF STUDY 1-1

[소스 1-1]을 수정하여 123과 456을 곱한 결과를 출력하는 C# 프로그램을 만들어보자.

3 컴파일과 링크

과연 컴퓨터는 우리가 작성한 [소스 1-1]을 알아볼 수 있을까? 컴퓨터가 이해할 수 있는 언어로 작성했으니 당연히 알아봐야 정상이겠지만, 아직은 사람만 이해하는 단계일 뿐 컴퓨터가 이해할 수 있는 형식이 아니다. 컴퓨터가 유일하게 이해하는 언어는 기계어로 작성된 코드이다.

그래서 [소스 1-1]을 컴퓨터가 이해할 수 있도록 [그림 1-7]과 같은 '컴파일(Compile)' 과정을 거쳐야 한다.

TIP • 기계어란 0과 1로만 구성된 이진 파일(Binary File)이다.

그림 1-7 컴파일의 개념도

컴파일된 결과 자체는 컴퓨터가 보고 이해할 수 있지만, 아직 실행할 수 있는 상태는 아니다. 컴파일 후에 '링크(Link)'라는 과정을 거쳐야만 비로소 컴퓨터가 실행할 수 있는 '실행 파일(*.exe)'이 생성된다. 링크의 개념은 다음의 그림과 같다.

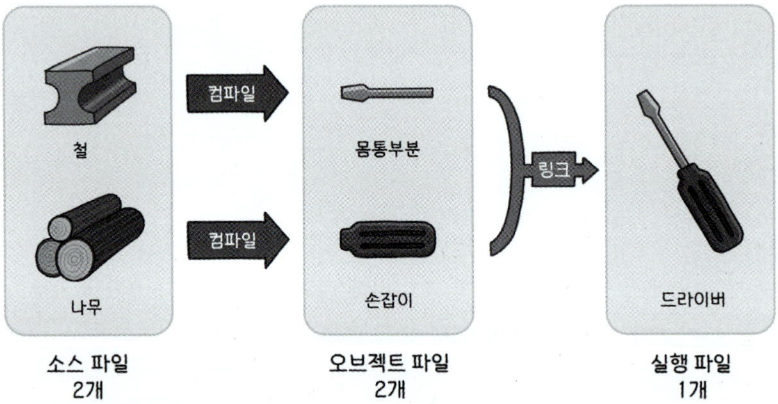

그림 1-8 컴파일 / 링크의 개념도

위 그림은 드라이버(최종 실행 파일, *.exe)를 만드는 과정이다. 쇳덩어리와 나무(소스 파일, *.cs)를 가지고 작업(컴파일)을 거쳐 드라이버의 몸통과 손잡이(오브젝트 파일)를 만들 수 있다. 드라이버의 몸통과 손잡이는 각각의 부품으로서는 완성체이지만, 아직 사용할 수는 없다. 몸통과 손잡이

> **여기서 잠깐**
>
> **빌드 = 컴파일 + 링크**
>
> 컴파일과 링크는 소스 파일이 하나뿐이더라도 반드시 수행해야 한다. 대부분의 컴파일러는 컴파일과 링크 과정을 별도로 처리하지 않는다. 그래서 컴파일과 링크를 합쳐서 '컴파일' 또는 '빌드'라고도 한다. 물론 필요에 따라 컴파일과 링크를 별도로 수행할 수도 있다.

를 결합(링크)해야 비로소 사용할 수 있는(실행 가능한) 드라이버(실행 파일, *.exe)가 완성되는 것이다. 즉, 여러 개의 오브젝트 파일을 하나의 실행 파일로 묶어주는 것을 링크라고 한다.

4 프로그램 실행

프로그램 실행은 [그림 1-8]에서 완성된 드라이버를 실제로 사용하는 것이라고 생각하면 된다. 실제 예에서는 다음과 같이 100에서 50을 뺀 결과가 모니터에 나타난다. 이에 대한 실습은 잠시 후에 진행해보자.

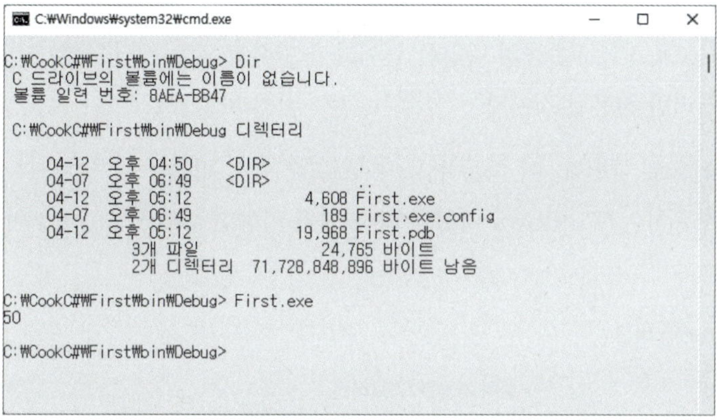

그림 1-9 컴파일 및 링크가 완료된 First.exe 파일

여기서 잠깐

컴파일러 언어와 스크립트 언어

컴파일러(Compiler) 언어는 소스 코드를 실행 가능한 기계어로 일괄 번역한 후 번역이 완료된 파일(*.exe, *.class 등의 파일)이 실행되는 언어를 말한다. 소스 코드를 기계어로 번역하는 과정을 컴파일(Compile)이라고 부르며, 이 작업을 하는 프로그램을 컴파일러라고 부른다. 대표적인 컴파일러 언어로는 C, C++, 자바, C# 등이 있다. 이와 다르게, 스크립트 언어(또는 인터프리터 언어)는 소스 코드를 한 줄씩 읽어가며 실행되는 언어이며 한 줄씩 처리하는 작업을 하는 프로그램을 인터프리터(Interpreter)라고 부른다. 그래서 스크립트 언어는 별도의 실행 파일이 생성되지 않는다. 대표적인 스크립트 언어로는 파이썬, 자바스크립트(JavaScript), 펄(Perl) 등이 있다.

컴파일러 언어는 일괄적으로 기계어로 번역하므로 실행 속도가 스크립트 언어보다 훨씬 빠르다. 반면 컴파일러 언어는 배우는 데 시간이 오래 걸리지만, 스크립트 언어는 빠른 시간 안에 배울 수 있다는 장점이 있다.

SECTION

04 C# 개발환경 구축

1 Visual Studio 버전 소개

마이크로소프트가 제공하는 Visual Studio 안에는 Visual C#이라고 불리는 C# 개발환경이 포함되어 있다. Visual Studio는 C++, C#, VB, F# 등의 다양한 언어를 포함하고 있는 개발환경이다. 우리는 그중에서 Visual C# 컴파일러만 사용할 것이다.

Visual Studio는 유료와 무료 버전으로 나뉜다. 이 책은 유료와 무료 중 어떤 버전을 사용해도 학습이 가능하도록 구성되어 있다. 사용하는 Windows 버전에 따라 설치 가능한 Visual Studio 버전을 정리하면 다음과 같다.

표 1-2 Windows 버전에 따른 Visual Studio 버전

운영체제	설치 가능한 유료 버전	설치 가능한 무료 버전
Windows 7(sp1) Windows 8 Windows 8.1	Visual Studio 2005, 2008, 2010, 2012, 2013, 2015, 2017, 2019	Visual Studio Express 2010 Visual Studio Express 2012, 2013, 2015 for Windows Desktop Visual Studio Community 2013, 2015, 2017, 2019
Windows 10	Visual Studio 2012, 2013, 2015, 2017, 2019, 2022	Visual Studio Express 2012, 2013, 2015 for Windows Desktop Visual Studio Community 2013, 2015, 2017, 2019, 2022
Windows 11	Visual Studio 2013, 2015, 2017, 2019, 2022	Visual Studio Community 2013, 2015, 2017, 2019, 2022

TIP • Visual Studio Community는 유료 버전과 거의 동일한 기능을 제공하며 교육용 및 소규모 상용 개발자 모두 제한 없이 무료로 사용할 수 있다. 참고로 무료인 Express 버전은 2015 버전을 마지막으로 더 이상 출시되지 않고 있다. 대신 유료 버전과 동일한 기능의 무료 Community를 사용하도록 권장하고 있다.

유료 버전의 Visual Studio는 에디션이 여러 가지인데, 기능이 많은 순서로는 Enterprise, Professional 등이 있다. Professional 에디션이면 이 책을 학습하기에 충분하다. 정리하면 이 책에서는 무료인 Visual Studio Community 2022 버전을 사용하지만 어떤 버전을 사용해도 대부분 실습이 가능하다. Visual Studio의 유료 평가판이나 무료 버전은 https://visualstudio.microsoft.com/에서 다운로드할 수 있다.

2 Visual Studio Community 설치

이제 Visual Studio Community를 설치해보자. 설치는 다른 Windows 응용 프로그램 설치와 마찬가지로 전혀 어렵지 않다.

실습 1-1 Visual Studio Community 설치하기

1 Visual Studio를 다운로드하기 전에, 먼저 사용하는 Windows의 확장명을 보이게 하는 것이 좋다. 확장명을 모르면 사용할 파일이 어떤 파일인지 구분하기 어렵다. Windows 10은 파일 탐색기를 실행해 메뉴의 [보기] – [파일 확장명]을 체크하면 파일의 확장명을 볼 수 있다. Windows 11은 파일 탐색기의 메뉴에서 [보기] – [표시] – [파일 확장명]을 선택하면 된다.

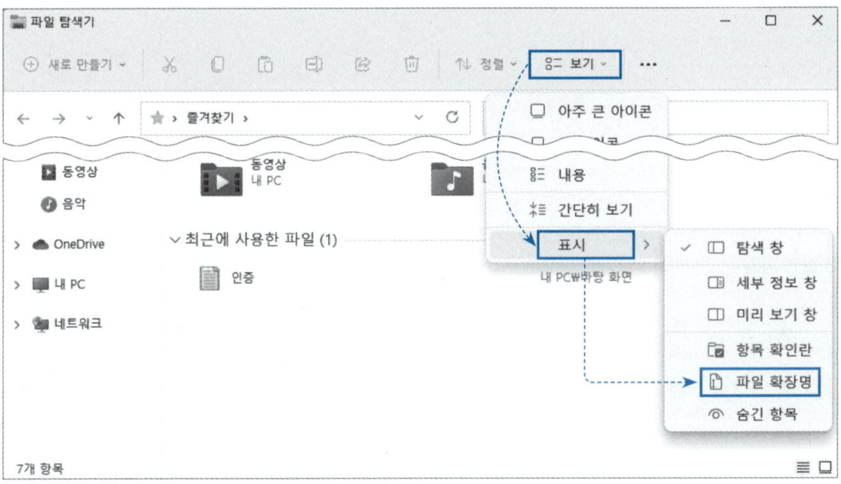

그림 1-10 Windows 11에서 확장명 보이기

2 https://visualstudio.microsoft.com/에서 Visual Studio Community 설치 파일을 다운로드한다. 설치 파일 크기는 그렇게 크지 않은 편이며, 실시간으로 필요한 파일들만 다운로드하면서 설치가 진행된다.

TIP • 이 책의 집필 시점에는 Visual Studio Community 2022(내부 버전 17.2)가 최상위 버전이다. 더 높은 버전을 사용하더라도 별 문제없이 학습할 수 있지만, 이 책과 완전히 동일한 환경에서 학습하려면 자료실인 https://cafe.naver.com/itCookBook/에서 Visual Studio Community 2022버전을 다운로드한다.

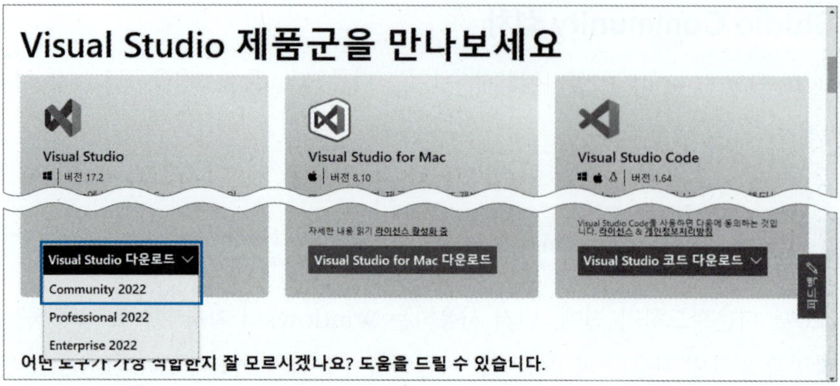

그림 1-11 Visual Studio Community 다운로드

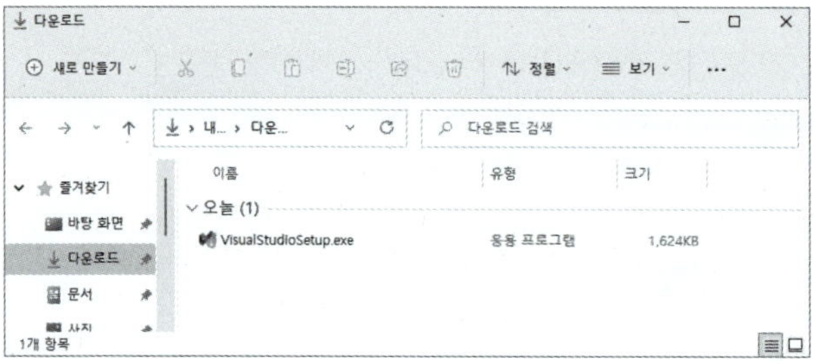

그림 1-12 설치 실행 파일

3 다운로드받은 파일을 더블클릭해서 실행해보자. [그림 1-13]과 같은 [사용자 계정 컨트롤] 메시지 창이 나오면 〈예〉를 클릭한다.

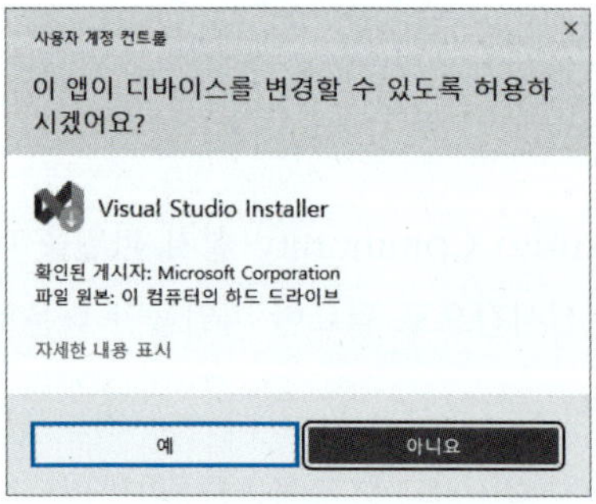

그림 1-13 Visual Studio Installer 실행 시 나오는 [사용자 계정 컨트롤] 창

4 설치 초기화면에서 〈계속〉을 클릭한다.

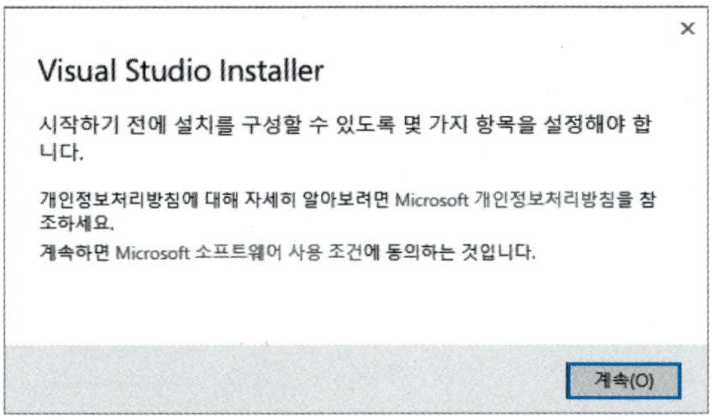

그림 1-14 설치 초기 화면

5 필요한 파일을 다운로드 및 설치한다.

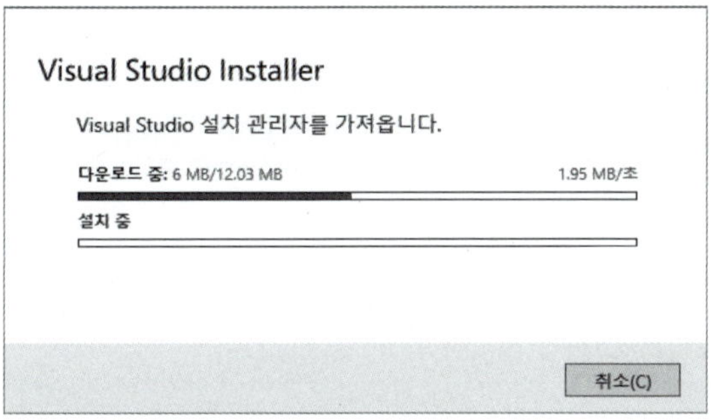

그림 1-15 초기 필요 파일 다운로드 및 설치

6 [워크로드] 창이 뜨면 [데스크톱 및 모바일] 아래의 [.NET 데스크톱 개발]만 체크하고 〈설치〉를 클릭한다. 관련 파일이 6GB 이상 설치되므로, 디스크 여유 공간이 10GB 정도는 되어야 원활히 설치된다.

TIP • 〈Net 데스크톱 개발〉 외의 옵션을 모두 선택해서 설치해도 상관없다. 단, 설치에 시간이 더 걸리고 이 책에서는 사용하지 않는 기능이다.

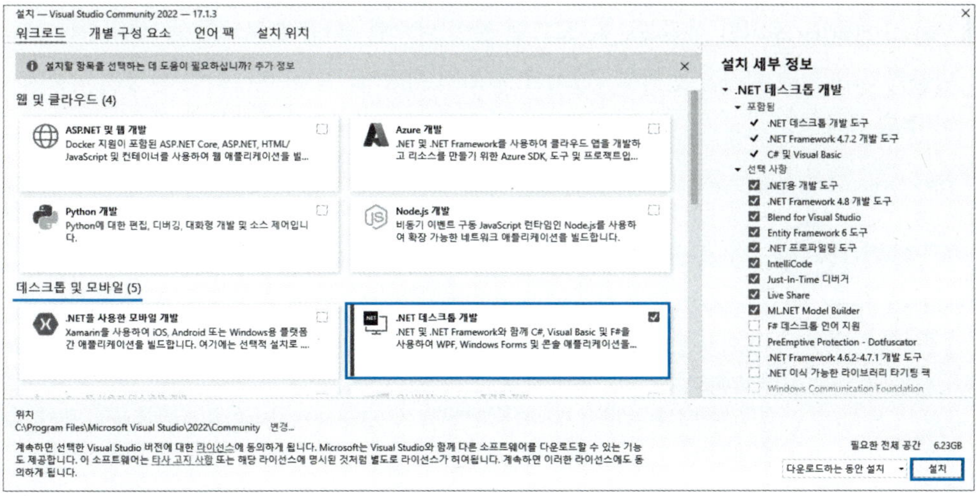

그림 1-16 설치할 기능 선택

7 한동안 다운로드 및 설치가 진행된다. 설치 시간은 컴퓨터의 성능 및 네트워크 상황에 따라 달라진다.

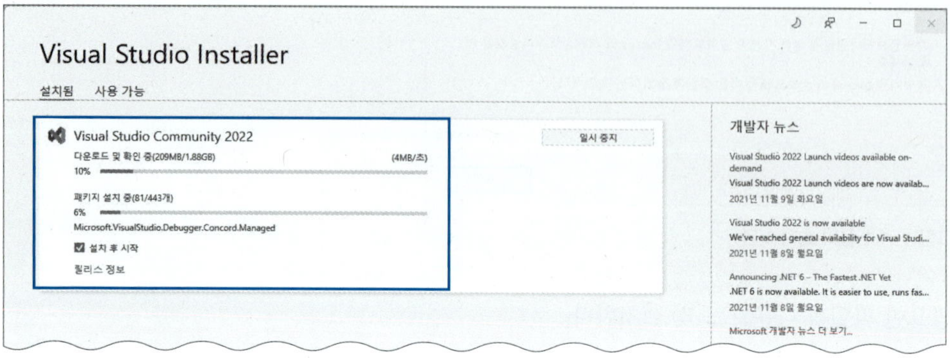

그림 1-17 설치 진행

8 설치가 완료되면 자동으로 Visual Studio가 실행된다. 설치가 완료된 [Visual Studio Installer] 창은 오른쪽 상단의 〈×〉를 클릭해서 닫는다.

TIP • 만약, 설치 완료 후 '컴퓨터를 다시 시작하겠냐'는 메시지가 나오면 〈다시 시작〉을 클릭해서 재부팅한다. 그리고 Windows [시작] – [Visual Studio 2022]를 클릭해서 실행한다.

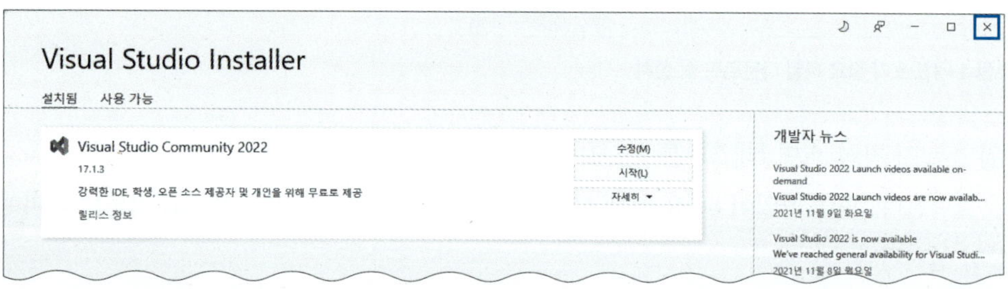

그림 1-18 설치 완료

9 Visual Studio 로고가 잠깐 뜬 후, 로그인 창이 나오면 〈나중에 로그인〉을 클릭한다. 그리고 마음에 드는 화면 환경을 선택해 〈Visual Studio 시작〉을 클릭한다. 화면 환경은 나중에 변경할 수도 있다.

TIP • 〈어둡게〉 테마를 선택하면 눈의 피로도를 낮출 수 있다.

여기서 잠깐

마이크로소프트 계정으로 로그인

Visual Studio Community는 마이크로소프트 계정으로 로그인해야 기간에 제한 없이 무료로 사용할 수 있다. 마이크로소프트 계정은 https://account.microsoft.com/account에서 무료로 만들 수 있다. 로그인을 하지 않으면 30일만 무료로 사용할 수 있으니 만료 전에만 로그인하면 된다. 나중에 로그인이나 계정 등록을 하려면 Visual Studio의 [도움말] – [제품 등록] 메뉴를 선택하면 된다.

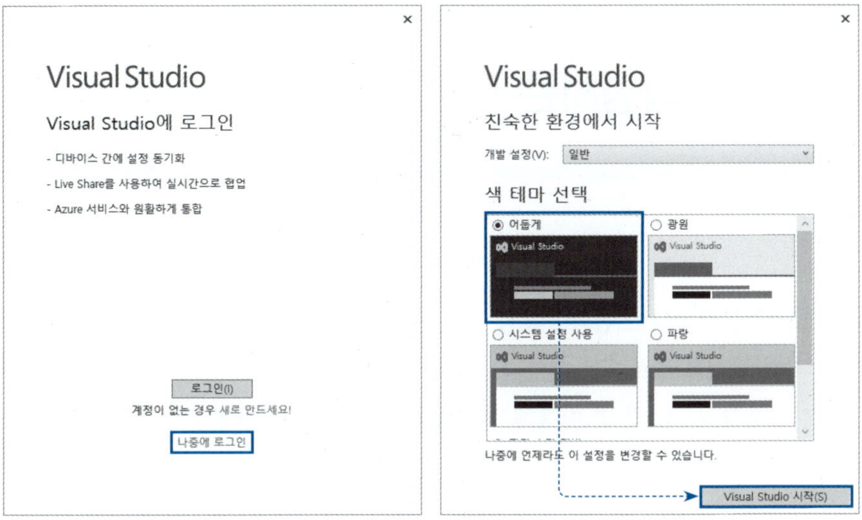

그림 1-19 Visual Studio 로그인 및 화면 환경 테마 선택

10 처음 실행할 때는 잠시 시간이 걸린 후 Visual Studio [시작 페이지]가 나온다. 이 화면이 앞으로 우리가 학습할 C# 프로그래밍 환경이다. 이상으로 설치를 완료했다. 오른쪽 위 〈×〉를 눌러 창을 닫는다.

그림 1-20 Visual Studio 시작 페이지

설치방법이 너무 쉬워서 좀 허무하겠지만 성공적으로 완료되었다. 이제 C#을 본격적으로 공부해 보자.

SECTION 05

처음 작성하는 C# 프로그램

앞 절에서 C# 프로그램을 작성하고 컴파일할 수 있는 환경을 구축했다. 이제 이 책에서 계속 반복하게 될 프로그램 작성 과정을 진행해볼 것이다. 아직은 프로그램 용어나 사용법을 쉽게 이해할 수 없겠지만 일단 따라해보자. 이후 몇 번 반복해서 실습 과정을 잘 익혀 두면 다음에 배울 실습 과정에서 어려움을 겪지 않을 것이다.

완전한 형태의 C# 프로그램을 작성하고 실행해보려고 한다. C# 프로그램을 메모장에서 직접 작성해도 상관없지만 여기서는 Visual Studio에서 제공하는 **통합 개발환경**을 사용할 것이다. 메모장은 코드를 입력하는 단순한 기능만 제공하지만 Visual Studio는 우리가 코드를 입력할 때 실수로 잘못 입력한 글자를 찾아주기도 하고, 클릭이나 단축키 하나로도 컴파일과 링크를 해결할 수 있어 강력하고 편리하다.

1 C# 프로젝트 생성

실습 1-2 Visual Studio에서 프로젝트 생성하기

1 앞으로 이 책에서 작성할 프로젝트를 모아 놓기 위해서 **C:\CookC#** 폴더를 미리 생성해 놓자.

TIP • 여러 명이 사용하는 실습실에서 학습 중이라면 폴더 이름을 **C:\CookC#(본인 이름)**과 같이 만들고 실습하는 것이 좋다.

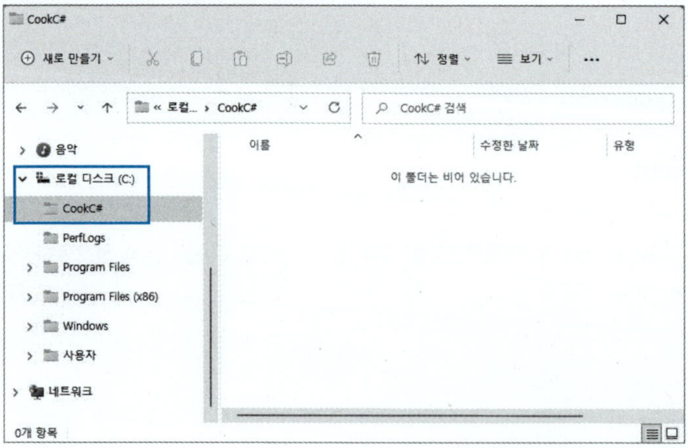

그림 1-21 폴더 생성

2 Windows의 [시작] → [V] → [Visual Studio 2022]를 클릭해서 다시 실행한다.

TIP • Windows 11은 [시작]을 클릭한 후 오른쪽 위 [모든 앱]을 클릭해야 전체 앱이 보인다.

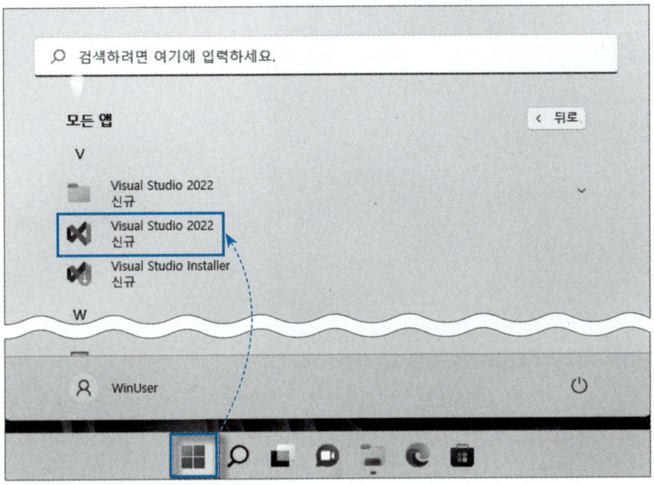

그림 1-22 Visual Studio 실행

여기서 잠깐

프로젝트 개념

Visual C# 프로그래밍을 하려면 단순히 소스 파일만 필요한 것이 아니라 '프로젝트'라고 하는 것을 먼저 생성해야 한다. 프로젝트는 우리가 지금 공부하는 C#뿐 아니라 다른 고급 프로그래밍에서도 중요한 개념이다. 비록 우리는 이 프로젝트의 기능을 100% 사용하지 않겠지만, 고급 프로그래밍을 하게 될 때를 대비해 미리 사용법을 익혀두는 것이 좋다. 프로젝트라는 개념은 다음의 그림과 같이 여러 개의 C# 프로그램을 모아 놓은 묶음이라고 보면 된다. 물론 하나의 프로젝트에는 소스 파일이 하나만 있어도 된다.

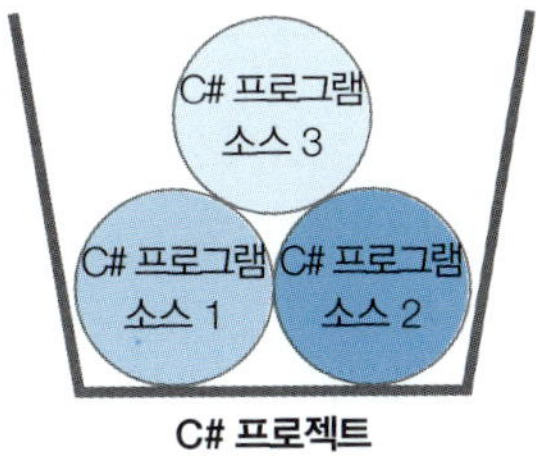

그림 1-23 프로젝트 개념도

이 책을 공부하기 위해 프로젝트를 사용하기는 하지만, 그 자체가 중요한 것은 아니므로 이해가 잘 되지 않아도 일단은 무시하고 이어지는 실습을 따라해 보자.

3 Visual Studio 로고가 잠깐 보인다.

그림 1-24 Visual Studio 로고

4 C# 프로그램을 작성하려면 먼저 프로젝트를 생성해야 한다. 실행 창의 오른쪽에서 [새 프로젝트 만들기]를 클릭한다.

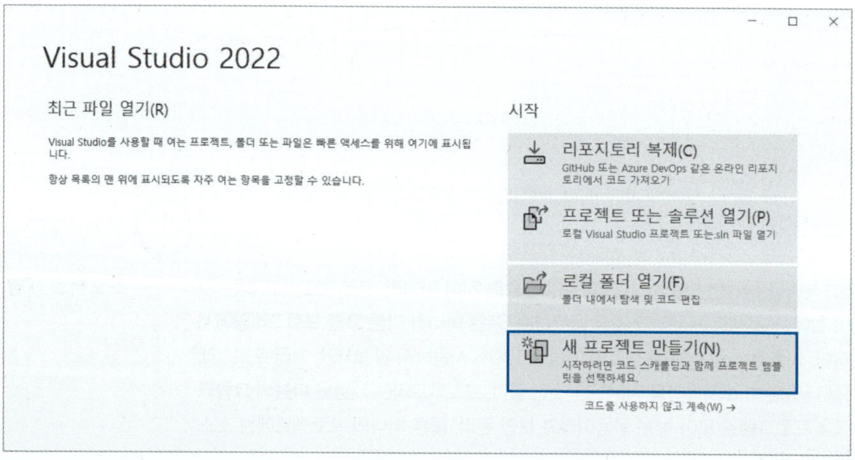

그림 1-25 새 프로젝트 만들기 1

5 [새 프로젝트 만들기] 창에서 언어를 [C#]으로 선택한다. 창 아래쪽으로 스크롤해서 프로젝트 템플릿을 [콘솔 앱(.NET Framework)]로 선택한 후, 〈다음〉을 클릭한다.

TIP • 프로젝트의 템플릿 중에는 [콘솔 앱]도 있는데, 이를 선택하지 않도록 주의하자. 책과 동일하게 진행하려면 [콘솔 앱(.NET Framework)]과 같이 뒤에 .NET Framework가 붙어 있는 프로젝트를 선택해야 한다.

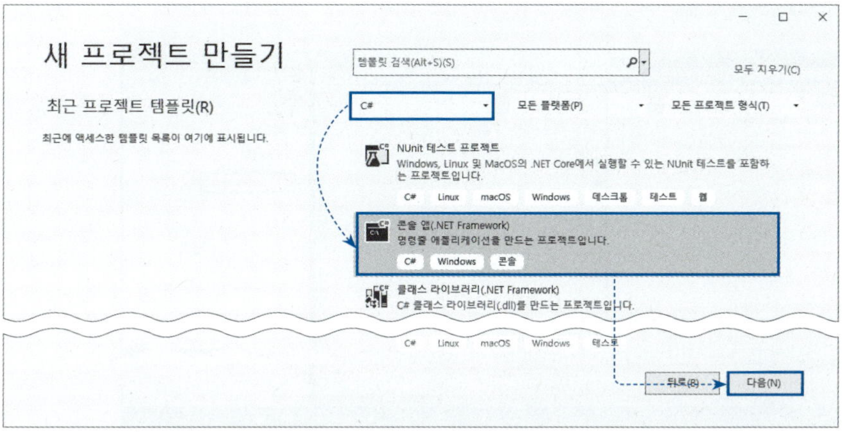

그림 1-26 새 프로젝트 만들기 2

6 [새 프로젝트 구성] 창이 뜨면 '프로젝트 이름'에 **First**라고 입력한 후, '위치'에서 〈…〉을 클릭해 앞에서 만든 **C:\CookC#** 폴더를 선택하자. 그리고, 〈솔루션 및 프로젝트를 같은 디렉터리에 배치〉를 체크한다. '프레임 워크'는 4.8 버전을 선택하고 〈만들기〉를 클릭한다.

TIP • 〈솔루션 및 프로젝트를 같은 디렉터리에 배치〉를 체크하지 않아도 관계는 없지만, 나중에 생성될 폴더가 더 많아져서 귀찮아진다. 그래서 체크를 하고 사용하는 것이 편리하다. 솔루션은 여러 개의 프로젝트를 묶은 대규모의 프로그램을 작성할 때 주로 사용한다. 이 책에서는 하나의 솔루션에는 하나의 프로젝트만 사용하기 때문에 **솔루션 = 프로젝트**로 봐도 무방하다.

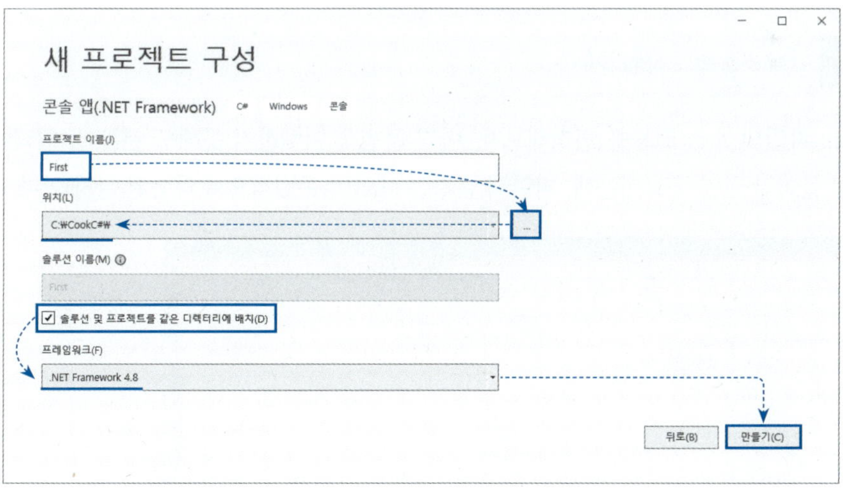

그림 1-27 새 프로젝트 만들기 3

7 잠시 기다리면 최종적으로 프로젝트가 완성된다. 그리고 기본적인 코드까지 자동 생성된다. 자동으로 생성된 C#의 파일 이름은 **Program.cs**이다. 이제부터는 생성한 프로젝트에 C# 소스 코드를 원하는 대로 코딩하면 된다.

TIP • C# 프로젝트를 만들면 자동으로 C# 소스 파일이 하나 생성되는데, 이름이 Program.cs로 고정되어 있다. 필요하다면 이름을 변경해도 되지만, 이 책에서는 그대로 사용할 것이다. C# 소스 파일의 확장명 .cs는 예상했듯이 CSharp(C#)의 약자이다.

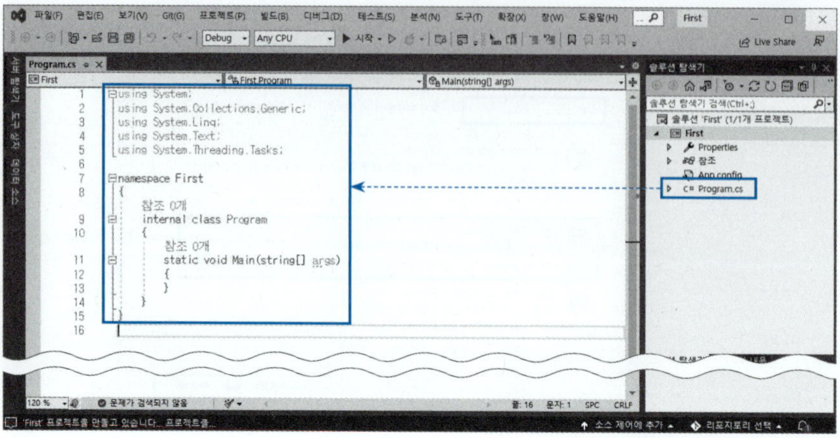

그림 1-28 생성된 프로젝트 화면

TIP • 소스 코드를 보면 중간중간에 회색으로 행 번호가 붙어 있지 않은 글자들이 보인다. [그림 1-28]의 코드와 같이, 8행과 9행 사이의 **참조 0개** 같은 글자인데, 코드를 설명하기 위한 글자여서 실제로는 없는 것과 마찬가지다. 그냥 무시하면 된다. 이후로 해당 형태의 글자에 대해서는 별도로 언급하지 않겠다.

2 C# 프로그램 코딩

프로젝트를 생성했으니 이제는 본격적으로 C# 소스 코드를 작성해보자.

실습 1-3 C# 소스 코드 작성하기

1 Program.cs 파일의 소스 코드를 변경해보자. 아직 문법을 이해하지 못해도 괜찮다. 입력하다 보면 색상이 들어간 글자가 보이는데, 파란색 글자는 예약어(문법적으로 약속된 글자)이다.

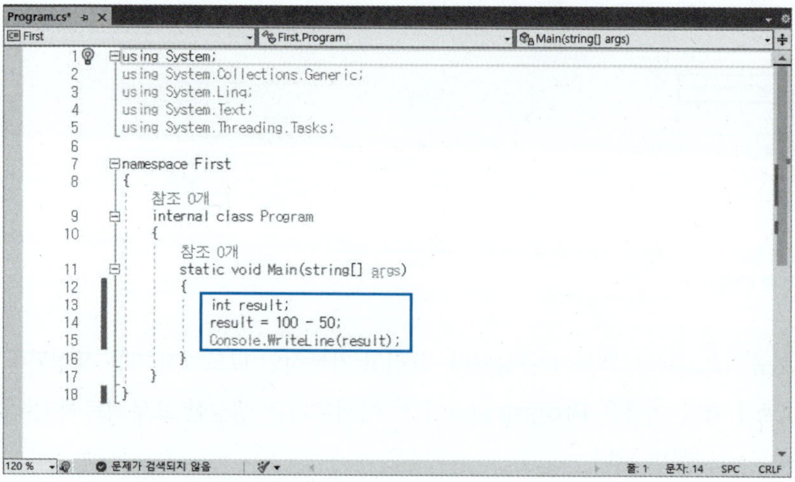

그림 1-29 C# 소스 코드 입력하기

소스 1-2 처음으로 만드는 C# 프로그램

```
1  using System;
2  using System.Collections.Generic;
3  using System.Linq;
4  using System.Text;
5  using System.Threading.Tasks;
6
7  namespace First
8  {
9      internal class Program
10     {
11         static void Main(string[] args)
12         {
13             int result;
14             result = 100 - 50;
15             Console.WriteLine(result);
16         }
17     }
18 }
```

2 입력을 완료했으면 [파일] – [Program.cs 저장] 메뉴를 선택하거나 저장 아이콘을 클릭한다.

> **TIP** • 소스 코드 설명에는 네임스페이스(Namespace), 클래스(Class) 등과 관련된 용어가 나오는데, 이에 대해서는 책의 후반부에서 자세히 설명할 예정이므로 지금은 그냥 넘어간다. 11~16행의 Main( ) 함수 안쪽에 집중하도록 한다.

각각의 코드에 대한 자세한 설명은 해당 장에서 진행할 것이므로 어떻게 이루어졌는지만 파악해보자. 1~5행의 **using**은 네임스페이스의 클래스를 사용하겠다는 의미이므로 전체 키워드를 쓰지 않아도 된다. 예를 들어, 1행이 없다면 15행은 **System.Console.WriteLine( )**으로 사용해야 한다. 7~18행에서는 네임스페이스를 선언한다. 기본적으로 프로젝트의 이름과 동일하다. 9~17행은 클래스를 선언한다. 파일명(Program.cs)과 이름이 동일하다. 11~16행은 실제로 작동하는 메인 코드 부분이다. 1~12행까지는 항상 고정되어 있고 변경할 필요가 없다. 13행은 정수형 변수 result를 선언했다. 14행에서는 100에서 50을 뺀 결과를 result 변수에 대입했다. 15행의 **Console.WriteLine( )**은 괄호 안의 값을 모니터에 출력하라는 기능을 제공하는 메서드이다.

> **TIP** • 앞으로 배울 예정이지만 대입 연산자(=)는 먼저 확인하고 가도록 하자. 대입 연산자(=)를 기준으로 오른쪽의 값이 모두 계산된 후에 왼쪽으로 값이 들어간다. 그래서 실제 코딩하기 전에는, 대입 연산자를 ← 모양으로 표기하기도 한다. 예시로 14행은 **result ← 100 - 50**과 같이 표기할 수 있으며, 100에서 50을 뺀 결과를 result에 넣는다고 생각하면 된다.

위 코드에서 13~15행을 제외하고는 모두 자동 완성된 부분이다. 그러므로 지금은 실제로 작성한 13~15행만 자세히 보면 된다. 처음 작성한 코드라서 간단히 3줄짜리를 코딩했으나, 앞으로 이 부분이 수십~수백 줄로 늘어날 것이다.

3 빌드(컴파일 및 링크)

소스 코드를 모두 입력했으므로 이제는 컴파일하고 링크해야 한다. 컴파일과 링크는 한꺼번에 수행할 예정이며, 이 과정을 **빌드(Build)**라고 한다.

실습 1-4 소스 코드 빌드하기

1 메뉴의 [빌드]-[솔루션 빌드]를 선택한다. 단축키 Ctrl + Shift + B 또는 F6 키를 누른다.

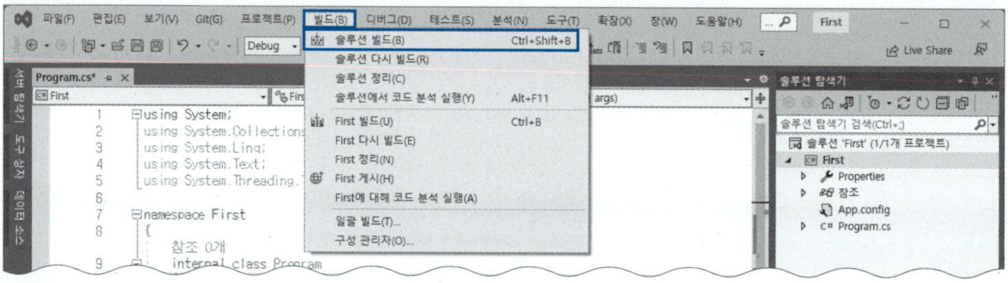

그림 1-30 빌드 실행

2 소스에 아무런 오류가 없다면 Visual Studio 왼쪽 아래에 **빌드에 성공했습니다** 메시지가 나온다.

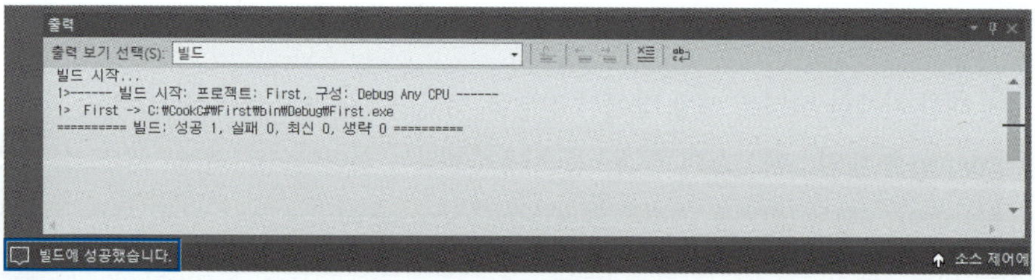

그림 1-31 빌드 결과 – 이상 없음

3 초보 프로그래머가 가장 많이 하는 실수 중 하나를 미리 살펴보자. [소스 1-2]의 13행에서 제일 뒤에 붙은 세미콜론(;)을 지우고, 메뉴의 [빌드] – [솔루션 빌드]를 선택해서 다시 빌드해보자. 오류 목록 화면이 뜰 텐데 대부분의 경우 코드가 틀렸을 때 나타난다.

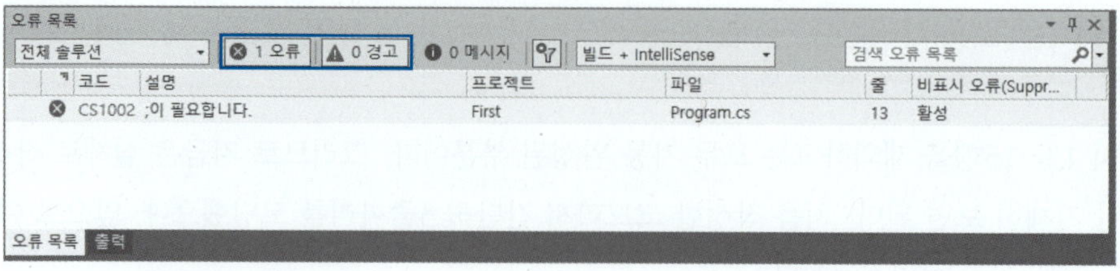

그림 1-32 빌드 결과 – 오류 발생

4 이제는 소스 코드에서 틀린 곳을 찾을 차례이다. 지금은 우리가 틀리게 쓴 곳을 알고 코드 또한 몇 줄 되지 않으므로 쉽게 찾을 수 있지만, 향후 실무적인 프로그램을 작성할 때는 수백 줄 이상의 소스 코드에서 찾아야 한다. 이때 첫 행부터 오류를 찾아 나가기에는 시간도 많이 걸릴 뿐 아니라, 오류를 찾지 못할 확률도 높다. 하지만 Visual C#은 틀린 부분을 직접 알려준다. 오류 목록에서 오류가 난 부분을 마우스로 더블클릭하면 해당 위치로 바로 이동할 수 있다.

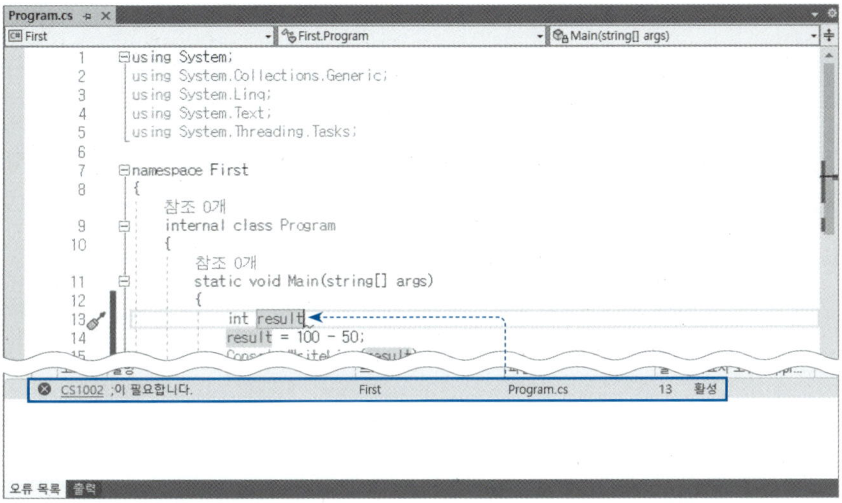

그림 1-33 소스 코드의 틀린 부분 찾기

게다가 오류 메시지 설명에서는 친절하게 **;이 필요합니다**라고 알려주고 있다. 향후에도 오류가 발생한다면 오류 메시지를 잘 읽어보고 해당 행으로 이동하면 된다.

5 오류가 발생한 부분과 원인을 찾았으면 오류를 수정해보자. 13행의 제일 뒤쪽에 세미콜론을 작성한 후 파일을 저장한다. 메뉴의 [빌드] – [솔루션 빌드]를 눌러서 다시 빌드하면 **빌드에 성공했습니다** 메시지가 나올 것이다.

여기서 잠깐

C# 소스 코드의 줄바꿈

C# 언어는 줄을 바꾼다고 문장이 끝나는 것이 아니라 세미콜론(;)을 만나야 문장이 끝난다. 그러므로 다음 네 문장은 표현 방식은 다르지만 모두 같은 의미이다.

❶
```
Console.WriteLine(result);
```

❷
```
Console.WriteLine
(result);
```

❸
```
Console.WriteLine(
   result);
```

❹
```
Console.WriteLine(result
)
;
```

4 파일 실행

빌드까지 수행했으므로 이제 .exe 파일이 생성되었는지 확인하고 실행해보자. 실행 방법에는 두 가지가 있다. 명령 프롬프트에서 *.exe 파일이 생성된 폴더로 이동한 후 직접 명령을 입력해 실행하는 방법과 Visual Studio에서 직접 실행하는 방법이다. 후자가 더 간편하지만 지금은 두 가지 모두 실행해보며 알아 두도록 하자.

실습 1-5 명령 프롬프트에서 실행하기

1 먼저 명령 프롬프트 창에서 직접 실행해보자. ⊞+R 키를 눌러 [실행] 창이 떴을 때 'CMD'를 입력하고 Enter를 누르면 명령 프롬프트 창이 나온다. 다음 명령을 차례대로 입력하여 실행 파일이 들어 있는 폴더로 이동한다.

TIP • **CD**는 폴더 이동 명령어이고, **DIR**은 폴더 및 파일을 출력하는 명령어이다. 명령 프롬프트에서 사용하는 명령어는 대·소문자를 구분하지 않는다.

```
CD \
CD CookC#
CD First
CD bin
CD Debug
DIR
```

여기서 잠깐

기본 도스 명령어

명령 프롬프트를 원활히 사용하려면 도스 명령어 몇 개는 익혀 두는 것이 좋다. 참고로 도스(DOS)는 명령 프롬프트 환경의 운영체제를 말한다.

표 1-3 Windows 도스 명령어

명령어(대·소문자 구분 없음)	설명
DIR	현재 폴더의 파일 목록을 보여줌
CD [폴더 이름]	폴더를 이동함
COPY [원본] [사본]	원본 파일을 사본 파일로 복사함
TYPE [파일명]	텍스트 파일의 내용을 화면에 출력함
DEL [파일명]	파일을 삭제함
MD [폴더명]	새로운 폴더를 생성함
RD [폴더명]	폴더를 삭제함(단, 폴더는 비어 있어야 함)
CLS	화면을 깨끗이 지움

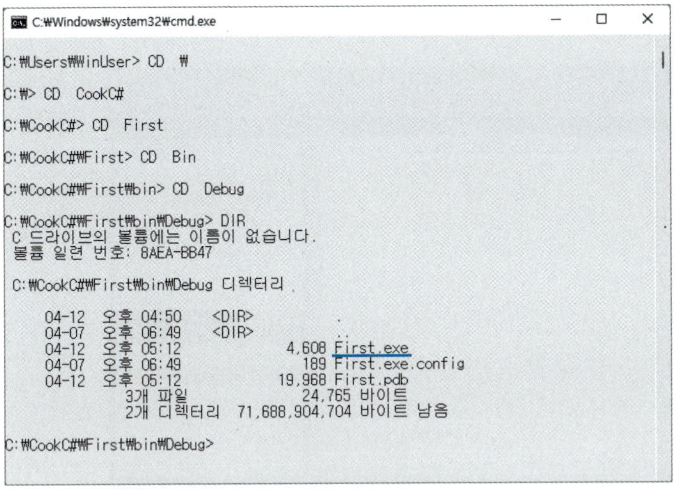

그림 1-34 명령 프롬프트에서 컴파일 결과 확인하기 1

그 결과, 실행 파일인 **First.exe**가 확인된다. 실행 파일 이름인 First를 입력해서 실행해보면 우리가 코딩한 결과를 확인할 수 있다. 확장명이 .exe인 파일은 확장명을 생략하고 실행해도 된다.

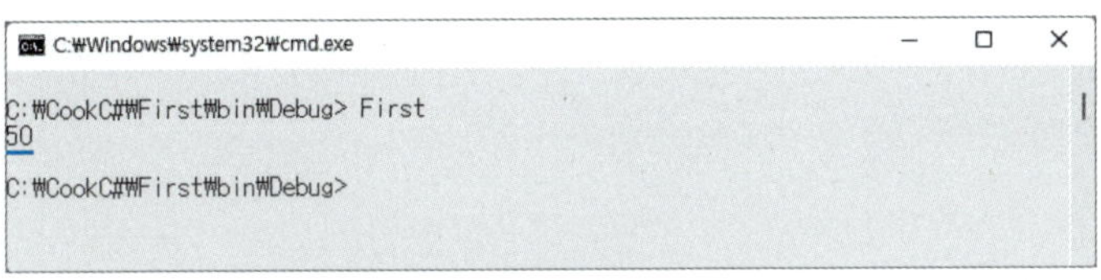

그림 1-35 명령 프롬프트에서 컴파일 결과 확인하기 2

2 이번에는 소스 코드를 약간 수정해서 실행해보자. 100−50이 아니라 100−99의 결과가 나오도록 코딩해보자. [소스 1-2]를 그대로 사용하되 14행만 약간 수정하면 된다. 이후 [모두 저장] 아이콘을 클릭해서 변경한 내용을 저장한다.

소스 1-3 소스 코드 수정하기

```
    1~8행 생략. [소스 1-2]와 동일
9       internal class Program
10      {
11          static void Main(string[] args)
12          {
13              int result ;
14              result = 100 - 99 ;
15              Console.WriteLine(result) ;
16          }
17      }
18  }
```

14행에서 **100-50**을 **100-99**로 변경했다.

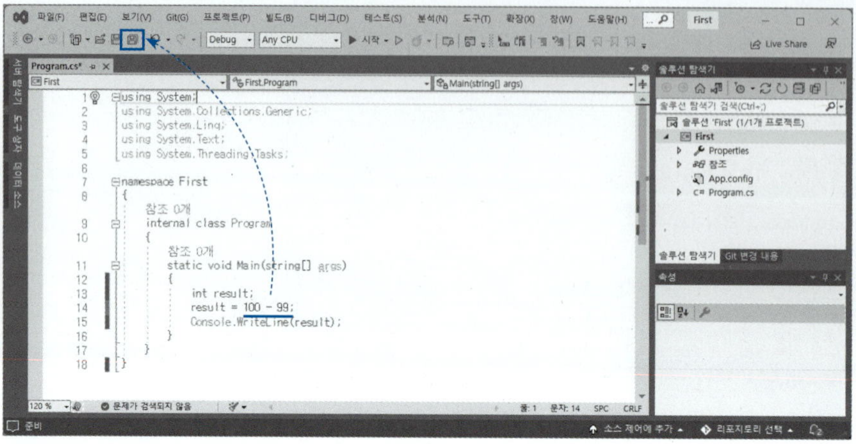

그림 1-36 소스 코드 수정 후 저장

3 새로운 결과를 보기 위해 다시 명령 프롬프트 창에서 실행해보자.

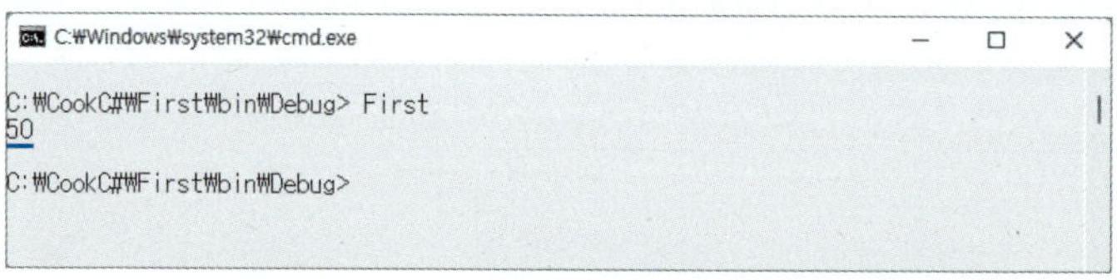

그림 1-37 결과 화면 보기 1

그런데 결과가 조금 전과 동일하게 나왔다. 왜 변경된 내용에 맞춰 결과가 나오지 않았을까? 그 이유는 방금 수정한 소스 코드를 빌드하지 않았기 때문이다. 지금 나오는 결과는 방금 수정한 소스 코드를 실행한 결과가 아니라, 예전에 실행된 소스 코드의 결과이다. 그러므로 소스 코드에서 한 글자라도 변경했다면 반드시 다시 빌드해야 한다.

여기서 잠깐

실행 파일의 배포

만약 누군가가 100에서 99를 뺀 결과가 출력되는 프로그램을 만들어 달라고 요청했다면, 지금 완료된 First.exe 파일만 복사해서 주면 된다. 그러면 의뢰인은 자신의 PC에서 First.exe 파일을 실행해 원하는 결과를 얻을 수 있다(물론, 실제로 이렇게 간단한 프로그램을 주문할 리는 없을 것이다). 현재 판매되는 대부분의 소프트웨어(한글, 엑셀, 게임 등)는 우리가 실습해본 과정과 거의 비슷한 방식으로 개발되어 판매되고 있다. 판매자 쪽 프로그래머가 직접 프로그램을 작성하고 빌드한 뒤, 구매자에게는 확장자가 .exe인 실행 파일만 주는 것이다. 물론 실행 파일 외에 필요한 파일이 더 있을 수는 있지만, 원칙적으로는 실행 파일(.exe)만 판매하며 원본 소스 코드는 공개하지 않는다. 요즘은 원본 소스 코드를 공개하는 '오픈 소스(Open Source)' 프로그램도 많이 나오고 있는 추세다.

4 Visual Studio 메뉴에서 [빌드] – [솔루션 빌드]를 선택해 다시 빌드한다. Visual Studio 왼쪽 아래에 **빌드에 성공했습니다** 메시지가 나왔다면 다시 명령 프롬프트에서 실행해본다.

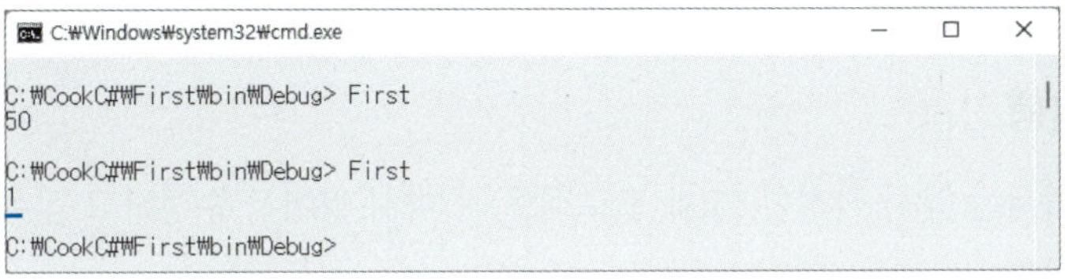

그림 1-38 결과 화면 보기 2

이번에는 원하는 결과가 잘 나왔을 것이다. 결과를 실행하는 방식이 좀 복잡하게 느껴졌을 것이다. 그래서 이렇게 명령 프롬프트를 사용하는 방식보다 Visual Studio의 환경에서 바로 실행하는 방법을 사용하면 좋다. 별도로 명령 프롬프트를 실행하거나 폴더를 이동하는 과정을 거치지 않아도 돼 한결 수월하기 때문이다. 간단히 확인해보자.

실습 1-6 Visual Studio 환경에서 실행하기

1 빌드한 후에 명령 프롬프트에서 결과를 바로 보여주는 단축키인 Ctrl + F5 키를 눌러보자.

2 명령 프롬프트창이 나타나며 실행된 결과가 보일 것이다.

그림 1-39 실행 결과

결과 화면 메시지대로 아무 키나 누르면 결과창이 없어질 것이다. 명령 프롬프트에서 결과를 확인하는 것보다 간편하다. 앞으로는 소스 코드를 수정한 후 바로 Ctrl + F5 키를 눌러서 실행하는 방식을 사용하겠다. 잘 기억해 두자.

3 프로그램 작성 및 실행이 모두 끝났으면 메뉴의 [파일] – [솔루션 닫기]를 선택해 현재 작업 중인 프로젝트를 종료한다.

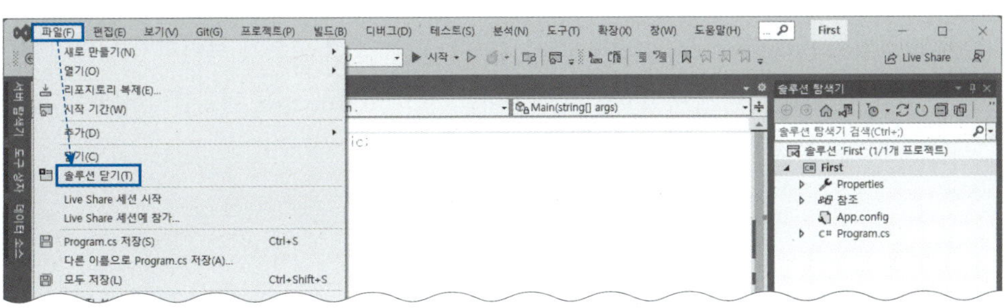

그림 1-40 프로젝트(솔루션) 닫기

4 [원하는 작업을 선택하세요] 창이 나오면 화면 오른쪽 상단의 〈×〉를 눌러 창을 닫는다. 그리고 다시 메뉴의 [파일] – [끝내기]를 선택해 Visual Studio를 종료한다.

5 기존의 C# 프로젝트 실행

기존에 작성했던 소스 코드(여기서는 앞서 작성한 First 프로젝트)를 다시 열어서 수정하고 싶은 경우에는 다음과 같이 수행하면 된다.

실습 1-7 기존의 C# 프로젝트 다시 열기

1 Visual Studio를 실행한다.

2 시작 화면의 [프로젝트 또는 솔루션 열기]을 선택한 후 전에 작업했던 **C:\CookC#\First** 폴더의 First.sln을 선택하면 된다.

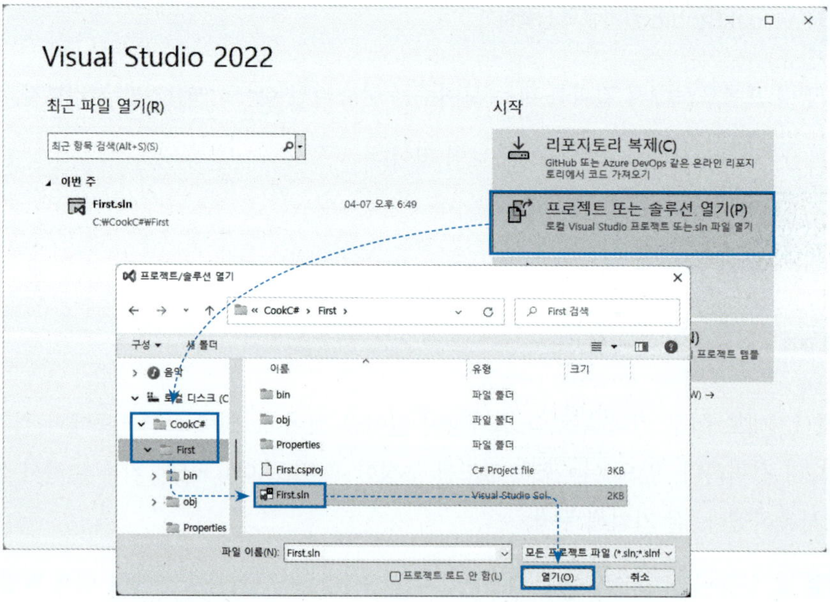

그림 1-41 기존 프로젝트 열기

3 기존에 작성했던 Program.cs 파일이 보일 것이다. 만약 소스 코드가 보이지 않는다면 오른쪽 [솔루션 탐색기] 탭을 클릭한 후 [First]를 확장하고, [Program.cs]를 더블클릭하면 된다.

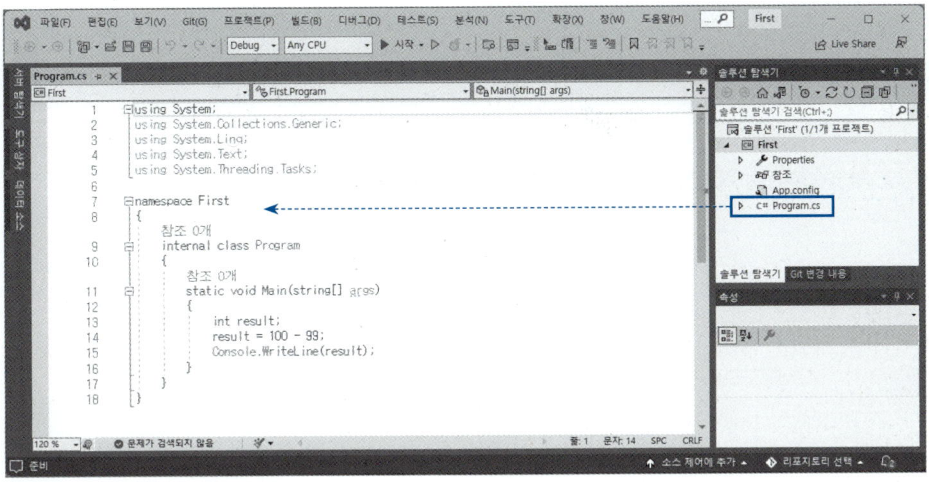

그림 1-42 기존 프로젝트 열기 완료

4 실행 화면 메뉴의 [파일] – [끝내기]를 선택해서 Visual Studio를 종료한다.

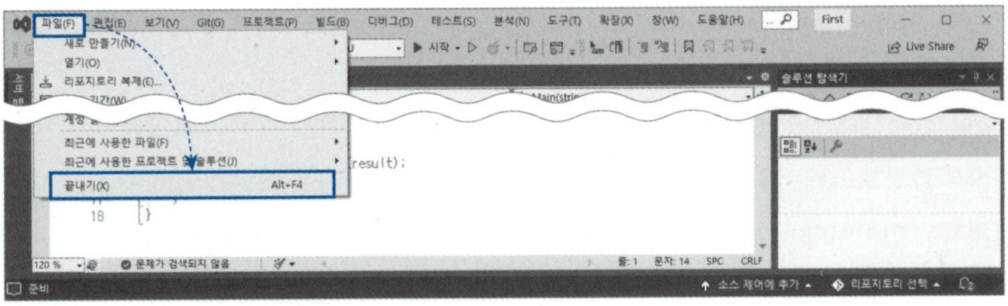

그림 1-43 Visual Studio 종료

지금까지 Visual Studio를 이용해서 C# 프로그램을 작성하고 빌드(컴파일 / 링크)한 뒤 실행하는 과정을 수행해보았다. 이 과정은 앞으로 이 책을 공부하기 위한 가장 기본 사항이므로 이해가 잘 되지 않았다면 반복 연습해 자연스럽게 사용할 수 있도록 한다. 이를 바탕으로 3줄이 아닌 30줄, 300줄짜리 프로그램을 작성하는 연습을 꾸준히 하면 실력 있는 C# 프로그래머로 성장할 수 있을 것이다.

SELF STUDY 1–2

[소스 1–3]을 수정하여 1000 + 2000의 결과가 나오도록 프로그램을 만들어보자.

힌트 프로젝트 이름 : Test , 소스 이름 : Program.cs

요약

1 프로그래밍 언어란 컴퓨터에서 작동하는 소프트웨어(엑셀, 한글, 크롬 등)를 만들기 위한 도구라고 생각하면 된다.

2 프로그래밍 언어의 종류는 수백 가지가 넘는다. 그중에서 많이 사용되는 프로그래밍 언어는 C, C++, 자바, HTML, PHP, 파이썬, C# 등이다.

3 마이크로소프트는 2000년에 닷넷 프레임워크(.NET Framework)에서 사용되는 C# 언어를 발표했다.

4 Visual Studio는 유료 버전인 Enterprise, Professional 에디션과 무료 버전인 Community 에디션으로 나뉜다.

5 C# 언어의 특징은 다음과 같다.

(1) 프로그래밍하기 위한 간결한 문법을 제공한다
(2) 엄격한 문법으로 프로그래머의 실수를 방지한다
(3) 완전한 객체지향 언어이다
(4) 멀티 스레드 프로그래밍을 지원한다
(5) 다양한 응용 프로그램을 작성할 수 있다
(6) CLR 환경에서 개발된다

6 닷넷 프레임워크는 마이크로소프트에서 제공하는 Windows 프로그램 개발 및 실행환경에 대한 이름이다.

7 C#의 작성법을 요약하면 다음과 같다.

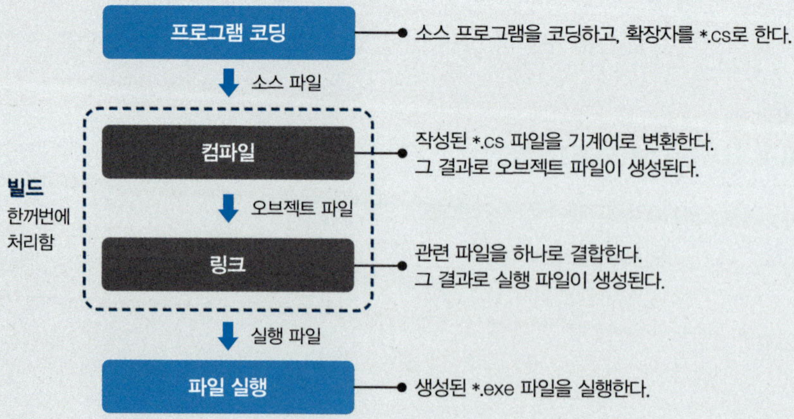

8 코딩이란 머릿속에 그려진 결과물을 실제로 만들기 위해 C# 컴파일러가 알아들을 수 있는 형식으로 문서를 작성한다는 의미이다.

9 컴파일과 링크의 개념은 다음 그림과 같다.

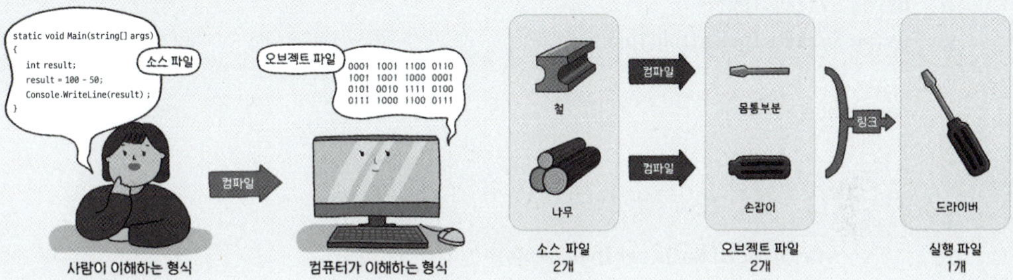

(1) 컴파일 (2) 링크

10 Visual Studio 2022 Community 설치 과정은 다음과 같다.

(1) Visual Studio Community 설치 파일을 다운로드한다.

(2) 설치 화면에서 '.NET 데스크톱 개발'을 체크해서 설치한다.

(3) 디스크 여유공간은 10GB 정도가 필요하다.

11 프로젝트란 여러 개의 C# 프로그램을 모아 놓은 묶음이다.

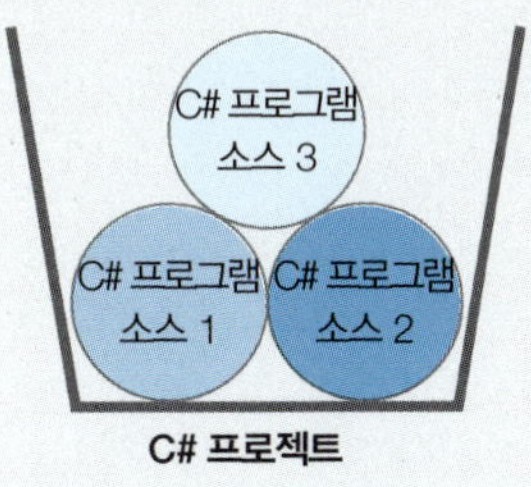

12 C# 프로그램을 작성하려면 먼저 프로젝트를 생성해야 한다. [콘솔 앱(.NET Framework)]을 선택해서 프로그램을 작성하며, 자동으로 생성된 C#의 파일 이름은 Program.cs이다.

요약

13 처음으로 작성한 C# 소스 코드는 다음과 같다.

```
using System;
using System.Collections.Generic;
using System.Linq;
using System.Text;
using System.Threading.Tasks;

namespace First
{
    class Program
    {
        static void Main(string[] args)
        {
            int result;
            result = 100 - 50;
            Console.WriteLine(result) ;
        }
    }
}
```

14 소스 코드는 컴파일하고 링크를 해야 한다. 컴파일과 링크는 한번에 수행할 수 있으며 이 과정을 빌드(Build)라고 한다.

15 빌드된 결과인 .exe 파일은 다음의 두 가지 방법으로 실행할 수 있다.

(1) 명령 프롬프트 창에서 실행한다.

(2) Visual Studio에서 Ctrl + F5 키를 눌러 실행한다.

연습문제

1 다음 중 컴퓨터와 관련없는 용어를 고르세요.

프로그래밍 언어, 소프트웨어, 앱, 프로그래머, 사람의 언어

2 다음 중 프로그래밍 언어가 아닌 것을 고르세요.

파이썬, 자바, B++, C, HTML, PHP, C#

3 다음 중 C#의 특징에 대한 설명으로 틀린 것을 모두 고르세요.

① 간결한 프로그래밍 문법을 제공한다.

② 문법 체크가 유연해서 프로그래머에게 많은 자유를 준다.

③ 완전한 절차지향 언어이다.

④ 멀티 스레드 프로그래밍을 지원한다.

⑤ 다양한 응용 프로그램을 작성할 수 있다.

⑥ CLR 환경에서 개발된다.

4 다음에 제시된 단어들을 C# 프로그래밍의 순서에 맞게 차례대로 나열하세요.

링크, 컴파일, 소스 코딩, 파일 실행

5 다음 중 Visual Studio 에디션 무료 버전으로 알맞은 것을 모두 고르세요.

① Enterprise
② Professional
③ Community
④ Express

6 다음에 제시된 소스 코드의 실행 결과 화면을 예측해 보세요.

```
int result = 100;
Console.WriteLine(result) ;
result = 200;
```

연습문제

IT@COOKBOOK

7 다음에 제시된 단어들을 규모가 큰 것부터 나열해보세요.

> 프로그램 소스, 솔루션, 프로젝트

8 다음 중 Visual Studio에 대한 설명으로 틀린 것을 고르세요.

① Visual Studio 2022 버전은 Windows 7에서 설치 가능하다.

② 솔루션 안에는 프로젝트가 1개 이상 있을 수 있다.

③ 프로젝트 안에는 프로그램 소스가 1개 이상 있을 수 있다.

④ 새 프로젝트를 만들 때 [콘솔 앱(.Net Framework)]을 선택하면 C#을 개발할 수 있다.

9 **심화문제** 다음과 같이 3.14 × 3.14의 계산 결과가 나오도록 프로그램을 작성하세요.

힌트1 double형은 실수에 대한 데이터 형이다.

실행 결과

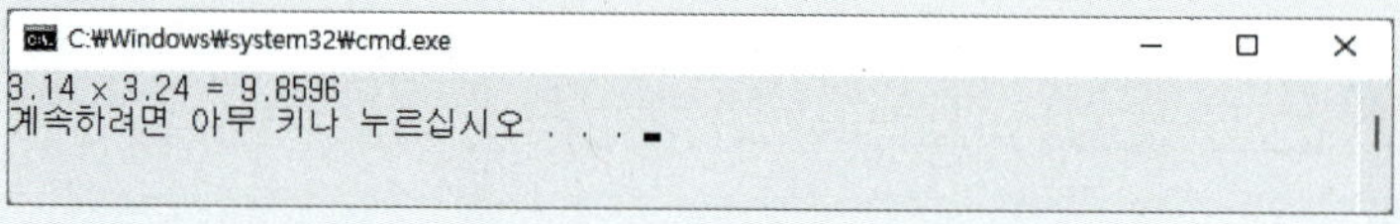

CHAPTER 02

미리 만들어보는 C# 프로그램

학습목표

- 프로젝트 작성 방법을 복습한다.
- 변수의 개념을 이해한다.
- Console.WriteLine( )과 Console.ReadLine( ) 메서드의 사용법을 익힌다.
- 윈폼을 만들고 컨트롤을 추가하고 컨트롤의 속성을 변경할 수 있다.
- 마우스 이벤트에 대해 이해하고, 관련 프로그램을 작성할 수 있다.

SECTION 01 이 장에서 만들 프로그램

앞 장에서 Visual Studio를 설치한 후 간단한 숫자를 계산하는 프로그램을 짜보았다. 훌륭한 프로그램이지만 3줄짜리 프로그램이어서 실제로 사용하는 프로그램과는 거리가 멀다.

이번에는 실제로 사용되는 기능이 들어 있는 프로그램을 만들어보자. 그런데 문제는, C#으로 제대로 된 프로그램을 만들기까지는 배워야 할 것이 상당히 많다는 점이다. 하지만 모든 문법을 익혀야만 프로그램을 짤 수 있는 자격이 주어지는 것은 아니다. 잘 모르더라도 조금 긴 C# 소스 코드를 작성해보면 좋은 경험이 될 것이다.

1 [프로그램 1] 간단 계산기

이번 장에서 우리가 만들 첫 번째 프로그램은 다음과 같이 두 숫자를 입력하면 덧셈, 뺄셈, 곱셈, 나눗셈, 나눗셈의 몫과 나머지의 결과가 나오는 프로그램이다. 계산기에 2개의 숫자를 직접 입력하면 일반 계산기와 비슷하게 계산 결과가 나온다.

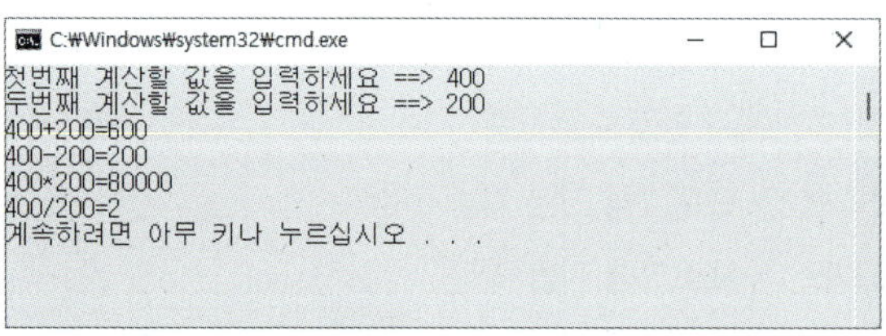

그림 2-1 간단 계산기 출력 결과

2 [프로그램 2] 간단 그림판

두 번째로 만들 프로그램은 C#으로 재미있는 그림을 그릴 수 있는 윈폼 프로그램이다. 윈폼(WinForm)은 GUI(Graphical User Interface)를 제공하는 C#의 기능이다. 책 후반부에서 자세히 다루겠지만, C#에 흥미를 느낄 수 있도록 미리 다뤄보려고 한다. 윈도우 창에서 마우스를 이용해 선을 그리는 프로그램이며, 창 왼쪽 상단의 〈화면 초기화〉 버튼을 클릭하면 기존의 선들이 모두 없어진다.

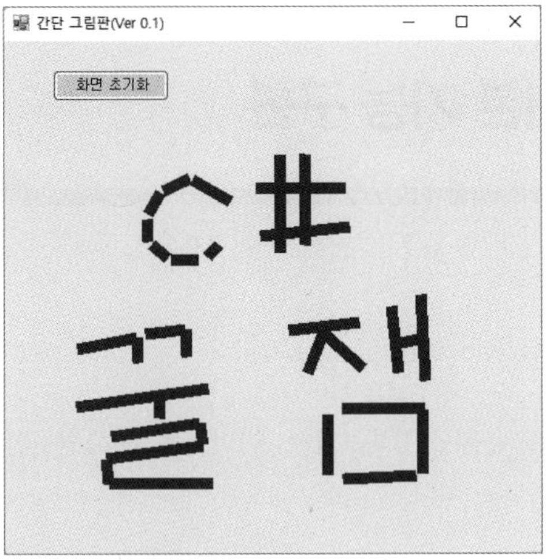

그림 2-2 간단 그림판 출력 결과

SECTION 02

계산기 프로그램 기본 기능 구현

1 프로그램 작성 순서

1장에서 우리는 100에서 50을 빼는 아주 간단한 프로그램을 작성해보았다. 이번에는 좀 그럴듯한 프로그램을 만들어보자.

이 부분에서 의아하게 생각하는 사람이 있을 것이다. '이제 겨우 컴파일러 설치해보고, 뭔지 모르지만 간단한 프로그램을 하나 따라해본 것뿐인데 벌써 프로그램을 짠다니… 문법을 제대로 배워야 프로그램을 짤 수 있는 것 아닌가?' 하고 말이다.

맞는 말이다. 문법을 제대로 배운 후에야 프로그램을 짤 수 있는 기본적인 능력이 생길 것이다. 하지만 조금 그럴듯한 프로그램을 작성해보도록 하는 것은 이 책을 통해 무엇을 할 수 있을지 감을 먼저 잡아보자는 의미이다. 그러니 지금 작성하는 프로그램을 완전히 이해하지 못하더라도 잘 따라하기만 하면 이번 장의 목표는 충분히 달성하는 것이다.

첫 번째로는 덧셈, 뺄셈, 곱셈, 나눗셈이 실행되는 간단한 계산기 프로그램을 작성해볼 것이다. 다시 이야기하지만, 프로그램 문법에는 신경쓰지 말고 전반적으로 프로그램을 작성하는 순서에 집중해서 실습하도록 하자. 프로그램의 작성 순서는 다음과 같다.

프로젝트 만들기 → 프로그램 코딩 → 빌드(컴파일 / 링크) → 실행

그림 2-3 프로그램 작성 순서

2 기본적인 콘솔 앱 생성

1장에서 실습했던 프로그램 작성 순서를 복습하면서 새로운 프로젝트를 만들어보자. 이번 프로젝트의 이름은 **Project02_1**로 한다.

실습 2-1 간단 계산기 프로젝트 생성하기

1 Visual Studio를 실행한다.

2 프로젝트를 생성하기 위해 실행 창 오른쪽의 [새 프로젝트 만들기]를 클릭한다.

3 [새 프로젝트 만들기] 창에서 언어를 [C#]으로 선택한다. 창 아래로 스크롤해 [콘솔 앱(.NET Framework)]을 선택한 후 〈다음〉을 클릭한다.

TIP • 프로젝트의 템플릿 중에는 [콘솔 앱]도 있는데, 이를 선택하지 않도록 주의하자. 책과 동일하게 진행하려면 [콘솔 앱(.NET Framework)]과 같이 뒤에 .NET Framework가 붙어 있는 프로젝트를 선택해야 한다.

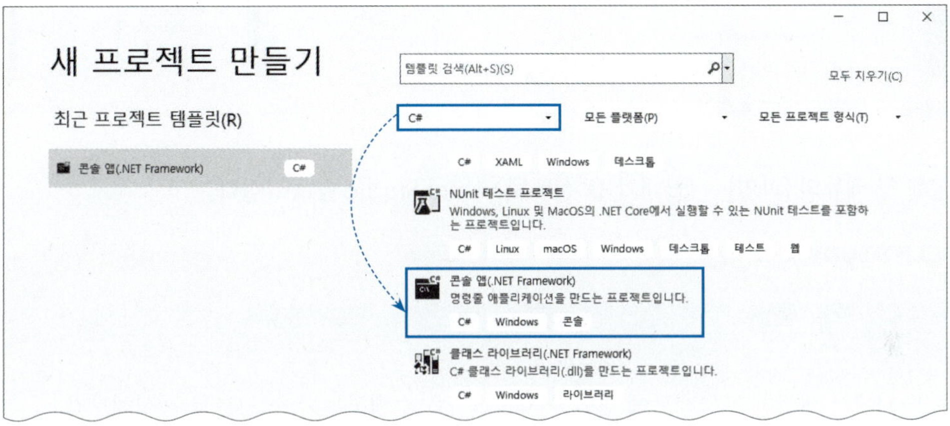

그림 2-4 Project02_1 새 프로젝트 생성 1

4 [새 프로젝트 구성] 창에서 '프로젝트 이름'에는 **Project02_1**을 입력한 후, '위치'에서 〈…〉을 클릭해 **C:\CookC#** 폴더를 선택하자. 그리고 〈솔루션 및 프로젝트를 같은 디렉터리에 배치〉를 체크한 후 〈만들기〉를 클릭한다.

TIP • [새 프로젝트 구성] 창 제일 아래의 '프레임 워크'는 계속 [.NET Framework 4.8]을 사용한다.

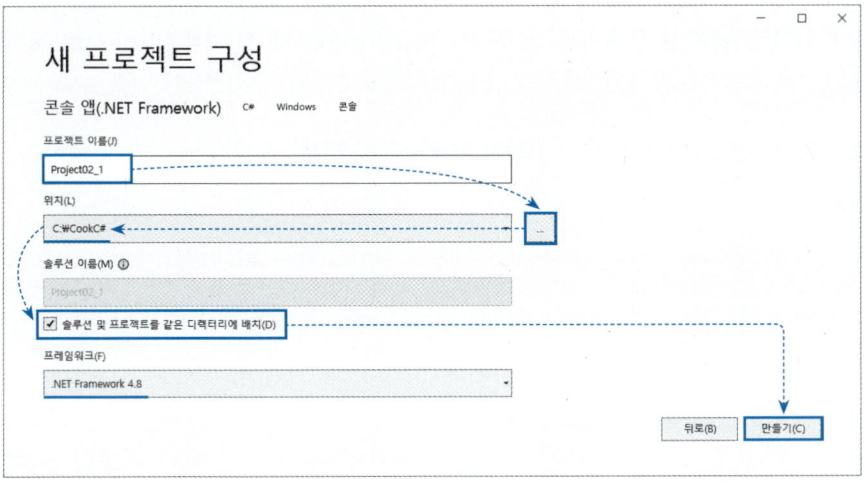

그림 2-5 Project02_1 새 프로젝트 생성 2

5 최종적으로 다음과 같은 프로젝트(또는 솔루션)가 완성되었다. 이 프로젝트의 이름은 Project02_1이다.

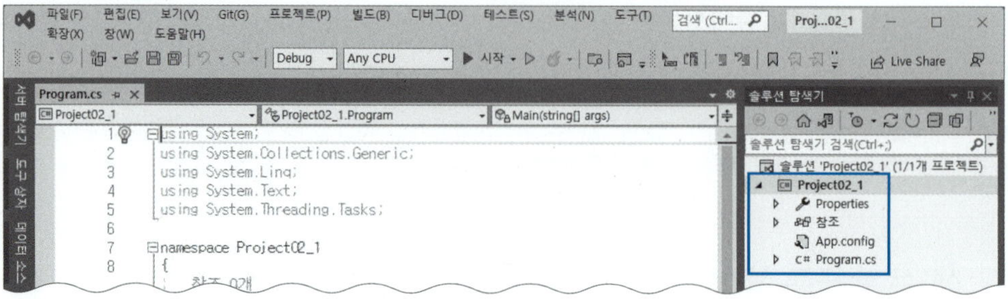

그림 2-6 생성된 프로젝트 확인

6 실행 창 메뉴의 [파일] – [끝내기]를 선택해 Visual Studio를 종료한다.

SELF STUDY 2-1

새로운 프로젝트 2개를 빠른 속도로 만들어보자. 프로젝트 이름은 Test2, Test3으로 한다.

[실습 2-1]에서 생성한 프로젝트에 간단한 사칙연산을 수행하는 소스 코드를 작성해보자.

실습 2-2 덧셈, 뺄셈, 곱셈, 나눗셈 기능 구현하기

1 Visual Studio를 실행한다.

2 실행 창 오른쪽의 [프로젝트 또는 솔루션 열기]를 선택한 후, 이전에 작업했던 **C:\CookC#\Project02_1** 폴더의 Project02_1.sln을 선택해 〈열기〉를 클릭한다.

3 창 오른쪽에 위치한 [솔루션 탐색기]의 프로젝트 이름(Project02_1) 아래 [Program.cs]를 더블클릭한다.

4 창 왼쪽에 위치한 코드 편집창에 우선 100과 50의 덧셈, 뺄셈, 곱셈, 나눗셈을 수행하는 프로그램을 코딩한다.

TIP • 이후부터는 소스 코드에서 static void Main( ) 메서드 부분만 표현한다. Program.cs의 나머지 부분은 그대로 두고 실습을 진행하자. 참고로 메서드(Method)란 다른 언어에서 함수(Function)라고 부르기도 하는데, 프로그램에서 어떤 기능을 담당하는 단위이다. 메서드의 형식은 **메서드이름( ) { 메서드_내용··· }**으로 구성된다. 앞으로 이름 뒤에 괄호가 나오는 것은 모두 메서드로 이해하면 된다. 지금은 이 정도만 기억하고 메서드에 대한 자세한 내용은 8장에서 살펴보자.

소스 2-1 프로그램 작성 (프로젝트명 : Project02_1)

```
static void Main(string[] args)
{
    int a, b;
    int result;

    a = 100;
```

```
7        b = 50;
8
9        result = a + b;
10       Console.WriteLine(a + "+" + b + "=" + result);
11
12       result = a - b;
13       Console.WriteLine(a + "-" + b + "=" + result);
14
15       result = a * b;
16       Console.WriteLine(a + "*" + b + "=" + result);
17
18       result = a / b;
19       Console.WriteLine(a + "/" + b + "=" + result);
20   }
```

3, 4행은 계산할 두 숫자를 저장할 변수 a, b와 결과를 넣을 변수 result를 선언한다. 6, 7행은 a에 100, b에 50을 대입한다. 9행은 a와 b를 더한 결과를 result에 넣는다. 12행은 a와 b를 뺀 결과를 result에 넣는다. 15행은 a와 b를 곱한 결과를 result에 넣는다. 18행은 a를 b로 나눈 결과를 result에 넣는다. 10, 13, 16, 19행은 모니터에 a, b, result 값을 출력한다.

5 틀린 글자가 없는지 확인한 후 실행 창 메뉴의 [파일] – [모두 저장]을 선택하거나 [모두 저장] 아이콘을 클릭하거나 Ctrl + S 키를 눌러 입력한 내용을 저장한다.

3 변수의 개념 이해

[소스 2-1]에는 배우지 않은 내용이 많이 나오므로, 천천히 살펴보자. 우선 변수의 개념을 이해하고 넘어가는 것이 좋을 듯하다. 변수란 간단히 말해, **값을 저장하는 그릇(또는 방)** 정도로 생각하면 된다.

우선, 3행과 4행에서 변수를 3개 준비한다.

그림 2-7 그릇 준비

6, 7행에서 그릇 a에는 100을, 그릇 b에는 50을 넣는다.

그림 2-8 두 그릇에 값을 넣음

9행에서 그릇 a의 값과 그릇 b의 값을 더한 결과값을 그릇 result에 넣는다.

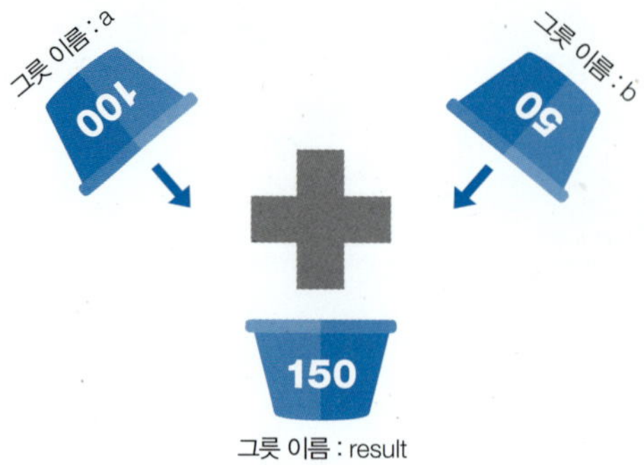

그림 2-9 덧셈 작업

4 Console.WriteLine( ) 메서드의 사용

10행의 내용 중 **Console.WriteLine( )**은 괄호 안의 내용을 모니터에 출력하라는 의미의 메서드로, 앞으로 프로그래밍을 할 때마다 수도 없이 사용하게 될 것이다. 코드 중간의 **+ 기호**는 내용을 이어서 출력하라는 뜻이다. **"+"**나 **"="**는 문자열이다.

TIP • 문자열(String)이란 연속된 문자를 말하며 큰따옴표 안에 묶는다. "abcd", "안녕?", "100" 등과 같은 것들이 문자열이다.

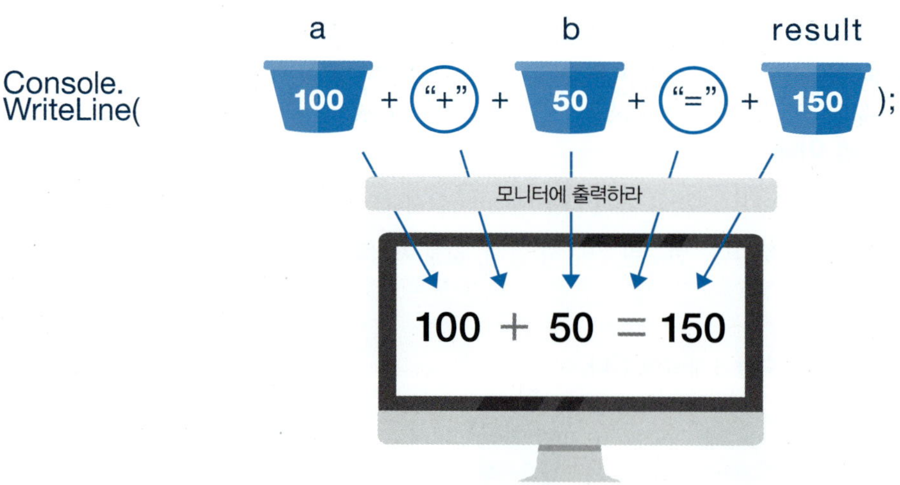

그림 2-10 Console.WriteLine( ) 메서드의 작동

나머지 행인 12~19행 역시 연산자만 다를 뿐 같은 개념이다.

> **여기서 잠깐**
>
> **변수와 그릇의 차이** 변수와 진짜 그릇의 다른 점은 다음과 같다. 진짜 그릇이라면 [그림 2-9]에서 a와 b는 빈 그릇이 되겠지만, 변수는 result에 값이 들어가더라도 그대로 남아 있다.

실습 2-3 C# 프로젝트 빌드하기 - 컴파일과 링크

1 실행 창 메뉴의 [빌드] – [솔루션 빌드]를 선택해 프로젝트를 빌드한다.

2 특별히 문제가 없다면 Visual Studio 실행 창 왼쪽 하단에 **빌드: 성공 1, 실패 0, …** 및 **빌드에 성공했습니다** 메시지가 출력될 것이다. 만약 실패 메시지가 뜨면 소스 코드에서 틀린 부분을 수정한 후 다시 빌드하도록 한다.

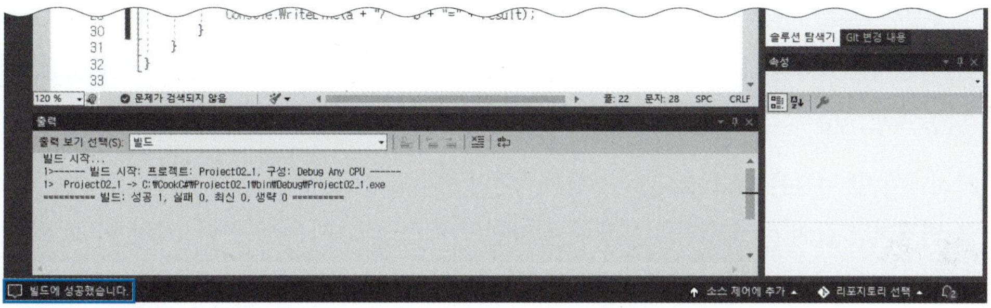

그림 2-11 프로젝트의 빌드 성공 메시지

실습 2-4 C# 프로젝트 실행하기

1 Ctrl + F5 키를 누르거나, 실행 창 메뉴의 [디버그] – [디버그하지 않고 시작]을 선택해 실행한다. 실행 결과 창을 보면 덧셈, 뺄셈, 곱셈, 나눗셈의 결과를 확인할 수 있다.

그림 2-12 실행 결과

2 결과를 확인했으면 아무 키나 눌러 결과 창을 닫는다.

SELF STUDY 2-2

[소스 2-1]을 수정하여 1234와 456의 덧셈, 뺄셈, 곱셈, 나눗셈 결과를 확인해보자. 또, 글자가 다음과 같이 띄어쓰기되어 나오도록 해보자.

힌트 변수 a와 b에 대입하는 값을 변경하고, "+" 등의 앞뒤 공백(Space)을 출력에 추가한다.

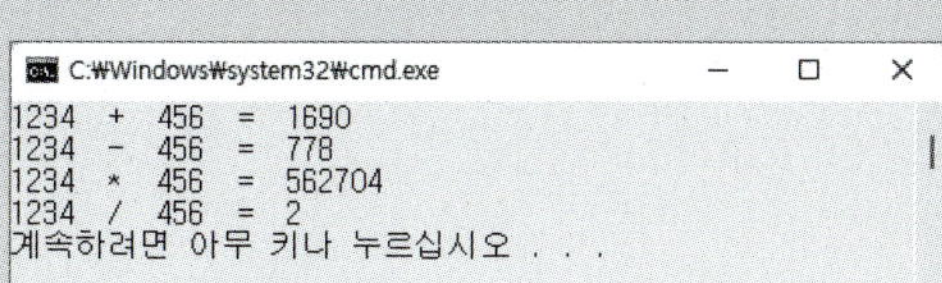

그림 2-13 실행 결과

SECTION 03

계산기 프로그램 기능 확장

앞에서 작성한 프로그램은 아무 이상 없이 실행되기는 했지만, 프로그램이라 하기에는 뭔가 좀 부족하다. 이번에는 100과 50만 고정으로 계산하는 것이 아니라 직접 입력한 두 숫자의 덧셈, 뺄셈, 곱셈, 나눗셈을 수행하도록 프로그램을 수정해보자.

우선 고려해야 할 부분은 [소스 2-1]의 6행과 7행의 변수 a, b 값이다. 지금처럼 직접 소스 코드에서 값을 변경하면 값이 바뀔 때마다 빌드(= 컴파일 + 링크)를 다시 해야 한다. 만약 이 프로그램을 판매한다고 생각해보자. 현재 완성된 실행 파일(Project02_1.exe)은 100과 50에 대한 계산 결과이다. 그런데 구매자가 200과 100의 계산 결과로 변경을 요청한다면, 프로그램을 수정하고 빌드한 후에 새로 생성된 실행 파일(Project02_1.exe)을 다시 줘야 한다. 즉 새로운 값을 계산해야 할 때마다 이 과정을 반복해야 한다는 이야기이다. 그러므로 매번 소스 코드를 수정할 필요없는, 다른 방법이 필요하다.

1 Console.ReadLine( ) 메서드의 서식

매번 소스 코드에 변수 값을 써야 하는 [소스 2-1]과 달리, 프로그램을 실행할 때 키보드로 숫자를 직접 입력하면 어떨까? 이렇게만 된다면 덧셈, 뺄셈, 곱셈, 나눗셈을 자유자재로 수행할 수 있다.

```
변수 a에 100을 넣는다 → 변수 a에 입력할 값을 키보드로 입력받는다
변수 b에 50을 넣는다 → 변수 b에 입력할 값을 키보드로 입력받는다
```

그림 2-14 변수에 키보드로 값을 직접 입력

키보드로 값을 입력받으려면 **Console.ReadLine( )** 메서드를 사용하면 된다.

```
string 문자열_변수_이름;
문자열_변수_이름 = Console.ReadLine( );
```

문제는 Console.ReadLine( ) 메서드는 무조건 문자열로만 입력을 받는다는 점이다. 즉, 숫자 **100**을 입력해도 문자열 **"100"**으로 입력받기 때문에 정수형 변수 a에 직접 대입할 수 없다. 그래서 string 형식의 변수를 별도로 준비해 입력받아야 한다. 계산을 위해서는 정수가 필요하므로, 문자열을 숫자로 변환하는 **Convert.ToInt32( )** 메서드를 사용한다.

```
정수형_변수_이름 = Convert.ToInt32(문자열_변수);
```

2 Console.ReadLine( ) 메서드를 사용한 데이터 입력

실습 2-5 Console.ReadLine( ) 메서드 사용하기

1 새로운 프로젝트를 생성하기 위해 실행 창 메뉴의 [파일] – [새로 만들기] – [프로젝트]를 클릭한다. 만약, Visual Studio를 새로 실행했다면 창 오른쪽의 [새 프로젝트 만들기]를 클릭한다.

2 [새 프로젝트 만들기] 창에서 언어를 [C#]으로 선택한다. 창 아래로 스크롤해 [콘솔 앱(.NET Framework)]을 선택한 후, 〈다음〉을 클릭한다.

3 [새 프로젝트 구성] 창에서 '프로젝트 이름'에 **Project02_2**라고 입력한 후, '위치'에서 〈…〉을 클릭해 **C:\CookC#** 폴더를 선택한다. 그리고, 〈솔루션 및 프로젝트를 같은 디렉터리에 배치〉에 체크한 후 〈만들기〉를 클릭한다.

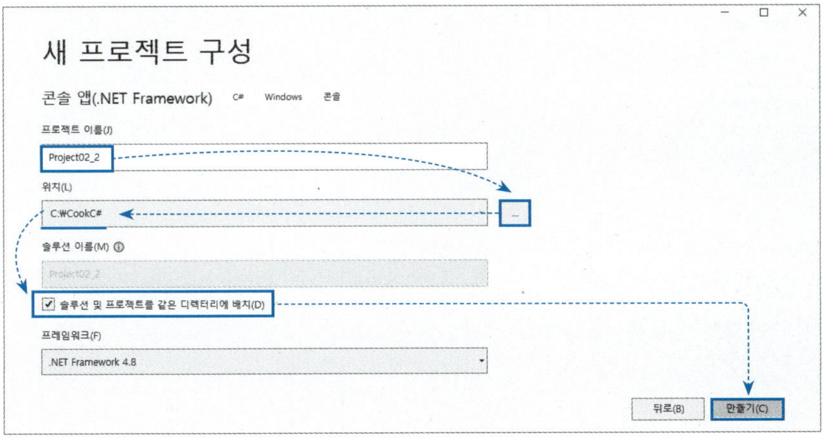

그림 2-15 Project02_2 새 프로젝트 생성

4 자동 완성된 Program.cs 파일에 다음과 같이 소스 코드를 추가한다.

소스 2-2 키보드로 값을 직접 입력받기 (프로젝트명 : Project02_2)

```
1   static void Main(string[] args)
2   {
3       int a, b;
4       int result;
5
6       string str;
7
8       str = Console.ReadLine();
9       a = Convert.ToInt32(str);
10
11      str = Console.ReadLine();
12      b = Convert.ToInt32(str);
13
14      result = a + b;
15      Console.WriteLine(a + "+" + b + "=" + result);
16
17      // 이다음은 [소스 2-1]의 12~19행과 동일함
…
25  }
```

6행은 문자열을 입력받기 위해 문자열 변수 str을 선언한다. 8행은 키보드로 문자열을 입력받아 str에 대입한다. 9행은 **Convert.ToInt32( )** 메서드를 이용해서 문자열인 str을 정수로 변환해 a에 대입한다. 11, 12행은 키보드로 문자열을 입력받아 str에 대입한 후, 정수로 변환해 b에 대입한다.

5 Ctrl + F5 키를 눌러서 빌드 및 실행을 동시에 수행한다. 명령 프롬프트 창을 보면, 커서만 깜박거리는 것을 확인할 수 있다.

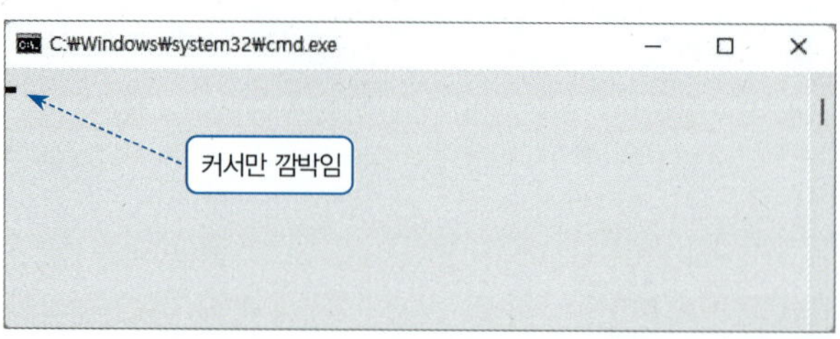

그림 2-16 실행 결과 1

6 일단 숫자를 하나 입력하고 Enter를 누른다. 다시 숫자 하나를 입력하고 Enter를 누른다.

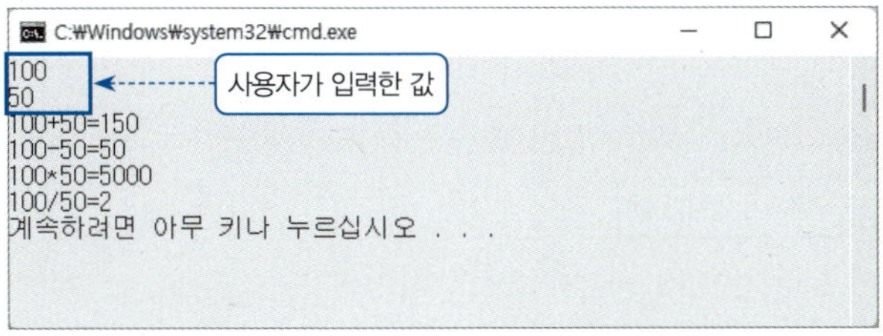

그림 2-17 실행 결과 2

결과를 보니 첫 번째로 입력한 값 100은 변수 a에 들어가는 값이고, 두 번째로 입력한 값 50은 변수 b에 들어가는 값임을 알 수 있다. 즉 **Console.ReadLine( )** 메서드를 만나면 커서가 깜박거리면서 변수 a에 들어갈 값이 입력되기를 기다린다. 프로그램은 잘 생성되었지만, 이 프로그램을 처음 사용하는 사람에게는 하얀 화면만 보이므로 무엇을 해야 할지 모를 것이다. 그래서 약간의 설명이 출력되는 것이 좋다.

7 좀 더 사용하기 편하도록 다음과 같이 소스 코드를 수정해보자.

소스 2-3 도움말 출력하기 (프로젝트명 : Project02_2)

```
1   static void Main(string[] args)
2   {
3       int a, b;
4       int result;
5
6       string str;
7
8       Console.Write("첫번째 계산할 값을 입력하세요 ==> ");
9       str = Console.ReadLine();
10      a = Convert.ToInt32(str);
11
12      Console.Write("두번째 계산할 값을 입력하세요 ==> ");
13      str = Console.ReadLine();
14      b = Convert.ToInt32(str);
15
16      result = a + b;
17      // 이다음은 [소스 2-2]의 15행 이하와 동일함
...
```

8, 12행은 도움말을 화면에 출력해준다.

8 다시 Ctrl + F5 키를 눌러서 빌드 및 실행을 동시에 수행한다. 이제는 어떠한 값이든 입력하기만 하면 즉각 결과 값이 나올 것이다.

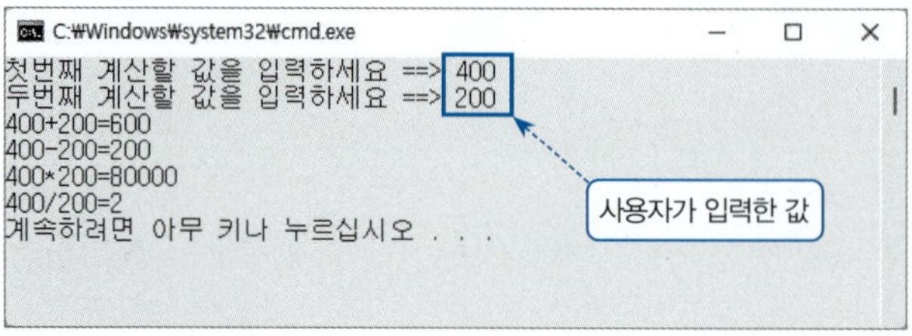

그림 2-18 실행 결과 3

지금까지 조금 그럴듯한 프로그램을 작성해보았다. 물론 아직은 내용을 완전히 이해하지는 못했을 것이다. 앞으로도 반복하며 설명하겠지만, 실습한 내용을 잘 기억해 두면 학습에 많은 도움이 될 것이다.

[소스 2-3]까지 완성했다면 이제 실전에 가까운 프로그램을 작성할 준비를 마친 것이다. 다음 장부터는 C# 언어의 문법을 익힐 것이다. 그에 앞서 C#의 응용 분야 중 하나인 윈폼 프로그래밍에 도전해보자.

SELF STUDY 2-3

[소스 2-3]의 a, b 값으로 200, 400을 입력하면 나눗셈은 결과가 0이 나온다. 결과가 0.5가 나오도록 소스 코드를 수정해보자.

힌트 소수점이 있는 실수를 처리하기 위해서는 변수를 double형으로 선언해야 한다.

SECTION 04 그림판 프로그램 작성

1 기본적인 윈폼 앱 생성

윈폼(WinForm, Windows Form의 약자)은 윈도우 창이 나오는 프로그램을 말한다. 앞에서는 텍스트 모드에서만 프로그램이 실행되고 처리되었지만, 실제로 우리가 사용하는 대부분의 프로그램은 윈도우 창이 나오는 GUI(Graphical User Interface) 환경으로 작동한다. 예를 들면 웹브라우저, 포토샵, 그림판, 엑셀, 한글 등이 모두 윈도우 창에서 작동하는 프로그램이다.

윈폼에 대해서는 9장에서 본격적으로 살펴볼 예정이므로, 이번 절에서는 간단한 윈폼 작성법을 살펴보고 일부 프로그램을 작성해보자.

그림 2-19 GUI 프로그램의 예 – 그림판 프로그램

실습 2-6 간단 그림판 프로젝트 생성하기

1 새로운 프로젝트를 생성하기 위해 실행 창 메뉴의 [파일] – [새로 만들기] – [프로젝트]를 클릭한다. 만약 Visual Studio를 새로 실행했다면 창 오른쪽의 [새 프로젝트 만들기]를 클릭한다.

2 [새 프로젝트 만들기] 창에서 언어를 [C#]으로 선택한다. 창 아래로 스크롤해 이번에는 [Windows Forms 앱(.NET Framework)]을 선택한 후 <다음>을 클릭한다.

TIP • 프로젝트의 형식 중에는 [Windows Forms 앱]도 있는데, 이를 선택하지 않도록 주의하자. 책과 동일하게 진행하려면 [Windows Forms 앱(.NET Framework)]과 같이 뒤에 .NET Framework가 붙어 있는 프로젝트를 선택해야 한다.

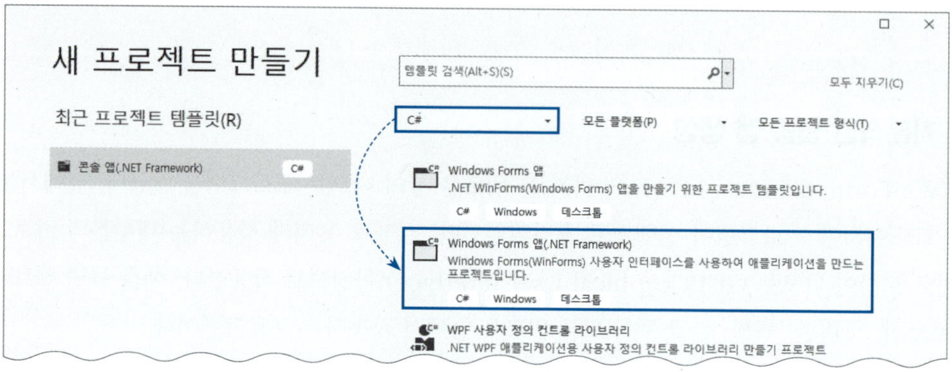

그림 2-20 Windows Forms 앱(.NET Framework) 선택

3 [새 프로젝트 구성] 창에서 '프로젝트 이름'에 **Project02_3**이라고 입력한 후, '위치'에서 <…>을 클릭해 **C:\CookC#** 폴더를 선택한다. 그리고, <솔루션 및 프로젝트를 같은 디렉터리에 배치>에 체크한 후 <만들기>를 클릭한다.

TIP • [새 프로젝트 구성] 창 제일 하단의 '프레임 워크'는 계속 [.NET Framework 4.8]을 사용한다.

4 창이 비어 있는 윈폼이 준비된 상태로 프로젝트가 완성된다.

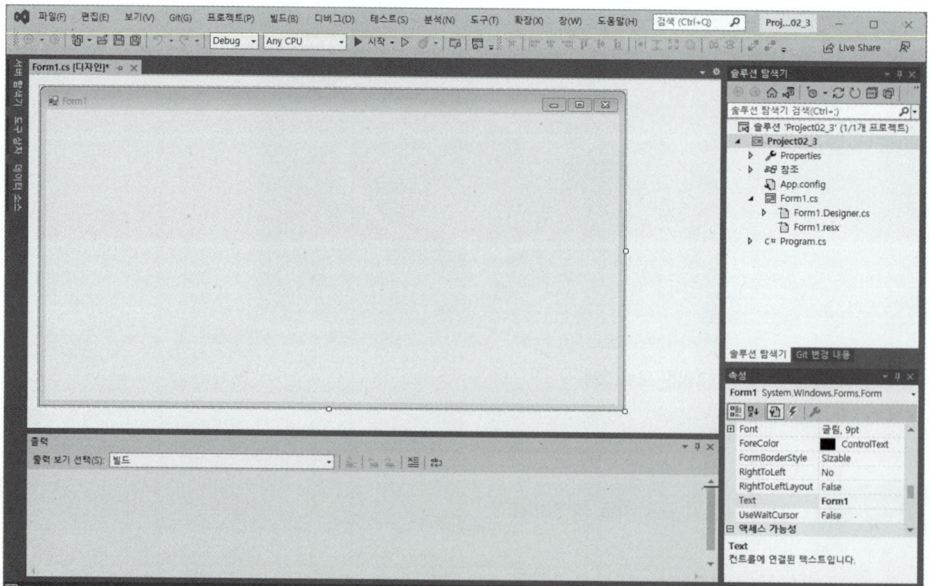

그림 2-21 완성된 윈폼 프로젝트

5 일단 Ctrl+F5 키를 눌러서 빌드 및 실행을 동시에 진행한다. 빈 윈도우창이 실행되는데, 아무것도 없기는 하지만 프로그램을 작성한 것이다. 확인했으면 오른쪽 상단의 <×>를 눌러서 실행 창을 닫는다.

그림 2-22 실행된 윈폼 프로그램

6 몇 가지 컨트롤을 연습해보자. 화면 왼쪽의 [도구 상자]를 클릭하고 [공용 컨트롤]을 확장하면, 컨트롤이 여러 개 보인다. 이 중에서 PictureBox를 드래그해 윈폼에 끌어다 놓자. 만약 [도구 상자]를 계속 화면에 나타나게 하고 싶다면 [도구 상자] 오른쪽 상단의 압정 모양 버튼을 눌러 놓으면 된다.

TIP • **컨트롤(Control)**이란 Button, CheckBox, PictureBox 등을 통틀어서 부르는 용어이다. 윈폼에서는 이러한 컨트롤을 배치하고 클릭하는 등의 동작을 처리하도록 프로그래밍하는 것이 일반적인 방식이다.

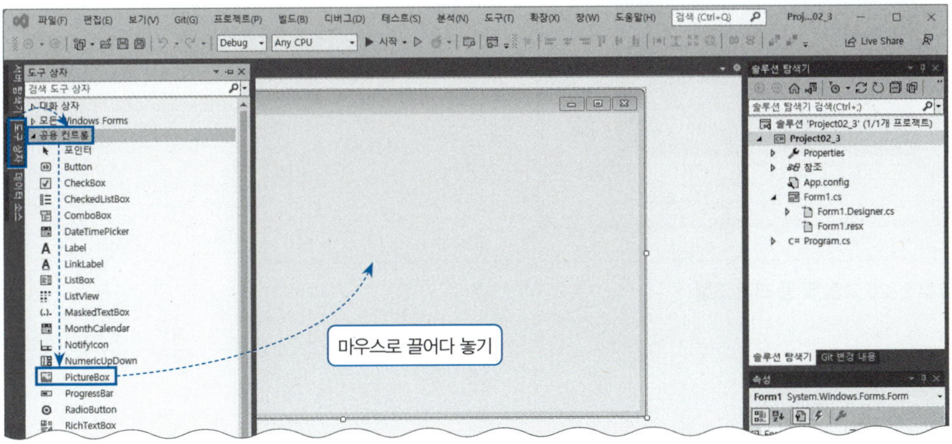

그림 2-23 PictureBox 추가

7 화면에 생성된 PictureBox를 선택하고 박스의 오른쪽 위 조그만 화살표(▶)를 클릭한다. 〈이미지 선택〉을 클릭한 뒤 [리소스 선택] 창이 뜨면 〈로컬 리소스〉를 선택하고 〈가져오기〉를 클릭해 적당한 그림 파일을 골라보자. 그림을 미리보기한 후 〈확인〉을 클릭해서 창을 닫는다.

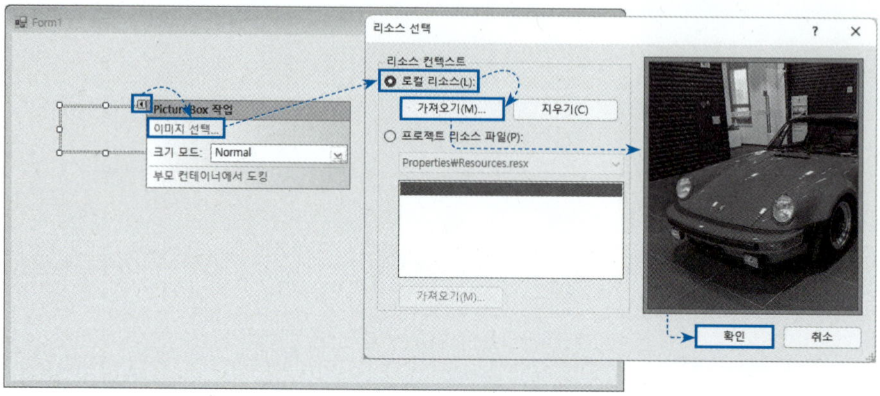

그림 2-24 그림 선택

8 그림이 나타나면 그림 및 폼의 크기를 마우스로 적절히 조절하면 된다.

그림 2-25 그림 및 폼 크기 조절

9 이번에는 적당한 위치에 Button을 2개 끌어서 놓아보자.

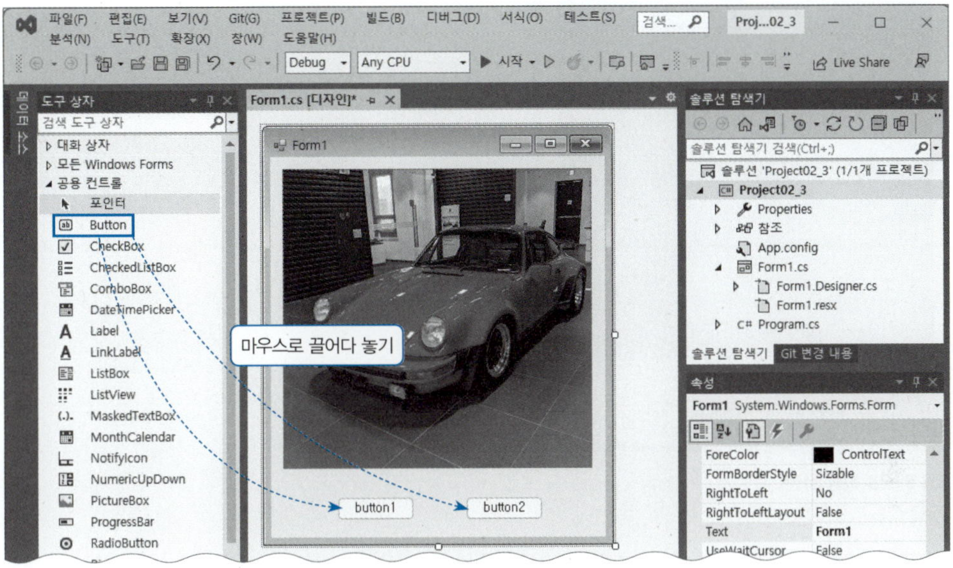

그림 2-26 Button 추가

10 'button1'이라고 쓰여 있는 첫 번째 Button을 클릭해 선택하고, 화면 오른쪽 하단 [속성] 창 – [모양] – [Text] 부분을 **보이기**로 고치고 Enter를 누른다.

TIP • 만약 [속성] 창이 보이지 않으면, 메뉴의 [보기] – [속성]을 선택하면 된다.

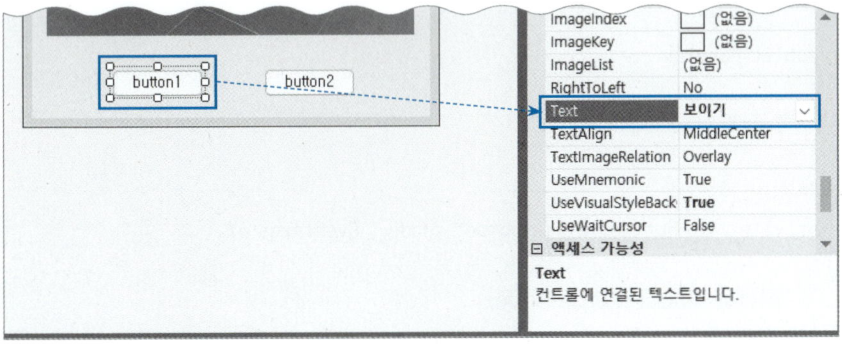

그림 2-27 Button의 텍스트 변경

11 같은 방식으로 'button2'라고 쓰여 있는 두 번째 Button을 클릭해 선택하고, 화면 오른쪽 하단 [속성] 창 – [모양] – [Text] 부분을 **감추기**로 고치고 Enter를 누른다. 최종 폼 화면은 [그림 2-28]과 같이 된다.

그림 2-28 최종 화면

12 화면의 〈보이기〉 버튼을 더블클릭해 소스 코드가 뜨면, **button1_Click( )** 메서드 안에 다음 한 줄을 채우도록 한다. 다른 소스 코드는 나중에 다시 설명할 것이므로 10~13행만 살펴보자.

소스 2-4 PictureBox 보이기 (프로젝트명 : Project02_3)

```
1  namespace Project02_3
2  {
3      public partial class Form1 : Form
4      {
5          public Form1()
6          {
7              InitializeComponent();
8          }
9
10         private void button1_Click(object sender, EventArgs e)
11         {
12             pictureBox1.Visible = true;
13         }
14     }
15 }
```

10~13행은 Button을 클릭하면 실행되는 메서드이다. 메서드의 이름은 **컨트롤이름_Click**으로 구성되는데, 첫 번째 Button의 이름은 자동으로 button1으로 지정된다.

12행에서는 PictureBox의 속성 중 화면에 보일지의 여부를 결정하는 Visible 속성을 true로 지정했다. 즉, PictureBox가 화면에 보이도록 설정한다. PictureBox 이름도 자동으로 pictureBox1으로 지정된다.

13 이번에는 화면 위쪽 탭 중 [Form1.cs [디자인]] 탭을 클릭하고, 〈감추기〉 버튼을 더블클릭한다.

그림 2-29 **디자인 화면으로 돌아와 감추기 버튼 클릭**

14 소스 코드가 뜨면, button2_Click( ) 메서드 안에 다음 소스 코드 한 줄을 채운다.

소스 2-5 PictureBox 감추기 (프로젝트명 : Project02_3)

```
1  private void button2_Click(object sender, EventArgs e)
2  {
3      pictureBox1.Visible = false;
4  }
```

3행에서 PictureBox의 Visible 속성을 false로 지정했다. 즉, PictureBox가 화면에 보이지 않도록 설정한다.

15 소스 코드 창에서 Ctrl+F5 키를 눌러서 빌드 및 실행을 동시에 실행한다. 이후 [Form1] 창이 뜨는데, 〈보이기〉 및 〈감추기〉 버튼을 번갈아 눌러보면 그림이 화면에서 보였다, 사라졌다 할 것이다. 확인했으면 화면 오른쪽 상단의 〈×〉를 눌러서 실행 창을 닫는다.

그림 2-30 **버튼을 번갈아서 클릭**

2 구현할 기능 계획

앞 절에서 생성한 윈폼 프로그램은 버튼을 누르는 것을 제외하면 화면에 마우스를 아무리 클릭, 드래그해도 반응하지 않는다. 이번에는 화면에 마우스를 클릭했을 때 선이 그려지는 그림판과 비슷한 프로그램을 작성해보자. 프로그램에는 다음과 같은 기능을 추가할 것이다.

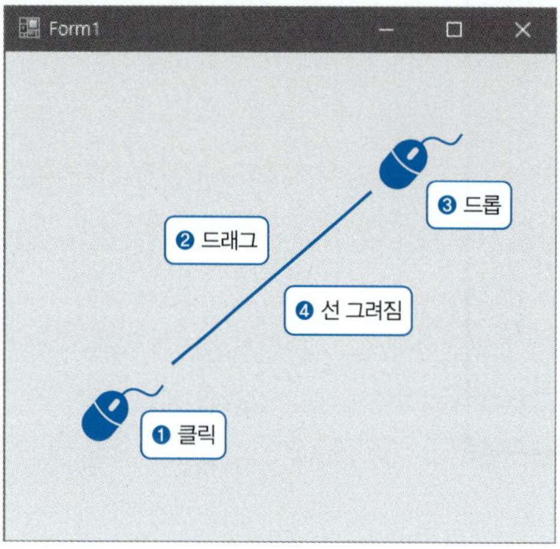

그림 2-31 마우스를 사용해 선 그리기

화면에서 마우스 왼쪽 버튼을 클릭(click)하고, 누른 상태에서 마우스를 드래그(drag)한다. 마우스 버튼은 놓는 드롭(drop) 동작을 이어서 수행하면 두 점 사이에 선이 그려질 것이다.

우선 선의 시작 x, 시작 y, 끝 x, 끝 y에 대한 변수를 전역 변수로 선언한다.

TIP • 전역 변수(= 멤버 변수 = 필드)란 메서드 외부에 선언하는 변수를 말한다. 여러 개의 메서드에서 변수 4개를 사용해야 하므로 전역 변수로 선언했다. 전역 변수에 대해서는 8장에서 상세히 다룰 예정이므로 지금은 메서드 밖에 선언한다는 의미 정도만 알아 두자.

```
int 시작_x, 시작_y, 끝_x, 끝_y;
```

마우스를 클릭하는 순간에는 아무것도 그려지지 않고 시작점의 좌표만 저장되면 된다.

```
// 마우스를 클릭하는 순간
시작_x = 현재_X_좌표;
시작_y = 현재_Y_좌표;
```

마우스를 떼는 순간에는 끝점인 끝 x, 끝 y 좌표를 구한 후 선을 그린다. 선이 그려지는 C# 소스 코드는 다음 코드의 3~5행과 같이 거의 고정되어 사용된다.

```
1  // 마우스를 떼는 순간
2  끝_x = 현재_X_좌표;
3  끝_y = 현재_Y_좌표;
4  Graphics g = CreateGraphics();
5  Pen pen = new Pen(색상, 두께);
6  g.DrawLine(pen, 시작_x, 시작_y, 끝_x, 끝_y);
```

4행의 Graphics는 선을 그리기 위해 항상 준비해 두는 코드이다. 5행은 선을 그리기 위해 펜을 준비하는 코드이다. 색상과 두께는 필요에 따라 변경할 수 있다. 6행이 실제 선이 그려지는 코드인데 DrawLine( ) 메서드는 pen, 시작 x, 시작 y, 끝 x, 끝 y 등 5개의 변수를 사용한다. pen에 지정한 색상과 두께로 선이 그려진다.

3 간단 그림판 완성

이제 간단한 그림판 프로그램을 완성해보자.

실습 2-7 간단 그림판 완성하기

1 새로운 프로젝트를 생성하기 위해 실행 창 메뉴의 [파일] – [새로 만들기] – [프로젝트]를 클릭한다. 만약, Visual Studio를 새로 실행했다면 창 오른쪽의 [새 프로젝트 만들기]를 클릭한다.

2 [새 프로젝트 만들기] 창에서 언어를 [C#]으로 선택한다. 창 아래로 조금 스크롤해 [Windows Forms 앱(.NET Framework)]을 선택한 후 〈다음〉을 클릭한다.

3 [새 프로젝트 구성] 창에서 '프로젝트 이름'에 **Project02_4**라고 입력한 후, '위치'에서 〈…〉을 클릭해 **C:\CookC#** 폴더를 선택한다. 그리고, 〈솔루션 및 프로젝트를 같은 디렉터리에 배치〉에 체크한 후 〈만들기〉를 클릭한다.

4 비어 있는 윈폼이 준비된 상태로 프로젝트가 완성된다. 폼 크기를 적당히 조절해 정사각형으로 만들고, 앞서 실습했던 대로 창 왼쪽 상단에 Button을 하나 추가한 뒤 텍스트를 '화면 초기화'라고 쓴다.

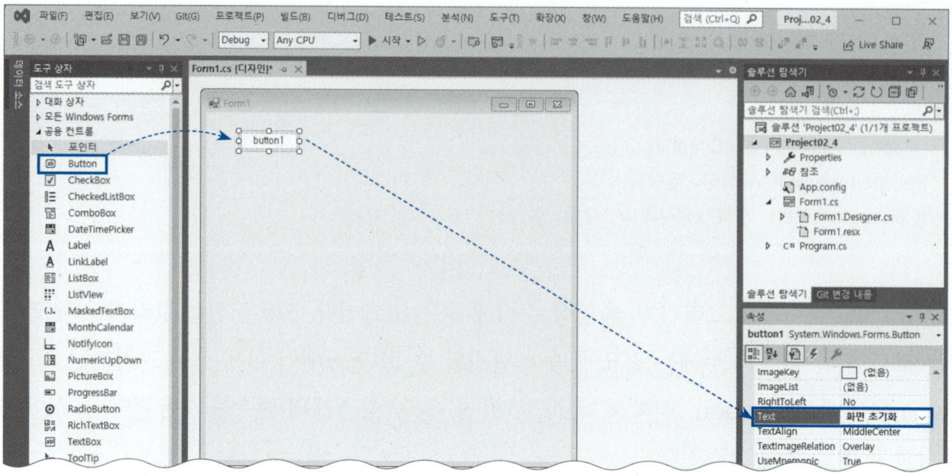

그림 2-32 완성된 폼에 Button 추가

5 폼의 빈 곳을 클릭하고 텍스트를 '간단 그림판(Ver 0.1)'이라고 적은 뒤 Enter를 누르면 폼의 제목이 바뀐다.

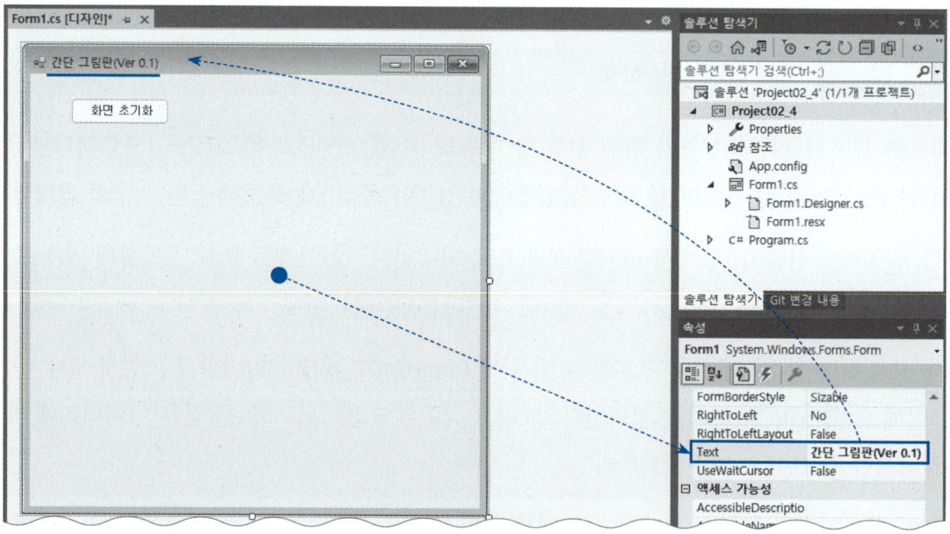

그림 2-33 폼 제목 변경

6 이번에는 폼에서 마우스 클릭 이벤트가 발생했을 때 처리하는 이벤트 메서드를 추가해보자. 폼의 빈 곳을 클릭하고 오른쪽 [속성] 창에서 번개 모양의 이벤트 아이콘을 클릭한다. 그리고 [마우스] 창에서 [MouseDown] 오른쪽 빈 곳을 더블클릭한다.

TIP • GUI 프로그래밍에서 이벤트(Event)란 사전적 의미로 작은 사건을 뜻한다. 여기서 작은 사건이란 마우스 클릭하기, 마우스 움직이기, 마우스 떼기, 키보드 누르기, 시간 지나기, 윈도우 창 움직이기 등을 말한다. 그러므로 이벤트 메서드는 이벤트가 발생했을 때 실행되는 메서드를 의미하며, 현재 진행하는 실습은 마우스를 클릭(= 다운)하는 이벤트가 발생했을 때 실행되는 메서드를 만드는 과정이다.

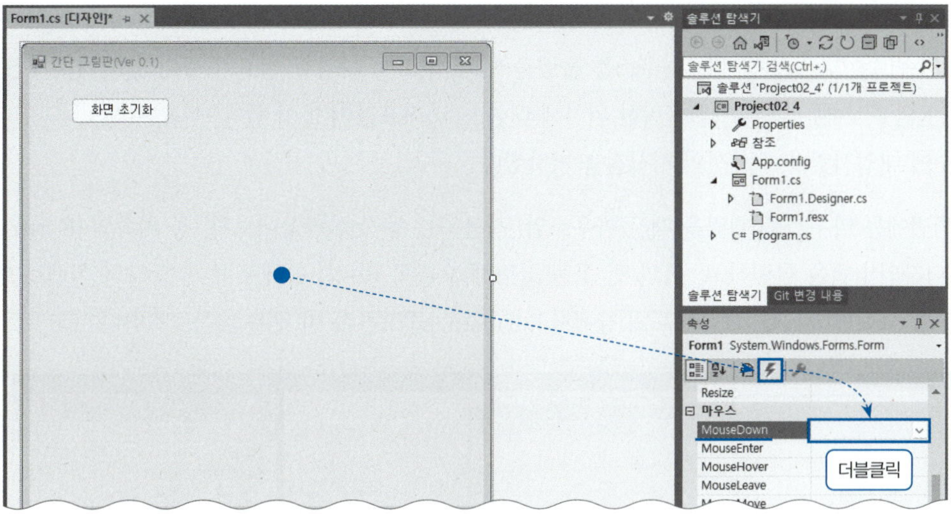

그림 2-34 MouseDown 이벤트 추가

7 소스 코드 창이 뜨면서 자동으로 **Form1_MouseDown( )** 메서드가 완성된다. 시작 x, 시작 y, 끝 x, 끝 y를 저장할 전역 변수를 추가하면 마우스를 클릭(= 마우스다운)하여 시작 x, 시작 y에 좌표를 대입할 수 있다.

TIP • 앞에서도 언급했지만 코드 중 '참조 1개'와 같은 회색 글자는 없는 것과 마찬가지이므로 무시하고 진행하면 된다.

소스 2-6 마우스다운 이벤트 처리하기 (프로젝트명 : Project02_4)

```
1   namespace Project02_4
2   {
3       public partial class Form1 : Form
4       {
5           public Form1()
6           {
7               InitializeComponent();
8           }
9
10          int x1, y1, x2, y2;
11          private void Form1_MouseDown(object sender, MouseEventArgs e)
12          {
13              x1 = e.X;
14              y1 = e.Y;
15          }
16      }
17  }
```

1~17행은 10~15행을 제외하고는 프로젝트 생성 시 자동으로 완성되는 코드이다. 10행은 선의 시작 x, 시작 y, 끝 x, 끝 y에 대한 변수를 전역 변수로 선언한다. 11~15행은 마우스를 클

릭(=다운)하면 실행되는 메서드다. 중요한 건 11행의 파라미터 중 **MouseEventArgs** 형식의 e변수이다. e변수에는 마우스를 눌렀을 때의 좌표 등 다양한 정보가 들어 있다. 13, 14행의 e.X와 e.Y에는 마우스를 클릭한 위치에 대한 x, y 좌표값이 들어 있다. 이를 시작 x, 시작 y 변수에 대입시켰다. 즉, 선의 시작점을 저장했다.

8 이번에는 마우스를 떼었을 때(= 마우스업) 작동하는 동작을 만들어보자. 창 위쪽의 [Form1.cs [디자인]] 탭을 클릭하고, 폼의 빈 곳을 클릭해 오른쪽 [속성] 창에서 번개 모양의 이벤트 아이콘을 클릭한다. 그리고 [마우스] 창에서 [MouseUp] 오른쪽 빈 곳을 더블클릭한다.

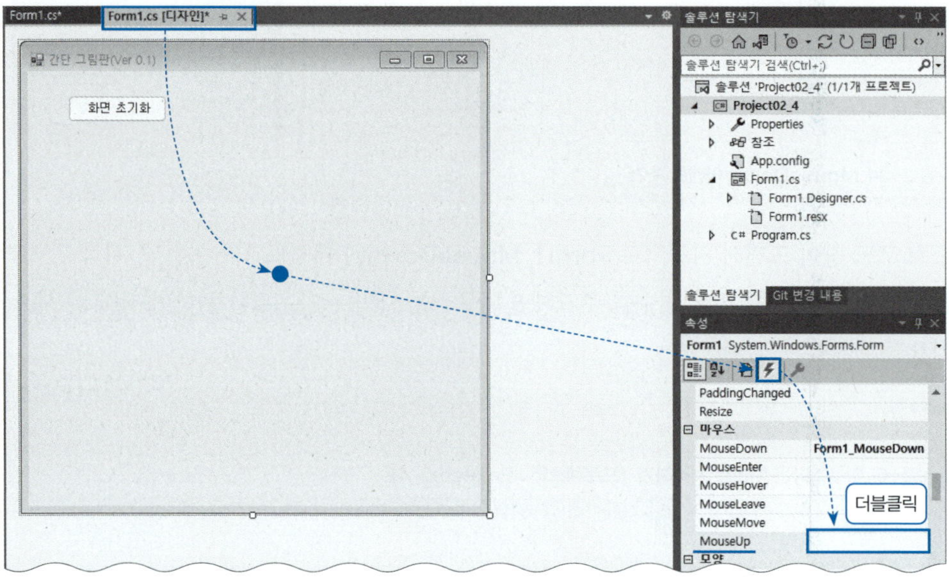

그림 2-35 MouseUp 이벤트 추가

9 소스 코드 창이 뜨면 **Form1_MouseUp( )** 메서드를 작성하자. 끝점을 저장하고, 시작점부터 끝점까지 그리는 코드를 추가하는 것이다.

소스 2-7 마우스업 이벤트 처리하기 (프로젝트명 : Project02_4) GUI

```
private void Form1_MouseUp(object sender, MouseEventArgs e)
{
    x2 = e.X;
    y2 = e.Y;

    Graphics g = CreateGraphics();
    Pen pen = new Pen(Color.Blue, 10);
    g.DrawLine(pen, x1, y1, x2, y2);
}
```

1~9행은 마우스를 떼면(= 업하면) 실행되는 메서드이다. 1행의 파라미터 중 **MouseEventArgs** 형식의 e변수에는 마우스를 업했을 때의 좌표 등 다양한 정보가 들어 있다. 3, 4행의 e.X와 e.Y는 마우스를 업한 위치에 대한 x, y 좌표값이 들어 있다. 이를 끝 x와 끝 y 변수에 대입시켰다. 즉, 선의 끝점을 저장했다. 6행은 화면에 그림을 그리는 동작을 진행할 때 전형적으로 늘 나오는 행이다. 7행은 펜을 준비하는 행이며 **Color.Blue**는 파란색 펜을 의미하고, 숫자 **10**은 펜의 두께를 의미한다. 필요하면 값들을 변경해도 된다. 8행은 **DrawLine( )** 메서드로, 시작점부터 끝점까지 선을 그린다.

10 이번에는 화면을 초기화하는 기능을 추가해보자. 창 위쪽의 [Form1.cs [디자인]] 탭을 클릭하고, 〈화면 초기화〉 버튼을 선택한다. 그리고 화면 오른쪽 [속성] 창 – [속성] 아이콘 – [모양] 부분의 **BackColor**를 클릭한다. **BackColor** 오른쪽 칸 화살표(▼)를 클릭하면 [사용자 지정] 탭이 뜨는데 그 안에서 색상을 다양하게 선택할 수 있다.

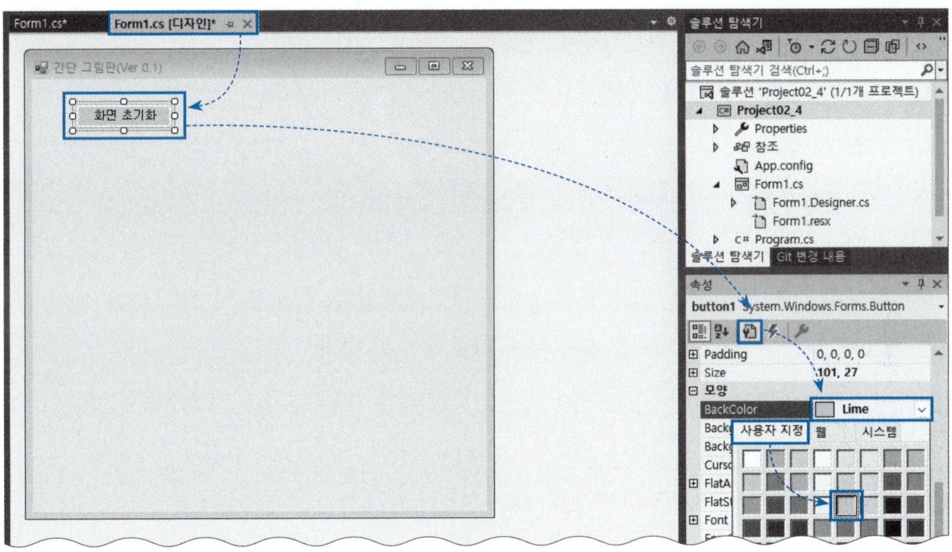

그림 2-36 버튼의 배경색 변경

11 이번에는 〈화면 초기화〉 버튼을 더블클릭한 후, 화면을 초기화하기 위한 코드를 추가한다.

소스 2-8 화면 초기화 소스 코드 (프로젝트명 : Project02_4) GUI

```
1  private void button1_Click(object sender, EventArgs e)
2  {
3      this.Refresh();
4  }
```

3행은 화면을 깨끗하게 지우는 코드이다. **this**는 현재 윈폼 화면을 의미한다.

12 코딩을 마쳤으므로 Ctrl + F5 키를 눌러서 빌드 및 실행을 동시에 진행한다. 빌드에 성공하면 실행 화면이 뜬다. 마우스를 이용해 적당한 글자를 써보자.

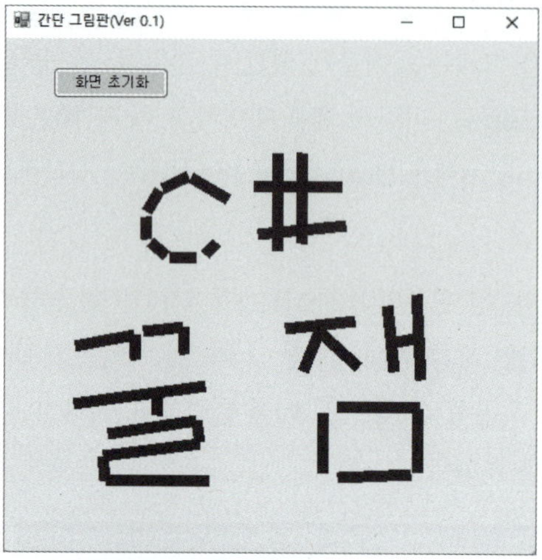

그림 2-37 프로그램 실행 화면

SELF STUDY 2-4

[그림 2-37]의 실행 화면에서 글자의 색상이 빨간색으로 나오고, 선의 두께는 5로 그려지도록 소스 코드를 수정해보자.

이상으로 윈도우 창이 표현되는 윈폼 프로그램을 작성해보았다. 앞으로 이 책의 많은 예제에서 지금 배운 윈폼을 자주 사용할 것이므로 확실하게 익혀 놓도록 하자.

IT@COOKBOOK

요약

1 Visual Studio에서 새 프로젝트를 생성하는 순서는 다음과 같다.

(1) Visual Studio를 실행한다.

(2) 프로젝트를 생성하기 위해 실행 창 오른쪽의 [새 프로젝트 만들기]를 클릭한다.

(3) [새 프로젝트 만들기] 창에서 언어를 [C#]으로 선택한다. 창 아래로 스크롤해 [콘솔 앱(.NET Framework)] 또는 [Windows Forms 앱(.NET Framework)]을 선택한 후 〈다음〉을 클릭한다.

(4) [새 프로젝트 구성] 창에서 '프로젝트 이름'에 알맞은 이름을 넣고 '위치'에서 〈…〉을 클릭해 프로젝트가 저장될 폴더를 선택한다. '솔루션 및 프로젝트를 같은 디렉터리에 배치'에 체크한 후 〈만들기〉를 클릭한다.

(5) 최종적으로 프로젝트(또는 솔루션)가 완성된다.

(6) 실행 창 메뉴의 [파일] – [끝내기]를 선택해 Visual Studio를 종료한다.

2 a, b 두 변수를 더한 후 화면에 출력하는 소스 코드는 다음과 같다.

```
result = a + b;
Console.WriteLine(a + "+" + b + "=" + result);
```

3 변수란 간단히 말해 값을 저장하는 그릇(또는 방) 정도로 생각하면 된다.

4 Console.WriteLine( )은 결과를 출력하기 위해 사용하는 메서드이다. 중간의 + 기호는 내용을 이어서 출력하라는 뜻이다.

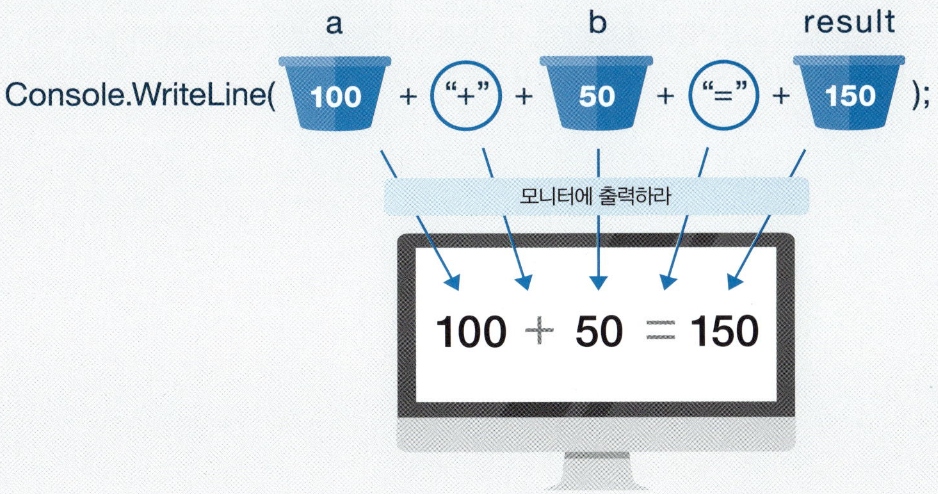

요약

5 키보드로 값을 직접 입력받기 위한 메서드는 Console.ReadLine( )이다. ReadLine( ) 메서드는 무조건 문자열로만 입력을 받는다. 그래서 string 형식의 변수를 별도로 준비해 입력받아야 한다. 필요하다면 문자열을 정수로 변환하는 Convert.ToInt32( ) 메서드를 사용해도 좋다.

```
string 문자열_변수_이름;
문자열_변수_이름 = Console.ReadLine();
정수형_변수_이름 = Convert.ToInt32(문자열_변수);
```

6 실행 화면에서 Console.ReadLine( ) 메서드가 실행되면 커서만 깜박거리기 때문에, Console.Write( ) 메서드를 추가해 도움말을 출력해주는 것이 좋다.

7 윈폼(WinForm)은 윈도우 창이 나오는 프로그램을 말한다. 실제로 우리가 사용하는 대부분의 프로그램은 윈도우 창이 나오는 GUI(Graphical User Interface) 환경으로 작동한다.

8 GUI 프로그래밍을 하려면, 프로젝트를 생성할 때 [Windows Forms 앱(.NET Framework)]을 선택해야 한다. 완성된 프로젝트 화면의 왼쪽에 위치한 [도구 상자]를 클릭하고 [공용 컨트롤]을 확장하면 컨트롤 종류를 확인할 수 있다.

9 컨트롤(예: button)의 속성을 변경하려면 컨트롤을 클릭해 선택하고, 화면 오른쪽 아래 [속성] 창의 해당 부분을 수정하면 된다.

10 컨트롤(예: button)을 클릭했을 때 작동하는 메서드를 추가하려면 컨트롤을 더블클릭한 후, 자동 생성된 컨트롤이름_Click( ) 메서드 안에 필요한 내용을 채우면 된다.

11 마우스로 선을 그리려면 마우스를 클릭하는 순간에서 시작점이 저장되도록 하고, 마우스를 떼는 순간 끝점이 저장되도록 해야 한다. 그리고 시작점부터 끝점까지 선을 그으면 된다. 소스 코드는 다음과 같다.

```
// 마우스를 클릭하는 순간
시작_x = 현재_X_좌표;
시작_y = 현재_Y_좌표;
// 마우스를 떼는 순간
끝_x = 현재_X_좌표;
끝_y = 현재_Y_좌표;
Graphics g = CreateGraphics();
Pen pen = new Pen(색상, 두께);
g.DrawLine(pen, 시작_x, 시작_y, 끝_x, 끝_y);
```

12 폼에서 발생한 마우스 클릭(= 마우스다운) 이벤트를 처리하는 이벤트 메서드를 추가하는 방법은 다음과 같다. 폼의 빈 곳을 클릭한 뒤 화면 오른쪽 [속성] 창에서 번개 모양의 이벤트 아이콘을 클릭한다. 이후 [마우스] 창 아래의 [MouseDown] 오른쪽 빈 곳을 더블클릭하면 자동으로 Form1_MouseDown( ) 메서드가 완성된다.

연습문제

1 다음에 제시된 소스를 보고 괄호 안에 알맞은 단어를 적어보세요.

```
a = 500;
b = 400;
result = a + b;
```

변수 a에는 [❶]이/가 저장되고, 변수 b에는 [❷]이/가 저장되고, 변수 result에는 [❸]이/가 저장된다.

2 다음에 제시된 문장의 괄호 안에 들어갈 단어로 알맞은 것을 고르세요.

새 C# 프로젝트를 생성할 때 텍스트 기반의 프로젝트는 [❶]을/를 선택하고, GUI 기반의 프로젝트는 [❷]을/를 선택한다.

① 클래스 라이브러리(.NET Standard)

② 콘솔 앱(.NET Framework)

③ NUnit 테스트 프로젝트(.NET Core)

④ Windows Forms 앱(.NET Framework)

3 다음에 제시된 문장의 괄호 안에 들어갈 메서드로 알맞은 것을 고르세요.

텍스트 기반으로 화면에 글자를 출력하기 위해서는 [❶] 메서드를, 키보드로 글자를 입력받기 위해서는 [❷] 메서드를 사용해야 한다.

① Console.Draw( )　　② Console.ReadLine( )

③ Console.WriteLine( )　　④ Console.Build( )

⑤ Console.Compile( )

4 다음은 변수 a와 변수 b의 곱셈 결과를 출력하는 소스 코드입니다. 빈칸을 채워 코드를 완성하세요.
(단, 화면 출력은 10 × 20 = 200이 나와야 한다.)

```
a = 10;
b = 20;
Console.WriteLine(                 );
```

5 다음은 두 정수의 합계를 구하는 소스 코드입니다. 빈칸에 공통으로 들어갈 메서드를 적어보세요.

```
string str;
str = Console.ReadLine();
n1 = [            ] (str);
str = Console.ReadLine();
n2 = [            ] (str);
int hap = n1 + n2;
```

6 다음에 제시된 윈폼 화면의 〈보이기〉 버튼에 연결될 소스 코드로 알맞은 것을 고르세요.
(단, PictureBox의 이름은 pb_photo이다.)

① pb_photo.Visible = false;

② pb_photo.Visible = true;

③ pb_photo.Visible = on;

④ pb_photo.Visible = off;

⑤ pb_photo.Visible = View;

⑥ pb_photo.Visible = Hide;

연습문제

IT@COOKBOOK

7 다음은 클릭한 두 점에 선을 그리는 소스 코드의 일부입니다. 빈칸에 들어갈 알맞은 코드를 적어보세요.

```
Graphics g = [      ❶      ]();
Pen pen = new Pen(색상, 두께);
g.[      ❷      ](pen, 시작x, 시작y, 끝x, 끝y);
```

8 **심화문제** 91쪽 [응용예제 02]에 다음과 같이 선, 원, 사각형이 그려지는 기능을 추가해보세요.
(단, 사각형은 마우스로 왼쪽 위를 먼저 클릭하고, 다음에 오른쪽 아래를 클릭하는 순서로 그린다. 원도 마찬가지 방식이다.)

힌트1 RadioButton 및 GroupBox를 사용한다.

힌트2 선, 원, 사각형의 구분은 if 문을 사용한다.

힌트3 원은 DrawArc( ), 사각형은 DrawRectangle( ) 메서드를 사용한다.

실행 결과

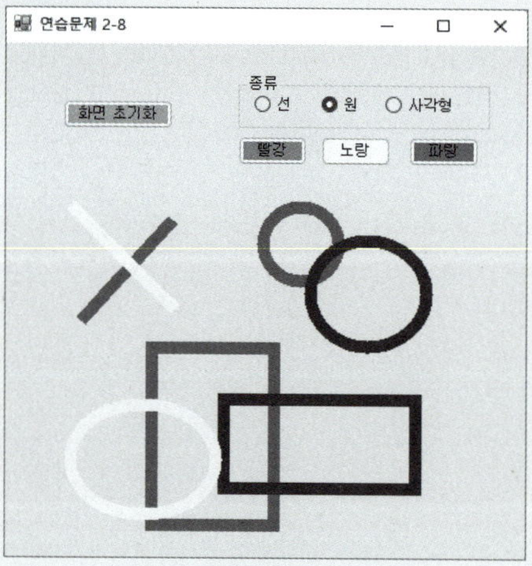

응용예제 01

간단 계산기 확장 프로그램

난이도★☆☆☆☆

예제 설명 두 실수를 입력받아 덧셈, 뺄셈, 곱셈, 나눗셈, 나머지, 제곱값을 구하는 프로그램을 작성해 본다.

실행 결과

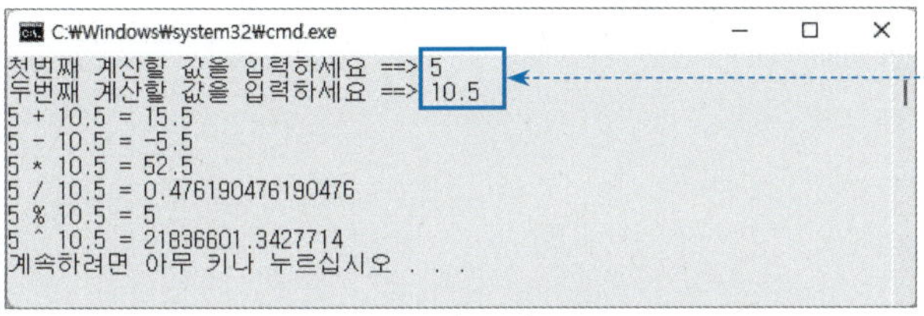

사용자가 입력한 값

소스 코드

```
static void Main(string[] args)
{
    double a, b;
    double result;

    string str;

    Console.Write("첫번째 계산할 값을 입력하세요 ==> ");
    str = Console.ReadLine();
    a = Convert.ToDouble(str);

    Console.Write("두번째 계산할 값을 입력하세요 ==> ");
    str = Console.ReadLine();
    b = Convert.ToDouble(str);

    result = a + b;
    Console.WriteLine(a + " + " + b + " = " + result);

    result = a - b;
    Console.WriteLine(a + " - " + b + " = " + result);

    result = a * b;
    Console.WriteLine(a + " * " + b + " = " + result);

    result = a / b;
    Console.WriteLine(a + " / " + b + " = " + result);

    result = a % b;
```

```
29      Console.WriteLine(a + " % " + b + " = " + result);
30
31      result = Math.Pow(a, b);
32      Console.WriteLine(a + " ^ " + b + " = " + result);
33  }
```

코드 설명

3, 4행	입력받을 실수 변수 2개를 선언한다.
28, 29행	나머지 값을 계산해서 출력한다.
31, 32행	제곱값을 계산해서 출력한다.

응용예제 02 그림판 프로그램 확장

난이도★★☆☆☆

예제 설명 그림판 프로그램에 세 가지 색상 버튼을 추가한다. 각 버튼을 누른 후 선을 그리면 해당 색상의 선이 그려진다. 기본 색상은 검정으로 한다.

(단, 색상 버튼의 속성 중 (Name) 속성을 btn_red, btn_yellow, btn_blue로 지정했다.)

실행 결과

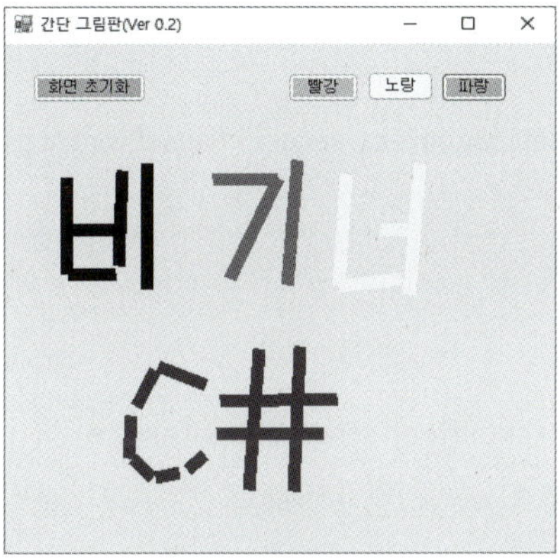

소스 코드

```
public partial class Form1 : Form
{
        public Form1()
        {
            InitializeComponent();
        }

        int x1, y1, x2, y2;
        Pen pen = new Pen(Color.Black, 10);

        private void btn_red_Click(object sender, EventArgs e)
        {
            pen = new Pen(Color.Red, 10);
        }

        private void btn_yellow_Click(object sender, EventArgs e)
        {
            pen = new Pen(Color.Yellow, 10);
        }

        private void btn_blue_Click(object sender, EventArgs e)
```

```
22          {
23              pen = new Pen(Color.Blue, 10);
24          }
25  
26          private void Form1_MouseUp(object sender, MouseEventArgs e)
27          {
28              x2 = e.X;
29              y2 = e.Y;
30  
31              Graphics g = CreateGraphics();
32              g.DrawLine(pen, x1, y1, x2, y2);
33          }
34  
35          private void Form1_MouseDown(object sender, MouseEventArgs e)
36          {
37              x1 = e.X;
38              y1 = e.Y;
39          }
40  
41          private void button1_Click(object sender, EventArgs e)
42          {
43              this.Refresh();
44          }
45  }
```

코드 설명

9행	기존 Form1_MouseUp( ) 메서드에 있던 내용을 전역 변수로 선언하고 초기화했다. 초깃값은 검정(Black)으로 지정했다.
13, 18, 23행	각 색상 버튼을 클릭하면 펜의 색이 바뀐다.

03

CHAPTER

변수와 데이터형

학습목표

- 서식에 맞춘 출력 방법을 익힌다.
- 변수에 대해 완벽히 이해한다.
- 비트, 바이트 및 진수를 학습한다.
- 정수, 실수, 문자, 불, 문자열 등 기본적인 데이터형에 대해서 학습한다.

SECTION 01 이 장에서 만들 프로그램

2장에서 C# 프로그램을 작성하는 것이 그렇게 간단하지는 않았을 것이다. 윈폼을 이용한 그림판 프로그램은 특히 어려웠을 것이다. 아직 우리가 C#에 대해서 배운 것이 많지 않기 때문이다. 그래서 이번 장부터는 차근차근 C#에 대해 배워가면서 프로그램을 작성하는 시간을 가져보려고 한다. C#에 대해서 자세히 배울수록 C#이 쉬워질 것이며, 프로그램을 만드는 것이 게임보다 재미있다고 느껴질 것이다.

1 [프로그램1] 다이아몬드 모양 출력

이번 장에서 실습할 첫 번째 프로그램은 별표로 다이아몬드 모양을 출력하는 프로그램이다. 단순하지만 파이썬에서 다양하게 출력해 볼 수 있는 좋은 기회가 될 것이다.

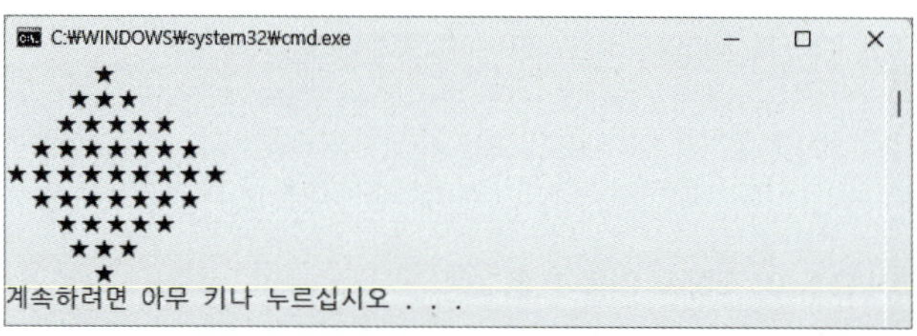

그림 3-1 다이아몬드 모양 출력 결과

2 [프로그램2] 진수 변환

두 번째는 진수 변환 프로그램이다. 숫자를 세는 방법인 2진수, 8진수, 10진수, 16진수 등을 선택하고 값을 입력해 해당 진수별 숫자를 출력한다. [그림 3-2]는 16진수로 FFFF를 입력하면 16진수로 FFFF, 10진수로 65535, 2진수로 1111 1111 1111 1111이 출력된 결과 화면을 보여주는 것이다. 진수에 대한 자세한 내용을 함께 배워보도록 하자.

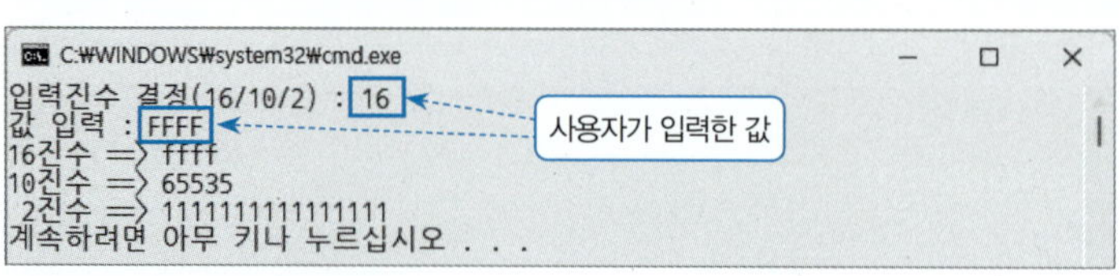

그림 3-2 진수 변환 출력 결과

SECTION 02

출력 순번 및 서식

우리는 이미 여러 번 **Console.WriteLine( )** 메서드를 사용해왔다. 출력 자체가 어렵진 않았으나, 좀 더 보기 좋게 출력하기 위해 순번과 서식을 지정하는 방법에 대해 알아보자.

1 순번 및 서식 사용법

먼저 순번을 사용하는 방법을 알아보자. 다음 소스 코드는 모니터상에 큰 따옴표(" ")안의 내용을 출력하는 것으로, 두 코드 모두 실행 결과는 **안녕하세요?**가 나올 것이다.

소스 3-1 순번 및 서식의 사용 예 1 (프로젝트명 : Project03_1)

```
1  static void Main(string[] args)
2  {
3      Console.WriteLine("안녕하세요?");
4      Console.WriteLine("{0}", "안녕하세요?");
5  }
```

실행 결과

```
안녕하세요?
안녕하세요?
```

3행은 단순하게 문자열인 **안녕하세요?**를 출력한다는 의미이다. 4행에서 **{0}**은 첫 번째 순번 값을 의미한다. 즉, 이어서 나오는 문자열 "안녕하세요?"를 의미한다.

다음과 같이 출력 결과에 여러 문장이 나오도록 할 수도 있다.

소스 3-2 순번 및 서식의 사용 예 2 (프로젝트명 : Project03_2)

```
static void Main(string[] args)
{
    Console.WriteLine("이름={0}, 나이={1}", "둘리", 35);
}
```

실행 결과

```
이름=둘리, 나이=35
```

3행의 중괄호와 번호로 표시된 **{0}**, **{1}**을 제외하고는 그대로 출력된다. **"이름="**이나, **"나이="**는 그대로 출력되고 **{0}**의 위치에는 **둘리**, **{1}**의 위치에는 **35**가 출력된다. 이번에는 아래 소스 코드의 실행 결과를 예상해보자.

소스 3-3 순번 및 서식의 사용 예 3 (프로젝트명 : Project03_3)

```
static void Main(string[] args)
{
    Console.WriteLine("100");
    Console.WriteLine("{0:D}", 100);
}
```

실행 결과

```
100
100
```

TIP • D는 Decimal(십진수)의 약자이다.

실행 결과로 모두 100이 출력된다. 같은 숫자가 출력되어 동일하게 보이지만, 사실은 완전히 다른 결과이다. 첫 번째 **Console.WriteLine("100")**의 결과로 나온 100은 숫자 100(백)이 아닌 글자 **100(일영영)**이다. 즉 Console.WriteLine("100") 따옴표 안에 들어 있는 것은 그것이 글자든 숫자의 형태를 지니든 간에 무조건 글자로 취급된다.

여기서 잠깐

주석(Remark)

주석(Remark)이란 코드의 제일 앞에 //를 붙이는 것을 말하며, 그다음 한 줄은 설명으로 처리된다. 여러 줄을 주석으로 처리하려면 /* ~ */로 묶어주면 된다. 해당 줄은 모두 주석으로 처리된다. 다음은 주석의 사용 예다.

```
// 한 줄 모두 주석
int num;  // 여기부터 주석
/*
여기는
모두
주석
*/
```

참고로 Visual Studio에서는 주석을 달고자 하는 부분을 마우스로 드래그해 선택한 후 Ctrl 키를 누른 상태에서 K → C 키를 연속으로 누르면 자동으로 행 앞에 주석(//)이 붙는다. C는 Comment의 약자이다. 반대로 주석 처리된 부분을 마우스로 드래그해 선택한 후 Ctrl 키를 누른 상태에서 K → U 키를 연속으로 누르면 행 앞에 자리한 주석(//)이 제거된다. U는 Uncomment의 약자이다. 편리한 기능이므로 기억해 두면 좋다.

두 번째 **Console.WriteLine("{0:D}", 100)**의 결과로 나온 100은 숫자 **100(백)**을 의미한다. 서식 {0:D}에서 0은 첫 번째 값(번호가 0번째, 1번째, … 방식으로 부여됨)을 의미하고 D는 숫자의 의미를 지닌다. 그러므로 0번째 값을 숫자(D) 형식으로 출력하라는 의미가 된다. D와 같은 서식에 대해서는 잠시 후에 살펴보기로 하고, 다음 소스 코드의 결과를 예측해보자.

소스 3-4 순번 및 서식의 사용 예 4 (프로젝트명 : Project03_4)

```
1  static void Main(string[] args)
2  {
3      Console.WriteLine("100 + 100");
4      Console.WriteLine("{0:D}", 100 + 100);
5  }
```

실행 결과

```
100 + 100
200
```

예상한 대로 결과가 나왔는가? 3행은 문자 그대로 100 + 100이 출력되고, 4행은 숫자 100과 숫자 100을 더한 결과인 숫자 200이 출력되었다.

여기서, 순번과 서식을 정확히 이해하고 넘어가자. 우선, 서식은 앞에 **{순번:서식}** 형태를 가진다. 서식의 D 또는 d는 정수(Decimal)를 의미한다. 또한 서식의 개수와 따옴표 뒤에 나오는 숫자(또는 문자)의 개수는 같아야 한다.

다음 소스 코드는 원하는 결과가 나오지 않고 오류가 발생하는 경우이다. 무엇이 문제인지 생각해보자.

소스 3-5 순번 및 서식의 사용 예 5 (프로젝트명 : Project03_5)

```
1  static void Main(string[] args)
2  {
3      Console.WriteLine(String.Format("{0:D}", 100, 200));
4      Console.WriteLine(String.Format("{0:D} {1:D}", 100));
5  }
```

실행 결과

```
100
처리되지 않은 예외 : ~~~~
```

3행에는 D가 하나밖에 없는데, 숫자는 2개(100, 200)가 있다. 결국 **100** 하나만 출력되었다. 4행은 D가 2개인데 숫자는 하나(100)만 있어서 짝이 맞지 않아 오류가 발생했다. 즉, 2개의 숫자를 출력하기 위해서는 D도 2개, 숫자도 2개가 나와야 한다. 그러므로 3, 4행은 다음과 같이 수정되어야 한다. 이때 D와 숫자는 다음과 같이 대응한다.

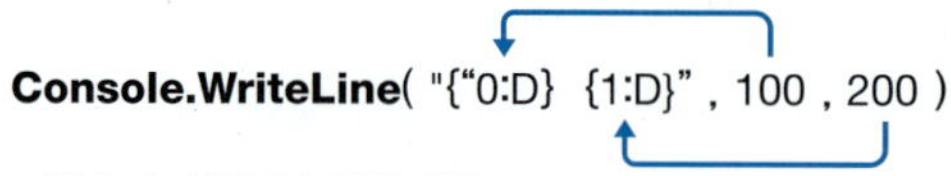

그림 3-3 서식과 숫자의 대응

큰 따옴표(" ") 안에 D가 두 번 나오면 숫자도 2개가 들어 있으면 된다. 숫자는 콤마(,)로 나눠주면 된다.

2 자주 사용되는 서식

이제 정수의 출력에 대해 어느 정도 감을 잡았을 것이다. 하지만 숫자에는 정수만 있는 것이 아니다. 다음의 예를 보고 출력 결과를 예상해보자. 100을 200으로 나눠 0.5의 결과를 출력하는 소스 코드이다.

소스 3-6 서식이 맞지 않는 경우 (프로젝트명 : Project03_6)

```
static void Main(string[] args)
{
    Console.WriteLine("{0:D} / {1:D} = {2:D}", 100, 200, 0.5);
}
```

실행 결과

```
처리되지 않은 예외: System.FormatException: 서식 지정자가 잘못되었습니다. ~~~~~
```

100 / 200 = 0.5의 실행 결과가 나오기를 기대했지만 오류가 발생했다. 왜 그럴까? 결론부터 말하자면, 세 번째 숫자인 0.5는 실수(소수점이 있는 수)인 데 반해, 출력 방식은 정수(소수점이 없는 수)이기 때문이다. 즉 결과를 출력하는 서식에 정수형(D)을 사용해서 오류가 발생했다.

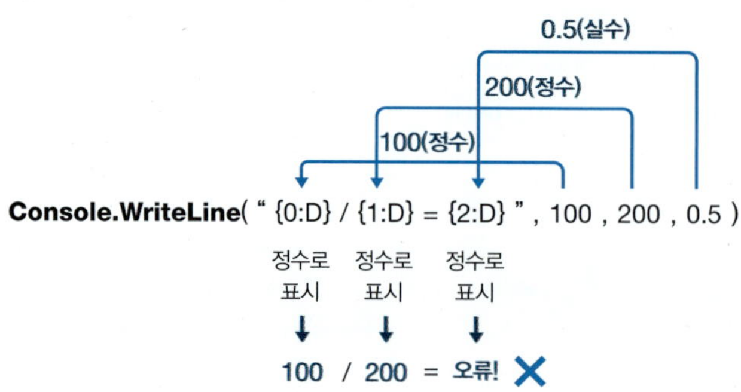

그림 3-4 서식과 숫자의 불일치 상황

[그림 3-4]를 통해 설명하자면, 100과 200은 정수이므로 잘 출력되지만 0.5는 정수가 아님에도 서식이 정수를 표현하는 D이기 때문에 오류가 발생한 것이다. 이처럼 결과를 출력하는 값에 따라 사용해야 할 서식이 다른데, 대표적인 서식의 종류는 다음과 같다.

표 3-1 서식의 종류

서식	값의 예	설명
C 또는 c	$123.45	통화값, Currency의 약자
D 또는 d	1234	정수, Decimal의 약자
E 또는 e	1.234E+003	지수 표기법, Exponent의 약자
F 또는 f	1234.567	고정 소수점, Floating의 약자
N 또는 n	1,234,567	세 자리마다 콤마를 지원함, Number의 약자
P 또는 p	35%	백분율, Percentage의 약자
X 또는 x	4D2	16진수, Hex의 약자

이제 [소스 3-6]의 어느 부분을 고쳐야 할지 감을 잡았을 것이다. 세 번째 자리에 위치한 {2:D} 대신에 **{2:F}**로 수정하면 원하는 결과를 얻을 수 있을 것이다. 소스 코드를 수정해 다시 실행해보자. 출력값으로 0.50이 나올 것이다.

소스 3-7 서식에 맞게 처리 (프로젝트명 : Project03_7)

```
static void Main(string[] args)
{
    Console.WriteLine("{0:D} / {1:D} = {2:F}", 100, 200, 0.5);
}
```

실행 결과

```
100 / 200 = 0.50
```

3 깔끔한 출력 연습

C#에서 처리한 결과를 화면에 출력하지 않고 끝낸다면, 우리는 작성한 프로그램이 어떤 일을 했는지 알 수 없을 것이다. 그리고 Console.WriteLine( ) 메서드로 무언가를 출력할 때 지저분한 형태보다 깔끔하게 출력되어야 좋은데, 이때는 앞서 배운 순번 및 서식을 적용하면 된다. 몇 가지 연습을 통해 서식 출력에 대해 완전히 마스터해보자.

소스 3-8 깔끔한 출력 연습 (프로젝트명 : Project03_8)

```
1  static void Main(string[] args)
2  {
3      Console.WriteLine("{0:D}", 123);
4      Console.WriteLine("{0,5:D}", 123);
5      Console.WriteLine("{0,5:D5}", 123);
6
7      Console.WriteLine("{0:F}", 123.456);
8      Console.WriteLine("{0,8:F1}", 123.456);
9      Console.WriteLine("{0,8:F4}", 123.456);
10
11     Console.WriteLine("{0:S}", "CSharp");
12     Console.WriteLine("{0,8:S}", "CSharp");
13 }
```

실행 결과

```
123
  123
00123
123.46
   123.5
123.4560
CSharp
  CSharp
```

정수형 데이터의 출력을 위한 3~5행은 다음과 같이 나타낼 수 있다. [그림 3-5]의 **{0:D}**에서 앞에 위치한 0은 0번째(= 첫 번째) 값을 의미하고, D는 정수를 의미하며, 값(여기서는 123)의 자릿수만큼 결과로 출력한다. **{0,5:D}**에서 5는 다섯 자리를 의미한다. 그래서 다섯 자리를 먼저 확보하고 정수의 경우 오른쪽에 붙여서 출력한다. **{0,5:D5}**에서 D5는 정수 다섯 자리를 의미하는데 이런 경우에는 123 앞의 빈 두 자리를 0으로 채운다.

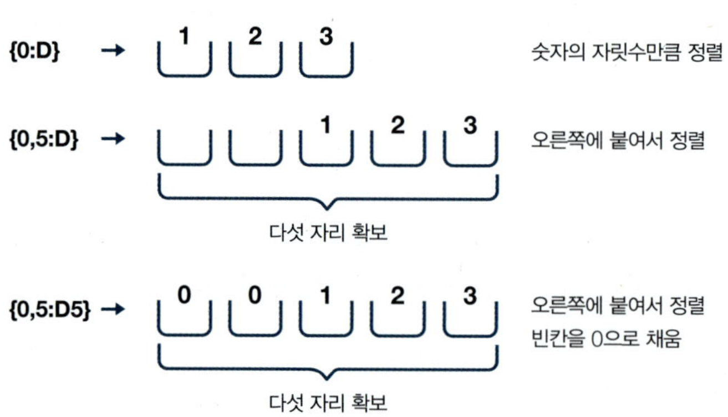

그림 3-5 정수형 데이터 서식 지정

실수형 데이터의 출력을 위한 7~9행은 다음과 같이 나타낼 수 있다. [그림 3-6]의 두 번째 {0, 8:F1}의 경우에는 소수점을 포함한 전체 자리인 여덟 자리를 확보한 후에 소수점 아래는 한 자리만 차지한다는 의미이다. 그러므로 소수점 위 정수 부분은 여섯 자리가 된다.

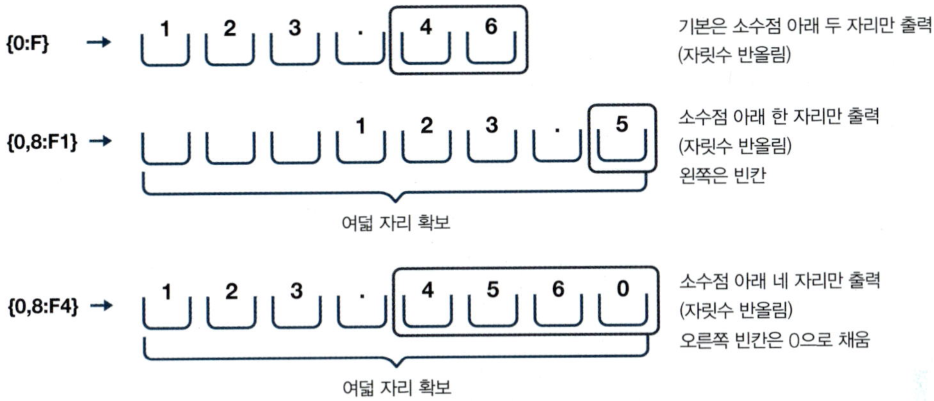

그림 3-6 실수형 데이터 서식 지정

문자열 데이터의 서식도 오른쪽에 맞춰서 출력된다. [소스 3-8]의 11, 12행을 표현하면 다음과 같다.

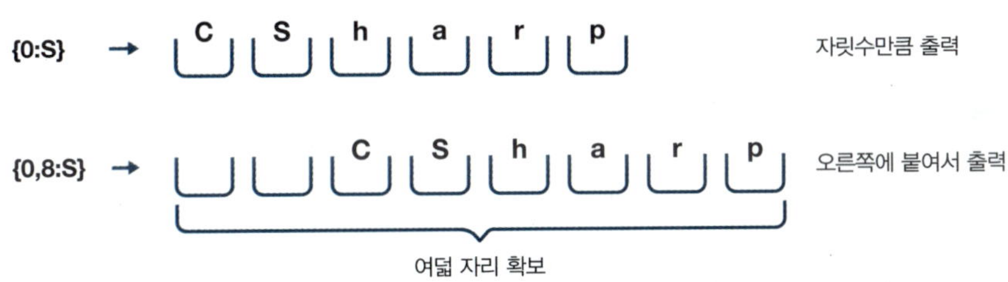

그림 3-7 문자열형 데이터 서식 지정

4 다양한 기능의 이스케이프 문자

Console.WriteLine( ) 메서드는 내용을 출력한 후 다음 행으로 넘어간다. 만약 강제로 한 행을 넘기고 싶다면 **\n**을 사용하면 된다.

소스 3-9 한 행 넘기기 (프로젝트명 : Project03_9)

```
static void Main(string[] args)
{
    Console.WriteLine("한 행입니다. 또 한 행입니다.");
    Console.WriteLine("한 행입니다. \n또 한 행입니다.");
}
```

실행 결과

```
한 행입니다. 또 한 행입니다.
한 행입니다.
또 한 행입니다.
```

첫 번째 소스 코드는 한 줄로 출력되었고, 두 번째 소스 코드는 중간에 한 행이 넘어간 후 다시 출력되었다. 이를 이스케이프(Escape) 문자 또는 서식 문자라고 부르는데, 이스케이프 문자의 특징은 앞에 \(백슬래쉬)를 붙여야 한다는 점이다. 이스케이프 문자를 정리하면 다음과 같다.

표 3-2 이스케이프 문자의 종류

이스케이프 문자	설명	비고
\n	새로운 줄로 이동	Enter 키를 누른 효과
\t	다음 탭으로 이동	Tab 키를 누른 효과
\b	뒤로 한 칸 이동	Backspace 키를 누른 효과
\\	\를 출력	
\'	'를 출력	
\"	"를 출력	

이스케이프 문자를 사용한 간단한 소스 코드를 작성해보자.

소스 3-10 이스케이프 문자 활용 (프로젝트명 : Project03_10)

```
static void Main(string[] args)
{
    Console.WriteLine("\n줄바꿈\n연습 ");
    Console.WriteLine("\t탭키\t연습");
    Console.WriteLine("글자가 \"강조\"되는 효과1");
    Console.WriteLine("글자가 \'강조\'되는 효과2");
    Console.WriteLine("\\\\\\ 역슬래쉬 세 개 출력");
    Console.WriteLine("\\n \\t \\를 그대로 출력");
}
```

실행 결과

```

줄바꿈
연습
        탭키        연습
글자가 "강조"되는 효과1
글자가 '강조'되는 효과2
\\\ 역슬래쉬 세 개 출력
\n \t \를 그대로 출력
```

3행의 줄바꿈은 많이 사용해 보았으니 쉽게 이해할 수 있을 것이다. 4행의 \t는 탭키에 지정된 만큼의 간격을 떨어트려준다. 5, 6행은 " "와 ' '를 출력한다. 7행은 백슬래쉬(\) 하나를 출력하려면 \를 두 번 써줘야 함을 보여준다. 8행은 이스케이프 문자를 그대로 출력하기 위한 방법을 알려준다.

5 [프로그램 1]의 완성

Console.WriteLine( ) 메서드의 사용법을 완전히 익혔다. 이제 처음에 계획했던 별표 출력 프로그램을 완성해보자. 일단 단순하게 별표를 자리에 맞춰서 Console.WriteLine( ) 메서드로 찍으면 된다.

TIP • 별표(★)는 메모장에서 ㅁ을 입력한 후 한자 키를 누르면 표시된다. 복사해서 Visual Studio에 사용하면 된다.

소스 3-11 별표 출력 프로그램 (프로젝트명 : Project03_11)

```
static void Main(string[] args)
{
        Console.WriteLine("    ★");
        Console.WriteLine("   ★★★");
        Console.WriteLine("  ★★★★★");
        Console.WriteLine(" ★★★★★★★");
        Console.WriteLine("★★★★★★★★★");
        Console.WriteLine(" ★★★★★★★");
        Console.WriteLine("  ★★★★★");
        Console.WriteLine("   ★★★");
        Console.WriteLine("    ★");
}
```

```
C:\WINDOWS\system32\cmd.exe
    ★
   ★★★
  ★★★★★
 ★★★★★★★
★★★★★★★★★
 ★★★★★★★
  ★★★★★
   ★★★
    ★
계속하려면 아무 키나 누르십시오 . . .
```

실행 결과는 위와 같이 잘 나왔을 것이다. 그런데 매번 별표를 입력할 수는 없으니 좀 더 정리된 프로그램을 작성할 필요를 느꼈을 것이다. 소스 코드의 전개를 살펴보니 별표가 반복 출력되는 것과 같다. 6장에서 반복문을 배운 후 좀 더 효율적이고 수준 높은 소스 코드로 고쳐볼 것이다.

SELF STUDY 3-1

다음 실행 결과와 같이 하트(♥)가 출력되도록 소스 코드를 작성해보자.

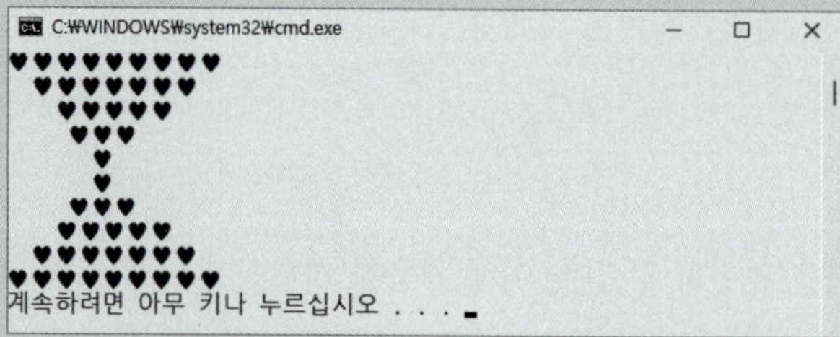

그림 3-8 하트 출력 프로그램

SECTION

03 변수

변수는 어떠한 값을 저장하기 위한 메모리 공간이다. 좀 어렵게 느껴진다면 그냥 그릇이라고 생각해도 괜찮다. 이번에는 변수를 선언하여 사용하는 방법을 구체적으로 확인해보자. 변수에 값을 대입할 때 주의해야 할 점에 대해서도 같이 살펴본다.

1 변수의 선언

변수의 선언이란 그릇을 준비하는 것과 같다. 요리를 하려면 그릇을 준비해야 하듯이 C# 프로그램을 작성하려면 변수의 선언이 먼저 수행되어야 한다.

요리를 담기 위한 그릇에도 국그릇, 밥그릇, 반찬그릇, 물그릇 등이 있는 것처럼 변수도 그 종류가 참 다양하다. C#에서 많이 사용하는 변수는 불(bool), 정수(int), 실수(float), 문자(char), 문자열(string) 등이다.

TIP • 불(bool 또는 boolean)은 True 또는 False를 저장할 수 있는 데이터형이다. 문자는 한 글자만 저장하고 작은 따옴표(' ')로 묶어 주며, 문자열은 여러 문자를 저장하고 큰 따옴표(" ")로 묶어 준다. 데이터형에 대한 좀 더 상세한 내용은 해당 장의 후반부에서 다시 언급할 것이다.

소스 3-12 변수의 선언 (프로젝트명 : Project03_12)

```
static void Main(string[] args)
{
    bool boolVar = true;
    int intVar = 0;
    float floatVar = 0.0f;
    char charVar = ' ';         // 공백문자
    string strVar = " ";
}
```

실행 결과

없음

[소스 3-12]는 그릇(= 변수)을 5개 준비했다. 이름에서 예상할 수 있듯이 boolVar에는 불값인 true를, intVar에는 정수인 0을, floatVar는 실수인 0.0f를, charVar는 공백문자 ' '를, strVar는 문자열 " "를 초기에 대입했다. 이 순간에 C# 내부에는 5개의 그릇이 생긴 것이다.

TIP • float에 대입할 숫자는 0.0f로 뒤에 f를 붙여야 한다. char는 공백이 없으면 오류가 발생한다. char는 무조건 한 글자로 초기화해야 한다.

그림 3-9 변수 종류의 개념

변수의 이름은 프로그래머가 직접 만든다. boolVar, intVar는 필자 나름대로 기억하기 쉽게 이름을 지은 것이다. 변수의 이름을 지을 때는 작성 규칙을 따라야 하는데 그 규칙은 다음과 같다.

- 대소문자를 구분한다.
  - 예 myVar와 MyVar는 다른 변수
- 문자, 숫자, 언더바(_)를 포함할 수 있다. 하지만 숫자로 시작하면 안 된다.
  - 예 var2(○), _var(○), var_2(○), 2Var(×)
- 예약어는 변수의 이름으로 쓰면 안 된다. C#의 대표적인 예약어는 다음과 같다.

```
bool, break, byte, case, catch, char, continue, default, do, else, false, float, for, if,
int, null, short, sizeof, switch, try,void, while …
```

그릇(= 변수)의 종류를 확인하려면 **변수명.GetType( )** 메서드를 사용하면 된다.

소스 3-13 변수의 종류 확인 (프로젝트명 : Project03_13)

```
static void Main(string[] args)
{
    // [소스 3-12]의 3~7행과 동일 코드;

    Console.WriteLine(boolVar.GetType());
    Console.WriteLine(intVar.GetType());
    Console.WriteLine(floatVar.GetType());
    Console.WriteLine(charVar.GetType());
    Console.WriteLine(strVar.GetType());
}
```

실행 결과

```
System.Boolean
System.Int32
System.Single
System.Char
System.String
```

이름이 조금 바뀐 것처럼 보이지만 Boolean(= bool), Int32(= int), Single(= float), Char(= char), String(= string) 타입인 것이 확인된다.

2 변수와 대입

그릇을 사용한다는 것은 그릇에 음식을 담는다는 의미이기도 하다. 마찬가지로 변수를 사용한다는 것은 변수에 값을 대입한다는 것과 같다.

소스 3-14 변수에 값 대입 (프로젝트명 : Project03_14)

```
static void Main(string[] args)
{
    // [소스 3-12]의 3~7행과 동일 코드;

    boolVar = false;
    intVar = 100;
    floatVar = 123.45f;
    charVar = 'A';
    strVar = "안녕?";
}
```

실행 결과

없음

위와 같이 실행하면 기존 그릇(= 변수)의 값들은 없어지고 새로 입력한 값으로 변경된다.

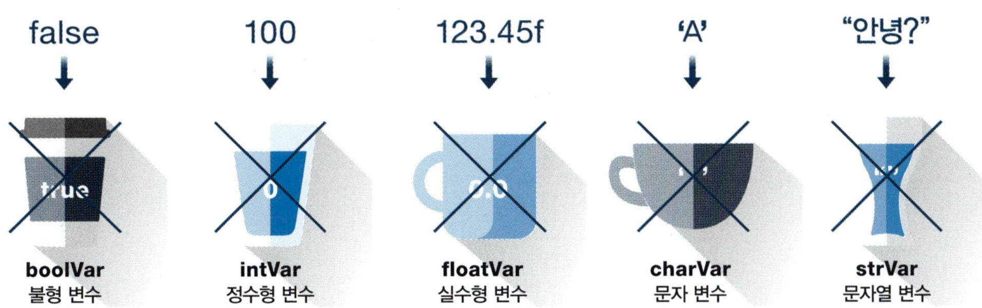

그림 3-10 새로운 값으로 변경된 상태

변수값을 변수에 넣을 수도 있다. [소스 3-15]를 살펴보자.

소스 3-15 변수값을에 변수에 대입 (프로젝트명 : Project03_15)

```
static void Main(string[] args)
{
```

```
    int var1, var2;
    var2 = 200;
    var1 = var2;
}
```

실행 결과

없음

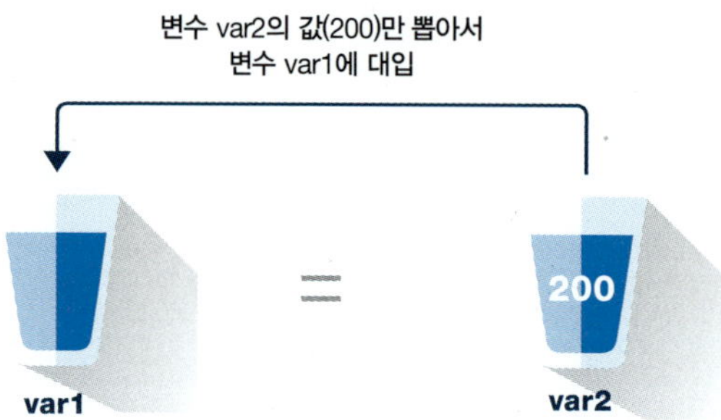

그림 3-11 변수에 변수값을 대입할 때 처리되는 방식

또는 계산 결과를 변수에 넣을 수도 있다.

```
var1 = 100 + 100;
```

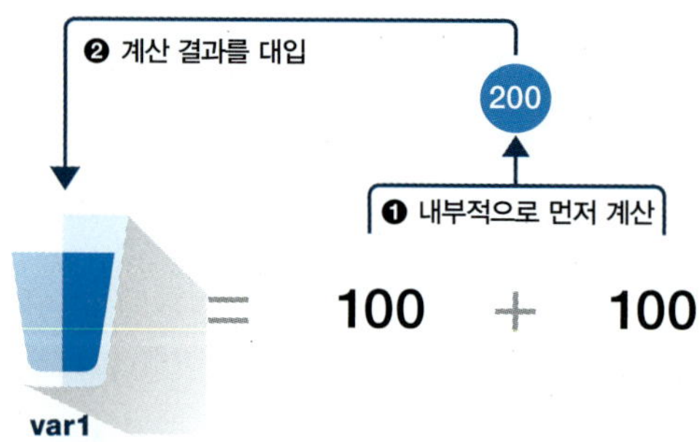

그림 3-12 숫자끼리 계산한 결과를 대입하는 방식

숫자와 변수의 연산을 변수에 넣을 수도 있다.

```
var1 = var2 + 100;
```

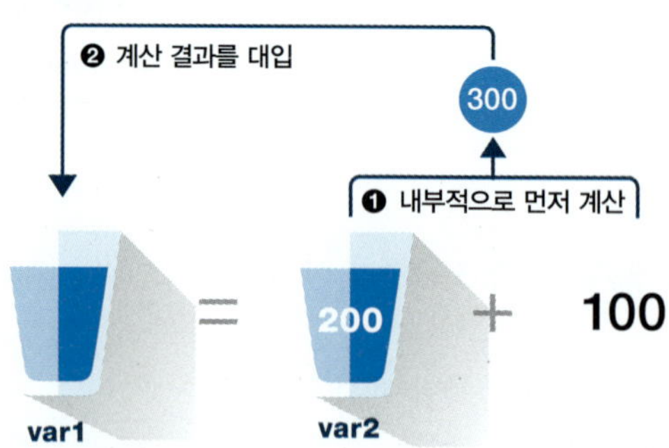

그림 3-13 변수와 숫자의 계산 결과를 대입하는 방식

= 기호는 제일 뒤에서부터 처리되므로 왼쪽의 수식을 오른쪽과 같이 풀어 쓸 수도 있다.

```
int var1, var2, var3, var4;
var1 = var2 = var3 = var4 = 100;
```

=

```
int var1, var2, var3, var4;
var4 = 100;
var3 = var4;
var2 = var3;
var1 = var2;
```

즉, var4에 100을 넣고, var4의 값(100)을 var3에, var3의 값(100)을 var2에, var2의 값(100)을 var1에 대입한다는 의미이다. 만약 var1, var2, var3, var4에 기존의 값이 들어 있다면, 그 값은 무시하고 새로운 값으로 덮어씌우는 것이다.

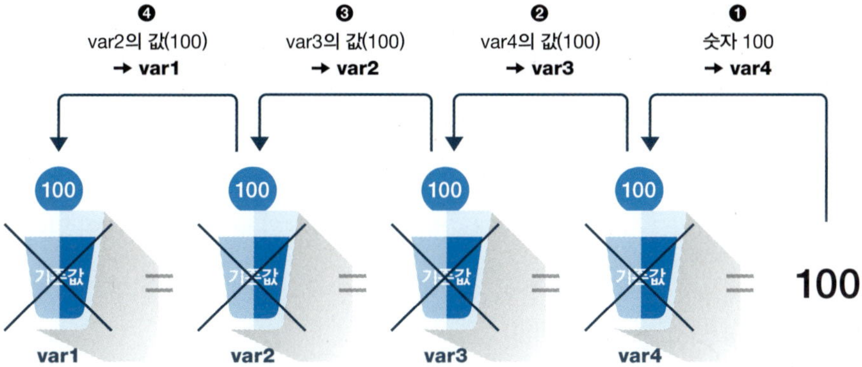

그림 3-14 연속된 값의 대입 방식

[그림 3-14]를 보면, 대입 연산자(=)는 오른쪽에서 왼쪽 방향(←)으로 진행됨을 알 수 있다. 그러므로 변수 var1, var2, var3, var4에는 모두 100이 대입된다.

이번에는 자신의 값에서 연산한 후 다시 자신에게 값을 넣는 방법을 살펴보자.

```
var1 = var1 + 200;
```

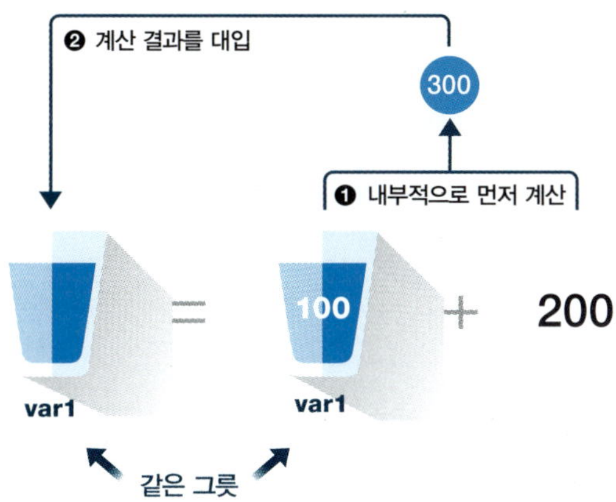

그림 3-15 자신의 값에 다시 계산 결과를 대입하는 방식

이 방법은 자신의 값을 누적할 경우에 자주 사용하는 방식이다. 주의할 점은 오른쪽에 위치한 var1에 0 또는 다른 값이 들어 있어야 한다는 점이다. 다음과 같이 소스 코드를 실행하면 두 번째 행의 noVar에서 오류가 발생한다.

```
int noVar;
noVar = noVar + 200;
```

오류를 방지하려면 소스 코드를 수행하기 전, 1행에 noVar = 0 등과 같은 소스 코드를 넣어주어야 한다. noVar에 값을 대입시켜 놓는 것이다.

3 대입 연산자와 변수의 위치

지금까지 변수에 값을 대입하는 방법에 대해 살펴보았는데, 직접 언급하지는 않았지만 꼭 지켜졌던 규칙이 하나 있다. 바로, **대입 연산자(=)를 사용하면 오른쪽의 값이 왼쪽으로 대입된다**는 규칙이다.

이 규칙을 잘 생각해보면 대입 연산자(=)의 왼쪽에는 반드시 무언가를 담을 수 있는 그릇, 즉 변수만 올 수 있다는 것을 알 수 있다. [그림 3-11]부터 [그림 3-15]를 보면 모두 왼쪽에 그릇(변수)이 있다.

그러면 다음의 경우를 생각해보자. 이 예시는 틀린 수식이다. 오른쪽의 음식(100)을 왼쪽 그릇에 담아야 하는데 왼쪽에 그릇(변수)이 없기 때문이다.

그림 3-16 왼쪽에 값을 넣을 그릇이 없는 경우

다음과 같이 수식이 바뀌어야 제대로 된 대입이 가능하다.

그림 3-17 왼쪽에 값을 넣을 그릇이 있는 경우

또 하나, **대입 연산자(=)의 오른쪽에는 상수(숫자), 변수, 계산 값이 모두 올 수 있다**는 규칙도 적용되었다. 결론적으로 대입 연산자의 왼쪽에는 무조건 변수만 올 수 있고, 오른쪽에는 무엇이든(값, 변수, 수식, 메서드 등) 올 수 있다.

SECTION 04 비트, 바이트, 진수의 이해

1 비트와 바이트

컴퓨터에서 표현 가능한 제일 작은 단위는 비트(Bit)이다. 그리고 비트 8개가 모이면 바이트(Byte)가 된다. USB 메모리를 사용해본 적이 있다면 8기가, 16기가 등으로 크기가 적혀 있는 것을 본 적 있을 것이다. 정확히 발음하면 8기가바이트(Giga Byte, GB), 16기가바이트가 된다. 즉, 바이트는 컴퓨터에서 사용하는 크기의 기본 단위라고 생각하면 된다. 육상 경기에서 100미터, 200미터, 3000미터 등 미터를 기본 단위로 사용하는 것과 같다.

C#을 사용하기 위해서는 비트와 바이트 단위에 대한 기본적인 이해와 더불어 진수에 대한 이해도 필요하다. 비트는 컴퓨터에서 표현 가능한 가장 작은 단위로, 0과 1만 존재한다. 그래서 하나의 비트로 표현할 수 있는 가짓수는 2개이다.

비트

비트는 전기 스위치와 비슷한 개념이다. 전기 스위치에는 OFF와 ON만 존재하는데, 비트에도 0(OFF)과 1(ON)만 존재한다. 1비트라면 전기 스위치가 하나인 것이고, 2비트라면 전기 스위치가 2개인 것이다. 그러면 2개의 전기 스위치로는 몇 가지를 표현할 수 있을까?

전기 스위치

의미	꺼짐 , 꺼짐	꺼짐 , 켜짐	켜짐 , 꺼짐	켜짐 , 켜짐
2진수	00	01	10	11
10진수	0	1	2	3

그림 3-18 전기 스위치와 2진수, 10진수의 비교

2개의 전기 스위치(= 2개 비트)로 표현할 수 있는 경우의 수는 4개이다. 이를 2진수로 표현하면 각각 00, 01, 10, 11이 된다. 10진수로는 0, 1, 2, 3이다. 이로써 다음을 유추할 수 있다.

```
n개의_전기_스위치로_표현할_수_있는_경우의_수 = 2ⁿ
```

즉 3개 비트로 표현할 수 있는 경우의 수는 $2^3 = 8$이 되고, 4개 비트로 표현할 수 있는 경우의 수는 $2^4 = 16$이다.

지금까지 언급한 비트를 진수로 표현한다면 2진수(Binary)의 숫자 표기와 일치한다. 우리가 주로 사용하는 진수는 10진수이다. 10진수는 10개의 숫자(0~9)로 모든 숫자를 표현한다. 그래서 9 다음으로 더 이상 표현할 숫자가 없어지면 앞의 한 자리가 올라가고 그 자리에 가장 작은 수인 0을 넣어 10이 된다. 마찬가지로 2진수는 2개의 숫자(0, 1)로만 모든 수를 표현한다. 10진수, 2진수, 16진수를 비교하면 다음과 같다. 익숙하게 사용할 수 있도록 기억해 두면 프로그래밍 시 도움이 될 것이다.

표 3-3 10진수, 2진수, 16진수 변환표

10진수 (0 ~ 9)	2진수 (0 ~ 1)	16진수 (0 ~ F)
00	0000	0
01	0001	1
02	0010	2
03	0011	3
04	0100	4
05	0101	5
06	0110	6
07	0111	7
08	1000	8
09	1001	9
10	1010	A
11	1011	B
12	1100	C
13	1101	D
14	1110	E
15	1111	F

TIP • 표를 보기 좋게 하기 위해, 10진수 0을 00으로 표현하고 2진수 0은 0000으로 자릿수를 맞춰 표현했다. 참고로 8진수도 사용되고 있지만 활용도가 비교적 낮다.

좀 복잡해 보이지만 계산법은 의외로 간단하다. 우선 10진수의 00은 2진수의 0000과 동일하다. 또한 1을 표현할 때도 10진수의 1과 2진수의 1은 동일하다. 문제는 2부터인데, 10진수에는 2를 표현할 수 있는 2라는 숫자가 있지만, 2진수에는 2라는 숫자가 없다. 그래서 2진수 0001에서 한 자리를 올려주고, 그 자리에는 가장 작은 숫자(0)를 넣어 0010으로 표현한다. 또한 10진수에는 3을 표현할 숫자가 있지만, 2진수에는 0010에 1을 더한 0011로 표현해야 한다. 이런 방식으로 10진수와 2진수를 변환할 수 있다.

16진수를 표현하는 방식 역시 비슷하다. 0~9까지 10개의 숫자로 표현되는 10진수처럼, 16진수는 0~F까지 총 16가지의 숫자로 표현된다. 16진수가 필요한 이유는 2진수의 네 자리와 16진수 한 자리가 딱 맞아 떨어지기 때문이다. [표 3-3]을 보면 알 수 있듯이, 10진수의 경우 십(10)을 표현하려면 두 자리가 필요하지만, 16진수에서는 A라는 문자 하나로 표현이 가능하다. 10진수의 10은 16진수의 A, 10진수의 11은 16진수의 B와 같은 식으로 생각하면 된다. 아직은 낯선 표현법이지만, 앞으로 자주 사용하다 보면 자연히 익숙해질 것이다.

TIP • 10이라는 숫자만 보면 해당 숫자가 10진수인지, 2진수인지, 16진수인지 파악하기 어렵다. 그래서 진수를 구분할 필요가 있을 때 2진수라면 10_2 또는 0b10, 10진수라면 10_{10} 또는 그냥 10, 16진수라면 10_{16} 또는 0x16과 같이 표기하기도 한다.

바이트

비트와 더불어 C#에서 가장 많이 사용되는 단위는 바이트이다. 바이트는 비트 8개가 합쳐진 단위라고 생각하면 된다. 비트와 바이트의 크기에 따른 숫자 범위는 다음과 같다.

표 3-4 비트와 바이트 크기에 따른 숫자 범위

비트 수	바이트 수	표현 개수	2진수	10진수	16진수
1		$2^1=2$	0~1	0~1	0~1
2		$2^2=4$	0~11	0~3	0~3
4		$2^4=16$	0~1111	0~15	0~F
8	1	$2^8=256$	0~11111111	0~255	0~FF
16	2	$2^{16}=65536$	0~11111111 11111111	0~65535	0~FFFF
32	4	2^{32} = 약 42억	0~ …	0~약 42억	0~FFFF FFFF
64	8	2^{64} = 약 1800경	0~ … …	0~약 1800경	0~ … …

[표 3-4]에서 2진수와 16진수를 비교하면 2진수의 1111이 16진수의 F에 해당되는 것처럼 네 자리마다 딱 맞아 떨어지는 것을 확인할 수 있다. 즉 0과 1이 너무 많이 나와서 알아보기 힘든 2진수는 16진수로 깔끔하게 표현할 수 있다.

2 진수 변환

지금부터는 진수 변환에 대해 살펴보자. 먼저 2진수를 10진수로 변환하는 방법이다. [그림 3-19]는

2진수 1001 0011을 10진수로 변환하는 과정이다. 2진수를 10진수로 바꾸려면 2진수의 맨 뒤에서부터 각 자리에 해당하는 가중치인 2^0, 2^1, 2^2, …을 곱한 후 각 자리의 결과를 모두 합하면 된다.

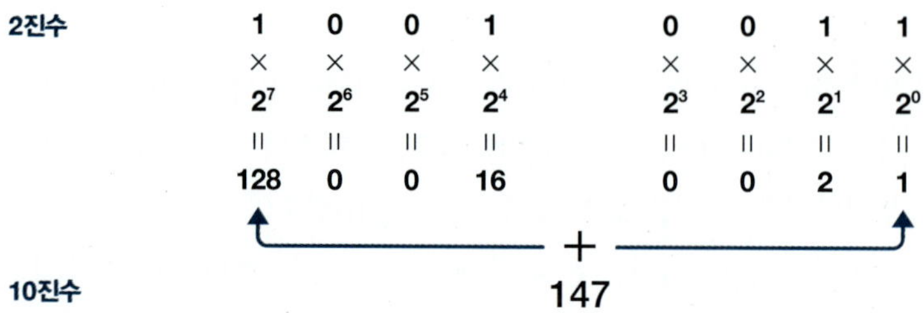

그림 3-19 2진수를 10진수로 변환하는 방법

이번에는 2진수를 16진수로 변환한 후 10진수로 변환하는 방법이다.

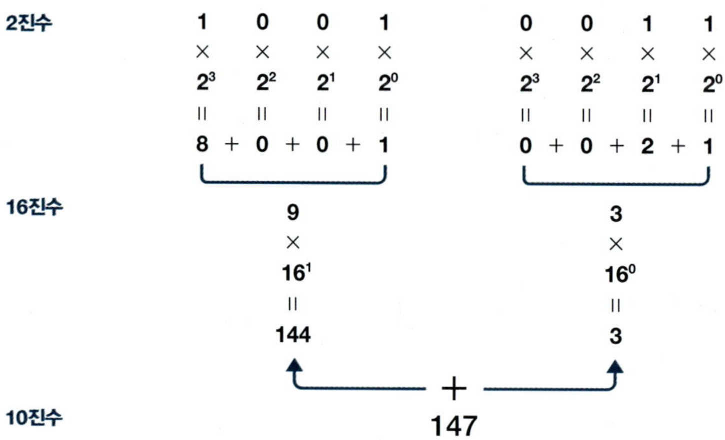

그림 3-20 2진수를 16진수로 변환한 후 10진수로 변환하는 방법

2진수의 네 자리는 16진수의 한 자리이므로 1001은 16진수의 9가 되고, 0011은 16진수의 3이 되어 16진수 93이 된다. 이 16진수를 10진수로 바꾸려면 맨 뒤에서부터 각 자리에 해당하는 가중치인 16^0, 16^1을 곱한 후 각 자리의 결과를 모두 합하면 된다.

C#에서는 2진수를 입력하려면 앞에 **0b** 또는 **0B**를 붙여주면 되고, 16진수를 입력하려면 **0x** 또는 **0X**를 붙여주면 된다. 입력은 2진수나 16진수로 하더라도 기본적인 출력은 10진수로 출력된다.

소스 3-16 진수의 입력과 출력 1 (프로젝트명 : Project03_16)

```
static void Main(string[] args)
{
    byte decData, binData, hexData; // 10진수, 2진수, 16진수

    decData = 147;
```

```
6        binData = 0b10010011;
7        hexData = 0x93;
8
9        Console.WriteLine("10진수(decData) : " + decData);
10       Console.WriteLine("2진수(binData) : " + binData);
11       Console.WriteLine("16진수(hexData) : " + hexData);
12   }
```

실행 결과

```
10진수(decData) : 147
2진수(binData) : 147
16진수(hexData) : 147
```

TIP • C#은 숫자 중간에 언더바(_)를 사용해도 된다. 언더바를 사용하면 읽기가 더 수월해진다. [소스 3-16]의 5~7행은 다음과 같이 표현해도 의미가 같다.

```
decData = 14_7;
binData = 0b1001_0011;
hexData = 0x9_3;
```

위 예에서는 문법적인 이해를 위해 decData와 hexData에 언더바를 부자연스럽게 사용했지만, 일반적으로 10진수는 세 자리씩, 2진수는 네 자리씩, 16진수는 두 자리씩 끊어 언더바를 사용한다.

[소스 3-16] 3행에서는 byte형으로 변수를 선언했다. byte형은 0~255 범위의 숫자를 저장할 수 있다. 5~7행의 10진수 147, 2진수 10010011, 16진수 93은 모두 같은 숫자이다. 대입을 다른 진수로 했더라도 실제 저장된 값은 모두 동일하게 147이 들어 있다는 것은 9~11행에서 확인할 수 있다.

만약 저장된 숫자를 다른 진수로 표현하고 싶다면 **Convert.ToString(값, 진수)** 메서드를 사용하면 된다. [소스 3-16]의 9~11행을 다음과 같이 수정해서 결과를 확인해보자.

소스 3-17 진수의 입력과 출력 2 (프로젝트명 : Project03_17)

```
1    static void Main(string[] args)
2    {
…        // [소스 3-16]의 3~7행과 동일
8
9        Console.WriteLine("10진수(decData) : " + Convert.ToString(decData, 10));
10       Console.WriteLine("2진수(binData) : " + Convert.ToString(binData, 2));
11       Console.WriteLine("16진수(hexData) : " + Convert.ToString(hexData, 16));
12   }
```

실행 결과

```
10진수(decData) : 147
2진수(binData) : 10010011
16진수(hexData) : 93
```

이 정도면 16진수, 2진수, 10진수의 관계를 어느 정도 이해했을 것이다.

이번에는 반대로 10진수를 2진수로 변환하는 방법을 배워보자. 방법은 별로 어렵지 않다. 10진수를 계속 2로 나눠 나가면서 몫과 나머지를 구하면 된다. 10진수 13을 2진수로 바꿔보자.

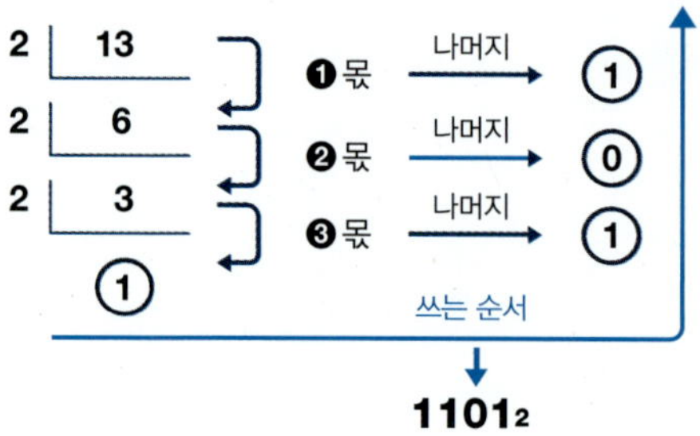

그림 3-21 10진수를 2진수로 변환하는 방법

처음에 13을 2로 나누면 몫은 6, 나머지는 1이 된다. 그다음 6을 다시 2로 나누면 몫은 3, 나머지는 0이 된다. 다시 3을 2로 나누면 몫은 1, 나머지는 1이 된다. 더 이상 나눌 수 없을 때 몫과 나머지 값들을 한 줄로 나열하면 2진수 1101_2가 된다.

16진수 역시 2진수로 변환할 수 있다. 우선 16진수임을 나타내기 위해 13_{16}으로 표현했다. 계산 과정은 [그림 3-22]와 같다.

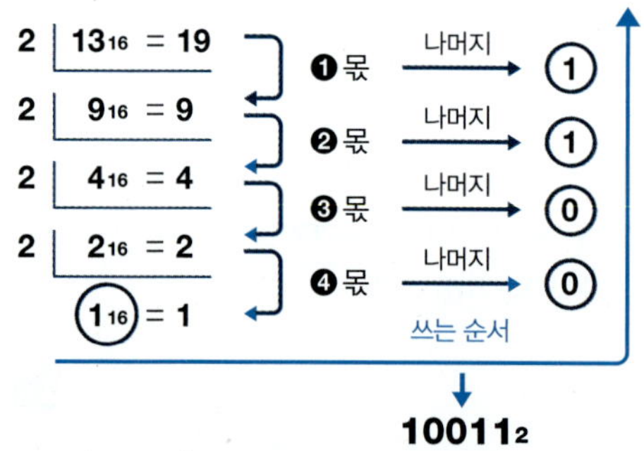

그림 3-22 16진수를 2진수로 변환하는 방법

13_{16}을 10진수로 바꾸면 19가 된다. 19를 2로 나누면 몫은 9가 되고 나머지는 1이 된다. 이후 10진수로 2진수를 변환하는 방법과 동일하게 계산을 마치면 13_{16}(= 19)은 2진수 10011_2이 된다.

이보다 더 편리한 변환 방법도 있다. 16진수 한 자리는 2진수 네 자리에 해당되므로 자릿수를 잘라서 계산하는 것이다. 또한 조금의 수고를 들여 변환표를 익히면 16진수와 2진수 사이의 변환을 손쉽게 할 수 있다.

표 3-5 16진수, 2진수 변환표

16진수	2진수	16진수	2진수
0	0000	8	1000
1	0001	9	1001
2	0010	A	1010
3	0011	B	1011
4	0100	C	1100
5	0101	D	1101
6	0110	E	1110
7	0111	F	1111

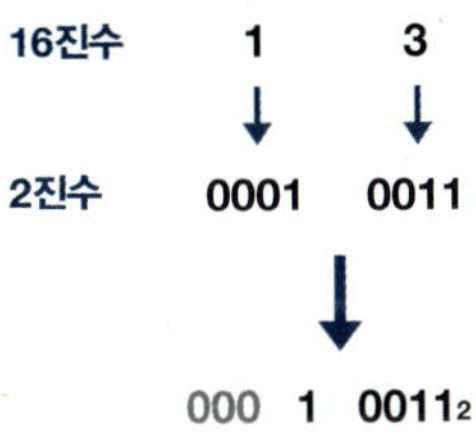

그림 3-23 16진수를 2진수로 변환하는 간편한 방법 1

[그림 3-23]과 같이 각각의 자릿수를 2진수로 변환한 후에, 그 결과를 나열하기만 하면 2진수 변환이 끝난다. 맨 앞의 000은 없어도 의미가 변하지 않으므로 삭제하였다. 이런 방법으로 길이가 긴 16진수도 간편하게 2진수로 변환할 수 있다.

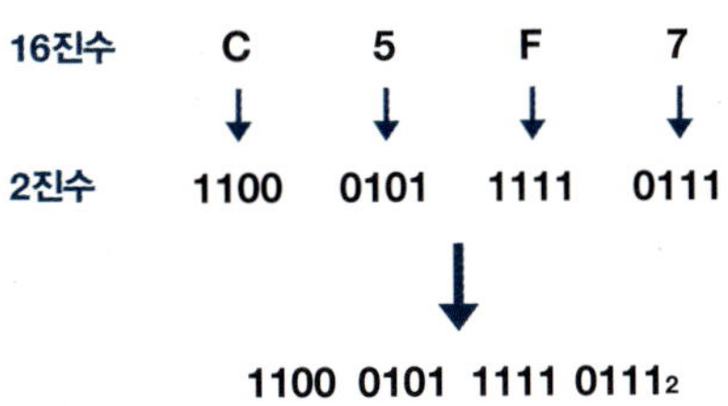

그림 3-24 16진수를 2진수로 변환하는 간편한 방법 2

TIP • 16진수 C5F7$_{16}$을 10진수로 바꾸면 50679이지만, 필요할 때가 아니라면 굳이 10진수로 계산할 필요는 없다.

숫자를 진수의 문자열로 변환하기 위해 **Convert.ToString(숫자, 진수)** 메서드를 사용했다면, 이번에는 **Convert.ToInt(문자열, 진수)** 메서드를 이용해 각 진수의 문자열을 10진수로 변환해보자.

소스 3-18 진수의 입력과 출력 3 (프로젝트명 : Project03_18)

```
1  static void Main(string[] args)
2  {
3      Console.WriteLine(Convert.ToInt32("12341234", 10));
4      Console.WriteLine(Convert.ToInt32("11111111", 2));
5      Console.WriteLine(Convert.ToInt32("FFFF", 16));
6  }
```

실행 결과

```
12341234
255
65535
```

3행은 10진수 문자열을 그대로 변환했고, 4행은 문자열을 2진수로 취급해 10진수로 변환했다. 5행은 문자열을 16진수로 취급해 10진수로 변환했다.

SELF STUDY 3-2

다음의 실행 결과와 같이 진수를 변환하는 소스 코드를 작성해보자.

❶ 10진수 12341234를 2진수로

❷ 10진수 12341234를 16진수로

❸ 16진수 ABCDEF를 10진수로

❹ 16진수 ABCDEF를 2진수로

실행 결과

```
10진수 : 12341234
2진수 : 101111000100111111110010
16진수 : bc4ff2
------------------------------
16진수 : ABCDEF
10진수 : 11259375
2진수 : 101010111100110111101111
```

3 [프로그램 2]의 완성

진수 변환에 대한 학습을 마쳤다. 이제 처음에 계획했던 두 번째 프로그램인 진수 변환 프로그램을 완성해보자. 문제는 아직 배우지 않은 if 문을 사용해야 한다는 점이다. if 문은 5장에서 자세히 배울 예정이지만 미리 간단히 살펴본다.

if 문은 다음의 형식을 가지고 있다. 두 번째 줄은 들여쓰기를 해야 오류가 발생하지 않는다는 점에 주의해야 한다.

```
if (조건식)
    참일_때_실행되는_코드;
```

소스 코드에서 조건식이 참일 경우 if 문 아래 문장이 수행된다. 조건식은 '같다, 크다, 작다' 등으로 표현할 수 있다. 예를 들어, 조건식에 (20 == 10)이 온다면 거짓이므로 if 아래 문장이 수행되지 않는다. == 기호는 '같다'를 의미한다. if 문에 대해 이 정도만 이해하고 [소스 3-19]를 살펴보자.

소스 3-19 진수 변환 프로그램 (프로젝트명 : Project03_19)

```
1   static void Main(string[] args)
2   {
3       int sel;
4       string num;
5       int num10 = 0;
6
7       Console.Write("입력 진수 결정(16/10/2) : ");
8       sel = Convert.ToInt32(Console.ReadLine());
9
10      Console.Write("값 입력 : ");
11      num = Console.ReadLine();
12
13      if (sel == 16)
14          num10 = Convert.ToInt32(num, 16);
15      if (sel == 10)
16          num10 = Convert.ToInt32(num, 10);
17      if (sel == 2)
18          num10 = Convert.ToInt32(num, 2);
19
20      Console.WriteLine("16진수 ==> " + Convert.ToString(num10, 16));
21      Console.WriteLine("10진수 ==> " + Convert.ToString(num10, 10));
22      Console.WriteLine(" 2진수 ==> " + Convert.ToString(num10, 2));
23  }
```

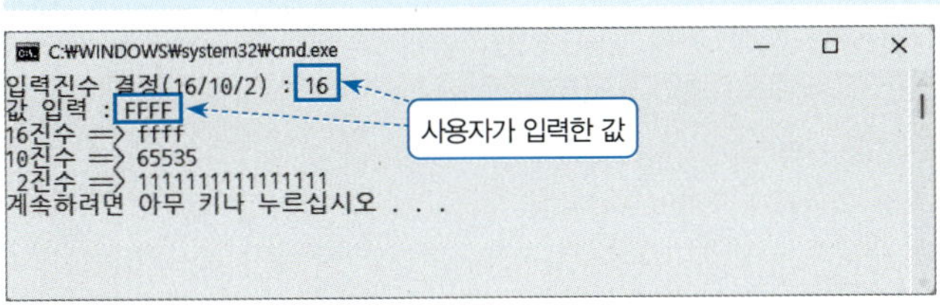

3행은 진수, 4행은 숫자에 해당하는 문자열, 5행은 10진수로 변환한 값을 저장할 변수이다. 7행에서는 입력될 진수를 결정하고 10행에서는 문자열을 입력받는다. 16진수는 알파벳이 나올 수도 있으므로 일단 num 변수에는 문자열로 입력받았다. 13~14행은 만약 7행에서 16진수를 입력받을

경우 10진수로 변환시켜 놓는다. 마찬가지로 15~16행은 10진수를 10진수로, 17~18행은 2진수를 10진수로 변환시킨다. 그리고 20~22행에서 10진수를 16진수, 10진수, 2진수로 출력한다.

SELF STUDY 3-3

16, 10, 2 이외의 숫자를 입력하면 **16, 10, 2 숫자 중 하나만 입력하세요**를 출력하고 프로그램을 종료하도록 if 문을 추가해 소스 코드를 작성해보자.

힌트1 같지 않다는 != 로 비교한다.

힌트2 여러 조건이 동시에 참이어야 하는 관계 연산자는 &&를 사용한다.

힌트3 Main( ) 메서드를 종료하려면 return 문을 사용한다.

실행 결과

```
입력 진수 결정(16/10/2) : 5  ◀---- 사용자가 입력한 값
16, 10, 2 숫자 중 하나만 입력하세요
```

SECTION

05 기본 데이터형

C#에서 많이 사용되는 기본 데이터형으로는 정수형(int), 실수형(double), 불형(bool), 문자형(char), 문자열(string)이 있다. 세분화하면 수십 가지가 넘지만 이 절에서는 핵심 데이터형 위주로 알아보려고 한다. 이미 앞에서도 많이 사용해 익숙하겠지만 정수형, 실수형, 불형, 문자형, 문자열에 대해 정리하고 이번 장을 마무리한다.

TIP • 문자열은 8장에서 자세하게 학습할 것이다.

1 정수형

정수형 데이터형의 종류는 다음과 같다.

표 3-6 정수형 종류

C# 형식	.NET 형식	값의 범위	의미	크기
sbyte	System.SByte	−128~127	부호 있는 8비트 정수형	1 Byte
byte	System.Byte	0~255	부호 없는 8비트 정수형	1 Byte
short	System.Int16	-2^{15}(−32768)~$2^{15}-1$(32767)	부호 있는 16비트 정수형	2 Byte
ushort	System.UInt16	0~$2^{16}-1$(65535)	부호 없는 16비트 정수형	2 Byte
int	System.Int32	2^{31}(약 −21억)~$2^{31}-1$(약 21억)	부호 있는 32비트 정수형	4 Byte
uint	System.UInt32	0~$2^{32}-1$(약 42억)	부호 없는 32비트 정수형	4 Byte
long	System.Int64	-2^{63}(약 −900경)~ $2^{63}-1$(약 900경)	부호 있는 64비트 정수형	8 Byte
ulong	System.UInt64	0 ~ $2^{64}-1$(약 1800경)	부호 없는 64비트 정수형	8 Byte

TIP • C# 형식과 .NET 형식은 의미가 동일하며 어떤 것을 사용해도 상관없지만, 이 책에서는 가능하면 기본 형식인 C# 형식을 사용할 것이다. 이외에도 nint, nuint형이 있는데 거의 사용하지 않는다.

정수형은 말 그대로 소수점이 없는 데이터를 입력하기 위해 사용하는 데이터형이다. 예를 들어 나이, 현재 연도, 통장잔고 등은 소수점을 사용하지 않으므로 정수형을 사용할 수 있다.

byte형과 ushort형, uint형, ulong형의 데이터형은 마이너스(−) 값을 사용하지 않는 경우에 사용되며, u는 unsigned의 약자이다. 예를 들어, 나이나 현재 연도를 표현할 때는 마이너스 값이 나올 수 없으므로 ushort형이나 uint형을 사용한다. 나이의 경우 최대값이 255를 넘지 않을 것이므로

byte형으로 지정하는 것이 효율적이다.

TIP • 데이터형을 지정하는 것은 실무 프로그램을 작성할 때 중요하게 고려해야 할 사항이므로 미리 알아 두면 좋다.

소스 3-20 소수점이 없는 정수형 (프로젝트명 : Project03_20)

```
1  static void Main(string[] args)
2  {
3      int n1 = 100, n2 = 200;
4      float result;
5
6      result = n1 / n2;
7      Console.WriteLine(String.Format("{0:F} ", result));
8  }
```

실행 결과

```
0.00
```

[소스 3-20]은 100을 200으로 나눈 값을 출력하는 프로그램이다. 100을 200으로 나눴으니 결과값은 당연히 0.5가 되어야 한다. 그래서 결과값을 넣을 변수 result를 실수로 선언해 사용했다. 그런데 결과는 0.00이 나왔다. 왜 그럴까?

그 이유는 정수끼리 연산을 수행하면 그 결과도 정수가 되기 때문이다. 즉 6행의 n1 / n2는 100 / 200이 되는데, 100과 200이 모두 정수이므로 결과값 역시 실수 0.5가 아니라 소수점이 떨어져 나간 정수 0이 된 것이다. 그래서 6행의 result에는 0의 실수값인 0.00이 저장된다.

소스 코드의 숫자 연산은 다음과 같은 규칙을 따른다. 즉, 실수가 하나라도 들어가면 결과값 또한 실수가 된다는 점을 꼭 기억하기 바란다.

```
정수 +, -, *, / 정수 = 정수
정수 +, -, *, / 실수 = 실수
실수 +, -, *, / 실수 = 실수
```

2 실수형

소수점을 가진 실수형 데이터형의 종류는 다음과 같다.

표 3-7 실수형의 종류

C# 형식	.NET 형식	값의 범위	소수점 아래 자릿수	크기
float	System.Single	$\pm 1.5 \times 10^{-45} \sim \pm 3.4 \times 10^{38}$	6~9개	4 Byte
double	System.Double	$\pm 5.0 \times 10^{-324} \sim \pm 1.7 \times 10^{308}$	15~17개	8 Byte
decimal	System.Decimal	$\pm 1.0 \times 10^{-28} \sim \pm 7.9228 \times 10^{28}$	28~29개	16 Byte

float형과 double형을 구분해서 사용해야 하는 경우는 그리 흔치 않지만 아예 없는 것은 아니다. 특히 공학 계산 등과 같이 정밀한 소수점 계산이 필요할 때 float형보다 double형을 사용하는 것이 좋다. float형은 대개 소수점 아래 일곱 자리까지 정밀도를 유지하지만, double형은 소수점 아래 15~17자리 정도까지 정밀도를 표현할 수 있다. 더 자세한 정밀도가 필요하다면 decimal형을 사용하면 되지만 그런 경우는 드물다.

간단히 세 데이터형의 소수점 아래 자릿수를 확인해보자.

소스 3-21 소수점 아래 자릿수 확인 (프로젝트명 : Project03_21)

```
static void Main(string[] args)
{
    float flt = 0.1234567890123456789012345678 9f;
    double dbl = 0.1234567890123456789012345678 9;
    decimal dec = 0.1234567890123456789012345678 9m;

    Console.WriteLine(flt);
    Console.WriteLine(dbl);
    Console.WriteLine(dec);
}
```

실행 결과

```
0.1234568
0.123456789012346
0.1234567890123456789012345679
```

결과를 확인하면, float형은 소수점 아래 일곱 자리까지, double형은 열다섯 자리까지, decimal형은 스물여덟 자리까지 결과값이 나왔다. 주의할 점은 float형에 값을 대입할 때 제일 뒤에 f를, decimal형에 값을 대입할 때 제일 뒤에 m을 붙여줘야 한다는 점이다.

3 불형

불(bool)형은 참(True)이나 거짓(False)만 저장할 수 있으며, 논리형이라고도 부른다.

표 3-8 불형의 종류

C# 형식	.NET 형식	값의 범위	크기
bool	System.Boolean	True 또는 False	1 Byte

간단한 예로 살펴보자.

소스 3-22 불 데이터형 (프로젝트명 : Project03_22)

```
static void Main(string[] args)
{
    bool b1 = true;
    bool b2 = (100 == 100);
    bool b3 = (10 > 100);

    Console.WriteLine(b1);
    Console.WriteLine(b2);
    Console.WriteLine(b3);
}
```

실행 결과

```
True
True
False
```

(100 == 100)은 100과 100이 같다의 결과이므로 True가 되며, (10 〉 100)은 10은 100보다 크다는 의미이므로 False가 된다.

TIP • 불형은 단독으로 사용되기보다는, if 조건문이나 while 반복문 등과 함께 사용된다. 5장에서 if 조건문을, 6장에서 while 반복문에 대해 학습할 것이다.

4 문자형

문자형은 문자 또는 기호 하나를 저장하는 형식을 말한다. 한 글자를 위한 문자형은 다음과 같다.

표 3-9 문자형 종류

C# 형식	.NET 형식	값의 범위	크기
char	System.Char	유니코드 0000~FFFF (대부분의 글자가 가능)	2 Byte

char형에는 영어, 한글, 한자 등을 포함한 유니코드 문자를 하나 저장할 수 있다. 유니코드란 전 세계의 모든 문자를 다루는 표준 문자 처리 방식이다. 유니코드를 지정할 때는 **'\u유니코드'** 형식으로 지정할 수 있다. 예를 들면 A는 \u0041로도 표현되며, 가는 \uAC00으로 표현할 수도 있다. 간단한 예로 확인해보자.

소스 3-23 문자 데이터형 (프로젝트명 : Project03_23)

```
static void Main(string[] args)
{
    char ch1 = 'A';
    char ch2 = '\u0041';
    char ch3 = '가';
    char ch4 = '\uAC00';

    Console.WriteLine(ch1);
    Console.WriteLine(ch2);
    Console.WriteLine(ch3);
    Console.WriteLine(ch4);
    Console.WriteLine((char)(ch1 + 1));
    Console.WriteLine((char)(ch3 + 1));
}
```

실행 결과

```
A
A
가
가
B
각
```

ch1과 ch2에는 같은 'A'가 저장되어 있고 ch3과 ch4에는 '가' 문자가 저장되어 있다. ch1 + 1은 'A'에 1을 더하라는 의미인데, 이를 다시 (char)로 변환시키면 'B'가 된다. 같은 방식으로 '가'에 1을 더한 결과는 다음 글자인 '각' 글자가 된다. 문자를 순서대로 접근하기 위한 방식이므로 기억해 놓도록 하자.

5 문자열형

문자열형은 "abc", "C# 만세", "1" 등 문자들의 집합을 말한다.

TIP • 문자열(string)은 기본 데이터형은 아니지만, 프로그램을 작성할 때 많이 사용되므로 기본 데이터형과 함께 소개한다. 8장에서 더 상세한 문자열의 활용법을 학습할 것이다.

표 3-10 문자열형 종류

C# 형식	.NET 형식	값의 범위	크기
string	System.String	입력한 문자열의 길이에 따라 가변적임	2 Byte

문자열은 더하기 연산자(+)를 사용해 문자열을 연결한다. 문자열에서 한 글자를 추출하려면 **변수[첨자]** 형식을 사용하면 된다. 예를 통해서 확인해보자.

소스 3-24 문자열 데이터형 (프로젝트명 : Project03_24)

```
static void Main(string[] args)
{
    string str1 = "IT CookBook~";
    string str2 = "C# 비기너";
    string str3 = str1 + str2;

    Console.WriteLine(str3);
    Console.WriteLine(str2.Length);
    Console.WriteLine(str2[0]);
    Console.WriteLine(str2[0].GetType());
    Console.WriteLine(str2[str2.Length - 1]);
}
```

실행 결과

```
IT CookBook~C# 비기너
6
C
System.Char
너
```

문자열을 Console.WriteLine( ) 메서드로 출력하면 큰 따옴표가 없이 출력된다. **문자열변수.Length**는 문자열의 길이를 알려준다. **문자열변수[첨자]**는 0부터 시작하는 해당 위치의 문자 한 글자를 반환하는데, 변수명.GetType( ) 메서드로 확인하면 데이터형이 문자(char, System.Char)인 것을 확인할 수 있다. 문자열의 마지막을 추출하는 방법으로는 **전체문자열길이 – 1**을 사용했다.

6 var형

var형은 데이터형이 결정되지 않았을 때 사용하는 특수한 형태의 데이터형이다. var를 사용하면 초기화하는 값에 따라서 데이터형이 결정된다.

소스 3-25 var 데이터형 (프로젝트명 : Project03_25)

```
static void Main(string[] args)
{
    var data1 = 100;
    var data2 = "C# 코딩";
    var data3 = 3.14f;
    var data4 = 3.14;
```

```
        Console.WriteLine(data1.GetType());
        Console.WriteLine(data2.GetType());
        Console.WriteLine(data3.GetType());
        Console.WriteLine(data4.GetType());
    }
```

실행 결과

```
System.Int32
System.String
System.Single
System.Double
```

결과를 보면 입력하는 값에 따라 데이터형이 지정된 것을 확인할 수 있다. 특히 data3은 3.14f를 입력하면 float(= System.Single)로, 3.14를 입력하면 double(= System.Double)로 지정되는 것을 알 수 있다. 자주 사용하지는 않지만, 가끔 유용할 때도 있으므로 기억해 두자.

요약

1 String.Format( ) 메서드를 사용하면 서식에 맞춰서 출력할 수 있으며, {0}은 첫 번째(= 0번째) 값을 의미한다.

2 다음은 기본적인 형태의 String.Format( ) 메서드 예와 출력 결과이다.

```
Console.WriteLine("이름={0}, 나이={1}", "둘리", 35);
```

실행 결과

```
이름=둘리, 나이=35
```

3 숫자를 2개 출력하기 위해서는 D와 숫자 모두 2개가 나와야 한다.

Console.WriteLine("{0:D} {1:D}" , 100 , 200)

4 출력에 사용할 수 있는 대표적인 서식은 다음과 같다.

서식	값의 예	설명
C 또는 c	$123.45	통화값, Currency의 약자
D 또는 d	1234	정수, Decimal의 약자
E 또는 e	1.234E + 003	지수 표기법, Exponent의 약자
F 또는 f	1234.567	고정 소수점, Floating의 약자
N 또는 n	1,234,567	세 자리마다 콤마를 지원함, Number의 약자
P 또는 p	35%	백분율, Percentage의 약자
X 또는 x	4D2	16진수, Hex의 약자

5 자주 사용하는 이스케이프 문자의 종류는 다음과 같다.

이스케이프 문자	설명	비고
\n	새로운 줄로 이동	Enter 키를 누른 효과
\t	다음 탭으로 이동	Tab 키를 누른 효과
\b	뒤로 한 칸 이동	Backspace 키를 누른 효과
\\	\를 출력	
\'	'를 출력	
\"	"를 출력	

6 변수의 이름 작성 규칙은 다음과 같다.

- 대소문자를 구분한다.
- 문자, 숫자, 언더바(_)를 포함할 수 있다. 하지만, 숫자로 시작하면 안 된다.
- 예약어는 변수의 이름으로 쓰면 안 된다.

7 변수의 종류를 확인하고 싶다면 변수명.GetType( ) 메서드를 사용하면 된다.

8 다음의 소스 코드는 모든 변수에 100이 대입된다.

```
int var1, var2, var3, var4;
var1 = var2 = var3 = var4 = 100;
```

9 다음의 소스 코드는 두 번째 행의 noVar에서 오류가 발생한다. 변수에 초깃값이 없기 때문이다.

```
int noVar;
noVar = noVar + 200;
```

10 비트 2개로 표현할 수 있는 경우의 수는 4개이다. 이를 2진수로 표현하면 각각 00, 01, 10, 11이다.

```
n개의_전기스위치로_표현할_수_있는_경우의_수 = 2ⁿ
```

요약

IT@COOKBOOK

11 10진수, 2진수, 16진수를 비교하면 다음과 같다.

10진수 (0 ~ 9)	2진수 (0 ~ 1)	16진수 (0 ~ F)
00	0000	0
01	0001	1
02	0010	2
03	0011	3
04	0100	4
05	0101	5
06	0110	6
07	0111	7
08	1000	8
09	1001	9
10	1010	A
11	1011	B
12	1100	C
13	1101	D
14	1110	E
15	1111	F

12 C#은 숫자를 진수의 문자열로 변환하기 위해 앞에서 Convert.ToString(숫자, 진수) 메서드를 사용한다. Convert.ToInt32(문자열, 진수) 메서드를 이용하면 각 진수의 문자열을 10진수 숫자로 변환할 수 있다.

13 C#에서 사용되는 데이터 형식은 다음과 같다.

- 정수형 : sbyte, byte, short, ushort, int, uint, long, ulong
- 실수형 : float, double, decimal
- 불형 : bool
- 문자형 : char
- 문자열 : string
- 형식 미지정 : var

IT@COOKBOOK

연습문제

1 다음에 제시된 소스 코드의 실행 결과를 적어보세요.

```
Console.WriteLine("{0}","100");
```

2 다음 중 C#의 주석이 아닌 것을 고르세요.

① /* ~~ */　　② ##

③ ////　　④ /** ~~ */

3 다음 중 100과 200이 함께 출력되는 소스 코드를 모두 고르세요.
(단, 순서는 상관 없다.)

① Console.WriteLine("{0:D}", 100, 200);

② Console.WriteLine("{1:D}", 100, 200);

③ Console.WriteLine("{0:D} {0:D}", 100,200);

④ Console.WriteLine("{0:D} {1:D}", 100, 200);

⑤ Console.WriteLine("{1:D} {0:D}", 100, 200);

4 제시된 실행 결과가 출력되도록 소스 코드의 틀린 부분을 찾아서 수정하세요.

```
Console.WriteLine("{0:D} / {1:D} = {2:D}", 1, 3, 1 / 3);
```

실행 결과

```
1 / 3 = 0.33
```

5 다음 각 항목의 결과를 출력하기 위한 서식으로 알맞은 것을 보기에서 각각 고르세요.

```
C, D, E, F, G, H, I, J, K, L, M, N, O, P, Q, X, Y, Z
```

(1) 1,234 :

(2) $1234 :

(3) 1234% :

(4) 4D2 :

연습문제

6 다음 각 항목의 결과를 출력하기 위해 빈칸에 들어갈 코드로 알맞은 것을 보기에서 골라 적어보세요.

```
{0,8:S}, {0,8:F}, {0,8:X}, {0,8:D8}, {0,8:F4}, {0,8:D8}, {0,8:N8}
```

(1) Console.WriteLine("[   ]", 123); ➜ 00000123

(2) Console.WriteLine("[   ]", 123.456); ➜ 123.4560

(3) Console.WriteLine("[   ]", "CSharp"); ➜ [공백][공백]CSharp

7 다음 각 항목의 의미를 가진 이스케이프 문자를 보기에서 골라 적어보세요.

```
\\, \c, \b, \', \y, \m, \n, \r, \s, \t, \w
```

(1) Enter 키 효과 :

(2) Backspace 키 효과 :

(3) Tab 키 효과 :

8 다음 각 변수에 대입할 수 있는 초깃값을 보기에서 골라 적어보세요.

```
false, nothing, none, 0, 0.0f, 0.0, 0.0m, "", ' '
```

(1) float floatVar :

(2) string strVar :

(3) bool boolVar :

(4) int intVar :

9 다음 중 변수 이름 규칙에 대한 설명으로 가장 거리가 먼 것을 고르세요.

① 대문자와 소문자를 구분한다.

② 숫자로 시작할 수는 있으나, 언더바(_)로 시작하면 안 된다.

③ 예약어를 사용하면 안 된다.

④ 숫자, 언더바(_)를 포함할 수 있다.

10 다음 중 변수의 종류를 확인하는 메서드로 알맞은 것을 고르세요.

① GetVariable( )

② GetData( )

③ GetVar( )

④ GetType( )

⑤ GetInt( )

11 다음에 제시된 소스 코드의 실행 결과로 data1에 들어갈 값을 적어보세요.

```
int data1, data2, data3;
data1 = 100;
data2 = 200;
data3 = data2 = data1 = 300;
```

12 다음에 제시된 소스 코드에서 오류가 발생하는 이유를 적어보세요.

```
int myData;
myData = myData + 100;
myData = 200;
myData = myData = 300;
```

13 다음 중 3개의 비트로 표현할 수 있는 경우의 수로 알맞은 것을 고르세요.

① 2개 ② 4개 ③ 8개 ④ 16개

14 다음에 제시된 2진수를 16진수로 변환해보세요.

(1) 0000_2 :

(2) 0111_2 :

(3) 1010_2 :

(4) 1111_2 :

연습문제

IT@COOKBOOK

15 다음에 제시된 소스 코드의 실행 결과를 확인한 후, 빈칸에 들어갈 공통의 메서드를 적어보세요.

```
byte decData, binData, hexData;
decData = 147;
binData = 0b10010011;
hexData = 0x93;

Console.WriteLine("10진수(decData) : " + [          ](decData, 10));
Console.WriteLine("2진수(binData) : " + [          ] (binData, 2));
Console.WriteLine("16진수(hexData) : " + [          ] (hexData, 16));
```

실행 결과

```
10진수(decData) : 147
2진수(binData) : 10010011
16진수(hexData) : 93
```

16 다음 각 항목의 C# 데이터 형식에 해당하는 .NET 형식을 보기에서 골라 적어보세요.

```
System.SByte, System.Byte, System.Int16, System.UInt16, System.Int32, System.UInt32,
System.Int64, System.UInt64
```

(1) byte :

(2) int :

(3) ulong :

17 **심화문제** 136쪽 [응용예제 04]를 수정해서 짝수 번째의 글자는 * 기호로 표시되도록 기능을 추가해보세요.

힌트 숫자를 2로 나눈 나머지 값이 0이면 짝수이다. 나머지 연산자는 %를 사용한다.

실행 결과

```
C:\WINDOWS\system32\cmd.exe
문자열을 입력 --> IT CookBook for Beginner, C#   ← 사용자가 입력한 값
#* *r*n*i*e* *o* *o*B*o*C*T*
계속하려면 아무 키나 누르십시오 . . .
```

응용예제 03 데이터형의 크기 확인하기

난이도★☆☆☆☆

예제 설명 C#에서 제공되는 기본 데이터형의 크기를 확인하는 프로그램이다.

실행 결과

```
C:\WINDOWS\system32\cmd.exe
sbyte형   기본 크기 --> 1
byte형    기본 크기 --> 1
short형   기본 크기 --> 2
ushort형  기본 크기 --> 2
int형     기본 크기 --> 4
uint형    기본 크기 --> 4
long형    기본 크기 --> 8
ulong형   기본 크기 --> 8
char형    기본 크기 --> 2
float형   기본 크기 --> 4
double형  기본 크기 --> 8
decimal형 기본 크기 --> 16
bool형    기본 크기 --> 1
계속하려면 아무 키나 누르십시오 . . .
```

소스 코드

```
1  static void Main(string[] args)
2  {
3      Console.WriteLine("sbyte형   기본 크기 --> " + sizeof(sbyte));
4      Console.WriteLine("byte형    기본 크기 --> " + sizeof(byte));
5      Console.WriteLine("short형   기본 크기 --> " + sizeof(short));
6      Console.WriteLine("ushort형  기본 크기 --> " + sizeof(ushort));
7      Console.WriteLine("int형  기본 크기 --> " + sizeof(int));
8      Console.WriteLine("uint형    기본 크기 --> " + sizeof(uint));
9      Console.WriteLine("long형    기본 크기 --> " + sizeof(long));
10     Console.WriteLine("ulong형   기본 크기 --> " + sizeof(ulong));
11     Console.WriteLine("char형    기본 크기 --> " + sizeof(char));
12     Console.WriteLine("float형   기본 크기 --> " + sizeof(float));
13     Console.WriteLine("double형  기본 크기 --> " + sizeof(double));
14     Console.WriteLine("decimal형 기본 크기 --> " + sizeof(decimal));
15     Console.WriteLine("bool형    기본 크기 --> " + sizeof(bool));
16 }
```

코드 설명

3~15행	sizeof(데이터 형식) 메서드를 사용해서 데이터형의 크기를 Byte 단위로 출력했다.

응용예제 04

입력된 문자열을 거꾸로 출력하기

난이도★★★☆☆

예제 설명 문자열을 입력받고, 입력받은 문자열의 순서를 거꾸로 출력해보자. 아직 배우지 않은 for 반복문이 나오지만, 예습 차원에서 미리 살펴보도록 한다.

실행 결과

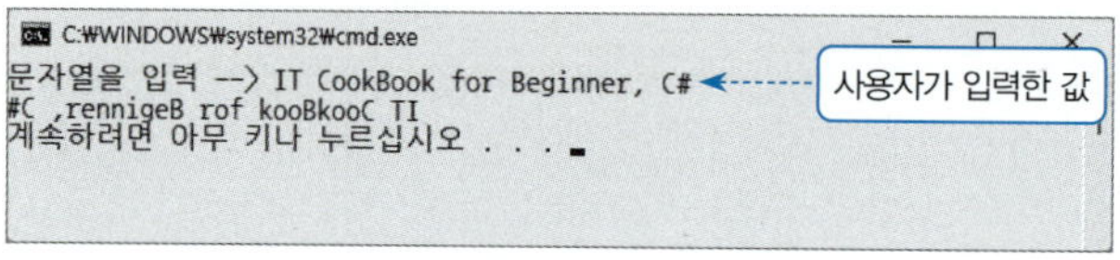

소스 코드

```
1   static void Main(string[] args)
2   {
3       string inStr = "";
4
5       Console.Write("문자열을 입력 --> ");
6       inStr = Console.ReadLine();
7
8       for (int i = inStr.Length - 1; i >= 0; i--)
9       {
10          Console.Write(inStr[i]);
11      }
12      Console.WriteLine();
13  }
```

코드 설명

3행	문자열을 입력받을 str 배열을 준비했다.
5행	문자열을 입력받는다.
8~11행	for 문은 반복문으로, for (초깃값; 조건식; 증감식)으로 구성된다. str 배열에 들어 있는 문자열을 제일 뒤부터 제일 앞까지 출력하는데 입력한 것과 반대의 순서로 출력된다. inStr.Length는 문자열의 길이를 반환하며, inStr[i]는 i번째 글자 하나를 반환한다.

CHAPTER 04

연산자

학습목표

- 덧셈, 뺄셈, 곱셈, 나눗셈 등 산술 연산자에 대해서 확실히 이해한다.
- 같다, 크다, 작다 등의 비교 연산자를 배운다.
- AND(&&), OR(||), NOT(!) 등의 논리 연산자를 배운다.
- 2진수 값으로 처리되는 비트 연산자를 배운다.
- 터틀 그래픽의 사용법과 응용을 코딩한다.

SECTION 01 이 장에서 만들 프로그램

이제 C#을 사용하는 데에 어느 정도 익숙해졌을 것이다. 이번 장에서는 연산자에 대해 학습하려고 한다. C#의 연산자 종류로는 산술 연산자에 해당하는 덧셈, 뺄셈, 곱셈, 나눗셈 외에 크다, 작다, 같다 등의 비교 연산자와 AND / OR 등의 논리 연산자, 2진수 값을 처리하는 비트 연산자가 있다. 복잡해 보이지만 알고 나면 모두 어렵지 않게 이해할 수 있을 것이다.

1 [프로그램 1] 동전 교환 프로그램

첫 번째로 만들 프로그램은 입력된 액수만큼 500원, 100원, 50원, 10원짜리 동전으로 교환해주는 프로그램이다. 입력한 값이 얼마든 간에 모두 동전으로 교환해줘야 하며 동전의 개수는 최소화해서 바꿔줘야 한다. 필요한 동전 개수를 알아내기 위해서는 큰 단위의 동전 개수를 먼저 계산한 후 작은 단위 순서대로 동전 개수를 계산해야 한다.

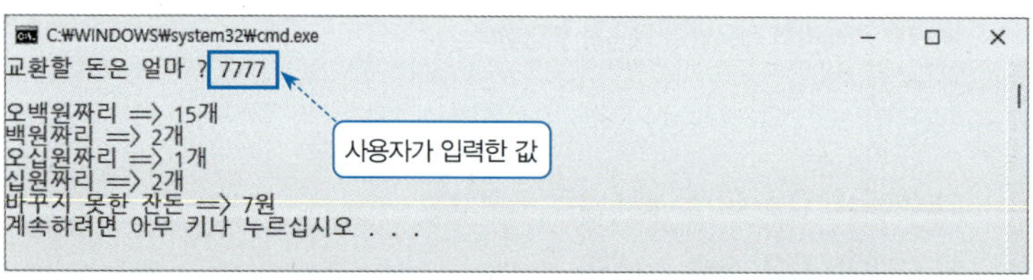

그림 4-1 동전 교환 프로그램

2 [프로그램 2] 마음대로 이동하는 거북이

두 번째로 만들 프로그램은 2장에서 배운 윈폼을 활용한다. 거북이 모양의 아이콘이 화면을 돌아다니며 선을 그리는 프로그램이다. 색상이 랜덤으로 바뀌며 선이 계속 이어진다. 단, 거북이가 화면을 벗어날 경우에는 다시 화면의 중심에서부터 시작하도록 설정한다.

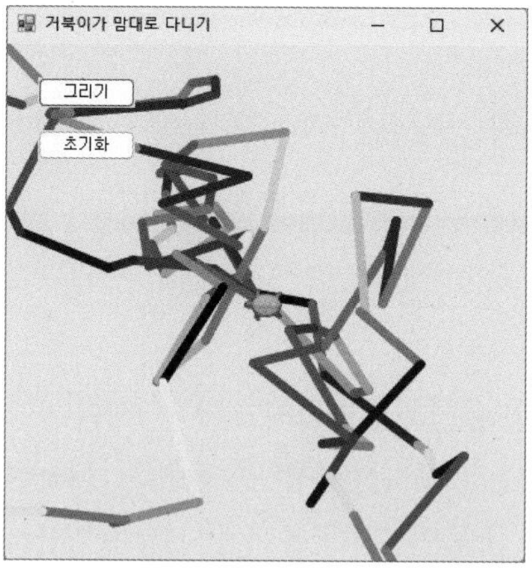

그림 4-2 마음대로 이동하는 거북이 프로그램

SECTION

02 산술 연산자

이미 앞 장에서 여러 번 언급했지만 산술 연산자에 대해 좀 더 완벽하게 정리하고 가자. C#의 가장 기본적인 계산에서는 산술 연산자를 사용한다. 산술 연산자는 덧셈(+), 뺄셈(−), 곱셈(*), 나눗셈(/)이 대표적이며, 그 외에도 몇 가지가 더 있다. 2개 이상의 산술 연산자가 동시에 나올 때 연산자 중 어느 것을 먼저 계산할지 결정하는 우선순위에 대해서도 함께 살펴본다.

1 기본적인 연산자

C#에서 사용되는 기본적인 산술 연산자의 종류는 다음과 같다.

TIP • 다음 표의 사용 예는 int num으로 변수가 선언된 후이다.

표 4-1 산술 연산자의 종류

산술 연산자	구분	사용 예	예 설명
=	대입 연산자	num = 3	정수 3을 a에 대입
+	덧셈 연산	num = 5 + 3	5와 3을 더한 값을 a에 대입
−	뺄셈 연산	num = 5 − 3	5와 3을 뺀 값을 a에 대입
*	곱셈 연산	num = 5 * 3	5와 3을 곱한 값을 a에 대입
/	나눗셈 연산	num = 5 / 3	5를 3으로 나눈 값을 a에 대입. 단, 정수의 연산은 정수로 처리되므로 1.6666이 아닌 1이 num에 대입됨
%	나머지 연산	num = 5 % 3	5를 3으로 나눈 뒤 나머지 값을 a에 대입

별로 어려울 것이 없지만, 관심 있게 볼 것은 나눗셈과 나머지 값(%) 정도이다. 나눗셈의 경우엔 정수의 연산과 실수의 연산을 잘 구분해야 한다. 소스 코드에서 확인해보자.

소스 4-1 기본적인 연산자의 사용 (프로젝트명 : Project04_1)

```
static void Main(string[] args)
{
    int num;
    int v1= 5, v2 = 3;
```

```
5
6         num = v1 + v2;
7         Console.WriteLine("{0:D} + {1:D} = {2:D}", v1, v2, num);
8
9         num = v1 - v2;
10        Console.WriteLine("{0:D} - {1:D} = {2:D}", v1, v2, num);
11
12        num = v1 * v2;
13        Console.WriteLine("{0:D} * {1:D} = {2:D}", v1, v2, num);
14
15        num = v1 / v2;
16        Console.WriteLine("{0:D} / {1:D} = {2:D}", v1, v2, num);
17
18        num = v1 % v2;
19        Console.WriteLine("{0:D} % {1:D} = {2:D}", v1, v2, num);
20    }
```

실행 결과

```
5 + 3 = 8
5 - 3 = 2
5 * 3 = 15
5 / 3 = 1
5 % 3 = 2
```

다른 소스 코드는 어려울 것이 없으니 15행의 나눗셈에 대해 자세히 보자. 5를 3으로 나누면 결과값으로 약 1.6667이 나와야 하는데, 실행 결과에서는 1만 출력되었다. 3장에서 언급했듯이, 정수끼리의 연산 결과는 정수로 나오기 때문이다. 그래서 정수(5) / 정수(3)의 결과값은 실수(1.6667)에서 소수점 아래가 떨어져 나간 정수(1)가 된다. 나머지 연산자인 %는 5를 3으로 나눈 뒤 남아 있는 나머지를 구하면 된다.

2 연산자 우선순위와 강제 형 변환

이번에는 제시된 소스 코드를 통해 연산자가 여러 개 나올 때 어떤 연산자가 먼저 계산되는지 살펴보자. 또한 강제로 데이터의 형을 변환하는 방식과 그 이유에 대해서도 살펴본다.

소스 4-2 연산자 우선순위와 강제 형 변환 (프로젝트명 : Project04_2)

```
static void Main(string[] args)
{
    int a = 2, b = 3, c = 4;
    int result1, mok, namugi;
    float result2;
```

```
6
7       result1 = a + b - c;
8       Console.WriteLine("{0:D} + {1:D} - {2:D} = {3:D}", a, b, c, result1);
9
10      result1 = a + b * c;
11      Console.WriteLine("{0:D} + {1:D} * {2:D} = {3:D}", a, b, c, result1);
12
13      result2 = a * b / (float)c;
14      Console.WriteLine("{0:D} * {1:D} / {2:D} = {3:F}", a, b, c, result2);
15
16      mok = c / b;
17      Console.WriteLine("{0:D} / {1:D} 의 몫은 {2:D}", c, b, mok);
18
19      namugi = c % b;
20      Console.WriteLine("{0:D} / {1:D} 의 나머지는 {2:D}", c, b, namugi);
21  }
```

실행 결과

```
2 + 3 - 4 = 1
2 + 3 * 4 = 14
2 * 3 / 4 = 1.50
4 / 3 의 몫은 1
4 / 3 의 나머지는 1
```

산술 연산에서의 연산자 우선순위

우선 [소스 4-2]의 3행과 4행에서는 정수형 변수를 선언했고, 5행에서 실수형 결과를 저장할 실수형 변수 result2를 선언했다. 그 다음 7행에서 더하기와 빼기 연산자가 연속해서 등장하는데, 덧셈과 뺄셈 연산자의 계산 순서를 생각해보자. 다음 중 어떤 수식과 같을까?

```
❶ (a + b) - c
❷ a + (b - c)
```

답은 ❶번이지만 덧셈, 뺄셈의 경우에는 계산되는 순서(연산자 우선순위)가 동일하므로 어떤 것을 먼저 계산하든 결과는 같다. 괄호가 따로 없는 경우에는 왼쪽에서 오른쪽 방향으로 계산한다. 이번에는 덧셈과 곱셈 연산자가 같이 나온 10행을 보자. 이 두 연산자는 무엇을 먼저 계산하냐에 따라 결과가 다르게 나온다.

```
❶ (a + b) * c → (2 + 3) * 4 → 5 * 4  → 20
❷ a + (b * c) → 2 + (3 * 4) → 2 + 12 → 14
```

[소스 4-2]의 실행 결과에서는 ❷번의 값인 14가 출력되었다. 덧셈(또는 뺄셈)과 곱셈(또는 나눗셈) 연산자가 같이 나올 경우에는 곱셈(또는 나눗셈) 연산자가 먼저 계산된 후에 덧셈(또는 뺄셈) 연산자가 계산되기 때문이다. 그러므로 괄호가 없어도 ❷번과 같이 계산되어 14가 나온다.

연산자의 우선순위는 괄호가 가장 우선되고, 곱셈(또는 나눗셈) 연산자가 그다음, 덧셈(또는 뺄셈) 연산자가 가장 마지막으로 수행된다. 덧셈 또는 뺄셈 연산자끼리 나오거나 곱셈 또는 나눗셈 연산자끼리 나오면 왼쪽에서 오른쪽으로 계산이 진행된다. 그 외의 연산자에 대한 우선순위는 이 장의 끝에서 다시 살펴볼 것이다.

데이터형의 강제 형 변환

[소스 4-2]의 13행을 보면 강제로 데이터형을 변환하는 방식이 나와 있다. 우선 곱셈과 나눗셈은 연산자 우선순위가 동일하다. 그러므로 왼쪽에서 오른쪽으로 계산된다. 만약 강제 형 변환을 사용하지 않으면 다음 그림과 같은 결과가 나올 것이다.

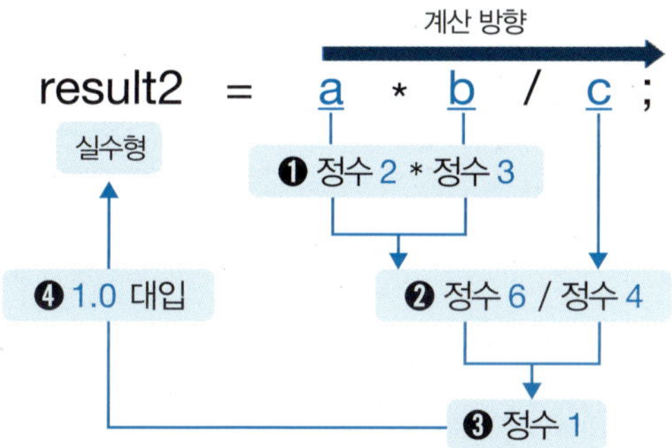

그림 4-3 강제 형 변환을 하지 않았을 때의 계산 순서

연산자 우선순위에 의해 왼쪽에 있는 a * b가 먼저 계산되면 결과값으로 6이 나온다. 6을 c 값인 4로 나누면 1.5가 되는데, 6과 4가 정수이므로 정수끼리의 연산이 진행되어 최종 결과값은 정수 1이 된다. 이를 실수형 변수 result2에 넣어도 1.0이 될 뿐 기대한 결과값인 1.5가 나온진 않는다.

여기서 잠깐

괄호를 사용한 연산자 우선순위

덧셈, 뺄셈, 곱셈, 나눗셈 연산자가 함께 나오면 연산자 우선순위를 고려하느라 종종 혼란스럽게 느껴질 것이다. 이를 피하고 싶다면 괄호를 사용하면 된다. 괄호를 사용하면 무조건 괄호가 먼저 계산되므로 그다지 혼란스럽지 않을 것이다. 다음 두 예는 동일한 결과를 출력하지만 두 번째 것이 더 나은 코딩 방식이라고 할 수 있다.

```
❶ a = b + c * d ;
❷ a = b + ( c * d );
```

결과값으로 실수인 1.5가 나오게 하려면, 13행에서 c를 실수형으로 강제 형 변환하면 된다. 강제 형 변환을 하려면 변수 또는 상수 앞에 **(데이터형의_이름)**을 써주면 된다. 이 경우에는 (float)를 써줘서 변수 c를 실수형으로 잠깐 변환한 다음, [그림 4-4]와 같이 **정수 / 실수 = 실수**로 계산한다. 주의할 점은 (float)c로 강제 형 변환을 할 경우 계산하는 순간에만 잠깐 실수형으로 변환된다는 것이다. 계산이 끝나면 변수 c는 다음 행부터 다시 정수형으로 유지된다.

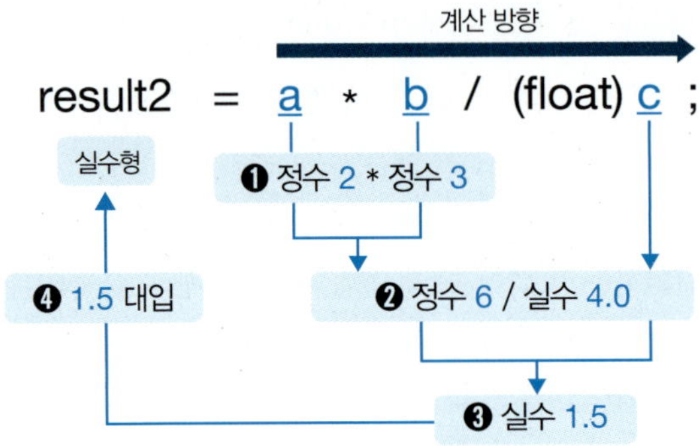

그림 4-4 강제 형 변환 적용 후의 계산 순서

강제 형 변환이 이루어진 결과값은 1.5가 출력된다. 만약 실수형을 정수형으로 변환하고 싶다면 c 앞에 **(int)**를 붙이면 된다.

TIP • 이렇게 강제 형 변환을 해주는 (float)와 (int)를 **캐스트(Cast)**라고 부른다.

[소스 4-2]의 16행은 정수 / 정수 = 정수의 특성을 활용해 몫을 계산한다. 즉 어떤 숫자를 나눈 값에서 소수점을 떼어내면 몫이 되므로, 3 / 2 = 1.5가 아닌 3 / 2 = 1이 되어 몫이 나온다. 19행에서는 나머지 연산자를 사용해 계산이 진행된다.

문자열과 숫자의 상호 변환

문자열이 숫자로 구성되어 있을 때는 **int.Parse( )** 또는 **float.Parse( )** 메서드를 이용해 정수나 실수로 변환할 수 있다. 또한 숫자를 문자열로 변환하려면 **숫자.ToString( )** 메서드를 사용한다.

소스 4-3 문자열과 숫자의 변환 (프로젝트명 : Project04_3)

```
static void Main(string[] args)
{
    string s1 = "100", s2 = "100.123";
    Console.WriteLine(int.Parse(s1) + float.Parse(s2));

    int n1 = 100;
    float n2 = 100.123f;
    Console.WriteLine(n1.ToString() + n2.ToString());
}
```

실행 결과

```
200.123
100100.123
```

문자열이 4행의 int.Parse(문자열) 메서드에 의해 정수로, float.Parse(문자열) 메서드에 의해 실수로 변경된 것을 확인할 수 있다. 실행 결과를 보면 8행의 n1과 n2가 문자열로 변경되어 결과도 200.123이 아니라 문자열의 연결인 "100100.123"이 되었다.

3 대입 연산자와 증감 연산자

C#에서는 대입 연산자 **=** 외에도 **+=, −=, *=, /=, %=**를 사용할 수 있다. 값을 1씩 증가시키는 역할을 하는 **++** 연산자와 1씩 감소시키는 역할을 하는 **−−** 연산자도 사용할 수 있다. 대입 연산자와 증감 연산자 종류를 정리하면 다음과 같다.

표 4-2 대입, 증감 연산자의 종류

연산자	구분	사용 예	예 설명
+=	대입 연산자	num += 3	num = num + 3과 동일
−=	대입 연산자	num −= 3	num = num − 3과 동일
*=	대입 연산자	num *= 3	num = num * 3과 동일
/=	대입 연산자	num /= 3	num = num / 3과 동일
%=	대입 연산자	num %= 3	num = num % 3과 동일
++	증가 연산자	num++ 또는 ++num	num += 1 또는 num = num + 1과 동일
−−	감소 연산자	num−− 또는 −−num	num −= 1 또는 num = num − 1과 동일

첫 번째 대입 연산자의 사용 예를 보면, num += 3은 num에 3을 더해서 다시 num에 넣으라는 의미이고, 이는 num = num + 3과 동일한 식이다. 나머지 −=, *=, /=, %= 연산자도 마찬가지다. num++ 또는 ++num 연산자는 num 값을 1 증가시키라는 의미이다. 이는 num += 1 또는 num = num + 1과 같은 의미이며, 간결한 표현 때문에 num++ 연산자가 더 많이 사용된다.

소스 4-4 대입 연산자의 기본 (프로젝트명 : Project04_4)

```
static void Main(string[] args)
{
    int num = 10;

    num++;
    Console.WriteLine("num ++ ==> " + num);

```

```
8          num--;
9       Console.WriteLine("num -- => " + num);
10
11      num += 5;
12      Console.WriteLine("num += 5 => " + num);
13
14      num -= 5;
15      Console.WriteLine("num -= 5 => " + num);
16
17      num *= 5;
18      Console.WriteLine("num *= 5 => " + num);
19
20      num /= 5;
21      Console.WriteLine("num /= 5 => " + num);
22
23      num %= 5;
24      Console.WriteLine("num %= 5 => " + num);
25  }
```

실행 결과

```
num ++ => 11
num -- => 10
num += 5 => 15
num -= 5 => 10
num *= 5 => 50
num /= 5 => 10
num %= 5 => 0
```

[소스 4-4]의 실행 결과를 보면, num은 10에서 시작하여 프로그램이 진행될수록 값이 누적되는 것을 확인할 수 있다. 11행의 num += 5는 num = num + 5와 완전히 동일한 코드이다. 나머지 14, 17, 20, 23행도 비슷하다.

이번에는 num++와 ++num 연산자의 차이점을 살펴보자. **num++**의 의미는 **num이 있고, num 값을 1 증가시키라**는 의미이고, **++num**은 **num값을 1 증가시키고, num이 있다**는 의미이다. 결과적으로는 같은 의미지만, 다음 예에서는 조금 다르게 적용된다.

TIP • ++num을 전위 증가 연산자, --num을 전위 감소 연산자, num++를 후위 증가 연산자, num--를 후위 감소 연산자라고도 한다.

소스 4-5 증감 연산자의 작동 순서 (프로젝트명 : Project04_5)

```
static void Main(string[] args)
{
   int a = 10, b;
```

```
4
5       b = a++;
6       Console.WriteLine(b);
7
8       b = ++a;
9       Console.WriteLine(b);
10  }
```

실행 결과

```
10
12
```

5행과 8행의 구문은 다음 그림과 같이 각각 다르게 작동한다.

그림 4-5 a++와 ++a의 차이

[그림 4-5]를 보면 알 수 있듯이, b = a++는 b = a를 수행한 후에 a++를 수행한다. 즉 b에 10이 들어간 후 a가 11로 증가한다. b = ++a는 ++a를 먼저 수행하고 b = a를 수행한다. 즉 a를 12로 증가시킨 후에 b에 대입한다.

4 [프로그램 1]의 완성

다양한 연산자에 대해 알아보았다. 이제 학습한 연산자를 활용해 동전 교환 프로그램을 완성해보자.

소스 4-6 동전 교환 프로그램 (프로젝트명 : Project04_6)

```
static void Main(string[] args)
{
    int money;
    int c500, c100, c50, c10;

    Console.Write("교환할 돈은 얼마 ? ");
    money = int.Parse(Console.ReadLine());

    c500 = money / 500;
    money %= 500;

    c100 = money / 100;
```

```
13        money %= 100;
14
15        c50 = money / 50;
16        money %= 50;
17
18        c10 = money / 10;
19        money %= 10;
20
21        Console.WriteLine("\n오백원짜리 ==> " + c500 + "개");
22        Console.WriteLine("백원짜리 ==> " + c100 + "개");
23        Console.WriteLine("오십원짜리 ==> " + c50 + "개");
24        Console.WriteLine("십원짜리 ==> " + c10 + "개");
25        Console.WriteLine("바꾸지 못한 잔돈 ==> " + money + "원");
26    }
```

소스 코드를 실행한 후 금액을 입력하면 결과가 잘 나올 것이다. 3, 4행에서는 동전으로 교환할 돈(money)과 500원, 100원, 50원, 10원짜리 동전의 개수를 저장할 변수를 준비했다. 9행에서는 입력한 값을 500으로 나눈 몫, 즉 500원짜리 동전의 개수를 구하고 10행에서 다시 money를 500으로 나눈 후의 나머지 값을 저장했다. 10행의 **money %= 500**은 **money = money % 500**과 완전히 동일하다. 입력한 money 값을 최대한 500원짜리로 바꾸고 나머지 돈인 500원 미만 값을 다시 money에 저장하는 것이다.

같은 방식으로 12, 13행에서는 100원짜리 동전을, 15, 16행에서는 50원짜리 동전을, 18, 19행에서는 10원짜리 동전의 개수를 구한다. 마지막에 money에 저장된 값은 10 미만이며 동전으로 바꿀 수 없는 나머지 돈이다.

SELF STUDY 4-1

큰돈(예로 777,777원)을 입력했을 때 5만 원, 1만 원, 5천 원, 1천 원짜리 지폐로 교환해주는 프로그램을 작성해보자.

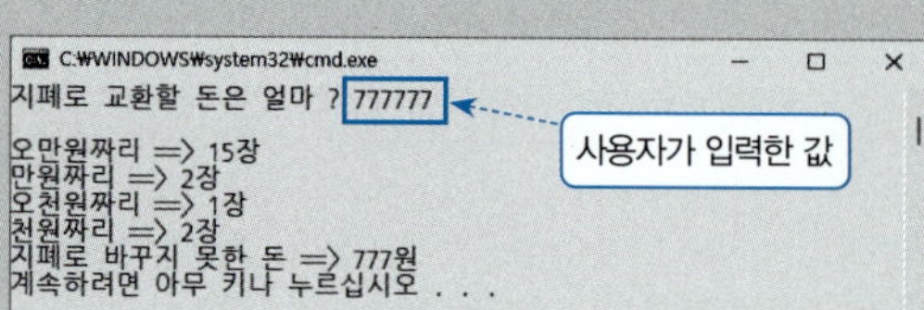

그림 4-6 실행 결과

SECTION
03 비교 연산자

비교 연산자(또는 관계형 연산자)는 어떤 것이 큰지, 작은지, 같은지를 비교하는 연산자이며 그 결과는 참(True)이나 거짓(False)이 된다.

a < b = { 참 : True / 거짓 : False }

그림 4-7 비교 연산자의 기본 개념

[그림 4-7]의 비교 연산자는 변수 a에 들어 있는 값이 변수 b에 들어 있는 값보다 작으면 참이 되며, 그렇지 않으면 거짓이 된다. C#에서 사용할 수 있는 비교 연산자의 종류는 다음과 같다.

표 4-3 비교 연산자의 종류

비교 연산자	의미	설명
==	같다	두 값이 동일하면 참
!=	같지 않다	두 값이 다르면 참
>	크다	왼쪽이 크면 참
<	작다	왼쪽이 작으면 참
>=	크거나 같다	왼쪽이 크거나 같으면 참
<=	작거나 같다	왼쪽이 작거나 같으면 참

소스 4-7 비교 연산자의 기본 (프로젝트명 : Project04_7)

```
static void Main(string[] args)
{
    int a = 100, b = 200;

    Console.WriteLine("{0} == {1} 는 {2} 다.", a, b, a == b);
    Console.WriteLine("{0} != {1} 는 {2} 다.", a, b, a != b);
    Console.WriteLine("{0} > {1} 는 {2} 다.", a, b, a > b);
    Console.WriteLine("{0} < {1} 는 {2} 다.", a, b, a < b);
    Console.WriteLine("{0} >= {1} 는 {2} 다.", a, b, a >= b);
    Console.WriteLine("{0} <= {1} 는 {2} 다.", a, b, a <= b);
}
```

실행 결과

```
100 == 200 는 False 다.
100 != 200 는 True 다.
100 > 200 는 False 다.
100 < 200 는 True 다.
100 >= 200 는 False 다.
100 <= 200 는 True 다.
```

TIP • {0:D}가 아닌 {0}만 사용하면 위치는 0번째를 의미하며, 형식은 해당하는 변수나 값을 그대로 사용한다. 예를 들어 5행의 {0}은 a에 해당되므로, a의 정수값 100이 그대로 출력된다.

5행을 보면 100이 200과 같다는 의미이므로 결과는 거짓(False)이 나왔다. 6행은 100과 200이 같지 않다는 의미이므로 결과는 참(True)이 나왔다. 나머지 행도 마찬가지다. 비록 지금은 학습 중이어서 a==b와 같은 비교 연산자의 결과를 직접 출력했지만, 비교 연산자는 주로 조건문(if)이나 반복문(for, while)에서 사용되며 단독으로 사용하는 경우는 드물다.

TIP • 조건문인 if 문은 5장에서, 반복문인 for 문, while 문은 6장에서 자세히 다룬다.

SECTION 04 논리 연산자

논리 연산자는 주로 여러 가지 조건이 복합적으로 적용되는데, 이때 사용할 것이 **&&(AND), ¦¦(OR), !(NOT)** 세 가지다. 예를 들어, a라는 값이 100과 200 사이에 들어 있어야 한다면 'a는 100보다 크다 그리고 a는 200보다 작다'라고 표현할 수 있다. C#에서는 이를 다음과 같이 표현한다.

```
(a >= 100 ) && (a <= 200)
```

위 식이 참이 되려면 (a >= 100)도 참이 되어야 하고, (a <= 200)도 참이 되어야 한다. 즉 a가 100과 200 사이에 있어야 두 조건 모두가 참이 된다.

논리 연산자의 종류를 정리하면 다음과 같다.

표 4-4 논리 연산자의 종류

논리 연산자	의미	설명	사용 예
&&	~이고, 그리고(AND)	둘 다 참이어야 참	(a >= 100) && (a <= 200)
¦¦	~이거나, 또는(OR)	둘 중 하나만 참이어도 참	(a >= 100) ¦¦ (a<= 200)
!	~아니다, 부정(NOT)	참이면 거짓, 거짓이면 참	!(a == 100)

소스 4-8 논리 연산자의 기본 (프로젝트명 : Project04_8)

```
static void Main(string[] args)
{
    int a = 99;

    Console.WriteLine("AND 연산 : {0}", (a >= 100) && (a <= 200));
    Console.WriteLine("OR 연산 : {0}", (a >= 100) || (a <= 200));
    Console.WriteLine("NOT 연산 : {0}", !(a == 100));
}
```

실행 결과

```
AND 연산 : False
OR 연산 : True
NOT 연산 : True
```

5행에서는 a가 100과 200 사이에 있는지를 묻고 있다. 즉 'a가 100보다 크거나 같다 그리고 a가 200보다 작거나 같다'를 의미하는데, a는 99이므로 (a >= 100)은 거짓, (a <= 200)은 참이 된다. 즉 **거짓 AND 참**이므로 그 결과는 거짓(False)이 된다.

6행에서는 a가 100보다 크거나 같아도 되고, a가 200보다 작거나 같아도 된다. 즉 둘 중 하나만 참이어도 결과값이 참이 된다. a는 99이므로 (a >= 100)은 거짓, (a <= 200)은 참이 되어 **거짓 OR 참**이므로 그 결과는 참(True)이 나온다. 7행에서는 a가 99이므로 (a == 100)은 거짓이지만 부정값이므로 참(True)이 된다.

SECTION

05 비트 연산자

비트 연산자는 정수를 2진수로 변환한 후 각 자리의 비트(Bit)끼리 연산을 수행하는 연산자이다. 비트 연산자의 종류로는 &, ¦, ^, ~, <<, >>가 있다. 비트 연산자를 이해하기 위해서는 먼저 2진수와 16진수에 대한 개념과 변환 방법을 명확히 알아야 한다.

TIP • 3장에서 2진수와 16진수에 대한 기본 개념과 각 진수법에 따른 변환 과정을 설명했으니, 아직 진수를 이해하지 못했다면 3장을 다시 살펴보자.

2진수로 표현하는 0과 1을 나타내는 단위인 비트의 연산을 곁들여 배워보자. 우선 기억할 것은 2진수에서 1은 True를, 0은 False를 의미한다는 점이다. 그리고 비트 연산자는 정수나 문자 등을 2진수로 변환한 후 각 자리의 비트끼리 연산한다. 비트 연산자의 종류는 다음과 같다.

표 4-5 비트 연산자의 종류

비트 연산자	의미	설명
&	비트 논리곱(AND)	둘 다 1이면 1
¦	비트 논리합(OR)	둘 중 하나만 1이면 1
^	비트 배타적 논리합(XOR)	둘이 같으면 0, 둘이 다르면 1
~	비트 부정	1은 0으로, 0은 1로 변경
<<	비트 이동(왼쪽)	비트를 왼쪽으로 시프트(Shift) 시킴
>>	비트 이동(오른쪽)	비트를 오른쪽으로 시프트(Shift) 시킴

1 비트 논리곱 연산자

이번에는 10 & 7을 살펴보자. &&는 그 결과가 참(True) 또는 거짓(False)으로 나오지만, &는 비트 논리곱을 수행한 결과인 1 또는 0이 나온다.

A	B	A&B
0	0	0
0	1	0
1	0	0
1	1	1

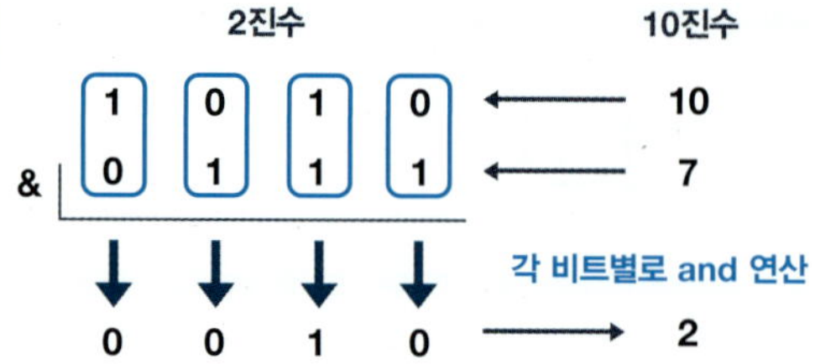

그림 4-8 비트 논리곱의 예

TIP • 비트 연산은 0과 1밖에 없으므로 0은 False, 1은 True로 생각하면 된다.

10 & 7의 결과값은 2이다. 그 이유는 [그림 4-8] 오른쪽에 나와 있듯이 10진수를 2진수로 변환한 후 각 비트마다 AND 연산을 수행했기 때문이다. 그 결과 2진수 0010_2이 되고 10진수로는 2가 된다.

이번엔 123 & 456을 계산해보자. 123의 2진수인 1111011_2과 456의 2진수인 111001000_2의 비트 논리곱 결과는 1001000_2이 되므로 10진수로 72가 나온다. 두 수의 자릿수가 다를 때는 빈 자리에 0을 채운 후 비트 논리곱 연산을 하면 된다. 예를 들어, 2진수 11_2과 111_2은 011 & 111로 두고 계산한다. 0xFFFF & 0x0000은 16진수 FFFF(2진수는 1111 1111 1111 1111_2)와 0000(2진수는 0000 0000 0000 0000_2)의 비트 논리곱 결과인 0이 출력된다. 0과 비트 논리곱을 수행하면 어떤 숫자든 결과값으로 무조건 0이 나온다.

소스 4-9 비트 논리곱 연산자 (프로젝트명 : Project04_9)

```
static void Main(string[] args)
{
    Console.WriteLine("10 & 7 ==> " + (10 & 7));
    Console.WriteLine("123 & 456 ==> " + (123 & 456));
    Console.WriteLine("0xFFFF & 0x0000 ==> " + (0xFFFF & 0x0000));
}
```

실행 결과

```
10 & 7 ==> 2
123 & 456 ==> 72
0xFFFF & 0x0000 ==> 0
```

2 비트 논리합 연산자

||도 결과값이 참(True) 또는 거짓(False)이라는 것을 앞에서 배웠다. 그렇다면 비트 논리합 10 | 7은 어떤 값이 나올까?

TIP • |는 Shift와 Enter 위에 있는 \ 키를 눌러서 나온 기호이다.

A	B	A¦B
0	0	0
0	1	1
1	0	1
1	1	1

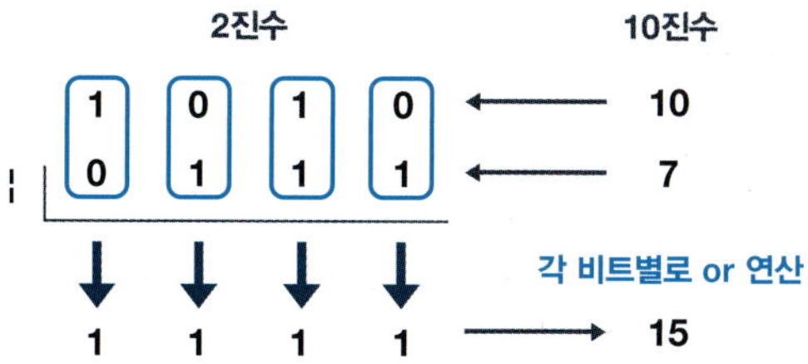

그림 4-9 비트 논리합의 예

각 비트의 논리합 결과는 1111_2이며, 이는 10진수 15가 된다. 간단한 소스 코드로 결과를 다시 살펴보자.

소스 4-10 비트 논리합 연산자 (프로젝트명 : Project04_10)

```
static void Main(string[] args)
{
    Console.WriteLine("10 | 7 => " + (10 | 7));
    Console.WriteLine("123 | 456 => " + (123 | 456));
    Console.WriteLine("0xFFFF | 0x0000 => " + (0xFFFF | 0x0000));
}
```

실행 결과

```
10 | 7 => 15
123 | 456 => 507
0xFFFF | 0x0000 => 65535
```

10 ¦ 7과 123 ¦ 456은 주어진 수의 비트 논리합 연산을 수행한 것이다. 0xFFFF ¦ 0x0000의 비트 논리합은 0xFFFF가 나왔다. 그러므로 16진수 $FFFF_{16}$는 10진수 65535가 된다. 만약 16진수로 출력하고 싶다면 Convert.ToString(0xFFFF ¦ 0x0000, 16) 메서드를 사용하면 된다.

3 비트 배타적 논리합 연산자

비트 배타적 논리합(^)은 두 값이 다르면 1, 같으면 0이 된다. 즉 1 ^ 1이나 0 ^ 0의 결과값은 0이고, 1 ^ 0이나 0 ^ 1의 결과값은 1이다. 10 ^ 7을 예로 들어 살펴보자.

A	B	A^B
0	0	0
0	1	1
1	0	1
1	1	0

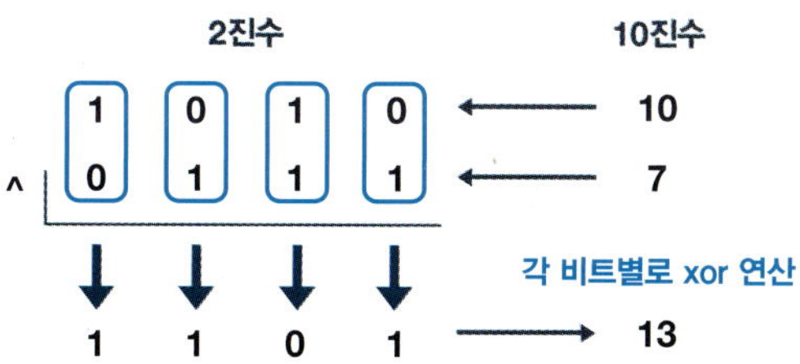

그림 4-10 비트 배타적 논리합의 예

각 비트의 배타적 논리합 결괏값은 1101_2이며, 이는 10진수로 13이 된다.

소스 4-11 비트 배타적 논리합 연산자 (프로젝트명 : Project04_11)

```
static void Main(string[] args)
{
    Console.WriteLine("10 ^ 7 ==> " + (10 ^ 7));
    Console.WriteLine("123 ^ 456 ==> " + (123 ^ 456));
    Console.WriteLine("0xFFFF ^ 0x0000 ==> " + (0xFFFF ^ 0x0000));
}
```

실행 결과

```
10 ^ 7 ==> 13
123 ^ 456 ==> 435
0xFFFF ^ 0x0000 ==> 65535
```

123 ^ 456과 0xFFFF ^ 0x0000도 직접 계산해보면 실행 결과와 동일한 값이 나올 것이다.

비트 연산을 활용할 수 있는 예제를 하나 더 살펴보자. 이번 예제는 좀 어렵지만, 차근차근 살펴보면 충분히 이해가 갈 것이다.

소스 4-12 비트 연산자 응용 (프로젝트명 : Project04_12)

```
static void Main(string[] args)
{
    char ch1 = 'A';
    int mask = 0x0F;

    Console.WriteLine("{0:X} & {1:X} = {2:X} ", Convert.ToString(ch1, 16), mask, ch1 & mask);
    Console.WriteLine("{0:X} | {1:X} = {2:X} ", Convert.ToString(ch1, 16), mask, ch1 | mask);

    mask = 'a' - 'A';
    char ch2 = (char)(ch1 ^ mask);
    Console.WriteLine("{0:C} ^ {1:D} = {2:C} ", ch1, mask, ch2);
    ch1 = (char)(ch2 ^ mask);
    Console.WriteLine("{0:C} ^ {1:D} = {2:C} ", ch2, mask, ch1);
}
```

실행 결과

```
41 & F = 1
41 | F = 4F
A ^ 32 = a
a ^ 32 = A
```

소스 코드를 살펴보기에 앞서, 아스키코드(Ascii Code)란 문자에 할당된 숫자를 말하는데 영문 대문자의 경우 A는 65, B는 66, C는 67, … 방식으로 할당되어 있다. 영문 소문자의 경우 a는 90, b는 91, … 방식으로 할당되어 있다. 다 알 필요는 없지만 A는 65, a는 90이라는 것 정도는 기억해 두는 것이 좋다.

[소스 4-12]는 마스크(mask) 방식에 대한 예제이다. 마스크란 무언가를 걸러주는 역할을 한다. 우선, 4행에서 마스크 값을 16진수 0x0F로 선언했다. 이는 2진수로 0000 1111_2을 의미한다. 6행에서 마스크와 비트 논리곱 연산을 수행하면 앞의 4비트는 모두 0000_2이 되고 뒤의 4비트는 원래 값이 그대로 남는다.

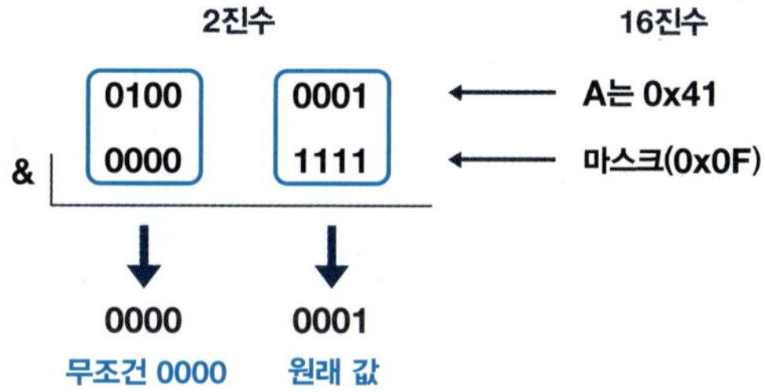

그림 4-11 마스크 0x0F를 사용한 비트 논리곱 계산 결과

반면 7행에서와 같이 0x0F로 비트 논리합 연산을 수행하면 앞의 4비트는 원래 값이 그대로 남고, 뒤의 4비트는 무조건 1111_2이 된다.

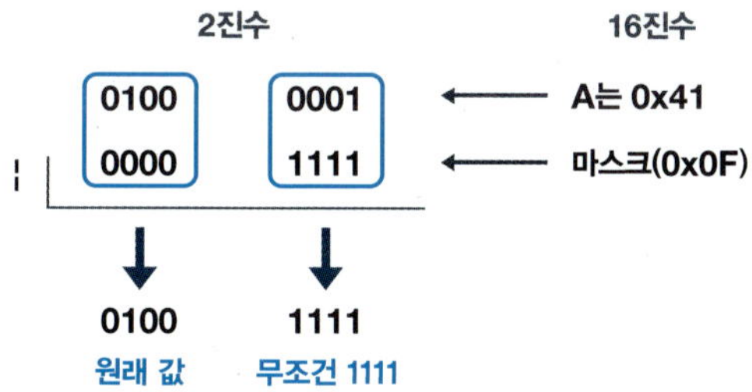

그림 4-12 마스크 0x0F를 사용한 비트 논리합 계산 결과

9행에서는 마스크 값을 소문자 (a)와 대문자(A)의 차이로 선언한다. a는 0x61이고, A는 0x41이므로 두 값의 차이는 0x20이 된다. 이는 10진수로 32고, 2진수로는 0010 0000_2이다. 10행에서 A와 32(0010 0000_2)의 비트 배타적 논리합을 수행하면 a로 변경되고, 12행에서 다시 a와 32(0010 0000_2)의 비트 배타적 논리합을 수행하면 A로 원상 복귀된다. 자주 사용되는 것은 아니지만, 알아두면 나중에 도움이 될 것이다.

4 비트 부정 연산자

비트 부정 연산자(또는 보수 연산자)는 두 수에 대해 연산하는 것이 아니라, 하나만 가지고 각 비트를 반대로 만드는 연산자이다. 즉 모든 0은 1로, 1은 0으로 바꿔준다. 이렇게 반전된 값을 **1의 보수**라고 하며 그 값에 1을 더해준 값을 **2의 보수**라고 한다.

이렇게 비트 부정 연산자는 해당 값의 음수(−) 값을 찾고자 할 때 사용한다. [소스 4-13]을 보면, 정수 값에 비트 부정을 수행한 후 1을 더해 해당 값의 음수 값을 얻은 결과를 볼 수 있다.

소스 4-13 비트 부정 연산자 (프로젝트명 : Project04_13)

```
static void Main(string[] args)
{
    int n = 12345;
    Console.WriteLine(~ n + 1);
}
```

실행 결과

```
-12345
```

5 시프트 연산자

왼쪽 시프트 연산자(<<)는 나열된 비트를 왼쪽으로 시프트(Shift)시켜주는 연산자이다. [그림 4-13]을 보면, 10진수 26을 2진수로 나타내면 0001 1010_2이 된다. 이것을 왼쪽으로 두 칸 시프트 시켜보자.

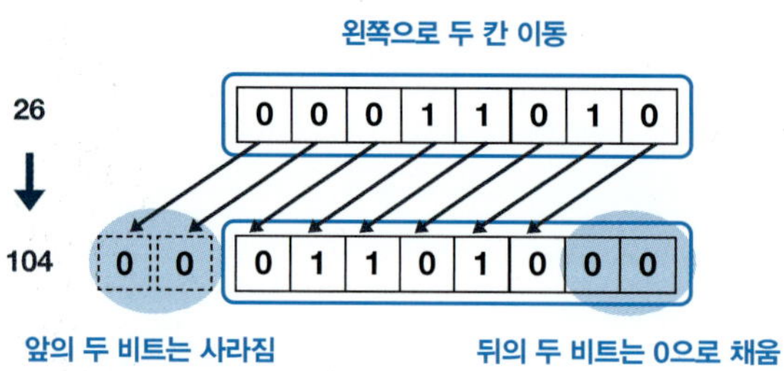

그림 4-13 왼쪽으로 두 칸 시프트 연산

왼쪽 시프트 연산을 시킨 결과를 보자. 왼쪽으로 두 칸 이동하면 숫자 앞쪽의 0은 의미가 없으므로 앞의 두 00은 사라지는 효과가 되고, 뒤의 빈 두 칸에는 00이 채워진다. 결과는 26에서 104로 바뀌었다. 이는 왼쪽 시프트를 시킬 때마다 2^n을 곱한 효과가 나기 때문이다. 즉 왼쪽으로 1회 시프트할 때는 2^1을, 2회 시프트할 때는 2^2을, 3회 시프트할 때는 2^3을 곱한 효과가 난다. [소스 4-14]를 보면 왼쪽 시프트 연산을 수행할 때마다 $10 \times 2^1 = 20$, $10 \times 2^2 = 40$, $10 \times 2^3 = 80$, $10 \times 2^4 = 160$의 결과가 나온 것을 확인할 수 있다.

소스 4-14 비트 왼쪽 시프트 연산자 (프로젝트명 : Project04_14)

```
static void Main(string[] args)
{
    int n = 10;
    Console.WriteLine( (n << 1) + "," + (n << 2) + "," + (n << 3) + "," + (n << 4));
}
```

실행 결과

```
20,40,80,160
```

오른쪽 시프트 연산자(>>)는 나열된 비트를 오른쪽으로 시프트(Shift)시켜주는 연산자이다. 앞서 살펴본 10진수 26을 이번에는 오른쪽으로 두 칸 시프트 연산 시켜보자.

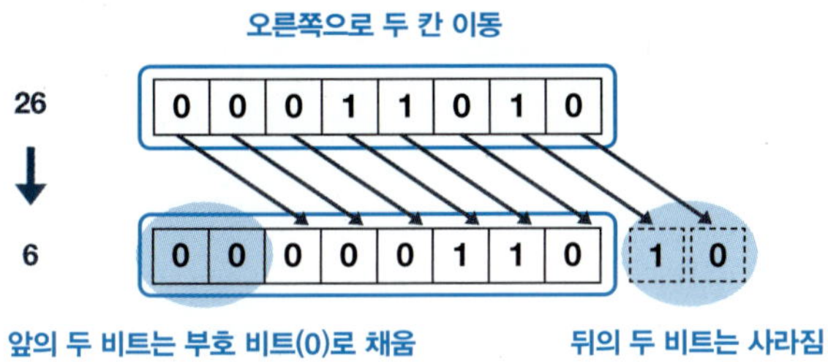

그림 4-14 오른쪽으로 두 칸 시프트 연산

결과를 보면 뒤의 두 비트는 떨어져 나가고 앞의 두 비트에는 부호 비트(양수는 0, 음수는 1)가 채워진다. 이는 2^n으로 나눈 효과를 낸다. 또한 시프트 연산은 정수만 연산하므로 몫만 남는다($26 / 2^2 = 6$). 즉 오른쪽으로 1회 시프트할 때는 2^1으로, 2회 시프트할 때는 2^2으로, 3회 시프트할 때는 2^3으로 나눠서 몫만 남긴 효과가 나는 것이다. [소스 4-15]를 보면 시프트 연산을 수행할 때마다 $10 / 2^1 = 5$, $10 / 2^2 = 2$, $10 / 2^3 = 1$, $10 / 2^4 = 0$의 결과가 나온 것을 확인할 수 있다.

소스 4-15 비트 오른쪽 시프트 연산자 (프로젝트명 : Project04_15)

```
static void Main(string[] args)
{
    int n = 10;
    Console.WriteLine((n >> 1) + "," + (n >> 2) + "," + (n >> 3) + "," + (n >> 4));
}
```

실행 결과

```
5,2,1,0
```

[소스 4-16]에는 6장에서 배울 반복문(for)이 나오지만, 예습을 겸해서 미리 학습해보도록 하자.

소스 4-16 비트 시프트 연산자와 반복문 (프로젝트명 : Project04_16)

```
1  static void Main(string[] args)
2  {
3      int n = 100, result ;
4
5      for (int i = 1; i < 5; i++)
6      {
7          result = n << i;
8          Console.WriteLine("{0:D} << {1:D} = {2:D} ", n, i, result);
9      }
10
11     for (int i = 1; i < 5; i++)
12     {
13         result = n >> i;
14         Console.WriteLine("{0:D} >> {1:D} = {2:D} ", n, i, result);
15     }
16 }
```

실행 결과

```
100 << 1 = 200
100 << 2 = 400
100 << 3 = 800
100 << 4 = 1600
100 >> 1 = 50
100 >> 2 = 25
100 >> 3 = 12
100 >> 4 = 6
```

5행의 for 문은 계산을 반복하기 위한 것인데, (int i = 1; i < 5; i++)는 6~9행을 4회(i 값은 1부터 4까지 차례대로 변함) 반복한다고 생각하면 된다. 실행 결과를 보면 $100 \times 2^1 = 200$, $100 \times 2^2 = 400$, … 으로 출력된 것을 볼 수 있다. 마찬가지로 12~15행은 $100 / 2^1 = 50$, $100 / 2^2 = 25$, … 등으로 출력되었다.

SELF STUDY 4-2

시프트할 숫자와 출력할 횟수를 입력받는 프로그램을 작성해보자.

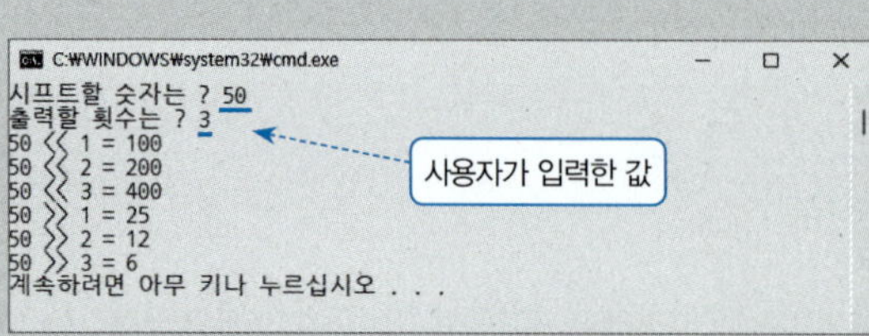

그림 4-15 실행 결과

SECTION 06
연산자 우선순위

C#에서는 여러 연산자가 동시에 나올 때 어떤 연산자를 먼저 계산할지 이미 결정되어 있는데, 이를 **연산자 우선순위**라고 한다. 지금까지 배운 것처럼 연산자가 하나씩 나오면 관계없지만, 여러 개가 동시에 나오면 어떤 연산자를 먼저 처리해야 할지 고려해야 한다. 다음 표는 C#에서 여러 개의 연산자가 동시에 나왔을 때의 연산자 우선순위를 보여준다. 다 외우진 못하더라도 대략적으로 알아 두면 좋다. 특히 괄호는 최우선으로 적용된다는 점, 곱셈과 나눗셈 연산자가 덧셈과 뺄셈 연산자보다 우선한다는 점, 대입 연산자는 제일 마지막에 처리된다는 점 정도는 꼭 기억하기 바란다. 그 외의 경우에는 필요할 때마다 참조하도록 하자.

표 4-6 연산자 우선순위

우선순위	연산자 종류	구분
1	. ( ) [ ] new typeof sizeof	기본 연산자
2	+ − ~ ! ++ −− true false	단항 연산자
3	..	범위 연산자
4	switch with	산술 연산자
5	《 》	switch 및 with 식
6	* / %	곱셈, 나눗셈, 나머지
7	+ −	덧셈, 뺄셈
8	《 》	시프트 연산자
9	〈 〉 〈= 〉=	비교 연산자
10	== !=	비교 연산자
11	&	비트 논리곱 연산자
12	^	비트 배타적 논리합 연산자
13	¦	비트 논리합 연산자
14	&&	AND
15	¦¦	OR
16	= += −= *= /= %=	대입 연산자

TIP • 연산자 우선순위 2위에 해당하는 단항 연산자 중 +와 −는 더하기와 빼기가 아니라 숫자나 변수 앞에 붙는 플러스, 마이너스 부호를 의미한다.

SECTION

07 터틀 그래픽

터틀 그래픽(Turtle Graphics)은 윈도우 화면에 거북이가 선을 그리면서 움직이는 C#의 외부 기능을 말한다. 터틀 그래픽은 원래 C#에 없는 기능이지만 추가 설치를 통해 사용할 수 있다. 터틀 그래픽은 프로그래밍 초보자가 재미있게 코딩을 할 수 있도록 유도하는 목적으로 만들어졌다. 다양한 활용을 통해 프로그래밍에 흥미를 느낄 수 있을 것이다.

TIP • 터틀 그래픽은 파이썬에서 더 많이 활용되고 있는 기능이다. 그래서 파이썬에는 별도로 설치하지 않아도 내부에 기능이 포함되어 있다. C#도 터틀 그래픽을 활용하면 파이썬과 비슷하게 쉽고 재미있게 코드 작성이 가능하다.

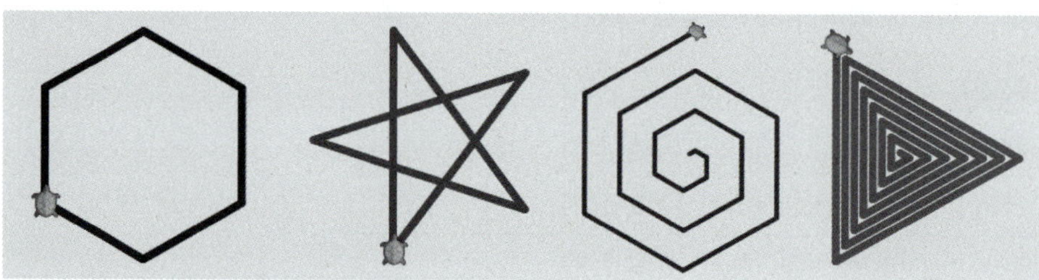

그림 4-16 터틀 그래픽으로 실행한 화면의 예

1 터틀 그래픽 기능 추가

터틀 그래픽을 사용하기 위한 윈폼 프로젝트를 생성하는 방법을 알아보자. 이 방법은 다른 장에서 터틀 그래픽을 사용하는 예제에도 동일하게 사용되므로 이번에 잘 알아 두자.

실습 4-1 터틀 그래픽 기능 추가하기

1 윈폼 프로젝트를 생성한다. [새 프로젝트 만들기] 창에서 언어를 [C#]으로 선택한다. 창 아래로 스크롤해 [Windows Forms 앱(.NET Framework)]을 선택한 후 〈다음〉을 클릭한다.

TIP • 앞에서도 언급했지만, 프로젝트의 형식 중에는 [Windows Forms 앱]도 있는데 이를 선택하지 않도록 주의하자. 책과 동일하게 진행하려면 [Windows Forms 앱(.NET Framework)]과 같이 뒤에 .NET Framework가 붙어 있는 프로젝트를 선택해야 한다.

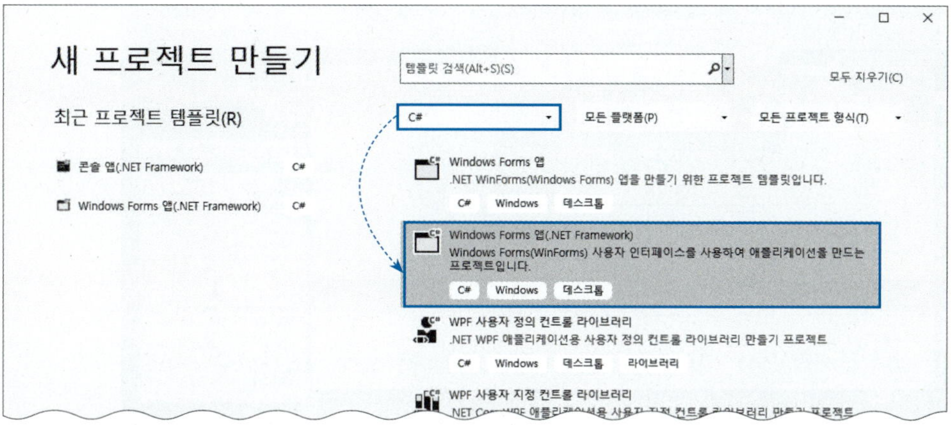

그림 4-17 윈폼 프로젝트 선택

2 [새 프로젝트 구성] 창에서 프로젝트 이름을 입력하고 **C:\CookC#** 폴더를 선택한다(필자는 프로젝트 이름으로 **Project04_17**을 입력했다). 그리고 〈솔루션 및 프로젝트를 같은 디렉터리에 배치〉를 체크한 후 〈만들기〉를 클릭한다.

TIP • [새 프로젝트 구성] 창 제일 아래의 '프레임 워크'는 계속 .NET Framework 4.8을 사용한다.

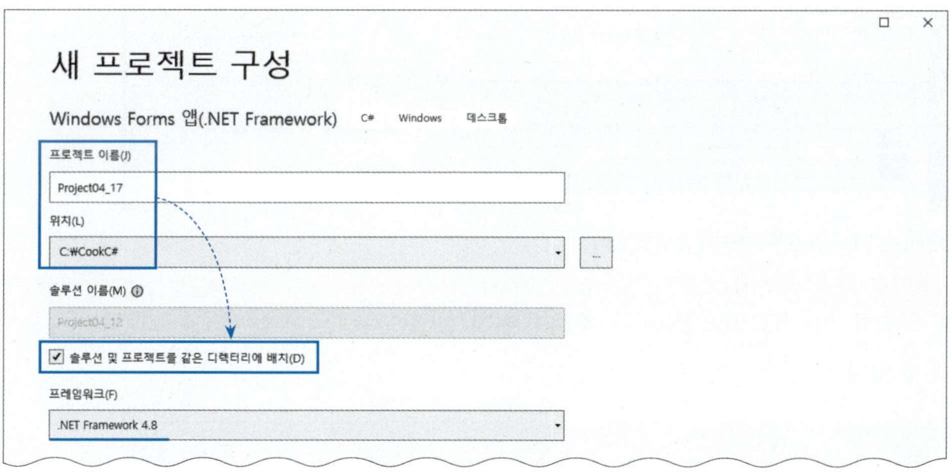

그림 4-18 새 프로젝트 구성

3 생성된 프로젝트에서 터틀 그래픽 기능인 Nakov.TurtleGraphics 패키지를 설치해야 한다. Visual Studio 창 메뉴의 [프로젝트] – [NuGet 패키지 관리]를 선택한다.

TIP • **[NuGet 패키지 관리]**는 C#에서 제공하지 않는 외부 패키지를 편리하게 설치할 수 있도록 하는 기능이다. 검색을 통해 상당히 많은 외부 패키지를 설치할 수 있다. 기억할 점은 외부 기능이 필요한 프로젝트마다 추가로 설치를 해줘야 한다는 것이다. 즉, 설치하는 외부 패키지는 해당 프로젝트에만 설치되는 것이지, Visual Studio 자체에 설치되는 것은 아니다.

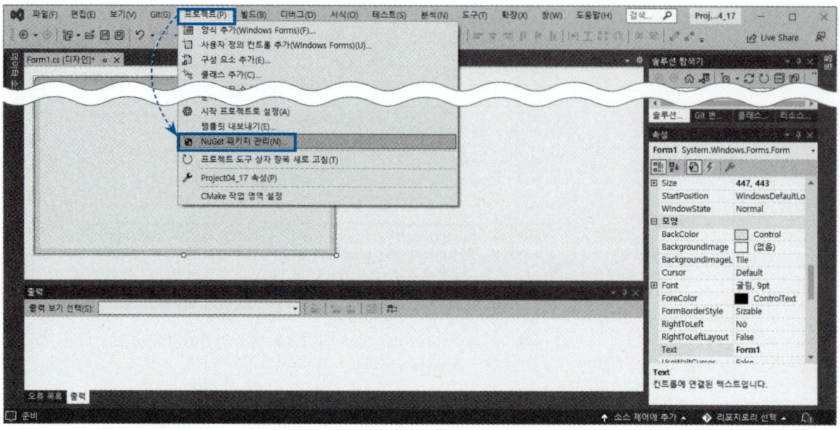

그림 4-19 NuGet 패키지 관리 선택

4 창이 뜨면 [찾아보기]를 클릭한 후 nakov를 입력해서 **Nakov.TurtleGraphics**를 선택, 〈설치〉를 클릭한다. 메시지 창이 나오면 〈OK〉를 클릭한다.

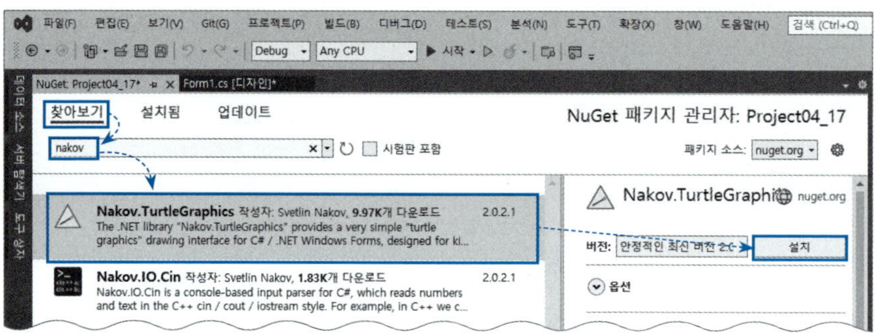

그림 4-20 NuGet에서 패키지 검색 및 설치

5 패키지 설치가 완료되면 [NuGet 패키지 관리] 창을 닫는다. 이제는 터틀 그래픽 기능을 구현할 수 있다.

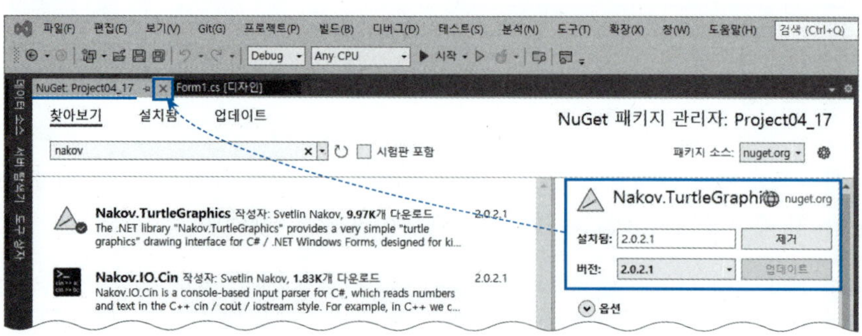

그림 4-21 NuGet 패키지 설치 완료

6 이제 터틀 그래픽 기능을 사용할 버튼을 만들어보자. [디자인] 창에서 Form1을 정사각형 형태로 조절한다. 그리고 [도구 상자] – [공용 컨트롤]에서 Button을 추가하고 [속성] 중 (Name)은 **btn_draw**로, Text는 **그리기**로 지정한다.

TIP • [도구 상자]가 보이지 않으면 메뉴 [보기] – [도구 상자]를 선택하면 된다.

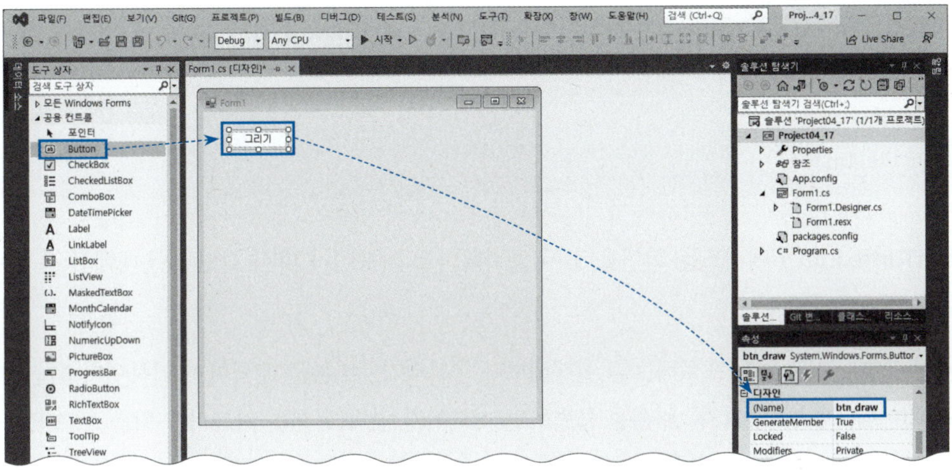

그림 4-22 그리기 버튼 생성

7 같은 방법으로 〈초기화〉 버튼도 만들어보자. 이 버튼은 [속성] 중 (Name)은 **btn_init**로, Text는 **초기화**로 지정한다. 최종적으로 다음과 같은 윈폼이 완성될 것이다.

그림 4-23 초기화 버튼 생성

8 〈그리기〉 버튼을 더블클릭한 후, 거북이가 나오도록 간단한 소스 코드를 작성해보자. 소스 코드의 제일 위쪽 using 부분에 다음 소스 코드를 추가한다. 터틀 그래픽을 사용하기 위해 필요한 코드이다.

```
using Nakov.TurtleGraphics;
```

btn_draw_Click( ) 메서드 다음에 해당 소스 코드를 추가한다. 거북이가 앞으로 10픽셀씩 이동하는 코드이다.

```
Turtle.Forward();
```

[디자인] 창에서 〈초기화〉 버튼을 더블클릭해, btn_init_Click( ) 메서드 다음에 해당 소스 코드를 추가한다.

```
Turtle.Init();
```

btnTurtle.Init( ) 메서드는 화면을 모두 초기화하고 거북이가 다시 화면 가운데에서 움직이도록 설정해준다.

9 Ctrl+F5 키를 눌러 프로젝트를 실행해보자. 〈그리기〉 버튼을 클릭하면 거북이가 화면에 나올 것이다. 계속 〈그리기〉 버튼을 클릭하면 거북이가 앞쪽(현재는 거북이가 위를 보고 있음)으로 이동한다. 〈초기화〉 버튼을 클릭하면 화면이 초기화된다.

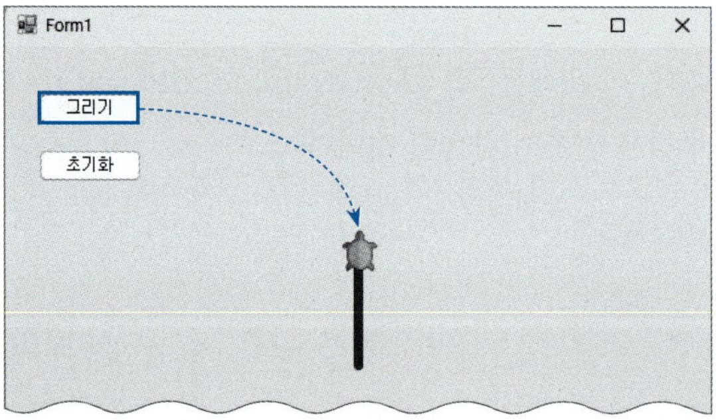

그림 4-24 기본적인 터틀 그래픽 실행

최종적으로 완성된 소스 코드는 다음과 같다.

소스 4-17 터틀 그래픽 기본 코드 (프로젝트명 : Project04_17)

```
// 자동 추가된 using은 생략함
using Nakov.TurtleGraphics;

namespace Project04_17
{
    public partial class Form1 : Form
    {
```

```
8          public Form1()
9          {
10             InitializeComponent();
11         }
12
13         private void btn_draw_Click(object sender, EventArgs e)
14         {
15             Turtle.Forward();
16         }
17
18         private void btn_init_Click(object sender, EventArgs e)
19         {
20             Turtle.Init();
21         }
22     }
23 }
```

2 터틀 그래픽의 기능 연습

터틀 그래픽은 다양한 함수와 기능을 제공한다. 몇몇 기능을 함께 연습해보자. [소스 4-17]의 15행에 들어가 있는 소스 코드 대신 아래의 코드를 넣어 기능을 확인해볼 것이다.

거북이 속도 조절, 각도 회전, 선 그리기

```
Turtle.Delay = 500;

Turtle.Rotate(45);
Turtle.Forward(100);
Turtle.Rotate(45);
Turtle.Backward(100);
```

그림 4-25 거북이의 회전과 이동(여러 번 클릭함)

Turtle.Delay( ) 메서드는 거북이가 움직이는 속도를 밀리초 단위로 지정한다. 0으로 지정하면 움직임이 보이지 않고 바로 이동한다. Turtle.Rotate(각도) 메서드는 거북이를 오른쪽 방향으로 회전시킨다. Turtle.Forward(거리) 및 Turtle.Backward(거리) 메서드는 거북이 머리가 향한 방향을 기준으로 해당 거리만큼 앞이나 뒤로 이동시킨다.

펜 사용, 펜 중지, 펜 색상, 좌표 이동

```
Turtle.PenColor = Color.Red;
Turtle.PenUp();
Turtle.MoveTo(-150, 0);
for (int i = 0; i < 9; i++)
{
    Turtle.PenDown();
    Turtle.Rotate(20);
    Turtle.Forward(50);

    Turtle.PenUp();
    Turtle.Rotate(20);
    Turtle.Forward(50);
}
```

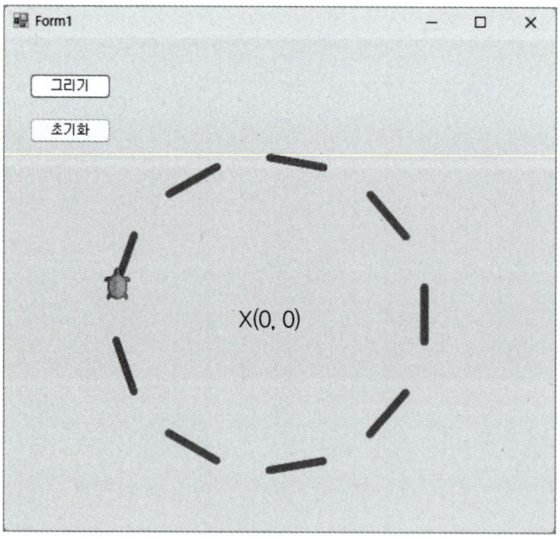

그림 4-26 펜 설정과 좌표 이동

Turtle.PenColor( ) 메서드는 거북이가 그리는 펜의 색상을 지정한다. Color.Red, Color.Green, Color.Blue 등으로 지정할 수 있다. Turtle.PenUp( ) 메서드는 펜을 사용하지 않겠다는 기능이다. Turtle.Forward( )나 Turtle.Backward( ) 메서드로 이동해도 선을 그리지 않고 이동한다. 또한 터틀 그래픽은 화면의 중앙이 (0, 0)의 좌표로 지정되어 있다. Turtle.MoveTo(좌우 거리,

상하 거리) 메서드는 좌우 및 상하 거리로 지정한 만큼 이동하는데, 양수는 오른쪽이나 위쪽으로, 음수는 왼쪽이나 아래쪽으로 이동한다. 소스 코드는 반복문을 통해 원 모양을 그리는데, Turtle.PenUp( )과 Turtle.PenDown( ) 메서드를 반복함으로써 점선의 효과를 낸다.

3 [프로그램 2]의 완성

연산자와 터틀 그래픽의 사용법을 모두 익혔다. 이번에는 300 × 300 크기의 윈도우 창 안에서 거북이가 마음대로 선을 그리며 이동하는 프로그램을 만들어보자. 거북이가 임의로 이동하기 위한 거리나 각도, 거북이가 그리는 선의 색상은 랜덤하게 지정되도록 설정할 예정이다. 마음대로 이동하던 거북이가 화면 밖으로 나가면 다시 화면의 중심으로 이동시키는 기능도 추가한다. 이 기능은 앞에서 배운 비교 연산자와 논리 연산자를 활용해 구현한다.

이번 프로젝트에서는 if ~ else 문을 사용해야 하는데, 형식은 다음과 같다. 5장에서 자세히 다룰 것이므로 지금은 간단한 형식만 알아본다.

```
if (조건식)
{
  참일_때_수행;
}
else
{
  거짓일_때_수행;
}
```

TIP • 이번 예제는 아직 배우지 않은 if 문, 반복문, break 문 등이 복합적으로 나오는 프로그램이다. 각각의 내용은 앞으로 책을 학습하면서 배울 예정이므로, 이해가 잘 되지 않더라도 우선은 넘어가기 바란다. 책을 계속 학습한 후 다시 소스 코드를 보면 훨씬 쉽게 이해될 것이다.

우선 터틀 그래픽을 사용할 윈폼 화면 및 소스 코드를 준비한다. 앞에서 실습한 [실습 4-1]의 과정을 반복하되, 프로젝트 이름만 Project04_18로 변경한다. 해당 소스 코드 다음에, btn_draw_Click( ) 메서드를 다음 소스 코드로 작성한다.

먼저 이 책에서 종종 사용할 임의의 숫자를 추출하는 Random에 대해서 간단히 살펴보자. Random 랜덤_변수 = new Random( )으로 랜덤 변수를 준비한 후, 랜덤_변수.Next(최소값, 최대값) 형식을 사용하면 최소값 이상 최대값 미만으로 임의의 값이 추출된다. 예를 들어, 랜덤_변수.Next(0, 100)은 0부터 99까지 임의의 값을 돌려준다.

소스 4-18 화면을 마음대로 돌아다니는 거북이 (프로젝트명 : Project04_18)

```
private void btn_draw_Click(object sender, EventArgs e)
{
```

```
        int swidth = 400, sheight = 400, exitCount = 0;
        int r, g, b, angle, dist;
        float curX, curY;

        this.Text = "거북이가 맘대로 다니기";
        this.ClientSize = new Size(sheight, swidth);

        Random rnd = new Random();
        Turtle.Delay = 200;
        while (true)
        {
            r = rnd.Next(0, 256);
            g = rnd.Next(0, 256);
            b = rnd.Next(0, 256);
            Turtle.PenColor = Color.FromArgb(r, g, b);

            angle = rnd.Next(0, 360);
            dist = rnd.Next(1, 100);
            Turtle.Rotate(angle);
            Turtle.Forward(dist);
            curX = Turtle.X;
            curY = Turtle.Y;

            if ((-swidth / 2 <= curX && curX <= swidth / 2) && (-sheight / 2 <= curY && curY <= sheight / 2))
            {
            }
            else
            {
                Turtle.PenUp();
                Turtle.MoveTo(0, 0);
                Turtle.PenDown();

                exitCount ++;
                if (exitCount == 5)
                    break;
            }
        }
    }
```

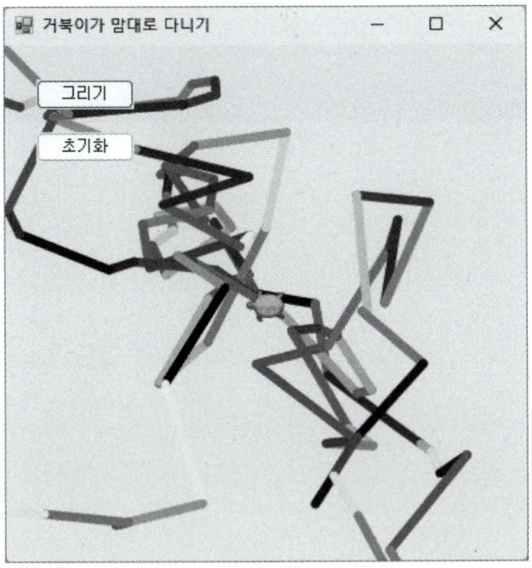

소스 코드를 살펴보면, 우선 3~5행에서 변수들을 준비했다. swidth, sheight는 윈도우 창의 폭과 높이를, exitCount는 거북이가 창 밖으로 빠져나간 횟수를 위해 준비했다. r, g, b는 색상을, angle과 dist는 임의로 이동할 거리와 각도를, curX와 curY는 현재 거북이의 위치를 위한 변수다.

7행은 윈폼 창의 제목을 표시한다. 8행은 창의 크기를 지정하는데, **this.ClientSize**는 현재 창의 위쪽 타이틀 부분 등을 제외한 내부 화면의 크기를 의미한다. 앞에서 준비한 변수로 400 × 400 크기로 지정했다. 10행은 랜덤한 값을 추출하기 위해 rnd 변수를 준비했고, 11행은 거북이의 속도를 적절히 설정했다.

12행~39행은 무한 반복이 진행된다. 14~16행은 거북이가 사용할 펜 색상을 임의의 색상으로 설정한 것이다. Red, Green, Blue 값을 0~255 사이로 각각 추출한 후 17행에서 펜 색을 설정했다. 색상은 **Color.FromArgb(빨강, 초록, 파랑)**의 값으로 설정할 수 있다. 19행에서는 각도(angle)를 0~359까지, 20행에서는 거리(dist)를 1~99까지 임의로 추출한다. 21행과 22행에서 거북이의 각도를 설정한 후 거리만큼 이동한다. 23행과 24행에서는 이동한 거북이의 현재 위치를 구한다.

26행은 거북이의 현재 위치가 화면 안에 존재하는지 여부를 체크한다. 터틀 그래픽의 좌표는 중앙이 (0,0)이고 X 좌표는 오른쪽으로 증가, Y 좌표는 위쪽으로 증가한다. 즉, X, Y의 전체 좌표의 범위는 −200~200 안에 들어 있다. 현재 거북이가 이 좌표 안에 있다면 27, 28행에 해당되어 if 문이 바로 종료되며 다시 while 문을 수행한다. 만약 이 범위를 벗어나 있다면 29~38행을 수행한다. 31행에서는 펜을 사용하지 않게 하고, 32행에서는 화면의 중앙으로 거북이를 이동시킨 후, 33행에서 다시 펜을 사용하게 한다. 35행에서는 거북이가 바깥으로 나간 횟수를 증가시키고 36행에서 거북이가 5회 이상 밖으로 나간 것이 확인됐다면 break 문으로 빠져나간 후 메서드를 종료한다.

요약

1 C#에서 사용되는 산술 연산자 종류는 다음과 같다.

산술 연산자	구분	사용 예
=	대입 연산자	num = 3
+	덧셈 연산	num = 5 + 3
−	뺄셈 연산	num = 5 − 3
*	곱셈 연산	num = 5 * 3
/	나눗셈 연산	num = 5 / 3
%	나머지 연산	num = 5 % 3

2 강제 형 변환을 하려면 변수 또는 상수 앞에 (데이터형 이름)을 써주면 된다. 또한 강제 형 변환을 하면 계산하는 순간에만 형이 변환되고 다음 행부터는 원래의 데이터형이 적용된다.

3 문자열이 숫자로 구성되어 있을 때는 int.Parse(문자열) 또는 float.Parse(문자열) 메서드를 이용해 정수나 실수로 변환할 수 있다. 숫자를 문자열로 변환하려면 숫자.ToString( ) 메서드를 사용하면 된다.

4 C#의 대입 연산자 및 증감 연산자 종류는 다음과 같다.

연산자	구분	사용 예
+=	대입 연산자	num += 3
−=	대입 연산자	num −= 3
*=	대입 연산자	num *= 3
/=	대입 연산자	num /= 3
%=	대입 연산자	num %= 3
++	증가 연산자	num++ 또는 ++num
−−	감소 연산자	num−− 또는 −−num

5 C#의 비교 연산자 및 논리 연산자 종류는 다음과 같다.

비교 연산자	의미
==	같다
!=	같지 않다
>	크다
<	작다
>=	크거나 같다
<=	작거나 같다

논리 연산자	의미
&&	~이고, 그리고(AND)
||	~이거나, 또는(OR)
!	~아니다, 부정(NOT)

6 C#의 비트 연산자 종류는 다음과 같다.

비트 연산자	의미
&	비트 논리곱(AND)
|	비트 논리합(OR)
^	비트 배타적 논리합(XOR)
~	비트 부정
<<	비트 이동(왼쪽)
>>	비트 이동(오른쪽)

7 터틀 그래픽을 사용하려면 Visual Studio 메뉴의 [프로젝트] – [NuGet 패키지 관리]를 선택한 후, Nakov.TurtleGraphics 패키지를 설치하면 된다.

8 소스 코드에서 제일 상단 부분에 다음 코드를 추가해야 터틀 그래픽 기능을 구현할 수 있다.

```
using Nakov.TurtleGraphics;
```

요약

IT@COOKBOOK

9 터틀 그래픽에서 사용하는 대표적인 메서드 종류는 다음과 같다.

메서드 종류	의미
Turtle.Init( )	화면을 초기화
Turtle.Forward(거리) Turtle.Backward(거리)	거북이가 거리(픽셀 수)만큼 앞이나 뒤로 이동
Turtle.Rotate(각도)	거북이가 각도만큼 회전
Turtle.Delay = 밀리초	거북이의 속도가 밀리초만큼 지정됨
Turtle.PenColor = 색상	거북이가 그릴 선의 색상이 지정됨
Turtle.MoveTo(좌우 거리, 상하 거리)	거북이가 좌우 및 상하 거리로 지정한 만큼 이동
Turtle.PenUp( ) Turtle.PenDown( )	펜을 사용하지 않거나 펜을 사용하도록 지정

연습문제

1 다음 중 산술 연산자가 아닌 것을 고르세요.

① * ② / ③ % ④ &

2 다음 연산의 계산 결과를 각각 작성하세요.

(1) 10 / 3 =

(2) 10 % 3 =

(3) 10 / 3.0 =

3 다음 연산의 계산 결과를 각각 작성하세요.

(1) 2 + 3 * 6 =

(2) 2 * 3 + 6 =

(3) 2 * 3 / 6 =

(4) (2 + 3) * 6 =

(5) 2 + (3 * 6) =

4 다음 연산의 계산 결과를 각각 작성하세요.

(1) 2 * 2 / 8 =

(2) 2 * 2 / (float)8 =

(3) (float)2 * 2 / 8 =

(4) (float)2 * 2 / (int)8 =

5 다음 소스 코드의 출력값을 적어보세요.

(1) Console.WriteLine(int.Parse("10") + float.Parse("10.5"));

(2) Console.WriteLine((10).ToString( ) + (10.5).ToString( ));

연습문제

6 다음 코드의 실행 결과 4개를 차례대로 작성하세요.

```
int a = 100;
a++;
Console.WriteLine(a);
++a;
Console.WriteLine(a);
Console.WriteLine(a++);
Console.WriteLine(++a);
```

7 다음의 비교 연산자 중 문법상 오류가 발생하는 것을 고르세요.

① 100 == 200

② 100 〈 200

③ 100 〉 200

④ 100 〈〉 200

8 다음 논리 연산자의 계산 결과를 적어보세요.

```
int num = 9
```

(1) Console.WriteLine(“AND 연산 : {0}”, (num 〉= 10) && (num 〈= 20));

(2) Console.WriteLine(“OR 연산 : {0}”, (num 〉= 10) ¦¦ (num 〈= 20));

(3) Console.WriteLine(“NOT 연산 : {0}”, !(num == 10));

9 다음 비트 연산자의 계산 결과를 적어보세요.

(1) Console.WriteLine(“5 & 6 ==〉 ” + (5 & 6));

(2) Console.WriteLine(“5 ¦ 6 ==〉 ” + (5 ¦ 6));

(3) Console.WriteLine(“5 ^ 6 ==〉 ” + (5 ^ 6));

(4) Console.WriteLine(“3 〈〈 2 ==〉 ” + (3 〈〈 2));

(5) Console.WriteLine(“3 〉〉 2 ==〉 ” + (3 〉〉 2));

10 심화문제 179쪽 [응용예제 06]을 활용해 비트 논리곱을 구현하세요. 숫자를 2개 입력받아서 각 숫자에 대한 2진수와 비트 논리곱의 결과인 2진수를 출력하는 프로그램을 작성해봅니다.

힌트 123과 456을 입력해, 1111011_2 & 111001000_2의 결과값으로 1001000_2이 출력된 화면은 다음과 같다.

실행 결과

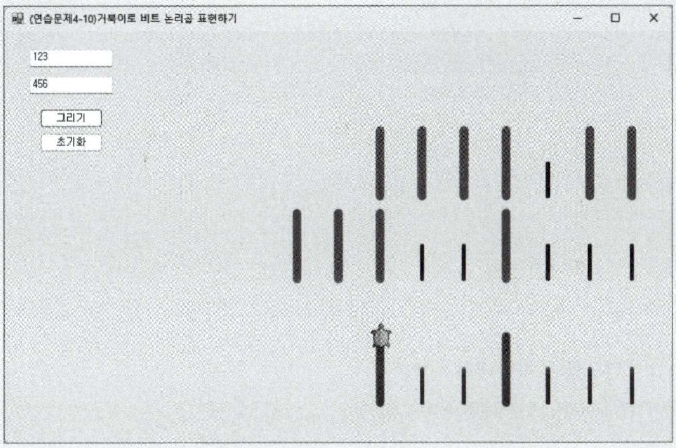

응용예제 05

윤년 계산 프로그램

난이도★★☆☆☆

예제 설명 입력된 연도가 윤년인지 계산하는 프로그램이며, 다음의 조건을 충족해야 한다.

① 4로 나누어 떨어지고, 100으로 나누어 떨어지지 않으면 윤년이다.

② 400으로 나누어 떨어지는 해도 윤년에 포함된다.

실행 결과

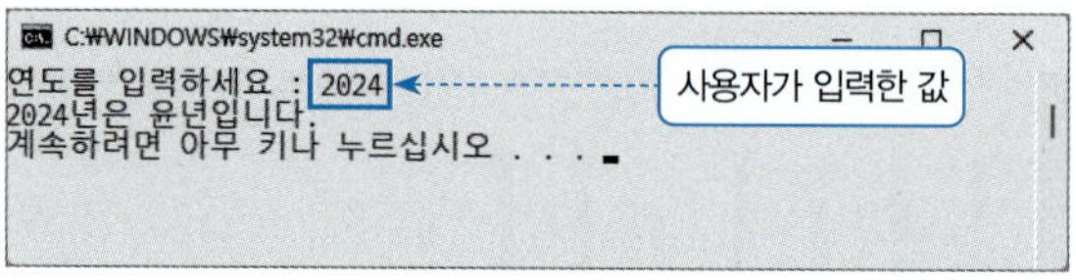

소스 코드

```
1  static void Main(string[] args)
2  {
3      int year;
4      Console.Write("연도를 입력하세요 : ");
5      year = int.Parse(Console.ReadLine());
6
7      if (((year % 4 == 0) && (year % 100 != 0)) || (year % 400 == 0))
8      {
9          Console.WriteLine("{0}년은 윤년입니다.", year);
10     }
11     else
12     {
13         Console.WriteLine("{0}년은 윤년이 아닙니다.", year);
14     }
15 }
```

코드 설명

3행	입력받을 연도의 변수를 준비했다.
4, 5행	연도를 정수로 입력받았다.
7행	윤년은 4로 나눠 떨어져야 하므로 (year % 4 == 0)으로 처리했다. 즉, 4로 나눈 나머지 값이 0이면 4로 나눠 떨어지는 것이다. 추가로 100으로 나눈 나머지 값이 0이 아니어야 하므로 AND(&&) 연산자를 활용해 (year % 100 != 0)을 연산했다. 또한 400으로 나눠 떨어져도 윤년이므로 OR(¦¦) 연산자를 활용해 (year % 400 == 0)을 연산했다.

응용예제 06 거북이로 2진수 숫자 표현하기

난이도★★★★★

예제 설명 10진수 숫자를 입력한 후 2진수로 변환된 결과를 거북이로 표현하는 프로그램이다. 예를 들어, 10진수 5를 입력하면 거북이로 2진수 101_2을 표현하도록 하는데, 1은 빨간색 거북이이며 선 두께는 10, 선 길이는 80으로 출력한다. 0은 파란색 거북이이며 선 두께는 5, 길이를 40으로 출력한다. 다음 실행 결과는 10진수 682를 입력했을 때 2진수에 해당하는 1010101010_2을 거북이가 선으로 표현한 결과이다.

실행 결과

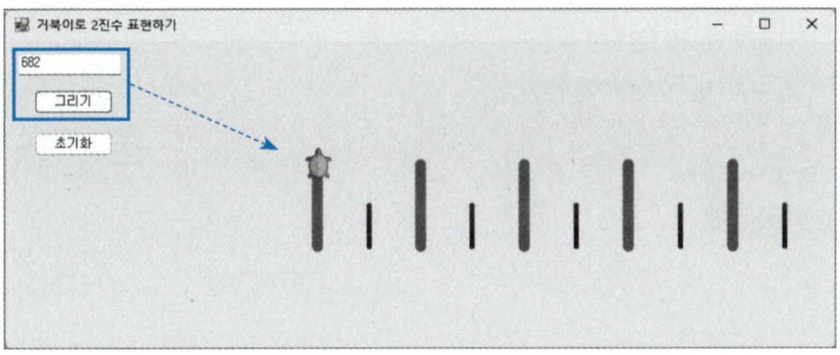

우선 터틀 그래픽을 사용할 윈폼 화면 및 코드를 준비한다. 162쪽 [실습 4-1] 과정을 반복하되, 프로젝트 이름만 변경하면 된다. 2진수로 변경할 숫자를 입력받을 TextBox(name : tb_num)도 [도구 상자]를 이용해 하나 준비해 놓는다. 해당 소스 코드 다음에, btn_draw_Click( ) 메서드를 다음의 소스 코드로 작성한다.

소스 코드

```
private void btn_draw_Click(object sender, EventArgs e)
{
    int swidth = 800, sheight = 300;
    float curX, curY;
    int num;
    string binary;

    this.Text = "거북이로 2진수 표현하기";
    this.ClientSize = new Size(swidth, sheight);

    num = int.Parse(tb_num.Text.ToString());
    binary = Convert.ToString(num, 2);
    curX = swidth / 2 - 50;
    curY = -50;

    Turtle.Delay = 200;
    for (int i = 0; i < binary.Length; i++)
```

```
18         {
19             Turtle.PenUp();
20             Turtle.MoveTo(curX, curY);
21             Turtle.PenDown();
22             if ( (num & 1) == 1)
23             {
24                 Turtle.PenColor = Color.Red;
25                 Turtle.PenSize = 10;
26                 Turtle.Forward(80);
27             }
28             else
29             {
30                 Turtle.PenColor = Color.Blue;
31                 Turtle.PenSize = 5;
32                 Turtle.Forward(40);
33             }
34             curX -= 50;
35             num >>= 1;
36         }
37     }
```

코드 설명

3~6행	num은 입력받을 10진수, swidth와 sheight는 윈도우 창의 폭과 넓이, curX와 curY는 거북이의 현재 위치를 저장할 변수다. binary는 num을 2진수로 변환한 문자열을 저장할 변수다.
8~9행	제목을 쓰고, 화면 크기를 800 x 300 정도로 설정했다.
11~12행	TextBox의 숫자를 가져온 후 숫자를 2진수 문자열로 변환했다. 예로 5를 입력하면 "101"로 변환된다.
13~14행	거북이의 초기 위치를 설정한다. 윈도우 창의 오른쪽 끝 정도에 적절히 처음 위치를 설정한다.
17~36행	변환한 2진수의 개수만큼 반복한다. 예로 5는 "101"이므로 3번을 반복한다.
19~21행	선을 그리지 않는 상태에서 거북이를 계산된 좌표로 이동시킨다.
22~33행	num & 1은 숫자를 2진수로 변환했을 때 제일 하위 비트가 1인지 체크한다. 제일 하위 비트가 1이라면 결과가 1이므로 True에 해당되어 23~27행이 실행되고, 빨간색의 두껍고 긴 선을 그린다. 제일 하위 비트가 0이라면 파란색의 가늘고 짧은 선을 그린다.
34행	X 위치를 왼쪽으로 50만큼 이동시킨다.
35행	숫자를 오른쪽으로 1 쉬프트 시킨다. 즉, 제일 오른쪽 비트는 바로 앞에서 표현했으므로 제거된다.

CHAPTER 05

조건문

학습목표

- 조건문의 대표격인 if 문을 배운다.
- 복잡한 중첩 if 문에 대해 배운다.
- 다중 조건에서 활용되는 switch~case 문을 학습한다.

SECTION

01 이 장에서 만들 프로그램

이번 장에서는 프로그래밍 언어의 꽃 중 하나인 조건문에 대해 배울 것이다. 조건문은 '만약에 … 라면'으로 해석해서 사용할 수 있다. C#도 이러한 조건문을 지원하는데 if 문이 그 대표격이다. if 문을 완전히 파악하고 나면 프로그램이 경우의 수에 따라 다른 방향으로 실행되도록 할 수 있다.

if 문은 좀 더 길게 표현하면 **'만약에 A라면 B를 하고, 그렇지 않으면 C를 하자'**라고 표현할 수 있다. 조건문을 잘 활용하면 좀 더 완성도 높은 고급 프로그래밍이 가능하다.

1 [프로그램 1] 학점 계산기

첫 번째로 만들 프로그램은 if 문을 활용해 학점을 계산하는 프로그램이다. 간단한 예제지만 중첩 if 문을 완전하게 활용해볼 수 있는 좋은 프로그램이다.

그림 5-1 학점 계산기 프로그램

2 [프로그램 2] 출생 연도에 따른 띠 알아보기

두 번째로 만들 프로그램은 출생 연도를 입력하면 해당하는 띠의 그림이 출력되는 윈폼 프로그램이다. switch ~ case 문을 활용해볼 수 있는 좋은 기회가 될 것이다.

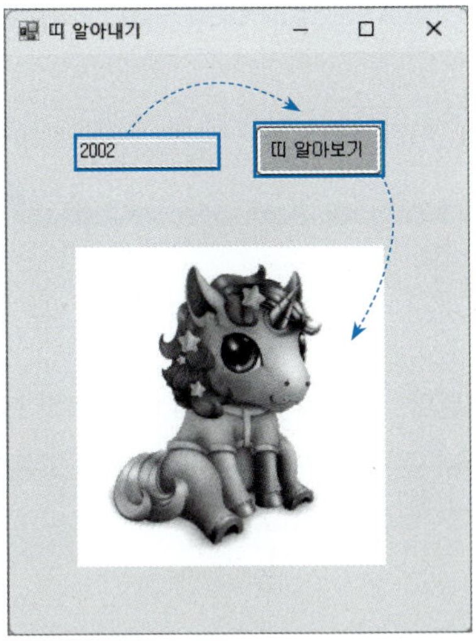

그림 5-2 출생 연도에 따른 띠 알아보기 프로그램

SECTION

02 기본 if 문

if라는 단어의 뜻을 사전에서 찾아보면 '만약 ~라면'이라고 해석된다. 단어의 의미처럼 C#에서도 if 문은 만약이라는 조건을 내세울 경우에 사용한다. if 문에서 내세우는 조건의 결과는 **참(True)** 또는 **거짓(False)** 두 가지뿐이다.

1 if 문

다음 그림은 조건식이 참일 때 해당 문장을 실행하고, 거짓일 때는 아무것도 실행하지 않는 가장 단순한 형태의 if 문을 나타낸 것이다. 조건식이 **참**이라면 **실행할_문장**을 실행하고, 조건식이 거짓이라면 실행할 문장이 없다.

```
if (조건식)
    실행할_문장;
```

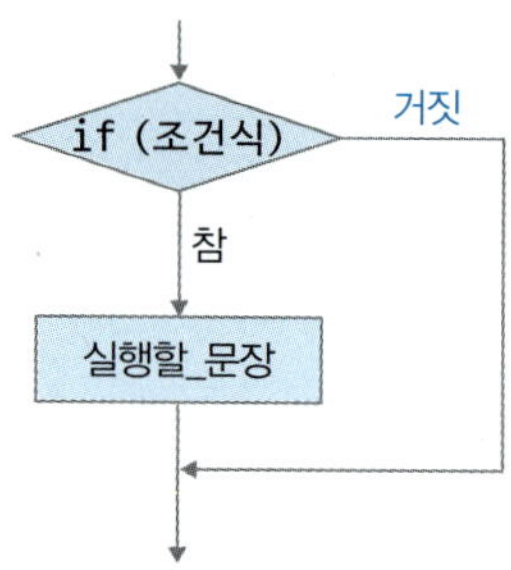

그림 5-3 if 문의 형식과 순서도

if 문을 그림으로 표현할 때는 주로 마름모 형태로 그린다. [그림 5-3]에서 알 수 있듯이 if (조건식)에서 조건식이 참이라면 실행할 문장이 실행되고, 거짓이라면 아무것도 실행되지 않고 프로그램이 종료된다.

소스 5-1 기본적인 if 문 사용 예 1 (프로젝트명 : Project05_1)

```
static void Main(string[] args)
{
    int a = 99;

    if (a < 100)
        Console.WriteLine("100보다 작군요.");
}
```

실행 결과

```
100보다 작군요.
```

[소스 5-1]에서 a에는 99라는 값이 들어 있으므로 조건식 a 〈 100은 참이 되어 if 문 안의 문장을 실행한다. 이를 그림으로 표현해보자.

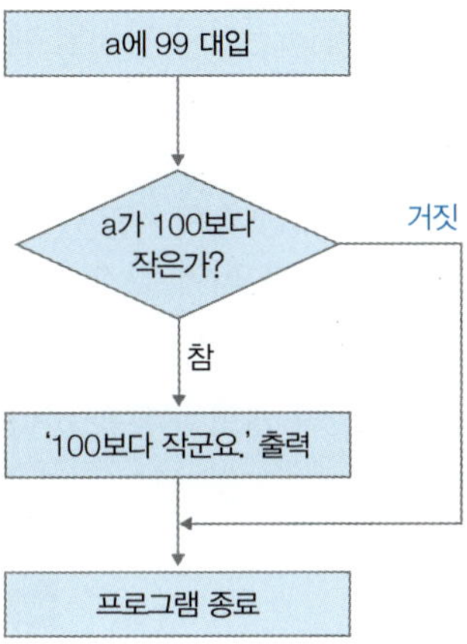

그림 5-4 [소스 5-1]의 실행 과정

이번에는 조건식이 참일 때 실행할 문장이 2개인 경우를 살펴보자.

소스 5-2 기본적인 if 문 사용 예 2 (프로젝트명 : Project05_2)

```
1  static void Main(string[] args)
2  {
3      int a = 200;
4
5      if (a < 100)
6          Console.WriteLine("100보다 작군요.");
7          Console.WriteLine("거짓이므로 이 문장은 안 보이겠죠?");
8
9      Console.WriteLine("프로그램 끝! ");
10 }
```

실행 결과

```
거짓이므로 이 문장은 안 보이겠죠?
프로그램 끝!
```

이번 실행 결과는 조금 이상하다. 3행에서 a 값이 200이므로 5행의 조건식은 거짓이 되어 6~7행을 건너뛰고 9행이 실행될 것이라 생각했는데, 결과를 보니 7행도 실행되었다. 바로, '줄바꿈의 함정(?)' 때문이다. 다음과 같이 소스 코드의 줄바꿈을 수정해서 다시 실행해보자.

```
if (a < 100)
    Console.WriteLine("100보다 작군요.");

Console.WriteLine("거짓이므로 이 문장은 안 보이겠죠?");
Console.WriteLine("프로그램 끝! ");
```

당연히 줄바꿈만 한 것이므로 실행 결과는 바뀌지 않는다. 하지만 이전과 달리 조건식이 거짓일 때는 제일 아래 두 문장이 실행된다는 점이 명확히 보일 것이다.

이처럼 줄바꿈에 따라 실행 결과가 다르게 예측되지만 실제로는 동일할 결과가 나오는 이유는 조건식이 참인 경우에(또는 거짓인 경우에) 바로 아래에 있는 한 문장만 실행하도록 되어 있기 때문이다. 즉, 5행의 조건식이 거짓이므로 그 아래 문장인 6행만 건너뛰고 7행부터는 다시 실행한다는 의미이다. 그러므로 if 문에서 두 문장 이상을 적재적소에 실행하고 싶다면 여러 개의 구문을 하나로 만들어 주는 **블록({ })**을 사용해야 한다.

소스 5-3 기본적인 if 문 사용 예 3 (프로젝트명 : Project05_3)

```
1  static void Main(string[] args)
2  {
3      int a = 200;
4
5      if (a < 100)
6      {
7          Console.WriteLine("100보다 작군요.");
8          Console.WriteLine("거짓이므로 이 문장은 안보이겠죠?");
9      }
10
11     Console.WriteLine("프로그램 끝! ");
12 }
```

실행 결과

```
프로그램 끝!
```

[소스 5-3]은 현재 a 값이 200이므로 조건식은 거짓이 된다. 그래서 블록({ })으로 감싼 부분(6~9행)은 건너뛰고 11행이 실행된다. 그 결과 **프로그램 끝!**이 출력된다.

2 if ~ else 문

조건식이 참일 때 실행할 문장과 거짓일 때 실행할 문장이 각각 다를 경우에는 if ~ else 문을 사용한다. 조건식이 **참**이라면 **실행할_문장_1**을 실행하고, **거짓**이면 **실행할_문장_2**를 실행한다.

```
if (조건식)
  실행할_문장_1;
else
  실행할_문장_2;
```

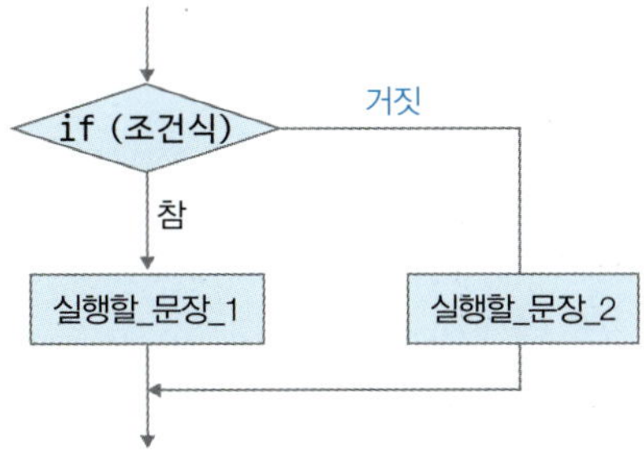

그림 5-5 if~else 문의 형식과 순서도

[그림 5-5]를 보면 조건식이 참인 경우에 실행할 문장과 거짓인 경우에 실행할 문장이 다르다는 것을 알 수 있다.

소스 5-4 if ~ else 문 사용 예 1 (프로젝트명 : Project05_4)

```
1  static void Main(string[] args)
2  {
3      int a = 200;
4
5      if (a < 100)
6          Console.WriteLine("100보다 작군요..");
7      else
8          Console.WriteLine("100보다 크군요..");
9  }
```

실행 결과

```
100보다 크군요..
```

[소스 5-4]를 보면 a 값에는 200이 들어 있으므로 5행의 조건식은 거짓이 되어, 7행의 else 아래에 있는 8행이 실행된다.

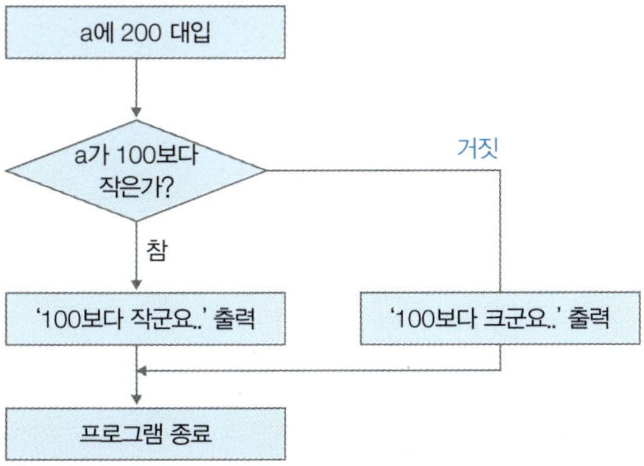

그림 5-6 [소스 5-4]의 실행 과정

만약 조건식이 참인 경우에 수행할 문장이 여러 개이고, 거짓인 경우에도 수행할 문장이 여러 개라면 블록({ })으로 묶어주면 된다.

소스 5-5 if ~ else 문 사용 예 2 (프로젝트명 : Project05_5)

```
1  static void Main(string[] args)
2  {
3      int a = 200;
4
5      if (a < 100)
6      {
7          Console.WriteLine("100보다 작군요..");
8          Console.WriteLine("참이면 이 문장도 보이겠죠?");
9      }
10     else
11     {
12         Console.WriteLine("100보다 크군요..");
13         Console.WriteLine("거짓이면 이 문장도 보이겠죠?");
14     }
15
16     Console.WriteLine("프로그램 끝! ");
17 }
```

실행 결과

```
100보다 크군요..
거짓이면 이 문장도 보이겠죠?
프로그램 끝!
```

a 값이 200이므로 5행은 거짓이 되어 else에 해당하는 11~14행이 실행된다. 그리고 마지막에 있는 16행도 함께 실행된다(16행은 참이든 거짓이든 실행되는 문장이다).

다음은 입력한 숫자가 짝수인지 홀수인지를 계산하는 프로그램이다. 소스 코드를 살펴보자.

소스 5-6 짝수, 홀수 구분 프로그램 (프로젝트명 : Project05_6)

```
static void Main(string[] args)
{
    int a;

    Console.Write("정수를 입력하세요 : ");
    a = int.Parse(Console.ReadLine());

    if ( a % 2 == 0)
    {
        Console.WriteLine("짝수를 입력했군요..");
```

```
11        }
12        else
13        {
14            Console.WriteLine("홀수를 입력했군요..");
15        }
16    }
```

이 소스 코드는 5행에서 정수를 입력받은 후에, 8행에서 입력받은 수를 2로 나눈다. 나머지 값이 0이면 짝수, 그렇지 않으면 홀수로 처리된다.

SELF STUDY 5-1

입력받은 숫자가 3의 배수이거나 5의 배수인지 체크하고 다음의 출력 결과를 수행하도록 프로그램을 작성해보자.

실행 결과

```
정수를 입력하세요 : 333   ← 사용자가 입력한 값
3의 배수 또는 5의 배수를 입력했군요.
```

SECTION

03 중첩 if 문

가끔 조건식을 검사하는 과정이 두 번 이상인 경우가 있을 수 있다. 예를 들면, 강의실 안 학생들 중 20세 이상의 남학생이 몇 명인지 구하는 프로그램을 작성한다고 해보자. 일단 학생이 남자인지 여자인지를 먼저 구별하고, 구별된 남학생들 중 20대 이상이 몇 명인지를 다시 체크해야 한다. 이처럼 if 문을 한 번 실행한 뒤 그 결과를 가지고 다시 if 문을 실행하는 식을 중첩 if 문이라고 한다.

중첩 if 문(또는 중복 if 문)은 if 문 안에 또 다른 if 문이 있는 것이라고 생각하면 된다. 조건식이 여러 개일 때는 헷갈릴 수 있으므로 블록({ })을 사용해서 명확히 하는 것이 좋다. **조건식_1**이 **참**이면 다시 **if (조건식_2)**를 수행하고, **조건식_2**가 **참**이면 **실행할_문장_1**을 실행한다.

```
if (조건식_1){
  if (조건식_2)
     실행할_문장_1;
  else
     실행할_문장_2;
}
else
     실행할_문장_3;
```

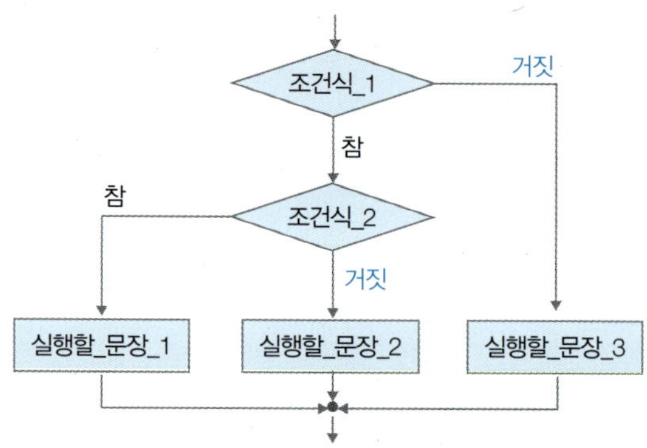

그림 5-7 중첩 if 문의 형식과 순서도

다음은 숫자를 50 이하, 50 ~ 100 미만, 100 이상으로 구분하는 소스 코드이다.

소스 5-7 중첩 if 문 사용 예 (프로젝트명 : Project05_7)

```
static void Main(string[] args)
{
   int a = 75;

   if (a > 50)
   {
      if (a < 100)
      {
         Console.WriteLine("50보다 크고 100보다 작군요..");
      }
```

```
11         else
12         {
13             Console.WriteLine("와~~ 100보다 크군요..");
14         }
15     }
16     else
17     {
18         Console.WriteLine("아~ 50보다 작군요..");
19     }
20 }
```

실행 결과

```
50보다 크고 100보다 작군요..
```

5행에서 a 값이 50보다 크면 참이 되어 블록 안(6~15행)의 내용이 실행된다. 블록 안에서 a 값이 100보다 작으면 9행이 출력되고, 그렇지 않으면 13행이 실행된다. 만약 5행에서 a 값이 50보다 작거나 같다면 16행으로 바로 넘어와 18행이 실행된다.

1 [프로그램 1]의 완성

이제 중첩 if 문을 활용해 프로그램을 만들어보자. 랜덤하게 학점을 생성한 후 90점 이상은 A, 80점 이상은 B, 70점 이상은 C, 60점 이상은 D, 그 외의 점수는 F로 처리하는 프로그램이다. 좀 복잡해 보일 수 있으나, 중첩 if 문을 잘 활용할 수 있는 좋은 예제이다.

소스 5-8 학점 처리 프로그램 (프로젝트명 : Project05_8)

```
static void Main(string[] args)
{
    int score;

    Random rnd = new Random();

    for (int i = 0; i < 5; i++)
    {
        score = rnd.Next(0, 100);
        Console.Write("취득 점수 " + score + " ==> ");

        if ( score >= 90)
            Console.Write("A");
        else
            if (score >= 80)
                Console.Write("B");
```

```
17             else
18                 if (score >= 70)
19                     Console.Write("C");
20                 else
21                     if (score >= 60)
22                         Console.Write("D");
23                     else
24                         Console.Write("F");
25 
26         Console.WriteLine(" 학점");
27     }
28 }
```

3행에서 점수에 사용할 변수를 준비했다. 5행은 랜덤한 값을 추출하기 위해 rnd 변수를 준비했다. 7~27행은 조건식에 따라 다섯 번 반복되고, 9~10행에서 0~100 사이의 값을 랜덤하게 점수로 추출하여 출력한다. 12행에서 점수가 90점 이상이면 13행을 실행한 후 바로 26행으로 빠져 나온다. 그렇지 않다면(즉, 점수가 90점 미만이라면) 15행으로 넘어가고, 점수가 80점 이상이면 16행을 실행한 후 바로 26행으로 빠져나온다. 이 과정이 다섯 번 반복된다고 보면 된다. [소스 5-8]을 그림으로 표현하면 다음과 같다.

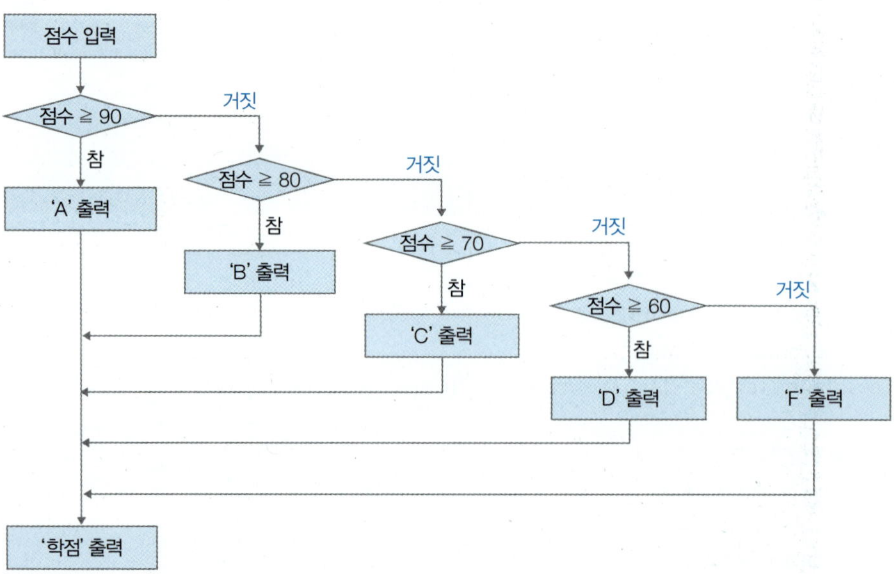

그림 5-8 [소스 5-8]의 실행 과정

SELF STUDY 5-2

[소스 5-8]을 수정하여 다음 출력 결과와 같이 좀 더 세분화된 프로그램을 만들어보자.

```
95점 이상 : A+, 90점 이상 : A0, 85점 이상 : B+, 80점 이상 : B0,
75점 이상 : C+, 70점 이상 : C0, 65점 이상 : D+, 60점 이상 : D0, 60점 미만 : F
```

실행 결과

```
취득 점수 89 ==> B+ 학점
취득 점수 99 ==> A+ 학점
취득 점수 11 ==> F 학점
취득 점수 37 ==> F 학점
취득 점수 73 ==> C0 학점
```

2 삼항 연산자

C#에서 제공하는 삼항 연산자는 if 문을 간단하게 한 줄로 처리하는 효과를 낸다. 삼항 연산자는 다음과 같은 형식을 가진다.

```
(조건식) ? 참일_때 : 거짓일_때;
```

조건식이 **참**이라면 **참일_때** 부분이 반환되고, **거짓**이라면 **거짓일_때** 부분이 실행된다. [소스 5-9]를 통해 삼항 연산자를 어떻게 활용할 수 있는지 알아보자. 점수가 60점 이상이면 합격이고, 미만이면 불합격을 출력하는 소스 코드이다.

여기서 잠깐

간소화한 중첩 if 문

[소스 5-8]의 12~24행의 코드는 다음과 같이 표현할 수도 있다. 표현식이 한결 간결하게 보일 것이다.

```
if (score >= 90)
          Console.Write("A");
else if (score >= 80)
          Console.Write("B");
else if (score >= 70)
          Console.Write("C");
else if (score >= 60)
          Console.Write("D");
else
          Console.Write("F");
```

소스 5-9 간단한 합격 / 불합격 프로그램 (프로젝트명 : Project05_9)

```
1  static void Main(string[] args)
2  {
3      int jumsu = 55;
4      string res;
5
6      if (jumsu >= 60)
7          res = "합격";
8      else
9          res = "불합격";
10     Console.WriteLine(res);
11 }
```

실행 결과

```
불합격
```

소스 코드 6~9행의 if~else 문을 다음과 같이 삼항 연산자로 적절하게 잘 활용하면 코드가 훨씬 간결해진다.

```
res = (jumsu >= 60) ? "합격" : "불합격" ;
```

SECTION

04 switch~case 문

if 문은 참 또는 거짓 중 하나를 선택한다는 의미로 '이중 분기'라고 부르기도 한다. 그런데 경우에 따라서는 참과 거짓, 두 가지가 아닌 여러 선택지 중 하나를 선택해야 하는 경우도 있다. 이를 '다중 분기'라고 하며, switch~case 문을 사용하여 표현한다.

가장 일반적으로는 switch 문의 정수값에 따라 case 문이 실행된다. 즉 정수값이 1이면 1의 값에 해당하는 **실행할_문장_1**, 2이면 2의 값에 해당하는 **실행할_문장_2**가 실행되는 방식이다.

```
switch (정수값){
  case 정수값_1:
     실행할_문장_1;
     break;
  case 정수값_2:
     실행할_문장_2;
     break;
  default:
     실행할_문장_3;
     break;
}
```

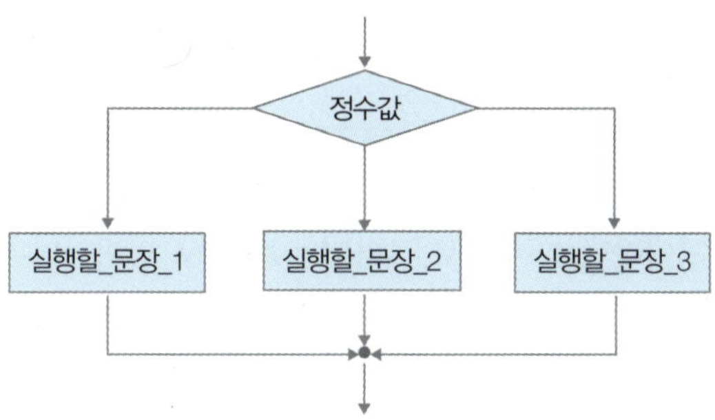

그림 5-9 switch~case 문의 형식과 순서도

다음 소스 코드는 숫자 1~4 중 하나를 선택하면 그에 따라 switch~case 문이 실행되는 코드이다.

소스 5-10 switch~case 문 사용 예 (프로젝트명 : Project05_10)

```
static void Main(string[] args)
{
   int a;

   Console.Write("1 ~ 4 중에 선택하세요 : ");
   a = int.Parse(Console.ReadLine());

   switch (a)
   {
      case 1:
```

```
11             Console.WriteLine("1을 선택했다.");
12             break;
13         case 2:
14             Console.WriteLine("2를 선택했다.");
15             break;
16         case 3:
17             Console.WriteLine("3을 선택했다.");
18             break;
19         case 4:
20             Console.WriteLine("4를 선택했다.");
21             break;
22         default:
23             Console.WriteLine("이상한 것을 선택했다.");
24             break;
25     }
26 }
```

실행 결과

```
1 ~ 4 중에 선택하세요 : 3   ← 사용자가 입력한 값
3을 선택했다.
```

5행에서 입력된 숫자는 8행의 switch 문에서 사용된다. 만약 입력한 값이 1이라면 10행으로, 2라면 13행으로, 3이라면 16행으로, 4라면 19행으로 넘어간다. 만약 입력된 숫자가 1~4 중 하나가 아니라면 22행의 default 부분이 실행된다.

그림으로 살펴보면, 3 입력 시 8행의 switch 문에서 16행으로 넘어간다. 17행의 "3을 선택했다"를 출력한 후 18행의 break 문을 만나 switch 문 블록(9~25행)을 빠져나간다.

```
switch (a)
{
case 1:
        printf("1을 선택했다\n");
        break;
case 2:
        printf("2를 선택했다\n");
        break;
case 3:
        printf("3을 선택했다\n");
        break;
case 4:
        printf("4를 선택했다\n");
        break;
default:
        printf("이상한 것을 선택했다.\n");
}
```

그림 5-10 a가 3일 경우의 switch~case 문 흐름도

switch~case 문을 사용할 때는 주의할 점이 있다. 각 실행문의 마지막에는 break 문을 꼭 써줘야 한다는 점이다. 그렇지 않으면 문법상 오류가 발생한다.

이번에는 switch~case 문을 활용해 학점 처리 프로그램을 작성해보자.

소스 5-11 switch~case 문을 활용한 학점 처리 프로그램 (프로젝트명 : Project05_11)

```
static void Main(string[] args)
{
    int score;

    Random rnd = new Random();

    for (int i = 0; i < 5; i++)
    {
        score = rnd.Next(0, 100);
        Console.Write("취득 점수 " + score + " => ");


        switch (score / 10)
        {
            case 10:
            case 9 :
                Console.Write("A");
                break;
            case 8:
                Console.Write("B");
                break;
            case 7:
                Console.Write("C");
                break;
            case 6:
                Console.Write("D");
                break;
            default:
                Console.Write("F");
                break;
        }
        Console.WriteLine(" 학점");
    }
}
```

실행 결과

```
취득 점수 76 => C 학점
취득 점수 99 => A 학점
취득 점수 9 => F 학점
```

```
취득 점수 78 ==> C 학점
취득 점수 87 ==> B 학점
```

13행에서 점수를 10으로 나눈 몫에 따라 14~31행의 case 문이 실행된다. 주의할 점은 15행에는 해당되는 값이 없다는 점이다. 15행으로 넘어가면 자연스럽게 16행이 실행되어 17행의 A가 출력된다. 만약 코드 내에 15행이 없다면 100점인 경우 10으로 나눈 몫이 10이므로 이에 해당하는 case 문이 없어 28행으로 처리된다. 즉, A 학점이 출력되어야 하는데 F가 출력되는 문제가 발생한다.

1 [프로그램 2]의 완성

이제 두 번째 프로그램을 만들어보자. 출생 연도를 입력받아 그에 해당하는 띠를 출력해주는 프로그램이다.

실습 5-1 출생 연도에 따른 띠 알아보기

1 띠로 사용할 12가지 동물 그림을 준비해 **C:\CookC#\images** 폴더 아래에 저장하자. 파일명은 각 띠에 해당하는 **동물이름.png**로 지정한다.

TIP • 이미지 파일은 해당 책의 자료실(https://www.hanbit.co.kr/4627)에서 다운로드하면 된다.

그림 5-11 띠 이미지 파일

2 이제 윈폼에서 출생 연도를 입력하면 띠에 해당하는 그림이 출력되는 프로그램을 작성해보자. 먼저 [Windows Forms 앱(.NET Framework)]으로 프로젝트(**Project05_12**)를 생성한다. 프로젝트 생성 과정은 앞 장에서 실습한 대로 진행하면 된다.

3 실행 창이 뜨면 [도구 상자] – [공용 컨트롤]에서 TextBox, Button, PictureBox를 [디자인] 창에 적절히 배치한다. 각 컨트롤의 속성 중 (Name)은 각각 **tb_year, btn_run, pbox_tti**로 지정한다. 버튼의 속성 중 Text는 **띠 알아보기**로 설정하고, 각 컨트롤의 BackColor 속성은 적당히 지정한다.

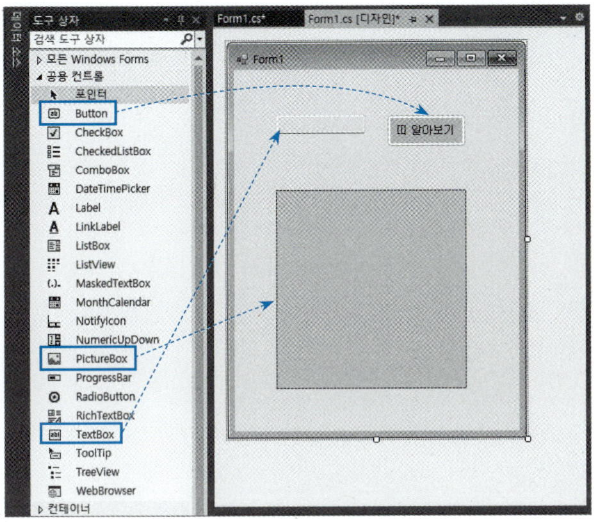

그림 5-12 윈폼 구성

4 〈띠 알아보기〉 버튼을 더블클릭해서 다음과 같이 소스 코드를 작성한다.

소스 5-12 띠 알아보기 프로그램 (프로젝트명 : Project05_12)

GUI

```
private void btn_run_Click(object sender, EventArgs e)
{
    this.Text = "띠 알아보기";
    int year = int.Parse(tb_year.Text);
     string imageFile = "c:\\CookC#\\images\\";
    switch (year % 12)
    {
        case 0: imageFile += "원숭이.png"; break;
        case 1: imageFile += "닭.png"; break;
        case 2: imageFile += "개.png"; break;
        case 3: imageFile += "돼지.png"; break;
        case 4: imageFile += "쥐.png"; break;
        case 5: imageFile += "소.png"; break;
        case 6: imageFile += "호랑이.png"; break;
        case 7: imageFile += "토끼.png"; break;
        case 8: imageFile += "용.png"; break;
```

```
17            case 9: imageFile += "뱀.png"; break;
18            case 10: imageFile += "말.png"; break;
19            case 11: imageFile += "양.png"; break;
20        }
21        pbox_tti.Image = Image.FromFile(imageFile);
22        pbox_tti.SizeMode = PictureBoxSizeMode.StretchImage;
23    }
```

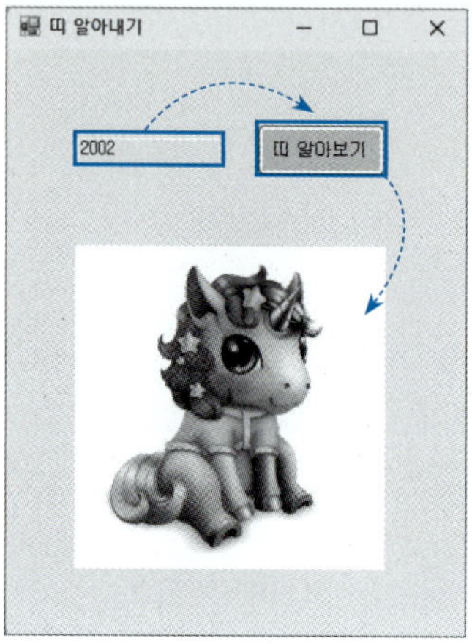

4행에서 TextBox의 연도를 가져온다. 5행에는 이미지가 저장된 폴더 경로를 미리 지정해 놓았다. 6행에서 출생 연도를 12로 나눈 나머지 값에 따라, 8~19행의 case 문이 각각 실행된다. 나머지 값이 0이면 이미지 파일을 **닭.png**로 설정한다. 그 외 띠도 같은 방식으로 처리한다. 21행에서 PictureBox에 이미지를 설정하고 22행에서는 이미지를 PictureBox에 꽉 차도록 설정한다.

SELF STUDY 5-3

[소스 5-12]의 switch~case 문을 중첩 if 문으로 변경해보자.

IT@COOKBOOK

요약

1 기본 if 문은 조건식이 참이라면 해당하는 문장을 실행하고, 조건식이 거짓이라면 실행할 문장이 없는 형태이다.

```
if (조건식)
      실행할_문장;
```

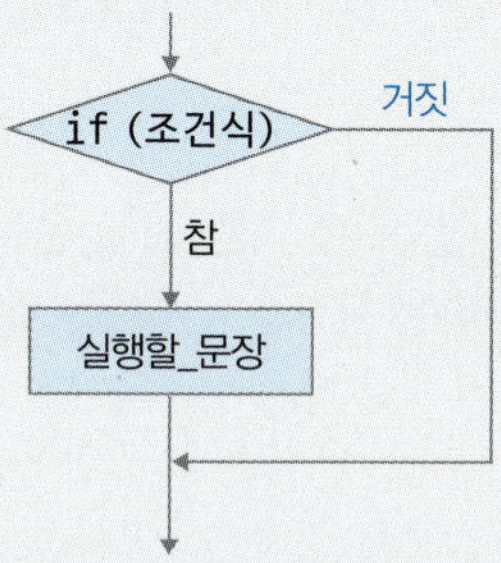

2 if 문에서 두 문장 이상을 실행하고 싶다면 여러 개의 구문을 하나로 만들어 주는 블록({ })을 사용해야 한다.

3 조건식이 참일 때 실행할 문장과 거짓일 때 실행할 문장이 다를 때는 if ~ else 문을 사용한다.

```
if (조건식)
  실행할_문장_1;
else
  실행할_문장_2;
```

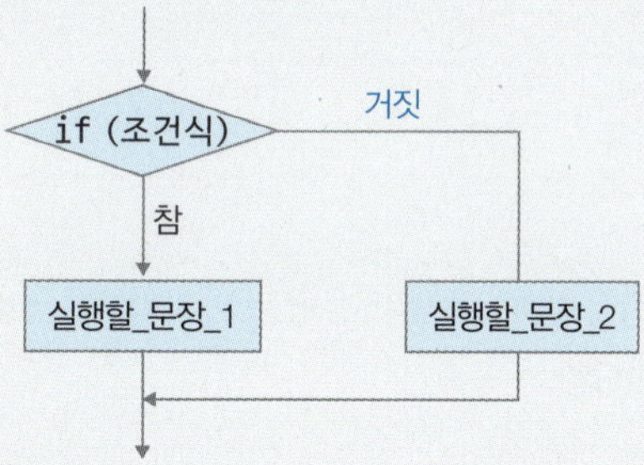

4 중첩 if 문(또는 중복 if 문)은 if 문 안에 또 다른 if 문이 있는 것이라고 생각하면 된다. 조건식_1이 참이면 다시 if (조건식_2)를 수행하고, 조건식_2가 참이면 실행할_문장_1을 실행한다.

```
if (조건식_1){
  if (조건식_2)
     실행할_문장_1;
  else
     실행할_문장_2;
}
else
     실행할_문장_3;
```

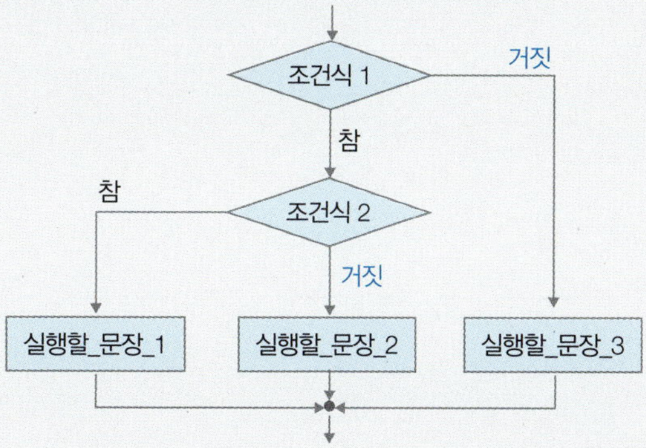

요약

IT@COOKBOOK

5 C#에서 제공하는 삼항 연산자는 다음과 같은 형식을 가진다.

```
(조건식) ? 참일_때 : 거짓일_때;
```

6 다중 분기를 지원하는 switch 문은 정수값에 따라 case 문을 실행한다. 즉 정수값이 1이면 1의 값에 해당하는 문장, 2이면 2의 값에 해당하는 문장을 실행하는 방식이다.

```
switch (정수값){
  case 정수값_1:
     실행할_문장_1;
     break;
  case 정수값_2:
     실행할_문장_2;
     break;
  default:
     실행할_문장_3;
     break;
}
```

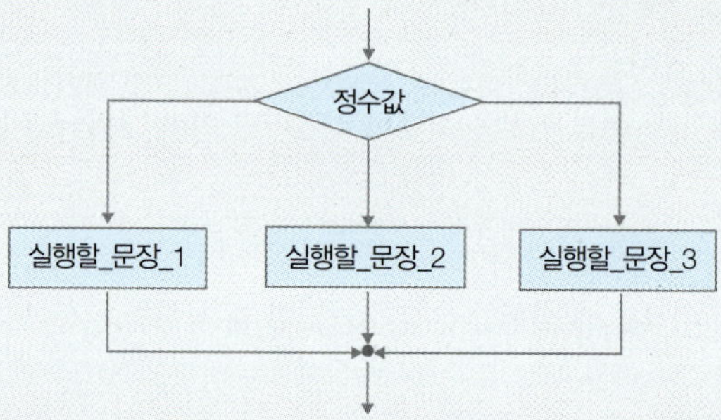

7 switch~case 문을 사용할 때 각각의 실행문 마지막에는 break 문을 꼭 써줘야 한다. 그렇지 않으면 문법상 오류가 발생한다.

연습문제

1 다음에 제시된 소스 코드의 실행 결과를 적어보세요.

```
int num = 99;

if (num > 100)
        Console.WriteLine("AAA");
```

2 다음에 제시된 소스 코드의 실행 결과를 적어보세요.

```
int num = 200;

if (num > 100)
        Console.WriteLine("AAA");
        Console.WriteLine("BBB");

Console.WriteLine("CCC ");
```

3 다음에 제시된 소스 코드는 문법적으로 오류가 발생하는데, 그 이유를 간단히 설명해보세요.

```
int num = 200;

if (num < 100)
        Console.WriteLine("AAA");
        Console.WriteLine("BBB");
else
        Console.WriteLine("CCC");
```

4 다음에 제시된 소스 코드는 입력받은 숫자가 3의 배수인지 또는 5의 배수인지를 체크하는 코드입니다. 실행 결과대로 값이 나오도록 빈칸에 알맞은 코드를 적어보세요.

연습문제

```
int num;
Console.Write("정수를 입력하세요 : ");
num = int.Parse(Console.ReadLine());v

if ( [                    ] )
        Console.WriteLine("3 또는 5의 배수임.");
else
        Console.WriteLine("3 또는 5의 배수가 아님.");
```

실행 결과

```
정수를 입력하세요 : 9
3 또는 5의 배수임.
정수를 입력하세요 : 7
3 또는 5의 배수가 아님.
```

사용자가 입력한 값

5 다음에 제시된 소스 코드는 90점 이상은 장학생, 89~60점은 합격, 59점 이하는 불합격으로 처리하는 코드입니다. 빈칸에 들어갈 알맞은 코드를 적어보세요.

```
int score = 77;

if (score >= 90)
        Console.WriteLine("장학생");
[          ❶          ](score >= 60)
        Console.WriteLine("합격");
[          ❷          ]
        Console.WriteLine("불합격");
```

6 다음에 제시된 소스 코드를 삼항 연산자로 바꿔보세요.

```
if (score >= 60)
        str = "Pass";
else
        str = "Fail";
```

7 다음에 제시된 switch~case 문의 문법상 오류에 대해 간단히 설명해보세요.

```
switch (n)
{
        case 1:
          Console.WriteLine("1을 입력.");
         case 2:
          Console.WriteLine("2를 입력.");
        default:
          Console.WriteLine("알 수 없음.");
}
```

8 다음에 제시된 switch~case 문의 실행 결과로 알맞은 것을 고르세요.

```
int num = 10;
switch (num)
{
  case 10:
  case 9:
  case 8:
        break;
        Console.Write("AAA");
  default:
        Console.Write("BBB");
        break;
}
Console.WriteLine("CCC");
```

① AAA BBB CCC

② AAA BBB

③ AAA

④ BBB

⑤ CCC

⑥ 아무것도 출력되지 않음

연습문제

9 심화문제 209쪽 [응용예제 08]을 참고하여, 거북이가 중심에서부터 임의의 크기(1~20)의 원을, 임의의 각도로, 임의로 무지개색 중 하나로 그리도록 프로그램을 만들어보세요.

(단, 거북이는 총 14개의 원을 그린다.)

실행 결과

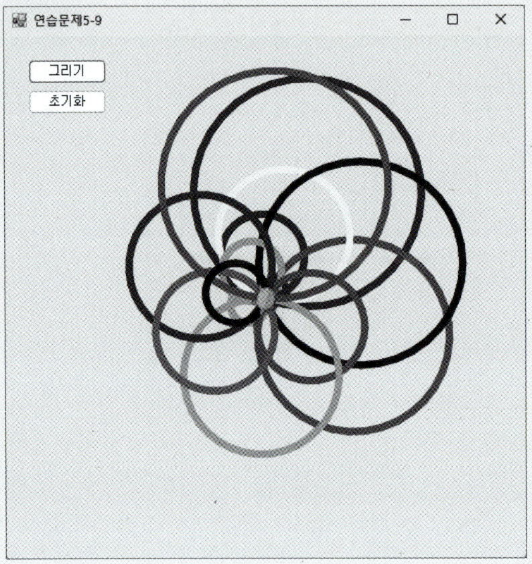

응용예제 07

주사위 여러 개 동시에 던지기

난이도★★☆☆☆

예제 설명 주사위 6개를 동시에 같은 숫자가 나올 때까지 무한 반복해서 던지는 프로그램이다. 주사위 6개가 동일한 숫자가 나올 때까지 몇 번 던졌는지, 1~6까지 연속된 숫자는 몇 번 나왔는지도 체크해 출력되도록 한다.

참고로 while(true) 문은 무한반복을 수행하고, break 문은 반복문을 빠져 나가는 구문이다. 6장에서 자세히 학습할 예정이므로 의미 정도만 알아 두자.

실행 결과

```
C:\WINDOWS\system32\cmd.exe
6개 주사위가 모두 동일한 숫자가 나옴 --> 모두 4
6개가 동일한 숫자가 나올 때까지 주사위를 던진 횟수 -->4404
6개가 동일한 숫자가 나올 때까지, 1~6의 연속번호가 나온 횟수 -->81
계속하려면 아무 키나 누르십시오 . . .
```

소스 코드

```
static void Main(string[] args)
{
    int dice1, dice2, dice3, dice4, dice5, dice6;
    int throwCount = 0, serialCount = 0;

    Random rnd = new Random();
    while (true)
    {
        throwCount++;
        dice1 = rnd.Next(1, 7);
        dice2 = rnd.Next(1, 7);
        dice3 = rnd.Next(1, 7);
        dice4 = rnd.Next(1, 7);
        dice5 = rnd.Next(1, 7);
        dice6 = rnd.Next(1, 7);

        if (dice1 == dice2 && dice2 == dice3 && dice3 == dice4 && dice4 == dice5
        && dice5 == dice6)
        {
            Console.WriteLine("6개 주사위가 모두 동일한 숫자가 나옴 --> 모두 " +
            dice1);
            break;
        }
        else if ( (dice1 == 1 || dice2 == 1 || dice3 == 1 || dice4 == 1 || dice5 ==
        1 || dice6 == 1) &&
                (dice1 == 2 || dice2 == 2 || dice3 == 2 || dice4 == 2 || dice5 == 2
                || dice6 == 2) &&
```

```
24              (dice1 == 3 || dice2 == 3 || dice3 == 3 || dice4 == 3 || dice5 == 3 || dice6 == 3) &&
25              (dice1 == 4 || dice2 == 4 || dice3 == 4 || dice4 == 4 || dice5 == 4 || dice6 == 4) &&
26              (dice1 == 5 || dice2 == 5 || dice3 == 5 || dice4 == 5 || dice5 == 5 || dice6 == 5) &&
27              (dice1 == 6 || dice2 == 6 || dice3 == 6 || dice4 == 6 || dice5 == 6 || dice6 == 6) )
28          {
29              serialCount++;
30          }
31      }
32      Console.WriteLine("6개가 동일한 숫자가 나올 때까지 주사위를 던진 횟수 -->" + throwCount);
33      Console.WriteLine("6개가 동일한 숫자가 나올 때까지, 1~6의 연속번호가 나온 횟수 -->" + serialCount);
34  }
```

코드 설명

3, 4행	6개의 주사위 숫자를 저장할 변수와 전체 던진 횟수(throwCount) 및 1~6이 연속으로 나온 횟수(serialCount)가 저장될 변수를 준비했다.
7~31행	무한 반복한다.
9행	전체 던진 횟수를 1 증가시킨다.
10~15행	주사위를 6회 던져서 나온 숫자를 각각 저장한다. rnd.Next(1, 7)은 1부터 6까지의 숫자 중 하나를 반환한다.
17~21행	6개의 주사위 숫자가 모두 같다면 주사위 숫자를 출력하고, break 문을 통해 while 문을 빠져나가서 32행으로 간다.
22~30행	6개의 주사위 숫자가 1~6 연속 값으로 구성된 것인지 확인한다. 맞다면 29행에서 연속으로 나온 횟수를 1증가시킨다.
32, 33행	주사위에서 동일한 숫자가 나온 후 while 문이 종료되면 동일한 숫자가 나올 때까지 주사위를 던진 횟수와 1~6의 숫자가 연속해서 나왔던 횟수를 출력한다.

응용예제 08

거북이가 무지개 색상의 원 그리기

난이도★★★☆☆

예제 설명 터틀 그래픽을 활용해서 거북이가 무지개 색상의 원을 여러 개 그리는 프로그램이다. 색상을 변경하는 부분은 switch~case 문을 활용한다. 터틀 그래픽은 원 그리기 기능이 없으므로 선을 10도씩 꺾으면서 36번 그리면 원이 그려지는 방식을 사용한다.

실행 결과

TIP • 이 프로젝트는 터틀 그래픽을 사용할 윈폼 화면 및 코드를 준비한다. 162쪽 [실습 4-1] 과정을 따르되 터틀 그래픽 기능을 추가하고, 프로젝트 이름을 변경하도록 한다.

소스 코드

```
private void btn_draw_Click(object sender, EventArgs e)
{
    int swidth = 400, sheight = 400;

    this.Text = "거북이가 그리는 무지개 색상의 원";
    this.ClientSize = new Size(sheight, swidth);

    Turtle.Delay = 10;
    Turtle.PenUp();
    Turtle.MoveTo(0, 100);
    Turtle.RotateTo(90);
    Turtle.PenDown();
    for (int i = 0; i < 14; i++)
    {
        switch(i % 7)
        {
            case 0:
                Turtle.PenColor = Color.Red;
                break;
```

```
20             case 1:
21                 Turtle.PenColor = Color.Orange;
22                 break;
23             case 2:
24                 Turtle.PenColor = Color.Yellow;
25                 break;
26             case 3:
27                 Turtle.PenColor = Color.Green;
28                 break;
29             case 4:
30                 Turtle.PenColor = Color.Blue;
31                 break;
32             case 5:
33                 Turtle.PenColor = Color.Navy;
34                 break;
35             case 6:
36                 Turtle.PenColor = Color.Purple;
37                 break;
38         }
39         for (int angle = 0; angle < 36; angle++)
40         {
41             Turtle.Forward(10 + i);
42             Turtle.Rotate(10);
43         }
44     }
45 }
```

코드 설명

3~6행	윈도우 창의 크기 및 제목을 설정했다.
8행	거북이의 속도를 좀 빠르게 설정했다. 이 값이 낮을수록 거북이가 빨리 움직인다.
9~12행	거북이를 화면 중심에서 약간 위쪽으로 이동시켰다. 이동할 때는 선을 그리지 않도록 설정했다.
13~44행	14회 반복한다. 일곱 가지 색상의 무지개를 두 번 반복해서 그리기 위함이다.
15~38행	i를 7로 나눈 나머지 값에 따라서 빨주노초파남보 색상을 거북이 펜 색상으로 지정한다.
39~43행	거북이는 36번에 걸쳐서 선을 그린다. 42행에서 각도를 10도씩 꺾으면서 그리도록 설정했으므로 원 모양으로 그려진다. 41행에서는 첫 번째 원은 선을 10, 두 번째 원은 선을 11, … 방식으로 진행되도록 설정했으므로 원 모양이 갈수록 커진다.

CHAPTER 06

반복문

학습목표

- 단순 for 문에 대해서 배운다.
- 중첩 for 문에 대해서 배운다.
- for 문과 비슷한 while 문에 대해 배운다.
- 반복문을 활용하는 다양한 방법을 익힌다.

SECTION
01 이 장에서 만들 프로그램

이번 장에서는 if 문과 함께 프로그래밍 언어 중 필수로 알아야 할 반복문에 대해 배울 것이다. 앞 장에서 for 문을 사용해본 적이 있지만 이번에 확실하게 배우도록 하자. 반복문은 지정한 횟수만큼 코드를 반복해서 실행한다. 필요하다면 무한 반복도 가능하다. 비록 컴퓨터가 인간보다 창의적인 면은 떨어지지만, 반복문 덕분에 인간보다 많은 작업을 빨리 처리할 수 있다. 반복문의 종류로는 가장 많이 사용되는 for 문과 while 문, 그리고 do~while 문이 있다. 이번 장에서 세 가지 반복문에 대해 모두 알아보며 반복문이 어떻게 활용되는지 다양한 예제와 함께 실습해보자.

1 [프로그램 1] 구구단 출력

이번 장에서 첫 번째로 만들 프로그램은 구구단 표를 출력하는 프로그램이다. 단순하게 코딩한다면 Console.WriteLine( ) 메서드만 사용해도 암산으로 계산한 결과를 출력할 수 있지만, 그럴 거면 프로그램을 공부할 필요가 없다. for 문이 중복되는 중첩 for 문을 사용해 프로그램을 만들어보자.

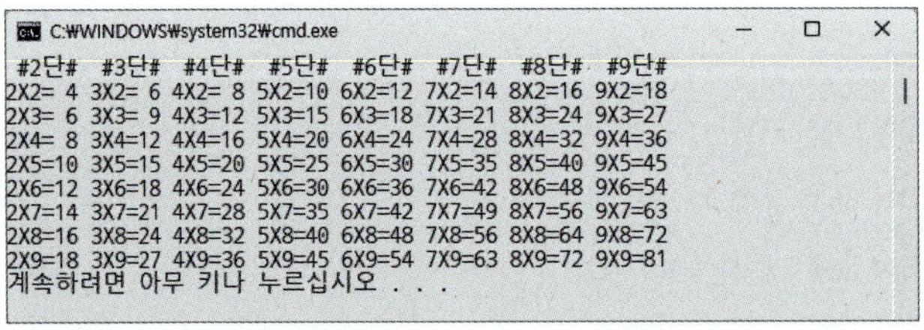

그림 6-1 구구단 출력 프로그램

2 [프로그램 2] 별표로 마름모 모양 출력

두 번째로 만들 프로그램은 3장의 [프로그램 1]과 비슷하게 별표로 마름모 모양을 출력하는 프로그램이다. 3장에서는 단순히 Console.WriteLine( ) 메서드를 활용해 출력했지만, 여기서는 while 문을 적극 활용해 프로그램을 만들어본다.

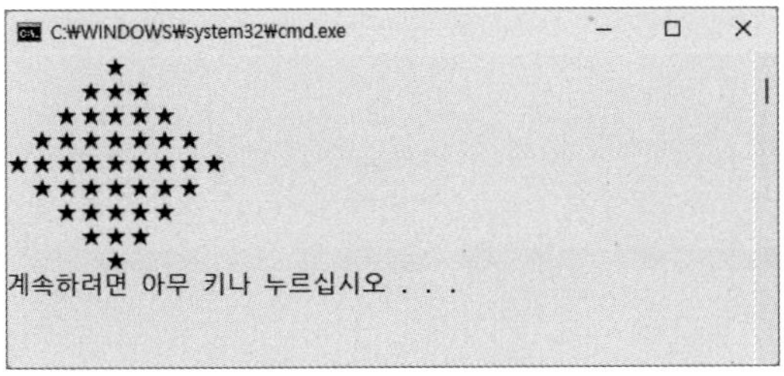

그림 6-2 별표로 마름모 모양 출력 프로그램

SECTION 02

기본 for 문

만약 반복문이 없다면 C# 프로그램 코드는 엄청나게 길어질 것이고, 현실적으로 프로그래밍이 불가능할 것이다. 하지만 반복문 덕분에 수십, 수백 또는 그 이상의 코드를 간략하게 만들 수 있다. 반복문 종류로는 for 문, while 문, do~while 문 등이 있는데, 가장 활용도가 높은 for 문에 대해 먼저 살펴본다.

1 반복문의 개념과 필요성

반복문이란 말 그대로 코드를 반복하도록 만들어주는 것이다. 그럼 반복 기능이 왜 필요할까? 우선은 지금까지 배운 실력으로 다음과 같은 실행 결과를 출력하는 프로그램을 만들어보자.

실행 결과

```
for 문을 공부 중입니다. ^^
for 문을 공부 중입니다. ^^
for 문을 공부 중입니다. ^^
```

다음에 제시된 [소스 6-1]을 보지 않고 프로그램을 만들 수 있다면 지금까지 배운 내용을 잘 따라오고 있는 것이다.

소스 6-1 3개 문장을 출력 (프로젝트명 : Project06_1)

```
static void Main(string[] args)
{
    Console.WriteLine("for 문을 공부 중입니다. ^^");
    Console.WriteLine("for 문을 공부 중입니다. ^^");
    Console.WriteLine("for 문을 공부 중입니다. ^^");
}
```

이 코드를 짜기는 별로 어렵지 않을 것이다. 세 줄을 다 입력할 필요 없이, **Console.WriteLine("for 문을 공부 중입니다. ^^")** 한 줄만 입력한 후 복사(Ctrl+C), 붙여넣기(Ctrl+V)로 프로그램을 완성하면 된다.

세 번이 아니라 열 번을 출력해야 한다면 그 정도도 별 문제가 없을 것이다. 하지만 백 번, 천 번,

만 번을 반복해야 한다면 어떨까? 복사해서 붙여넣기를 실행한다 하더라도 이 정도 횟수는 무리일 것 같다. 이때 필요한 것이 반복문이다. 일단 다음 소스 코드를 실행해서 결과를 살펴보자.

소스 6-2 기본 for 문 사용 예 (프로젝트명 : Project06_2)

```
1  static void Main(string[] args)
2  {
3      int i;
4
5      for (i = 0; i < 3; i++)
6      {
7          Console.WriteLine("for 문을 공부 중입니다. ^^");
8      }
9  }
```

실행 결과

```
for 문을 공부 중입니다. ^^
for 문을 공부 중입니다. ^^
for 문을 공부 중입니다. ^^
```

7행에서 **Console.WriteLine( )** 메서드는 한 번만 사용했는데 [소스 6-1]과 동일한 결과가 나왔다. 5행의 **for (i = 0; i < 3; i++)**를 살펴보면 i 값이 0으로 되어 있으며 3이 되기 전까지 코드를 세 번 반복 수행할 것임을 대략 예상할 수 있다. 만약 만 번을 반복해야 한다면 숫자 3 대신에 10000을 입력하면 될 것 같다.

TIP • 필자는 먼저 int i 문으로 i 변수를 선언해서 사용했지만, 다음과 같이 for 문 안에서 선언하고 사용해도 된다. 즉, [소스 6-2]의 3~5행을 다음에 제시된 행으로 바꿔도 무방하다.

```
for (int i = 0; i < 3; i++)
```

2 for 문의 개념

for 문이 어떤 형태인지, 코드 내에서 어떤 기능을 하는지 느낌이 왔을 것이다. 이제부터는 기본 for 문을 다양한 형태로 응용할 수 있도록 for 문의 기본 형식과 동작 원리에 대해 살펴보자.

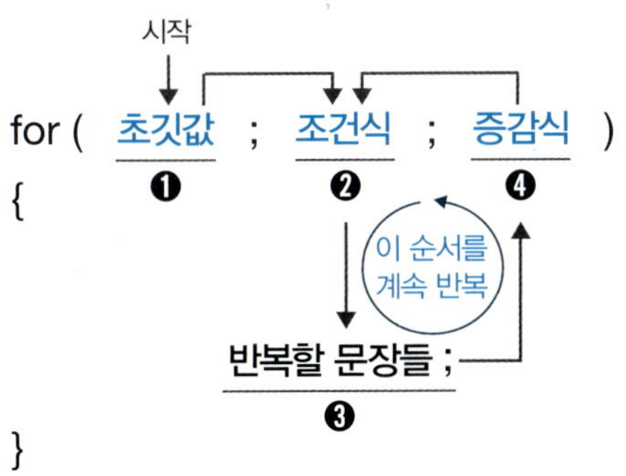

그림 6-3 for 문의 기본 형식과 실행 순서

for 문의 형식은 괄호 안에 초깃값, 조건식, 증감식이 세미콜론(;)으로 구분되어 있다. 그리고, 중괄호({ }) 안에 반복할 문장들이 나온다. 반복할 문장이 하나뿐이라면 중괄호를 생략해도 된다. 중요한 것은 for 문이 반복되는 순서이다. [그림 6-3]의 ❶, ❷가 수행된 후 ❸, ❹, ❷ 순서로 계속 반복된다.

[소스 6-2]에서 사용한 for 문(5~8행)을 활용해 기본 구조를 살펴보자.

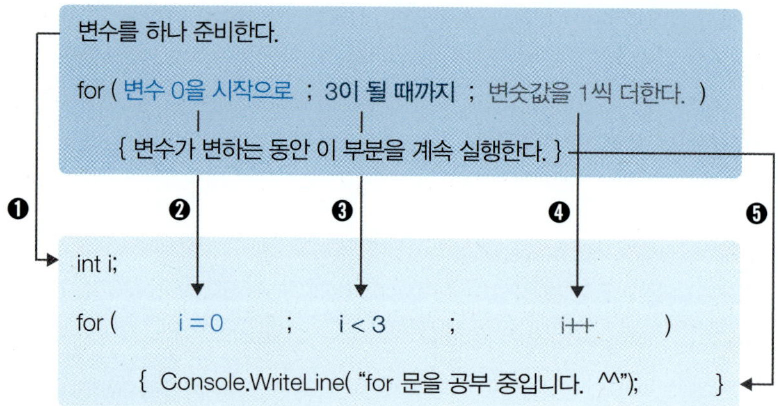

그림 6-4 for 문의 개념과 실제 사용

❶ for 문을 사용하려면 무조건 변수를 하나 준비해야 한다. 변수의 이름으로는 대개 i, j, k를 많이 사용한다.

❷ 사용할 변수의 초깃값을 0으로 설정한다. 꼭 0이 아니어도 되지만 보통 0부터 시작한다.

❸ 3이 될 때까지 검사하기 위해 조건을 i 〈 3이라고 썼다. 여기서 주의해야 할 점이 있다. 세 번을 실행해야 하므로 i 〈= 3이라고 생각하기 쉽지만, ❷에서 초깃값이 0부터 시작하므로 i 〈 3으로 설정해야 0, 1, 2까지 총 세 번 실행된다. 만약 i 〈= 3이라고 쓰면 네 번 실행된다. 숙련된 프로그래머도 종종 틀리는 부분이므로 주의하도록 한다.

❹ i++는 i = i + 1 또는 i += 1과 동일한 역할을 한다. 즉 i 값을 1 증가시킨다. 이 부분은 for 문을 한 번 돌 때마다 수행된다.

❺ 실제로 반복되는 내용이다. 지금은 Console.WriteLine( ) 메서드 한 줄만 들어 있지만, 복잡한 프로그램일수록 이 부분에 많은 내용이 들어간다.

[그림 6-4]의 화살표를 따라 for 문이 진행되는 과정은 다음과 같다. 초깃값은 1회만 수행되고 나머지 과정이 계속 반복되는 구조이다. 조건식이 거짓이 되면 for 문에서 벗어난다.

```
초깃값 → 조건식(True) → 반복할 문장들 → 증감식 → 조건식(True) → 반복할 문장들 → 증감식 → 조건식
(True) → 반복할 문장들 → 증감식 → 조건식(False) → for 문 탈출
```

이제 실제 코드에서 for 문이 어떻게 사용, 반복되는지 [그림 6-5]를 통해 살펴보자. 과연 Console.WriteLine( ) 메서드가 지정한 횟수만큼 수행될까?

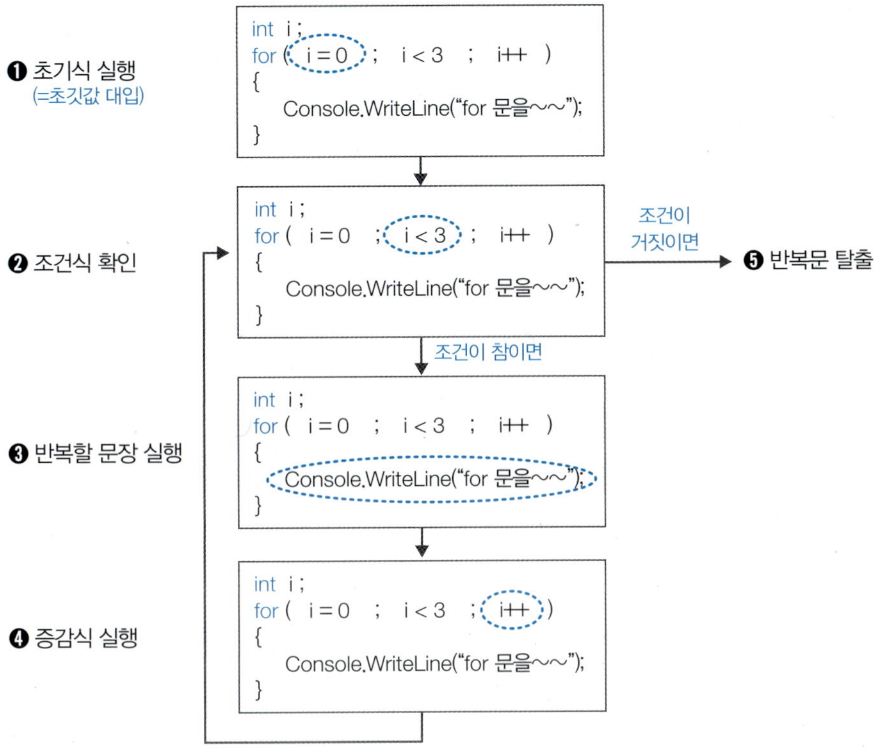

그림 6-5 for 문이 반복되는 순서

그림을 손가락으로 짚으면서 따라해보면 이해하기가 더 쉬울 것이다.

▶제1회 : ❶ 초기식을 수행한다(현재 i = 0).

⬇

첫 번째 반복 실행

▶제2회 : ❷ 조건식을 확인한다. 현재 i = 0이므로 i < 3이 참이다.
▶제3회 : ❸ Console.WriteLine( ) 메서드를 수행한다("for 문을~~~"출력).
▶제4회 : ❹ 증감식 i++를 수행해서 i 값을 1 증가시킨다(현재 i = 1).

⬇

두 번째 반복 실행

▶제5회 : 다시 ❷ 조건식을 확인한다. 현재 i 값은 1이므로 i < 3은 참이다.
▶제6회 : 다시 ❸ Console.WriteLine( ) 메서드를 수행한다("for 문을~~~"출력).
▶제7회 : 다시 ❹ 증감식 i++를 수행해서 i 값을 1 증가시킨다(현재 i = 2).

⬇

세 번째 반복 실행

▶제8회 : 다시 ❷ 조건식을 확인한다. 현재 i 값은 2이므로 i < 3은 참이다.
▶제9회 : 다시 ❸ Console.WriteLine( ) 메서드를 수행한다("for 문을~~~"출력).
▶제10회 : 다시 ❹ 증감식 i++를 수행해서 i 값을 1 증가시킨다(현재 i = 3).

⬇

네 번째 반복 실행

▶제11회 : 다시 ❷ 조건식을 확인한다. 현재 i 값은 3이므로 i < 3이 거짓이 된다.
▶제12회 : 조건이 거짓이므로 ❺ 반복문을 탈출하고, 반복문 블록({ }) 밖의 내용을 수행한다.

[그림 6-5]의 핵심은 ❷ 조건식 확인 부분이다. 초기식에서 변수 i에 0을 대입하고 바로 조건식을 확인한다는 것을 잊지 말자. 이는 조건이 맞지 않으면 for 문을 한 번도 수행하지 않은 채 반복문을 끝낼 수도 있다는 의미이다. 만약 이 예에서 초기식을 i = 0 대신에 i = 3으로 하면 어떻게 될까? 조건식이 i 〈 3이므로 거짓이 되어 바로 ❺를 수행하므로 Console.WriteLine( ) 메서드는 한 번도 수행되지 않는다.

또 하나 주의할 점은 조건식을 확인한 후 증감식(i++)을 바로 수행하지 않고 반복할 문장을 먼저 수행한 후 증감식을 수행한다는 점이다. 다소 복잡하게 느껴지겠지만, 앞으로 자주 보게 될 것이므로 익숙해질 것이다.

다음 두 조건식은 **for 문을 공부 중입니다. ^^**를 세 번 출력한다. 이때 실행할 문장이 하나라면 블록({ })으로 감싸지 않아도 된다. **반복할 문장이 두 개 이상**이라면 반드시 **블록({ })**으로 감싸야 한다.

```
int i;
for ( i = 0 ; i < 3 ; i++ )
{
  Console.WriteLine("for 문을~~");
}
```

==

```
int i;
for ( i = 0 ; i < 3 ; i++ )
    Console.WriteLine("for 문을~~");
```

[소스 6-3]은 for 문의 블록({ })을 잘 사용한 코드와 그렇지 않은 코드를 보여주는 예이다. 실행 결과가 어떻게 나오는지 살펴보자.

소스 6-3 for 문과 블록 사용 예 (프로젝트명 : Project06_3)

```
static void Main(string[] args)
{
    int i;
    for (i = 0; i < 3; i++)
```

```
5        {
6            Console.WriteLine("안녕하세요? ");
7            Console.WriteLine("##또 안녕하세요?##");
8        }
9
10       Console.WriteLine();
11
12       for (i = 0; i < 3; i++)
13           Console.WriteLine("안녕하세요?");
14           Console.WriteLine("##또 안녕하세요?##");
15   }
```

실행 결과

```
안녕하세요?
##또 안녕하세요?##
안녕하세요?
##또 안녕하세요?##
안녕하세요?
##또 안녕하세요?##

안녕하세요?
안녕하세요?
안녕하세요?
##또 안녕하세요?##
```

4~8행은 for 문에서 수행할 두 문장(6, 7행)을 블록({ })으로 감쌌기 때문에 두 문장이 연달아 세 번 출력되었다. 하지만 블록을 사용하지 않은 12~14행은 13행만 세 번 반복하여 출력된 후 14행이 한 번 출력되었다. 4~8행과는 다른 결과가 나왔다.

그러므로 여러 문장을 반복해서 출력하고 싶다면 반드시 블록({ })을 사용하도록 한다. 숙련된 프로그래머도 종종 실수하는 부분이니 주의하자.

3 값을 줄여나가는 for 문

for 문에 대한 개념을 확립했다면 이제는 다양한 예제를 통해서 for 문을 완전히 이해해보자.

[소스 6-2]를 수정하여 프로그램을 작성하되, 초깃값을 3으로 하고, i 값을 1씩 줄여가며(0이 될 때까지) Console.WriteLine( ) 메서드를 세 번 실행하는 프로그램을 만들어보자. 스스로 소스 코드를 먼저 짜본 후 [소스 6-4]를 통해 확인해보도록 한다.

소스 6-4 for 문의 활용 예 (프로젝트명 : Project06_4)

```
static void Main(string[] args)
{
    int i;

    for (i = 3; i > 0; i--)
    {
        Console.WriteLine("{0} : for 문을 공부 중입니다. ^^", i);
    }
}
```

실행 결과

```
3 : for 문을 공부 중입니다. ^^
2 : for 문을 공부 중입니다. ^^
1 : for 문을 공부 중입니다. ^^
```

실행 결과와 같이 i 값이 3, 2, 1로 변경될 것이다. 주의할 점은 조건식은 **i > 0**으로 변경하고, 증감식은 1을 빼는 **i--**로 변경해야 한다는 점이다.

4 for 문을 활용한 합계 구하기

본격적으로 for 문을 활용한 프로그램을 만들어본다. 우선 for 문을 배우기 이전의 방식으로 1~10까지의 합계를 구하는 프로그램을 작성해보자. 이 정도는 for 문을 사용하지 않고 덧셈(+) 연산만으로도 간단히 작성할 수 있다.

소스 6-5 덧셈 연산자로 합계 구하기 (프로젝트명 : Project06_5)

```
static void Main(string[] args)
{
    int hap;

    hap = 1 + 2 + 3 + 4 + 5 + 6 + 7 + 8 + 9 + 10;

    Console.WriteLine(" 1에서 10까지의 합: {0}", hap);
}
```

실행 결과

```
1에서 10까지의 합: 55
```

소스 코드가 아주 간단하고 결과도 잘 나왔다. 하지만 더해야 하는 숫자가 1~10까지가 아니라 1~100, 혹은 1~1000까지라면? hap = 1 + 2 + 3 + … + 1000까지 작성해 코딩해야 할 것이다.

만약 소스 코드 중간에 오타가 있다면 실행 결과도 틀리게 나오고 오류를 발견하기도 쉽지 않다. 이러한 방식으로 프로그램을 만드는 것은 바람직하지 않으며 차라리 Windows의 계산기 앱을 사용하는 것이 나을 것이다.

이처럼 덧셈을 반복 수행해야 할 때 for 문을 활용하면 된다. 다음과 같이 생각해 소스 코드를 다시 작성해보자.

```
// 합계가 들어갈 변수 준비(hap) 및 초기화

for (i가_1을_시작으로 ; 10보다_작거나_같을_때까지 ; i가_1씩_증가)
{
    hap 값에 i 값을 더해줌
}
```

소스 6-6 for 문을 활용해서 합계 구하기 (프로젝트명 : Project06_6)

```
1  static void Main(string[] args)
2  {
3      int hap = 0;
4
5      for (int i = 1; i <= 10; i++)
6      {
7          hap = hap + i;
8      }
9
10     Console.WriteLine(" 1에서 10까지의 합: {0}", hap);
11 }
```

실행 결과

```
1에서 10까지의 합: 55
```

TIP • for 문 안에서 주로 사용하는 변수인 i, j, k 등을 밖에서 따로 선언하지 않고, 5행처럼 for문 안에서 선언해도 된다. 이렇게 for 문 안에서 선언하는 방식이 더 일반적인 방식이다.

주의할 점은 값을 계속 누적할 3행의 변수 hap은 반드시 0으로 초기화해야 한다는 점이다. 초기화를 하지 않으면 문법적 오류가 발생한다. 0은 덧셈을 수행해도 값에 의미가 없으므로 5행에서 i값은 1부터 시작하도록 했으며, 10도 더해야 하므로 i <= 10으로 조건식을 설정했다.

[소스 6-6]의 변수 i와 변수 hap 값의 변화 과정은 [그림 6-6]과 같다.

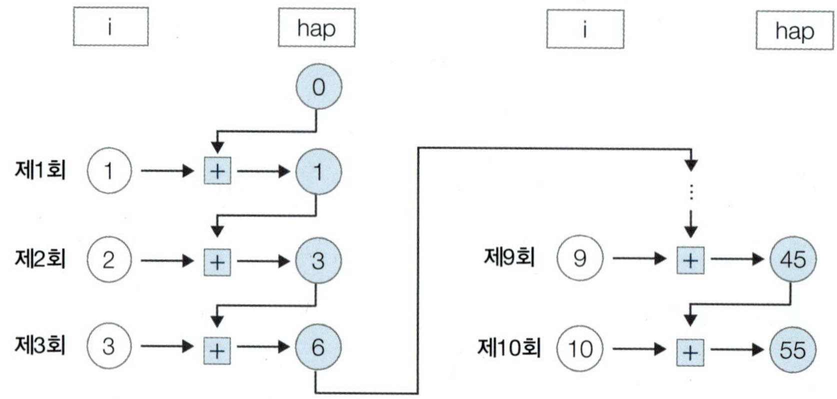

그림 6-6 변수 i와 hap 값의 변화

[소스 6-6]의 3행에서 hap 값은 0으로 초기화되었다. 5행에서 i 값을 1부터 시작한다. 이후 첫 번째 반복에서 i 값 1을 현재 hap의 값인 0과 더해 다시 hap에 넣었다. 두 번째 반복에서는 i 값 2를 현재 hap의 값인 1과 더해 다시 hap에 넣었다. 이러한 과정을 열 번 반복하면 1~10까지 더한 값이 hap에 누적된다.

이제는 10까지가 아니라 100까지의 합계를 출력해보자. [소스 6-6]의 5행과 10행에 들어 있는 10을 100으로 고치고 다시 실행해보자. 실행 결과, 합의 값이 5050으로 나올 것이다. 아무리 큰 수의 합이라도 숫자 하나만 바꾸면 간단히 결과를 얻을 수 있다. 이것이 반복문을 사용하는 가장 큰 이유다.

이번에는 500~1000 사이에서 홀수의 합을 구하는 프로그램을 작성해보자.

소스 6-7 for 문을 활용해서 홀수 합계 구하기 (프로젝트명 : Project06_7)

```
static void Main(string[] args)
{
    int hap = 0;

    for (int i = 501; i <= 1000; i += 2)
    {
        hap = hap + i;
    }

    Console.WriteLine("500에서 1000까지 중 홀수의 합: {0}", hap);
}
```

실행 결과

```
500에서 1000까지 중 홀수의 합: 187500
```

for 문의 초깃값, 조건식, 증감식만 적절히 변경하면 다양한 형태의 합계를 구할 수 있다. [소스 6-7]은 5행에서 초깃값을 501(홀수이므로 501부터)로 지정하고, 조건식을 1000 이하로(1000 포함), 증감식을 **i += 2**로 설정해 i가 2씩 증가되도록 하였다. 이 소스 코드에서 i 값은 501, 503, 505, … 식(홀수)으로 변경된다.

SELF STUDY 6-1

[소스 6-7]을 수정하여 1~100까지의 수 중에서 3의 배수 합계를 구하는 프로그램을 작성해보자.

실행 결과

```
1부터 100까지 중 3의 배수의 합계: 1683
```

5 키보드로 입력한 값까지 합계 구하기

이제는 앞에서 작성한 유용한 프로그램을 친구가 사용할 수 있게 하고 싶다. 하지만 친구가 사용하고 싶은 숫자가 설정해 놓은 값과 다를 수 있다. 그럴 때마다 소스를 수정해 다시 실행하라고 한다면 사용하기가 무척 불편할 것이다. 친구가 C#을 어느 정도 안다면 번거롭더라도 사용할 수 있겠지만 C#을 공부한 적이 없는 친구라면 TV 부품을 주면서 알아서 조립해 TV를 보라는 것과 같다.

그래서 이번엔 소스 코드를 실행할 때 숫자를 키보드로 입력받아 입력된 수까지의 합계를 구하는 프로그램을 만들어보려고 한다. 이전에 몇 번 사용해본 Console.ReadLine( ) 메서드를 이용해, 사용자가 원하는 값을 입력하면 1부터 사용자가 입력한 수까지의 합을 구하는 프로그램을 작성해보자.

소스 6-8 1부터 입력한 수까지의 합계 구하기 (프로젝트명 : Project06_8)

```
static void Main(string[] args)
{
    int hap = 0;
    int num;

    Console.Write("값 입력 : ");
    num = int.Parse(Console.ReadLine());

    for (int i = 1; i <= num; i++)
    {
        hap = hap + i;
    }

    Console.WriteLine("1부터 {0}까지 합계: {1}", num, hap);
}
```

실행 결과

```
값 입력 : 100
1부터 100까지 합계: 5050
```

(사용자가 입력한 값)

4행에서는 사용자가 입력한 값을 저장할 변수 num을 선언했고, 7행에서는 **Console.ReadLine( )** 메서드를 사용하여 사용자가 입력한 숫자를 num에 대입했다. 9행에서는 i 값이 1부터 사용자가 입력한 숫자(num)까지 1씩 증가하면서 for 문을 반복한다. 사용자가 입력한 숫자까지의 합계가 나오면 14행에서 사용자가 입력한 숫자와 함께 출력한다.

이번에는 시작값과 끝값 및 증가값까지 사용자에게서 입력받아보자. 사용자의 의도를 충분히 반영하여 합계를 구하는 쓸 만한 프로그램으로 탈바꿈할 수 있다.

소스 6-9 시작값, 끝값, 증가값 입력받아 합계 구하기 (프로젝트명 : Project06_9)

```
1  static void Main(string[] args)
2  {
3      int hap = 0;
4      int num1, num2, num3;
5
6      Console.Write("시작값 입력 : ");
7      num1 = int.Parse(Console.ReadLine());
8      Console.Write("끝값 입력 : ");
9      num2 = int.Parse(Console.ReadLine());
10     Console.Write("증가값 입력 : ");
11     num3 = int.Parse(Console.ReadLine());
12
13     for (int i = num1; i <= num2; i += num3)
14     {
15         hap = hap + i;
16     }
17
18     Console.WriteLine("{0}부터 {1}까지 {2}씩 증가한 합계: {3}", num1, num2, num3, hap);
19 }
```

실행 결과

```
시작값 입력 : 2
끝값 입력 : 300
증가값 입력 : 3
2부터 300까지 3씩 증가한 합계: 15050
```

(사용자가 입력한 값)

6, 8, 10행에서 3개의 숫자를 입력받았다. 실행 결과를 보면 원하는 값이 출력된 것을 볼 수 있다. 이제 이 프로그램을 컴파일한 결과인 *.exe 파일(여기서는 Project06_9.exe)만 주면 친구는 언제

든 원하는 형태의 합계를 구할 수 있을 것이다.

TIP • 책과 동일하게 프로젝트를 만들었다면, 실행 파일은 C:₩CookC#₩Project06_9₩bin₩Debug₩ 폴더 또는 C:₩CookC#₩Project06_9₩obj₩Debug₩ 폴더에 있을 것이다.

한 가지 기능을 더 응용해보자. 사용자가 입력한 숫자의 단에 맞는 구구단을 출력하는 프로그램을 만들어보려고 한다.

소스 6-10 입력한 단에 맞는 구구단 출력하기 (프로젝트명 : Project06_10)

```
1  static void Main(string[] args)
2  {
3      int dan;
4
5      Console.Write("몇 단? ");
6      dan = int.Parse(Console.ReadLine());
7
8      for (int i = 1; i <= 9; i++)
9      {
10         Console.WriteLine("{0} X {1} = {2, 2:D}", dan, i, dan * i);
11     }
12 }
```

실행 결과

```
몇 단 ? 7   ← 사용자가 입력한 값
7 X 1 =  7
7 X 2 = 14
7 X 3 = 21
7 X 4 = 28
7 X 5 = 35
7 X 6 = 42
7 X 7 = 49
7 X 8 = 56
7 X 9 = 63
```

3행에서 출력하고자 하는 단을 입력받을 변수를 선언했고, 5행에서 키보드로 입력받았다. 구구단은 입력한 수를 1~9까지 곱해야 하므로, 8행의 i 값은 1~9까지 증가하게 한다. 10행에서는 구구단의 각 행을 출력한다. 10행 중 {2, 2:D}의 의미는 두 번째 값을 두 자리에 맞춰 정수(D)로 출력하라는 뜻으로, 3장에서 배운 조건식이다.

SELF STUDY 6-2

[소스 6-10]을 수정하여 다음과 같이 구구단이 거꾸로 출력되게 해보자.

실행 결과

```
몇 단 ? 7   ← 사용자가 입력한 값
7 X 9 = 63
7 X 8 = 56
7 X 7 = 49
7 X 6 = 42
7 X 5 = 35
7 X 4 = 28
7 X 3 = 21
7 X 2 = 14
7 X 1 =  7
```

SECTION

03 중첩 for 문

지금까지의 내용을 잘 이해했다면 기본적인 for 문은 작성할 수 있을 것이다. 이번 절에서는 조금 더 복잡한 중첩 for 문에 대해 배워보자.

1 중첩 for 문의 개념

중첩 for 문이란 for 문 내부에 또 다른 for 문이 들어 있는 형태를 말한다. [그림 6-7]을 한번 살펴보자. 바깥쪽 for 문과 안쪽 for 문이 반복되고 있는데, 바깥쪽 for 문은 3회, 안쪽 for 문은 2회 반복된다고 가정한 그림이다.

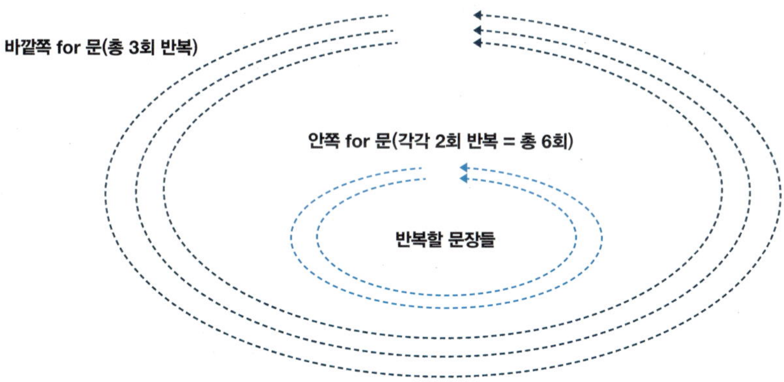

그림 6-7 중첩 for 문의 동작 개념

바깥쪽 for 문의 첫 번째 반복이 실행되면 안쪽 for 문의 반복할 문장들은 두 번 반복된다. 다시 바깥쪽 for 문의 두 번째 반복이 실행되면 안쪽 for 문의 반복할 문장들도 두 번 반복된다. 마지막으로 바깥쪽 for 문의 세 번째 반복이 실행되면 안쪽 for 문의 반복할 문장들도 두 번 반복된다. 바깥쪽으로 세 번 반복되는 동안 안쪽에서는 각각 두 번씩 반복되어 총 3 × 2 = 6번 반복된다.

다음의 소스 코드는 자주 사용되는 중첩 for 문의 기본 코드이다.

소스 6-11 중첩 for 문의 기본 형태 (프로젝트명 : Project06_11)

```
static void Main(string[] args)
{
    for (int i = 0; i < 3; i++)
```

```
    {
        for (int k = 0; k < 2; k++)
        {
            Console.WriteLine("C#은 꿀잼입니다. ^^ (i값: {0}, k값: {1})" , i, k);
        }
    }
}
```

실행 결과

```
C#은 꿀잼입니다. ^^ (i값: 0, k값: 0)
C#은 꿀잼입니다. ^^ (i값: 0, k값: 1)
C#은 꿀잼입니다. ^^ (i값: 1, k값: 0)
C#은 꿀잼입니다. ^^ (i값: 1, k값: 1)
C#은 꿀잼입니다. ^^ (i값: 2, k값: 0)
C#은 꿀잼입니다. ^^ (i값: 2, k값: 1)
```

TIP • 일반적으로 중첩 for 문을 2개 사용하는 식에서는 변수로 i와 j를 많이 사용하지만, 두 알파벳이 비슷하게 보여 실수하는 경우가 종종 발생한다. 해당 책에서는 실수를 줄이기 위해 i, j 대신 i, k를 사용했다.

중첩 for 문의 실행 횟수는 **바깥쪽 for 문 반복 횟수 × 안쪽 for 문 반복 횟수**이다. 첫 번째 for 문은 i 값이 0, 1, 2로 세 번 수행되고, 두 번째 for 문은 k 값이 0, 1로 두 번 수행된다. 그러므로 3 × 2 = 6회 반복되었다. 처리되는 순서는 다음과 같으니 차근차근 따라가보자.

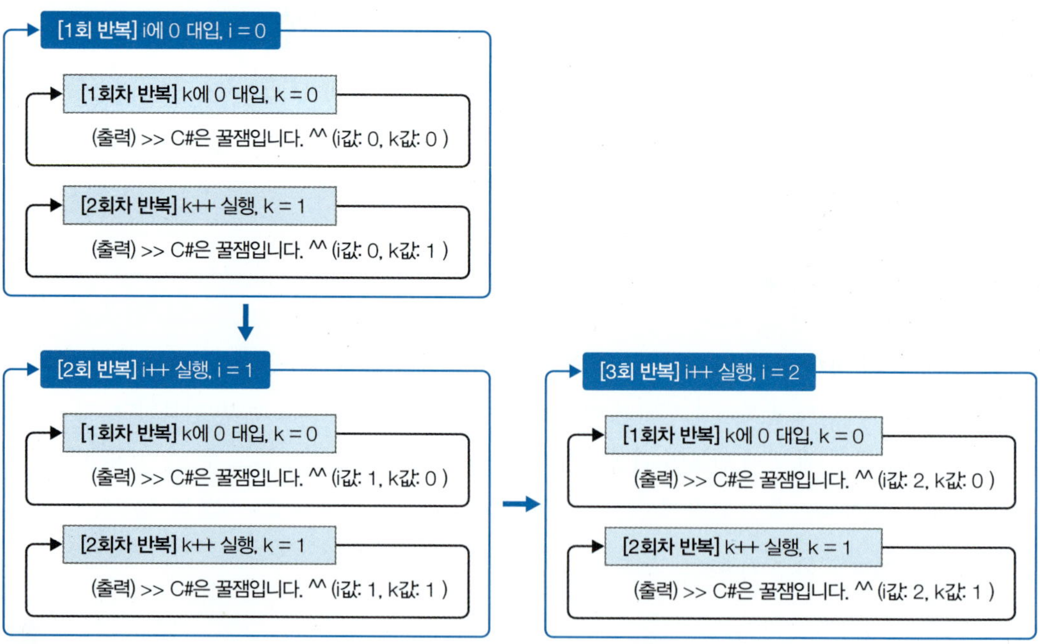

그림 6-8 중첩 for 문의 실행 순서

이 과정을 간단히 표현하면 [그림 6-9]와 같다. 이때 핵심은 외부 변수인 i는 0, 1, 2가 차례로 변경된 후 실행이 끝나지만, 내부 변수인 k는 0과 1만 계속 반복한다는 점이다.

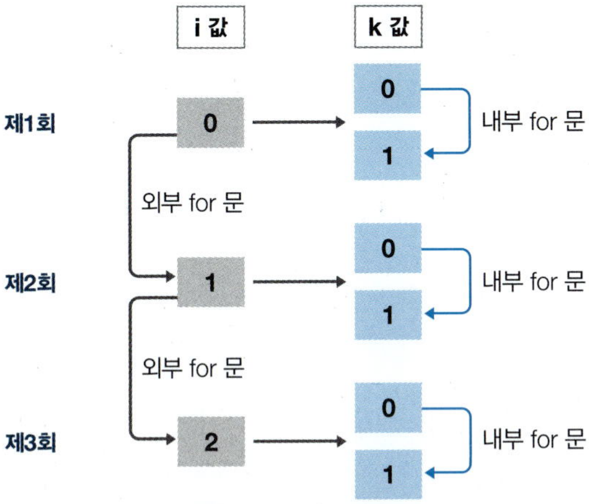

그림 6-9 중첩 for 문에서 i와 k 값의 변화

2 중첩 for 문의 활용

지금까지 연습한 중첩 for 문을 활용해서 구구단을 2단부터 9단까지 출력해보려고 한다. [그림 6-10]을 보고 변수 i와 변수 k를 추출해보자.

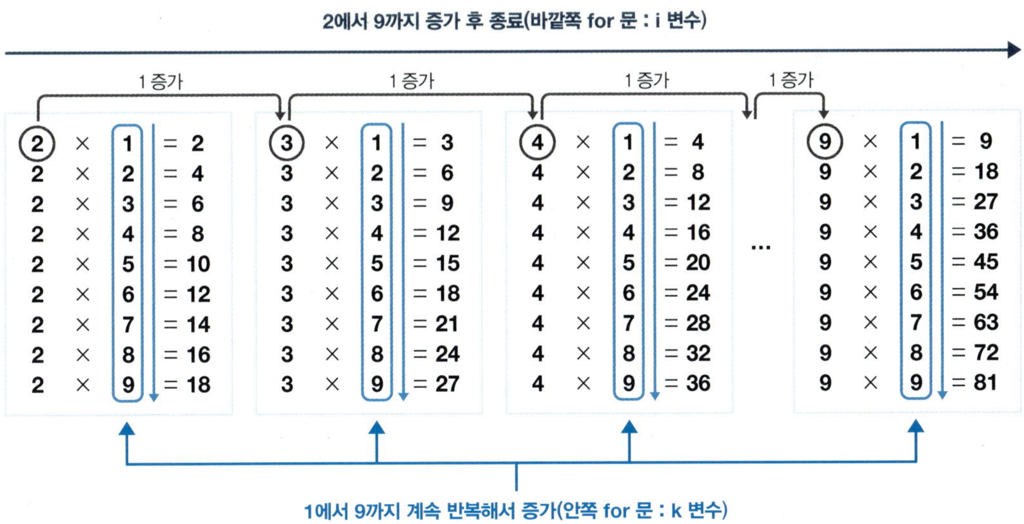

그림 6-10 구구단에서 변수 i와 k 값 추출

구구단의 각 단은 2, 3, 4, ⋯, 9까지 1회만 증가한 뒤 끝나고, 뒷자리는 1~9가 계속 반복된다. 이를 프로그램으로 만들면 다음과 같다.

소스 6-12 구구단 출력 (프로젝트명 : Project06_12)

```
1  static void Main(string[] args)
2  {
3      for (int i = 2; i < 10; i++)
4      {
5          for (int k = 1; k < 10; k++)
6          {
7              Console.WriteLine("{0} X {1} = {2, 2:D}", i, k, i * k);
8          }
9          Console.WriteLine();
10     }
11 }
```

실행 결과

```
2 X 1 =  2
2 X 2 =  4
2 X 3 =  6
2 X 4 =  8
~~ 중간 생략 ~~
9 X 8 = 72
9 X 9 = 81
```

실행 결과가 예상한 대로 잘 나왔다. 3행에서는 2단에서 9단까지 반복하고, 5행에서는 각 단의 뒷자리 숫자를 1~9까지 반복한다. 7행에서는 구구단을 형식에 맞춰서 출력한다. 9행은 각 단이 끝나면 한 줄을 띄우기 위해 필요한 메서드이다.

SELF STUDY 6-3

[소스 6-12]를 수정해서 실행 결과의 처음 부분에 각 단의 제목이 나오도록 작성해보자.

실행 결과

```
## 2 단 ##
2 X 1 =  2
2 X 2 =  4
2 X 3 =  6
…(생략)
```

3 [프로그램 1]의 완성

[소스 6-12]의 실행 결과는 세로로 출력되므로 창을 위아래로 스크롤해야 전체 결과를 볼 수 있다. 창 오른편의 공백까지 활용하여 실행 결과가 한눈에 보이도록 만든다면 훨씬 보기 좋을 것이다.

모니터 출력 시에는 주의할 점이 있는데, 일단 세로 방향으로 한 번 출력하면 다시 위로 올라와서 출력할 수 없다는 점이다. 즉, 2단을 출력한 후 다시 모니터의 오른쪽 위로 올라와 3단을 출력할 수 없다. 그러므로 약간의 발상 전환을 통해 가로 내용을 먼저 출력함으로써 실행 결과가 한눈에 보이도록 해보자.

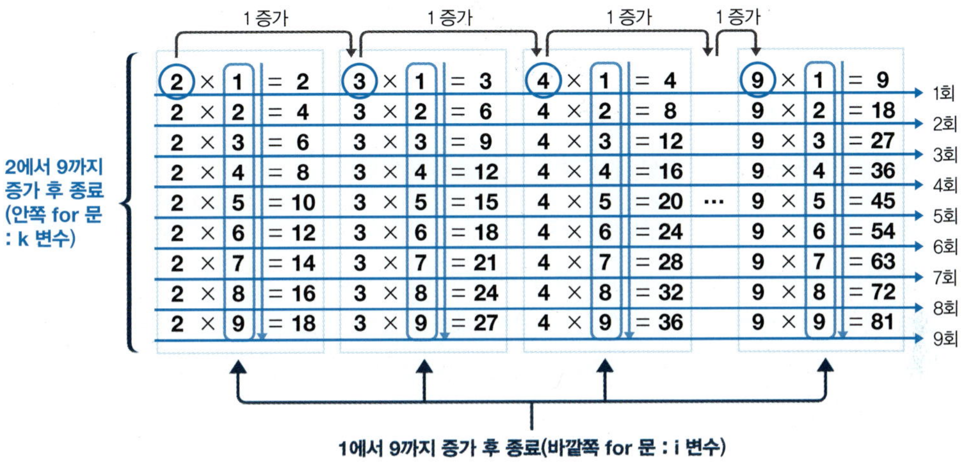

그림 6-11 구구단에서 변수 i와 k 값 추출(단, 가로 먼저 출력)

소스 6-13 구구단을 가로로 출력하기 (프로젝트명 : Project06_13)

```
static void Main(string[] args)
{
    string guguLine = "";

    for (int i = 2; i < 10; i++)
        guguLine = guguLine + (" #" + i + "단# ");
    Console.WriteLine(guguLine);

    for (int i = 2; i < 10; i++)
    {
        guguLine = "";
        for (int k = 2; k < 10; k++)
        {
            guguLine = guguLine + String.Format("{0}X{1}={2, 2:D} ", k, i, k * i);
        }
        Console.WriteLine(guguLine);
    }
}
```

```
C:\WINDOWS\system32\cmd.exe
 #2단#  #3단#  #4단#  #5단#  #6단#  #7단#  #8단#  #9단#
2X2= 4 3X2= 6 4X2= 8 5X2=10 6X2=12 7X2=14 8X2=16 9X2=18
2X3= 6 3X3= 9 4X3=12 5X3=15 6X3=18 7X3=21 8X3=24 9X3=27
2X4= 8 3X4=12 4X4=16 5X4=20 6X4=24 7X4=28 8X4=32 9X4=36
2X5=10 3X5=15 4X5=20 5X5=25 6X5=30 7X5=35 8X5=40 9X5=45
2X6=12 3X6=18 4X6=24 5X6=30 6X6=36 7X6=42 8X6=48 9X6=54
2X7=14 3X7=21 4X7=28 5X7=35 6X7=42 7X7=49 8X7=56 9X7=63
2X8=16 3X8=24 4X8=32 5X8=40 6X8=48 7X8=56 8X8=64 9X8=72
2X9=18 3X9=27 4X9=36 5X9=45 6X9=54 7X9=63 8X9=72 9X9=81
계속하려면 아무 키나 누르십시오 . . .
```

3행에서 각 줄에 출력될 문자열을 위한 변수 guguLine을 준비했다 5, 6행에서는 실행 결과 위쪽에 제목을 출력한다. 그런데 #2단# 출력, #3단# 출력, … 식으로 출력되는 것이 아니라, guguLine에 각 단의 제목을 문자열로 모두 넣은 후 7행에서 한번에 출력한다.

9~17행에서는 중첩 for 문으로 구구단을 출력하는데, [그림 6-11]과 같이 가로로 한 줄씩 출력했다. 주의할 점은 14행에서 k와 i 값의 위치가 바뀌어 있다는 점이다. 구구단 소스 코드를 작성할 때는 i와 k 값의 위치를 헷갈리기 쉬운데, 다양한 예제를 통해 연습하다 보면 익숙해질 것이다. **String.Format( )** 메서드는 서식에 맞춘 문자열을 만들어준다. Console.WriteLine( ) 메서드에서 사용한 서식과 동일하게 사용하면 된다.

SELF STUDY 6-4

[소스 6-13]을 수정해서 구구단이 거꾸로 출력되도록 작성해보자.

```
C:\WINDOWS\system32\cmd.exe
 #9단#  #8단#  #7단#  #6단#  #5단#  #4단#  #3단#  #2단#
9X9=81 8X9=72 7X9=63 6X9=54 5X9=45 4X9=36 3X9=27 2X9=18
9X8=72 8X8=64 7X8=56 6X8=48 5X8=40 4X8=32 3X8=24 2X8=16
9X7=63 8X7=56 7X7=49 6X7=42 5X7=35 4X7=28 3X7=21 2X7=14
9X6=54 8X6=48 7X6=42 6X6=36 5X6=30 4X6=24 3X6=18 2X6=12
9X5=45 8X5=40 7X5=35 6X5=30 5X5=25 4X5=20 3X5=15 2X5=10
9X4=36 8X4=32 7X4=28 6X4=24 5X4=20 4X4=16 3X4=12 2X4= 8
9X3=27 8X3=24 7X3=21 6X3=18 5X3=15 4X3=12 3X3= 9 2X3= 6
9X2=18 8X2=16 7X2=14 6X2=12 5X2=10 4X2= 8 3X2= 6 2X2= 4
9X1= 9 8X1= 8 7X1= 7 6X1= 6 5X1= 5 4X1= 4 3X1= 3 2X1= 2
계속하려면 아무 키나 누르십시오 . . .
```

그림 6-12 구구단 거꾸로 출력

SECTION
04 while 문

while 문은 for 문과 용도가 비슷하지만, 사용하는 방법이 약간 다르다. while 문은 for 문 다음으로 활용도가 높은 반복문이므로 이 둘을 비교해보면서 while 문의 개념을 잡아보자.

1 for 문과 while 문의 비교

앞에서 학습한 for 문의 형식은 다음과 같았다.

```
for (초깃값; 조건식; 증감식)
```

while 문은 반복이라는 같은 역할을 수행하지만 for 문과 형식은 조금 다르다. while 문의 기본적인 형태와 실행 순서는 다음과 같다.

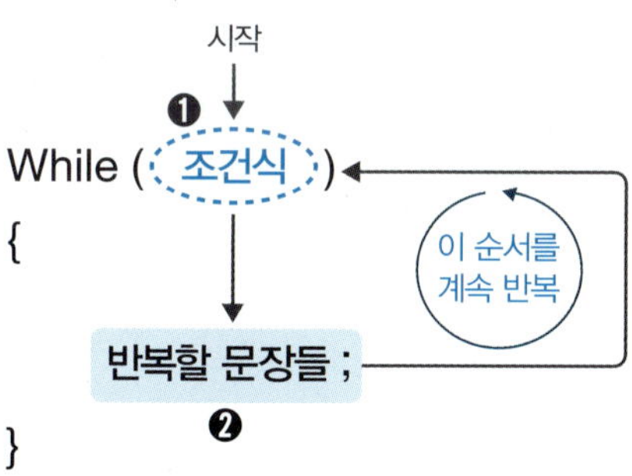

그림 6-13 while 문의 기본 형식과 실행 순서

while 문의 기본 형식과 실행 순서인 [그림 6-13]을 for 문의 기본 형식과 실행 순서인 [그림 6-3]과 비교해서 살펴보자. 먼저 while 문은 조건식을 확인하여 이 값이 참이면 반복할 문장들을 수행한다. 그 뒤, 중괄호({})가 끝나는 곳에서 다시 조건식으로 돌아와 같은 동작을 반복한다. 조건식이 참인 동안에는 계속 반복한다는 점을 기억하기 바란다.

그럼 for 문에서 사용한 초깃값과 증감식은 while 문에서 어떻게 사용될까? while 문은 초깃값이나 증감식을 드러내어 쓰지 않지만, 그와 같은 역할을 하는 문장을 다른 위치에 넣어 사용한다.

for 문과 while 문의 기본 소스 코드를 비교해보자. ①은 [소스 6-2]에서 사용한 가장 기본적인

for 문 형태로, "~~" 문자열을 3회 출력하는 프로그램이다. ②는 ①의 기본 for 문에서 초깃값인 i = 0을 for 문 밖으로, 증감식인 i++를 for 문 블록의 제일 아랫 부분으로 옮겨 놓은 식이다. 이를 while 문으로 변환하면 ③과 같이 표현할 수 있다.

① 기본 for 문

```
int i;
for (i = 0 ; i < 3 ; i++ )
{
   Console.WriteLine(~~);
}
```

==

② 초깃값과 증감식의 위치 이동

```
int i;
i = 0;
for ( ; i < 3 ; )
{
   Console.WriteLine(~~);
   i++ ;
}
```

==

③ while 문으로 변환

```
int i;
i = 0;
while ( i < 3 )
{
   Console.WriteLine(~~);
   i++ ;
}
```

위의 세 코드는 for 문을 while 문으로 바꾸고 세미콜론(;)을 삭제한 것 외에는 완전히 동일하다. 그럼 앞에서 배운 [소스 6-2]를 while 문 버전으로 변경해보자.

소스 6-14 [소스 6-2]의 for 문을 while 문으로 변경 (프로젝트명 : Project06_14)

```
static void Main(string[] args)
{
    int i;

    i = 0;
    while (i < 3)
    {
        Console.WriteLine("이번에는 while 문을 공부합니다. ^^");
        i++;
    }
}
```

실행 결과

```
이번에는 while 문을 공부합니다. ^^
이번에는 while 문을 공부합니다. ^^
이번에는 while 문을 공부합니다. ^^
```

[소스 6-2]에서 for 문을 사용했을 때는 조건식을 **for (i = 0 ; i < 3 ; i++)**로 표현했다. for 문을 while 문으로 변환하려면 초깃값을 while 문 위로 빼고, 증감식은 while 문 블록 안의 제일 아랫 부분에 두면 된다. 그리고 for 문 안의 세미콜론을 제거하면 된다.

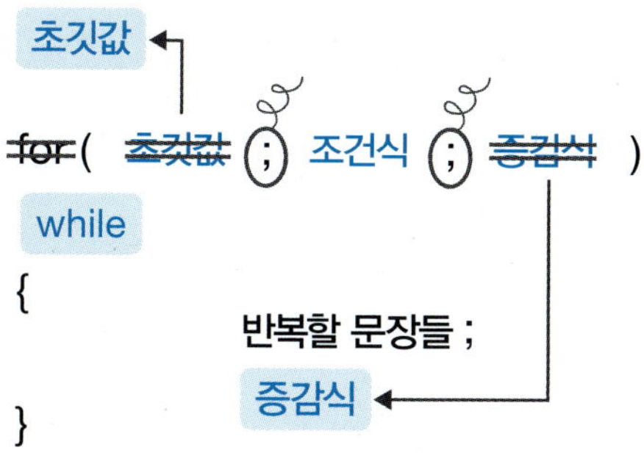

그림 6-14 for 문을 while 문으로 변환하는 방법

한 번 더 연습해보자. 이번에는 [소스 6-6]의 1부터 10까지의 합계를 구하는 for 문 소스 코드를 while 문으로 바꿔보자.

소스 6-15 while 문으로 구현한 1~10까지의 합계 구하기 (프로젝트명 : Project06_15)

```
1  static void Main(string[] args)
2  {
3      int hap = 0;
4      int i;
5
6      i = 1;
7      while (i <= 10)
8      {
9          hap = hap + i;
10         i++;
11     }
12
13     Console.WriteLine(" 1에서 10까지의 합: {0}", hap);
14 }
```

실행 결과

```
1에서 10까지의 합: 55
```

for (i = 1 ; i <= 10 ; i++)에서 초깃값 **i = 1**은 while 문 밖의 6행으로, 조건식 **i <= 10**은 while 문의 조건식으로, 증감식 **i++**는 블록({ })의 제일 아랫 부분인 10행으로 옮겨 놓으면 된다.

SELF STUDY 6-5

[소스 6-9]를 while 문 코드로 변경해보자. 실행 결과는 [소스 6-9]와 동일하게 나오도록 한다.

실행 결과

```
시작값 입력 : 2
끝값 입력 : 300
증가값 입력 : 3
2부터 300까지 3씩 증가한 합계: 15050
```

사용자가 입력한 값

2 while 문을 이용한 무한루프

while 문에서 많이 활용되는 것이 무한루프(Infinite Loop)이다. 무한루프를 만들려면 **while (조건식)**에 들어가는 조건식이 무조건 참이면 된다. **while (true)**라고 쓰면 항상 참이 되므로 while 문 내부가 무한루프로 작동한다.

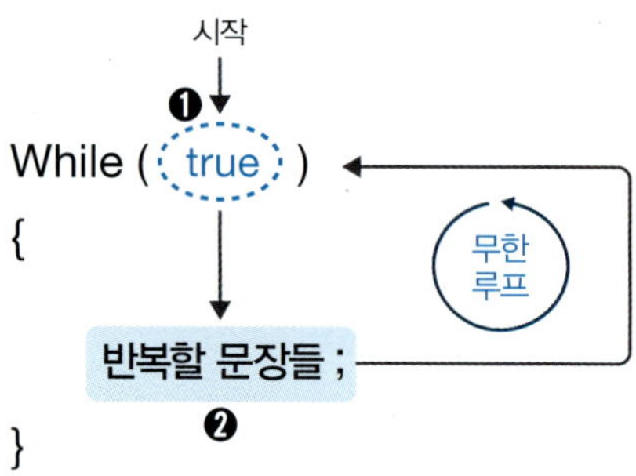

그림 6-15 while 문을 이용한 무한루프

이번에는 두 숫자를 입력받고 합계를 출력하는 프로그램을 작성해보자. 사용자가 Ctrl + C 키를 눌러 실행을 멈추게 할 때까지 무한루프 상태가 되도록 변환한다.

소스 6-16 while 문의 무한루프 만들기 (프로젝트명 : Project06_16)

```
static void Main(string[] args)
{
    int num1, num2;
    while (true)
    {
        Console.Write("값1 입력 : ");
        num1 = int.Parse(Console.ReadLine());

        Console.Write("값2 입력 : ");
        num2 = int.Parse(Console.ReadLine());

```

```
12          Console.WriteLine("{0} + {1} = {2}", num1, num2, num1 + num2);
13      }
14  }
```

실행 결과

```
값1 입력 : 22     ← 사용자가 입력한 값
값2 입력 : 33     ←
22 + 33 = 55
값1 입력 : 123    ← 사용자가 입력한 값
값2 입력 : 4478   ←
123 + 4478 = 4601
값1 입력 :  Ctrl + C 키 입력하면 중지
```

4행에서 **while (true)**로 지정했으므로 사용자가 Ctrl + C 키를 누를 때까지 5~13행이 무한반복된다.

3 do~while 문

while 문은 조건을 먼저 확인하기 때문에 while 문 내부가 한 번도 수행되지 않을 수 있지만, do~while 문은 내부를 우선 수행하고 나중에 조건을 확인하므로 무조건 1회는 수행이 된다. 다음 소스 코드를 통해서 두 구문의 차이를 확인해보자.

소스 6-17 while 문과 do~while 문의 차이 (프로젝트명 : Project06_17)

```
static void Main(string[] args)
{
    bool yn;

    Console.Write("true 또는 false 입력 : ");
    yn = bool.Parse(Console.ReadLine());

    while (yn)
    {
        Console.WriteLine("while 문이 수행되었습니다. ");
    }

    do
    {
        Console.WriteLine("do~while 문이 수행되었습니다. ");
    } while (yn) ;
}
```

실행 결과

```
true 또는 false 입력 : false   ← 사용자가 입력한 값
do~while 문이 수행되었습니다.
```

5행에서 사용자가 false를 입력하면 8행은 그냥 건너뛰고 while 문은 수행되지 않는다. 13~16행의 do~while 문에서는 일단 15행을 먼저 수행한 후 16행에서 조건이 거짓임이 밝혀져 행을 빠져나온다.

TIP • 일반적으로 do~while 문을 활용하는 경우는 for 문이나 while 문보다 적다. 또한 C#에서는 foreach( )라는 반복문도 사용할 수 있는데, 이는 7장에서 배열을 배운 후 활용이 가능하므로 7장에서 언급하겠다.

SECTION
05 기타 제어문

이번에는 프로그램의 흐름과 처리 순서 등을 조절하는 제어문에 대해 살펴보려고 한다. 먼저 반복문에서 주로 사용하는 break 문을 살펴본 후, 이어서 continue, goto, return 문에 대해 학습한다.

1 반복문을 탈출시키는 제어문 : break 문

지금까지 for 문, while 문, do~while 문을 배우면서 반복문을 빠져나가는 방법 두 가지를 실습해보았다. 조건식의 결과가 거짓이 되거나 사용자가 직접 Ctrl + C 키를 누를 때였다. 이 방법들 외에도 반복문을 논리적으로 빠져나가는 방법이 있는데, 바로 break 문이다.

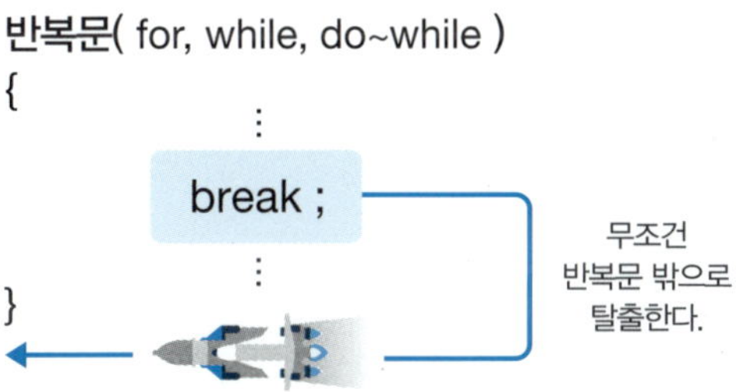

그림 6-16 break 문의 작동

[그림 6-16]과 같이 반복문 안에서 break 문을 만나면 무조건 반복문을 빠져나오게 된다. [소스 6-18]을 통해 확인해보자.

소스 6-18 break 문의 사용 예 1 (프로젝트명 : Project06_18)

```
static void Main(string[] args)
{
    int i;

    for (i = 1; i <= 100; i++)
    {
        Console.WriteLine("for 문을 {0} 회 실행했습니다.", i);
        break;
    }

    Console.WriteLine("for 문을 종료했습니다.");
}
```

실행 결과

```
for 문을 1 회 실행했습니다.
for 문을 종료했습니다.
```

[소스 6-18]은 8행의 break 문이 없다면 코드를 100번 수행할 프로그램이다. 하지만 8행에 break 문이 있어 7행을 한 번만 실행한 후 for 문의 블록({ })을 빠져나가 다음 행인 10행이 실행된다. 여기서 10행은 비어 있으므로 11행을 마지막으로 수행했다. 이 예제에서는 무조건 break 문을 만나게 코딩했지만, 실제로 프로그래밍할 때 break 문은 무한루프 안에서 if 문과 함께 사용되는 경우가 제일 많다. 즉 무한루프를 돌다가 특정 조건이 되면 빠져나가도록 설정할 때 사용한다.

사용자가 Ctrl + C 키를 누를 때까지 계속 입력된 수 2개를 더해주는 [소스 6-16]을 break 문을 사용하여 수정하되, 값1의 자리에 0이 입력되면 자동으로 종료되게 해보자.

소스 6-19 break 문의 사용 예 2 (프로젝트명 : Project06_19)

```
static void Main(string[] args)
{
    int num1, num2;
    while (true)
    {
        Console.Write("값1 입력 : ");
        num1 = int.Parse(Console.ReadLine());

        if (num1 == 0)
            break;

        Console.Write("값2 입력 : ");
        num2 = int.Parse(Console.ReadLine());

        Console.WriteLine("{0} + {1} = {2}", num1, num2, num1 + num2);
    }

    Console.WriteLine("0을 입력해서 반복문을 탈출했습니다");
}
```

실행 결과

```
값1 입력 : 33      ← 사용자가 입력한 값
값2 입력 : 77      ← 사용자가 입력한 값
33 + 77 = 110
값1 입력 : 11      ← 사용자가 입력한 값
값2 입력 : 1234    ← 사용자가 입력한 값
11 + 1234 = 1245
값1 입력 : 0       ← 사용자가 입력한 값
0을 입력해서 반복문을 탈출했습니다
```

7행에서 입력 값(변수 num1)이 0이면 9행의 **num1 == 0**이 참이 되어 10행의 break 문이 실행된다. 이후 18행으로 이동함으로써 반복문을 탈출한다.

2 반복문의 처음으로 돌려보내는 제어문 : continue 문

코드 내에서 continue 문을 만나면 무조건 블록의 남은 부분을 건너뛰고 반복문의 처음으로 돌아간다. 즉 continue 문을 만나면 처음부터 다시 반복문을 수행한다고 생각하면 된다.

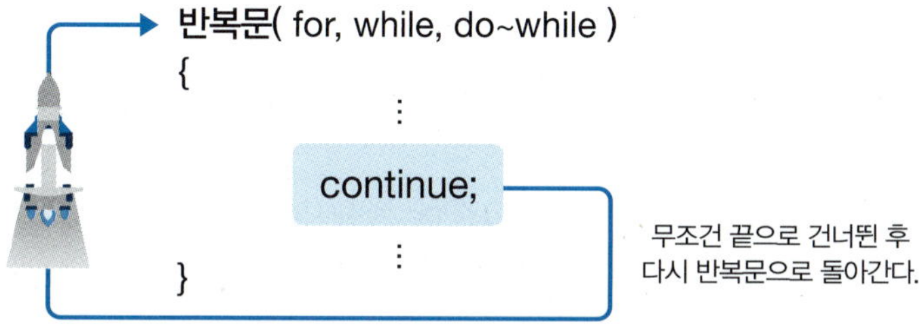

그림 6-17 continue 문의 작동

[소스 6-20]을 살펴보자. 1~100까지의 합을 구하되, 1 + 2 + 4 + 5 + 7 + 8 + 10 + … 과 같이 3의 배수를 제외한 수를 더하는 프로그램을 작성하려고 한다.

소스 6-20 continue 문의 사용 예 (프로젝트명 : Project06_20)

```
1  static void Main(string[] args)
2  {
3      int hap = 0;
4      int i;
5
6      for (i = 1; i <= 100; i++)
7      {
8          if (i % 3 == 0)
9              continue;
10
11         hap += i;
12     }
13
14     Console.WriteLine(" 1~100까지의 합(3의 배수 제외): {0}", hap);
15 }
```

실행 결과

```
1~100까지의 합(3의 배수 제외): 3367
```

8행의 **i % 3 == 0**은 i를 3으로 나눈 나머지 값이 0일 때 참이라는 의미다(즉, 3의 배수). 8행을 위주로 반복문의 실행을 따라가보면 다음과 같다.

- 제1회 : i 값 1을 3으로 나누면 나머지 값은 1(거짓) → hap += 1 수행
- 제2회 : i 값 2를 3으로 나누면 나머지 값은 2(거짓) → hap += 2 수행
- 제3회 : i 값 3을 3으로 나누면 나머지 값은 0(참) → continue 문 수행
  ▲ 블록의 끝으로 건너뛰고 다시 6행으로 올라가서 증감식 수행
- 제4회 : i 값 4를 3으로 나누면 나머지 값은 1(거짓) → hap += 4 수행
- 제5회 : i 값 5를 3으로 나누면 나머지 값은 2(거짓) → hap += 5 수행
- 제6회 : i 값 6을 3으로 나누면 나머지 값은 0(참) → continue 문 수행
  ▲ 블록의 끝으로 건너뛰고 다시 6행으로 올라가서 증감식 수행
- 제7회 : ……

이렇게 코드가 계속 진행되면 hap = 1 + 2 + 4 + 5 + 7 + … 와 같은 계산식이 나온다.

3 특정 위치로 이동시키는 제어문 : goto 문

goto 문은 별도의 레이블(label)을 지정해 놓고, 그 레이블로 건너뛰게 하는 구문이다. 레이블은 **레이블_이름:** 형식이며 코드 내 원하는 위치에 지정하면 된다. goto 문은 **goto 레이블_이름;** 식으로 사용하면 된다.

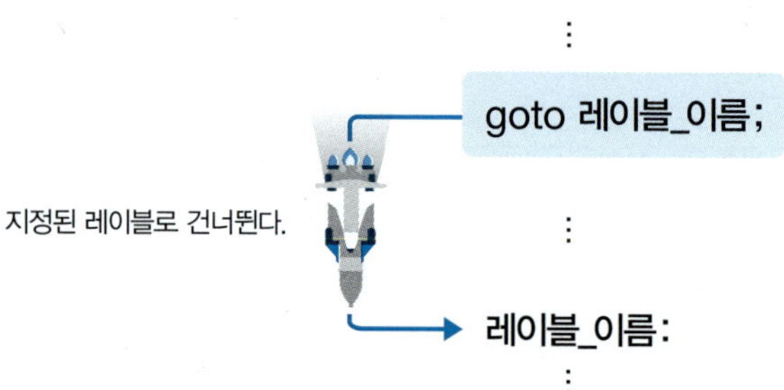

그림 6-18 goto 문의 작동

TIP • 컴퓨터 학자나 프로그래머에 따라 의견은 약간씩 따르지만, 일반적으로 goto 문은 프로그램의 흐름을 혼란스럽게 만들어 코드가 길어질 경우 심각한 버그를 일으킬 소지가 있다. 그러므로 초급 프로그래머는 되도록 사용하지 않는 것을 권장한다. 참고로 파이썬 등의 일부 언어에서는 goto 문이 아예 없다. 즉, goto 문이 없이도 프로그램을 코딩하는 데 문제가 없다는 뜻이다.

1~100까지의 합계를 구하는 도중에 누적된 계산값이 2000이 넘으면 메시지를 출력하고 종료시키는 프로그램을 goto 문을 사용하여 작성해보자.

소스 6-21 goto 문의 사용 예 (프로젝트명 : Project06_21)

```
static void Main(string[] args)
{
    int hap = 0;
    int i;
```

```
5
6       for (i = 1; i <= 100; i++)
7       {
8           hap += i;
9
10          if (hap > 2000)
11              goto mygoto;
12      }
13
14  mygoto:
15      Console.WriteLine("1부터 {0}까지 합하면 2000이 넘어요.", i);
16  }
```

실행 결과

```
1부터 63까지 합하면 2000이 넘어요.
```

10~11행에서 누적된 hap의 값이 2000이 넘으면 14행으로 건너뛰게 된다. 15행에서는 1부터 몇까지 더해야 2000이 넘는지를 보여준다. 여기서 i 값을 출력하면 된다. 결과가 의미하는 것은 1 + 2 + 3 + ⋯ + 63까지 더하면 2000이 넘는다는 뜻이다.

4 메서드가 호출된 위치로 돌려보내는 제어문 : return 문

return 문은 현재 위치한 메서드 실행을 끝내고, 해당 메서드를 호출한 곳으로 돌아가게 하는 제어문이다. 이게 무슨 말일까? 아직 메서드를 배우지 않았으므로 잘 이해가 되지 않을 것이다. 지금은 'return 문을 만나면 프로그램을 종료한다'고만 생각하면 된다. 정확히 말하면 현재 위치한 메서드인 Main( )을 종료하면 프로그램이 종료된다는 의미이다. 하지만 return 문을 사용한다고 해서 무조건 프로그램이 종료되는 것은 아니다.

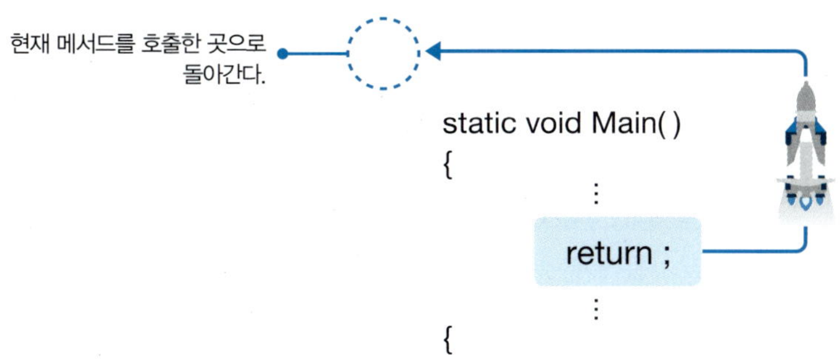

그림 6-19 return 문의 작동

메서드와 return 문에 관해서는 8장에서 좀 더 자세히 살펴보기로 하고, 지금은 [소스 6-22]를 먼저 이해해보자.

소스 6-22 return 문의 사용 예 (프로젝트명 : Project06_22)

```
1   static void Main(string[] args)
2   {
3       int hap = 0;
4       int i;
5
6       for (i = 1; i <= 100; i++)
7           hap += i;
8
9       Console.WriteLine("1부터 100까지의 합은 {0}입니다", hap);
10      return ;
11
12      Console.WriteLine("프로그램의 끝입니다.");
13  }
```

실행 결과

```
1부터 100까지의 합은 5050입니다
```

9행에서 누적된 합계를 출력한 후 10행의 return 문을 만나게 된다. 그러면 현재 작동하는 메서드인 Main() 함수를 빠져나가게 된다. 그러므로 12행은 결코 출력되지 않는다.

5 [프로그램 2]의 완성

이제 두 번째 프로그램을 완성해보자. 우선, 별표를 이용해 마름모 모양을 만들기 위해서 ★ 문자를 출력하는 방법을 알아보자. 다음은 ★ 문자를 출력하는 코드이다.

```
Console.Write('\u2605');
```

\u 뒤에 나오는 숫자는 16진수 유니코드인데, 유니코드는 영어 / 한글 / 중국어 / 기호 등을 모두 표현할 수 있다. 예로 16진수 **C0F5**는 **샵**이라는 한글 문자를 표현한다.

[그림 6-20]을 살펴보자. 별표를 마름모 모양으로 출력하기 위해 첫 번째 줄에서 공백을 8개 출력하고, ★ 문자를 1개 출력한다. 두 번째 줄에서는 공백을 6개 출력하고 ★ 문자를 3개 출력한다. 세 번째 줄에서는 공백을 4개 출력하고 ★ 문자를 5개 출력한다. 네 번째 줄에서는 공백을 2개 출력하고 ★ 문자를 7개 출력한다. 다섯 번째 줄에서는 공백을 0개 출력하고 ★ 문자를 9개 출력한다.

다섯 번째 줄까지의 규칙을 살펴보면 공백의 개수는 8, 6, 4, 2, 0 순서로 감소하면서 출력되었고, ★ 문자의 개수는 1, 3, 5, 7, 9 순서로 증가하며 출력되었다. 여섯~아홉 번째 줄은 공백의 개수가 2, 4, 6, 8의 순서로 증가하였고, ★ 문자의 개수는 7, 5, 3, 1 순서로 감소했다.

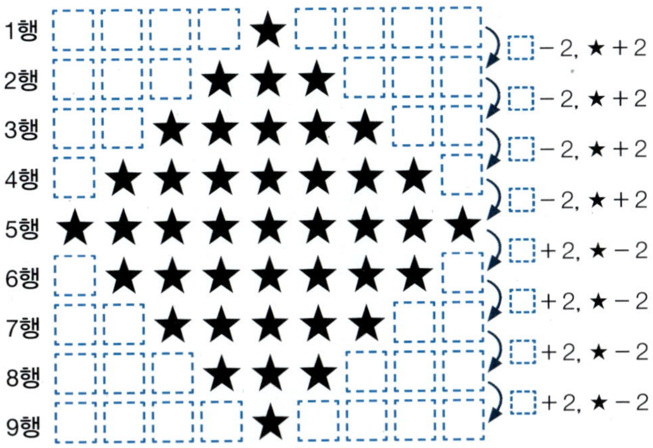

그림 6-20 마름모 모양을 표현한 별표의 규칙

이러한 규칙을 while 문으로 구현하면 다음과 같다.

소스 6-23 별표로 마름모 모양 출력 (프로젝트명 : Project06_23)

```
static void Main(string[] args)
{
    int i, k;

    i = 0;
    while (i < 9)
    {
        if (i < 5)
        {
            k = 0;
            while (k < 4 - i )
            {
                Console.Write(" ");
                k += 1;
            }
            k = 0;
            while (k < i * 2 + 1)
            {
                Console.Write('\u2605');
                k += 1;
            }
        }
        else
        {
            k = 0;
            while (k < i - 4)
            {
```

```
28                Console.Write(" ");
29                k += 1;
30            }
31            k = 0;
32            while (k < (9 - i) * 2 - 1)
33            {
34                Console.Write('\u2605');
35                k += 1;
36            }
37        }
38        Console.WriteLine();
39        i += 1;
40    }
41 }
```

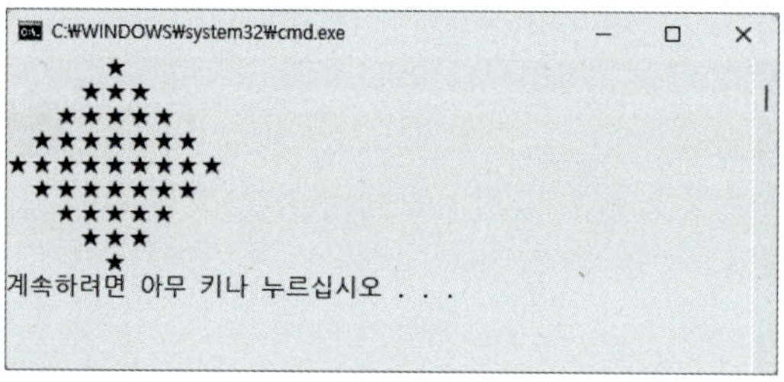

TIP • 폰트 문제로 결과 화면의 마름모 모양이 약간 기울어져 보일 수도 있다.

6행~40행까지 코드가 아홉 번 반복되므로 실행 결과 총 9행이 출력된다. 그중 상단 5행은 8~22행에 의해 출력되고 나머지 4행은 23~37행에 의해 출력된다. 각 줄이 출력될 때 공백의 개수와 별표의 개수는 11, 17, 26, 32행에 의해 결정된다. 조금 까다로운 문제였지만, 이런 유형도 자주 접하다보면 익숙해질 것이므로 조금 이해가 안 가면 나중에 다시 살펴보도록 하자.

SELF STUDY 6-6

[소스 6-23]을 모두 for 문으로 변경해보자. 또한 출력 문자는 ♥ 문자로 바꿔보자. ♥ 문자의 유니코드는 16진수 2665이다.

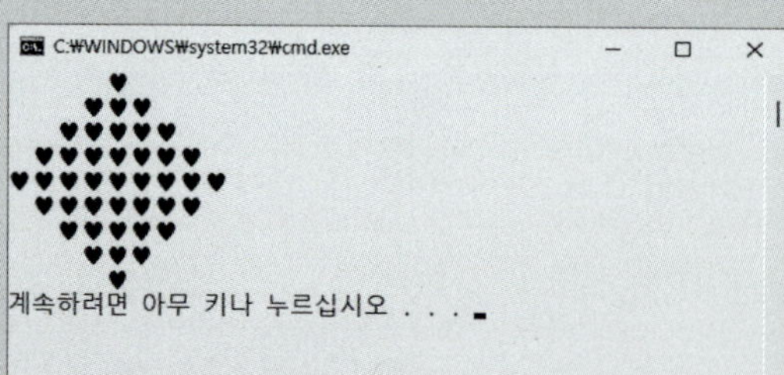

그림 6-21 하트로 마름모 모양 출력

6 문자를 숫자로 변환

255쪽 [응용예제 09]를 수행하려면 먼저 문자열(string)을 부분적으로 처리하는 방법을 알아야 하지만 8장에서 자세히 학습하기로 하고, 일단 코드를 한번 실행해 보자. 다음의 소스 코드는 문자열(string)을 잘라내서 문자(char)로 만든 후, 문자를 다시 정수(int)로 변환한다.

소스 6-24 문자를 숫자로 변환하는 예 (프로젝트명 : Project06_24)

```
1  static void Main(string[] args)
2  {
3      string str = "123";
4      int num;
5
6      num = str[0] - '0';
7      Console.WriteLine(num);
8
9      num = str[1] - '0';
10     Console.WriteLine(num);
11
12     num = str[2] - '0';
13     Console.WriteLine(num);
14 }
```

실행 결과

```
1
2
3
```

3행에서 3글자의 문자열을 준비했다. 6행에서 문자열의 0번째 인덱스인 str[0]은 문자 1이 된다. 이 문자 1을 숫자 1로 변경하려면 **'1' – '0'** 연산을 하면 된다. 문자 1은 아스키코드 33에 해당하고 문자 0은 아스키코드 32에 해당하므로, '1' – '0'은 **33 – 32**가 되어 결과는 정수 1이 된다. 9행과 12행도 같은 방식으로 계산해 각 문자에 해당하는 숫자를 추출했다.

요약

1 for 문의 기본 형식과 동작 원리는 다음과 같다.

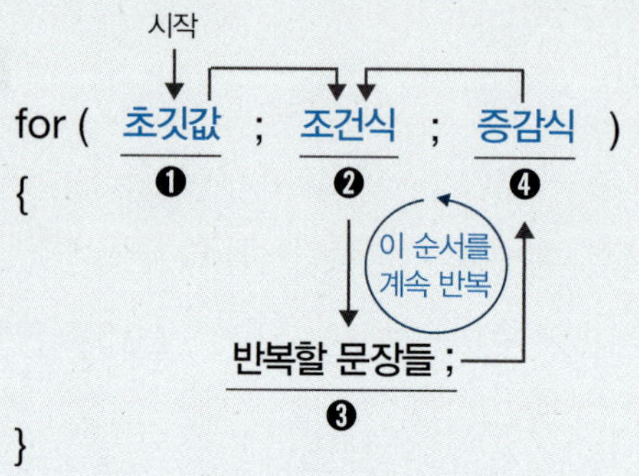

2 for 문에서 실행할 문장이 하나라면 블록({ })으로 감싸지 않아도 된다. 하지만 반복할 문장이 2개 이상이라면 반드시 블록({ })으로 감싸야 한다.

```
int i;
for ( i = 0 ; i < 3 ; i++ )
{
  Console.WriteLine("for 문을~~");
}
```

==

```
int i;
for ( i = 0 ; i < 3 ; i++ )
     Console.WriteLine("for 문을~~");
```

3 for 문으로 합계를 구하는 기본 소스 코드 예시는 다음과 같다.

```
int hap = 0;

for (int i = 1; i <= 10; i++)
  hap = hap + i;

Console.WriteLine(" 1에서 10까지의 합: {0}", hap);
```

4 Console.ReadLine( ) 메서드를 사용하면 시작값, 끝값, 증가값 등을 직접 입력할 수 있다.

5 중첩 for 문이란 for 문 내부에 또 다른 for 문이 들어 있는 형태를 말한다. 다음은 바깥쪽 for 문이 3회, 안쪽 for 문이 2회 반복되는 코드를 나타낸 것이다.

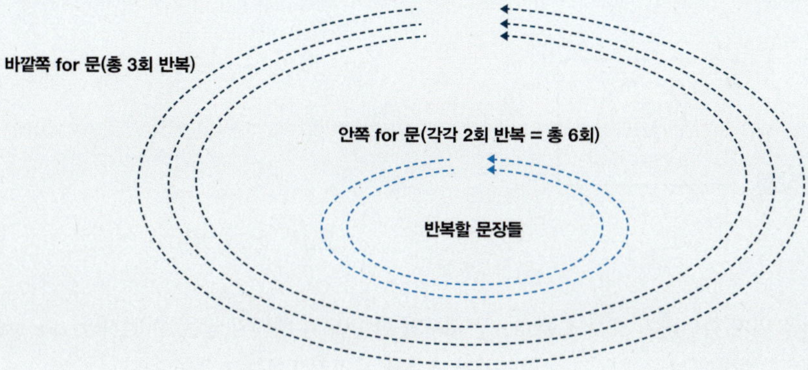

6 while 문의 기본 형식과 동작 원리는 다음과 같다.

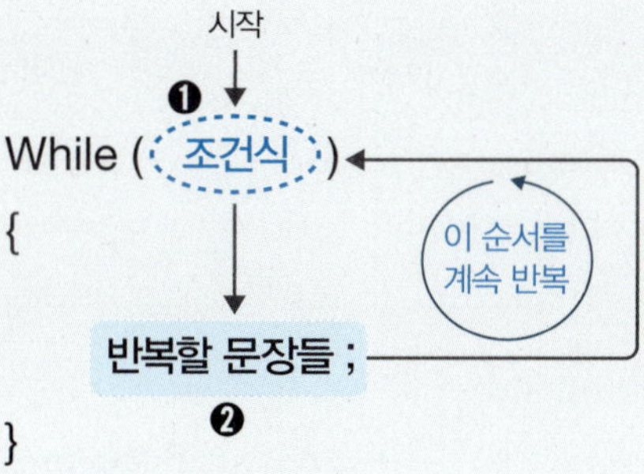

7 for 문을 while 문으로 변경하는 방법은 다음과 같다.

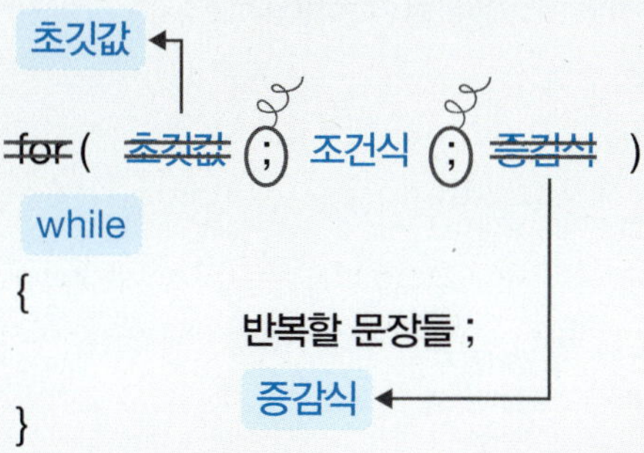

요약

8 while 문을 무한루프로 사용하면 다음과 같다.

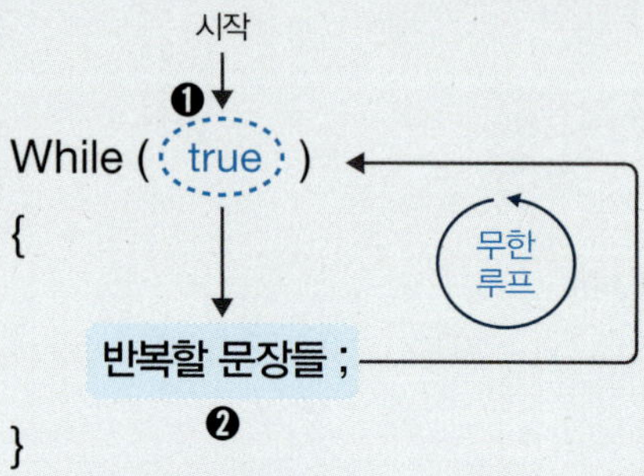

9 while 문은 조건을 먼저 확인하기 때문에 while 문 내부가 한 번도 수행되지 않을 수 있지만, do~while 문은 내부를 우선 수행하고 나중에 조건을 확인하기 때문에 무조건 1회는 수행이 된다.

10 반복문을 논리적으로 빠져나가려면 break 문을 사용하면 된다.

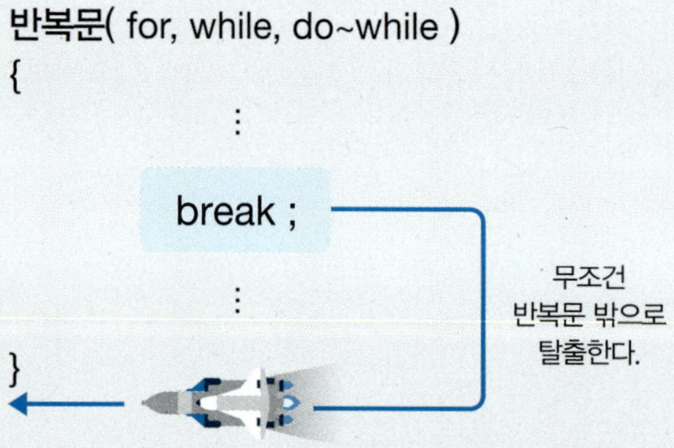

11 continue 문은 무조건 블록 끝으로 건너뛴 후 다시 반복문을 수행하는 구문이다.

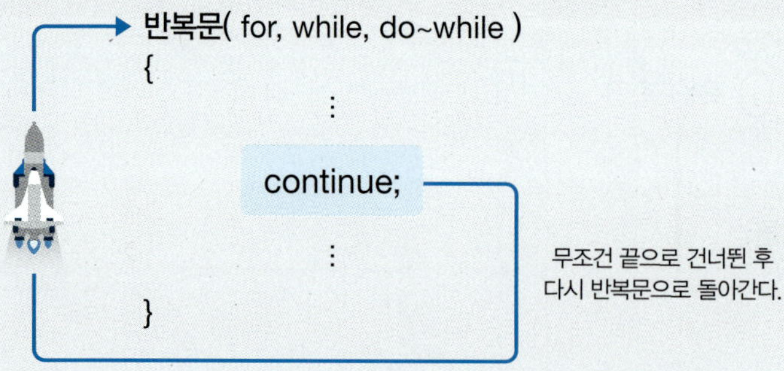

12 goto 문은 별도의 레이블(label)을 지정해놓고, 그 레이블로 건너뛰게 하는 구문이다.

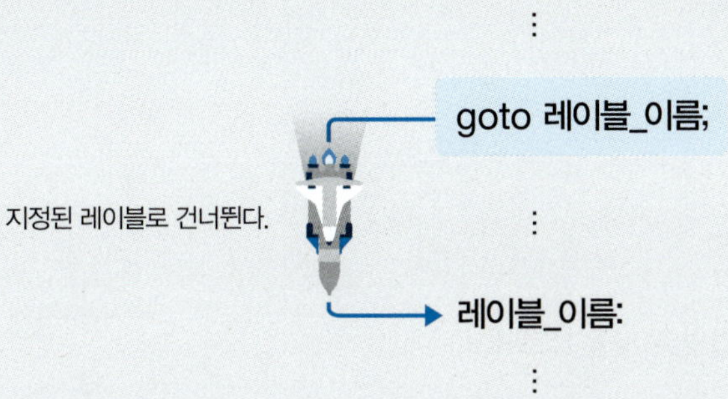

13 return 문은 현재 실행하고 있는 메서드를 끝내고, 메서드를 호출한 곳으로 돌아가는 구문이다.

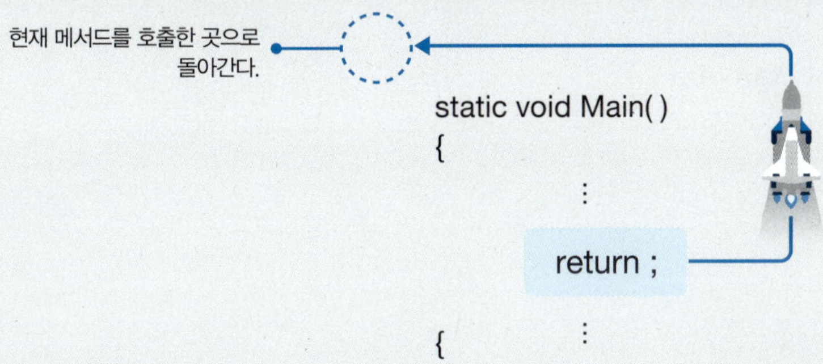

연습문제

1 다음에 제시된 소스 코드는 몇 번 반복되는지 적어보세요.

```
for (int i = 1; i < 3; i++)
{
        Console.WriteLine("반복문");
}
```

2 다음에 제시된 소스 코드의 실행 결과로 알맞은 것을 고르세요.

```
for (int i = 1; i < 3; i++)
        Console.Write("AAA");
        Console.Write("BBB");
```

① AAA BBB AAA BBB AAA BBB

② AAA BBB AAA BBB

③ AAA AAA AAA BBB

④ AAA AAA BBB

⑤ AAA BBB

⑥ 아무것도 출력되지 않음

3 다음에 제시된 소스 코드의 실행 결과로 알맞은 것을 고르세요.

```
for (int i = 3; i > 1; i++)
        Console.Write("AAA");
```

① AAA AAA AAA

② AAA AAA

③ AAA

④ 아무것도 출력되지 않음

⑤ 무한반복

4 다음은 100에서 200까지 중 짝수의 합계를 구하는 소스 코드입니다. 빈칸에 알맞은 코드를 적어보세요.

```
int hap = 0;
int i;
for ( [              ] )
{
        hap = hap + i;
}
Console.WriteLine(hap);
```

5 다음 중 키보드로 정수를 입력받기 위한 메서드로 알맞은 것을 고르세요.

① (int)Console.ReadLine( )

② int.Parse(Console.ReadLine( ))

③ Parse.int(Console.ReadLine( ))

④ Console.ReadLine( )

6 다음에 제시된 소스 코드를 실행하면 A가 몇 개 출력되는지 적어보세요.

```
for (int i = 1; i < 4; i++)
{
        for (int k = 1; k < 3; k++)
        {
           Console.WriteLine("A");
        }
}
```

7 다음에 제시된 for 문을 while 문으로 바꿔보세요.

```
for (int i = 1 ; i < 4 ; i++ )
  Console.WriteLine(~~);
```

8 다음 중 무한루프로 작동하기 위한 소스 코드로 알맞은 것을 고르세요.

① for (true)　　② do (true)

③ while (true)　　④ repeat (true)

연습문제

IT@COOKBOOK

9 다음 설명에 해당하는 제어문을 보기에서 골라 적어보세요.

```
for, while, return, break, do~while, continue, if, goto, switch, repeat, exit, bye, quit
```

(1) 반복문을 탈출한다 :

(2) 반복문의 조건식으로 돌아간다 :

(3) 호출한 곳으로 돌아간다 :

(4) 지정한 레이블로 이동한다 :

10 **심화문제** 255쪽 [응용예제 09]에서 입력받은 문자를 16진수(0~F)로 처리한 뒤 ♥ 문자 대신 ♣ 문자(유니코드 2663)가 출력되도록 소스 코드를 작성해보세요.

단, 대·소문자가 모두 처리되도록 하며 G 이상의 글자는 무시한다("3aZxK2DwTP"를 입력하면 16진수에 해당하는 "3a2D"만 인정한다).

실행 결과

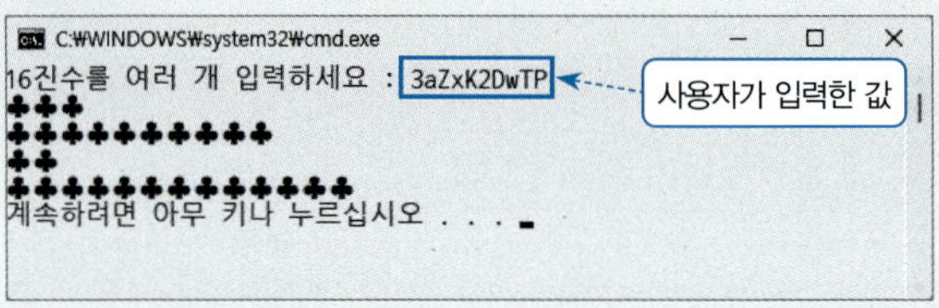

응용예제 09

하트 모양 문자 출력하기

난이도★★★☆☆

예제 설명 사용자가 여러 개의 숫자를 입력하면, 입력한 숫자만큼 ♥ 문자를 출력하는 프로그램이다. 예로 5914를 입력하면 ♥ 문자가 5개, 9개, 1개, 4개로 각 줄에 출력된다.

실행 결과

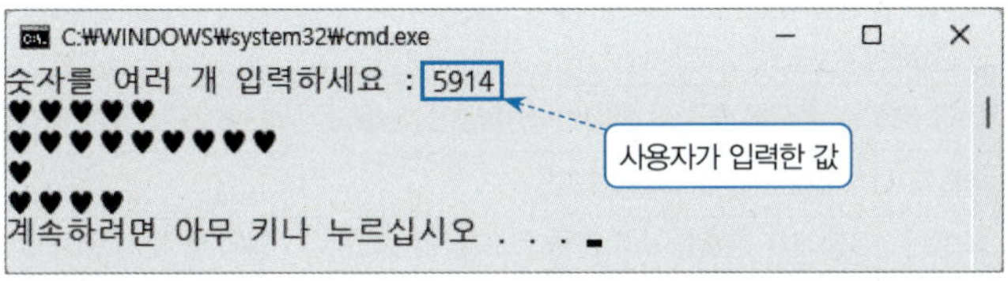

소스 코드

```
static void Main(string[] args)
{
    int i, k, heartNum;
    string numStr, heartStr;
    char ch;

    Console.Write("숫자를 여러 개 입력하세요 : ");
    numStr = Console.ReadLine();

    i = 0;
    ch = numStr[i];
    while (true) {
        heartNum = ch - '0';

        heartStr = "";
        for (k = 0; k < heartNum; k++)
            heartStr += '\u2665';

        Console.WriteLine(heartStr);

        i += 1;
        if (i > numStr.Length - 1)
            break;

        ch = numStr[i];
    }
}
```

코드 설명

3~5행	중첩 for 문을 사용하므로 3행에서 변수 i와 k를 준비했다. 또한 하트의 개수를 세기 위한 heartNum 변수도 준비했다. 4행에서는 입력받을 숫자를 위해 numStr 변수와 하트를 저장할 heartStr 변수를 준비했다. ch는 하나씩 분리한 글자를 저장할 변수이다.
7~8행	숫자로 구성된 문자열을 입력받는다. "5914" 처럼 숫자가 입력되겠지만 각 글자를 5, 9, 1, 4로 분리해 한 글자씩 처리해야 하므로, 우선 문자열로 입력받는다.
10행	i는 바깥쪽 반복문에서 사용할 숫자이다. 21행을 보면 1씩 증가하는 걸 알 수 있다. 해당 소스 코드에서는 숫자 4개를 입력했으므로 4회 반복될 것이다.
11행	문자열의 첫 번째 글자를 ch에 저장한다. ch는 문자가 되며 해당 코드에서는 ch에 5가 저장된다.
12행	프로그램의 끝 부분까지 무한반복을 수행한다. 무한반복을 빠져나오는 조건은 22행에서 i 값이 '입력한 문자열의 길이 – 1'보다 커지는 것이다. 여기서는 글자 4개를 입력했으므로 i가 4가 되면 종료된다.
13행	ch에 저장된 문자를 숫자로 변경한다. 해당 소스 코드에서는 5, 9, 1, 4가 저장된다.
15행	하트를 저장할 문자열을 초기화했다.
16~17행	16행은 13행에서 추출한 숫자만큼 코드를 반복해서, 17행의 ♥ 문자(\u2665)를 hearStr에 계속 누적한다. 즉, heartNum이 5라면 5개의 ♥ 문자를 heartStr에 저장한다.
19행	저장한 ♥ 문자를 출력한다.
25행	입력한 문자열 중에서 다음 차례의 글자를 추출해서 처리한다.

응용예제 10 선으로 구구단을 표현하는 거북이

난이도★★★☆☆

예제 설명 터틀 그래픽에서 [프로그램 1]의 구구단 결과값을 거북이가 선의 두께로 표현하는 프로그램을 작성한다. 즉, [프로그램 1]의 2 × 1 = 2의 결과를 해당 위치에 두께가 2인 선으로 출력한다. 가장 큰 결과값인 9 × 9 = 81은 두께가 81인 선을 출력한다. 선의 색상은 랜덤하게 추출하자.

TIP • 이 프로젝트는 터틀 그래픽을 사용할 윈폼 화면 및 코드를 준비한다. 162쪽 [실습 4-1] 과정을 반복하되, 프로젝트 이름만 변경하면 된다.

실행 결과

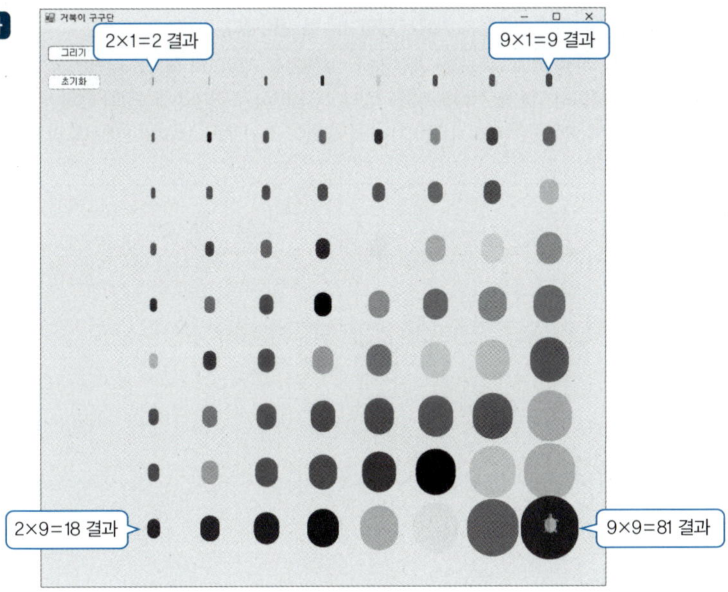

소스 코드

```
private void btn_draw_Click(object sender, EventArgs e)
{
    float tX = -400, tY = 400;
    int swidth = 800, sheight = 800;
    this.Text = "거북이 구구단";
    this.ClientSize = new Size(sheight, swidth);
    Turtle.Delay = 10;

    Random rnd = new Random();
    for (int i = 1; i < 10; i++)
    {
        for (int k = 2; k < 10; k++) {
            Turtle.PenUp();
```

```
14             Turtle.PenColor = Color.FromArgb(rnd.Next(0, 256), rnd.Next(0, 256), rnd.Next(0, 256));
15             Turtle.MoveTo(tX + 80 * k, tY - 80 * i);
16             Turtle.PenSize = i * k;
17             Turtle.PenDown();
18             Turtle.Forward();
19         }
20     }
21 }
```

코드 설명

3, 4행	tX, tY는 거북이의 위치를 저장할 변수이며, swidth와 sheight는 화면의 크기를 저장할 변수이다.
6, 7행	윈도우 창의 크기를 설정하고, 거북이의 속도를 지정했다.
9행	색상을 랜덤하게 추출하기 위해서 랜덤 변수를 준비했다.
10~20행	중첩 for 문을 통해 구구단을 계산한다. 14행에서 거북이의 색상을 랜덤하게 추출하고, 15행에서 거북이의 위치를 적절히 이동시킨다. 16행에서 구구단의 결과값을 펜의 두께로 설정한다. 18행에서 설정된 두께로 거북이가 선을 그린다. Turtle.Forward( ) 메서드의 기본값은 10픽셀 길이다.

CHAPTER 07

배열

학습목표

- 배열에 대해서 학습한다.
- 배열을 처리하는 다양한 기법을 학습한다.
- 배열 응용에 대해서 고급 심화 학습을 진행한다.

SECTION 01 이 장에서 만들 프로그램

이번 장에서는 여러 개의 변수를 하나로 묶어주는 배열에 대해 공부한다. 앞선 장에서 배열과 관련된 개념이 잠깐씩 나왔는데 이번 장에서 완전히 이해해보자.

배열은 단독으로 사용되기보다 6장에서 배운 for 문이나 while 문과 함께 사용되는 경우가 대부분이다. 그래서 6장에서 for, while 문을 배운 것이 이번 장 학습에 도움이 될 것이다. 배열은 좀 더 수준 있는 C# 프로그래밍을 할 때 필수로 사용된다. 만약 배열이라는 존재가 C#에 없다면 프로그래밍 시 무지막지한 중노동을 피할 수 없을 것이다.

1 [프로그램 1] 크기가 고정되지 않은 배열을 이용한 연산

첫 번째로 만들 프로그램은 1차원 배열의 활용이다. 정해지지 않은 개수의 정수 데이터를 입력받아 차례대로 1차원 배열에 삽입하고, 입력된 숫자가 0일 때 지금까지 입력한 값의 합계 및 평균을 구하는 프로그램이다. 1차원 배열은 고정된 크기가 아니라 사용자가 값을 입력할 때마다 크기가 하나씩 늘어난다. 1차원 배열을 전반적으로 이해할 수 있는 실습이 될 것이다.

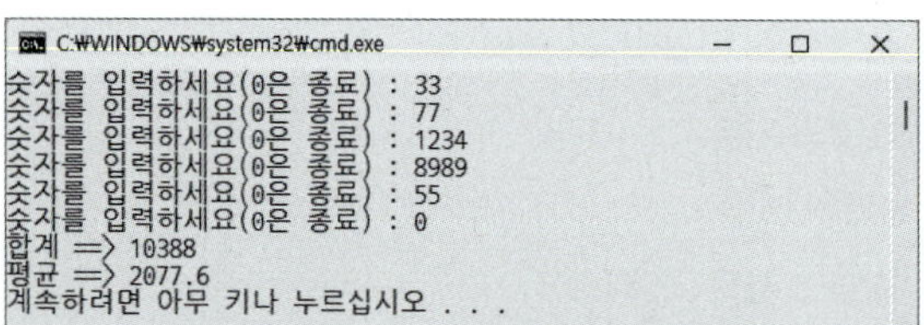

그림 7-1 크기가 고정되지 않은 배열을 이용한 연산

2 [프로그램 2] 화면 중앙에서 나타나는 거북이

두 번째로 만들 프로그램은 2차원 배열을 터틀 그래픽에 응용한 프로그램이다. 수십 마리의 거북이 배열을 동적으로 만든 후 차례로 화면 중앙에서 나타나 임의의 점을 향해 움직이게 한다. 이 프로그램은 2차원 배열을 활용하는 좋은 예가 될 것이다.

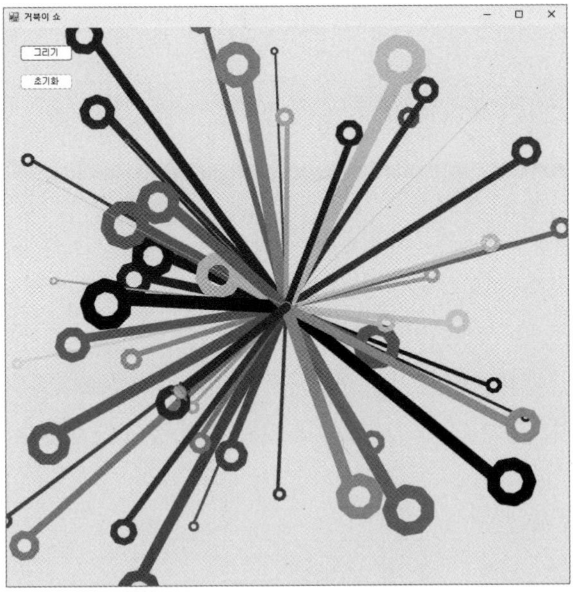

그림 7-2 화면 중앙에서 나타나는 거북이 프로그램

SECTION 02

배열의 기본

1 배열의 이해

앞서 변수의 개념을 **그릇**으로 비유한 적이 있다. 하지만 배열을 설명하기 위해서는 그릇보다 **종이 상자**가 좀 더 이해하기 쉬울 것 같다. 배열은 [그림 7-3]과 같이 하나씩 사용하던 종이 상자(변수)를 한 줄로 붙여놓은 것이다.

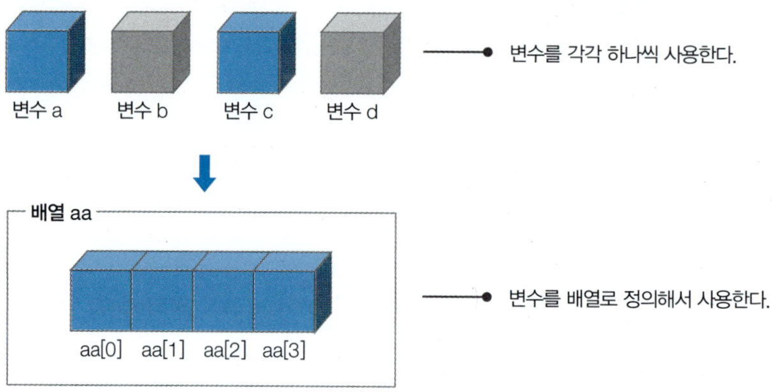

그림 7-3 배열의 개념

변수는 각각의 종이상자에 a, b, c, d로 이름을 붙여 사용해왔지만, 배열은 종이상자(변수)를 한 줄로 붙인 후 박스 전체에 이름(aa)을 지정하여 사용한다. 그리고 각 요소를 aa[0], aa[1], aa[2], aa[3]과 같이 번호(첨자라고 한다)를 붙여서 사용한다. 그렇다면 변수를 하나씩 사용해도 별 문제가 없었는데, 왜 배열이라는 머리 아픈 개념을 도입해서 사용해야만 할까? 이어서 살펴보자.

먼저, 지금까지 배운 지식을 활용해 a~d까지 4개의 정수형 변수를 선언한 후 해당 변수에 값을 입력받고 합계를 출력하는 프로그램을 작성해보자. 기왕이면 제시된 소스 코드를 보지 않고 직접 작성해보기 바란다.

소스 7-1 여러 개의 변수 값을 선언하여 출력하는 예 (프로젝트명 : Project07_1)

```
static void Main(string[] args)
{
    int a, b, c, d;
    int hap;
```

```
5
6         Console.Write("1번째 숫자를 입력하세요 : ");
7         a = int.Parse(Console.ReadLine());
8         Console.Write("2번째 숫자를 입력하세요 : ");
9         b = int.Parse(Console.ReadLine());
10        Console.Write("3번째 숫자를 입력하세요 : ");
11        c = int.Parse(Console.ReadLine());
12        Console.Write("4번째 숫자를 입력하세요 : ");
13        d = int.Parse(Console.ReadLine());
14
15        hap = a + b + c + d;
16
17        Console.WriteLine("합계 ==> {0}", hap);
18    }
```

실행 결과

```
1번째 숫자를 입력하세요 : 10
2번째 숫자를 입력하세요 : 20
3번째 숫자를 입력하세요 : 30
4번째 숫자를 입력하세요 : 40
합계 ==> 100
```

사용자가 입력한 값

공부한 내용을 바탕으로 [소스 7-1]을 만들기는 그리 어렵지 않았을 것이다. 이번에는 좀 더 많은 숫자를 입력받아보자.

숫자 10개는 어떨까? 현재 a~d 4개의 변수에 e, f, g, h, i, j 등 6개의 변수를 추가하고 6, 7행과 같은 명령문을 6개 더 추가하면 된다. 15행에서도 a~j까지의 합계를 계산하는 코드를 추가로 작성하면 길이는 좀 길어지겠지만 별 문제 없을 것이다.

그렇다면, 100개는 어떨까? 우선 변수를 100개 선언하려면 알파벳으로는 부족하니, 변수 이름을 a1, a2, a3, … , a100과 같이 적용해야 할 것이다. 그리고 명령문을 100개 추가하고 합계 코드도 1~100까지 길게 짜면 된다. 이쯤에서 이 소스 코드를 일일이 작성하는 건 무리라는 것을 느꼈을 것이다.

이럴 때 필요한 것이 바로 배열이다. 배열의 선언 방법은 다음과 같다.

```
// 배열 선언 방법 1
데이터형[ ] 배열의_이름 = new 데이터형[개수];
```

배열을 먼저 선언하고, new를 나중에 붙여도 된다.

```
// 배열 선언 방법 2
데이터형[ ] 배열의_이름;
배열의_이름 = new [개수];
```

예를 들어 4개의 변수를 담은 정수형 배열을 선언하면 다음과 같다.

```
int[ ] aa = new int[4];
// 또는
int[ ] aa;
aa = new int[4];
```

배열을 사용하지 않는다면 ① 각각의 변수를 **int a, b, c, d**와 같이 선언하여 사용해야 한다. 하지만 배열을 사용하면 ② 첨자를 이용해 **aa[0], aa[1], aa[2], aa[3]**과 같이 나타낼 수 있다. 주의할 점은 배열을 4개 선언했다면 첨자는 1~4가 아닌, 0~3까지 사용해야 한다는 점이다.

❶ 변수 선언

```
int  a, b, c, d;
a 사용
b 사용
c 사용
d 사용
```

❷ 배열 선언

```
int[ ] aa = new int[4];
aa[0] 사용
aa[1] 사용
aa[2] 사용
aa[3] 사용
```

배열을 사용하여 [소스 7-1]을 다음과 같이 수정해보자.

소스 7-2 배열에 값을 대입하고 출력하는 예 (프로젝트명 : Project07_2)

```
static void Main(string[] args)
{
    int[] aa = new int[4];
    int hap;

    Console.Write("1번째 숫자를 입력하세요 : ");
```

여기서 잠깐

배열의 첨자

배열의 첨자는 0부터 시작한다는 점을 반드시 기억해 두기 바란다. 실무 프로그래머도 종종 하는 실수인데, int a[3];을 선언해놓고, a[3] = 10;과 같이 변수 a[3]을 사용하는 경우도 있다. 다시 한 번 강조하면, int a[3];으로 선언했을 때는 a[0], a[1], a[2] 세 개의 변수를 사용할 수 있고, a[3]은 사용할 수 없다.

```
7         aa[0] = int.Parse(Console.ReadLine());
8         Console.Write("2번째 숫자를 입력하세요 : ");
9         aa[1] = int.Parse(Console.ReadLine());
10        Console.Write("3번째 숫자를 입력하세요 : ");
11        aa[2] = int.Parse(Console.ReadLine());
12        Console.Write("4번째 숫자를 입력하세요 : ");
13        aa[3] = int.Parse(Console.ReadLine());
14
15        hap = aa[0] + aa[1] + aa[2] + aa[3];
16
17        Console.WriteLine("합계 ==> {0}", hap);
18    }
```

실행 결과

```
1번째 숫자를 입력하세요 : 10
2번째 숫자를 입력하세요 : 20
3번째 숫자를 입력하세요 : 30
4번째 숫자를 입력하세요 : 40
합계 ==> 100
```

사용자가 입력한 값

기존 [소스 7-1]의 3행에서는 변수를 4개(a, b, c, d) 설정했으나, 여기서는 int[ ] aa = new int[4]로 배열 4개를 선언했다. 7행에서는 a 대신 aa[0]을 사용했고 9행, 11행, 13행도 배열의 변수로 수정했다. 15행에서는 각각의 변수를 쓰는 대신 aa[0] + aa[1] + aa[2] + aa[3]으로 수정했다. 그렇지만 실행 결과는 배열을 사용하기 전과 동일하다.

배열을 사용하니 좀 편리해 보이지만, 100개의 숫자를 더하려면 int[ ] aa = new int[100]을 선언한 후 aa[0] + aa[1] + aa[2] + … + aa[99]와 같은 작업을 다시 수행해야 한다. 역시 엄청난 고생이다. 하지만, 배열의 특성을 잘 이해하면 이런 수고를 할 필요가 없다. 이어서 살펴보자.

2 배열의 활용

배열의 기본 구문은 이해했으니 더 나아가보기로 하자. 사실 앞선 소스 코드에서는 첨자의 특성을 제대로 응용하지 못했다. 하지만 첨자를 반복문(for, while, do~while)과 결합하면 사용자의 수고를 충분히 덜 수 있다. 첨자와 반복문의 관계뿐 아니라 배열에 값을 입력하는 방법, 생성된 배열의 크기를 알아내는 방법 등도 찬찬히 살펴보자.

배열의 실제 활용

[소스 7-2]는 처음으로 배열을 사용하여 작성한 프로그램이었다. 원하는 실행 결과를 얻기는 했지만 효율성은 느낄 수 없었다. 마치 for 문과 while 문을 배우기 전에 했던 것과 같은 중노동이 필요

한 상황이었다. 즉, 배열의 가치는 배열의 첨자가 순서대로 변할 수 있도록 반복문과 함께 활용해야만 빛난다.

이번에는 값을 입력받는 소스 코드에 for 문을 활용해보자. [그림 7-4]를 먼저 보자.

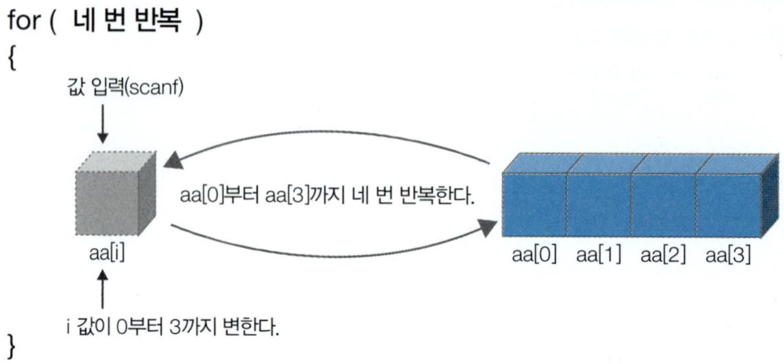

그림 7-4 for 문을 활용하여 배열 값 입력

그림을 해석하면 for 문을 네 번 반복하면서 aa[i]의 첨자를 aa[0]~aa[3]까지 변하게 한다는 뜻이다. 그림대로 실행되면 4개의 변수에 자동으로 값이 입력된다.

소스 7-3 for 문으로 배열의 첨자를 활용하는 예 (프로젝트명 : Project07_3)

```
static void Main(string[] args)
{
    int[] aa = new int[4];
    int hap;

    for (int i = 0; i <= 3; i++)
    {
        Console.Write("{0}번째 숫자를 입력하세요 : ", i + 1);
        aa[i] = int.Parse(Console.ReadLine());
    }

    hap = aa[0] + aa[1] + aa[2] + aa[3];

    Console.WriteLine("합계 ==> {0}", hap);
}
```

실행 결과

```
1번째 숫자를 입력하세요 : 10
2번째 숫자를 입력하세요 : 20
3번째 숫자를 입력하세요 : 30
4번째 숫자를 입력하세요 : 40
합계 ==> 100
```

사용자가 입력한 값

6행에서는 i가 0~3이 될 때까지 네 번 실행된다. 여기서 for 문을 **for (i = 0; i < 4 ; i++)**로 변경해도 상관없다. 8행의 **Console.Write( )** 메서드에는 **i + 1**을 사용하여 출력하는 문장을 1번째, 2번째, … 식으로 보여준다(i 값은 0부터 시작한다). 9행에서도 첨자 i가 0~3이 될 때까지 4회 변경되므로 aa[0], aa[1], aa[2], aa[3] 변수에 값을 차례대로 입력받는다. 12행에서도 마찬가지로 4개의 변수를 더했다. 그런데 만약 배열의 개수가 100개라면 12행은 **hap = aa[0] + aa[1] + … + aa[99]**로 수고스럽게 코딩을 해야 한다. 이런 상황에서는 12행을 다음과 같이 for 문으로 변경하는 것이 바람직하다. 단 hap 값은 누적되는 것이므로 4행에서 hap = 0으로 먼저 초기화하는 것이 바람직하다.

```
for (int i = 0 ; i <= 3 ; i++)
{
  hap = hap + aa[i] ;
}
```

코드를 수정한 후 다시 빌드하고 실행해보자. 실행 결과는 동일하게 나올 것이다.

SELF STUDY 7-1

[소스 7-3]을 수정하여 변수 5개를 입력받도록 해보자. 또한 for 문을 모두 while 문으로 변경해보자.

실행 결과

```
1번째 숫자를 입력하세요 : 10
2번째 숫자를 입력하세요 : 20
3번째 숫자를 입력하세요 : 30
4번째 숫자를 입력하세요 : 40
5번째 숫자를 입력하세요 : 50
합계 ==> 150
```

사용자가 입력한 값

배열의 초기화

배열의 초기화란 배열을 정의하는 동시에 값을 대입하는 것이다. 예전에 정수형 변수를 초기화했던 기억을 떠올려보자.

```
int a = 100, b = 200, c = 300, d = 400;
```

4개의 값을 담은 배열 aa의 초기화 역시 비슷한 방식으로 진행된다. 단, 개수는 생략해야 한다.

```
int[ ] aa = {100, 200, 300, 400} ;
```

선언을 하면 [그림 7-5]와 같이 초기화 개수에 따라 변수 4개가 차례대로 초기화된다.

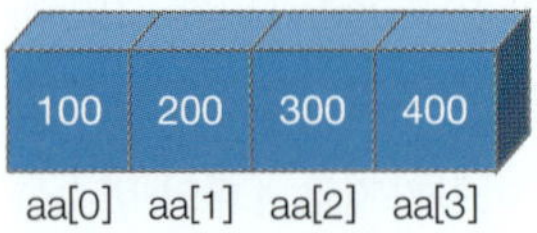

그림 7-5 배열의 초기화 1

또는 배열을 먼저 선언한 후 초깃값을 대입할 수도 있다.

```
int[] aa;
aa = new int[] { 100, 200, 300, 400 };
```

그런데 만약 배열을 선언하기만 하고 초기화를 하지 않으면 어떻게 될까?

```
int[] aa = new int[4];
```

[그림 7-6]과 같이 변수 값이 모두 0으로 들어간다.

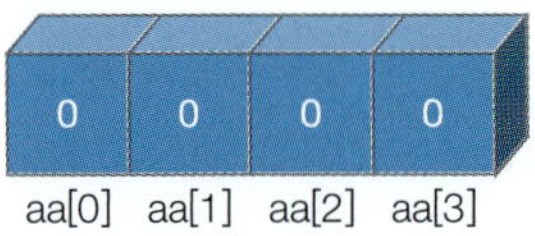

그림 7-6 배열의 초기화 2

다음은 배열의 초기화와 관련된 소스 코드이다. 이 예제를 통해 배열의 초기화에 대해서 완전히 이해하도록 하자.

소스 7-4 배열의 초기화 예 1 (프로젝트명 : Project07_4)

```
static void Main(string[] args)
{
    int[] aa = { 100, 200, 300, 400 };
    int[] bb = new int[] { 100, 200, 300 };
    int[] cc;
    cc = new int[] { 100, 200 };
    int[] dd = new int[1];
    dd[0] = 100;

    for (int i = 0; i < 4; i++)
        Console.Write("aa[{0}]=>{1}\t", i, aa[i]);
    Console.WriteLine();

```

```
14      for (int i = 0; i < 3; i++)
15      Console.Write("bb[{0}]=>{1}\t", i, bb[i]);
16      Console.WriteLine();
17
18      for (int i = 0; i < 2; i++)
19         Console.Write("cc[{0}]=>{1}\t", i, cc[i]);
20      Console.WriteLine();
21
22      for (int i = 0; i < 1; i++)
23         Console.Write("dd[{0}]=>{1}\t", i, dd[i]);
24      Console.WriteLine();
25  }
```

실행 결과

```
aa[0]=>100   aa[1]=>200   aa[2]=>300        aa[3]=>400
bb[0]=>100   bb[1]=>200   bb[2]=>300
cc[0]=>100   cc[1]=>200
dd[0]=>100
```

3행에서 배열 선언과 동시에 직접 초깃값을 대입했고, 4행에서는 배열 선언과 동시에 new 연산자와 초깃값을 대입했다. 5, 6행은 배열 선언 후 초깃값을 대입했다. 7, 8행은 배열 선언과 동시에 크기를 결정한 후 값을 대입했다. 10~12행은 배열 aa의 개수만큼 코드를 반복하며 배열 aa의 내용을 모두 출력한다. 14~16행, 18~20행, 22~24행도 마찬가지로 각각 배열 bb, cc, dd의 내용을 출력한다. 11행의 \t는 일정한 간격(탭)으로 값이 출력되도록 해준다.

가끔 큰 배열을 초기화할 때 for 문을 활용하기도 한다. 100개의 배열 aa에 0, 2, 4, 8, …(2의 배수)로 초기화한 후 배열 bb에 역순으로 넣는 과정을 살펴보자.

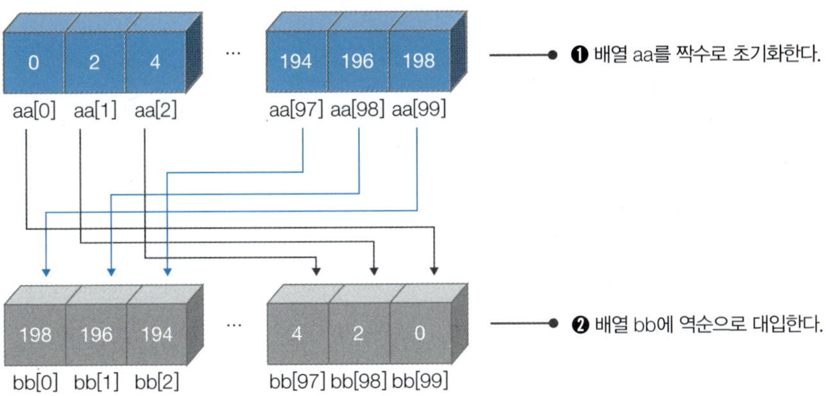

그림 7-7 배열의 초기화 3

소스 7-5 배열의 초기화 예 2 (프로젝트명 : Project07_5)

```
1  static void Main(string[] args)
2  {
3      int[] aa = new int[100];
4      int[] bb = new int[100];
5
6      for (int i = 0; i < 100; i++)
7      {
8          aa[i] = i * 2;
9      }
10
11     for (int i = 0; i < 100; i++)
12     {
13         bb[i] = aa[99 - i];
14     }
15
16     Console.WriteLine("bb[0]는 {0}, bb[99]는 {1} 입력됨.", bb[0], bb[99]);
17 }
```

실행 결과

```
bb[0]는 198, bb[99]는 0 입력됨.
```

3, 4행에서 배열 aa, bb의 크기를 각각 100으로 선언했다. 6행은 i가 0~99가 될 때까지 100번 반복하는데, 8행에서 **aa[0] = 0, aa[1] = 2, aa[2] = 4, …, aa[99] = 198**과 같이 반복된다. 11행에서도 i가 0~99가 될 때까지 100번 반복되는데, 13행에서 i가 0일 때 **99 − i**는 99가 되고, i가 1일 때는 98, i가 2일 때는 97과 같이 계속 변해서 i가 99일 때는 0이 된다. 즉 **bb[0] = aa[99], bb[1] = aa[98], bb[2] = aa[97], …, bb[99] = aa[0]**과 같이 반복되므로 배열 aa 값이 배열 bb에 역순으로 입력된다. 16행에서 확인을 위해 bb[0]과 bb[99]를 출력해보았다.

SELF STUDY 7-2

[소스 7-5]를 바탕으로, 배열 aa에는 3, 6, 9, 12, … 식으로 3의 배수를, 배열 bb에는 배열 aa를 50개 이동시킨(시프트) 값을 입력하도록 하자. 즉 bb[0] = aa[50], bb[1] = aa[51], …, bb[49] = aa[99], bb[50] = aa[0], bb[51] = aa[1], …, bb[98] = aa[48], bb[99] = aa[49]와 같이 입력되게 해보자.

실행 결과

```
bb[0]는 153, bb[99]는 150 입력됨.
```

배열 요소의 개수 확인

프로그래밍을 하다 보면 배열 요소의 개수를 알아야 할 때가 있다. 이때 배열 요소의 개수를 알려면 **배열_이름.Length** 속성을 사용하면 된다.

```
배열_요소_개수 = 배열_이름.Length ;
```

예를 들어 int aa[ ] = new int[4];로 배열을 선언했다고 하자. 이 배열의 크기를 알아내려면 다음과 같이 계산하면 된다(물론 배열이 4개라는 것을 알지만, 계산하는 방식을 확인해보는 것이다).

```
배열_요소_개수 = aa.Length;
```

배열 요소의 개수를 알아내는 간단한 소스 코드를 살펴보자.

소스 7-6 배열 요소의 개수와 크기를 계산하는 예 (프로젝트명 : Project07_6)

```
1   static void Main(string[] args)
2   {
3       int[] aa = { 10, 20, 30, 40, 50 };
4       int count, size;
5
6       count = aa.Length;
7       size = count * sizeof(int);
8
9       Console.WriteLine("배열 aa[]의 요소의 개수는 {0} 개 입니다.", count);
10      Console.WriteLine("배열 aa[]의 요소의 전체 크기는 {0} 바이트입니다.", size);
11  }
```

실행 결과

```
배열 aa[]의 요소의 개수는 5 개 입니다.
배열 aa[]의 요소의 전체 크기는 20 바이트입니다.
```

6행에서 알아낸 count 값을 for 문에 사용하면 전체 배열에 대한 처리가 가능해진다. 7행의 **sizeof(데이터_타입)** 메서드는 데이터타입의 크기를 알려준다. 이미 배워서 알고 있듯이 int의 크기는 4바이트이다.

배열의 크기 변경

한편, 이미 배열을 사용했는데 배열의 크기를 더 키워야 하는 경우가 생길 수 있다. 물론 기존에 넣어둔 값은 그대로 유지하면서 크기가 변경되어야 한다.

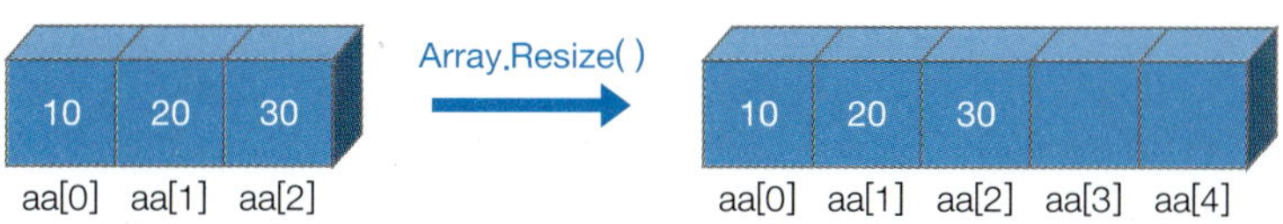

그림 7-8 배열 크기의 변경

C#에서 기존 배열의 크기를 변경하려면 **Array.Resize(ref 배열명, 새로운_크기)** 메서드를 사용하면 된다. ref 예약어는 기존의 데이터가 유지되도록 해주며, 생략하면 오류가 발생한다.

소스 7-7 배열의 크기를 변경하는 예 (프로젝트명 : Project07_7)

```
1  static void Main(string[] args)
2  {
3      int[] aa = { 10, 20, 30 };
4
5      Console.WriteLine("현 배열 크기 ==> {0}", aa.Length);
6      Console.Write("현 배열 내용 ==>");
7      for (int i = 0; i < aa.Length; i++)
8          Console.Write("{0, 3:D} ", aa[i]);
9      Console.WriteLine();
10
11     Array.Resize(ref aa, 5);
12
13     Console.WriteLine("새 배열 크기 ==> {0}", aa.Length);
14     Console.Write("새 배열 내용 ==>");
15     for (int i = 0; i < aa.Length; i++)
16         Console.Write("{0, 3:D} ", aa[i]);
17     Console.WriteLine();
18 }
```

실행 결과

```
현 배열 크기 ==> 3
현 배열 내용 ==> 10  20  30
새 배열 크기 ==> 5
새 배열 내용 ==> 10  20  30   0   0
```

3행에서 크기가 3인 배열을 준비했다. 5~9행은 현재 배열의 크기 및 내용을 출력한다. 그다음 11행에서는 배열의 크기를 5로 변경했다. 13~17행에서 새 배열의 크기 및 내용을 출력한다. 실행 결과를 보면 추가된 배열의 빈칸은 0으로 채워진 것을 알 수 있다. 만약 11행에서 크기를 2로 줄인다면 기존의 내용은 삭제되고 10, 20 값만 남는다.

foreach 문의 사용

앞선 소스 코드를 작성할 때 for 문은 많이 실습해보았으므로 별 문제없이 적용할 수 있었을 것이다. 배열의 항목에 하나씩 접근해 출력하는 for 문을 다음과 같이 사용하였다.

```
int[] aa = { 10, 20, 30 };
for (int i = 0; i < aa.Length; i++)
{
  int data = aa[i];
  Console.WriteLine(data);
}
```

C#은 배열을 하나씩 접근하는 방식이 좀 더 편리해지도록 foreach (변수 in 배열) 메서드를 제공한다. 위의 코드를 foreach 문으로 바꿔보자.

```
int[] aa = { 10, 20, 30 };
foreach ( int data in aa)
  Console.WriteLine(data);
```

foreach (변수 in 배열) 메서드를 사용하면 배열의 값이 차례대로 변수에 대입되어 반복문이 수행된다. 즉 첨자 i가 없어도 모든 배열의 항목에 접근이 가능하다. 예를 들어, [소스 7-7]의 7, 8행 및 15, 16행은 다음과 같이 수정해도 동일하게 작동한다.

```
foreach (int data in aa)
      Console.Write("{0, 3:D} ", data);
```

3 [프로그램 1]의 완성

첫 번째 프로그램을 만들어보자. 빈 배열을 준비해 사용자에게 값을 계속 입력받으며 배열의 크기가 하나씩 커지다가 사용자가 0을 입력하면 지금까지 입력된 내용의 합계와 평균이 출력되는 프로그램이다.

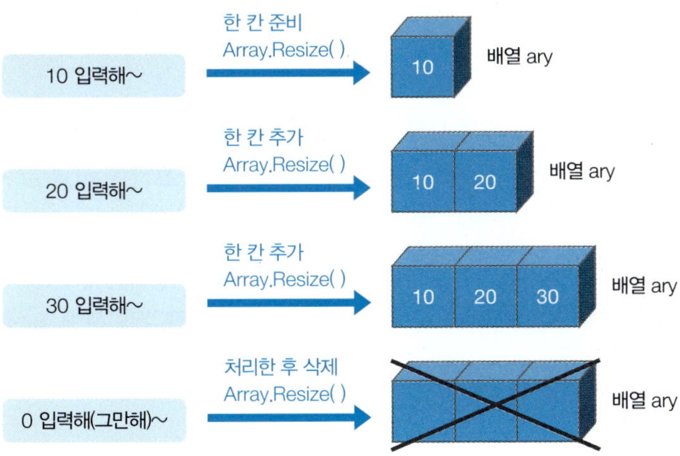

그림 7-9 배열의 크기가 1씩 커지는 진행 순서

소스 7-8 1차원 배열의 활용 예 (프로젝트명 : Project07_8)

```
1  static void Main(string[] args)
2  {
3      int[] ary = new int[0];
4      int num, hap = 0;
5      double avg;
6
7      while (true)
8      {
9          Console.Write("숫자를 입력하세요(0은 종료) : ");
10         num = int.Parse(Console.ReadLine());
11         if (num == 0)
12             break;
13
14         Array.Resize(ref ary, ary.Length + 1);
15         ary[ary.Length - 1] = num;
16     }
17
18     for (int i = 0; i < ary.Length; i++)
19         hap += ary[i];
20
21     avg = (float)hap / ary.Length;
22
23     Console.WriteLine("합계 ==> {0}", hap);
24     Console.WriteLine("평균 ==> {0}", avg);
25
26     Array.Resize(ref ary, 0);
27 }
```

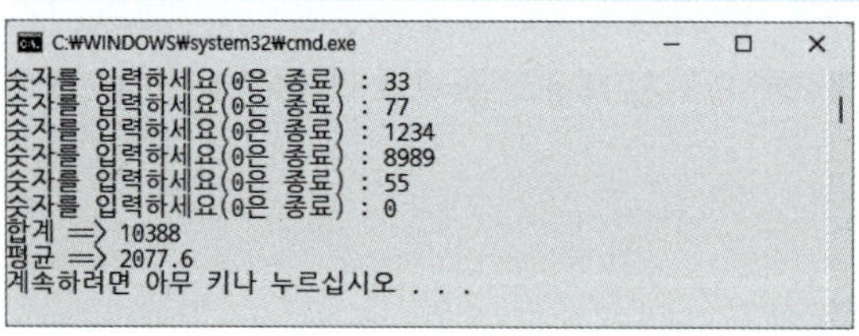

3행에서 크기가 0인 빈 배열을 준비했다. 7~16행에서 무한루프를 반복하고, 9~12행에서는 사용자가 0을 입력할 때까지 숫자를 계속 입력받는다. 14행이 핵심인데, 배열 ary의 크기를 현재보다 하나 더 크게 변경하고 15행에서 마지막 추가된 위치에 숫자를 대입한다. 18~21행에서는 입력한 값의 합계 및 평균을 구한다. 26행은 배열의 크기를 0으로 설정해 기존에 확장된 배열을 제거한다. 26행이 없더라도 프로그램이 종료되면 자동으로 배열이 삭제되지만, [그림 7-9]를 동일하게 표현하기 위해서 추가한 코드이다.

SELF STUDY 7-3

[소스 7-8]을 참조해 실수가 처리되도록 프로그램을 만들어보자. Enter를 누르면 입력이 종료되며 for 문 대신 foreach 문을 사용하도록 한다.

힌트 Enter를 입력받기 위해서는 입력값을 우선 문자열로 입력받아야 한다.

실행 결과

```
실수를 입력하세요(Enter는 종료) : 1.4
실수를 입력하세요(Enter는 종료) : 3.14
실수를 입력하세요(Enter는 종료) : 555
실수를 입력하세요(Enter는 종료) : 7.777
실수를 입력하세요(Enter는 종료) : Enter
합계 ==> 567.317
평균 ==> 141.82925
```

사용자가 입력한 값

SECTION

03 2차원 배열

지금까지 배운 배열은 1차원 배열이었다. 지금부터는 1차원 배열을 여러 개 묶어서 사용하는 2차원 배열에 대해 알아보자. 1차원 배열과 어떤 점이 다른지 비교해보고, 초기화 방법을 배운 후 프로그램 안에서 다양하게 활용해보기로 한다.

1 2차원 배열의 개념

2차원 배열은 1차원 배열을 여러 개 연결한 것으로, 2개의 첨자를 사용하는 배열이다. 앞서 1차원 배열은 종이박스를 나란히 세워 놓은 것이라고 했다. int[ ] ary = new int[3]으로 정의했다면 ary[0], ary[1], ary[2]라는 요소가 3개 생성된다.

int [ ] ary = new int [행]

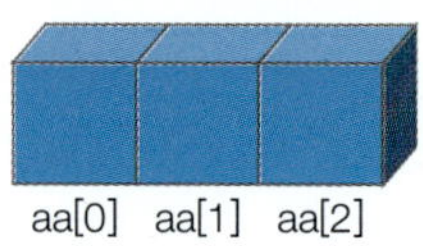

그림 7-10 1차원 배열의 개념

이를 확장해서 2차원 배열 int ary[3, 4]를 정의해보자. 해당 식에서 앞의 3은 가로줄 수를, 뒤의 4는 세로줄 수를 의미한다. 해석하면, 3행 4열짜리 배열이 생성되며 총 요소의 개수는 3 × 4 = 12이다.

int [,] ary = new int [행, 열]

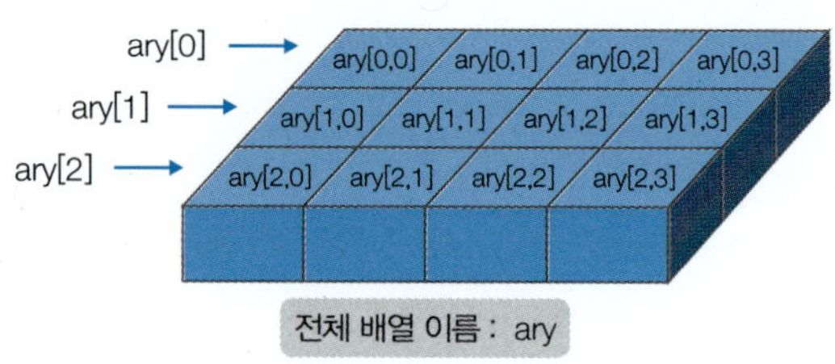

그림 7-11 2차원 배열의 개념

2차원 배열의 경우, 각 요소에 접근하려면 ary[0, 0]과 같이 첨자를 2개 사용해야 한다. 1차원 배열과 마찬가지로 주의할 점은 첨자는 가로의 경우 0~2, 세로의 경우 0~3으로 변한다는 점이다. 즉 ary[3, 4]와 같은 요소는 존재하지 않는다.

다음의 소스 코드는 3행 4열짜리 배열을 선언하고 총 12개의 배열에 1~12까지 숫자를 채우는 프로그램이다.

소스 7-9 2차원 배열의 사용 예 (프로젝트명 : Project07_9)

```
1  static void Main(string[] args)
2  {
3      int[,] ary = new int[3, 4];
4
5      ary[0, 0] = 1; ary[0, 1] = 2; ary[0, 2] = 3; ary[0, 3] = 4;
6      ary[1, 0] = 5; ary[1, 1] = 6; ary[1, 2] = 7; ary[1, 3] = 8;
7      ary[2, 0] = 9; ary[2, 1] = 10; ary[2, 2] = 11; ary[2, 3] = 12;
8
9      Console.WriteLine("ary[0, 0]부터 ary[2, 3]까지 출력");
10
11     Console.WriteLine("{0, 3:D} {1, 3:D} {2, 3:D} {3, 3:D}", ary[0, 0], ary[0, 1], ary[0, 2],
       ary[0, 3]);
12     Console.WriteLine("{0, 3:D} {1, 3:D} {2, 3:D} {3, 3:D}", ary[1, 0], ary[1, 1], ary[1, 2],
       ary[1, 3]);
13     Console.WriteLine("{0, 3:D} {1, 3:D} {2, 3:D} {3, 3:D}", ary[2, 0], ary[2, 1], ary[2, 2],
       ary[2, 3]);
14 }
```

실행 결과

```
ary[0, 0]부터 ary[2, 3]까지 출력
  1  2  3  4
  5  6  7  8
  9 10 11 12
```

3행에서 3행 4열짜리 2차원 배열을 선언했다. 5~7행까지는 각 배열의 요소에 1~12까지의 숫자를 입력했다. 이전까지는 코드 한 줄에 하나의 명령문만 설정했는데, 여기에서는 한 줄에 4개의 명령문을 설정했다. 세미콜론(;)을 붙인 것은 행을 바꾼 것과 동일하다고 생각하면 된다. 11행은 2차원 배열의 첫 번째 행인 ary[0, 0] ~ ary[0, 3]을 나란히 출력한다. 12행, 13행도 마찬가지이다. 참고로 **{0, 3:D}**는 0번째 요소를 자릿수 3자리에 맞춰 정수(D)로 출력하라는 의미다.

[소스 7-9]는 단순한 코드이므로, 1차원 배열에서 처리했던 것처럼 for 문을 활용해 다시 작성해 보자. 첨자가 2개이므로 중첩 for 문을 사용해 데이터를 입력하고 출력하도록 한다. 실행 결과는 [소스 7-9]와 동일하다.

소스 7-10 중첩 for 문을 활용한 2차원 배열의 사용 예 (프로젝트명 : Project07_10)

```
static void Main(string[] args)
{
    int[,] ary = new int[3, 4];
    int value = 1;

```

```
6       for (int i = 0; i < 3; i++)
7       {
8           for (int k = 0; k < 4; k++)
9           {
10              ary[i, k] = value;
11              value++;
12          }
13      }
14
15      Console.WriteLine("ary[0, 0]부터 ary[2, 3]까지 출력");
16
17      for (int i = 0; i < 3; i++)
18      {
19          for (int k = 0; k < 4; k++)
20          {
21              Console.Write("{0, 3:D} ", ary[i, k] );
22          }
23          Console.WriteLine();
24      }
25  }
```

실행 결과

```
ary[0, 0]부터 ary[2, 3]까지 출력
  1  2  3  4
  5  6  7  8
  9 10 11 12
```

4행에서 배열에 대입할 값을 1로 초기화했다. 6~13행은 바깥쪽 for 문을 3회 반복한다. 즉, 앞 첨자인 행 단위가 변경된다. 8~12행은 안쪽 for 문을 4회 반복한다. 즉, 뒤 첨자인 열 단위가 변경된다. 10, 11행에서 배열에 value 값을 입력한 후 1을 증가시킨다. 17~24행도 동일한 방식으로 배열의 내용을 출력한다.

SELF STUDY 7-4

[소스 7-10]을 참조하여, 배열 ary에 1, 3, 5, 7, 9, … 식의 홀수를 입력하고 출력은 a[2, 3], a[2, 2], a[2, 1], …와 같이 반대 순서대로 출력되도록 프로그램을 짜보자.

실행 결과

```
ary[2, 3]부터 ary[0, 0]까지 출력
 23 21 19 17
 15 13 11  9
  7  5  3  1
```

2 2차원 배열의 초기화

중첩 for 문을 이용해 2차원 배열에 값을 대입하는 방법은 앞에서 살펴보았다. 이번에는 2차원 배열을 선언하는 동시에 값을 초기화하는 방법을 알아보자.

소스 7-11 2차원 배열의 초기화 (프로젝트명 : Project07_11)

```
1  static void Main(string[] args)
2  {
3      int[,] ary = {
4                  { 1, 2, 3, 4 },
5                  { 5, 6, 7, 8 },
6                  { 9, 10, 11, 12 }
7                  };
8
9      Console.WriteLine("ary[0, 0]부터 ary[2, 3]까지 출력");
10     for (int i = 0; i < 3; i++)
11     {
12         for (int k = 0; k < 4; k++)
13         {
14             Console.Write("{0, 3:D}", ary[i, k]);
15         }
16         Console.WriteLine("");
17     }
18 }
```

실행 결과

```
ary[0, 0]부터 ary[2, 3]까지 출력
  1  2  3  4
  5  6  7  8
  9 10 11 12
```

3~6행에서는 가장 기본적인 배열의 초기화 방법을 보여준다. [소스 7-11]의 배열은 3행 4열짜리 배열이므로 [그림 7-12]와 같이 초기화할 수 있다. 숫자들을 감싼 네모 칸은 2차원 배열의 공간이라고 생각하면 된다.

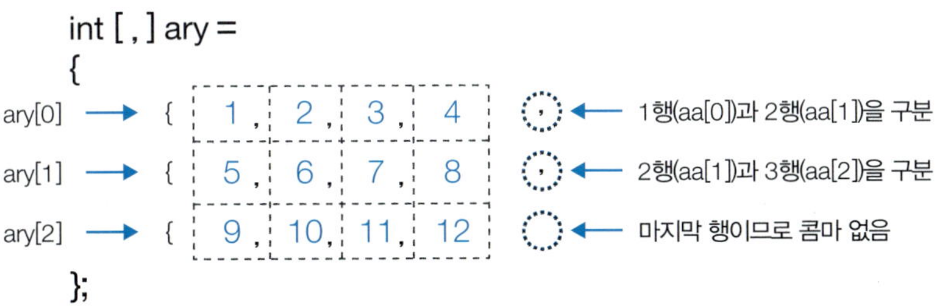

그림 7-12 2차원 배열의 초기화

3 배열 크기의 동적 할당

배열을 생성할 때 크기를 지정하지 않고 사용자의 입력에 의해 배열의 크기를 지정할 수도 있다. 이를 동적 할당이라고 부른다. 다음은 사용자가 행과 열의 크기를 입력하면 그 크기대로 배열을 동적 할당하는 소스 코드이다.

소스 7-12 배열 크기의 동적 할당 예 (프로젝트명 : Project07_12)

```
static void Main(string[] args)
{
    int row, col;

    Console.Write("행 개수를 입력 : ");
    row = int.Parse(Console.ReadLine());
    Console.Write("열 개수를 입력 : ");
    col = int.Parse(Console.ReadLine());

    int[,] ary = new int[ row , col ];
    int value = 1;

    for (int i = 0; i < row; i++)
    {
        for (int k = 0; k < col; k++)
        {
            ary[i, k] = value;
            value++;
        }
    }

    Console.WriteLine("ary[0, 0]부터 ary[{0}, {1}]까지 출력", row, col);
    for (int i = 0; i < row; i++)
    {
        for (int k = 0; k < col; k++)
        {
            Console.Write("{0, 3:D}", ary[i, k]);
        }
        Console.WriteLine();
    }
}
```

실행 결과

```
행 개수를 입력 : 3
열 개수를 입력 : 5
ary[0, 0]부터 ary[3, 5]까지 출력
  1  2  3  4  5
  6  7  8  9 10
 11 12 13 14 15
```

사용자가 입력한 값

3행에서 행과 열의 크기를 입력받을 변수를 준비했고, 5~8행에서 값을 입력받았다. 특히 10행의 배열의 개수를 변수로 선언할 수 있는 부분을 관심있게 보자. 이러한 방식 덕분에 동적인 배열 사용이 가능해진다. 즉, 프로그램을 진행하는 중에 배열의 크기를 결정할 수 있다는 의미다. 13~20행에서는 배열에 값을 순차적으로 입력하고 22~30행에서는 입력받은 배열의 내용을 출력한다. 이렇게 동적으로 배열의 크기를 지정하는 방식은 향후 고급 프로그래밍을 수행할 때 자주 사용되므로 잘 기억해놓자.

4 [프로그램 2]의 완성

두 번째로 만들 프로그램은 50~99마리의 거북이를 2차원 배열로 미리 생성해 놓고, 거북이들이 화면 중앙에서 나타나 랜덤한 위치로 이동하도록 하는 프로그램이다. 거북이 한 마리는 위치, 크기, 색상(RGB 형식) 정보를 갖는다. [X좌표, Y좌표, 거북이 크기, 거북이 색상R, 거북이 색상G, 거북이 색상B]의 1차원 배열로 구성되며 여러 마리의 거북이는 다음과 같이 2차원 배열로 나타난다.

	X좌표	Y좌표	크기	Red	Green	Blue
0	77	99	8	35	55	99
1	-232	184	3	120	57	3
2	333	255	1	135	78	203
3	7	176	8	235	0	56
4	84	1	10	23	166	199
…	…	…	…	…	…	…

그림 7-13 2차원 배열로 표현한 다양한 거북이들

TIP • 이 프로젝트는 터틀 그래픽을 사용할 윈폼 화면을 준비해야 한다. 162쪽 [실습 4-1] 과정을 그대로 반복하되, 프로젝트 이름만 변경하도록 한다.

소스 7-13 2차원 배열을 활용한 거북이 쇼 (프로젝트명 : Project07_13)

```
private void btn_draw_Click(object sender, EventArgs e)
{
    int swidth = 800, sheight = 800;
    this.Text = "거북이 쇼";
    this.ClientSize = new Size(sheight, swidth);
    Turtle.Delay = 10;

    Random rnd = new Random();
    int turtleNumber = rnd.Next(50, 100);
    int[,] turtleAry = new int[turtleNumber, 6]; // X좌표, Y좌표, 거북이 크기, R, G, B
```

```
    for (int i = 0; i < turtleNumber; i++)
    {
        turtleAry[i, 0] = rnd.Next(-swidth / 2, swidth / 2);      // X좌표
        turtleAry[i, 1] = rnd.Next(-sheight / 2, sheight / 2);    // Y좌표
        turtleAry[i, 2] = rnd.Next(1, 20);   // 거북이 크기 및 펜 두께
        turtleAry[i, 3] = rnd.Next(0, 256);  // Red
        turtleAry[i, 4] = rnd.Next(0, 256);  // Green
        turtleAry[i, 5] = rnd.Next(0, 256);  // Blue
    }

    for (int i = 0; i < turtleNumber; i++)
    {
        Turtle.PenSize = turtleAry[i, 2];
        Turtle.PenColor = Color.FromArgb(turtleAry[i, 3], turtleAry[i, 4], turtleAry[i, 5]);
        Turtle.PenUp();
        Turtle.MoveTo(0, 0);
        Turtle.PenDown();
        Turtle.MoveTo(turtleAry[i, 0], turtleAry[i, 1]);

        int angle = (int)(Math.Atan2(turtleAry[i, 0], turtleAry[i, 1]) * 180 / Math.PI);
        // 각도 구함
        Turtle.RotateTo(angle - 90); // 거북이의 머리를 회전
        for (int k = 0; k < 9; k++)      // 40도씩 각도를 아홉 번 회전
        {
            Turtle.Forward(turtleAry[i, 2]);
            Turtle.Rotate(40);
        }
    }
}
```

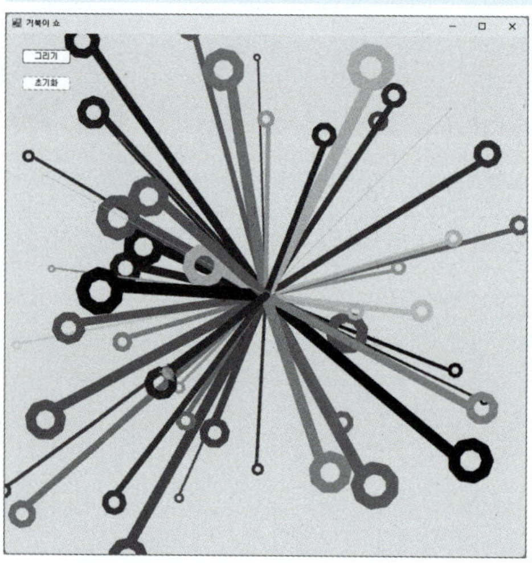

3~6행은 윈폼의 크기 및 거북이 속도를 설정한다. 8행에서 랜덤 변수를 준비했고, 9행에서 59~98 사이의 거북이 개수를 추출한다. 10행에서는 거북이 수만큼의 행을 가진 2차원 배열을 준비했다. 6열을 설정해, 거북이의 X와 Y좌표, 거북이 크기 및 선 두께, 거북이 색상 R, G, B를 저장하도록 했다. 12~20행은 거북이의 숫자만큼 랜덤하게 거북이의 X좌표, Y좌표, 크기, R, G, B를 추출한다. 22~38행은 거북이의 수만큼 거북이 쇼를 진행한다. 24, 25행에서 펜 크기, 펜 색상을 설정한다. 26~29행은 거북이가 화면의 중간으로 이동한 후 X, Y좌표로 이동하도록 설정한다. 31~37행은 거북이가 이동한 위치에서 설정된 크기만큼 원을 그리게 한다. 31행은 거북이의 회전 각도를 계산하고 32행은 계산된 각도만큼 거북이의 머리를 회전시킨다. 이는 원을 선의 방향과 맞춰서 그리기 위함이다. 33~37행은 직선을 40도씩 아홉 번 회전시키면서 원을 그린다. 직선의 길이는 배열의 2번째 열로 사용했다.

5 3차원 이상의 배열

2차원 배열 외에 3차원, 4차원, 그 이상의 배열도 적용이 가능하다. 3차원 이상의 배열은 사용하는 경우가 드물지만, 개념은 알아둘 필요가 있다.

3차원 배열은 [그림 7-14]와 같이 구성된다. 입체 상자에 표현되어 있어서 한눈에 파악하기는 어렵겠지만, 기존의 2차원 배열 위에 또 다른 2차원 배열을 쌓아놓은 것으로 생각하면 된다. 2차원 배열 하나를 한 면으로 취급해서 첨자를 추가하면 된다.

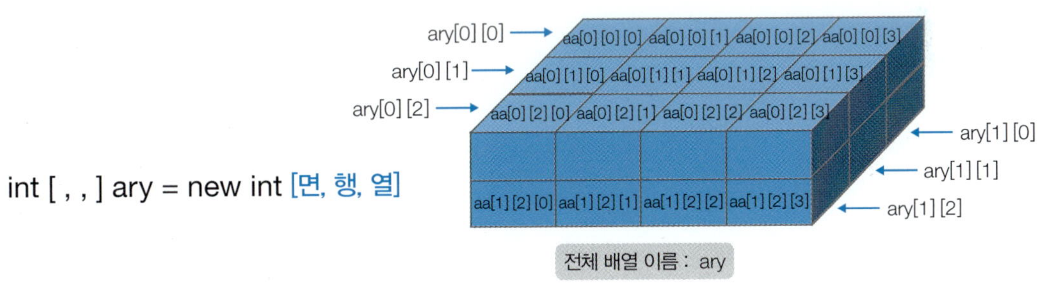

그림 7-14 3차원 배열의 개념

예를 들어, 위 그림과 같이 2면 3행 4열의 3차원 배열 초기화는 [그림 7-15]와 같이 진행하면 된다. 2차원 배열의 초기화를 한 번 더 진행한다고 생각하고, 각 2차원을 콤마로 분리한 후 전체는 다시 블록({ })으로 묶으면 된다.

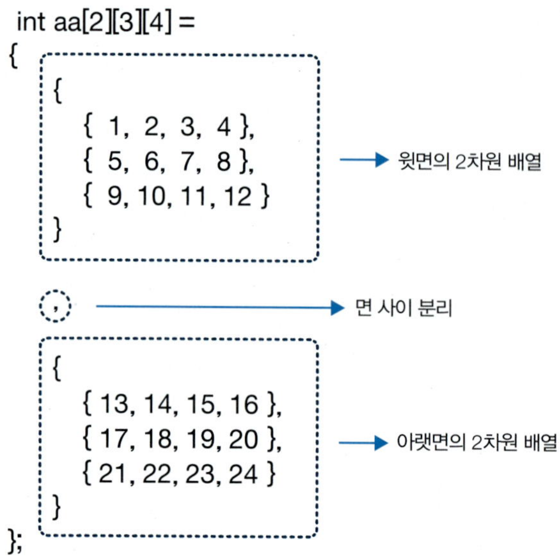

그림 7-15 3차원 배열의 초기화

SELF STUDY 7-5

[그림 7-15]와 같이 배열을 초기화하고, 다음 실행 결과와 같이 면 단위로 출력해보자.

힌트 3중 for 문을 사용해서 출력해야 한다.

실행 결과

```
 1  2  3  4
 5  6  7  8
 9 10 11 12

13 14 15 16
17 18 19 20
21 22 23 24
```

SECTION
04 배열의 활용 : 스택

이번에는 배열의 기본 지식을 바탕으로 한 걸음 더 나아가보기로 한다. 자료구조의 기본 개념인 스택(Stack)을 배열로 구현해볼 것이다. 우선 스택의 개념과 구현 방법을 살펴보자. 스택은 꼭 C#이 아니더라도 다른 프로그래밍 언어에서 많이 활용되는 구조이므로 잘 알아 두면 도움이 될 것이다.

1 스택의 이해

스택은 한쪽 끝이 막혀 있는 구조로, 가장 먼저 들어간 것이 가장 나중에 나온다. 즉, 들어간 순서는 A → B → C이지만, 나오는 순서는 C → B → A이다.

그림 7-16 스택의 구조와 원리

가장 나중에 들어간 것이 가장 먼저 나온다는 뜻으로 LIFO(Last In First Out) 구조라고도 한다. 그리고 자동차 세 대 중 가장 마지막에 들어간 자동차 C 다음의 비어 있는 위치를 top이라고 한다. 자동차 C가 빠져나가면 top의 위치는 자동차 B 다음 위치로 바뀐다. 즉, top은 스택에 들어 있는 데이터 중 가장 마지막 데이터의 바로 다음 위치를 가리킨다. 스택에서 알아야 할 또 다른 주요 용어는 데이터를 넣는다는 뜻의 푸시(push), 뺀다는 뜻의 팝(pop)이다.

2 배열을 이용한 스택 구현

자동차 다섯 대를 주차할 수 있고 한쪽 길이 막힌 주차장을 만들어 스택을 구현해보자. 배열을 사용해 초기화하면 다음과 같다.

```
char[] parking = new char[5];
int top = 0;
```

[그림 7-17]과 같이 배열이 잡히면 이 주차장을 스택이라고 생각하면 된다. 현재 자동차가 없으므로 top은 0을 가리키고 있다. 이때 top은 자동차가 들어갈 위치이기도 하다.

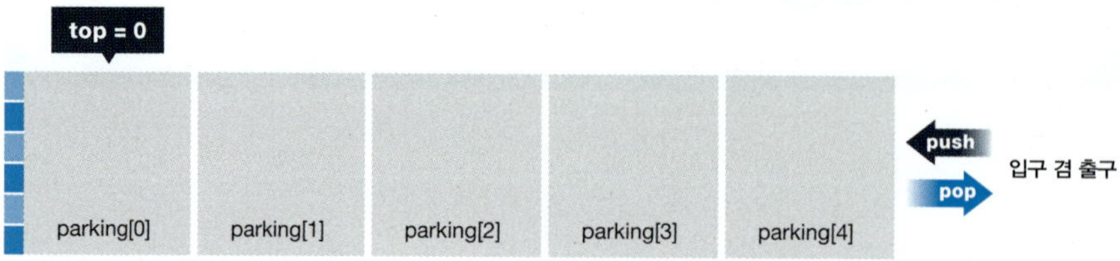

그림 7-17 비어 있는 주차장(스택)

여기에 자동차 한 대를 넣어보자(push). 자동차 A를 넣으면 top은 0에서 1로 바뀌며, 위치는 parking[0]에서 parking[1]로 이동한다.

```
parking[top] = 'A';
top++;
```

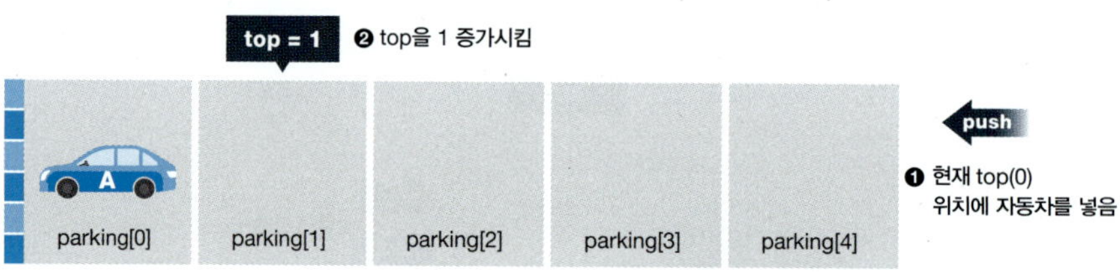

그림 7-18 자동차 한 대를 주차시킨 주차장

동일한 방식으로 자동차 B와 자동차 C도 주차장에 넣어 보자. 자동차 두 대를 주차한 후 top은 3이 되며 parking[3]의 위치로 이동한다.

```
parking[top] = 'B';
top++;
parking[top] = 'C';
top++;
```

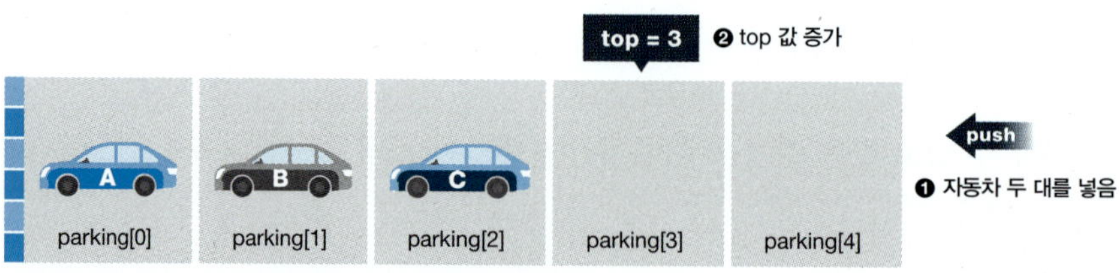

그림 7-19 자동차를 두 대를 추가로 주차시킨 주차장

이번에는 주차된 자동차를 빼보자. [그림 7-20]은 주차장에서 자동차 한 대를 빼내는 동작을 나타낸다. 자동차 한 대를 뺄 때는 top을 1 감소시킨 후 그 자리에 있는 자동차를 빼내면 된다.

```
top --;
char outCar = parking[top];
Console.WriteLine(outCar);
```

그림 7-20 주차장에서 자동차 한 대 빼기

이 과정을 C#으로 작성하면 [소스 7-14]와 같다. A, B, C라는 자동차 세 대를 끝이 막힌 주차장에 넣은 뒤 다시 빼내는 프로그램이다.

TIP • 스택과 함께 많이 사용되는 자료구조로는 큐(Queue)가 있다. 큐는 양쪽이 뚫린 구조라고 이해하면 된다. 파이프 모양을 생각하면 되는데, 한쪽으로 들어가면 다른 한 쪽으로 나오는 형태이다. 향후 컴퓨터 분야를 계속 공부하다 보면 자료구조(Data Structure)를 학습할 텐데, 이때 스택이나 큐 등을 심도 있게 공부할 기회가 있을 것이다.

소스 7-14 스택의 구현 (프로젝트명 : Project07_14)

```
static void Main(string[] args)
{
    char[] parking = new char[5];
    int top = 0;

    parking[top] = 'A';
    Console.WriteLine(" {0} 자동차가 주차장에 들어감", parking[top]);
    top++;

    parking[top] = 'B';
    Console.WriteLine(" {0} 자동차가 주차장에 들어감", parking[top]);
    top++;

    parking[top] = 'C';
    Console.WriteLine(" {0} 자동차가 주차장에 들어감", parking[top]);
    top++;

    Console.WriteLine();

    top--;
    Console.WriteLine(" {0} 자동차가 주차장을 빠져나감", parking[top]);
    parking[top] = ' ';
```

```
23
24      top--;
25      Console.WriteLine(" {0} 자동차가 주차장을 빠져나감", parking[top]);
26      parking[top] = ' ';
27
28      top--;
29      Console.WriteLine(" {0} 자동차가 주차장을 빠져나감", parking[top]);
30      parking[top] = ' ';
31  }
```

실행 결과

```
A 자동차가 주차장에 들어감
B 자동차가 주차장에 들어감
C 자동차가 주차장에 들어감

C 자동차가 주차장을 빠져나감
B 자동차가 주차장을 빠져나감
A 자동차가 주차장을 빠져나감
```

3행에서는 스택을 위한 자료구조를 배열로 선언했고, 4행에서는 top을 0으로 초기화했다. 6행에서 먼저 현재의 top 위치(처음에는 0)에 자동차 A를 넣는다. 그리고 8행에서 top을 1 증가시킨다. 같은 방식으로 10~16행에서 자동차 B, C를 넣는다.

20행 이후부터는 주차장에서 자동차를 빼는 과정이다. 먼저 현재 top 값인 3에서 1을 감소시키고, 22행에서 자동차 C 자리에 빈칸을 넣으면 자동차를 빼낸 효과가 나타난다.

IT@COOKBOOK

요약

1 배열은 다음 그림과 같이 하나씩 사용하던 종이상자(변수)를 한 줄로 붙여놓고 박스 전체에 이름을 붙인 것이다.

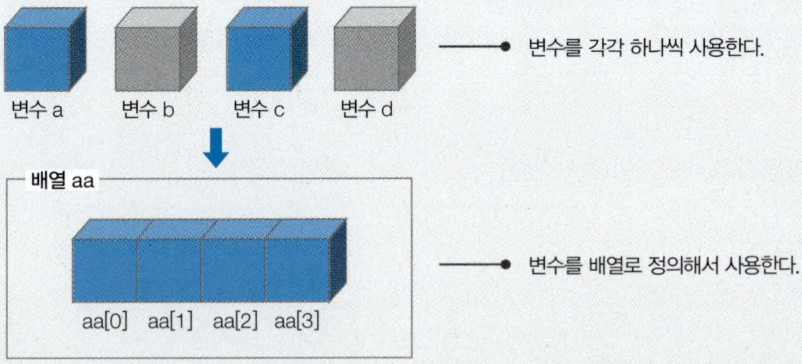

2 배열의 선언 방법은 두 가지가 있다.

```
데이터형[ ] 배열의_이름 = new 데이터형[개수];
```

```
데이터형[ ] 배열의_이름;
배열의_이름 = new [개수];
```

3 배열을 사용하지 않는다면 ① 각각의 변수를 int a, b, c, d와 같이 선언하여 사용한다. 하지만 배열의 경우에는 ② 첨자를 사용하여 aa[0], aa[1], aa[2], aa[3]과 같이 나타낸다. 주의할 점은 배열을 4개 선언했다면 첨자는 1~4가 아닌, 0~3까지 사용해야 한다는 점이다.

❶ 변수 선언

```
int  a, b, c, d;
a 사용
b 사용
c 사용
d 사용
```

❷ 배열 선언

```
int[ ] aa = new int[4];
aa[0] 사용
aa[1] 사용
aa[2] 사용
aa[3] 사용
```

4 배열은 첨자가 순서대로 변할 수 있도록 반복문과 함께 사용한다.

for (**네 번 반복**)
{

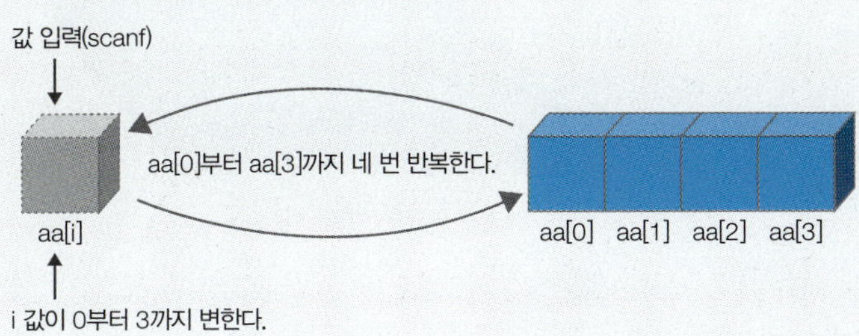

}

요약

5 네 개의 값을 담은 배열 aa의 초기화 방법은 두 가지가 있다.

```
int[ ] aa = {100, 200, 300, 400} ;
```

```
int[] aa;
aa = new int[] { 100, 200, 300, 400 };
```

6 정수형 배열에 아무것도 넣지 않으면 0이 들어간다.

```
int[] aa = new int[4];
```

7 배열 요소의 개수를 알고 싶다면 배열_이름.Length 속성을 사용하면 된다.

```
배열_요소_개수 = 배열_이름.Length;
```

8 C#에서 기존 배열의 크기를 변경하려면 Array.Resize(ref 배열명, 새로운_크기) 메서드를 사용하면 된다.

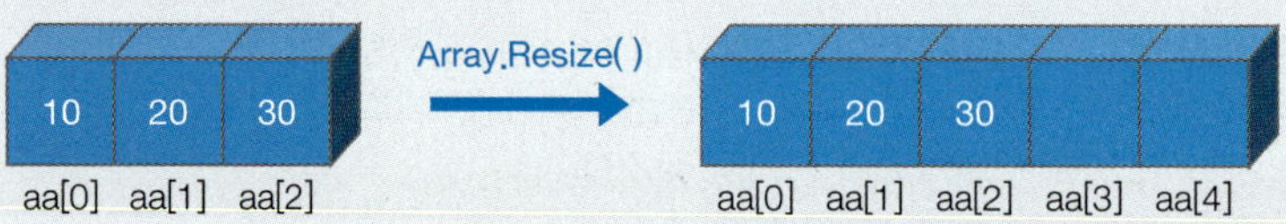

9 배열을 하나씩 접근할 때 좀 더 편리한 방법은 foreach (변수 in 배열) 메서드를 사용하는 것이다. 예를 들어, 3개짜리 배열은 다음과 같이 접근할 수 있다.

```
int[] aa = { 10, 20, 30 };
foreach (int data in aa)
  Console.WriteLine(data);
```

10 2차원 배열 int ary[3, 4]는 3행 4열짜리 배열이 생성되며 요소의 개수는 3 × 4 = 12이다.

int [,] ary = new int [행, 열]

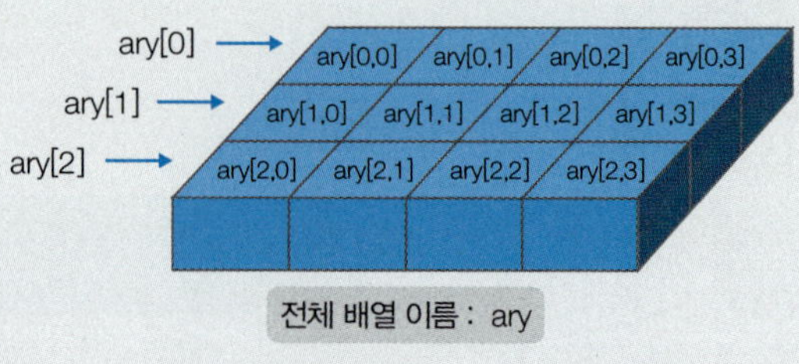

11 2차원 배열 int ary[3, 4]의 초기화 방법은 다음과 같다.

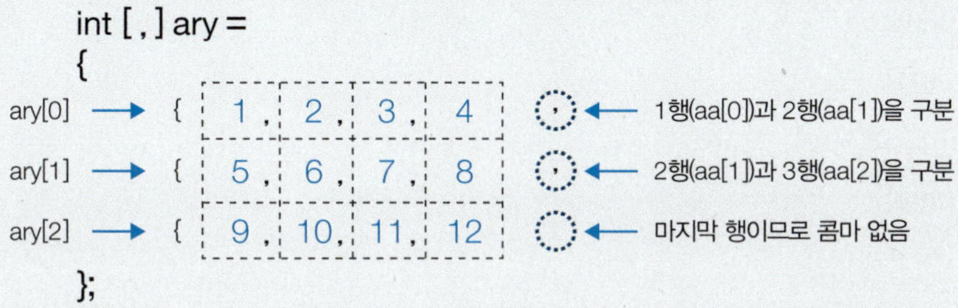

12 3차원 배열을 그림으로 표현하면 다음과 같다.

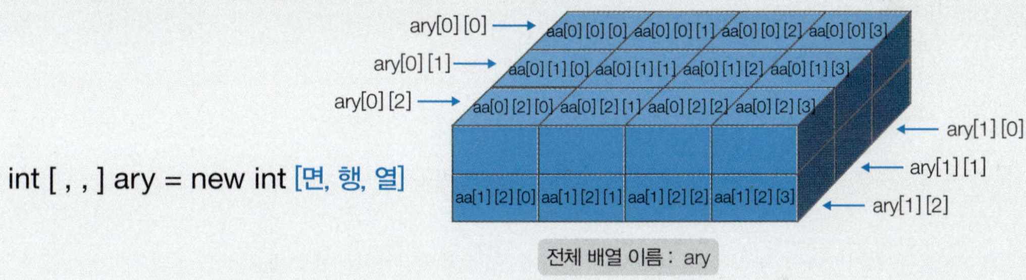

13 스택(Stack)은 한쪽 끝이 막혀 있는 구조로, 가장 먼저 들어간 것이 가장 나중에 나온다. 즉, 들어가는 순서는 A → B → C이지만, 나오는 순서는 C → B → A이다.

연습문제

1 다음 중 크기가 4인 배열을 선언하는 소스 코드로 알맞은 것을 고르세요.

① int[4] aa = new int[4];

② int aa[ ] = new int[4];

③ int aa[4] = new int[ ];

④ int[ ] aa = new int[4];

2 다음은 크기가 5인 배열 값을 모두 더하는 소스 코드의 일부입니다. 빈칸에 알맞은 코드를 적어보세요.

```
int hap = 0;
int i;
for ( [          ] )
{
  hap += aa[i] ;
}
```

3 다음 중 크기가 4인 배열을 초기화하는 소스 코드로 알맞은 것을 고르세요.

① int[ ] aa = new {10, 20, 30, 40} ;

② int aa[ ] = {10, 20, 30, 40} ;

③ int[ ] aa = {10, 20, 30, 40} ;

④ int aa = new {10, 20, 30, 40} ;

4 다음 중 정수형 배열을 초기화하지 않았을 때의 경우로 알맞은 것을 고르세요.

① 모두 −1로 초기화된다.

② 모두 0으로 초기화된다.

③ 모두 1로 초기화된다.

④ 문법상 오류가 발생한다.

5 다음은 크기가 10인 ary1과 ary2 배열에서 값의 위치를 바꾸는 소스 코드 일부입니다. ary1[0]은 ary2[9]에, ary1[1]은 ary2[8]에, ary1[9]는 ary2[0]에 대입된다고 할 때 빈칸에 알맞은 코드를 적어보세요.

```
for (int i = 0; i < 10; i++)
{
        ary1[    ❶    ] = ary2[    ❷    ];
}
```

6 다음 중 배열의 크기를 알아내는 소스 코드로 알맞은 것을 고르세요.

① 배열_이름.Size( ) ② 배열_이름.Size

③ 배열_이름.Length( ) ④ 배열_이름.Length

7 다음 중 배열의 크기를 변경하는 소스 코드로 알맞은 것을 고르세요.
(단, 배열의 기존 값은 그대로 유지되어야 한다.)

① Array.Resize(배열명, 새로운_크기)

② Array.Size(ref 배열명, 새로운_크기)

③ Array.Resize(ref 배열명, 새로운_크기)

④ Array.Size(배열명, 새로운_크기)

8 다음은 ary 배열의 내용을 모두 출력하는 소스 코드입니다. 빈칸에 알맞은 코드를 적어보세요.

```
int[] ary = { 11, 22, 33, 44 };
foreach (int [              ])
 Console.WriteLine(v);
```

9 다음 중 5행 6열 크기의 2차원 배열을 선언하는 소스 코드로 알맞은 것을 고르세요.

① int[,] ary = new int[5, 6];

② int[5, 6] ary = new int[,];

③ int[ ][ ] ary = new int[5][6];

④ int[5][6] ary = new int[ ][ ];

10 다음 중 스택에 관한 설명으로 거리가 먼 것을 고르세요.

① Last In First Out 구조이다.

② 입력 순서와 출력 순서가 반대이다.

③ 데이터를 넣는 것을 push라고 부른다.

④ 데이터를 빼는 것을 get이라고 부른다.

11 **심화문제** [프로그램 2]를 수정해서 X, Y좌표가 가장 작은 거북이부터 정렬한 후 거북이끼리 선을 긋는 프로그램을 작성해보세요. 예를 들면 (10, 10), (−100, −50), (50, 10) 세 좌표의 거북이를 X + Y 값으로 정렬하면 (−100, −50), (10, 10), (50, 10)이 되고 이 세 거북이를 선으로 이으면 됩니다. 다음 그림은 거북이 열 마리를 좌표로 정렬한 후 선을 그은 결과입니다.

힌트1 각 거북이 배열의 0번째인 X좌표와 1번째인 Y좌표를 더한 결과로 turtleAry를 오름차순 정렬해야 한다.

힌트2 시작 거북이는 정렬 후 가장 첫 번째 자리에 있는 거북이로 해야 한다.

힌트3 거북이 사이에 선을 긋기 위해서는 앞 거북이의 좌표를 저장하고 있어야 한다.

실행 결과

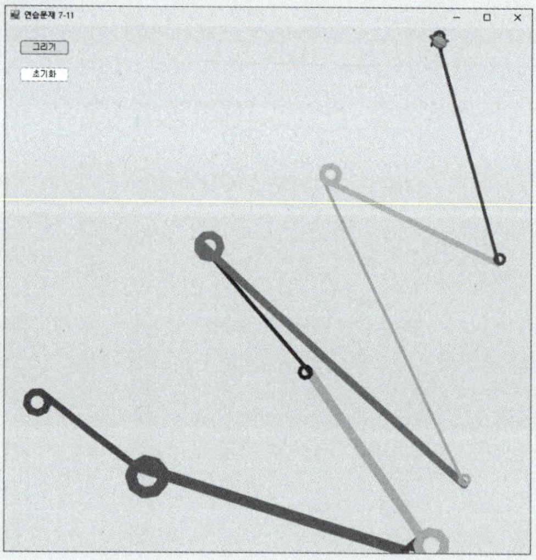

응용예제 11 16진수 데이터 정렬하기

난이도★★★★☆

예제 설명 16진수가 저장된 배열을 정렬하는 프로그램이다. 다음 그림을 예로 들면 A37B, 23CC, 88D9, BB8F, 3A9A의 5개 값을 오름차순으로 정렬하고자 하며 정렬 방식은 선택 정렬 방식이다. 이처럼 소스 코드를 작성하되 C#에서 제공하는 Array.Sort()나 Array.Reverse() 메서드를 사용하지 않고 직접 정렬 코드를 작성해보자.

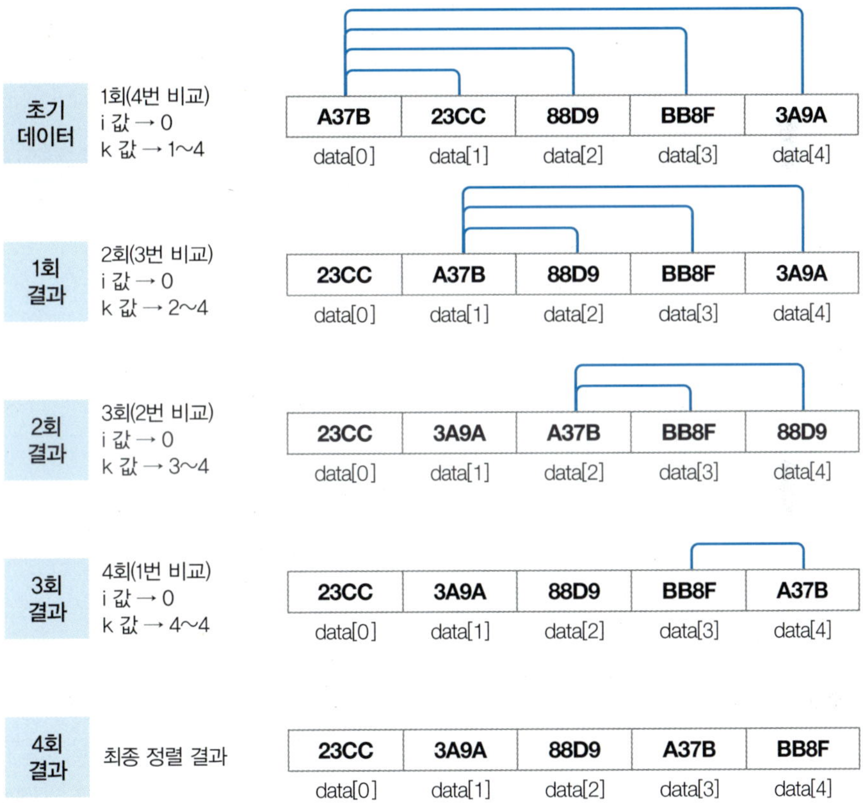

실행 결과

```
C:\WINDOWS\system32\cmd.exe
원본 데이터 ==> FD42  4736  C4AC  673D  12F4  12B2  43E4  CE56  40E9  C78D
정렬 데이터 ==> 12B2  12F4  40E9  43E4  4736  673D  C4AC  C78D  CE56  FD42
계속하려면 아무 키나 누르십시오 . . .
```

소스 코드

```
static void Main(string[] args)
{
    string[] hexAry = new string[10];

```

```
5         Random random = new Random();
6         for (int i = 0; i < hexAry.Length; i++)
7         {
8             int num = random.Next(4096, 65535); // 16진수 1000~FFFF
9             hexAry[i] = Convert.ToString(num, 16).ToUpper();
10        }
11
12        Console.Write("원본 데이터 => ");
13        for (int i = 0; i < hexAry.Length; i++)
14            Console.Write(hexAry[i] + "  ");
15        Console.WriteLine();
16
17        for (int i = 0; i < hexAry.Length - 1; i++)
18        {
19            for (int k = i + 1; k < hexAry.Length; k++)
20            {
21                if (Convert.ToInt32(hexAry[i], 16) > Convert.ToInt32(hexAry[k], 16))
22                {
23                    string tmp = hexAry[i];
24                    hexAry[i] = hexAry[k];
25                    hexAry[k] = tmp;
26                }
27            }
28        }
29
30        Console.Write("정렬 데이터 => ");
31        for (int i = 0; i < hexAry.Length; i++)
32            Console.Write(hexAry[i] + "  ");
33        Console.WriteLine();
34    }
```

코드 설명

3행	16진수 문자열 10개를 저장할 hexAry 배열을 준비했다.
5~10행	임의의 16진수 10개를 추출했다. 8행의 4096은 16진수 1000, 65535는 16진수 FFFF에 해당한다. 모두 자릿수를 네 자리로 맞추기 위함이다. 9행의 Convert.Tostring(num, 16) 메서드는 정수를 16진수 문자열로 변경해준다. 그 뒤에 이어지는 ToUpper( ) 메서드는 소문자를 대문자로 바꿔준다. 예를 들면 "ffff"는 "FFFF"가 된다.
12~15행, 30~33행	추출된 원본 데이터 및 정렬된 데이터를 출력한다.
17~28행	중첩 for 문을 통해 배열을 선택 정렬로 오름차순 정렬한다. 17행에서 비교하는 앞쪽의 값은 0번째부터 마지막 값 바로 전까지, 19행에서 비교하는 뒤쪽 값은 비교한 앞쪽의 값 바로 다음부터 마지막 값까지이다. 21행의 Convert.ToInt32("문자열", 16) 메서드는 문자열을 16진수로 가정하고 정수로 변환한다. 앞의 값이 뒤의 값보다 크면 23~25행을 통해 데이터를 교환한다. 23~25행은 두 값을 교환할 때 사용하는 표준 방식이다.

응용예제 12

큐를 이용해 주차장 구현하기

난이도★★★☆☆

예제 설명 구조의 한쪽이 막힌 형태인 스택과 달리 양쪽이 모두 열려 있는 형태는 큐(Queue)라고 부른다. 이번에는 [소스 7-14]에서 구현한 주차장을 양쪽이 뚫린 형태의 주차장으로 변경해보자. 주차장 한쪽은 입구, 다른 쪽은 출구로 사용한다. 차량은 주차장의 왼쪽부터 채워지고, 주차장에서 자동차가 나가면 다른 자동차를 한 칸씩 앞으로 당긴다. 참고로 큐에서는 다음에 들어갈 위치를 rear라고 부른다.

주차장이 빈 초기 상태

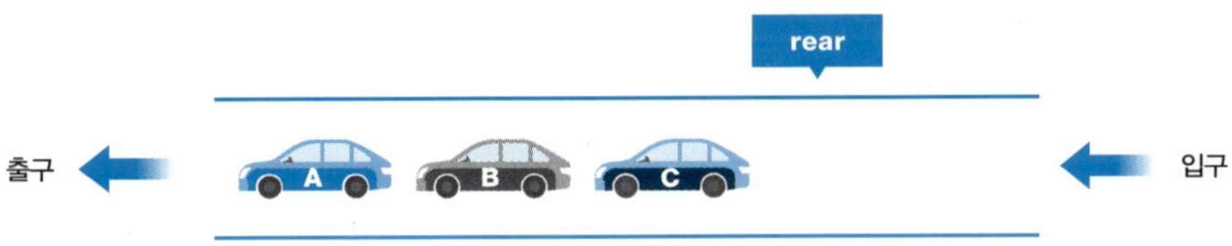

세 대의 자동차가 들어간 상태

두 대의 자동차가 빠져나간 상태

실행 결과

```
C:₩WINDOWS₩system32₩cmd.exe
A 자동차가 주차장에 들어감
B 자동차가 주차장에 들어감
C 자동차가 주차장에 들어감

A 자동차가 주차장을 빠져나감
B 자동차가 주차장을 빠져나감
C 자동차가 주차장을 빠져나감
계속하려면 아무 키나 누르십시오 . . .
```

소스 코드

```
static void Main(string[] args)
{
    char[] parking = new char[5];
    int rear = 0;

```

```
6        parking[rear] = 'A';
7        Console.WriteLine(" {0} 자동차가 주차장에 들어감", parking[rear]);
8        rear++;
9
10       parking[rear] = 'B';
11       Console.WriteLine(" {0} 자동차가 주차장에 들어감", parking[rear]);
12       rear++;
13
14       parking[rear] = 'C';
15       Console.WriteLine(" {0} 자동차가 주차장에 들어감", parking[rear]);
16       rear++;
17
18       Console.WriteLine();
19
20       Console.WriteLine(" {0} 자동차가 주차장을 빠져나감", parking[0]);
21       for (int i = 0; i < parking.Length - 1; i++)
22           parking[i] = parking[i + 1];
23       rear--;
24
25       Console.WriteLine(" {0} 자동차가 주차장을 빠져나감", parking[0]);
26       for (int i = 0; i < parking.Length - 1; i++)
27           parking[i] = parking[i + 1];
28       rear--;
29
30       Console.WriteLine(" {0} 자동차가 주차장을 빠져나감", parking[0]);
31       for (int i = 0; i < parking.Length - 1; i++)
32           parking[i] = parking[i + 1];
33       rear--;
34   }
```

코드 설명

3~4행	주차장과 rear의 초깃값을 선언했다. 즉, 현재 터널은 비어 있다.
6~8행	A 자동차를 가장 앞인 rear 자리에 주차하고 출력한다. rear의 값을 1 증가시킨다.
10~12행, 14~16행	자동차 두 대를 추가로 주차한다.
20행	자동차가 빠져나갈 땐 항상 출구 쪽 제일 앞에 있는(= 0번째) 차량이 먼저 빠져나간다.
21~22행	모든 자동차를 한 칸씩 앞으로 당긴다.
23행	rear 값을 1 감소시킨다.
25~28행, 30~33행	자동차가 빠져나가는 동작이 반복된다.

CHAPTER 08

문자열과 메서드

학습목표

- 문자열에 대해서 공부한다.
- 문자열을 조작하는 메서드에 대해서 익힌다.
- 문자열의 활용법을 학습한다.
- 메서드의 개념을 익힌다.
- 메서드를 만드는 방법과 사용하는 방법을 익힌다.

SECTION

01 이 장에서 만들 프로그램

문자열은 글자들의 모음이다. 프로그램을 작성하다 보면 문자열을 처리할 일이 많이 발생한다. C#에서는 문자열의 조작을 상당히 편리하게 할 수 있으므로, C#에서 제공하는 기능을 잘 활용하는 것이 코드의 길이를 줄이는 좋은 방법이다.

메서드는 긴 코드를 작성하거나 고급 프로그래밍을 하려면 반드시 사용해야 한다. 메서드의 기본적인 사용법은 어렵지 않지만, 까다로운 개념이 몇 가지 있으므로 정확히 파악하고 사용하는 것이 좋다. 메서드를 대충 사용할 경우, 프로그램에 버그가 생겼을 때 해결하기가 상당히 어려울 수 있다.

이번 장에서 문자열 및 메서드를 활용해 작성할 프로그램은 다음과 같다.

1 [프로그램 1] 문자열 길이 카운트와 거꾸로 출력

첫 번째로 만들 프로그램은 문자열을 입력받고, 그 문자열에 영문 소문자, 대문자, 숫자, 한글 등이 몇 개인지 세는 프로그램이다. 마지막으로 입력한 값부터 처음에 입력한 값 순으로 출력하는 기능도 있다.

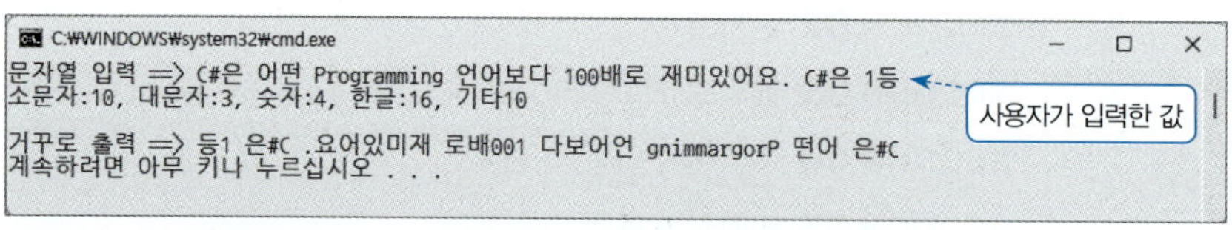

그림 8-1 문자열 길이 카운트와 거꾸로 출력

2 [프로그램 2] 로또 복권을 추첨하는 거북이

두 번째로 만들 프로그램은 로또 복권 추첨과 동일하게 1부터 45까지의 숫자 중 거북이가 6개를 표현하는 프로그램이다. 원을 45개로 나눠서 뽑힌 숫자에 해당하는 선을 거북이가 표시하는 방법을 사용한다.

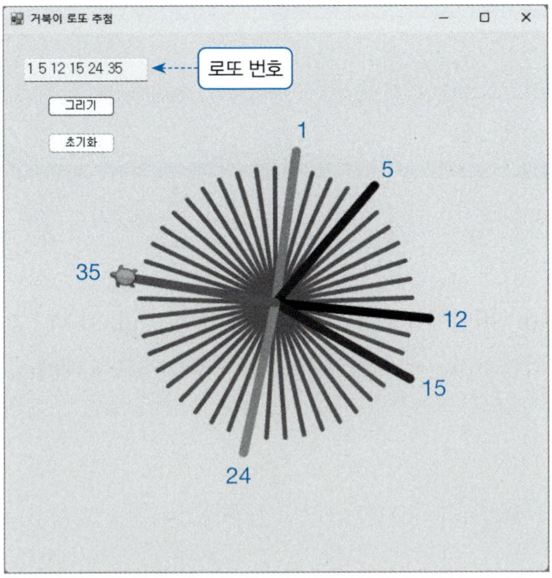

그림 8-2 로또 복권을 추첨하는 거북이 프로그램

SECTION

02 문자열

앞 장에서 여러 개의 정수가 들어가는 정수형(int) 배열에 대해 공부했다. 이번에는 "abcd"나 "안녕하세요?"와 같이 연결된 문자들을 표현하기 위한 string 클래스와 문자열 처리 메서드에 대해 알아본다.

1 문자열과 배열의 관계

문자열은 7장에서 학습한 배열과 비슷하다. 7장에서는 주로 숫자로 배열을 다뤘다. 잠깐 복습해보자.

```
int[] ary = { 10, 20, 30, 40, 50 };

Console.WriteLine(ary[0]);
Console.WriteLine(ary[ary.Length - 1]);
```

실행 결과

```
10
50
```

7장에서는 배열을 첨자로 접근했고 배열의 길이도 Length 속성으로 확인했다. 이번에 배울 문자열도 마찬가지이다. 문자열의 길이는 Length 속성으로 확인이 가능하고, 문자열의 내용도 배열처럼 첨자로 접근이 가능하다.

그림 8-3 문자열의 문자에 첨자로 접근하는 방법

코드를 짤 때 문자열의 길이를 먼저 파악해야 하는 경우가 종종 생기는데 간단한 예로 살펴보자.

소스 8-1 문자열 길이를 구하는 Length 속성 사용 (프로젝트명 : Project08_1)

```
1  static void Main(string[] args)
2  {
3      string str = "IT CookBook. C#";
4      int len;
5
6      len = str.Length;
7
8      Console.WriteLine("문자열  : {0} ", str);
9      Console.WriteLine("문자열 길이 : {0} ", len);
10 }
```

실행 결과

```
문자열  : IT CookBook. C#
문자열 길이 : 15
```

6행에서 Length 속성을 사용하여 문자열의 길이를 구했다. 문자열의 길이는 한글, 영문, 공백, 기호 등을 각각 한 글자로 처리한다.

이번에는 문자열 길이를 활용한 간단한 응용 코드를 프로그래밍해보자. 문자열을 입력받은 후, 알파벳 o를 $ 기호로 변경해서 출력하는 프로그램이다. 문자열도 배열처럼 첨자로 접근이 가능하다.

소스 8-2 문자열 중 일부 문자 변경 (프로젝트명 : Project08_2)

```
static void Main(string[] args)
{
    string str;

    Console.Write("문자열 입력 ==> ");
    str = Console.ReadLine();

    Console.Write("출력 문자열 ==> ");
    for (int i = 0; i < str.Length; i++)
    {
        if (str[i] == 'o')
            Console.Write("{0}", '$');
        else
            Console.Write("{0}", str[i]);
    }
    Console.WriteLine();
}
```

실행 결과

```
문자열 입력 ==> IT CookBook for Beginner C# 입니다. ^^   ← 사용자가 입력한 값
출력 문자열 ==> IT C$$kB$$k f$r Beginner C# 입니다. ^^
```

5, 6행에서 문자열을 입력받아 str 변수에 저장한다. 9행의 **str.Length**는 입력한 문자열의 길이를 돌려준다. 즉, 10~15행은 문자열의 길이만큼 반복된다. 11행의 **str[첨자]**는 문자열의 첨자 위치에 있는 문자 1개를 돌려준다. i 값이 문자열의 개수만큼 커질 때까지 코드가 반복되므로 문자열의 모든 문자를 한 번씩 접근하게 된다. 이 문자가 'o'라면 '$'를 출력하고, 그 외에는 원래 문자를 출력한다.

SELF STUDY 8-1

[소스 8-1]을 참조해서 코드를 프로그래밍해보자. "C#은완전재미있어요"를 입력했을 때 "C$은$전$미$어$"가 출력되도록 한다. 즉, 0부터 시작한다고 가정하면 짝수 번째 글자는 그대로 출력되고 홀수 번째 글자는 $ 기호가 표시되도록 하면 된다.

힌트 if 문을 활용해서 i가 짝수일 때와 홀수일 때를 다르게 처리하면 된다. 짝수는 2로 나눠서 나머지 값이 0이면 된다.

실행 결과

```
문자열 입력 ==> C#은완전재미있어요   ← 사용자가 입력한 값
출력 문자열 ==> C$은$전$미$어$
```

2 문자열 처리를 위한 내장 메서드

C# 이전에 많이 사용되던 C언어에서는 문자열을 다루는 작업이 쉽지 않았다. 하지만 C#에서는 문자열을 저장하는 string 클래스를 제공하고, 이 클래스에 다양한 메서드를 내장(Built-in)시켜 편리하게 문자열을 처리할 수 있도록 했다. 간단한 소스 코드를 살펴보면서 그 역할들을 이해하고, 예제를 통해 확실히 익혀 두자.

먼저, 문자열 메서드를 사용하려면 string 클래스 타입의 변수를 선언하고 **문자열_변수_이름.문자열_메서드( )** 방식을 사용해야 한다.

```
string 문자열_변수_이름;
문자열_변수_이름.문자열_메서드( );
```

TIP • 클래스는 변수와 메서드가 정의되어 있는 틀(Frame)로 볼 수 있다. 클래스를 완전히 이해하기 위해서는 객체지향에 대한 이해가 필요한데, 클래스 및 객체지향에 대해서는 11장과 12장에서 상세히 다루겠다. 이번 장에서는 string 클래스를 string 데이터 형식 정도로 생각해도 괜찮다.

TIP • 메서드(Method)는 특정한 기능을 하며, **메서드명( )** 형식을 가진다. 다른 언어에서는 메서드를 함수(Function) 또는 멤버 함수(Member Function)라고 부르기도 한다. 속성(Property)은 객체의 상태를 나타내며 **변수_이름.속성명**의 형식을 가진다. 속성은 다른 말로 필드(Field)라고 한다.

문자의 처음과 끝을 확인하는 StartsWith( ), EndsWith( ) 메서드

문자열의 처음 또는 끝이 특정 문자열인지 파악할 때 **StartsWith(문자열)**과 **EndsWith(문자)** 메서드가 사용된다. 돌려주는 값은 논리형의 True와 False 두 가지를 반환한다.

다음 예는 시작이 A이면 True, 아니면 False를 반환한다.

```
string str = "IT CookBook";
bool yn = str.StartsWith("A") ;
```

이번에는 괄호로 감싸져 있지 않은 문자열을 입력받았을 때 괄호를 추가해주는 소스 코드를 작성해 보자.

소스 8-3 StartsWith( ), EndsWith( ) 메서드 사용 예 (프로젝트명 : Project08_3)

```
1  static void Main(string[] args)
2  {
3      string str;
4
5      Console.Write("문자열 입력 ==> ");
6      str = Console.ReadLine();
7
8      Console.Write("출력 문자열 ==> ");
9
10     if (!str.StartsWith("("))
11         Console.Write("(");
12
13     for (int i = 0; i < str.Length; i++)
14         Console.Write("{0}", str[i]);
15
16     if (!str.EndsWith(")"))
17         Console.Write(")");
18     Console.WriteLine();
19 }
```

실행 결과

```
문자열 입력 ==> C# Programming    ← 사용자가 입력한 값
출력 문자열 ==> (C# Programming)
```

10, 11행에서는 문자열의 시작이 "("가 아니면 "("를 출력해준다. 13, 14행은 입력한 문자를 모두 출력한다. 16, 17행에서는 문자열의 마지막이 ")"가 아니면 ")"를 출력해준다. 실행 결과를 보면 문자열 앞뒤를 괄호로 감싸는 효과가 나타난다.

특정 문자열의 위치를 찾는 IndexOf( )와 LastIndexOf( ) 메서드

문자열에서 특정 문자열의 위치를 찾으려면 IndexOf( ) 메서드를 사용한다. **IndexOf( )** 메서드는 찾고자 하는 문자열이 나오는 제일 처음 위치로 돌려보내준다. **LastIndexOf( )** 메서드는 찾고자 하는 문자열이 여러 개일 경우 마지막에 나오는 위치를 알려준다. 만약 찾고자 하는 문자열이 없으면 −1을 반환한다.

소스 8-4 IndexOf( ), LastIndexOf( ) 메서드 사용 예 (프로젝트명 : Project08_4)

```
1   static void Main(string[] args)
2   {
3       string str = "C#을 공부하는 중, C#은 재밌어요. C# 짱!";
4
5       Console.WriteLine("문자열 ==> " + str);
6
7       Console.Write("제일 처음 나오는 C# 위치 ==> ");
8       Console.WriteLine(str.IndexOf("C#"));
9       Console.Write("마지막에 나오는 C# 위치 ==> ");
10      Console.WriteLine(str.LastIndexOf("C#"));
11  }
```

실행 결과

```
문자열 ==> C#을 공부하는 중, C#은 재밌어요. C# 짱!   ← 사용자가 입력한 값
제일 처음 나오는 C# 위치 ==> 0
마지막에 나오는 C# 위치 ==> 22
```

8행에서 처음에 나오는 위치를 반환하는데, 제일 앞을 0번째로 세고 시작한다. 10행은 마지막에 나오는 위치를 반환한다. 영어, 한글, 기호 모두 한 글자당 1씩 카운트한다.

특정 문자열을 다른 문자열로 대체시키는 Replace( ) 메서드

문자열의 내용을 바꾸고자 할 때는 **Replace( )** 메서드를 사용한다. 다음은 "C#"을 "씨샵"으로 변경해주는 코드의 예이다.

```
string str1 = "C#을 공부 중… C#은 즐겁습니다. ^^";
string str2 = str1.Replace("C#", "씨샵");   ← 씨샵을 공부 중… 씨샵은 즐겁습니다. ^^
```

일부 문자열을 추출하는 Substring( ) 메서드

문자열 중 일부를 추출하고자 할 때는 **Substring( )** 메서드를 사용한다. 다음 예에서는 0번째(제일 앞)부터 두 글자를 추출하므로 "C#"이 추출된다.

```
string str1 = "C#을 공부 중… C#은 즐겁습니다. ^^";
string str2 = str1.Substring(0, 2);
```

문자열을 분리하는 Split( ) 메서드

문자열을 특정 문자로 분리하고자 할 때는 **Split( )** 메서드를 사용한다. Split( ) 메서드는 지정한 문자에 의해 문자열이 분리되므로 그 결과는 배열로 저장된다. 다음 예는 문자열이 콤마(,)로 분리되므로 3개의 배열로 분리된다.

```
string str1 = "IT,CookBook,C#";
string[] str2 = str1.Split(',');
```

살펴본 세 가지 메서드를 소스 코드로 작성해보자.

소스 8-5 문자열 처리 메서드 활용 (프로젝트명 : Project08_5)

```
static void Main(string[] args)
{
    string str, strRep, strSub;
    string[] strAry;

    Console.Write("문자열 입력 ==> ");
    str = Console.ReadLine();

    strRep = str.Replace(" ", "$");
    strSub = str.Substring(3, 8);
    strAry = str.Split(' '); // 공백

    Console.WriteLine();
    Console.WriteLine("입력 문자열 ==> " + str);
    Console.WriteLine("바꾼 문자열 ==> " + strRep);
    Console.WriteLine("일부 문자열 ==> " + strSub);
    for (int i = 0; i < strAry.Length; i++)
        Console.WriteLine("분리한 문자열" + i + "==> " + strAry[i]);
}
```

실행 결과

```
문자열 입력 ==> IT CookBook C# Programming  ← 사용자가 입력한 값

입력 문자열 ==> IT CookBook C# Programming
바꾼 문자열 ==> IT$CookBook$C#$Programming
일부 문자열 ==> CookBo
```

```
분리한 문자열0==> IT
분리한 문자열1==> CookBook
분리한 문자열2==> C#
분리한 문자열3==> Programming
```

3, 4행에서는 입력받을 문자열, 바꿀 문자열, 일부 문자열, 분리된 문자열 배열을 선언했다. 9행은 입력 문자열의 공백을 "$"로 바꾼다. 10행은 입력 문자열의 3~8번째 문자를 추출한다. 11행은 입력 문자열을 공백으로 분리해서 배열로 만든다. 17~18행은 11행에서 분리한 문자열 배열을 하나씩 출력한다.

영문 대·소문자로 전환해 주는 ToUpper( ), ToLower( ) 및 공백을 제거하는 Trim( ) 메서드

ToUpper( ) 메서드는 영문인 경우 대문자로, **ToLower( )** 메서드는 영문인 경우 소문자로 바꿔준다. **Trim( )** 메서드는 앞뒤의 공백 문자를 모두 제거해준다. 간단한 예제를 살펴보자.

소스 8-6 영문 대·소문자 변경 및 공백 제거 (프로젝트명 : Project08_6)

```
1  static void Main(string[] args)
2  {
3      string str = "  한글  ABCD efgh  $#@!  ";
4
5      Console.WriteLine("원본 문자열 ==> [" + str + "]");
6      Console.WriteLine("대문자로   ==> [" + str.ToUpper() + "]");
7      Console.WriteLine("소문자로   ==> [" + str.ToLower() + "]");
8      Console.WriteLine("공백제거   ==> [" + str.Trim() + "]");
9  }
```

실행 결과

```
원본 문자열 ==> [  한글  ABCD efgh  $#@!  ]
대문자로   ==> [  한글  ABCD EFGH  $#@!  ]
소문자로   ==> [  한글  abcd efgh  $#@!  ]
공백제거   ==> [한글  ABCD efgh  $#@!]
```

6행과 7행에서는 문자열을 대문자 또는 소문자로 변경했다. 한글 및 기호는 영향을 받지 않는 것이 확인된다. 8행은 문자열 앞뒤의 공백은 없애주지만, 중간의 공백은 없애지 못한다. 중간의 공백까지 없애야 하는 경우라면 다음의 소스 코드로 수정하면 된다.

소스 8-7 모든 공백 없애기 (프로젝트명 : Project08_7)

```
static void Main(string[] args)
{
    string str = "  한글  ABCD efgh  $#@!  ";
```

```
4       string resStr1 = "", resStr2="";
5
6       Console.WriteLine("원본 문자열 ==> [" + str + "]");
7       for (int i = 0; i < str.Length; i++)
8       {
9           if (str[i] != ' ')
10              resStr1 += str[i];
11      }
12      Console.WriteLine("공백제거(직접 한 글자씩) ==> [" + resStr1 + "]");
13
14      resStr2 = str.Replace(" ", "");
15      Console.WriteLine("공백제거(Replace() 메서드) ==> [" + resStr2 + "]");
16  }
```

실행 결과

```
원본 문자열 ==> [   한글  ABCD  efgh  $#@!   ]
공백제거(직접 한 글자씩) ==> [한글ABCDefgh$#@!]
공백제거(Replace() 메서드) ==> [한글ABCDefgh$#@!]
```

7~11행을 보면 문자열의 모든 문자를 한 글자씩 체크해서, 공백이 아닐 경우 resStr1 변수에 추가하고 공백일 경우 그냥 넘어간다. 결국 공백이 제거되는 결과가 나타난다. 14행은 **Replace(기존_문자열, 새_문자열)** 메서드를 통해 공백이 없는 문자로 변경한다. 결과는 동일하게 출력된다.

SELF STUDY 8-2

[소스 8-7]을 참조하여, 문자열을 입력받을 때 만약 숫자가 입력되면 * 기호로 변경해보자. 예를 들어, "Tel은 010-1234-1234입니다"가 입력되면 "Tel은 ***-****-****입니다"가 출력되도록 한다.

힌트 문자가 숫자인지의 여부는 '0' <= 문자 <= '9'로 확인할 수 있다.

실행 결과

```
문자열 입력 ==> Tel은 010-1234-1234입니다.   ← 사용자가 입력한 값
출력 문자열 ==> Tel은 ***-****-****입니다.
```

두 문자열을 비교하는 CompareTo( ), 문자열의 포함을 확인하는 Contains( ) 메서드

간단한 예제를 통해서 두 메서드의 기능을 파악해보자.

소스 8-8 CompareTo( ), Contains( ) 메서드 사용 예 (프로젝트명 : Project08_8)

```
static void Main(string[] args)
{
    string str1 = "C# Programming";
    string str2 = "C# IT CookBook";
```

```
5
6        Console.WriteLine("원 문자열1 => [" + str1 + "]");
7        Console.WriteLine("원 문자열2 => [" + str2 + "]");
8
9        Console.WriteLine(str1.CompareTo(str2));
10       Console.WriteLine(str1.Contains("C#"));
11   }
```

실행 결과

```
원 문자열1 => [C# Programming]
원 문자열2 => [C# IT CookBook]
1
True
```

9행의 **str1.CompareTo(str2)**의 결과는 0, 1, −1 값 중 하나가 반환된다. **str1 − str2**의 결과라고 생각하면 되는데, 결과가 0이 나오면 str1과 str2가 완전히 동일한 문자열이고, 그 외의 숫자는 두 문자열이 다르다는 뜻이다. 1은 str1이 str2보다 크다는 의미이고, −1은 str1이 str2보다 작다는 의미이다. [소스 8-8]의 경우, 두 문자열이 서로 달라지기 시작한 문자는 각각 P(아스키코드 값 : 80)와 I(아스키코드 값 : 73)이다. 80 − 73을 연산하면 양수이므로 결과가 1이 나온다. 10행은 str1에 "C#"이라는 글자가 들어 있으므로 True를 반환했다.

문자가 숫자인지 확인하는 Char.IsDigit( ) 메서드

프로그래밍을 하다 보면 종종 입력한 문자열이 모두 숫자로만 이루어져 있는지 확인해야 하는 경우가 발생한다. 이때는 문자열의 각 문자를 **Char.IsDigit( )** 메서드로 확인할 수 있다. 간단한 예제로 살펴보자.

소스 8-9 Char.IsDigit( ) 메서드 사용 예 (프로젝트명 : Project08_9)

```
static void Main(string[] args)
 {
     string str ;
     bool numYN = true;

     Console.Write("문자열 입력 => ");
     str = Console.ReadLine();

     Console.Write(str + " --> ");
     foreach (char c in str )
     {
         if (!Char.IsDigit(c))
             numYN = false;
```

```
14      }
15      if (!numYN)
16         Console.WriteLine("숫자가 아닙니다.");
17      else
18         Console.WriteLine("숫자입니다.");
19   }
```

실행 결과

```
문자열 입력 ==> 123456   ← 사용자가 입력한 값
123456 --> 숫자입니다.

문자열 입력 ==> 1234abcd   ← 사용자가 입력한 값
1234abcd --> 숫자가 아닙니다.
```

4행에서는 입력된 문자열이 숫자인지 여부를 저장할 numYN 변수를 준비한다. 그리고 true를 초깃값으로 한다는 것은 입력하는 문자열이 모두 숫자라고 가정한다는 의미이다. 10~14행은 입력한 문자열에서 한 글자씩 추출해서 변수 c에 넣는다. 12행에서는 변수 c가 숫자인지 확인한다. 숫자가 아니라면 ! 기호가 붙어서 반대로 if 문이 true가 되므로 13행을 수행해서 숫자 여부 변수인 numYN에 false를 대입한다. 15행에서 numYN이 false라면, !numYN은 true가 되므로 16행에서 숫자가 아니라고 출력한다. 즉 13행을 한번이라도 수행했다면(= 문자가 하나라도 숫자가 아니라면) 16행이 출력된다. 그렇지 않다면 18행이 출력된다.

3 [프로그램 1]의 완성

첫 번째로 만들 프로그램은 입력한 문자열에서 영문 소문자, 영문 대문자, 한글, 숫자의 개수를 추출하는 프로그램이다. 또한 마지막에는 문자를 거꾸로 출력한다.

하나의 문자가 영문 소문자인지 알기 위해서는 a <= 문자 <= z로, 대문자인지 알기 위해서는 A <= 문자 <= Z로 구분할 수 있다. 한글의 경우 가 <= 문자 <= 힣 정도로 구분이 가능하다.

소스 8-10 입력한 문자의 개수 세기 및 거꾸로 출력 (프로젝트명 : Project08_10)

```
static void Main(string[] args)
{
   string str;
   int lowerCnt = 0, upperCnt = 0, numCnt = 0, hanCnt = 0, etcCnt = 0;

   Console.Write("문자열 입력 ==> ");
   str = Console.ReadLine();

   foreach (char c in str)
```

```
10      {
11          if ('a' <= c && c <= 'z')
12              lowerCnt++;
13          else if ('A' <= c && c <= 'Z')
14              upperCnt++;
15          else if ('0' <= c && c <= '9')
16              numCnt++;
17          else if ('가' <= c && c <= '힣')
18              hanCnt++;
19          else
20              etcCnt++;
21      }
22      Console.WriteLine("소문자:{0}, 대문자:{1}, 숫자:{2}, 한글:{3}, 기타:{4}", lowerCnt,
        upperCnt, numCnt, hanCnt, etcCnt);
23
24      Console.WriteLine();
25      Console.Write("거꾸로 출력 ==> ");
26      for (int i = str.Length -1; i >= 0 ; i--)
27          Console.Write(str[i]);
28      Console.WriteLine();
29  }
```

실행 결과

```
문자열 입력 ==> C#은 어떤 Programming 언어보다 100배로 재미있어요. C#은 1등~~
소문자:10, 대문자:3, 숫자:4, 한글:16, 기타:12

거꾸로 출력 ==> ~~등1 은#C .요어있미재 로배001 다보어언 gnimmargorP 떤어 은#C
```

사용자가 입력한 값

4행에서 영문 소문자, 대문자, 숫자, 한글, 기타 문자를 카운트할 변수를 준비했다. 9~21행은 입력한 문자열에서 한 문자씩 추출해서 반복한다. 11행은 영문 소문자일 경우, 13행은 영문 대문자일 경우, 15행은 숫자일 경우, 17행은 한글일 경우, 19행은 기타일 경우 카운트한다. 22행에서는 카운트한 결과를 출력한다. 26~27행은 입력한 문자열의 마지막 첨자부터 출력한다. 문자열이 입력한 순서와 거꾸로 출력되는 것이다.

SECTION
03 메서드

1 메서드의 개념

메서드(Method)란 무엇을 넣으면 어떤 것을 돌려주는 요술상자이다. 메서드는 C# 프로그램 자체에서도 제공하지만, 사용자가 직접 만들어서 사용하기도 한다.

TIP • 메서드를 다른 언어에서는 함수(Function)라고도 부른다. 엄밀히 구분하자면 클래스 안에 존재하는 함수를 메서드라고 부른다. 하지만 C#의 경우엔 모든 것이 무조건 클래스 안에 존재하므로 모두 메서드가 된다.

먼저, C#에서 제공해주는 메서드를 사용하려면 다음과 같이 표현하면 된다.

```
메서드_이름( );
```

지금까지 여러분이 가장 많이 사용해온 메서드인 Console.WriteLine( ) 메서드를 보자.

```
Console.WriteLine("Cookbook-C#");
```

Console.WriteLine( ) 메서드는 괄호 안에 들어 있는 내용을 화면에 출력해준다. 단순히 Console.WriteLine( ) 메서드에 '무엇'(Cookbook-C#)만 넣었을 뿐인데, 우리가 알지 못하는 곳에서 여러 과정을 거친 뒤 '어떤 것'(화면에 글자 출력)이 나타난다.

사실 Console.WriteLine( ) 메서드의 내부에서 어떤 일이 일어났는지 알지 못하지만 꼭 알아야 할 필요도 없다. 단지 무엇을 입력하면 그 내용을 화면에 출력해주는 기능을 하는 메서드라고 이해하면 된다.

이렇게 C# 자체에서 제공해주는 메서드도 있지만, 필요하다면 직접 메서드를 만들어 사용할 수도 있다. 메서드를 만드는 방법에 대해서는 잠시 후에 알아보도록 하고, 메서드의 개념을 커피 자판기 예를 통해 확실히 다져보자.

[그림 8-4]는 커피 자판기가 없는 상황에서 손님에게 커피를 서비스하는 과정을 나타낸 그림이다. 커피 한 잔을 손님에게 서비스하기까지는 여러 과정이 필요한데, 이를 프로그램으로 구현해보자.

그림 8-4 직접 커피를 타서 서비스하는 과정

소스 8-11 자판기 없이 직접 커피를 타서 서비스하는 과정 (프로젝트명 : Project08_11)

```
static void Main(string[] args)
{
    int coffee;

    Console.Write("어떤 커피 드릴까요? (1:보통, 2:설탕, 3:블랙) ");
    coffee = int.Parse(Console.ReadLine());

    Console.WriteLine();
    Console.WriteLine("# 1. 뜨거운 물을 준비한다");
    Console.WriteLine("# 2. 종이컵을 준비한다");

    switch (coffee)
    {
        case 1:
            Console.WriteLine("# 3. 보통커피를 탄다"); break;
        case 2:
            Console.WriteLine("# 3. 설탕커피를 탄다"); break;
        case 3:
            Console.WriteLine("# 3. 블랙커피를 탄다"); break;
        default:
            Console.WriteLine("# 3. 아무거나 탄다"); break;
    }

    Console.WriteLine("# 4. 물을 붓는다");
    Console.WriteLine("# 5. 스푼으로 저어서 녹인다");

    Console.WriteLine("손님~ 커피 여기 있습니다.");
}
```

실행 결과

```
어떤 커피 드릴까요? (1:보통, 2:설탕, 3:블랙) 2 ◀------ 사용자가 입력한 값

# 1. 뜨거운 물을 준비한다
# 2. 종이컵을 준비한다
# 3. 설탕커피를 탄다
# 4. 물을 붓는다
# 5. 스푼으로 저어서 녹인다
손님~ 커피 여기 있습니다.
```

3행에서 커피의 종류를 입력받을 변수를 선언했고, 5, 6행에서 손님에게 커피의 종류를 입력받았다. 12~22행에서 손님이 입력한 커피 종류에 따라 메시지를 출력한다. 24~25행은 물을 붓고, 스푼으로 커피를 잘 저어서 녹인다. 27행에서 완성된 커피를 손님에게 제공한다.

만약 손님이 한 명이라면 커피를 직접 만들어도 크게 부담이 없지만, 손님이 계속 오는 경우를 생각해보자. 세 명의 손님이 연속해서 온다면? 가장 간단한 방법은 [소스 8-11]의 5~27행을 두 번 더 반복해서 쓰는 것이다.

```
Console.Write("어떤 커피 드릴까요? (1:보통, 2:설탕, 3:블랙) ");
coffee = int.Parse(Console.ReadLine());

Console.WriteLine();
Console.WriteLine("# 1. 뜨거운 물을 준비한다");
Console.WriteLine("# 2. 종이컵을 준비한다");

switch (coffee)
{
    case 1:
        Console.WriteLine("# 3. 보통커피를 탄다"); break;
    case 2:
        Console.WriteLine("# 3. 설탕커피를 탄다"); break;
    case 3:
        Console.WriteLine("# 3. 블랙커피를 탄다"); break;
    default:
        Console.WriteLine("# 3. 아무거나 탄다"); break;
}

Console.WriteLine("# 4. 물을 붓는다");
Console.WriteLine("# 5. 스푼으로 저어서 녹인다");

Console.WriteLine("손님~ 커피 여기 있습니다.");
```

```
// 두 번째 손님을 위해 위 코드를 다시 반복
// 세 번째 손님을 위해 위 코드를 다시 반복
// …
```

하지만 이렇게 프로그램을 짜면 손님이 올 때마다 5~27행을 계속 반복해서 써야 한다. 틀린 방법은 아니지만 소스 코드가 너무 길어진다. 이 문제를 해결할 획기적인 방법이 있다. 바로 커피 자판기를 만드는 것이다. 커피 자판기를 만들면 실행 과정은 [그림 8-5]와 같이 간단해진다.

TIP • 요즘 길거리엔 커피 자판기를 보기가 어렵지만, 예전에는 동전을 넣으면 보통, 설탕, 블랙 커피를 뽑아주는 자판기가 흔하게 있었다. 요즘도 고속도로 휴게소 등에 설치되어 있는 것을 볼 수 있다.

그림 8-5 커피 자판기를 사용해 커피를 서비스하는 과정

이제 직원은 더 이상 커피를 만들지 않아도 된다. 손님에게 주문을 받고 커피 자판기에서 해당 버튼을 누르기만 하면 된다. 커피 자판기에서 커피가 나오면 손님에게 가져다주면 된다.

그럼, 직접 커피를 탈 때 수행하던 중간 과정은 어떻게 될까? 이 기능들은 커피 자판기에서 수행된다. 이때, 커피 자판기를 사용하기 위해 사용자가 자판기의 내부 동작 과정을 반드시 알아야 할까? 그렇지 않다. 사용자는 그저 원하는 커피의 버튼을 누르면 해당 커피가 나온다는 것만 생각하면 충분하다.

즉, 처음에만 신경 써서 커피 자판기(메서드)를 만들어 두면 더 이상 내부 작동에 대해서는 신경 쓰지 않아도 된다(그래서 메서드의 내부가 보이지 않기에 메서드를 블랙박스라고 부르기도 한다).

커피 자판기를 실제 프로그램으로 만들어보자. 앞서 배운 메서드의 개념을 응용하여 [소스 8-11]을 수정하면 다음과 같다.

TIP • 지금까지는 소스 코드에 Main( ) 메서드만 표시했지만, 다른 메서드와 구분이 필요한 소스 코드는 메서드를 모두 포함하는 **internal class Program { }** 부분도 표현했다.

소스 8-12 자판기를 사용해 커피를 서비스하는 과정 (프로젝트명 : Project08_12)

```
internal class Program
{
```

```
    static void CoffeeMachine(int button)
    {
        Console.WriteLine();
        Console.WriteLine("# 1.(자동으로) 뜨거운 물을 준비한다");
        Console.WriteLine("# 2.(자동으로) 종이컵을 준비한다");

        switch (button)
        {
            case 1:
                Console.WriteLine("# 3.(자동으로) 보통커피를 탄다"); break;
            case 2:
                Console.WriteLine("# 3.(자동으로) 설탕커피를 탄다"); break;
            case 3:
                Console.WriteLine("# 3.(자동으로) 블랙커피를 탄다"); break;
            default:
                Console.WriteLine("# 3.(자동으로) 아무거나 탄다"); break;
        }

        Console.WriteLine("# 4.(자동으로) 물을 붓는다");
        Console.WriteLine("# 5.(자동으로) 스푼으로 저어서 녹인다");
        return;
    }

    static void Main(string[] args)
    {
        int coffee;

        Console.Write("어떤 커피 드릴까요? (1:보통, 2:설탕, 3:블랙) ");
        coffee = int.Parse(Console.ReadLine());

        CoffeeMachine(coffee);

        Console.WriteLine("손님~ 커피 여기 있습니다.");
    }
}
```

실행 결과

```
어떤 커피 드릴까요? (1:보통, 2:설탕, 3:블랙) 2 ◀---- 사용자가 입력한 값

# 1.(자동으로) 뜨거운 물을 준비한다
# 2.(자동으로) 종이컵을 준비한다
# 3.(자동으로) 설탕커피를 탄다
# 4.(자동으로) 물을 붓는다
# 5.(자동으로) 스푼으로 저어서 녹인다
손님~ 커피 여기 있습니다.
```

먼저 26~36행의 Main( ) 메서드를 살펴보자. 30~31행에서는 손님에게 커피 종류를 물어보았다. 직접 커피를 탈 때의 과정에 해당하는 33행에는 커피 자판기만 있다. 즉, 33행에서 커피 자판기의 버튼을 누르면 35행의 손님에게 커피를 대접할 수 있다.

이때 주의할 점은 손님이 주문한 커피가 설탕이라면 33행에서 coffee 변수에 2를 입력하고, 이 값을 3행의 커피 자판기 버튼에 넘긴 후 실행해야 한다는 점이다(커피 자판기의 '설탕커피' 버튼을 누르는 과정).

3~24행까지는 **CoffeeMachine( )**이라는 커피 자판기(메서드) 안에서 커피를 만드는 과정이 자동으로 수행된다. 그리고 23행의 return 문을 통해 다시 커피 자판기를 눌렀던(= 메서드를 호출했던) 33행으로 돌아간다.

그런데 커피 자판기를 이용한 [소스 8-12]를 보니 [소스 8-11]보다 코드의 행수가 더 많아졌다. 이럴 바에는 차라리 [소스 8-11]처럼 커피를 직접 타는 것이 더 나아 보인다. 맞는 말이다. 하지만 그것은 커피를 한 잔만 타는 경우에 한했을 때일 뿐이다.

[소스 8-12]를 이용해 세 명의 손님(A, B, C)에게 커피를 대접해보자.

소스 8-13 **여러 명의 주문을 받아 커피를 서비스하는 과정** (프로젝트명 : Project08_13)

```
internal class Program
{
    static void CoffeeMachine(int button)
    {
        // [소스 8-12]의 5~23행과 동일
    }

    static void Main(string[] args)
    {
        int coffee;

        Console.Write("A님. 어떤 커피 드릴까요? (1:보통, 2:설탕, 3:블랙) ");
        coffee = int.Parse(Console.ReadLine());
        CoffeeMachine(coffee);
```

여기서 잠깐

파스칼 표기법

C#에서는 메서드의 이름을 대문자로 시작하며, 중간에 대문자로 구분하는 방법을 사용하기를 권장한다. 예를 들어, coffee_machine( ) 같은 이름보다는 CoffeeMachine( )처럼 각 단어의 시작을 대문자로 사용하는 것이다. 이를 파스칼 표기법이라고 부른다. C, C++, 자바, 파이썬 등의 다른 언어에서는 메서드의 이름을 주로 소문자로 시작한다. 물론 C#에서 메서드의 이름을 소문자로 시작하거나 중간에 언더바(_)를 사용해도 오류가 발생하진 않는다.

```
33         Console.WriteLine("A님~ 커피 여기 있습니다.\n");
34
35         Console.Write("B님. 어떤 커피 드릴까요? (1:보통, 2:설탕, 3:블랙) ");
36         coffee = int.Parse(Console.ReadLine());
37         CoffeeMachine(coffee);
38         Console.WriteLine("B님~ 커피 여기 있습니다.\n");
39
40         Console.Write("C님. 어떤 커피 드릴까요? (1:보통, 2:설탕, 3:블랙) ");
41         coffee = int.Parse(Console.ReadLine());
42         CoffeeMachine(coffee);
43         Console.WriteLine("C님~ 커피 여기 있습니다.\n");
44     }
45 }
```

실행 결과

```
A님. 어떤 커피 드릴까요? (1:보통, 2:설탕, 3:블랙) 1 ◀---- 사용자가 입력한 값

# 1.(자동으로) 뜨거운 물을 준비한다
# 2.(자동으로) 종이컵을 준비한다
# 3.(자동으로) 보통커피를 탄다
# 4.(자동으로) 물을 붓는다
# 5.(자동으로) 스푼으로 저어서 녹인다
A님~ 커피 여기 있습니다.

B님. 어떤 커피 드릴까요? (1:보통, 2:설탕, 3:블랙) 2 ◀---- 사용자가 입력한 값

# 1.(자동으로) 뜨거운 물을 준비한다
~~~같은 내용이 반복됨~~~
```

코드를 보니, 이제야 커피 자판기(메서드)의 장점을 알 수 있다. 커피 자판기는 매번 커피를 탈 필요 없이 32행, 37행, 42행에서 커피 자판기의 버튼만 눌러주면(=메서드를 세 번 호출하면) 커피 세 잔이 자동으로 나온다.

SELF STUDY 8-3

[소스 8-13]을 수정해서 반복문으로 코드를 만들고 커피 세 잔을 뽑아보자.

힌트 손님을 문자열 "ABC"로 하고, foreach( ) 문으로 한 글자씩 추출해서 사용하면 된다.

실행 결과

[소스 8-13]과 동일한 결과

2 메서드의 모양과 활용

커피 자판기의 예로 메서드의 기본 개념을 이해했을 것이다. 이렇게 메서드를 만들어 사용하면 반복적으로 코딩해야 할 내용을 한 번만 코딩해 두고 필요할 때마다 가져다 사용할 수 있다. 일단 메서드로 만들어 놓으면 동일한 동작을 계속 수행하므로 내부 내용이 바뀔 일도 없다(커피 자판기의 커피는 재료가 달라지지 않는 한 늘 같은 맛이다).

이제 메서드에 대해 더 자세히 알아보자. 일단 메서드의 기본 형태는 다음과 같다.

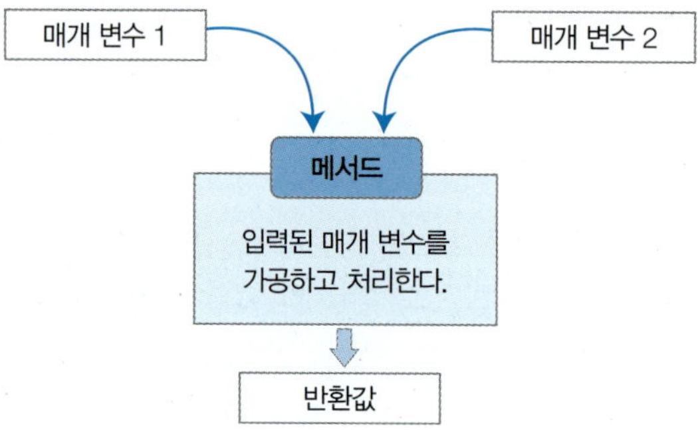

그림 8-6 메서드의 형태

[그림 8-6]과 같이 메서드는 매개 변수(Parameter)를 입력받아 가공 및 처리한 후 반환값을 돌려준다(커피 자판기를 예로 들면, 동전과 버튼입력이라는 매개 변수를 받아 커피를 탄 후 반환값으로 커피를 돌려주는 것이다).

두 정수를 입력받아 그 수들의 합계를 반환해주는 **Plus( )** 메서드를 만들어보자.

TIP • 매개 변수는 인수, 인자, 파라미터 등 다양한 용어로도 불린다.

소스 8-14 본격적인 메서드 사용 예 1 (프로젝트명 : Project08_14)

```
internal class Program
{
    static int Plus(int v1, int v2)
```

여기서 잠깐

메서드 사용 시 장점

메서드에 대해 공부하는 이유는 다음과 같은 장점 때문이다. 지금은 좀 이해하기 어려울 테니 가볍게 훑어보기만 하자. 나중에 이 장을 마치면 다시 읽어보기 바란다.

- 코드의 모듈화 : 메서드를 기능별로 작성하여 필요한 기능만 조합할 수 있다.
- 코드의 간략화 : 반복되는 문장을 밖으로 빼냄으로써 C# 소스 코드를 간결하게 만든다.
- 코드의 재사용성 : 한번 작성한 메서드를 다시 사용할 수 있다.
- 코드의 수정 용이 : 프로그램 오류를 수정하기가 쉽다.

```
4        {
5            int result;
6            result = v1 + v2;
7            return result;
8        }
9
10       static void Main(string[] args)
11       {
12           int hap;
13           hap = Plus(100, 200);
14           Console.WriteLine("100과 200의 Plus() 메서드 결과는 : {0}", hap);
15       }
16   }
```

실행 결과

```
100과 200의 Plus() 메서드 결과는 : 300
```

C#은 Main( ) 메서드 부분을 우선 실행한다. 그러므로 [소스 8-14]도 10행부터 수행된다고 보면 된다. 13행에서의 동작은 [그림 8-7]을 보면서 이해해보자.

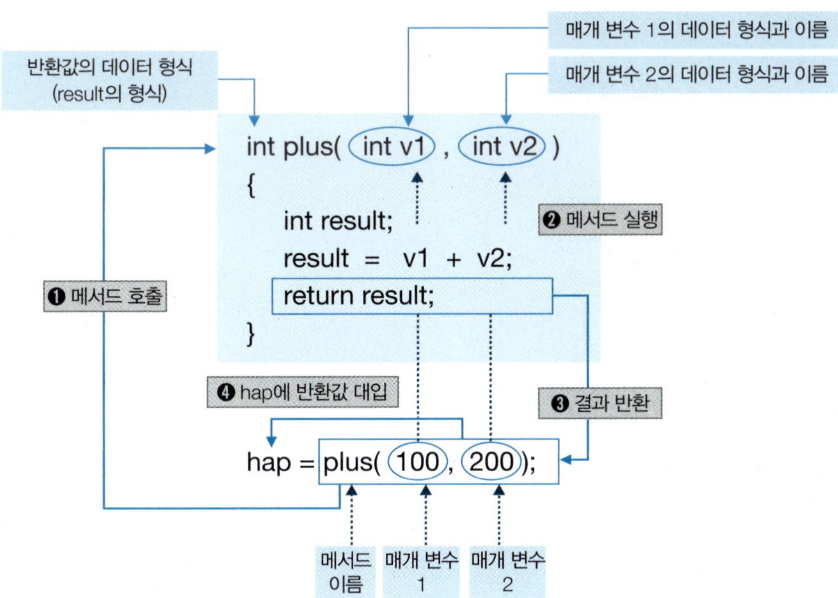

그림 8-7 Plus( ) 메서드의 형태와 호출 순서

[그림 8-7]은 Plus( ) 메서드를 정의하고 호출하는 과정을 잘 보여준다. 우선, Plus( ) 메서드는 매개 변수(=파라미터)를 2개 받는다. Plus( ) 메서드를 호출할 때는 **Plus(숫자1, 숫자2)**와 같은 형식으로 호출해야 한다. Plus( ) 메서드에서 처리된 결과의 반환값은 **int**형이다. 즉, return 뒤에 정수형을 돌려줘야 한다.

TIP • 메서드의 제일 앞에 붙은 static은 메서드를 클래스 메서드로 만들어준다. 아직 클래스를 배우지 않아서 이해하기 어려울 것이므로 일단은 메서드 앞에 그냥 붙어 있는 것이라고 생각하자. 클래스는 11장과 12장에서 자세히 배울 것이다.

❶ 메서드 호출

Plus(100, 200)으로 메서드를 호출하면 100과 200이라는 숫자를 가지고 Plus( ) 메서드를 호출한다. 그때 Plus( ) 메서드의 매개 변수인 v1에는 100이, v2에는 200이 차례대로 할당된다.

❷ 메서드 실행

Plus( ) 메서드의 내용을 보면 v1과 v2를 더해 result에 대입시킨 후, return result 문장에 의해 해당 메서드를 호출했던 곳으로 돌아간다.

❸ 결과 반환

메서드를 실행하여 얻은 결과값인 result 값(300)을 Plus( ) 메서드를 호출했던 곳으로 돌려준다.

❹ 반환값 대입

result 값 300을 변수 hap에 대입한다. 여기서 기억할 것은, Plus(100, 200)의 결과를 hap에 넣어야 하므로 hap의 데이터 형식과 Plus( ) 메서드의 데이터 형식이 같아야 한다는 점이다.

[그림 8-7]이 좀 복잡하다면 [그림 8-8]처럼 간단히 표현할 수도 있다.

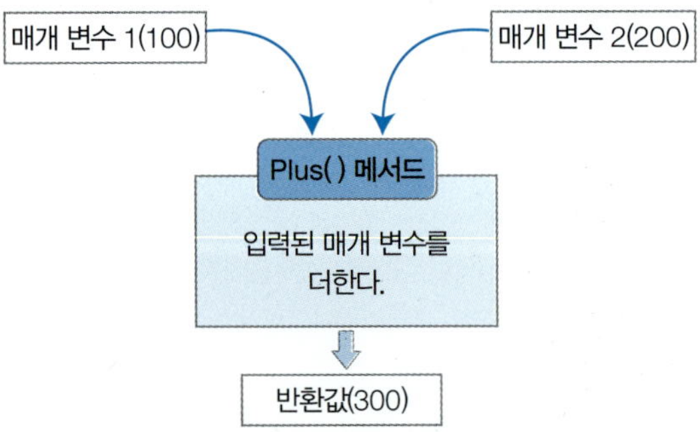

그림 8-8 Plus( ) 메서드의 호출을 간단히 표현

이제 사용자가 입력한 두 숫자에 대해 덧셈, 뺄셈, 곱셈, 나눗셈 동작을 수행하는 계산기 메서드를 작성해보자.

소스 8-15 본격적인 메서드 사용 예 2 (프로젝트명 : Project08_15)

```
internal class Program
{
    static int Calc(int v1, char op, int v2)
    {
        int result;
```

```
6
7            switch (op)
8            {
9                case '+': result = v1 + v2; break;
10               case '-': result = v1 - v2; break;
11               case '*': result = v1 * v2; break;
12               case '/': result = v1 / v2; break;
13               default: result = 0; break;
14           }
15
16           return result;
17       }
18
19       static void Main(string[] args)
20       {
21           int res;
22           char oper;
23           int n1, n2;
24
25           Console.Write("첫 번째 숫자를 입력  : ");
26           n1 = int.Parse(Console.ReadLine());
27           Console.Write("연산자 (+, -, *, /) : ");
28           oper = Console.ReadLine()[0];
29           Console.Write("두 번째 숫자를 입력  : ");
30           n2 = int.Parse(Console.ReadLine());
31
32           res = Calc(n1, oper, n2);
33
34           Console.WriteLine("계산 결과 : {0}", res);
35       }
36   }
```

실행 결과

```
첫 번째 숫자를 입력  : 10
연산자 (+, -, *, /) : *
두 번째 숫자를 입력  : 4
계산 결과 : 40
```

사용자가 입력한 값

TIP • 3행 Calc( ) 메서드의 파라미터인 v1, op, v2와 22, 23행에서 호출할 때 사용할 n1, oper, n2의 변수는 이름을 다르게 했지만, 필요하다면 같은 이름을 써도 상관없다. 즉, 3행을 Calc(int n1, char oper, int n2)로 선언하고 Calc( ) 메서드 안에서도 n1, oper, n2를 사용할 수 있다.

먼저 3행의 static int Calc( ) 메서드의 데이터형과 16행의 result 변수의 데이터형이 정수형(int)이라는 점을 확인하자. 25행에서는 첫 번째 숫자, 27행에서는 연산자, 29행에서는 두 번째 숫자를 입력받는다. 28행에서는 연산자는 한 글자이므로 [0]을 붙여서 입력한 문자열 중 첫 번째 글자만 인정하도록 한다. 32행에서는 **Calc( )** 메서드에 3개의 매개 변수를 넘겨주며 호출한다. 이 매개 변수는 Calc( ) 메서드가 위치한 3행의 **n1 → v1, oper → op, n2 → v2**에 각각 대응된다. 7~14행에서는 사용자가 선택한 연산자에 따라 필요한 연산을 수행한다. 16행에서 Calc( ) 메서드를 종료한 뒤 메서드를 호출했던 32행으로 돌아간다. 32행에서는 Calc( ) 메서드에서 반환한 값을 res에 넣고, 34행에서 출력한다.

SECTION 04

지역 변수와 전역 변수

변수는 인식되는 범위에 따라 크게 두 종류로 나눌 수 있다. 집(메서드) 안에서만 사용되는 변수인 지역 변수(Local Variable)와 집 밖에서도 사용할 수 있는 전역 변수(Global Variable)로 나뉜다. 프로그램을 짜다 보면 간혹 의도한 대로 변수의 범위가 지정되지 않아 프로그램의 흐름에 이상이 생길 수 있다. 그러므로 지역 변수와 전역 변수를 제대로 사용할 수 있도록 두 변수의 개념을 이해하고, 정확한 사용법에 대해 배워보자.

1 지역 변수와 전역 변수의 이해

지역 변수란 말 그대로 한정된 지역(Local)에서만 사용되는 변수이며, 전역 변수란 프로그램 전체(Global)에서 사용되는 변수이다.

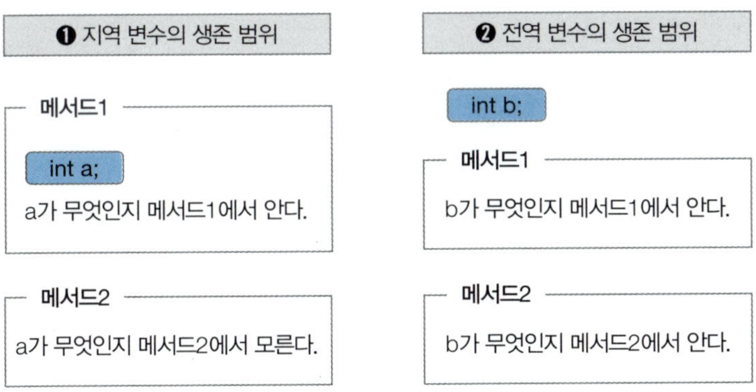

그림 8-9 지역 변수와 전역 변수의 생존 범위

> **여기서 잠깐** — **인스턴스 변수, 클래스 변수, 전역 변수**
>
> 전역 변수와 비슷한 개념으로 인스턴스 변수(Instance Variable), 클래스 변수(Class Variable), 필드(Field) 등이 있다. 아직 객체지향에 대해 배우지 않아서 이를 구분하긴 어렵다. 그래서, 이번 장에서는 다른 프로그래밍 언어와 공통되도록 메서드 밖에서 선언하는 변수를 전역 변수라 부르겠다. 참고로 전역 변수 앞에는 static 키워드가 항상 붙는다. 일단 C#의 전역 변수 앞에는 static이 붙는다고 기억해 두자.

[그림 8-9]의 ❶을 보면, 지역 변수 a는 현재 메서드1 안에 선언되어 있다. 그러므로 a는 메서드1 안에서만 사용될 수 있고, 메서드2에서는 a의 존재 자체를 알지 못한다. ❷는 전역 변수 b의 범위를 보여준다. b는 메서드(메서드1, 메서드2) 안이 아니라 바깥에 선언되어 있으므로 모든 메서드에서 b의 존재를 안다.

간혹 지역 변수와 전역 변수의 이름이 같을 수 있는데, 이때는 메서드 내에 변수가 정의되어 있는가를 확인해보면 간단히 구분할 수 있다. [그림 8-10]을 보면, 같은 a라고 해도 메서드1의 a는 메서드 내에서 따로 정의했으므로 지역 변수이고, 메서드2의 a는 메서드 안에 정의된 것이 없으므로 전역 변수이다.

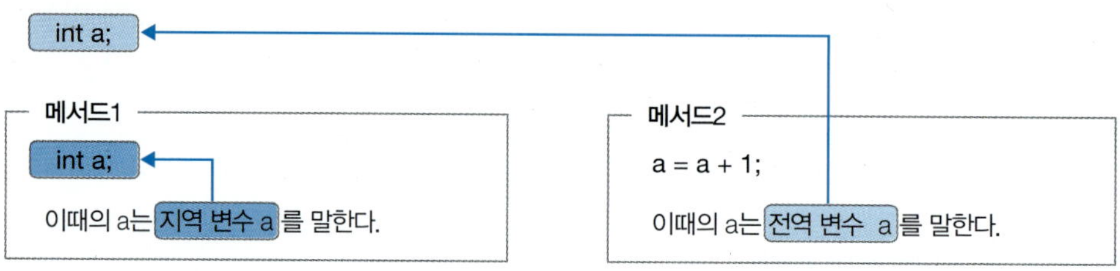

그림 8-10 지역 변수와 전역 변수의 구분

2 지역 변수와 전역 변수의 비교

소스 8-16 지역 변수와 전역 변수의 비교 (프로젝트명 : Project08_16)

```
internal class Program
{
    static int a = 100;
    static void Func1()
    {
        int a = 200;
        Console.WriteLine("func1()에서 a의 값==> {0}", a);
    }

    static void Main(string[] args)
    {
        Func1();
        Console.WriteLine("Main()에서 a의 값==> {0}", a);
    }
}
```

실행 결과

```
Func1()에서 a의 값==> 200
Main()에서 a의 값==> 100
```

우선, 3행에서 전역 변수 a를 선언하고 100을 대입했다. 12행에서 Func1( ) 메서드를 호출하면 6행에서 지역 변수 a를 선언하여 200을 넣는다. 7행에서 변수 a를 출력하면 지역 변수 값 200이 출력된다. 그리고 다시 Func1( ) 메서드를 호출한 Main( ) 메서드로 돌아와 13행에서 a를 출력한다. 이때 Main( ) 메서드에는 변수 a가 없으므로, 3행에서 선언한 전역 변수 a 값인 100이 출력된다.

TIP • Main( ) 자체도 메서드이며, C# 프로그램은 이 Main( ) 메서드에서부터 시작된다. C# 클래스 안에서는 한 개의 Main( ) 메서드가 있어야 한다.

SECTION
05 반환값과 매개 변수

앞선 설명을 통해 메서드의 기본적인 사용 방법을 잘 이해했을 것이다. 하지만 지금까지는 메서드의 일부만 다루었을 뿐이다. 메서드를 제대로 사용하려면 매개 변수를 전달하는 방법과 메서드 수행이 끝난 후의 결과값 반환 여부에 대해 완벽하게 이해해야 한다.

이번 절에서는 반환값 유무에 따른 메서드의 형태를 살펴보고, 매개 변수 사용법에 대해 알아보기로 하자.

TIP • 반환값은 return 문에 의해 반환되므로 '리턴값'이라고도 부른다. 매개 변수(Parameter)는 영문 그대로 파라미터 또는 파라미터 변수라고도 부른다. 메서드를 호출하는 쪽은 인수(Argument), 메서드의 호출을 받는 쪽은 매개 변수(Parameter)로 구분하기도 하는데 이 책에서는 매개 변수 또는 파라미터라 칭할 것이다.

1 반환값 유무에 따른 메서드 구분

메서드를 사용하다 보면 실행 후 처리된 값을 반환할 때도 있고, 그렇지 않을 때도 있다. 값을 반환하는 메서드를 사용하는 경우에는 **반환될 값의 데이터형**으로 메서드를 선언해야 한다. 또한 반환될 값이 없는 경우라면 **void**형으로 메서드를 선언해야 한다.

반환값이 있는 메서드

메서드를 실행한 후에 나온 결과값은 메서드의 데이터형을 따른다고 했다. 즉 **int 메서드_이름( )**으로 메서드를 정의했다면, 메서드의 결과 역시 정수형 변수나 정수값이어야 하며, **return 정수형_변수** 또는 **return 정수값**으로 표현해야 한다는 뜻이다.

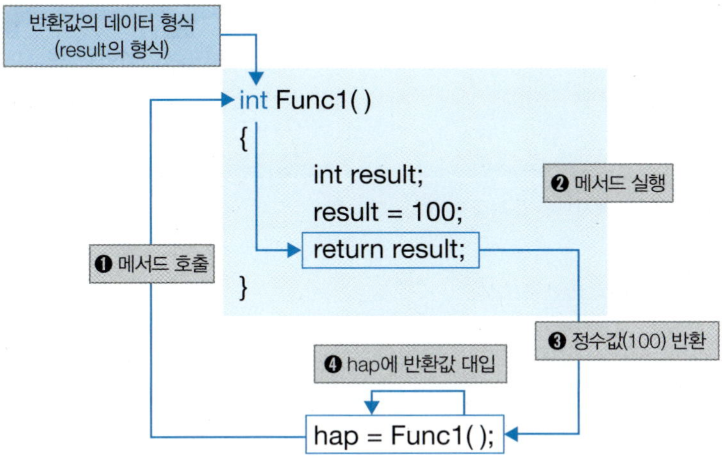

그림 8-11 int형 값의 반환

Func1( )은 int형이므로 return 문에서 정수형 변수 result를 반환했다.

반환값이 없는 메서드

메서드를 실행했을 때 돌려줄 값이 없는 경우에는 메서드의 데이터형을 **void**로 쓰면 된다. void는 **아무것도 반환할 것이 없다**는 의미이다.

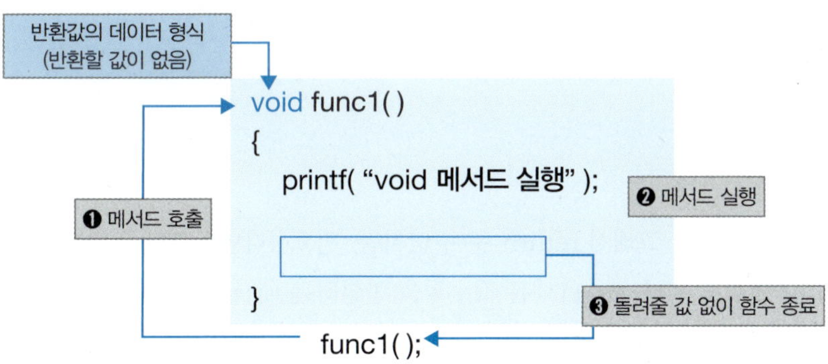

그림 8-12 void형 메서드의 작동

위와 같이 void형 메서드는 메서드를 실행한 후 반환값 없이 메서드를 마친다. 그러므로 void형 메서드를 호출할 경우에는 메서드 이름만 써주면 되며, 반환값을 고려한 변수를 같이 쓸 필요가 없다. 또는 함수의 마지막에 **return;**만 써줘도 된다.

> **여기서 잠깐** — **Main( ) 메서드의 반환값**
>
> 지금까지는 void Main( )과 같이 메인 메서드도 void형으로 선언했다. Main( ) 메서드의 끝은 프로그램의 끝이라는 의미이므로, return 문을 사용하지 않아도 별 문제가 없었다.

소스 8-17 반환값 유무에 따른 메서드 비교 (프로젝트명 : Project08_17)

```
1  internal class Program
2  {
3      static void Func1()
4      {
5          Console.WriteLine("void형 메서드는 돌려줄 게 없음.");
6          // return;
7      }
8      static int Func2()
9      {
10         return 100;
11     }
12
13     static void Main(string[] args)
14     {
15         int a;
16
17         Func1();
18
19         a = Func2();
20         Console.WriteLine("int형 메서드에서 돌려준 값 ==> {0}", a);
21     }
22 }
```

실행 결과

```
void형 메서드는 돌려줄 게 없음.
int형 메서드에서 돌려준 값 ==> 100
```

3~7행은 void형 메서드를 선언했다. 그래서 return 문이 없지만, 필요하다면 6행의 주석을 제거하고 반환값 없이 return만 써줘도 된다. 8~11행은 정수형을 반환하는 메서드를 선언했다. 17행에서 void형 메서드인 Func1( )을 호출하면 아무것도 돌려받지 않고 다음 행으로 넘어간다. 19행에서 int형 메서드인 Func2( )를 호출하면 Func2( )를 실행한 후 Func2( )의 반환값을 a에 넣고 20행에서 출력한다.

반환값이 여러 개인 메서드

메서드는 문법상 반환값이 2개 이상일 수 없음에도 불구하고, 코드를 작성하다 보면 종종 값을 2개 이상 반환해야 할 때가 있다. 이때는 배열에 반환할 값을 넣은 후 배열을 반환하면 된다. 배열에는 많은 데이터를 넣더라도 결국 값을 하나 반환하는 것이므로 문법상 문제가 없다.

다음 소스 코드는 함수를 호출하면 배열에 랜덤하게 5~10개의 주사위 숫자를 넣어서 반환하는 프로그램이다.

소스 8-18 배열에 여러 개의 값을 넣어서 반환 (프로젝트명 : Project08_18)

```
1   internal class Program
2   {
3       static int[] DrawDice()
4       {
5           Random rnd = new Random();
6           int[] diceAry = new int[rnd.Next(5, 11)];
7
8           for(int i = 0; i < diceAry.Length; i++)
9               diceAry[i] = rnd.Next(1, 7);
10
11          return diceAry;
12      }
13
14      static void Main(string[] args)
15      {
16          int[] ary;
17          ary = DrawDice();
18
19          Console.Write("{0}회 던졌음 ==> ", ary.Length);
20          for (int i = 0; i < ary.Length; i++)
21              Console.Write(ary[i] + " ");
22          Console.WriteLine();
23      }
24  }
```

실행 결과

```
5회 던졌음 ==> 6 2 5 4 4
```

3행에서 반환값이 정수형 배열인 메서드를 선언했다. 11행에서 반환되는 값은 6행에서 선언한 배열이다. 6행에서 5~10 크기의 배열을 랜덤하게 생성한다. 8, 9행은 주사위를 던져 배열에 숫자 1~6을 채운다. 16행에서는 빈 배열을 준비하고, 17행에서 메서드를 호출해 배열을 반환받는다. 19~21행은 배열의 개수(= 주사위를 던진 횟수)를 출력하고 주사위 숫자도 모두 출력한다.

SELF STUDY 8-4

[소스 8-18]을 참조해서 주사위 3개를 동시에 던져 숫자 3개를 반환하는 함수를 만들어보자. 메인 함수에서는 던질 때마다 횟수와 숫자 3개가 출력되도록 한다. 단, 숫자가 모두 동일하게 나오면 프로그램을 종료하도록 한다.

힌트 메서드 밖에서 rnd를 전역 변수로 선언한다. 그렇지 않으면 같은 수가 반복해서 나온다.

실행 결과

```
1회 ==> 4 4 1
2회 ==> 3 5 6
        ...
40회 ==> 6 2 3
41회 ==> 1 1 1
```

2 매개 변수 전달 방법

매개 변수의 전달에는 값의 전달(Call by value)과 참조의 전달(Call by reference) 방법이 있다. 값의 전달은 말 그대로 값 자체를 메서드에 넘겨주는 방법이고, 참조의 전달은 주소값(Address)을 메서드에 넘겨주는 방법이다. 설명만으로는 이해하기가 쉽지 않으므로, 예제로 살펴보자.

값의 전달

메서드에 매개 변수를 전달할 때 숫자나 문자 그 자체를 전달한다. 메서드는 그 값 자체를 받아들이는데, 원래 값을 전달한 곳에는 아무런 영향을 미치지 않는다. 다음의 소스 코드를 보면서 이해해보자.

소스 8-19 매개 변수 전달 방법 : 값의 전달 (프로젝트명 : Project08_19)

```
internal class Program
{
    static void Func1(int a)
    {
        a = a + 1;
        Console.WriteLine("전달받은 a ==> {0}", a);
    }

    static void Main(string[] args)
    {
        int a = 10;

        Func1(a);
        Console.WriteLine("Func1() 실행 후의 a ==> {0}", a);
    }
}
```

실행 결과

```
전달받은 a ==> 11
Func1() 실행 후의 a ==> 10
```

11행에서 a 값으로 10을 입력했고, 13행에서 Func1(a)를 호출했다. 3행의 a 값으로 10이 들어왔는데, 5행에서 a 값을 1 증가시킨 후 출력했다. Func1( ) 메서드가 종료된 후 14행에서 a를 출력하니 원래 값인 10이 출력되었다. 이 과정을 그림으로 살펴보자.

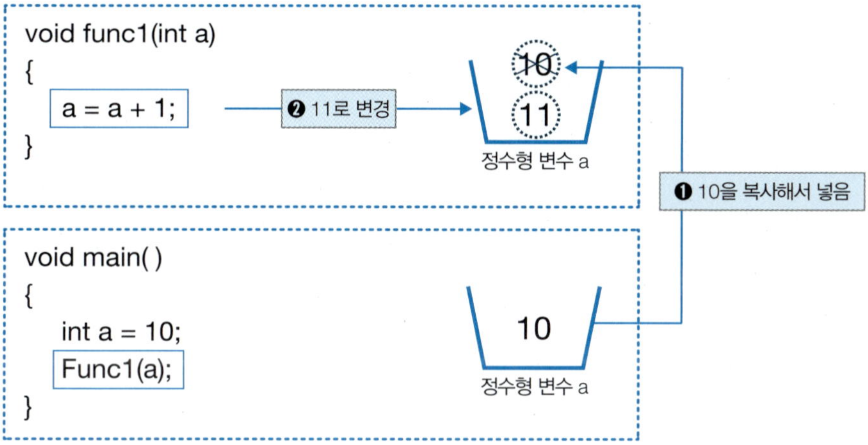

그림 8-13 매개 변수 전달 : 값의 전달

[그림 8-13]을 보면 아래쪽 Main( ) 메서드에서 a를 정의하고 위쪽 Func1(a) 메서드를 호출했다. Func1( ) 메서드의 a에 10을 복사해서 넣으면 a 값을 1 증가시켜서 11로 바꾼다. 하지만 Main( ) 메서드의 a 값은 변경되지 않고 그대로 10을 유지한다. 이런 방식이 값에 의한 전달이며, 지금까지 실습한 소스 코드 중 변수를 전달한 메서드는 모두 값에 의한 전달 방법을 사용한 것이다.

참조의 전달

이번에는 매개 변수 값의 앞에 ref 예약어를 붙여서 사용해보자. **ref**는 Reference(참조)의 약자로, 전달할 때 값이 아닌 참조(=주소)를 전달하는 방식을 사용한다. 우선 [소스 8-20]을 통해 전달 방법을 살펴보자.

소스 8-20 매개 변수 전달 방법 : 참조의 전달 (프로젝트명 : Project08_20)

```
internal class Program
{
    static void Func1(ref int a)
    {
        a = a + 1;
```

```
6           Console.WriteLine("전달받은 a ==> {0}", a);
7       }
8
9       static void Main(string[] args)
10      {
11          int a = 10;
12
13          Func1(ref a);
14          Console.WriteLine("Func1() 실행 후의 a ==> {0}", a);
15      }
16  }
```

실행 결과

```
전달받은 a ==> 11
Func1() 실행 후의 a ==> 11
```

[소스 8-19]와 구성은 동일하지만 결과가 다르다. 두 값 모두 11이 나왔다. 3행과 13행의 파라미터에 ref 키워드를 붙였을 뿐인데 무엇이 다른 것일까? [그림 8-14]를 한번 보자. ref를 붙이면 변수값이 아닌 주소값이 전달된다. 주소값 자체를 정확히 알 필요는 없으므로 임의로 100번지라고 가정하자.

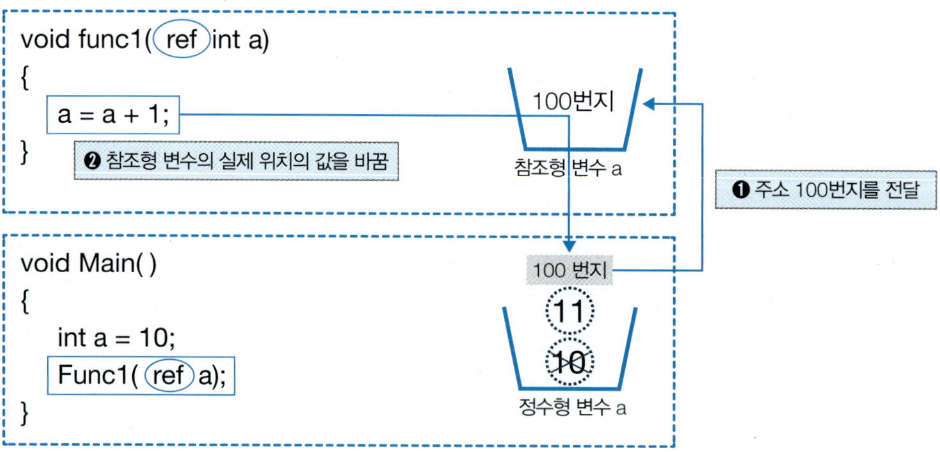

그림 8-14 매개 변수 전달 : 참조의 전달

13행에서 a의 참조를 Func1( ) 메서드에 전달한다. 3행에서 Func1( ) 메서드에는 매개 변수를 ref로 선언해 놓았으므로, Func1( ) 메서드의 매개 변수 a 값에 100번지가 들어간다. 5행에서 a 값인 100번지에 저장된 10을 11로 변경한다. 6행에서 a를 출력하면 100번지의 값이 출력되므로 값으로 11이 출력된다. Func1( ) 메서드의 실행이 끝난 후 13행으로 돌아와 a를 출력하면 역시 11이 출력된다. 결국 변수 a의 실체는 Main( ) 함수에 하나만 있다고 보면 된다.

이번에는 두 문자를 교환하는 예제를 통해 값을 전달하는 방법과 참조를 전달하는 방법을 확실히 구분해보자.

소스 8-21 매개 변수 전달 방법 비교 (프로젝트명 : Project08_21)

```
internal class Program
{
    static void Func1(char x, char y)
    {
        char imsi;
        imsi = x;
        x = y;
        y = imsi;
    }

    static void Func2(ref char x, ref char y)
    {
        char imsi;
        imsi = x;
        x = y;
        y = imsi;
    }

    static void Main(string[] args)
    {
        char x = 'A', y = 'Z';
        Console.WriteLine("원래 값          : x = {0}, y = {1}", x, y);
        Func1(x, y);
        Console.WriteLine("값을 전달한 후    : x = {0}, y = {1}", x, y);

        Console.WriteLine();

        x = 'A';
        y = 'Z';
        Console.WriteLine("원래 값          : x = {0}, y = {1}", x, y);
        Func2(ref x, ref y);
        Console.WriteLine("참조를 전달한 후  : x = {0}, y = {1}", x, y);
    }
}
```

실행 결과

```
원래 값          : x = A, y = Z
값을 전달한 후    : x = A, y = Z

원래 값          : x = A, y = Z
참조를 전달한 후  : x = Z, y = A
```

23행은 값에 의한 전달로 [그림 8-15]와 같이 작동한다. 단순히 값을 복사해서 넘겨주는 것이므로 Func1( ) 메서드를 호출한 후에도 Main( ) 메서드에서 출력되는 값에는 영향을 주지 않는다.

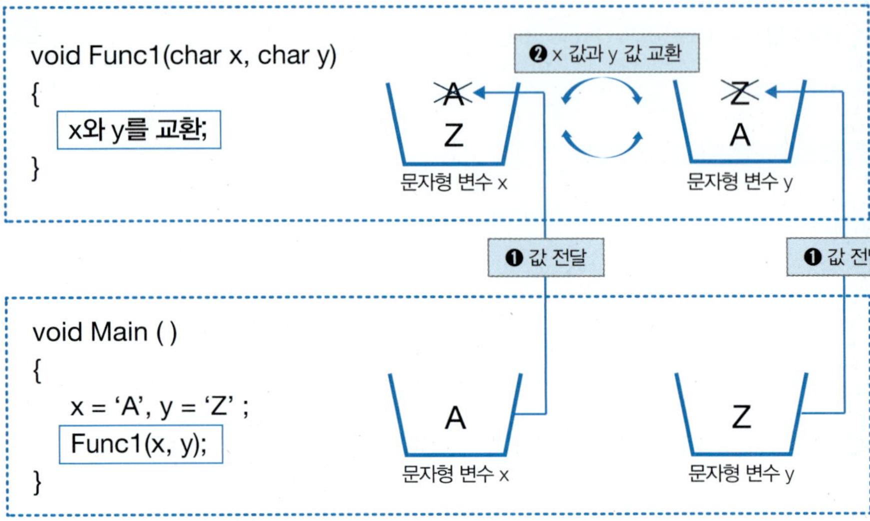

그림 8-15 값의 전달을 통한 교환

31행은 참조의 전달로, [그림 8-16]과 같이 작동한다. 매개 변수에 ref를 붙였기 때문에 Func2( ) 메서드를 호출하면 Main( ) 메서드의 x와 y가 변경된다.

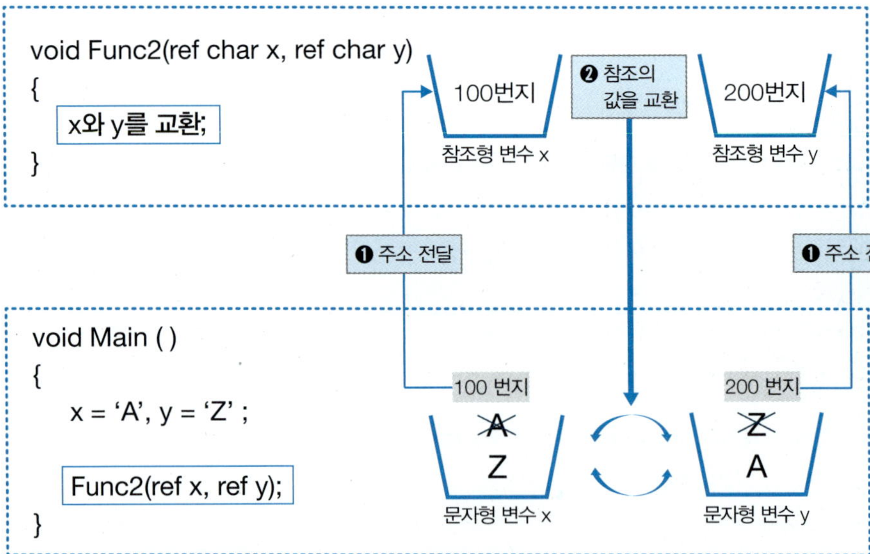

그림 8-16 참조의 전달을 통한 교환

3 [프로그램 2]의 완성

메서드에 대해 모두 파악해 보았으므로, 두 번째 프로그램인 거북이가 로또 번호를 추출하는 소스 코드를 작성해보자. 작성할 메서드 중 **GetNumber( )**는 로또 번호 6개를 뽑는 함수인데, 배열 매개 변수를 사용하며 참조에 의한 전달을 활용한다. 뽑은 번호는 TextBox에 숫자로 표시하고, 거북이가 뽑은 로또 번호는 선으로 표현한다. 중앙에서 12시 방향을 시작으로 각도를 8도씩 시계 방향으로 이동하면서 숫자가 증가하는 것으로 처리하면, 한 바퀴를 45개로 나눠서 1~45의 숫자 대신 선이 그려지는 효과가 나타난다. 그리고, 뽑힌 6개의 선은 색상으로 덧칠하는 방식을 사용한다.

TIP • 이 프로젝트는 터틀 그래픽을 사용할 윈폼 화면 및 코드를 준비해야 한다. 162쪽 [실습 4-1] 과정을 그대로 반복하되, 프로젝트 이름만 변경하도록 한다.

다음과 같이 기존 화면에 TextBox를 하나 추가하고, (Name) 속성을 **tb_lotto**로 지정한다.

여기서 잠깐

배열을 매개 변수로 사용하기

배열을 매개 변수로 사용하면 ref를 붙이지 않더라도 자동으로 참조에 의한 전달이 된다. [소스 8-20]을 다음과 같이 변경해도 동일한 결과가 나온다.

```
internal class Program
{
    static void Func1( int[] a )
    {
        a[0] = a[0] + 1;
        Console.WriteLine("전달받은 a[0] => {0}", a[0]);
    }

    static void Main(string[] args)
    {
        int[] a = { 10 };

        Func1(a);
        Console.WriteLine("Func1() 실행 후의 a[0] => {0}", a[0]);
    }
}
```

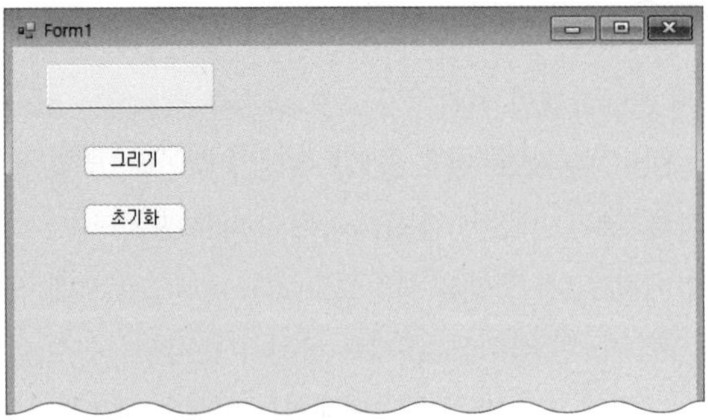

그림 8-17 거북이 로또 추첨 화면 구성

소스 8-22 로또 복권을 추첨하는 거북이 (프로젝트명 : Project08_22)

```
public partial class Form1 : Form
{
    public Form1()
    {
        InitializeComponent();
    }

    private void btn_init_Click(object sender, EventArgs e)
    {
        Turtle.Init();
    }

    static bool IsNumberInArray(int[] ar, int num)
    {
        bool dupYN = false;

        for (int i = 0; i < ar.Length; i++)
        {
            if (ar[i] == num)
                dupYN = true;
        }
        return dupYN;
    }

    static Random rnd = new Random();
    static void GetLotto(int[] ary)
    {
        int idx = 0;
        int pickNum;

        while (true)
        {
```

```
            pickNum = rnd.Next(1, 45);
            if (IsNumberInArray(ary, pickNum))
                continue;
            ary[idx] = pickNum;
            if (idx >= 5)
                break;
            idx++;
        }
    }

    private void btn_draw_Click(object sender, EventArgs e)
    {
        int swidth = 600, sheight = 600;
        this.Text = "거북이 로또 추첨";
        this.ClientSize = new Size(sheight, swidth);
        Turtle.Delay = 50;

        int[] lottoAry = new int[6];

        GetLotto(lottoAry);
        Array.Sort(lottoAry, 0, 6);

        string lottoText = "";
        foreach (int n in lottoAry)
        {
            lottoText += n.ToString() + " ";
        }
        tb_lotto.Text = lottoText;

        Turtle.PenSize = 5;
        for (int i = 0; i < 45; i++)
        {
            Turtle.PenColor = Color.Gray;
            Turtle.PenUp();
            Turtle.MoveTo(0, 0);
            Turtle.PenDown();
            Turtle.RotateTo(i * 8);
            Turtle.Forward(150);
        }

        Turtle.PenSize = 10;
        for (int i = 0; i < lottoAry.Length; i++)
        {
            int R = rnd.Next(0, 256);
            int G = rnd.Next(0, 256);
```

```
78                 int B = rnd.Next(0, 256);
79                 Turtle.PenColor = Color.FromArgb(R, G, B);
80                 Turtle.PenUp();
81                 Turtle.MoveTo(0, 0);
82                 Turtle.PenDown();
83                 Turtle.RotateTo(lottoAry[i] * 8);
84                 Turtle.Forward(170);
85             }
86         }
87     }
```

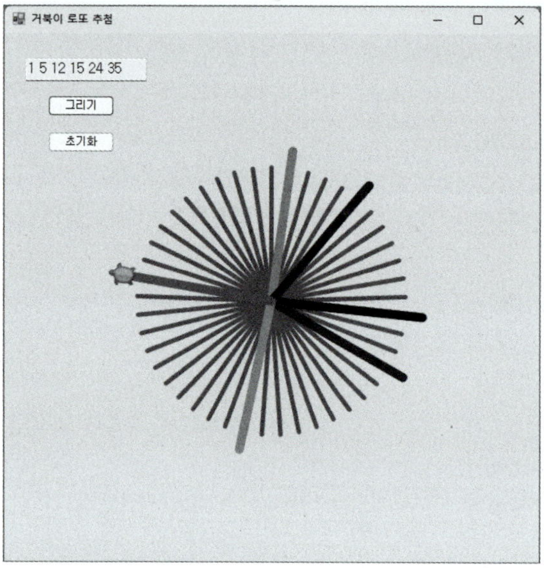

[소스 8-22]는 코드가 좀 길지만 핵심 부분만 살펴보면 된다. 13~23행은 배열 안에 숫자가 중복되었는지 체크하는 메서드이다. 매개 변수로 배열 ar과 숫자 num을 받는데, num이 ar 중에 있으면 True를 반환하고, 없으면 False를 반환한다. 로또 번호를 추첨할 때 중복된 번호가 뽑히면 다시 뽑기 위한 용도로 사용된다.

26~41행은 로또 번호를 뽑는 메서드이다. 주의해서 볼 점은, 매개 변수로 배열 ary를 받았지만 배열 ary를 로또 추첨으로 채운 후 반환하지는 않는다는 점이다. 배열의 매개 변수는 앞에서 다뤘던 참조에 의한 호출이므로 호출한 곳의 배열에 숫자를 채우기 때문이다.

31~40행은 무한반복을 한다. 1~45 중 서로 다른 숫자 6개를 뽑으려면 몇 번을 반복해야 할지 예상할 수 없으므로, 일단 무한반복 시킨 후 37행에서 뽑힌 숫자가 6개 이상이면(= 인덱스가 5 이상이면) 무한반복을 빠져나간다. 그 이전에 34~35행에서 뽑힌 숫자가 중복이면 배열에 추가하지 않고 continue 문에 의해 다시 뽑는다.

43~86행은 로또 번호를 추첨한 후 거북이가 로또 번호에 해당하는 선을 화면에 그리는 메서드들이다. 50행에서 추첨할 로또 번호를 저장할 배열을 준비했다. 52행에서 **GetLotto( )** 메서드를 호출했는데, 반환값이 없다는 점에 주목하자. 배열 이름을 매개 변수로 넘기면 참조에 의한 절달로 처리되므로 GetLotto( ) 메서드에서 50행의 배열에 직접 로또 번호를 채우는 효과가 나타난다. 53행의 **Array.Sort(배열명, 시작, 개수)**는 배열명을 오름차순으로 정렬한다. 0번부터 숫자 6개를 정렬하라는 의미로, 결국 배열을 모두 정렬하라는 뜻이다. 55~60행은 추첨된 로또 번호를 문자열로 만들어서 화면의 TextBox에 쓴다. 62~71행은 화면을 중심으로 45개의 선을 그린다. 로또 번호 45개를 의미한다. 73~85행은 로또 번호에 해당하는 선을 두께 10으로 하여 랜덤한 컬러 색상으로 그린다.

요약

1 문자열의 길이는 Length 속성으로 확인이 가능하고, 문자열의 내용도 배열처럼 첨자로 접근이 가능하다.

“

I	T		C	o	o	k	B	o	o	k
[0]	[1]	[2]	[3]	[4]	[5]	[6]	[7]	[8]	[9]	[10]

”

2 문자열(str)의 알파벳 o를 $ 기호로 변경해서 출력하는 소스 코드의 일부는 다음과 같다.

```
for (int i = 0; i < str.Length; i++)
{
  if (str[i] == 'o')
     Console.Write("{0}", '$');
  else
     Console.Write("{0}", str[i]);
}
```

3 문자열의 처음 또는 끝이 특정 문자열인지 파악할 때는 StartsWith(문자열), EndsWith(문자) 메서드가 사용된다. 논리형의 True와 False, 두 가지 값을 반환한다.

4 문자열에서 특정 문자열의 위치를 찾으려면 IndexOf(찾을문자열) 메서드를 사용하고, LastIndexOf( ) 매서드는 찾고자 하는 문자열이 여러 개 나올 경우 마지막에 나오는 위치를 알려준다. 만약 찾고자 하는 문자열이 없으면 −1을 반환한다.

5 문자열의 내용을 바꾸려면 Replace( ) 메서드를, 문자열 중 일부를 추출하려면 Substring( ) 메서드를, 문자열을 특정 문자로 분리하려면 Split( ) 메서드를 사용한다. Split( ) 메서드는 지정한 문자에 의해 문자열이 분리되므로 그 결과는 배열로 저장된다.

6 ToUpper( ) 메서드는 문자열이 영문인 경우 대문자로, ToLower( ) 메서드는 문자열이 영문인 경우 소문자로 바꿔준다. Trim( ) 메서드는 앞뒤의 공백 문자를 모두 제거해준다.

7 두 문자열을 비교하려면 CompareTo( ) 메서드를, 문자열의 포함을 확인하려면 Contains( ) 메서드를 사용하면 된다.

8 입력한 문자열이 모두 숫자로만 이루어졌는지 확인하려면 문자열의 각 문자를 Char.IsDigit( ) 메서드로 확인하면 된다.

9 메서드는 매개 변수(Parameter)를 입력받아 가공 및 처리한 후 반환값을 돌려준다.

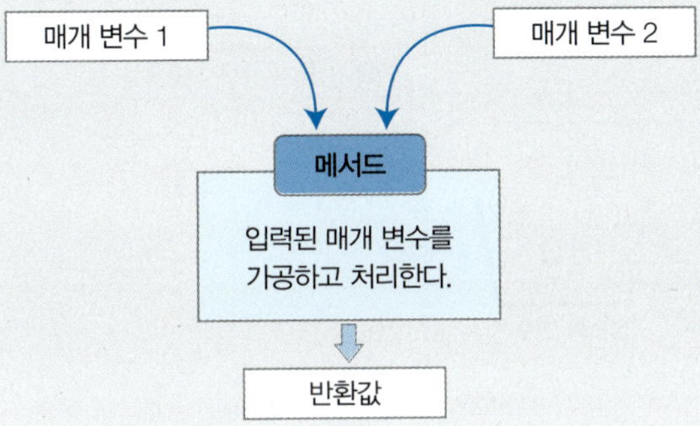

10 지역 변수란 한정된 지역(Local)에서만 사용되는 변수이며, 전역 변수란 프로그램 전체(Global)에서 사용되는 변수이다.

11 메서드를 실행한 후에 나온 결과값은 메서드의 데이터형을 따른다. 코드 중에 return 정수형 변수 또는 return 정수값으로 표현해야 한다.

12 메서드를 실행한 결과, 돌려줄 것이 없는 경우에는 메서드의 데이터형을 void로 쓰면 된다. void는 아무것도 반환할 것이 없다는 의미이다. void형 함수의 마지막에는 return;만 쓰거나 생략해도 된다.

13 메서드의 값을 2개 이상 반환해야 할 때가 있다면 배열에 반환할 값을 넣은 후 배열을 반환하면 된다.

14 매개 변수를 전달할 때는 값의 전달(Call by value) 방법 또는 참조의 전달(Call by reference) 방법을 사용한다.

요약

IT@COOKBOOK

15 매개 변수의 값의 전달은 다음 그림과 같이 작동한다.

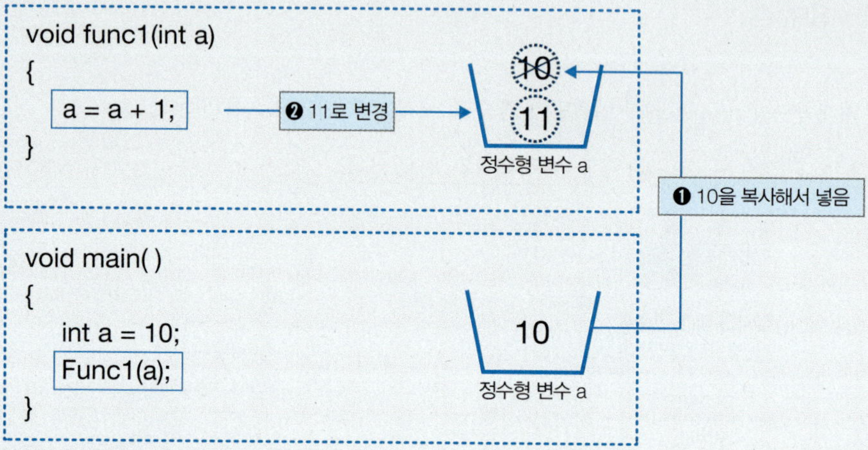

16 매개 변수의 참조의 전달은 다음 그림과 같이 작동한다.

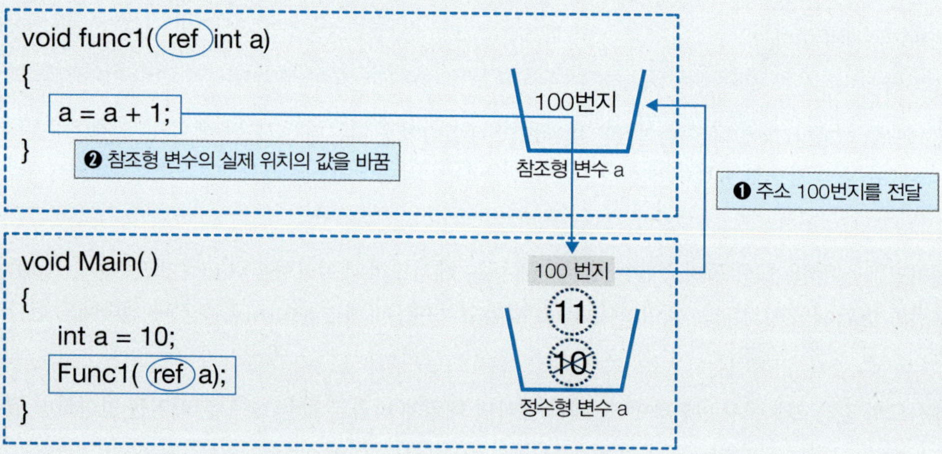

연습문제

1 다음 중 문자열의 크기를 알아내는 코드로 알맞은 것을 고르세요.

① 문자열.Size( ) ② 문자열.Size

③ 문자열.Length( ) ④ 문자열.Length

2 다음은 입력된 문자열 중 'n'을 '&'로 변경하는 소스 코드입니다. 빈칸에 공통으로 들어갈 코드를 적어 보세요.

```
string str = "For Beginner";
for (int i = 0; i < str.Length; i++)
{
        if ( [          ] == 'n')
          Console.Write("{0}", '&');
        else
          Console.Write("{0}", [          ]);
}
```

3 다음 각 문항이 설명하는 문자열 메서드를 보기에서 골라 적어보세요.

```
StartsWith( ), EndsWith( ), IndexOf( ), LastIndexOf( ), Replace( ), Substring( ),
Split( ), ToUpper( ), ToLower( ), Trim( ), CompareTo( ), Contains( )
```

(1) 문자열을 모두 영문 소문자로 변경한다 :

(2) 문자열의 내용을 바꾼다 :

(3) 문자열의 앞, 뒤 공백을 제거한다 :

(4) 문자열 안에 특정 문자열이 포함되었는지 확인한다 :

(5) 찾고자 하는 문자열이 여러 개 나올 경우 마지막에 나오는 위치를 알려준다 :

(6) 문자열의 끝이 특정 문자열인지 파악한다 :

(7) 문자열을 특정 문자로 분리한다 :

연습문제

4 다음은 문자열이 모두 숫자로만 구성되었는지 확인하는 소스 코드의 일부입니다. 빈칸에 들어갈 코드가 차례대로 나열되어 있는 것을 고르세요.

```
string str = "12345678";
book ok = true;
foreach (char c in str )
 {
        if ( [    ❶    ] )
            ok = false;
 }
if ( [    ❷    ] )
        Console.WriteLine("모두 숫자.");
 else
        Console.WriteLine("일부 문자.");
```

① !Char.IsDigit(c), ok

② !Char.IsDigit(c), !ok

③ Char.IsDigit(c), !ok

④ Char.IsDigit(c), ok

5 다음 중 메서드에 관한 내용으로 가장 거리가 먼 것을 고르세요.

① 메서드를 다른 언어에서는 함수로도 부른다.

② 메서드는 커피 자판기와 비유할 수 있다.

③ 메서드는 매개 변수가 반드시 1개 이상 있어야 한다.

④ 메서드의 데이터형과 반환값의 데이터형은 동일해야 한다.

6 다음은 입력된 두 값을 더해서 반환하는 메서드이지만 문법적 오류가 발생한 상태입니다. 오류가 발생한 원인에 대해 간단히 설명해보세요.

```
static double Add(int v1, int v2)
{
        int result;
        result = v1 + v2;
        return result;
}
```

7 다음에 제시된 소스 코드의 실행 결과를 적어보세요.

```
static int value = 100;
static void Func1()
{
        value = 200;
        Console.WriteLine("{0}", value);
}
static void Main(string[] args)
{
        Func1();
        Console.WriteLine("{0}", value);
}
```

8 다음은 반환값과 관련된 메서드입니다. 문법상 오류인 코드를 고르세요.

```
static double value;  // 전역 변수
```

① double Func( ) { return value; }

② double Func( ) { return 3.14; }

③ double Func( ) { return 3; }

④ double Func( ) { return 3 * value; }

9 반환할 값이 2개인 메서드의 반환 방법으로 알맞은 것을 고르세요.

① return 100, 200;

② return 100 200;

③ return [100, 200];

④ return new int[ ] {100, 200};

연습문제

IT@COOKBOOK

10 다음에 제시된 소스 코드의 실행 결과로 출력되는 값을 차례대로 적어보세요.

```
static void Func(ref int n1, int n2)
{
        n1 ++;
        n2 ++;
}

static void Main(string[] args)
{
        int n1 = 10, n2 = 20;

        Func(ref n1, n2);
        Console.WriteLine("{0} {1}", n1, n2);
}
```

11 **심화문제** 〈현재 시각〉 버튼을 클릭하면 거북이가 현재 시간의 시, 분, 초를 그리는 소스 코드를 작성해 보세요. 오전이면 시침이 파란색, 오후이면 시침이 빨간색으로 표시되도록 합니다.

> 조건 1 : 〈현재 시각〉 버튼을 누르면 화면이 초기화되고, 다시 거북이가 시간을 그린다.
>
> 조건 2: GetTime( ) 메서드를 생성하고, 반환값은 시, 분, 초의 값이 든 크기 3의 배열로 한다.
>
> 조건 3 : 눈금 12개를 그린 후, 시 / 분 / 초를 각각 다른 길이와 두께로 그린다.

힌트1 시는 360도를 12등분, 분과 초는 360도를 60등분 한다.

힌트2 시침은 (시 * 360 / 12 + 분 * 360 / (12 * 60) + 초 * 360 / (12 * 60 * 60))로 각도를 계산한다. 분침은 (분 * 360 / 60 + 초 * 360 / (60 * 60))로 각도를 계산한다.

힌트3 현재 시간은 DateTime dateTime = DateTime.Now로 구한 후, 시는 dataTime.Hour, 분은 dateTime.Minute, 초는 dateTime.Second 속성으로 알 수 있다.

실행 결과

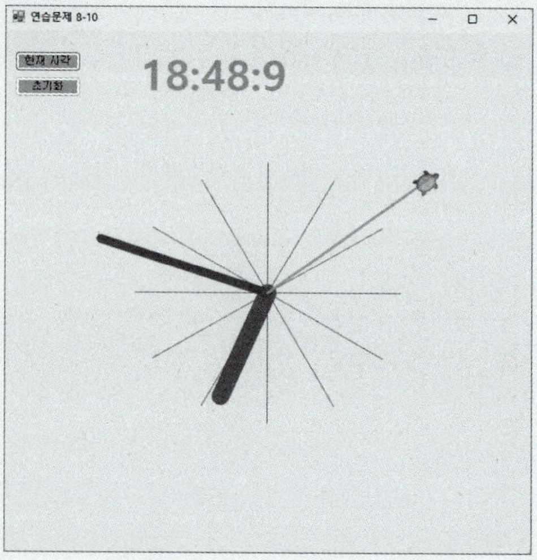

응용예제 13

문자열에서 문자의 발생 빈도 세기

난이도★★☆☆☆

예제 설명 장문의 문장에서 각 문자의 발생 빈도를 세어 보고 빈도수가 가장 많은 글자와 출현 횟수를 출력하는 프로그램이다. 단, 한글만 빈도수를 세고 나머지 글자는 무시한다.

실행 결과

```
C:\WINDOWS\system32\cmd.exe
-------------------------------------------------------
내가 그의 이름을 불러주기 전에는 그는 다만 하나의 몸짓에 지나지 않았다.
내가 그의 이름을 불러주었을 때, 그는 내게로 와 꽃이 되었다.
내가 그의 이름을 불러준 것처럼 나의 이 빛깔과 향기에 알맞는 누가 나의 이름을 불러다오.
그에게로 가서 나도 그의 꽃이 되고 싶다.
우리들은 모두 무엇이 되고 싶다.
나는 너에게 너는 나에게 잊혀지지 않는 하나의 눈짓이 되고 싶다.
-------------------------------------------------------
** 가장 많이 나온 글자는 [이] 글자가 9회 나왔습니다.
계속하려면 아무 키나 누르십시오 . . .
```

소스 코드

```
static void Main(string[] args)
{
    string inStr = "내가 그의 이름을 불러주기 전에는 그는 다만 하나의 몸짓에 지나지 않았다.\n";
    inStr += "내가 그의 이름을 불러주었을 때, 그는 내게로 와 꽃이 되었다.\n";
    inStr += "내가 그의 이름을 불러준 것처럼 나의 이 빛깔과 향기에 알맞는 누가 나의 이름을 불러다오.\n";
    inStr += "그에게로 가서 나도 그의 꽃이 되고 싶다.\n";
    inStr += "우리들은 모두 무엇이 되고 싶다.\n";
    inStr += "나는 너에게 너는 나에게 잊혀지지 않는 하나의 눈짓이 되고 싶다.";

    char[] charAry = new char[0];
    int[] numAry = new int[0];
    bool findYN = false;

    foreach (char ch in inStr)
    {
        if (!('가' <= ch && ch <= '힣'))
            continue;

        findYN = false;
        for (int i = 0; i < charAry.Length; i++)
        {
            if (ch == charAry[i])
            {
                numAry[i]++;
                findYN = true;
            }
```

```
            }
            if (!findYN)
                {
                Array.Resize(ref charAry, charAry.Length + 1);
                charAry[charAry.Length - 1] = ch;
                Array.Resize(ref numAry, numAry.Length + 1);
                numAry[numAry.Length - 1] = 1;
            }
        }


        char maxChar = charAry[0];
        int maxNum = numAry[0];

        for (int i = 0; i < charAry.Length; i++)
        {
            if (numAry[i] > maxNum)
            {
                maxChar = charAry[i];
                maxNum = numAry[i];
            }
        }

        Console.WriteLine("------------------------------------");
        Console.WriteLine(inStr);
        Console.WriteLine("------------------------------------");

        Console.WriteLine("** 가장 많이 나온 글자는 [{0}] 글자가 {1}회 나왔습니다.",
        maxChar, maxNum);
    }
```

코드 설명

3~8행	문자열에 문장을 저장했다.
10, 11행	각 문자 및 문자의 발생 빈도를 저장할 배열을 2개 준비했다.
12행	기존 문자 배열에 현재 문자가 있는지 여부를 체크할 변수를 준비했다.
14~35행	문자열에서 모든 문자를 하나씩 추출해서 반복한다.
16, 17행	문자가 한글이 아니라면 무시하고, 14행으로 돌아가서 다음 문자를 추출한다.
19행	우선 문자가 문자 배열에 없다고(= 처음 출현했다고) 가정한다.
20~27행	문자 배열의 개수만큼 반복한다.
22~26행	추출한 문자가 문자 배열에 있다면, 그 위치의 개수 배열(numAry)을 1 증가시키고, findYN을 true로 해서 문자를 찾은 것으로 체크한다.
28~34행	문자를 찾지 못하면, 문자 배열 및 개수 배열의 크기를 1 증가시킨 후 새로운 문자와 1을 대입한다.
38, 39행	가장 많이 나온 문자 및 횟수를 우선 맨 앞 글자로 가정한다.
41~48행	모든 개수 배열의 값을 비교해서, 현재 문자의 개수가 최대 개수(maxNum)보다 크면 최대 문자 및 최대 출현 횟수를 변경한다.
50~54행	문자열을 출력하고 가장 많이 나온 문자와 횟수를 출력한다.

응용예제 14 문자와 숫자가 섞인 데이터 정렬하기

난이도★★★★☆

예제 설명 문자와 숫자가 섞여 있는 데이터가 있을 때, 숫자를 기준으로 데이터를 정렬하는 프로그램이다. [응용예제 11]과 비슷해 보이지만, 7장에서는 16진수로 취급한 것을 이번에는 문자로 취급한다. 예시로 A37B, 23CC, 88D9, BB8F, 3A9A의 값을 정렬하고자 한다. 이 값에서 문자는 무시하고 숫자만 취급하면 37, 23, 899, 8, 39가 된다. 이를 다시 오름차순으로 정렬하는 순서는 다음과 같다. 정렬 방식은 선택 정렬 방식을 사용한다.

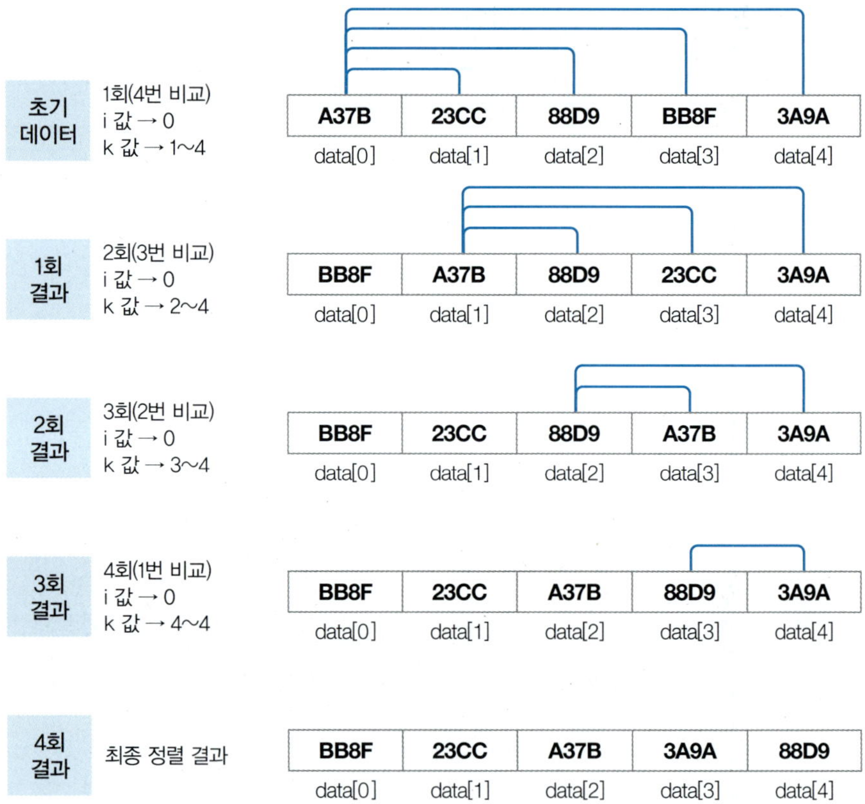

실행 결과

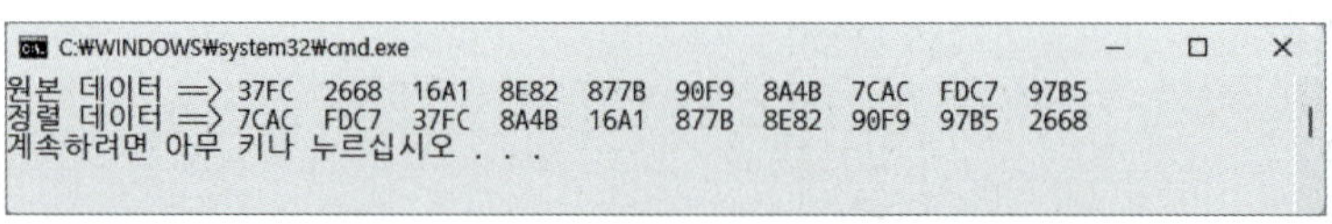

소스 코드

```
internal class Program
{
    static int GetNumber(string hexStr)
    {
        string numStr = "0";
        foreach (char ch in hexStr)
        {
            if ('0' <= ch && ch <= '9')
                numStr += ch;
        }
        return int.Parse(numStr);
    }

    static void Main(string[] args)
    {
        string[] hexAry = new string[10];

        Random random = new Random();
        for (int i = 0; i < hexAry.Length; i++)
        {
            int num = random.Next(4096, 65535); // 16진수 1000~FFFF
            hexAry[i] = Convert.ToString(num, 16).ToUpper();
        }

        Console.Write("원본 데이터 ==> ");
        for (int i = 0; i < hexAry.Length; i++)
            Console.Write(hexAry[i] + "  ");
        Console.WriteLine();

        for (int i = 0; i < hexAry.Length - 1; i++)
        {
            for (int k = i + 1; k < hexAry.Length; k++)
            {
                if (GetNumber(hexAry[i]) > GetNumber(hexAry[k]))
                {
                    string tmp = hexAry[i];
                    hexAry[i] = hexAry[k];
                    hexAry[k] = tmp;
                }
            }
        }

        Console.Write("정렬 데이터 ==> ");
        for (int i = 0; i < hexAry.Length; i++)
```

```
45             Console.Write(hexAry[i] + "  ");
46         Console.WriteLine();
47     }
48 }
```

코드 설명

3~12행	16진수 문자열을 넘겨 받아서, 그중 숫자 문자만 추출해 숫자로 결과를 반환한다. 5행에서 숫자형의 문자만 추출할 변수 numStr을 준비했는데, 초깃값을 "0"으로 한 것은 "ABCD"와 같이 숫자가 없는 16진수 문자열을 0으로 처리하기 위함이다. 6~10행에서 문자를 하나씩 추출해 숫자인지 확인한 뒤 숫자만 추출하고, 11행에서 숫자로 변환해서 반환한다. 예로 "A7B8"이 넘어오면 78을 반환한다.
34행	16진수 문자열을 숫자만 취급해서 비교한다.
그 외	[응용예제 11]과 동일하다.

CHAPTER 09

윈폼 프로그래밍

학습목표

- 윈폼 프로그래밍의 개념을 익힌다.
- 윈폼 프로그래밍에서 활용되는 다양한 컨트롤을 배운다.
- 마우스와 키보드 이벤트의 처리 방법을 확인한다.
- 메뉴의 구성을 통한 고급 윈폼 프로그래밍을 배운다.

SECTION 01 이 장에서 만들 프로그램

이번 장에서는 지금까지 주로 실습해온 텍스트 기반의 프로그래밍이 아닌 윈도우 창이 나오는 윈도우 폼(Windows Forms) 또는 윈폼(WinForm) 프로그램을 작성한다. 두 용어는 동일한 뜻이라고 생각하자. 이렇게 윈도우 창이 나오는 프로그램을 GUI(Graphical User Interface) 프로그래밍이라 부른다. 특히 이번에는 윈도우 창이 작동되는 원리와 Button, CheckBox, 이미지, Menu, 대화 상자 등의 다양한 컨트롤(Control)을 적극 활용해볼 것이다. 이번 장을 학습하면 실전에서 활용 가능한 예쁜 응용 프로그램을 만들 수 있을 것이다.

1 [프로그램 1] 동물 이미지 뷰어

첫 번째로 만들 프로그램은 동물 이미지 뷰어 프로그램이다. 창의 왼쪽 트리 모양을 확장한 후, 각각의 이름을 클릭하면 해당 이미지가 오른쪽에 나타난다. 이 프로그램을 잘 활용하면 다양한 사진을 보여주는 멋진 앨범을 만들 수 있을 것이다.

그림 9-1 동물 이미지 뷰어

2 [프로그램 2] 이미지 파일 밝기 조절

두 번째로 만들 프로그램은 이미지 파일의 밝기 조절 프로그램이다. 이 프로그램은 메뉴를 활용해 작성하며, 파일을 선택하는 대화 상자도 사용해서 좀 더 그럴 듯한 프로그램으로 만들어보려고 한다. 창 아래쪽의 TrackBar를 움직이면 이미지의 밝기가 조절되는 기능도 추가할 예정이다.

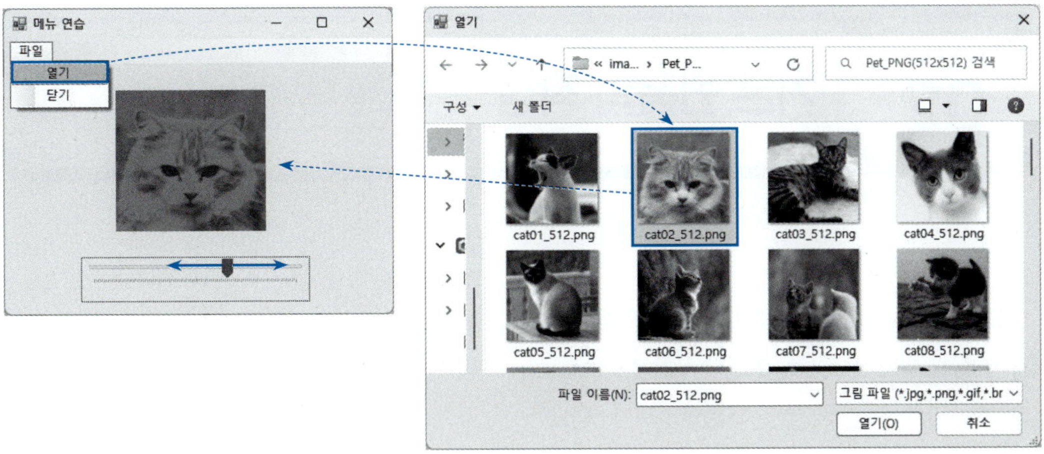

그림 9-2 이미지 파일 밝기 조절

SECTION

02 기본 윈폼의 작성

지금까지는 예제를 실습하기 위해 윈폼을 만들고 프로그램을 작성해보기만 했다. 이번 장에서 윈폼에 대해 체계적으로 학습하는 시간을 가져보자.

1 윈폼 프로젝트 작성

윈폼 프로젝트를 작성하는 방법을 복습 차원에서 다시 진행해보자.

실습 9-1 윈폼 프로젝트 만들기

1 Visual Studio를 실행한다.

2 [시작]에서 [새 프로젝트 만들기]를 선택한다.

3 [새 프로젝트 만들기] 창에서 언어 'C#'과 [Windows Forms앱(.NET Framework)]을 선택하고, 〈다음〉을 클릭한다.

TIP • 바로 위쪽의 [Windows Forms 앱]을 선택하지 않도록 주의하자.

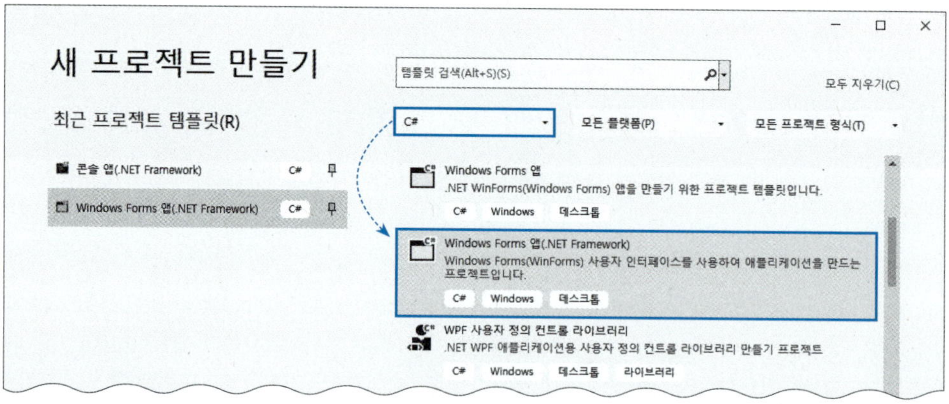

그림 9-3 프로젝트 생성 1

4 [새 프로젝트 구성] 창에서 프로젝트 이름(**Project09_1**), 위치(C:₩CookC#)를 입력하거나 선택한다. 〈솔루션 및 프로젝트를 같은 디렉터리에 배치〉에 체크하고, 프레임워크는 [.NET

Framework 4.8]을 선택한 후 <만들기>를 클릭한다.

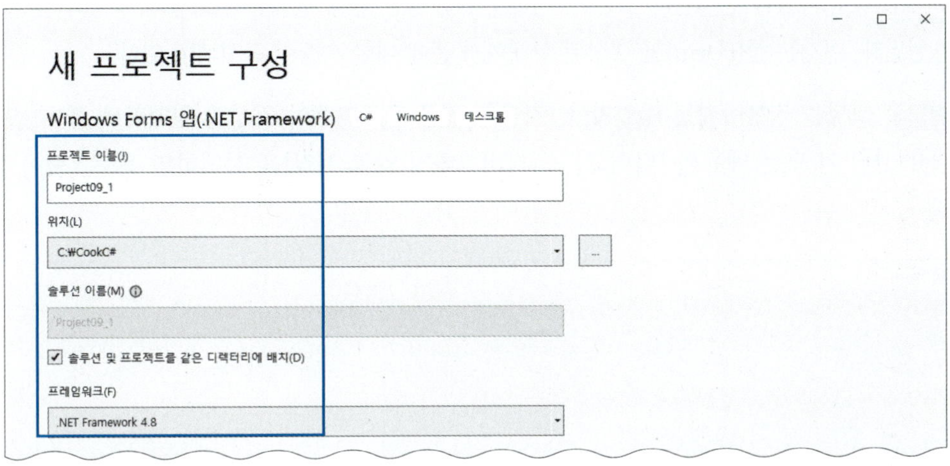

그림 9-4 프로젝트 생성 2

5 다음과 같은 화면이 출력된다.

TIP • 해당 화면은 왼쪽의 [도구 상자]를 확장시켜 놓고, 배너 위쪽 압정 모양의 [자동 숨기기] 아이콘을 클릭해 고정시켜 놓은 상태이다. 만약 도구 상자, 솔루션 탐색기, 속성 창이 보이지 않으면 메뉴의 [보기]를 클릭해 관련 항목을 선택하면 켜거나 끌 수 있다.

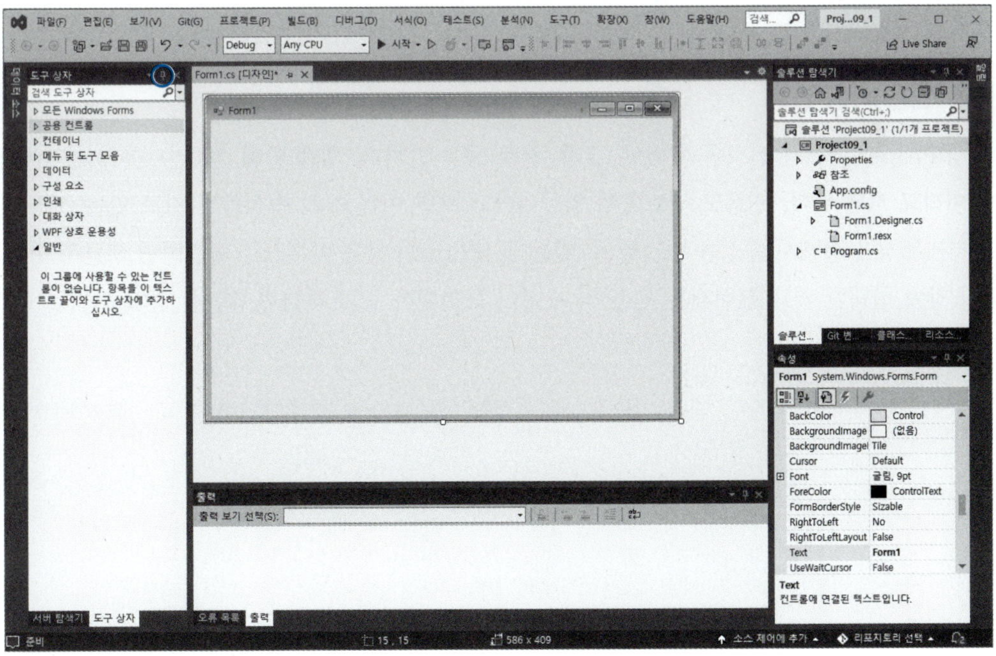

그림 9-5 프로젝트 생성 3

가운데 [디자인] 창에 Button, 이미지, CheckBox 등의 컨트롤을 마우스로 배치해 사용한다.

오른쪽 [솔루션 탐색기]에는 관련된 소스 파일 등이 있는데, 윈폼 프로그램에서는 대부분 [Form1.cs] 파일을 편집한다. 오른쪽 아래 [속성] 창은 현재 선택된 컨트롤의 속성과 이벤트가 표현된다. 현재는 폼(Form)만 생성된 상태여서 폼에 대한 속성이 표시되어 있다.

6 별도로 코딩을 진행하지는 않았지만, 지금도 윈폼 프로그램이 완성된 형태라고 볼 수 있다. Ctrl + F5 키 또는 메뉴의 [디버그] – [디버그하지 않고 시작]을 선택하면 프로그램이 실행된다.

그림 9-6 실행 화면

2 윈폼 속성 변경

속성(Property)이란 컨트롤의 색상, 글자, 폰트 등을 말한다. 쉽게 말해, 각 컨트롤의 성격이나 특징이라고 보면 된다. 윈폼도 컨트롤의 일종이라고 보면 여러 개의 속성을 가지고 있는 것과 같다. [디자인] 창을 통해서 속성을 지정할 수 있는데, [Form1] 창을 마우스로 클릭하면 오른쪽 아래 [속성] 창에 선택한 컨트롤(현재는 윈폼)의 속성이 표현된다. 필요하다면 [속성] 창의 크기를 조절할 수도 있다.

TIP • 11장에서 배울 객체지향에도 '속성'이라는 용어가 나오는데, 윈폼에서 얘기하는 '속성'과는 완전히 다른 용어이다. 이번 장에서 속성은 컨트롤의 색상, 크기, 폰트 등을 의미한다.

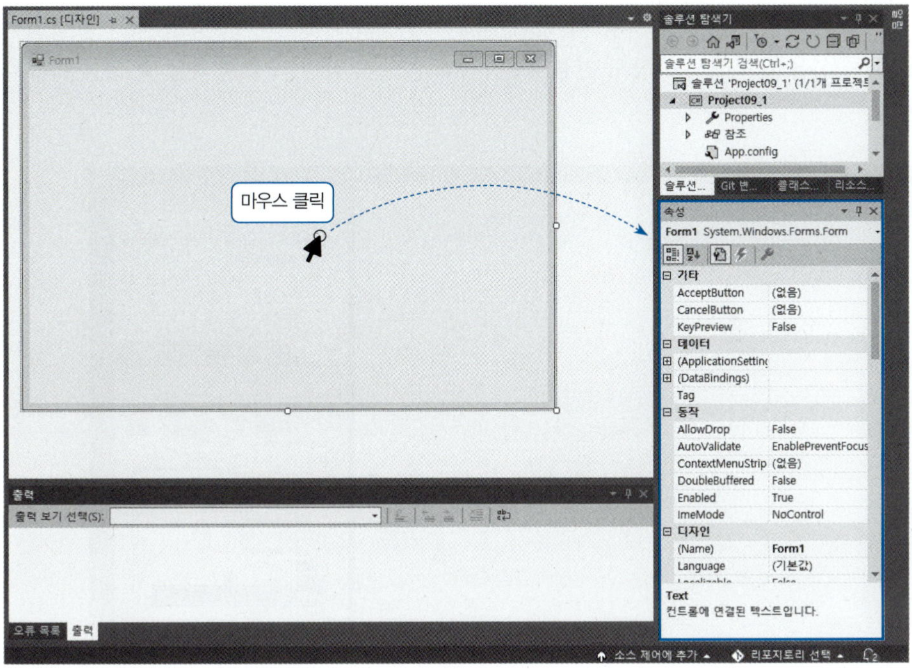

그림 9-7 속성 창

속성은 수십 가지가 있는데, 주로 사용할 것들에 대해 살펴보자. 우선 가장 많이 변경하는 (Name) 속성이다. (Name) 속성을 클릭해보면 자동으로 Form1이 기입된 것을 확인할 수 있다. 윈폼 프로그램에서 첫 번째 폼은 Form1으로 자동 지정된다. 일단 그대로 두자. 윈폼의 크기는 Size 속성에서 지정할 수 있는데, 크기를 300, 300 정도로 변경하고 Enter를 눌러보자. [Form1] 창의 크기가 변경된 것을 확인할 수 있다.

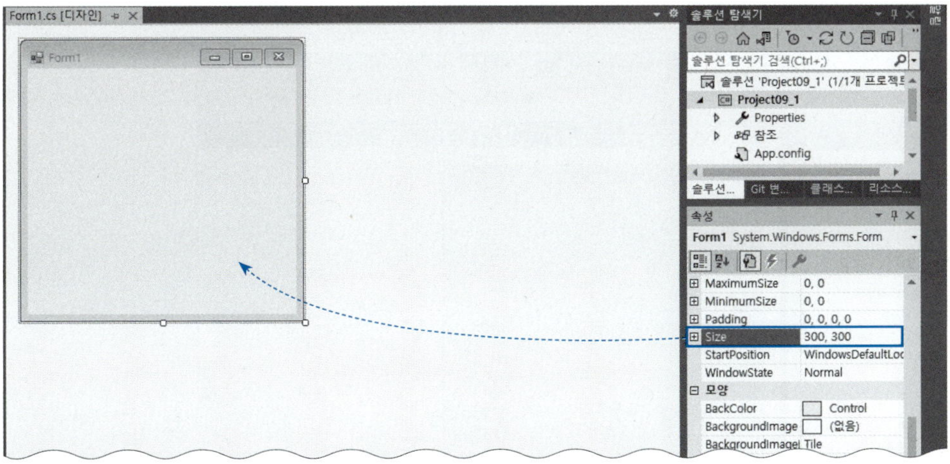

그림 9-8 Size 속성 변경

Text 속성도 변경해보자. 적당한 글자를 입력하고 Enter를 누르면 [Form1] 창의 제목이 변경된다. BackColor 속성을 클릭해서 색상도 변경해보자. [웹]을 클릭하면 다양한 색상 및 색상 이름을 확인할 수 있다.

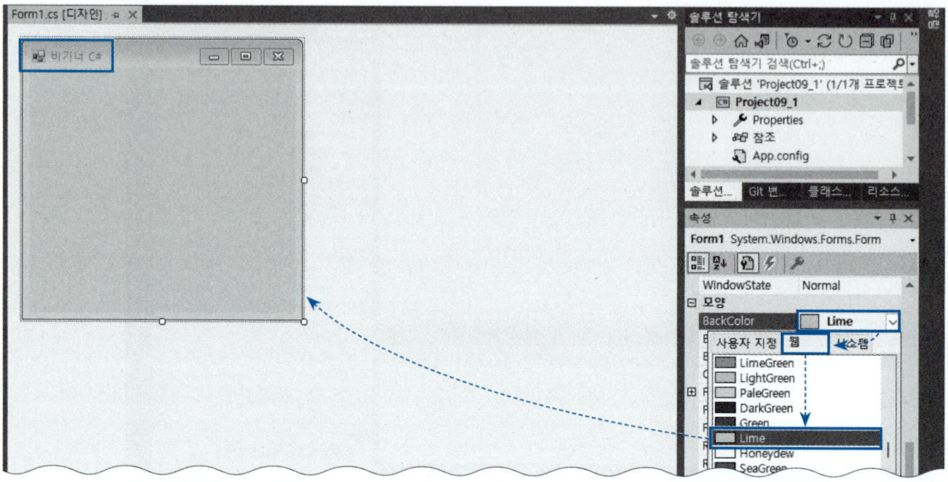

그림 9-9 Text 및 BackColor 속성 변경

이 외에도 많은 속성들이 보일 것이다. 하나씩 나열하는 것보다는 앞으로 필요할 때마다 설정하는 것으로 하자.

3 Button 추가

이번에는 [Form1] 창에 Button을 추가해보자. 왼쪽 [도구 상자]에서 [공용 컨트롤]을 확장한 후, Button을 더블클릭하거나 마우스로 드래그해서 창으로 가져오면 된다.

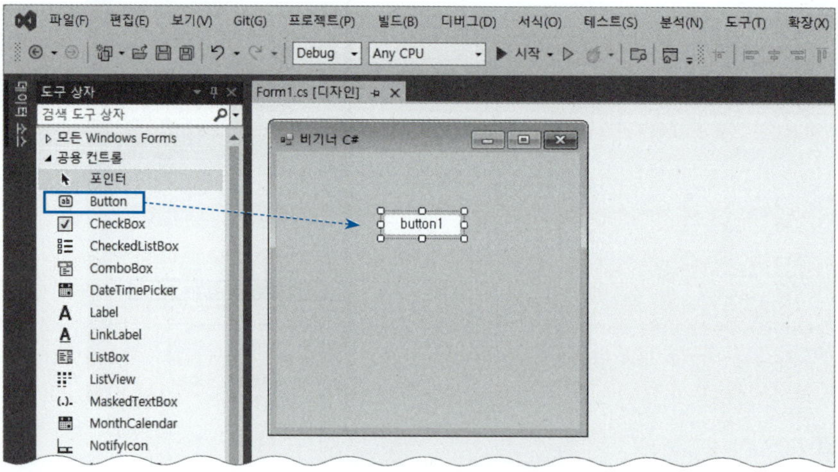

그림 9-10 Button 추가

Button의 속성을 적절히 변경해보자. (Name) 속성은 **btn_change**로 지정하고, Text 속성은 **클릭하세요**로 한다. 필요하다면 창 크기와 Button의 BackColor, ForeColor, Font 등의 속성을 변경해도 된다.

그림 9-11 Button의 속성 변경 결과

4 프로그램의 시작과 동시에 실행되는 Form1_Load( ) 메서드

프로그램이 실행되어 윈폼이 화면에 나올 때 자동으로 실행될 코드가 필요한 경우가 있다. 이때는 **Form1_Load( )** 메서드 안에 필요한 코드를 삽입하면 된다. 우선 [디자인] 창의 빈 폼에서 마우스 오른쪽을 클릭해 [코드 보기]를 선택하자.

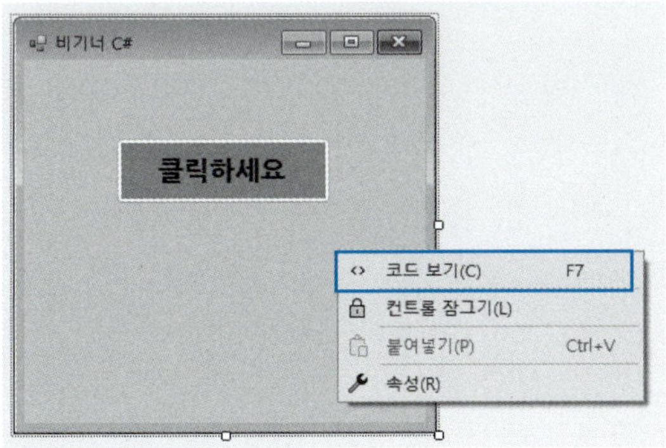

그림 9-12 코드 보기 선택

창 위쪽에 [Form1.cs] 탭이 생기면서 소스 코드가 보일 것이다. 이제부터 [Form1.cs] 탭을 누르면 소스 코드가 보이고, [Form1.cs[디자인]] 탭을 누르면 디자인 화면이 보인다. 같은 프로그램을 소스 코드로 볼지, 그래픽 화면으로 볼지 선택할 수 있다.

TIP • 앞으로는 [Form1.cs[디자인]] 탭을 그냥 간단히 [디자인] 탭이라고 부르겠다.

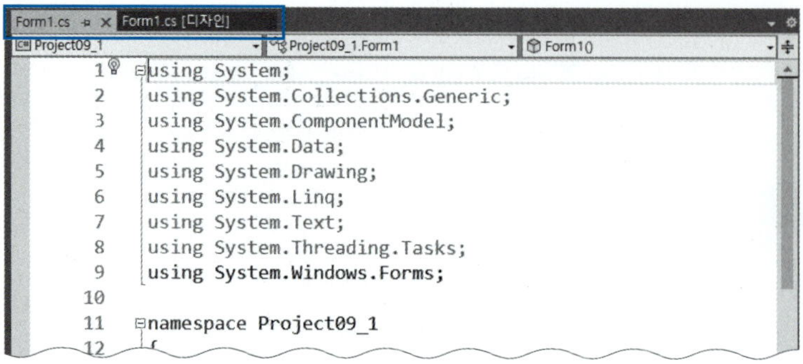

그림 9-13 코드 보기와 디자인 보기 탭

자동으로 생성된 소스 코드를 잠깐 살펴보자.

소스 9-1 윈폼에 자동으로 생성된 소스 코드 (프로젝트명 : Project09_1)

```
1  using System;
2  using System.Collections.Generic;
3  using System.ComponentModel;
4  using System.Data;
5  using System.Drawing;
6  using System.Linq;
7  using System.Text;
8  using System.Threading.Tasks;
9  using System.Windows.Forms;
10
11 namespace Project09_1
12 {
13     public partial class Form1 : Form
14     {
15         public Form1()
16         {
17             InitializeComponent();
18         }
19     }
20 }
```

1~9행은 코드에서 사용할 클래스나 라이브러리이다. 클래스나 라이브러리가 더 필요하다면 10행부터 using 문을 사용해 추가하면 된다. 기존에 터틀 그래픽을 사용할 때 using Nakov.TurtleGraphics 문을 10행에 추가했던 것이 기억날 것이다.

11~20행은 실제 코드가 작성될 부분인데, 현재 구성된 부분은 건드릴 필요가 없다. 윈폼이 화면에 나오면서 작동할 Form1_Load( ) 메서드를 작성해야 하는데, 직접 코딩하지 않고 디자인 화면

을 통해 자동으로 생성해야 한다. 다시 위쪽의 [디자인] 탭을 클릭해서, 빈 [Form1] 창을 클릭해보자. 그리고, 오른쪽 아래 [속성] 창의 번개 모양 [이벤트] 아이콘 클릭한다. [Load] 옆의 빈 곳을 더블클릭한다.

TIP • 이벤트(Event)란 Windows 시스템에서 발생하는 작은 사건들을 지칭한다. 마우스와 관련된 것은 클릭, 더블클릭, 스크롤 등이 있고, 키보드와 관련된 것은 누르기, 떼기 등이 있다. 폼과 관련된 것은 폼이 화면에 나타나는(= 로딩되는) 것이 가장 기본 이벤트이다.

TIP • [속성] 창에서 다시 속성 항목을 보려면 [이벤트] 아이콘(번개 모양) 바로 왼쪽의 [속성] 아이콘을 클릭하면 된다. [속성] 창에서는 거의 이 두 아이콘만 클릭해 사용한다. 자주 사용되므로 기억해 두자.

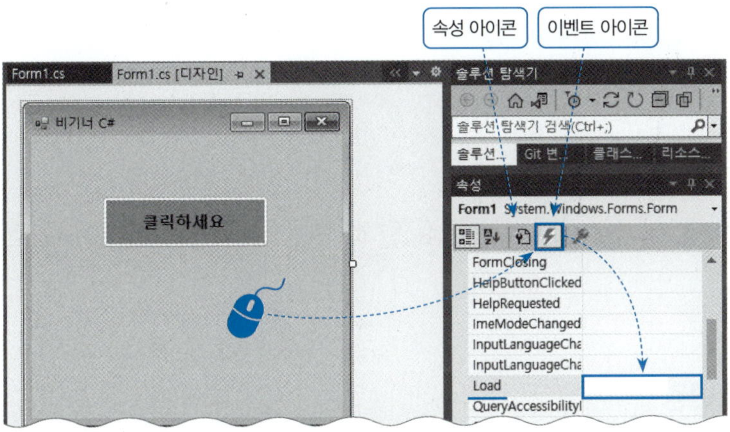

그림 9-14 Load( ) 이벤트의 추가

이제 소스 코드에 Form1_Load( ) 이벤트 메서드가 추가되었을 것이다. [그림 9-14]에서 폼(Form1)을 선택하고 이벤트를 Load로 선택했으므로 이벤트 메서드 이름이 Form1_Load( )로 자동 생성된다. 이는 윈폼이 로드되어 화면에 나타나면 실행되는 코드를 작성하는 부분이다.

TIP • Form1_Load( ) 메서드를 생성하는 다른 방법으로는 윈폼의 빈 부분을 더블클릭하는 방법이 있다. Form1의 기본 이벤트가 Load( )이므로 윈폼을 더블클릭하면 자동으로 기본 이벤트 메서드가 생성된다.

소스 9-2 폼이 로딩될 때 작동되는 메서드 추가 (프로젝트명 : Project09_1) GUI

```
using System;
using System.Collections.Generic;
using System.ComponentModel;
using System.Data;
using System.Drawing;
using System.Linq;
using System.Text;
using System.Threading.Tasks;
using System.Windows.Forms;

namespace Project09_1
```

```
12 {
13     public partial class Form1 : Form
14     {
15         public Form1()
16         {
17             InitializeComponent();
18         }
19
20         private void Form1_Load(object sender, EventArgs e)
21         {
22
23         }
24     }
25 }
```

20~23행이 자동으로 추가되었다. 이제 윈폼이 화면에 나타날 때 자동으로 작동됐으면 하는 코드는 22행에 코딩하면 된다.

5 코드로 컨트롤의 속성 변경

[디자인] 창에서 윈폼과 Button 색상 등의 속성을 변경해보았다. 이러한 변경은 프로그램을 작성할 당시 변경하는 것이다. 이번에는 프로그램이 실행되면서 동적으로 속성이 변경되도록 소스 코드를 작성해보자. 컨트롤 속성을 변경하기 위한 형식은 다음과 같다.

```
컨트롤_이름.속성 = 값;
```

컨트롤 이름은 윈폼에서 지정한 이름이다. 앞에서 Button의 (Name) 속성을 btn_change로 변경했는데 이것이 컨트롤 이름이다. 속성은 컨트롤을 선택했을 때 오른쪽에 표시되는 [속성] 창의 내용들이다. 한 예로, Button의 배경색을 파란색으로 변경하려면 다음과 같은 소스 코드를 사용한다.

```
btn_change.BackColor = Color.Blue;
```

소스 코드를 통해 바로 확인해보자. Form1_Load( ) 메서드를 다음과 같이 수정하고 실행해본다.

소스 9-3 폼이 로딩될 때 Button 속성 변경 (프로젝트명: Project09_1) GUI

```
private void Form1_Load(object sender, EventArgs e)
{
    btn_change.BackColor = Color.Blue;
```

```
4        btn_change.ForeColor = Color.Yellow;
5        btn_change.Size = new Size(200, 100);
6        btn_change.Location = new Point(0, 0);
7        btn_change.Text = "C#은 꿀잼";
8    }
```

3행에서는 Button의 배경색을, 4행에서는 Button의 글자색을 변경했다. 5행에서는 Button의 크기를 변경했는데 **new Size(가로, 세로)** 형식을 사용하면 Button의 크기가 지정된다. 6행에서는 Button의 위치를 변경했는데 Button의 왼쪽 위를 **new Point(X좌표, Y좌표)** 형식으로 지정했다. 윈폼은 화면의 왼쪽 위의 좌표가 (0, 0)으로 시작된다. 7행에서는 Button의 글자를 변경했다.

6 Button에 기본 이벤트 추가

이제는 Button 컨트롤에 이벤트를 추가하는 방법을 알아보자. 모든 컨트롤에는 다양한 이벤트를 추가할 수 있는데, Button의 경우에는 Button을 클릭(Click)하는 이벤트가 기본 이벤트가 된다. 일반적으로도 Button은 클릭하는 용도로 가장 많이 쓰이기 때문이다.

TIP • 각 컨트롤마다 기본 이벤트가 하나씩 있다. Button의 경우 클릭하는 것이 가장 기본적인 용도라서 Click 이벤트가, TextBox의 경우 글자가 입력되므로 TextChanged 이벤트가, CheckBox는 체크가 변경되므로 CheckChanged 이벤트가 기본 이벤트로 설정되어 있다. 기본 화면으로 제공되는 Form은 Load 이벤트가 기본 이벤트이다.

상단의 [디자인] 탭을 클릭한 후 Button을 더블클릭하자. 그러면 **버튼명_Click( )** 메서드가 자동으로 완성된다. 간단한 내용을 몇 줄 채우고 실행해보자.

TIP • 윈폼 프로그램은 앞에서 프로그램이 실행된 상태에서 다시 실행하면 프로그램이 실행되지 않는다. 즉, 한 프로그램을 동시에 두 번 실행할 수 없다. 바로 앞에서 실행한 화면을 먼저 닫아야 한다.

소스 9-4 폼이 로딩될 때 Button 속성 변경 (프로젝트명 : Project09_1)

```
private void btn_change_Click(object sender, EventArgs e)
{
    this.Text = "버튼을 눌렀어요";
    this.BackColor = Color.Yellow;
    btn_change.Hide();
```

```
6        MessageBox.Show("버튼이 없어졌어요~");
7    }
```

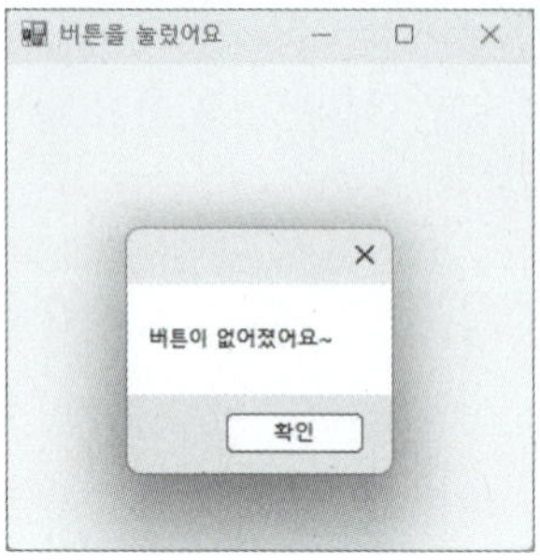

btn_change Button을 클릭하면 작동한다는 의미로 **btn_change_Click( )** 메서드 이름이 자동으로 생성되었다. 3행과 4행의 **this**는 [소스 9-2]의 13행에 나오는 Form1을 말한다. 즉, Button을 포함하는 윈폼을 의미한다. 그래서 3, 4행이 수행되면 윈폼의 타이틀과 배경색이 변경된다. 5행은 Button을 숨기는 메서드이다. 6행에서는 메시지박스가 출력된다.

7 Button에 다른 이벤트 추가

이번에는 Button 위에 마우스 커서가 올라왔을 때 적용되는 MouseEnter 이벤트와 마우스가 Button에서 떠나면 적용되는 MouseLeave 이벤트에서 실행되는 소스 코드를 만들어보자. Button의 기본 이벤트는 Click 이벤트이므로, MouseEnter나 MouseLeave 이벤트는 [디자인] 창에서 버튼을 더블클릭해서 작성할 수 없다. [디자인] 탭을 클릭하고 Button은 한 번만 클릭한 후, 오른쪽 [속성] 창에서 번개 모양의 [이벤트] 아이콘을 클릭한다. 그리고, MouseEnter 옆 빈칸을 더블클릭하면 자동으로 **btn_change_MouseEnter( )** 메서드가 생성된다.

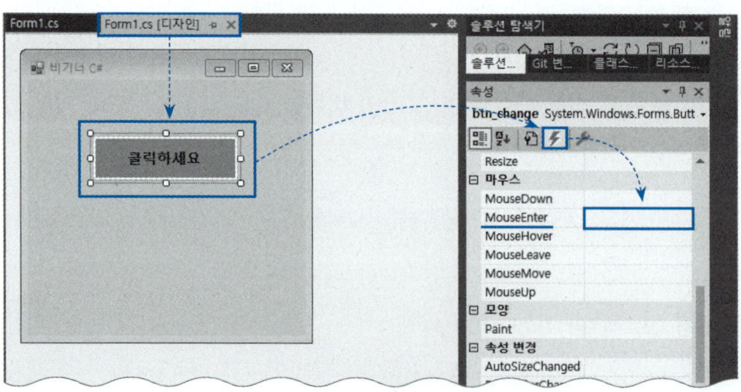

그림 9-15 Button에 MouseEnter( ) 이벤트의 추가

같은 방식으로 이번에는 MouseLeave 이벤트 메서드를 추가한다. 그리고, 다음과 같이 **btn_change_MouseEnter( )** 및 **btn_change_MouseLeave( )** 메서드에 간단한 소스 코드를 채우고 실행해 보자.

소스 9-5 추가 마우스 이벤트 (프로젝트명 : Project09_1)

```
private void btn_change_MouseEnter(object sender, EventArgs e)
{
    btn_change.Text = "마우스 올라옴 ^^";
    btn_change.BackColor = Color.Magenta;
}

private void btn_change_MouseLeave(object sender, EventArgs e)
{
    btn_change.Text = "마우스 떠나감 ㅠ";
    btn_change.BackColor = Color.Black;
}
```

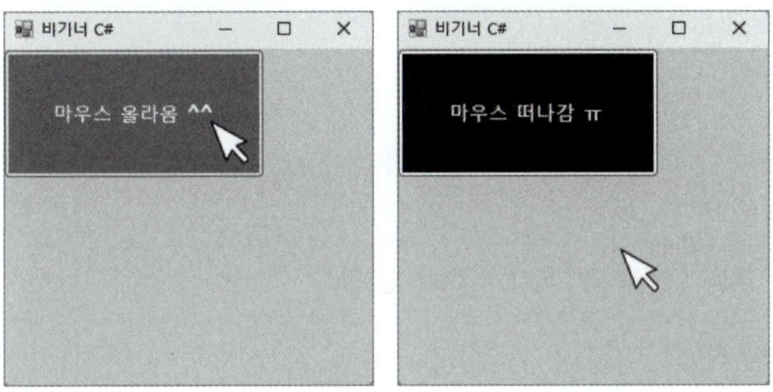

실행 결과를 보면, 마우스가 Button 위에 올라왔을 때와 Button에서 떨어졌을 때의 작동을 확인할 수 있다. 다른 대부분의 컨트롤도 지금까지 작성한 방법과 비슷한 방식으로 속성을 변경할 수 있다. 필요한 이벤트가 발생할 때 소스 코드도 어렵지 않게 만들 수 있을 것이다.

SECTION 03

컨트롤의 활용

컨트롤의 종류는 다양하지만 많이 사용되는 것을 위주로 활용해보려고 한다. 하나씩 살펴보는 것보다는 필요한 것들을 묶어서 간단한 예제로 한번에 알아보자.

1 기본 컨트롤 : Label, TextBox, Button

Label은 단순히 글자를 표시하는 용도이며, TextBox는 값을 입력하는 용도, Button은 어떤 작동을 시작하는 용도로 사용된다. 이를 활용해 사용자 아이디 및 비밀번호를 입력해서 로그인하는 창을 만들어보자. 아이디가 hanbit, 비밀번호가 css로 입력되면 통과 메시지가 나오도록 한다.

[Windows Forms앱(.NET Framework)] 형식의 새 프로젝트를 생성하고, 프로젝트 이름은 **Project09_2**로 한다. 윈폼 화면은 다음과 같이 만든다. 괄호는 컨트롤의 (Name) 속성이다.

TIP • 창 왼쪽 [도구 상자]의 [공용 컨트롤]을 확장하면 일반적으로 많이 사용하는 컨트롤이 보인다. 필자는 각 컨트롤의 BackColor, ForeColor, Font 등을 적절히 설정했는데, 필수로 해야 하는 사항은 아니다. 앞으로 이에 대해서는 특별히 언급하지 않겠다.

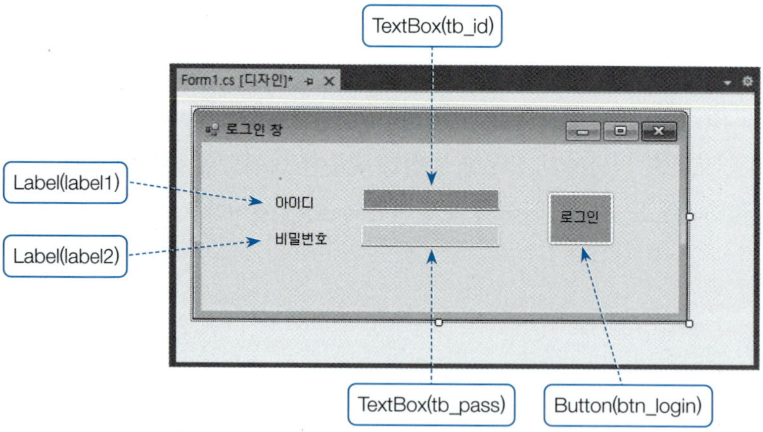

그림 9-16 Label, TextBox, Button을 적용한 [디자인] 창

TextBox 중 **tb_pass**는 비밀번호를 입력하는 용도이므로 입력하는 글자가 보이지 않는 것이 좋다. tb_pass를 선택하고 오른쪽 속성 중 PasswordChar 부분에 * 기호를 입력하면 입력하는 글자 대신에 *로 표시된다. 이제 〈로그인〉 버튼을 더블클릭해서 자동 완성되는 메서드를 다음과 같이 코딩한 후 실행해보자.

소스 9-6 로그인 기능 (프로젝트명: Project09_2)

```
1  private void btn_login_Click(object sender, EventArgs e)
2  {
3      if (tb_id.Text == "" || tb_pass.Text == "")
4      {
5          MessageBox.Show("아이디와 비밀번호를 입력하세요");
6      }
7      else
8      {
9          if (tb_id.Text == "hanbit" && tb_pass.Text == "css")
10         {
11             MessageBox.Show(tb_id.Text + "님 어서오세요~ 지금 창을 닫습니다.");
12             this.Close();
13         }
14         else
15         {
16             MessageBox.Show("아이디와 비밀번호를 다시 확인하세요.");
17         }
18     }
19 }
```

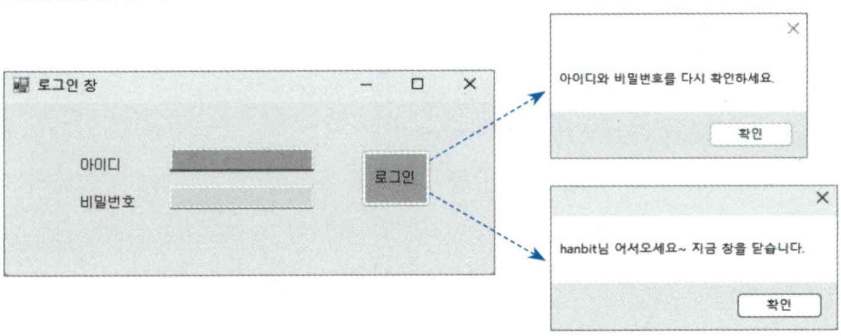

3행에서 아이디나 비밀번호 중 하나라도 빈칸이면, 5행에서 다시 입력하도록 대화 상자가 뜬다. 둘 다 입력했다면 9~17행이 수행된다. 아이디로 hanbit, 비밀번호로 css가 입력되면 환영 메시지가 출력된다. 메시지 창을 닫으면 12행에서 윈도우 창도 닫힌다. 아이디와 비밀번호가 틀렸다면 16행에서 해당 메시지를 출력한다.

SELF STUDY 9-1

[소스 9-6]을 수정해, 아이디 및 비밀번호가 틀리면 기존의 아이디와 비밀번호가 지워지도록 작성해보자.

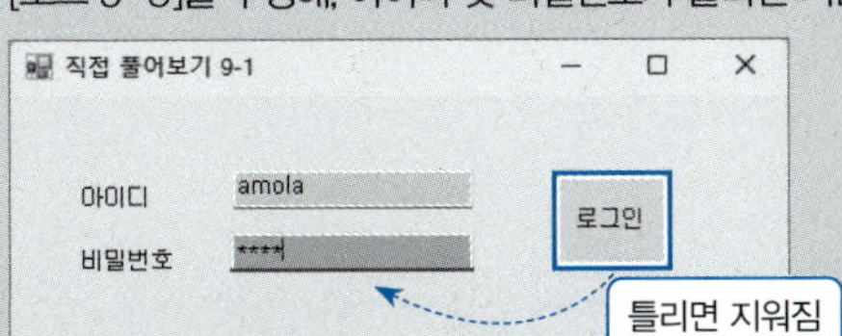

그림 9-17 아이디, 비밀번호 틀리면 지워짐

2 선택형 컨트롤 : ComboBox, ListBox, DateTimePicker, MaskedTextBox

CheckBox는 여러 개를 동시에 선택할 수 있으며, RadioButton은 여러 개 중에서 하나만 선택이 가능한 컨트롤이다. GroupBox는 CheckBox나 RadioButton을 묶어주는 용도로 사용된다. TextBox가 한 줄만 입력이 가능하다면, RichTextBox는 여러 줄의 입력이 가능하다. 프로젝트의 이름을 **Project09_3**으로 입력하고 실행해보자.

TIP • GroupBox는 [도구 상자]의 [컨테이너]를 확장하면 보인다.

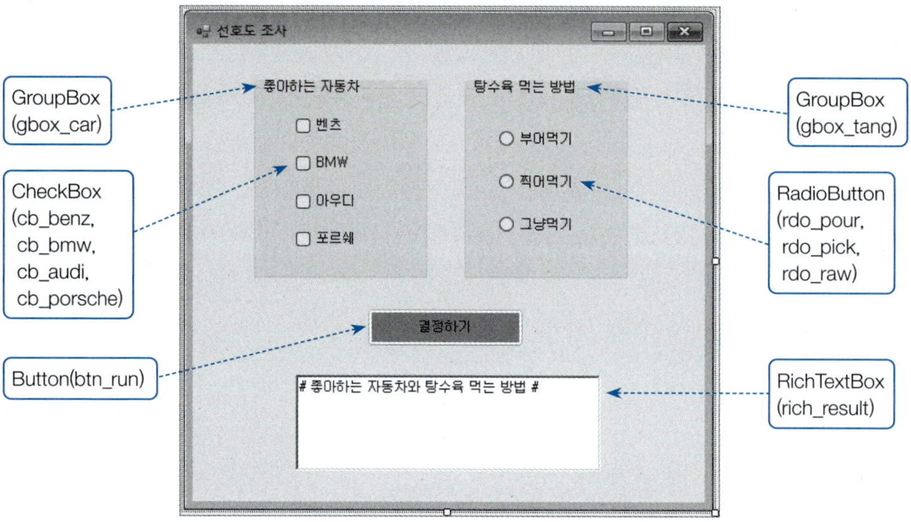

그림 9-18 CheckBox, RadioButton, GroupBox 등을 적용한 [디자인] 창

btn_run Button을 더블클릭해서 다음의 소스 코드를 추가하고 실행해보자.

소스 9-7 CheckBox와 RadioButton의 사용 (프로젝트명 : Project09_3) GUI

```
private void btn_run_Click(object sender, EventArgs e)
{
    String text = "\n(1) 좋아하는 자동차 : ";
    CheckBox[] chkArray = { cb_benz, cb_bmw, cb_audi, cb_porsche };
    RadioButton[] rdoArray = { rdo_pour, rdo_pick, rdo_raw };

    foreach (CheckBox ck in chkArray)
    {
        if (ck.Checked)
            text += ck.Text + "  ";
    }

    text += "\n(2) 탕수육 먹는 법 : ";
```

```
14      foreach (RadioButton rdo in rdoArray)
15      {
16          if(rdo.Checked)
17              text += rdo.Text + " ";
18      }
19
20      rich_result.Text += text;
21  }
```

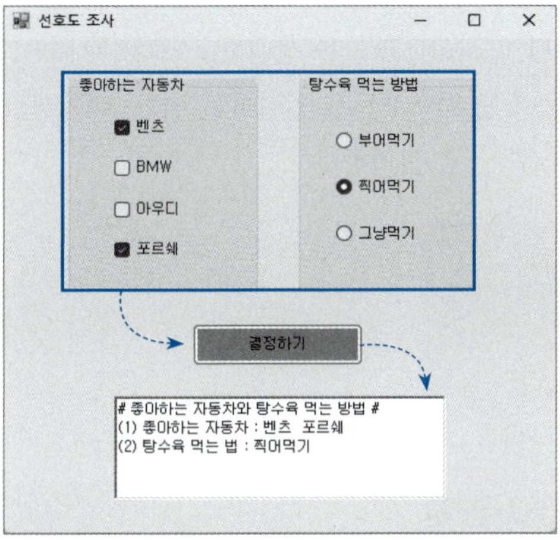

3행에서는 창 제일 아래 RichTextBox에 추가할 문자열을 준비했다. 4, 5행에서는 CheckBox 및 RadioButton 컨트롤의 이름을 배열에 저장했다. 7행 및 14행에서 하나씩 접근하기 위함이다. 7~11행은 CheckBox에 선택된 컨트롤의 글자를 text 문자열에 추가했다. 14~18행도 선택된 컨트롤의 글자를 text 문자열에 추가했다. 20행에서는 생성된 문자열을 RichTextBox에 출력한다.

ComboBox는 선택하면 항목들이 펼쳐지면서 그중 하나를 선택하는 컨트롤이다. ListBox는 ComboBox와 성격이 비슷하지만, 선택하기 전 이미 항목들이 펼쳐져서 보이는 컨트롤이다. DateTimePicker는 날짜 및 시간을 선택할 수 있다. MaskedTextBox는 TextBox와 비슷하지만, 입력되는 글자의 형식을 지정할 수 있다. 예를 들어, 날짜, 숫자, 우편번호, 전화번호 등의 형식을 지정해서 형식과 다른 글자는 입력되지 않도록 할 수 있다. 프로젝트 이름을 **Project09_4**로 입력하고 실행해보자.

TIP • 실행 화면에는 여러 레이블(출생연월일, 연락처, 주민번호 등)을 넣어서 보기 좋게 만들어 두었지만, TextBox의 설명을 위해 만든 것이므로 레이블 자체가 중요하지는 않다. 앞으로는 레이블에 대해 별도로 언급하지 않겠다.

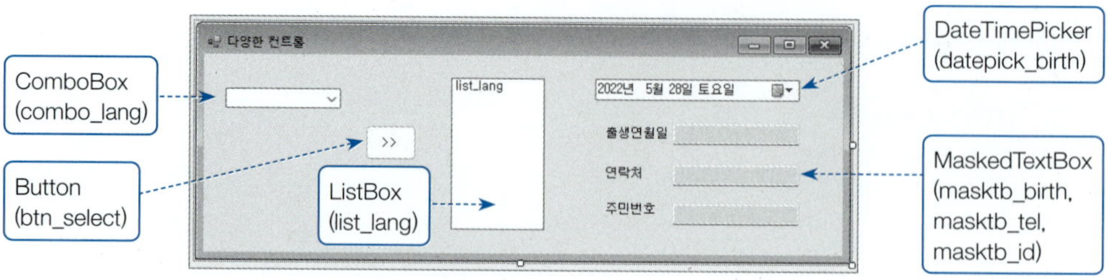

그림 9-19 ComboBox, ListBox 등을 적용한 윈폼 창

ComboBox에는 필요한 항목들을 미리 입력할 수 있다. ComboBox를 선택하고, 오른쪽 [속성] 창의 [데이터] – [Items]의 (컬렉션) 옆 〈…〉 버튼을 눌러 필요한 항목을 입력하면 된다. 여기서는 프로그래밍 언어의 종류를 입력했다. 입력이 끝났으면 〈확인〉을 클릭한다.

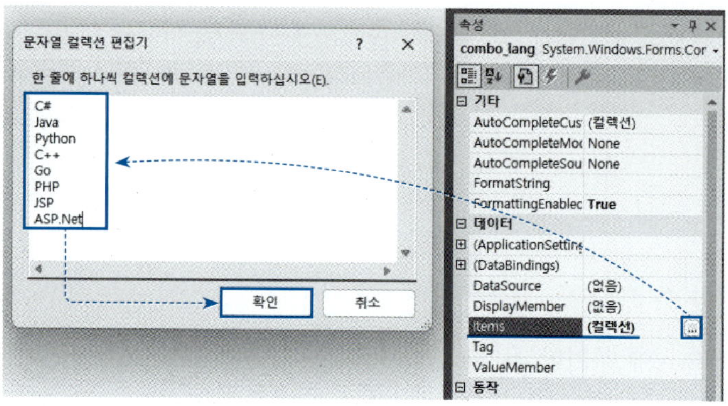

그림 9-20 ComboBox 설정

이번에는 MaskedTextBox를 설정해보자. masktb_birth를 선택하고 오른쪽 [속성] 창의 [동작] – [Mask]의 〈…〉 버튼을 눌러 [자세한 날짜]를 선택하고 〈확인〉을 클릭한다.

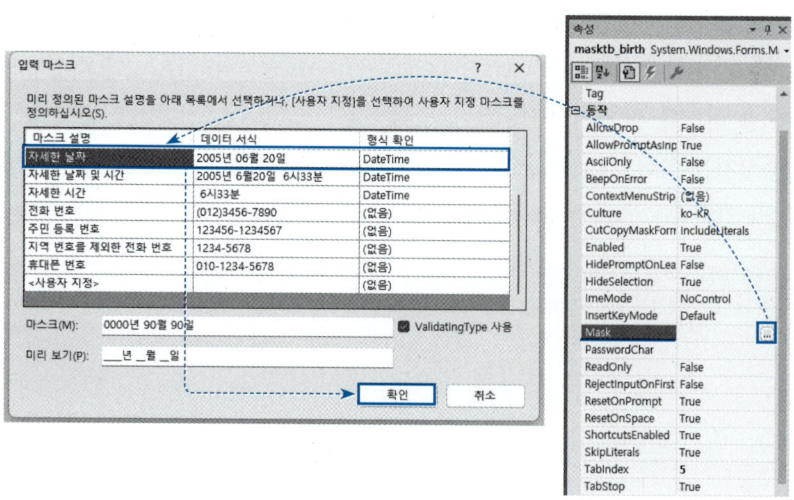

그림 9-21 출생연월일 MaskedTextBox 설정

같은 방식으로 masktb_tel은 [전화번호]를 선택한다. 마지막으로 masktb_id는 〈사용자 지정〉을 선택하고 [마스크] 부분에 "999999-9999999"를 입력한 뒤 〈확인〉을 클릭한다.

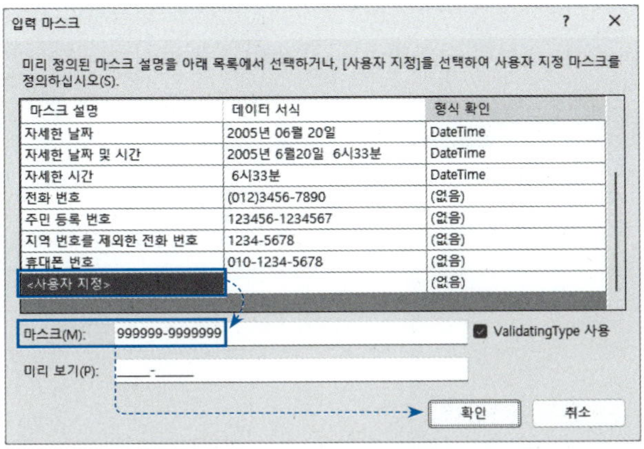

그림 9-22 주민번호 MaskedTextBox 설정

이번에는 Button을 더블클릭한다. 다시 [디자인] 탭을 클릭해서 DateTimePicker를 더블클릭한다. 소스 코드가 뜨면 다음과 같이 입력하고 실행한다.

소스 9-8 Button 클릭과 날짜 선택 기능 (프로젝트명 : Project09_4) GUI

```
private void datapick_birth_ValueChanged(object sender, EventArgs e)
{
    masktb_birth.Text = datapick_birth.Value.ToString();
}

private void btn_select_Click(object sender, EventArgs e)
{
    list_lang.Items.Add(combo_lang.Text);
}
```

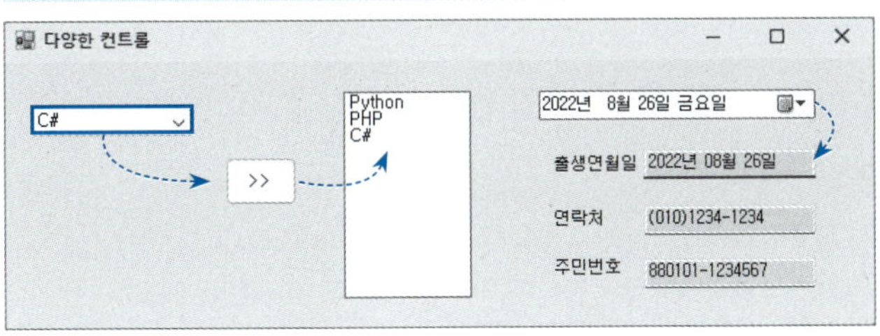

3 [프로그램 1]의 완성

TreeView는 트리 형태의 목록을 보여주는 컨트롤이고, PictureBox는 이미지를 표현하는 툴이다. 이를 활용해서 여러 동물을 표현하는 프로그램을 작성해보자.

새 프로젝트 이름은 **Project09_5**로 하고, 다음과 같이 화면을 구성한다. 왼쪽 TreeView에서 동물 이름을 선택하면 오른쪽 PictureBox에 해당 이미지가 나오도록 한다. 기본적으로는 PictureBox에 꽉 차도록 출력하되, 〈원본 크기 보기〉 CheckBox가 선택되어 있으면 원본 크기가 그대로 보이도록 한다. 즉, 이미지가 PictureBox보다 크다면 이미지의 일부만 보이게 된다.

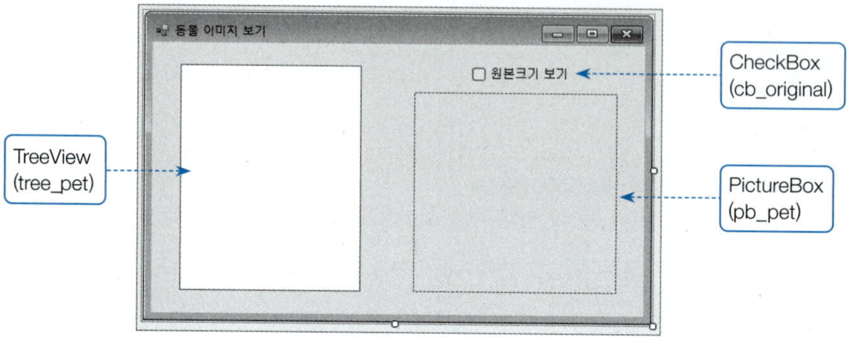

그림 9-23 동물 이미지 뷰어 디자인 화면

윈폼의 빈 부분을 더블클릭해서 **Form1_Load( )** 메서드를 만든다. 다시 [디자인] 탭을 클릭해서 tree_pet TreeView를 더블클릭해 **tree_pet_AfterSelect( )** 메서드를 추가한다. 마지막으로 [디자인] 탭에서 cb_original CheckBox를 더블클릭해 **cb_original_CheckedChanged( )** 메서드를 추가한다. 그리고 다음과 같이 소스 코드를 작성해 실행해보자.

소스 9-9 **동물 이미지 뷰어 (프로젝트명 : Project09_5)** GUI

```
private void Form1_Load(object sender, EventArgs e)
{
    TreeNode petRoot = new TreeNode("동물");

    TreeNode dogTree = new TreeNode("강아지");
    dogTree.Nodes.Add("강아지1");
    dogTree.Nodes.Add("강아지2");
    petRoot.Nodes.Add(dogTree);

    TreeNode catTree = new TreeNode("고양이");
    catTree.Nodes.Add("고양이1");
    catTree.Nodes.Add("고양이2");
    petRoot.Nodes.Add(catTree);

    TreeNode birdTree = new TreeNode("새");
    birdTree.Nodes.Add("새1");
    birdTree.Nodes.Add("새2");
    petRoot.Nodes.Add(birdTree);

```

```
20     tree_pet.Nodes.Add(petRoot);
21
22     pb_pet.SizeMode = PictureBoxSizeMode.StretchImage;
23 }
24
25 private void tree_pet_AfterSelect(object sender, TreeViewEventArgs e)
26 {
27     if (e.Node.Text == "강아지1")
28         pb_pet.Image = Bitmap.FromFile("C:/CookC#/Images/dog1.png");
29     else if (e.Node.Text == "강아지2")
30         pb_pet.Image = Bitmap.FromFile("C:/CookC#/Images/dog2.png");
31     else if (e.Node.Text == "고양이1")
32         pb_pet.Image = Bitmap.FromFile("C:/CookC#/Images/cat1.png");
33     else if (e.Node.Text == "고양이2")
34         pb_pet.Image = Bitmap.FromFile("C:/CookC#/Images/cat2.png");
35     else if (e.Node.Text == "새1")
36         pb_pet.Image = Bitmap.FromFile("C:/CookC#/Images/bird1.png");
37     else if (e.Node.Text == "새2")
38         pb_pet.Image = Bitmap.FromFile("C:/CookC#/Images/bird2.png");
39 }
40
41 private void cb_original_CheckedChanged(object sender, EventArgs e)
42 {
43     if (!cb_original.Checked)
44         pb_pet.SizeMode = PictureBoxSizeMode.StretchImage;
45     else
46         pb_pet.SizeMode = PictureBoxSizeMode.Normal;
47 }
```

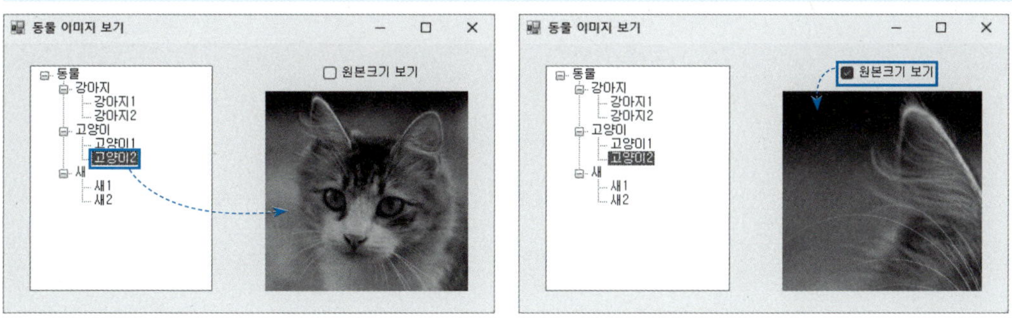

3행에서는 TreeView에 들어갈 최상위 트리 노드인 petRoot를 준비했다. 5행에는 상위 트리 노드인 dogTree를 준비했고, 6~7행은 5행의 상위 트리 노드에 들어갈 최하위 노드 2개를 추가했다. 8행에서 상위 트리 노드인 dogTree를 최상위 트리 노드인 petTree에 추가했다. 이로써 '동물' → '강아지' → '강아지1 / 강아지2' 형태의 트리 구조가 완성되었다. 20행에서는 완성된 최상위 트리 노드 petRoot를 실제 화면의 TreeView에 부착했다.

22행은 PictureBox에 그림을 넣으면, 그림이 PictureBox의 크기에 맞춰서 보이도록 한다. 25~39행은 TreeView에서 최하위 항목을 선택하면 작동하는 메서드이다. 27행에서 선택한 항목이 '강아지1'이라면 28행에서 지정한 이미지를 PictureBox에 나타낸다. **Bitmap.FromFile(그림파일경로)** 메서드는 그림 파일을 비트맵 객체로 만들어준다.

TIP • 이 책은 C:₩CookC#₩Images₩ 폴더에 사용한 이미지를 모두 넣어 놓았다. 독자도 같은 이름의 폴더를 사용하거나, 그렇지 않다면 폴더의 경로나 파일명을 독자의 것으로 바꿔야 한다. 이 책에서 사용한 이미지는 모두 자료실(https://www.hanbit.co.kr/src/4627)에 등록되어 있다.

41~47행은 CheckBox가 변경되면 실행되는 메서드이다. 43행에서 CheckBox가 체크되지 않으면 PictureBox 크기에 맞게 그림이 보여지고, CheckBox가 켜지면 그림의 원래 크기로 보여준다.

SELF STUDY 9-2

버튼을 누르면 이미지가 랜덤하게 출력되는 소스 코드를 작성해보자.

그림 9-24 이미지 랜덤 출력

SECTION 04

마우스 / 키보드 이벤트 처리

마우스 및 키보드를 움직이거나 누르는 것을 이벤트(Event)라고 한다. 이 외에도 다양한 이벤트가 있지만, 해당 절에서는 윈폼 프로그램에서 가장 많이 사용되는 이벤트인 마우스 / 키보드 이벤트에 대해 자세히 살펴본다.

1 마우스 이벤트 처리 개요

마우스의 간단한 이벤트로는 마우스를 클릭하는 Click 이벤트, 더블클릭하는 DoubleClick 이벤트가 있다. 대부분 이 두 이벤트로 처리가 가능하지만 좀 더 세분화해서 사용할 수도 있다. 예를 들면, 마우스를 누를 때의 MouseDown, 움직일 때의 MouseMove, 떼었을 때의 MouseUp 등이다. 이 외에도 마우스가 컨트롤 위에 올라가는 MouseEnter와 컨트롤에서 밖으로 벗어나는 MouseLeave, 컨트롤 안에서 일정 시간 동안 고정되는 MouseHover 등이 있다. MouseDown과 MouseUp의 경우엔 왼쪽, 가운데, 오른쪽 버튼이 있으므로 각각에 대해 처리할 수 있다.

TIP • MouseEnter와 MouseLeave 이벤트는 [소스 9-5]에서 살펴보았다. 기억이 나지 않는다면 한 번 더 복습하기 바란다.

표 9-1 마우스 이벤트의 분류

분류	마우스 이벤트	설명	비고
기본 기능	Click MouseClick	마우스를 클릭할 때	둘 중 하나만 사용하면 됨
	DoubleClick MouseDoubleClick	마우스를 더블클릭할 때	둘 중 하나만 사용하면 됨
	MouseCaptureChanged	마우스 캡처가 발생된 후	잘 사용 안 함
세부 기능	MouseDown	마우스 버튼을 누를 때	
	MouseEnter	마우스가 컨트롤에 올라갈 때	
	MouseHover	마우스가 일정 시간 컨트롤 내부에 고정될 때	
	MouseLeave	마우스가 컨트롤 밖으로 나갈 때	
	MouseMove	마우스가 이동할 때	
	MouseUp	마우스 버튼을 뗄 때	

TIP • 마우스를 클릭할 때, 컨트롤에 따라서 Click과 MouseClick이 모두 제공되는 것도 있고, Click만 가능한 것도 있다. 두 가지 이벤트를 다르게 처리하는 경우는 거의 없으므로 Click 하나만 사용해도 된다.

마우스 이벤트는 컨트롤마다 설정을 할 수 있어서 마우스 이벤트를 처리하는 방법도 다양하게 설정할 수 있다. 하지만 일반적인 컨트롤의 경우엔 기본 작업인 Click, DoubleClick 정도로 처리하면 된다. 좀 더 세밀한 마우스 이벤트 처리가 필요하다면 세부 기능의 마우스 이벤트를 사용하면 된다. 마우스 이벤트는 마우스의 현재 좌표값을 사용하는 경우도 많이 있는데, 이에 대해서도 함께 알아보자.

2 마우스 이벤트의 세부적인 처리

버튼 컨트롤은 기본적으로 마우스를 클릭했을 때 작동하도록 만든다. 그래서 지금까지 사용해온 버튼의 용도도 Click 이벤트에 프로그램을 작성한 것이었다. Project09_1에서는 버튼에 마우스가 올라가는 MouseEnter 및 마우스가 내려가는 MouseLeave 이벤트도 사용해보았다. 이번에는 다른 이벤트에 대해 살펴보자.

우선은 컨트롤에 마우스 이벤트가 발생할 때 처리할 이벤트를 추가해야 한다. 앞에서도 몇 번 사용해 봤으나, 확실하게 정리하고 넘어가자. 먼저 이미지를 추가하고 이미지에 발생하는 마우스 이벤트를 확인해보자. 다음과 같이 화면을 준비한다. PictureBox는 [속성] 중 (image) 속성을 클릭해 적당한 그림 파일을 선택했다. 프로젝트 이름은 **Project09_6**으로 한다.

TIP • PictureBox의 크기에 그림이 꽉 차도록 하려면 [속성] 창의 [동작] – [SizeMode]를 StretchImage로 변경하면 된다.

그림 9-25 마우스 이벤트 디자인 화면

pb_image를 선택하고 오른쪽 [속성] 창의 번개 모양 [이벤트] 아이콘을 클릭한다. [마우스] – [MouseDown] 옆의 빈칸을 더블클릭한다. 다음과 같이 소스 코드를 작성해 실행해본다.

소스 9-10 마우스 이벤트 작동 확인 (프로젝트명 : Project09_6) GUI

```
private void pb_image_MouseDown(object sender, MouseEventArgs e)
{
```

```
3        if (e.Button == MouseButtons.Left)
4            tb_type.Text = "왼쪽";
5        else if (e.Button == MouseButtons.Right)
6            tb_type.Text = "오른쪽";
7        else
8                tb_type.Text = "가운데";
9
10       if (e.Clicks == 2)
11           tb_action.Text = "더블 클릭";
12       else
13           tb_action.Text = "한 번 클릭";
14
15       tb_x.Text = e.X.ToString();
16       tb_y.Text = e.Y.ToString();
17   }
```

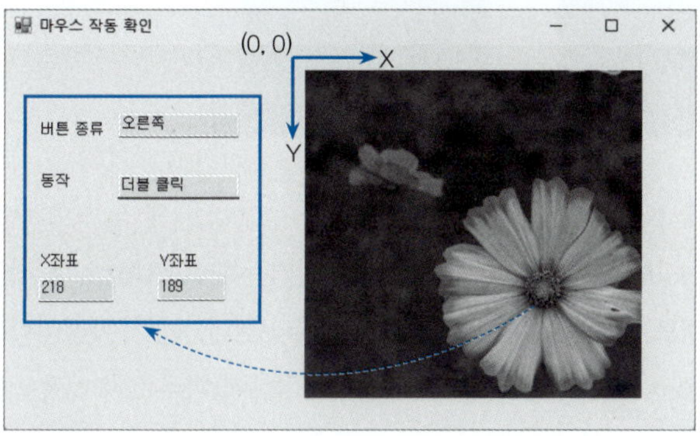

MouseDown 이벤트 메서드는 자동으로 마우스 정보를 파라미터로 전달한다. 1행의 **MouseEventArgs e**를 보면 e에는 마우스에 대한 다양한 정보가 있고, 이를 활용해 프로그램 코드에서 처리할 수 있다. 3행에서 **e.Button**에는 왼쪽(MouseButton.Left), 오른쪽(MouseButton.Right), 가운데(MouseButton.Middle) 중 어디를 클릭했는지에 대한 정보가 들어 있다. 10행의 **e.Clicks**에는 한 번 클릭 또는 더블클릭의 정보가 들어 있으며, 1 또는 2만 저장되어 있다. 15, 16행의 **e.X** 및 **e.Y**에는 클릭한 X 및 Y좌표가 저장되어 있다. C#에서 좌표는 왼쪽 상단이 (0, 0)으로, 가로가 X축, 세로가 Y축으로 사용된다.

이번에는 PictureBox를 더블클릭하면 이미지가 확장되거나 다시 원본으로 보이도록 설정해보자. [소스 9-10]에서도 더블클릭 여부를 확인할 수 있지만, 별도의 DoubleClick 이벤트를 사용해 보려고 한다. [디자인] 창에서 PictureBox를 선택하고 이벤트 중 [작업] – [DoubleClick] 옆을 더블클릭한다. 메서드를 자동 완성해 소스 코드를 추가한다.

소스 9-11 더블클릭 이벤트 작동 (프로젝트명 : Project09_6)

GUI

```
1  private void pb_image_DoubleClick(object sender, EventArgs e)
2  {
3      if (pb_image.SizeMode == PictureBoxSizeMode.Normal)
4          pb_image.SizeMode = PictureBoxSizeMode.StretchImage;
5      else if (pb_image.SizeMode == PictureBoxSizeMode.StretchImage)
6          pb_image.SizeMode = PictureBoxSizeMode.Zoom;
7      else
8          pb_image.SizeMode = PictureBoxSizeMode.Normal;
9  }
```

3~8행을 보면 PictureBox의 사이즈 모드를 Normal → StretchImage → Zoom 세 모드로 순환되도록 했다. 여기서 주목할 점은 DoubleClick 이벤트 메서드의 파라미터는 **EventArgs e** 라는 점이다. [소스 9-10]의 MouseMove 이벤트 메서드는 MouseEventArgs e였다. 큰 차이점이라면 EventArgs e에는 e.X, e.Y 속성이나 e.Button 속성이 없다. 즉, 어느 위치에서 마우스가 사용되었는지, 어느 버튼을 눌렀는지 구분하지 못한다. 사실 일반적인 프로그램에서는 마우스 이벤트에서 e.X, e.Y 속성이나 e.Button 속성을 구분하는 경우가 많지 않다. 그러므로 일반적인 마우스 클릭이나 더블클릭을 해야 할 때는 Click, DoubleClick 이벤트를 사용하고, 좌표나 마우스 버튼의 구분 등 상세한 정보가 필요하다면 MouseDown, MouseMove, MouseUp 등의 이벤트를 사용하면 된다.

3 키보드 이벤트 기본 처리

키보드 이벤트는 컨트롤에서 키보드가 눌렸을 때 발생하는 이벤트이다. 키보드 관련 이벤트로는 KeyDown, KeyUp, KeyPress가 있다. KeyUp은 잘 사용하지 않으며, 키를 누르는 시점에 발생하는 KeyDown과 KeyPress를 주로 사용한다. KeyDown 이벤트 메서드는 파라미터로 Alt, Ctrl, Shift 등의 키를 누른 것도 확인이 가능하며, KeyPress 이벤트 메서드는 키의 종류만 확인이 가능하다.

다음과 같이 화면을 준비하자. 단, 이번 예제의 키 이벤트는 폼에서 작동하도록 할 것이다. 다른 컨트롤에서는 키가 작동하지 않도록 하기 위해 나머지 컨트롤의 [속성] 중 True를 모두 False로 변경해놓자. 프로젝트 이름은 **Project09_7**로 한다.

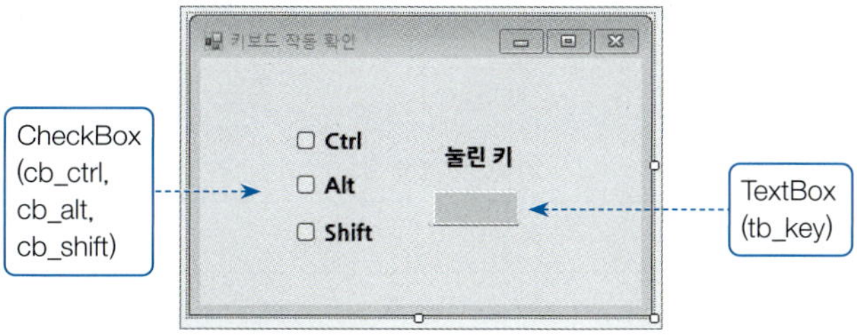

그림 9-26 키보드 작동 디자인 화면

폼의 빈 부분을 클릭하고, 이벤트 중 KeyDown 이벤트 오른쪽의 빈 곳을 더블클릭한 후 다음의 소스 코드를 작성한다.

소스 9-12 키보드 이벤트 작동 (프로젝트명 : Project09_7)

GUI

```
1  private void Form1_KeyDown(object sender, KeyEventArgs e)
2  {
3      cb_alt.Checked = cb_ctrl.Checked = cb_shift.Checked = false;
4
5      if (e.Alt == true)
6          cb_alt.Checked = true;
7      if (e.Control == true)
8          cb_ctrl.Checked = true;
9      if (e.Shift == true)
10         cb_shift.Checked = true;
11
12     char keyValue = (char)e.KeyValue;
13     tb_key.Text = keyValue.ToString();
14 }
```

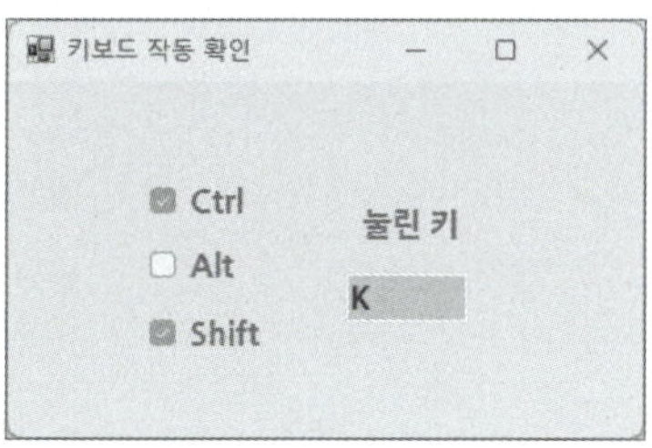

1행의 **KeyEventArgs e** 파라미터는 키보드의 각종 정보를 가지고 있다. 우선 3행에서 CheckBox를 모두 끈다. 5, 7, 9행에서 Alt, Ctrl, Shift 키가 눌렸는지 확인해서 CheckBox를 켠다. 12행에서는 키의 값인 정수를 문자로 저장한다. 13행에서 키를 TextBox에 출력한다.

참고로 주로 사용되는 키 값은 [표 9-2]와 같다.

표 9-2 주로 사용되는 키 값

KeyValue	키보드	KeyValue	키보드
8	Backspace 키	35, 36	End, Home 키
9	Tab 키	65~90	A ~ Z 키
13	Enter 키	112~123	F1 ~ F12 키
16	Shift 키	48~57	0 ~ 9 키
17	Ctrl 키	37~40	화살표 왼쪽, 위쪽, 오른쪽, 아래쪽 키
19	Pause 키	42	Print Screen 키
20	Caps Lock 키	45	Insert 키
27	Esc 키	46	Del 키
33, 34	Page Up, Down 키	144	Num Lock 키

SELF STUDY 9-3

화살표 키를 누르면 PictureBox가 움직이는 코드를 작성해보자. 화살표 키를 한 번 누를 때마다 10픽셀이 움직이도록 한다.

힌트1 키보드 이벤트를 PictureBox에 설정한다.

힌트2 PictureBox의 이동은 Location 속성을 new Point(X값, Y값)으로 변경하면 된다.

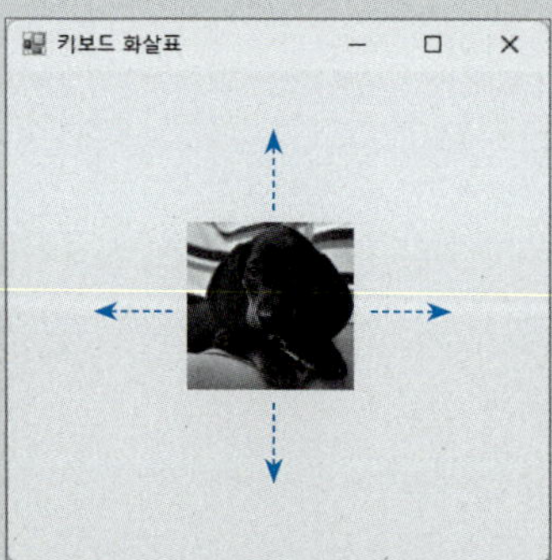

그림 9-27 PictureBox 이동

SECTION
05 메뉴와 대화 상자

앞에서 윈폼 프로그램을 작성해봤다. 그런데 실무에서 사용하는 많은 프로그램은 윈도우 창 뿐만 아니라 상단에 메뉴도 추가해서 사용한다. 또, 메뉴를 선택하면 하위메뉴가 나오고 하위메뉴 중 하나를 선택하면 비로소 어떤 작업이 실행된다. 예를 들면, [파일] – [열기]를 선택해야 파일을 선택하는 대화 상자가 나오는 식이다. 이처럼 메뉴를 만들고 활용하는 법을 익혀보자.

1 메뉴의 생성

먼저 윈폼 프로젝트를 생성한다. 프로젝트 이름은 **Project09_8**로 한다. [도구 상자]의 [메뉴 및 도구 모음] – [MenuStrip]을 더블클릭하면 [Form1] 창에 메뉴가 간단하게 추가된다.

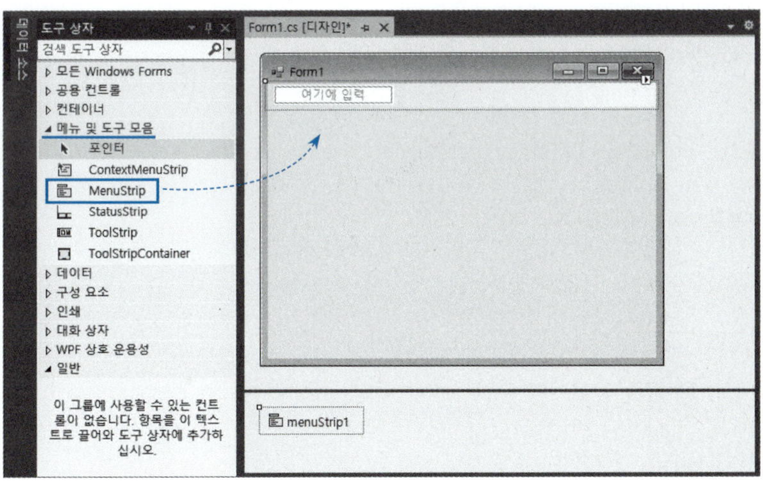

그림 9-28 메뉴 추가

이번엔 [그림 9-29]와 같이 메뉴를 추가해보자. [그림 9-28]에서 추가한 메뉴의 '여기에 입력' 부분을 클릭하면 된다. 그리고 윈폼에는 PictureBox와 TrackBar를 추가한다. PictureBox의 SizeMode 속성은 **StretchImage**로 지정한다.

TIP • TrackBar는 [도구 상자]의 [모든 Windows Forms]를 확장하면 보인다.

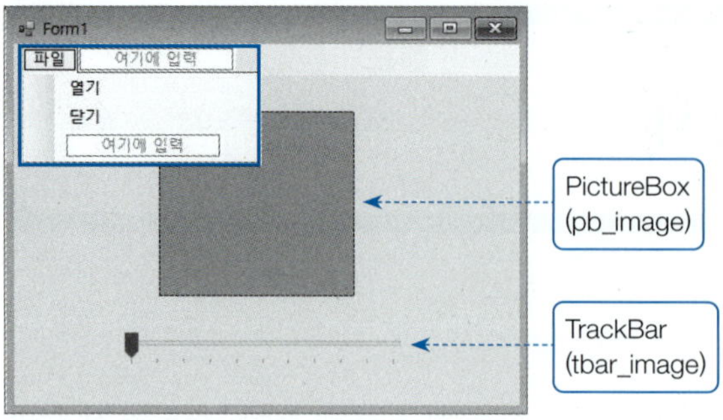

그림 9-29 Menu, PictureBox, TrackBar 추가

추가한 Menu의 [파일] – [열기]를 더블클릭하면, Menu를 클릭할 때 **열기ToolStripMenuItem_Click( )** 메서드가 추가된다. 이제 다음과 같이 간단히 PictureBox에 그림이 뜨도록 소스 코드를 추가해보자. 같은 방식으로 [파일] – [닫기]도 더블클릭해서 프로그램을 종료하는 소스 코드도 입력하자.

소스 9-13 메뉴 선택 시 실행할 코드 작성 1 (프로젝트명 : Project09_8)

```
1  private void 열기ToolStripMenuItem_Click(object sender, EventArgs e)
2  {
3      pb_image.Image = Bitmap.FromFile("C:/CookC#/Images/dog1.png");
4  }
5
6  private void 닫기ToolStripMenuItem_Click(object sender, EventArgs e)
7  {
8      MessageBox.Show("프로그램을 종료합니다.~~");
9      this.Close();
10 }
```

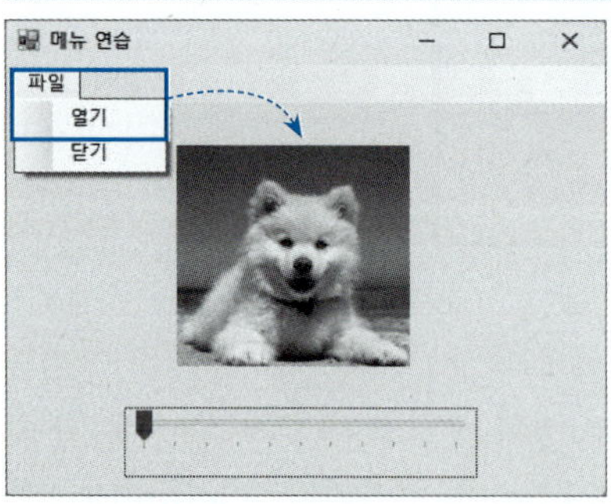

3행에서 이미지 파일을 지정해 PictureBox에 설정한다. 8, 9행은 메시지를 출력하고 프로그램을 종료한다.

2 대화 상자

C#은 몇 가지의 대화 상자를 기본으로 제공한다. 메시지 창을 보여주는 MessageBox.Show() 메서드는 이미 여러 번 사용해봤다. 그 외에 열기 대화 상자인 OpenFileDialog, 저장 대화상자인 SaveFileDialog, 색상 대화 상자인 ColorDialog, 글꼴을 선택하는 FontDialog, 폴더를 선택하는 FolderBrowserDialog 등이 있다. 사용법은 모두 간단하다.

우선, [디자인] 창에서 [도구 상자]의 [대화 상자] 아래에 있는 [OpenFileDialog]를 더블클릭하면 창 아래쪽에 추가된 것을 확인할 수 있다. 대화 상자의 이름은 자동으로 openFileDialog1로 지정되는데, 대부분의 프로그램은 [열기] 기능이 하나뿐이므로 굳이 이름을 변경하지 않고 사용해도 된다.

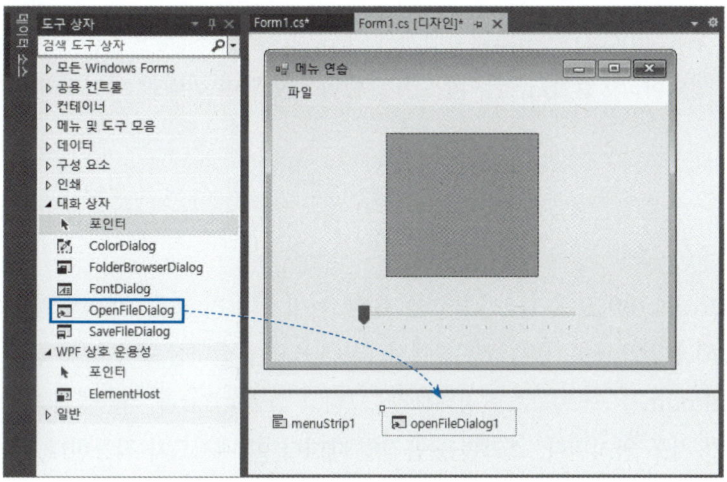

그림 9-30 열기 대화 상자 추가

이번에는 [소스 9-13]의 열기ToolStripMenuItem_Click() 메서드를 다음과 같이 수정해서 직접 이미지 파일을 선택할 수 있도록 해보자.

소스 9-14 메뉴 선택 시 실행할 코드 작성 2 (프로젝트명 : Project09_8) GUI

```
private void 열기ToolStripMenuItem_Click(object sender, EventArgs e)
{
    OpenFileDialog ofd = new OpenFileDialog();
    ofd.Filter = "그림 파일 (*.jpg,*.png,*.gif,*.bmp)|";
    if (ofd.ShowDialog() == DialogResult.Cancel)
        return;
    pb_image.Image = Bitmap.FromFile(ofd.FileName);
}
```

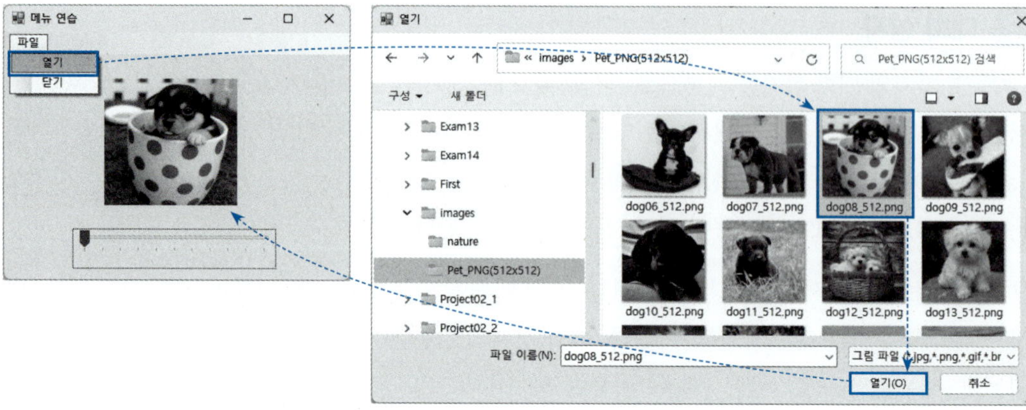

3행에서 열기 대화 상자 변수인 ofd를 준비했다. 4행에서는 그림 파일만 선택되도록 필터를 지정했다. 5행에서 대화 상자가 뜬 후 〈Cancel〉을 누르면 6행에서 아무 작동도 하지 않고 종료되도록 한다. 만약 정상적으로 파일을 선택하고 〈열기〉를 클릭했다면 7행이 실행되어 선택한 이미지 파일이 PictureBox에 보인다.

3 [프로그램 2]의 완성

두 번째로 만들 프로그램은 Project09_8에 TrackBar를 통한 이미지 밝기 조절 기능을 추가한 것이다. TrackBar는 생성해 놓았으므로, [디자인] 창에서 TrackBar를 선택한 후 [속성] 창에서 Maximum을 50으로, Minimum을 −50으로 변경해보자. 그리고 TrackBar를 더블클릭하면 **tbar_image_Scroll( )** 메서드가 자동 완성된다. 스크롤을 움직일 때마다 이 메서드가 작동한다. 메서드 안에서는 스크롤 값을 가져와서 PictureBox 이미지 픽셀에 값을 더해주는 방식을 사용한다. PictureBox의 한 점은 Red, Green, Blue인 세 가지 색으로 구성되어 있으므로, R, G, B 모두에 대한 값을 더해줘야 한다.

소스 9-15 이미지 밝기 조절 기능 (프로젝트명 : Project09_8) GUI

```
private void tbar_image_Scroll(object sender, EventArgs e)
{
    Bitmap bitmap = new Bitmap(pb_image.Image);
    int R,G,B;
    Color c;

    for (int i = 0; i < bitmap.Height; i++)
    {
        for (int k = 0; k < bitmap.Width; k++)
        {
            c = bitmap.GetPixel(k, i);
            R = c.R + tbar_image.Value;
```

```
13            G = c.G + tbar_image.Value;
14            B = c.B + tbar_image.Value;
15            if (R > 255)
16                R = 255;
17            else if (R < 0)
18                R = 0;
19            if (G > 255)
20                G = 255;
21            else if (G < 0)
22                G = 0;
23            if (B > 255)
24                B = 255;
25            else if (B < 0)
26                B = 0;
27            c = Color.FromArgb(R, G, B);
28            bitmap.SetPixel(k, i, c);
29        }
30    }
31
32    pb_image.Image = bitmap;
33 }
```

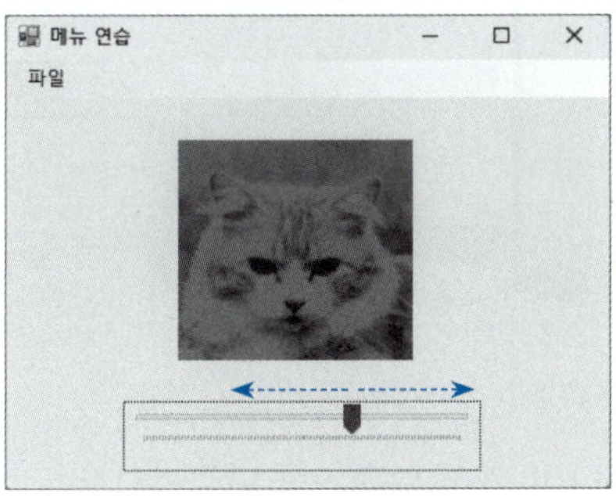

3행에서 PictureBox의 이미지를 비트맵으로 가져왔다. 4행은 Red, Green, Blue를 추출하고 가공할 변수를 준비했다. 5행의 Color c 변수는 비트맵의 한 픽셀에서 추출한 컬러의 값을 저장한다. Color 변수에는 Red, Green, Blue의 값이 모두 들어 있다. 7~30행은 이미지의 가로 × 세로 크기만큼 이중 반복을 진행한다. 11행에서는 비트맵의 한 점의 컬러를 추출하는데 i와 k를 반대로 추출해야 한다. 12행은 컬러에서 Red를 추출해 TrackBar에 더했다. 13, 14행도 같은 방식으로 Green, Blue를 처리했다. Red 값은 0~255 사이의 범위여야 하는데, 15~18행에서 Red 값이 이 범위를 벗어나지 못하도록 처리했다. 19~26행도 같은 방식으로 Green, Blue를 처리했다. 27행에서는 변경된 R, G, B의 값으로 다시 컬러 색상을 생성하고 28행에서 원래 추출한 픽셀의 위치에 변경된 컬러 값을 설정했다. 32행에서 전체가 변경된 비트맵을 다시 PictureBox에 보이게 했다. 그 결과, 색상이 변경된 이미지가 화면에 보이게 된다.

4 Visual Basic의 기능을 활용한 입력 대화 상자

문자열, 정수, 실수 등을 입력받는 대화 상자가 있으면 상당히 편리한데, C#은 기본적으로 이를 제공하지 않는다. 만약 C#에서 이런 기능을 만들려면 별도의 서브폼을 추가한 후 작업해야 하므로 코드가 좀 복잡해진다. 대신 Visual Basic에 있는 **InputBox( )** 메서드를 C#으로 가져와서 사용하면 편리하므로 이 방식에 대해 알아보자.

먼저 윈폼 프로젝트를 생성한다. 프로젝트 이름은 **Project09_9**로 한다. 오른쪽 솔루션 탐색기의 [참조]에서 마우스 오른쪽 버튼을 클릭하고 [참조 추가]를 선택한다. [참조 관리자] 창의 [어셈블리]가 선택된 상태에서 'Microsoft VisualBasic' 앞의 박스를 체크하고 〈확인〉을 클릭한다. 이제 Visual Basic의 InputBox( ) 메서드를 사용할 수 있다.

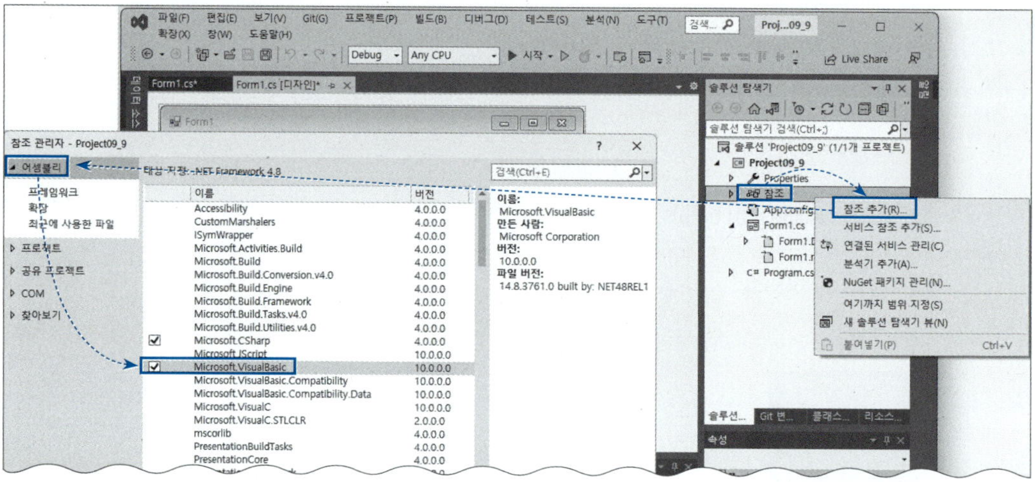

그림 9-31 Visual Basic의 기능 추가

[디자인] 창에서 InputBox( ) 메서드를 테스트해보기 위해 Button과 TextBox를 만들어보자.

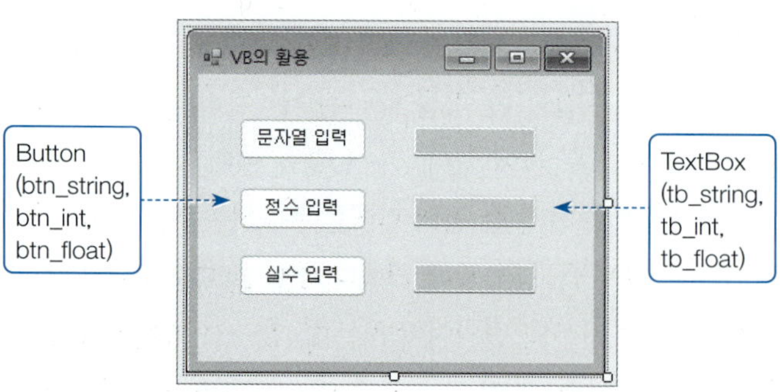

그림 9-32 Visual Basic 기능 활용을 위한 디자인 추가

각 Button을 더블클릭해서 다음과 같이 소스 코드를 추가한다.

소스 9-16 Visual Basic의 InputBox( ) 메서드 활용 (프로젝트명 : Project09_9)

```
private void btn_string_Click(object sender, EventArgs e)
{
    string str = Microsoft.VisualBasic.Interaction.InputBox("문자열 입력");
    tb_string.Text = str;
}

private void btn_int_Click(object sender, EventArgs e)
{
    string str = Microsoft.VisualBasic.Interaction.InputBox("정수 입력");
    int intVal = int.Parse(str);
    tb_int.Text = intVal.ToString();
}

private void btn_float_Click(object sender, EventArgs e)
{
    string str = Microsoft.VisualBasic.Interaction.InputBox("실수 입력");
    float floatVal = float.Parse(str);
    tb_float.Text = floatVal.ToString();
}
```

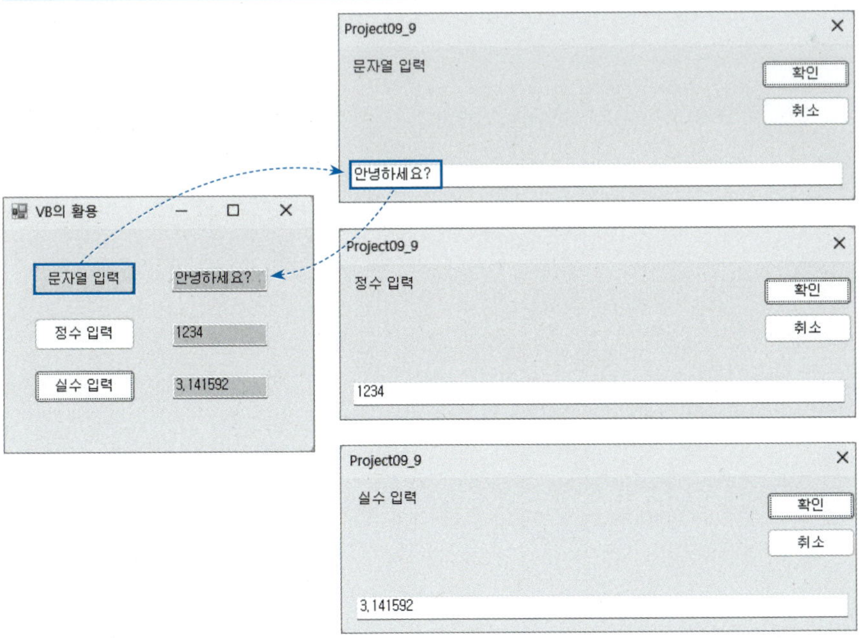

소스 코드에서 문자열, 정수, 실수를 입력받으려고 설정했지만, 3, 9, 16행을 살펴보면 **Microsoft.VisualBasic.Interaction.InputBox( )** 메서드는 무조건 문자열만 입력받는다. 그러니 문자열로 입력받은 후 정수는 10행처럼, 실수는 17행처럼 변환해서 사용해야 한다. 간단한 입력이 필요한 경우에 사용하면 상당히 편리하므로 기억해 두자.

IT@COOKBOOK

요약

1 윈폼 프로젝트의 작성 순서는 다음과 같다.

(1) Visual Studio를 실행한다.

(2) [시작]에서 [새 프로젝트 만들기]를 선택한다.

(3) [새 프로젝트 만들기] 창에서 'C#'과 [Windows Forms앱(.NET Framework)]을 선택하고, 〈다음〉을 클릭한다.

(4) [새 프로젝트 구성] 창에서 프로젝트 이름, 위치를 입력하거나 선택한다. 〈솔루션 및 프로젝트를 같은 디렉터리에 배치〉를 체크하고, 프레임워크는 [.NET Framework 4.8]을 선택한 후 〈만들기〉를 클릭한다.

(5) [디자인] 창에 있는 Button, 이미지, TextBox 등의 컨트롤을 마우스로 배치해서 사용한다.

(6) 메뉴의 [디버그] – [디버그하지 않고 시작]을 선택하면 프로그램이 실행된다.

2 속성(Property)이란 컨트롤의 색상, 글자, 폰트 등을 말한다. 쉽게 말해, 각 컨트롤의 성격이나 특징이라고 보면 된다.

3 프로그램이 실행될 때(= 윈폼이 화면에 나올 때) 자동으로 실행되는 코드가 필요한 경우가 종종 있다. 이때는 Form1_Load( ) 메서드 안에 필요한 내용을 코딩하면 된다.

4 코드에서 컨트롤 속성을 변경하기 위한 형식은 다음과 같다.

```
컨트롤_이름.속성 = 새로운_값;
```

5 모든 컨트롤에는 다양한 이벤트를 추가할 수 있는데, Button의 경우에는 Button을 클릭(Click)하는 이벤트가 기본 이벤트이다. btn_change_Click( ) 메서드는 btn_change인 Button을 클릭하면 작동한다는 의미이며, 자동으로 생성된다.

6 Label은 글자를 표시하는 용도, TextBox는 값을 입력하는 용도, Button은 어떤 작동을 시작하는 용도로 사용된다.

7 컨트롤 중 CheckBox는 동시에 여러 개를 선택할 수 있으며, RadioButton은 여러 개 중 하나만 선택이 가능하다. GroupBox는 CheckBox나 RadioButton을 묶어주는 용도로 사용된다. TextBox가 한 줄만 입력이 가능하다면, RichTextBox는 여러 줄의 입력이 가능하다.

요약

8 ComboBox는 선택하면 항목들이 펼쳐지면서 그중 하나를 선택하는 컨트롤이다. ListBox는 ComboBox와 성격이 비슷하지만, 선택하기에 앞서 이미 항목들이 펼쳐져서 보이는 컨트롤이다. DateTimePicker는 날짜 및 시간을 선택할 수 있고, MaskedTextBox는 TextBox와 비슷하지만 입력되는 형식을 지정할 수 있는 컨트롤이다.

9 마우스 이벤트의 분류는 다음과 같다.

분류	마우스 이벤트	설명
기본 기능	Click MouseClick	마우스를 클릭할 때
	DoubleClick MouseDoubleClick	마우스를 더블클릭할 때
	MouseCaptureChanged	마우스 캡처가 발생된 후
세부 기능	MouseDown	마우스 버튼을 누를 때
	MouseEnter	마우스가 컨트롤에 올라갈 때
	MouseHover	마우스가 일정시간 컨트롤 내부에 고정될 때
	MouseLeave	마우스가 컨트롤 밖으로 나갈 때
	MouseMove	마우스가 이동할 때
	MouseUp	마우스 버튼을 뗄 때

10 주로 사용되는 키 값은 다음과 같다.

KeyValue	키보드	KeyValue	키보드
8	Backspace 키	35, 36	End, Home 키
9	Tab 키	65~90	A ~ Z 키
13	Enter 키	112~123	F1 ~ F12 키
16	Shift 키	48~57	0 ~ 9 키
17	Ctrl 키	37~40	화살표 왼쪽, 위쪽, 오른쪽, 아래쪽 키
19	Pause 키	42	Print Screen 키
20	Caps Lock 키	45	Insert 키
27	Esc 키	46	Del 키
33, 34	Page Up, Down 키	144	Num Lock 키

11 메뉴를 추가하려면 [도구 상자]의 [메뉴 및 도구 모음] – [MenuStrip]을 더블클릭하면 된다.

12 C#은 몇 가지의 대화 상자를 기본으로 제공한다. 메시지 창을 보여주는 MessageBox.Show, 열기 대화 상자인 OpenFileDialog, 저장 대화 상자인 SaveFileDialog, 색상 대화 상자인 ColorDialog, 글꼴을 선택하는 FontDialog, 폴더를 선택하는 FolderBrowserDialog 등이 있다.

13 문자열, 정수, 실수 등을 입력받으려면 Visual Basic에 있는 InputBox( ) 메서드를 C#으로 가져와서 사용하면 된다. Microsoft.VisualBasic.Interaction.InputBox( ) 메서드는 무조건 문자열로 입력받으므로, 숫자가 필요하다면 문자열로 입력받은 후 정수 또는 실수로 변환해서 사용해야 한다.

연습문제

1 다음 중 윈폼 프로젝트를 생성하기 위한 템플릿으로 알맞은 것을 고르세요.

① 콘솔 앱

② 콘솔 앱(.NET Framework)

③ Windows Forms 앱(.NET Framework)

④ Windows 앱

2 다음 중 윈폼의 속성을 변경하기 위한 방법에 관한 설명으로 거리가 먼 것을 고르세요.

① 윈폼을 마우스로 클릭하면 오른쪽에 [속성] 창이 나온다.

② 윈폼을 마우스로 더블클릭하면 속성 중 기본으로 설정된 항목이 자동 선택된다.

③ [속성] 창에서 폰트, 색상, 크기 등을 변경할 수 있다.

④ [속성] 창에서 (Name) 속성 및 (Text) 속성을 변경할 수 있다.

3 다음 중 윈폼에 Button을 추가하는 방법에 관한 설명으로 거리가 먼 것을 고르세요.

① [도구 상자]의 [공용 컨트롤]에 Button이 있다.

② [공용 컨트롤]의 Button을 더블클릭하면 자동으로 윈폼 화면으로 들어온다.

③ Button을 추가한 후에는 속성 중 BackColor, ForeColor, Font 등을 조절할 수 있다.

④ Button은 윈폼 화면에 최대 3개까지만 추가할 수 있다.

4 다음 중 윈폼의 빈 곳을 더블클릭하면 자동으로 완성되는 메서드로 알맞은 것을 고르세요. (단, 폼 이름을 MyForm이라고 가정한다.)

① Load.MyForm( ) ② MyForm.Load( )

③ Load_MyForm( ) ④ MyForm_Load( )

5 다음 중 터틀 그래픽을 사용하기 위해 윈폼 코드의 제일 상단에 써줘야 하는 문장으로 알맞은 것을 고르세요.

① import Nakov.TurtleGraphics

② use Nakov.TurtleGraphics

③ include Nakov.TurtleGraphics

④ using Nakov.TurtleGraphics

6 다음 각 문항이 설명하는 속성으로 알맞은 것을 보기에서 골라 적어보세요.

```
BackColor, Background, Foreground, TextColor, ButtonColor, ForeColor,
Width, Height, Count, Size, Volume, Location, Text, String, Name, Font
```

(1) 버튼의 위치 :

(2) 버튼의 글자 색상 :

(3) 버튼의 배경 색상 :

(4) 버튼의 글자 :

(5) 버튼의 크기 :

7 다음 중 디자인 창에서 버튼을 더블클릭하면 자동 생성되는 기본 이벤트로 알맞은 것을 고르세요.

① 버튼이름_Press( )

② 버튼이름_Click( )

③ 버튼이름_DoubleClick( )

④ 버튼이름_Enter( )

8 다음은 아이디와 비밀번호가 일치하면 윈폼 창을 닫는 소스 코드입니다. 빈칸에 들어갈 코드를 적어보세요.

```
if (tb_id.Text == "" || tb_pass.Text == "")
        MessageBox.Show("아이디와 비밀번호를 입력하세요");
else
{
        if (tb_id.Text == "hanbit" && tb_pass.Text == "css")
        {
           MessageBox.Show(tb_id.Text + "님 어서오세요~ 지금 창을 닫습니다.");
           [          ];
        }
        else
           MessageBox.Show("아이디와 비밀번호를 다시 확인하세요.");
}
```

연습문제

9 다음 각 문항이 설명하는 컨트롤에 해당하는 것을 보기에서 골라 적어보세요.

> Label, TextBox, Button, CheckBox, RadioButton, GroupBox,
> RichTextBox, ComboBox, ListBox, DateTimePicker, MaskedTextBox

(1) 날짜, 숫자, 우편번호, 전화번호 등을 지정해서 입력할 수 있음 :

(2) 다른 컨트롤을 묶어주는 용도로 사용 :

(3) 여러 줄의 글자 입력이 가능함 :

(4) 여러 개를 동시에 선택할 수 있음 :

(5) 항목들이 펼쳐지면서 그중 하나를 선택할 수 있음 :

10 다음의 각 문항이 설명하는 마우스 이벤트를 보기에서 골라 적어보세요.

```
Click, DoubleClick, MouseCaptureChanged, MouseDown,
MouseEnter, MouseHover, MouseLeave, MouseMove, MouseUp
```

(1) 마우스가 컨트롤에 올라갈 때 :

(2) 마우스가 컨트롤 밖으로 나갈 때 :

(3) 마우스 버튼을 뗄 때 :

(4) 마우스를 더블클릭할 때 :

(5) 마우스가 일정 시간 컨트롤 내부에 고정될 때 :

11 키보드 이벤트 메서드의 파라미터 중 키보드와 관련된 정보를 포함하는 것을 고르세요.

① EventArgs e　　② KeyEvent e

③ KeyEventArgs e　　④ KeyBoardArgs e

12 다음 중 메뉴 및 대화 상자와 관련된 설명으로 거리가 먼 것을 고르세요.

① 메뉴는 도구 모음의 MenuStrip 컨트롤을 사용한다.

② 메뉴 이름이 [저장]이라면, 메뉴를 선택할 때 발생되는 메서드 이름은 저장 ToolStripMenuItem_Select( )가 된다.

③ 파일 열기 대화 상자는 OpenFileDialog다.

④ 색상 선택 대화 상자는 ColorDialog다.

⑤ 폴더 선택 대화 상자는 FolderBrowserDialog다.

13 심화문제 [프로그램 2]에 [이미지 효과] 메뉴를 추가하고, 하위 메뉴에 [확대하기]와 [축소하기]도 추가해봅시다. 또한, [확대하기]를 클릭하면 이미지가 확대되고, [축소하기]를 클릭하면 이미지가 축소되도록 소스 코드를 추가해봅니다.

힌트1 슬라이드의 밝게 / 어둡게 기능은 제거한다.

힌트2 그림이 나오는 창의 크기는 다음과 같이 조절할 수 있다.

```
Image img = Bitmap.FromFile(ofd.FileName);
this.ClientSize = img.Size;
```

힌트3 PictureBox의 확대 / 축소는 다음의 형식을 사용한다. 배율이 1.0 이상이면 확대이며, 0~1사이면 축소이다. 배율은 float형이다.

```
pb_image.Scale(배율)
```

실행 결과

응용예제 15 좋아하는 동물 투표하기

난이도★☆☆☆☆

예제 설명 Label, RadioButton, Button, 이미지를 활용해서 좋아하는 동물 투표하기 프로그램을 만들어보자. 앞에서 배운 내용이 대부분이므로 별로 어렵지는 않을 것이다. 실행 결과에서 볼 수 있듯, 사용법은 간단하다.

실행 결과

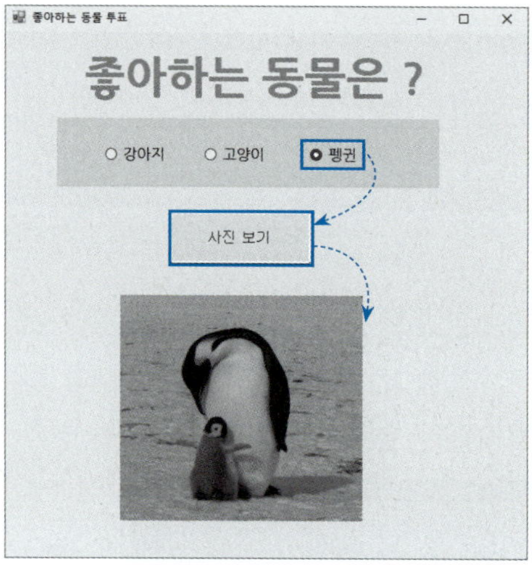

소스 코드

```
1  private void btn_view_Click(object sender, EventArgs e)
2  {
3      pb_pet.SizeMode = PictureBoxSizeMode.StretchImage;
4
5      if (rdo_dog.Checked)
6          pb_pet.Image = Bitmap.FromFile("C:/CookC#/Images/dog2.png");
7      else if (rdo_cat.Checked)
8          pb_pet.Image = Bitmap.FromFile("C:/CookC#/Images/cat2.png");
9      else if (rdo_bird.Checked)
10         pb_pet.Image = Bitmap.FromFile("C:/CookC#/Images/bird1.png");
11     else
12         MessageBox.Show("먼저 동물을 선택하세요~");
13 }
```

코드 설명

3행	PictureBox에 이미지가 꽉 차도록 설정했다.
5~6행	강아지가 선택되었다면 강아지 사진을 보여준다.
11~12행	RadioButton에 선택된 것이 없는데 〈사진 보기〉를 클릭하면 해당 메시지를 보여준다.

응용예제 16

그림판 만들기

난이도★★★☆☆

예제 설명

이번 프로그램은 2장에서 작성한 [응용예제 02]의 확장판으로, 마우스로 그림을 그리는 그림판이다. 마우스를 클릭하고 드래그한 후, 드롭하는 시점에 선이 그려지도록 한다. 선의 색상과 두께는 메뉴에서 선택한다.

이번 예제는 배우지 않은 내용이 일부 나오는데, 2장 [응용예제 02]에서 사용한 Graphics의 DrawLine( ) 메서드를 활용할 것이다. 색상 선택은 ColorDialog 컨트롤을 사용한다. 상세한 내용은 코드 설명을 확인하자.

실행 결과

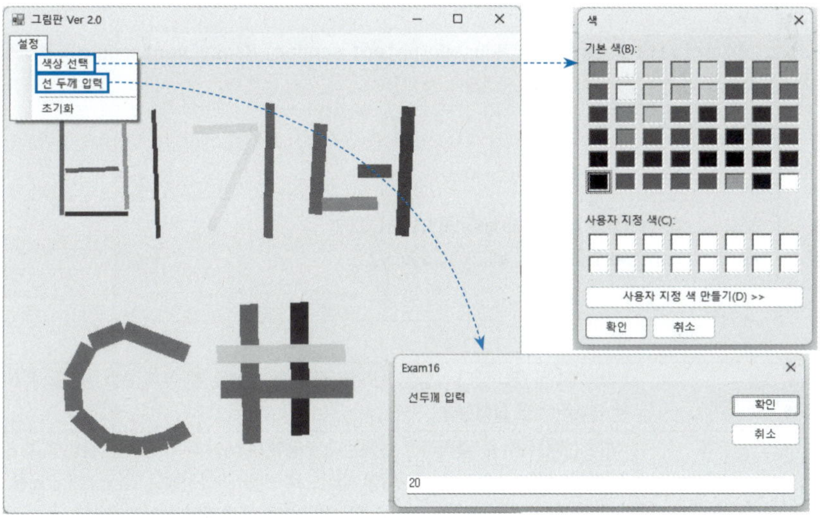

소스 코드

```
int x1, y1, x2, y2;
int pSize = 1;
Pen pen = new Pen(Color.Black, 1);

private void 색상선택ToolStripMenuItem_Click(object sender, EventArgs e)
{
    ColorDialog dlg = new ColorDialog();
    dlg.ShowDialog();
    pen = new Pen(dlg.Color, pSize);
}

private void 선두께입력ToolStripMenuItem_Click(object sender, EventArgs e)
{
    string str = Microsoft.VisualBasic.Interaction.InputBox("선 두께 입력");
```

```
15      pSize = int.Parse(str);
16      pen = new Pen(pen.Color, pSize);
17  }
18
19  private void 초기화ToolStripMenuItem_Click(object sender, EventArgs e)
20  {
21      this.Refresh();
22  }
23
24  private void Form1_MouseDown(object sender, MouseEventArgs e)
25  {
26      x1 = e.X;
27      y1 = e.Y;
28  }
29
30  private void Form1_MouseUp(object sender, MouseEventArgs e)
31  {
32      x2 = e.X;
33      y2 = e.Y;
34
35      Graphics g = CreateGraphics();
36      g.DrawLine(pen, x1, y1, x2, y2);
37  }
```

코드 설명

1~3행	전역 변수를 준비했다. 1행은 시작과 끝 좌표, 2행은 펜 두께, 3행은 펜을 준비했다. 기본적인 펜 두께는 1로 설정했다.
5~10행	[색상 선택] 메뉴를 클릭하면 실행된다. 7행에서 색상 대화 상자를 준비했고, 8행에서 대화 상자를 나타냈다. 9행에서는 선택한 색상으로 펜을 재설정했다. ColorDialog를 사용하려면 [디자인] 창에서 ColorDialog 컨트롤을 더블클릭해 추가해 놓아야 한다.
12~17행	[선 두께 입력] 메뉴를 클릭하면 실행된다. 14행에서 선 두께를 Visual Basic 메서드로 입력받았다. 15행에서 정수로 변경했고, 16행에서 입력한 두께로 펜을 재설정했다. 색상은 원래 색상을 사용하기 위해 pen.Color를 사용했다. InputBox( ) 메서드를 사용하려면 Visual Basic을 참조 추가해야 한다(이번 장의 마지막 부분에서 다뤘다).
19~22행	[초기화] 메뉴를 클릭하면 실행된다. 화면이 초기화된다.
24~28행	마우스를 누르면 실행된다. 시작 X와 시작 Y 좌표를 저장한다.
30~37행	마우스를 떼면 실행된다. 끝 X와 끝 Y 좌표를 저장한 후, 35~36행에서 두 좌표 사이에 선이 그어진다.

10

CHAPTER

파일 입출력과 예외 처리

학습목표

- 파일 처리에 대한 개념을 익힌다.
- 텍스트 파일에 내용을 읽거나 쓰는 기능을 배운다.
- 바이너리 파일을 처리하는 방법을 배운다.
- 파일과 디렉터리를 처리하는 고급 기법을 익힌다.
- 예외 처리에 대한 개념과 활용을 학습한다.
- RAW 파일을 윈도우 창에 출력하는 방법을 익힌다.

SECTION 01 이 장에서 만들 프로그램

파일 처리는 대부분의 프로그래밍 언어에서 필수적으로 사용해야 할 기능 중 하나이다. 특히 대용량 입력이 있을 경우에는 파일을 통해 값을 한꺼번에 입력하고, 출력한 내용을 계속 사용해야 하거나 별도로 저장해야 할 경우 파일에 쓰기를 해야 한다. 또한, 텍스트 파일뿐 아니라 바이너리 파일을 처리하는 방식에 대해서도 알아 둘 필요가 있다.

1 [프로그램 1] 파일 암호화 및 암호 해석 프로그램

첫 번째로 만들 프로그램은 파일의 내용을 암호화하거나 암호화된 파일을 다시 해석하는 프로그램이다. 다음 그림과 같이, 원본 파일의 내용을 암호화하니 알아볼 수 없는 글자들로 변환된 것을 볼 수 있다. 이 파일의 암호를 해석하면 원래의 내용이 확인된다. 방법은 별로 어렵지 않으니 파일 입출력을 공부한 뒤 만들어보자.

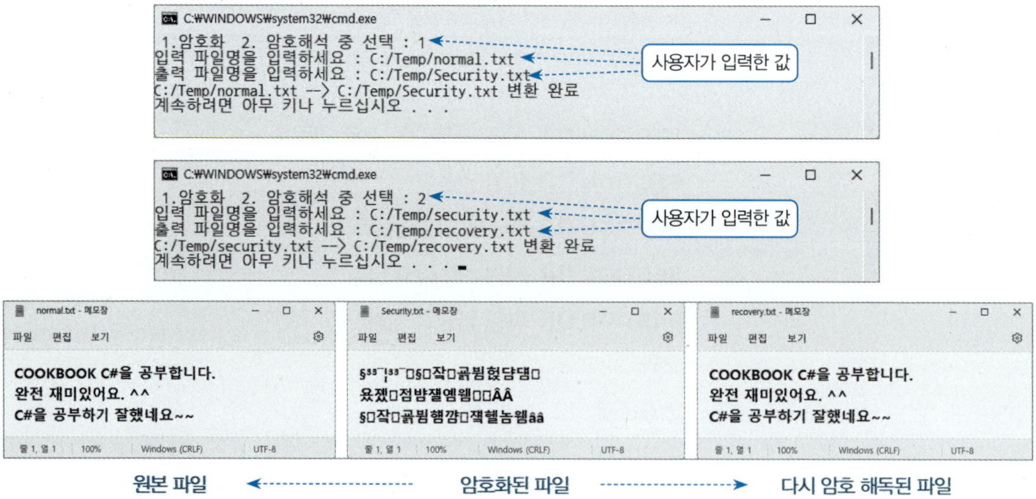

그림 10-1 파일 암호화 및 암호 해석

2 [프로그램 2] 흑백 사진 출력 프로그램

두 번째로 만들 프로그램은 사진 파일을 읽어서 출력하는 프로그램이다. 사용할 사진 파일은 특별한 용도의 흑백 파일(*.raw)이라서, 일반적인 그림 파일인 PNG, JPG, BMP 등과는 좀 다른 파일이다. 하지만, 바이너리 파일을 읽어서 처리하는 데 좋은 예가 될 것이다.

그림 10-2 **흑백 사진 출력**

SECTION

02 파일 입출력

파일 입출력은 지금까지 해왔던 콘솔(모니터, 키보드)의 표준 입출력과 개념이 비슷하다. 다만 키보드를 사용하는 대신 파일을 읽어서 내용을 입력하거나, 모니터 대신 파일에 내용을 출력한다.

TIP • 키보드에서 입력되는 것을 표준 입력, 모니터에 출력되는 것을 표준 출력이라고 부른다. 또, 키보드와 모니터를 합쳐서 콘솔(Console)이라고 부른다.

여기에서는 파일 입출력을 위해 꼭 알아야 할 처리 과정과 파일 입출력 메서드에 대해 알아보기로 하자.

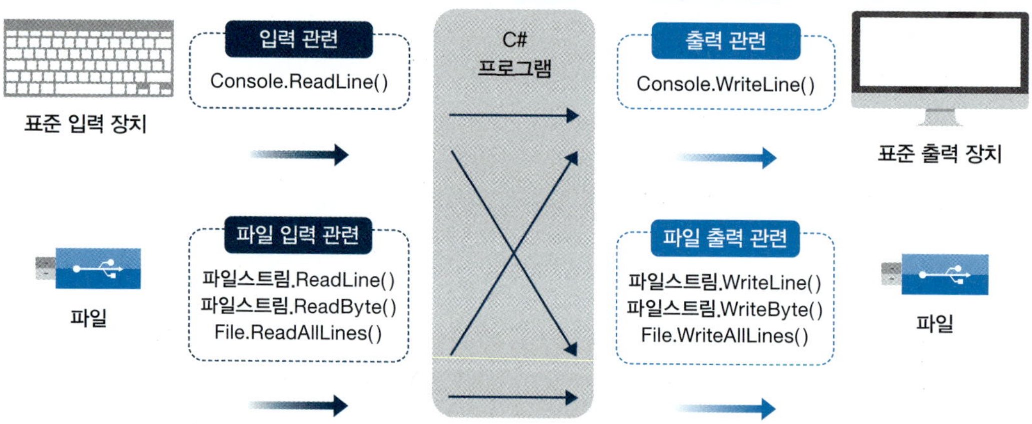

그림 10-3 표준 입출력과 파일 입출력 메서드

[그림 10-3]에서 Console.ReadLine( ) 메서드와 Console.WriteLine( ) 메서드는 키보드 및 모니터 입출력을 담당한다. 파일스트림.ReadLine( ), 파일스트림.ReadByte( ), File.ReadAllLines( ) 등의 메서드는 파일에서 내용을 읽어오고, 파일스트림.WriteLine( ), 파일스트림.WriteByte( ), File.WriteAllLines( ) 메서드 등은 파일에 내용을 쓴다. 그림에도 표현되어 있지만, 필요하다면 키보드에서 입력받은 후 파일에 쓸 수 있고, 파일에서 내용을 입력받은 후 모니터에 출력할 수도 있다. 그림에서는 한꺼번에 표현되어 있어 복잡해 보이지만, 하나씩 떼어서 살펴보면 별로 복잡하지 않다. 실습은 각 메서드별로 진행해볼 것이다.

1 파일 입출력의 기본 과정

파일 입출력을 하려면 표준 입출력과 달리 두 가지 작업을 추가로 진행해야 한다. 파일을 사용하기 전의 파일 열기 작업과 파일 사용이 끝난 후의 파일 닫기 작업이다.

우선, 다음의 세 단계를 기억해 두자. 앞으로 계속 이 단계로 프로그램을 작성할 것이다.

그림 10-4 파일 처리 단계

1단계 : 파일 열기

파일을 열기 위해서는 파일을 여는 목적이 읽기인지 쓰기인지 지정해야 한다.

```
// 읽기용
StreamReader 변수_이름 = new StreamReader("파일_이름");
// 쓰기용
StreamWriter 변수_이름 = new StreamWriter("파일_이름");
```

읽기용 파일과 쓰기용 파일의 작업 방식이 거의 동일하다. 차이점은, 읽기용은 StreamReader 클래스를, 쓰기용은 StreamWriter 클래스를 사용한다는 점이다.

2단계 : 파일 처리

이제는 파일에 데이터를 쓰거나 파일로부터 데이터를 읽어올 수 있는 상태가 되었다. 파일을 처리하는 세부적인 방법은 잠시 후 예제를 통해 실습해보도록 하자.

3단계 : 파일 닫기

파일과 관련된 모든 작업이 끝나면 파일을 정상적으로 닫아줘야 한다. 여기서 파일을 닫기 위해 사용하는 변수는 1단계에서 읽기용 또는 쓰기용으로 열었던 **변수_이름**이다.

```
변수_이름.Close( );
```

SECTION 03

텍스트 파일 입출력

1 파일을 이용한 입력

우리가 지금까지 실습을 하며 사용한 입력 방식은 키보드 입력이었다. 그나마 데이터가 간단해서 입력하는 데 별 어려움이 없었을 것이다. 하지만, 입력해야 할 데이터가 20페이지짜리 프린트물에 담겨 있다면 어떨까? 여러 사람에게 20페이지짜리 입력 데이터를 나눠주고, 프로그램을 실행할 때 직접 입력하게 한다고 가정해보자. 시간도 많이 걸릴 뿐 아니라 입력하는 사람마다 입력 형태나 내용이 다르므로 동일한 결과가 나오지 않을 수도 있다. 이럴 때는 파일 하나에 데이터를 담아두고 필요할 때 꺼내서 사용하는 편이 훨씬 효율적이다. 다음 그림은 [그림 10-3]에서 파일 입력과 모니터 출력 부분만 떼어낸 그림이다.

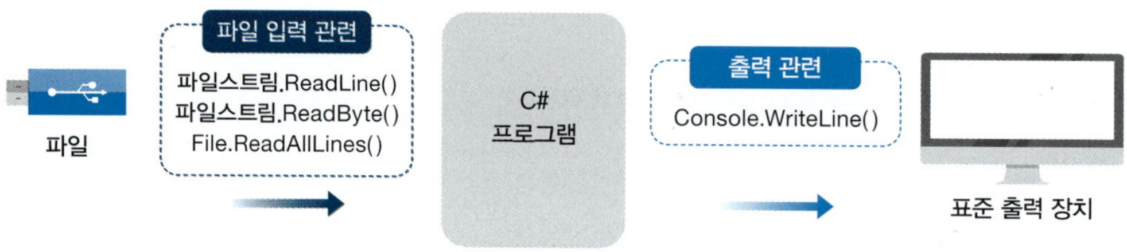

그림 10-5 파일 입력과 표준 출력

[그림 10-5]와 같이, 파일 입력에는 세 가지 메서드를 사용할 수 있다. 각 메서드의 용도를 확인해보자.

한 행씩 읽어들이기

파일의 내용을 한 행씩 읽어오는 메서드는 **파일스트림.ReadLine( )**이다. [그림 10-5]와 같이 파일을 통해 데이터를 입력한 후, 이를 모니터에 출력하는 프로그램을 살펴보자. 모니터에 출력하기 위해 기존에 사용하던 Console.WriteLine( ) 메서드를 사용한다.

TIP • 이번 장에서는 파일의 확장명을 보고 작업을 해야 한다. 파일의 확장명을 보는 방법은 다음과 같다.

❶ Windows 8 / 8.1 / 10에서는 [파일 탐색기] – [보기]에서 〈파일 확장명〉 체크 박스를 누르면 된다.

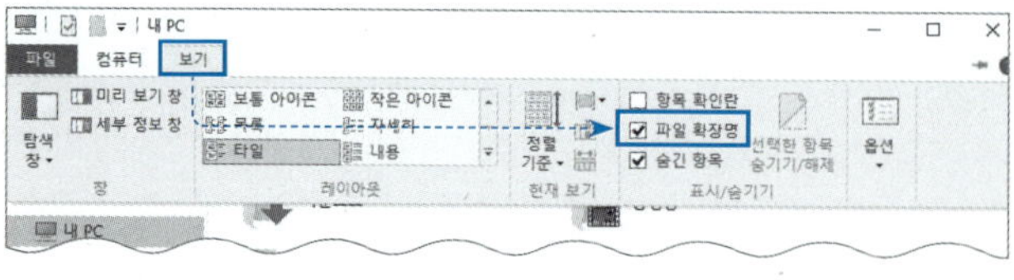

❷ Windows 11에서는 [파일 탐색기] – [보기] – [표시] – [파일 확장명]을 선택하면 된다.

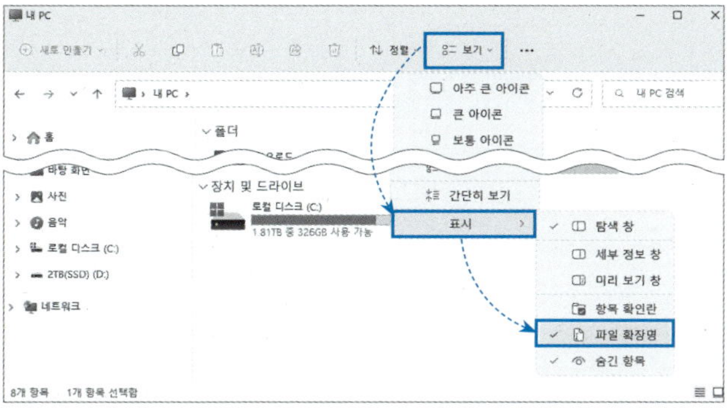

먼저, 메모장을 실행해서 세 줄 정도 내용을 입력한 뒤 저장하자(내용은 크게 상관없다). 이 책의 예제에서는 다음의 세 줄을 입력했다.

TIP • 메모장을 빨리 실행하려면 ⊞+R 키를 누르고 'NOTEPAD'를 입력한 후 〈확인〉 버튼을 누르면 된다.

```
COOKBOOK C#을 공부합니다.
완전 재미있어요. ^^
C#을 공부하기 잘했네요~~
```

저장 폴더는 **C:\Temp\data1.txt**로 하자. 만약 **C:\Temp** 폴더가 없다면 미리 만들어 놓도록 한다. 그리고 이번 장의 모든 소스 코드에서는 상단 부분에 다음과 같이 **System.IO**를 using 문으로 추가해 놓아야 한다. System.IO에서 IO는 입력의 Input과 출력의 Output의 약자다. 앞으로 별도로 언급하지 않아도 미리 입력해 놓도록 하자.

```
using System.IO;
```

이제 [소스 10–1]을 작성해 실행해보자.

소스 10–1 텍스트 파일 읽기 1 (프로젝트명 : Project10_1)

```
static void Main(string[] args)
{
    StreamReader inFp;      // 입력 파일
    string inStr;           // 읽어올 문자열

    inFp = new StreamReader("C:\\Temp\\data1.txt");

    inStr = inFp.ReadLine();
    Console.WriteLine(inStr);

```

```
11      inStr = inFp.ReadLine();
12      Console.WriteLine(inStr);
13
14      inStr = inFp.ReadLine();
15      Console.WriteLine(inStr);
16
17      inFp.Close();
18  }
```

출력 결과

```
COOKBOOK C#을 공부합니다.
완전 재미있어요. ^^
C#을 공부하기 잘했네요~~
```

파일에 써놓은 내용이 잘 출력되었다. 6행에서 파일을 열고 17행에서 파일을 닫았다. 앞으로 읽기용 파일 처리에서 기본적으로 수행할 내용이니 잘 기억해 두도록 하자. 6행의 **StreamReader( )** 메서드에서 매개 변수는 파일의 경로다. 그런데 자세히 보면 폴더 경로를 백슬래시(\) 하나가 아닌 두 개(\\)를 넣어 처리했다. 문자열에서는 \를 표현하기 위해서 \\로 사용해야 한다는 점을 기억하자. 8행의 **파일스트림.ReadLine( )** 메서드는 inFp로 열린 파일에서 한 행을 읽어서 inStr에 저장했다. 그리고 9행에서 모니터에 출력했다. 이런 처리를 11~12행, 14~15행까지 총 세 번 수행했다. 행을 세 번 읽어서 화면에 출력한 것이다.

그런데, [소스 10-1]은 텍스트 파일의 내용 중 정확히 3개 행만 처리가 가능하다. 텍스트 파일에 행이 1, 2개만 있으면 오류가 발생하고, 4개 이상 있으면 3개까지밖에 읽지 못한다. 텍스트 파일에 있는 모든 행을 다 읽고 싶다면 다음과 같이 소스 코드를 수정해야 한다.

여기서 잠깐

using( ) { } 문

프로그램을 작성하다 보면 종종 파일스트림.Close( ) 메서드를 호출하지 않고 프로그램을 종료해 문제가 생기는 경우가 있다. 이때, Close( ) 메서드를 사용하지 않으려면 using( ) { }문으로 파일을 열면 된다.

예를 들어, [소스 10-1]의 6~17행은 다음과 같이 고쳐도 동일한 실행 결과가 나온다. 즉, 17행의 inFp.Close( ) 메서드는 사용하지 않아도 된다. 참고로 지금 설명한 using( ) { } 문은 모든 소스 코드의 제일 상단에 자동 추가되는 using 문과는 다른 용도로 쓰인다는 점에 주의하자.

```
using (inFp = new StreamReader("C:\\Temp\\data1.txt")) {

   inStr = inFp.ReadLine();
   Console.WriteLine(inStr);
   // ~~~ 중간 생략 ~~~
}
```

소스 10-2 텍스트 파일 읽기 2 (프로젝트명 : Project10_2)

```
1  static void Main(string[] args)
2  {
3      StreamReader inFp;     // 입력 파일
4      string inStr;          // 읽어올 문자열
5
6      inFp = new StreamReader("C:\\Temp\\data1.txt");
7
8      while (true)
9      {
10         inStr = inFp.ReadLine();
11         if (inStr == null)
12             break;
13         Console.WriteLine(inStr);
14     }
15
16     inFp.Close();
17 }
```

출력 결과

```
COOKBOOK C#을 공부합니다.
완전 재미있어요. ^^
C#을 공부하기 잘했네요~~
```

[소스 10-2]는 [소스 10-1]과 달리 8~14행이 무한반복된다. 10행은 파일에서 1개 행을 읽는다. 그리고 11행에서 읽어온 것이 없다고 판단되면 12행의 break 문에서 무한반복을 빠져나온다. 만약 읽어왔다고 판단되면 13행에서 읽어온 내용을 출력한다. 이런 방식으로 처리하면 파일에 몇 개의 행이 있든지 모두 읽어들일 수 있다. 이러한 방식은 텍스트 파일을 읽을 때 많이 사용되는 방식이니 잘 기억해 두자.

SELF STUDY 10-1

다음 실행 결과와 같이, 문장 앞에 각 행의 번호가 출력되도록 [소스 10-2]를 수정해보자.

힌트 1, 2, 3, … 으로 변경되는 변수를 하나 추가하고, Console.WriteLine( ) 메서드에서 "{0} : {1}"을 사용하면 된다.

실행 결과

```
1 : COOKBOOK C#을 공부합니다.
2 : 완전 재미있어요. ^^
3 : C#을 공부하기 잘했네요~~
```

한번에 모두 읽어들이기

파일스트림.ReadLine( ) 메서드는 한 행씩 읽지만, **File.ReadAllLines(파일_이름)** 메서드는 파일의 내용을 통째로 읽어서 배열로 반환한다. 또한 파일스트림을 사용할 필요도 없다. 다음의 소스 코드를 실행해보자.

소스 10-3 텍스트 파일 읽기 3 (프로젝트명 : Project10_3)

```
1  static void Main(string[] args)
2  {
3      string[] inStrAry;   // 읽어올 문자열 배열
4  
5      inStrAry = File.ReadAllLines("C:\\Temp\\data1.txt");
6  
7      foreach (string inStr in inStrAry)
8      {
9          Console.WriteLine(inStr);
10     }
11 }
```

출력 결과

```
COOKBOOK C#을 공부합니다.
완전 재미있어요. ^^
C#을 공부하기 잘했네요~~
```

5행을 보면, 문장을 한번에 읽어서 inStrAry에 저장했다. 7~10행의 실행 결과에서 확인할 수 있듯이, File.ReadAllLines(파일_이름) 메서드는 각 행을 배열의 항목으로 저장해 한번에 반환해준다.

명령 프롬프트의 type 명령 구현하기

이번에는 명령 프롬프트나 파워셸의 명령 중 하나인 type 명령(또는 Unix 계열의 cat 명령) 프로그램을 직접 작성해보자. type 명령은 지정한 파일의 내용을 화면에 출력해준다.

```
type 파일_이름
```

Windows [시작]에서 마우스 오른쪽 버튼을 클릭하고 [터미널] 또는 [Windows PowerShell]을 실행하거나, 田+R 키를 누른 후 powershell 명령을 입력하여 파워셸을 연다. 다음에 제시된 명령어를 입력해보자. [그림 10-6]과 같이 win.ini 파일의 내용이 화면에 출력될 것이다.

```
type C:\Windows\win.ini
```

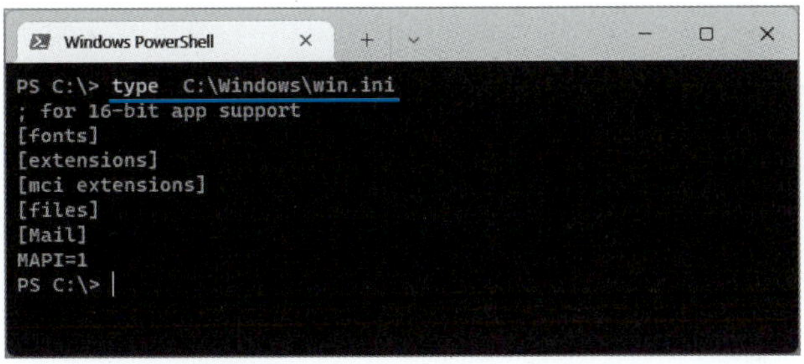

그림 10-6 type 명령

type 명령어의 사용법을 알았으니 이와 같은 결과를 내는 프로그램을 작성해보자. [소스 10-3]을 약간 고쳐서 [소스 10-4]를 구현하면 된다.

소스 10-4 type 명령의 구현 (프로젝트명 : Project10_4)

```
1  static void Main(string[] args)
2  {
3      string[] inStrAry; // 읽어올 문자열 배열
4      string fName;
5
6      Console.Write("파일명을 입력하세요 : ");
7      fName = Console.ReadLine();
8
9      inStrAry = File.ReadAllLines(fName);
10
11     foreach (string inStr in inStrAry)
12     {
13         Console.WriteLine(inStr);
14     }
15 }
```

출력 결과

```
파일명을 입력하세요 : C:\\Windows\\win.ini  ← 사용자가 입력한 값
; for 16-bit app support
[fonts]
(… 이하 생략)
```

6행에서 파일명을 입력받았다. 주의할 점은, 폴더의 경로는 백슬래시 두 개(\\) 또는 슬래시(/)로 입력해야 한다는 점이다. 9행에서는 File.ReadAllLines( ) 메서드의 파라미터를 6행에서 입력받은 파일명(fName)으로 설정했다.

SELF STUDY 10-2

다음과 같이 실행 결과 앞에 각 행 번호 / 전체 행이 출력되도록 [소스 10-4]를 수정해보자.

힌트 전체 행은 inStrAry 배열의 크기를 확인하면 된다.

실행 결과

```
파일명을 입력하세요 : C:/Windows/win.ini   ← 사용자가 입력한 값
1/7행 : ; for 16-bit app support
2/7행 : [fonts]
3/7행 : [extensions]
(… 이하 생략)
```

파일을 열 때 발생하는 오류 처리하기

[소스 10-4]를 다시 실행해서 이번에는 없는 파일명을 입력해보자. 실행 결과는 다음과 같다.

실행 결과

```
파일명을 입력하세요 : C:/없는파일.txt   ← 사용자가 입력한 값
처리되지 않은 예외: System.IO.FileNotFoundException: 'C:\없는파일.txt' 파일을 찾을 수 없습니다.
(… 이하 생략)
```

9행에서 File.ReadAllLines( ) 메서드로 파일을 열려고 할 때, 입력한 파일이 없기 때문에 오류가 발생했다. 이처럼 파일이 없을 경우의 오류를 방지하려면 파일을 열기 전에 **File.Exists(파일_이름)** 메서드를 사용해 파일의 존재 여부를 먼저 확인하면 된다.

소스 10-5 파일이 없을 때의 오류 방지 (프로젝트명 : Project10_5)

```
static void Main(string[] args)
{
    string[] inStrAry; // 읽어올 문자열 배열
    string fName;

    Console.Write("파일명을 입력하세요 : ");
    fName = Console.ReadLine();

    if (File.Exists(fName))
    {
        inStrAry = File.ReadAllLines(fName);

        foreach (string inStr in inStrAry)
        {
            Console.WriteLine(inStr);
        }
```

```
17      }
18      else
19      {
20          Console.WriteLine("{0} 파일이 없습니다", fName);
21      }
22  }
```

출력 결과

```
파일명을 입력하세요 : c:/abc.txt
c:/abc.txt 파일이 없습니다.
```

사용자가 입력한 값

File.Exists( ) 메서드도 System.IO 클래스에서 제공된다. 파일이 존재하면 9행에서 true를 반환하므로 10~17행이 수행되어 정상적으로 내용이 출력된다. 파일이 없다면 18~21행이 수행되어 입력한 파일이 없다는 메시지를 출력한다.

2 파일을 이용한 출력

우리가 지금까지 해왔던 출력 방식은 모니터로 출력하는 방식이었다. 하지만 모니터의 출력 결과는 한 번 보여질 뿐 영구히 저장되진 않는다. 이번에는 출력 결과를 파일에 저장하는 방식을 알아보자. 파일에 내용을 쓸 때는 **파일스트림.WriteLine( )** 메서드나 **File.WriteAllLines( )** 메서드가 사용된다.

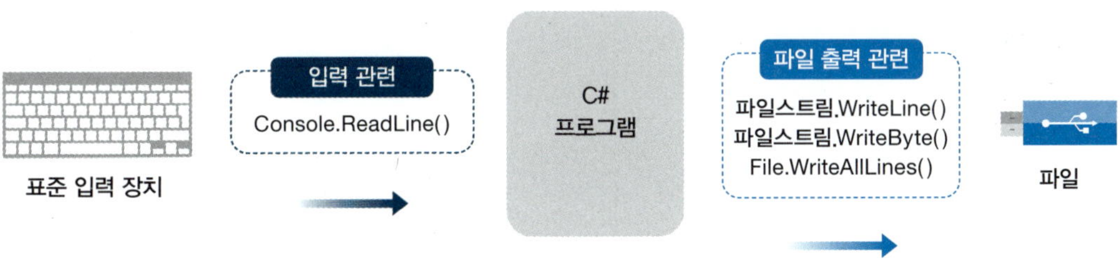

그림 10-7 표준 입력과 파일 출력

한 행씩 파일에 쓰기

키보드에서 입력한 내용을 한 행씩 파일에 쓰는 코드를 작성해보자. 키보드 입력은 **Console.ReadLine( )** 메서드를 반복해서 사용한다. 우선, 아무것도 입력하지 않고 Enter를 누르면 파일에 쓰는 것을 종료하는 방법으로 프로그램을 작성해보자.

소스 10-6 텍스트 파일 쓰기 (프로젝트명 : Project10_6)

```
1  static void Main(string[] args)
2  {
3      StreamWriter outFp;    // 출력 파일
4      string outStr;         // 출력할 문자열
5      string fName;
6  
7      outFp = new StreamWriter("C:\\Temp\\data2.txt");
8  
9      while (true)
10     {
11         Console.Write("내용 입력 : ");
12         outStr = Console.ReadLine();
13 
14         if (outStr != "")
15             outFp.WriteLine(outStr);
16         else
17             break;
18     }
19 
20     outFp.Close();
21     Console.WriteLine("--- 정상적으로 파일에 써짐 ---");
22 }
```

출력 결과

```
내용 입력 : C#을
내용 입력 : 열공하고
내용 입력 : 있습니다. ^^
내용 입력 : Enter
--- 정상적으로 파일에 써짐 ---
```

사용자가 입력한 값

3, 7행에서 파일 쓰기용인 StreamWriter 클래스를 사용했다. 9~18행은 무한반복된다. 11행에서 파일에 쓸 내용을 입력받은 후, 14행에서 입력한 글자가 비어 있지 않다고 판단되면 11행에서 입력한 내용을 파일에 쓴다. 14행에서 입력한 글자가 비어 있다고 판단되면 16, 17행에서 무한반복을 종료한다. 20행에서는 파일을 닫고 21행에서 메시지를 출력한다.

SELF STUDY 10-3

[소스 10-6]을 수정하여 파일명도 입력받도록 해보자.

힌트 [소스 10-4]를 참조한다.

명령 프롬프트의 copy 명령 구현

이번에는 명령 프롬프트나 파워셸의 명령 중 하나인 copy 명령(또는 Unix 계열의 cp 명령)을 프로그램으로 작성해보자. copy 명령은 주어진 파일을 복사하여 똑같은 파일을 하나 더 만드는 명령어이다. 형식은 다음과 같다.

```
copy 소스_파일 타겟_파일
```

Windows [시작]에서 마우스 오른쪽 버튼을 클릭하고 [터미널] 또는 [Windows PowerShell]을 실행하거나, [⊞]+[R] 키를 누른 후 powershell 명령을 입력하여 파워셸을 연다. 다음의 명령어를 입력해보자. win.ini가 data3.txt로 복사될 것이다.

```
copy C:\Windows\win.ini C:\Temp\data3.txt
```

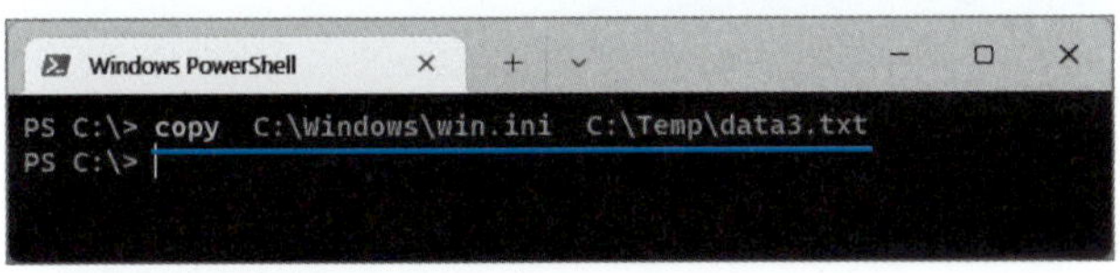

그림 10-8 copy 명령

copy 명령어를 구현하려면 소스 파일은 읽기를 위해서 읽기 모드로, 타겟 파일은 쓰기를 위해서 쓰기 모드로 열면 된다. 그리고, **파일스트림.ReadLine( )** 메서드로 소스 파일의 내용을 읽어와 **파일스트림.WriteLine( )** 메서드로 타겟 파일에 쓴다. 파일의 끝을 만날 때까지 이 과정을 반복한다.

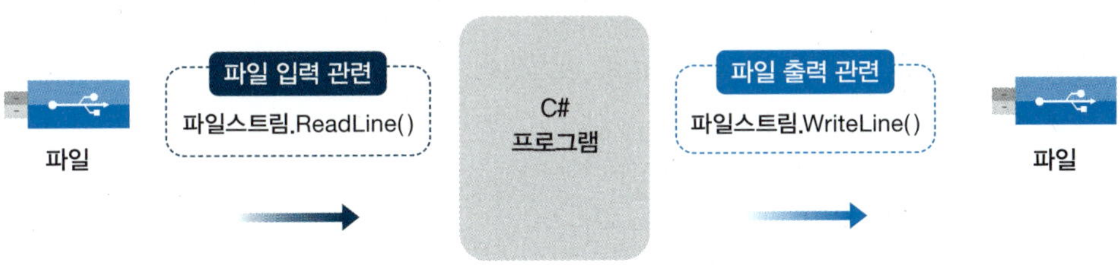

그림 10-9 copy 명령 구현을 위한 파일 입력과 파일 출력

소스 10-7 copy 명령의 구현 (프로젝트명 : Project10_7)

```
static void Main(string[] args)
{
    StreamReader inFp;     // 입력 파일
    StreamWriter outFp;    // 출력 파일
    string inStr;          // 읽어올 문자열 배열

```

```
7        inFp = new StreamReader("C:\\windows\\win.ini");
8        outFp = new StreamWriter("C:\\Temp\\data3.txt");
9
10       while (true)
11       {
12           inStr = inFp.ReadLine();
13           if (inStr == null)
14               break;
15           outFp.WriteLine(inStr);
16       }
17
18       inFp.Close();
19       outFp.Close();
20       Console.WriteLine("--- 정상적으로 파일이 복사되었음 ---");
21   }
```

출력 결과

```
--- 정상적으로 파일이 복사되었음 ---
```

7, 8행에서는 읽기 모드 및 쓰기 모드로 파일을 열었다. 12행에서 파일의 한 행을 읽은 후, 빈 행이면 13행에서 반복문을 종료한다. 읽은 내용이 있다면 15행에서 내용을 쓰기 파일에 쓴다. 18, 19행에서는 파일을 닫는다. 생각보다 코드도 짧고 이해하기도 어렵지 않았을 것이다.

3 [프로그램 1]의 완성

텍스트 파일의 입출력에 대해서 완전히 학습했다. 이제 첫 번째 프로그램을 만들어보자. 정상적인 글자가 쓰여 있는 원본 파일을 암호화할 수도 있고, 암호화된 파일을 해석하는 기능도 있는 프로그램이다.

먼저, 암호화하는 방법을 알아보자. 모든 문자에는 고유의 숫자가 있다. 학생에게 이름도 있지만 학번도 있는 것과 비슷하다. **(int)문자**는 문자의 고유한 숫자를 알려준다. 또, **(char)숫자**는 숫자에 해당하는 문자를 알려준다.

```
Console.WriteLine((int)'쿡');
Console.WriteLine((char)53217);
```

출력 결과

```
53217
쿡
```

이때 암호화는 '쿡'의 숫자에 100을 더하는 것과 같다. 100이라는 숫자는 임의로 정한 것이므로 다른 숫자를 넣어도 상관없다. 예를 들어 '쿡'을 암호화하려면 53217('쿡') + 100 = 53317('퀍')으로 저장해놓으면 된다.

```
int num = (int)'쿡';
Console.WriteLine((char)(num + 100));
```

출력 결과

```
퀍
```

TIP • (char)num + 100으로 하면 (char)100이 먼저 수행되므로, (char)(num + 100)과 같이 숫자가 먼저 계산되도록 괄호를 추가해야 한다.

암호를 해석할 때는 100을 빼면 된다. 53317('퀍') − 100 = 53217('쿡')이 되는 것이다.

```
int num = (int)'퀍';
Console.WriteLine((char)(num - 100));
```

출력 결과

```
쿡
```

암호화하는 방법도 별로 어렵지 않다는 걸 알았다. 이제 암호화와 관련한 전체 소스 코드를 작성해 보자. 조금 길지만 모두 배운 내용이라서 차근차근 해보면 어렵지 않을 것이다.

먼저, 메모장을 실행해서 세 줄 정도 되는 적당한 내용을 적어 놓자(내용은 아무거나 상관없다).

```
안녕하세요?
저는 Cookbook C#을 즐겁게
공부하고 있습니다. ^__^
```

메모장 메뉴의 [파일] − [저장]을 선택하면 [다른 이름으로 저장] 창이 나온다. 다음 그림과 같이 **C:\Temp\normal.txt**로 저장하자(다른 폴더도 상관은 없다). 저장할 때 주의할 점은 저장 창에서 인코딩을 꼭 **UTF-8**로 선택해야 한글이 처리가 된다는 점이다. 설정이 끝났다면 〈저장〉 버튼을 눌러 저장하자.

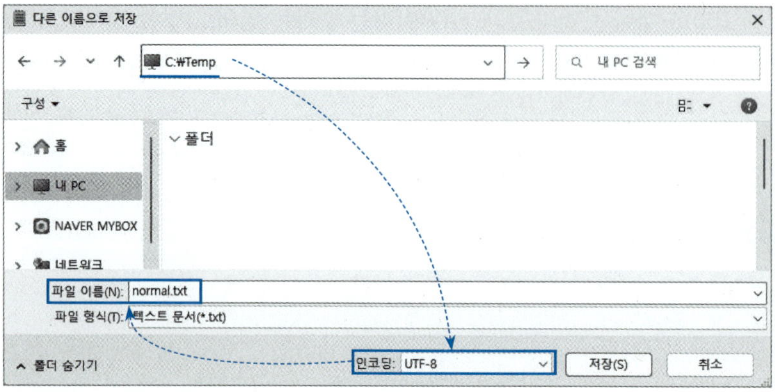

그림 10-10 메모장 저장 화면

메모장을 종료하고 다음 소스 코드를 작성해 실행해보자.

소스 10-8 암호화 프로그램 (프로젝트명 : Project10_8)

```
static void Main(string[] args)
{
    StreamReader inFp;
    StreamWriter outFp;
    string inFname, outFname;
    string inStr, outStr;
    string secuYN;
    int secu = 0;

    Console.Write(" 1.암호화  2. 암호해석 중 선택 : ");
    secuYN = Console.ReadLine();
    Console.Write("입력 파일명을 입력하세요 : ");
    inFname = Console.ReadLine();
    Console.Write("출력 파일명을 입력하세요 : ");
    outFname = Console.ReadLine();

    if (secuYN == "1")
        secu = 100;
    else if (secuYN == "2")
        secu = -100;

    inFp = new StreamReader(inFname);
    outFp = new StreamWriter(outFname);

    while (true)
    {
        inStr = inFp.ReadLine();
        if (inStr == null)
```

```
29             break;
30 
31         outStr = "";
32         foreach (char ch in inStr)
33         {
34             int chNum = (int)ch;
35             chNum += secu;
36             char newCh = (char)chNum;
37             outStr += newCh;
38         }
39         outFp.WriteLine(outStr);
40     }
41 
42     inFp.Close();
43     outFp.Close();
44     Console.WriteLine("{0} --> {1} 변환 완료", inFname, outFname);
45 }
```

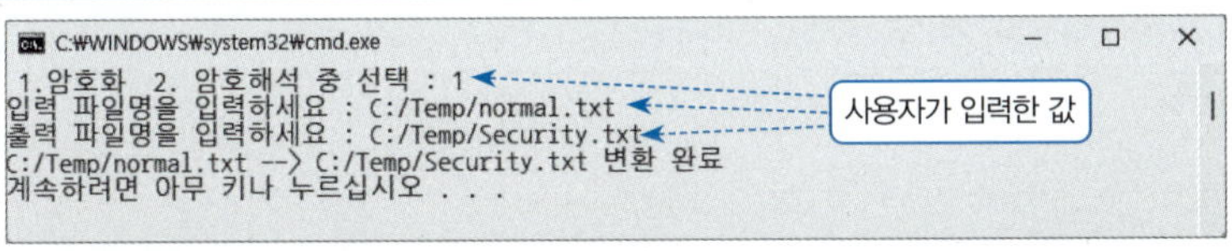

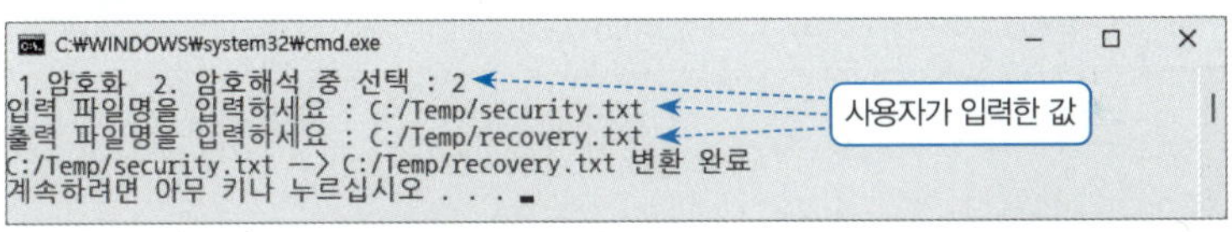

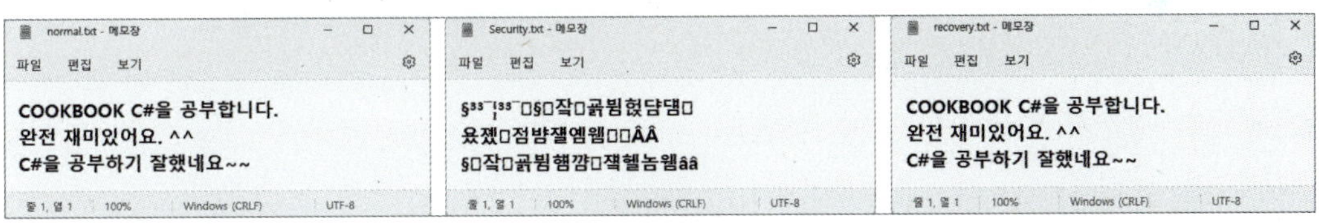

원본 파일 ← 암호화된 파일 → 다시 암호 해독된 파일

10행에서 수행할 작업이 암호화인지 암호해석인지를 입력받는다. 17~20행에서 secu 변수의 값이 암호화할 때는 100으로, 암호를 해석할 때는 -100으로 지정된다. 25~40행은 입력 파일의 끝까지 읽으면서 무한반복한다. 28행에서 inStr에 읽어온 것이 아무것도 없으면(= 파일의 끝이면) 29행이 실행되어 while 문을 빠져나간다.

31행의 outStr은 한 행을 암호화하거나 암호를 해석한 결과를 저장할 변수이다. 32~38행은 읽어온 행의 글자를 하나씩 추출해서 반복한다. 34행에서는 글자를 숫자로 변환한다. 35행에서 100 또는 -100을 계산한 후, 36행에서 다시 문자로 바꾸고, 37행에서 이 문자를 outStr에 추가한다. 결국 outStr에는 한 행을 암호화 또는 암호를 해석한 문자열이 저장되는 것이다. 39행에서는 암호화 또는 암호를 해석한 한 줄을 파일에 쓴다.

TIP • 이번 프로그램에서 사용하는 암호화 방식은 단순한 방식이라서 실제로는 금방 해석될 수 있다. 하지만, 이 정도로만 암호화해 놓아도 일반적인 사람은 원래 내용을 알기 어렵다.

SELF STUDY 10-4

[소스 10-8]을 수정해서 파일이 아닌 문자열을 입력받아 암호화하고, 이어서 바로 암호를 해석하는 코드를 작성해보자. 가감하는 숫자도 100이 아닌 사용자가 입력하는 숫자를 적용하도록 한다.

실행 결과

```
암호화할 문자열 ==> 쿡북 C#을 공부중입니다~~~
암호화에 사용할 숫자 ==> 200
 *** 처리 결과 ***
암호화된 문자열 ==> 킶빆e?e젌e궽빈짙졍뎐뎬???
암호 해석된 문자열 ==> 쿡북 C#을 공부중입니다~~~
```

사용자가 입력한 값

SECTION 04 바이너리 파일 입출력

1 바이너리 파일의 의미

지금까지 작성한 프로그램들은 모두 텍스트(Text) 파일의 입출력 작업을 하는 프로그램이었다. 텍스트 파일은 우리가 읽을 수 있는 글자로 구성된 파일이라고 보면 된다. 이와 달리 바이너리(Binary, 이진) 파일은 글자가 아닌 비트(Bit) 단위로 의미가 있는 파일이다.

바이너리 파일은 텍스트 파일을 제외한 대부분의 파일이 해당된다. 그림파일, 음악파일, 동영상 파일, 엑셀 파일, 실행 EXE 파일 등이 모두 바이너리 파일이라고 보면 된다. 텍스트 파일과 바이너리 파일을 구분하는 간단한 방법은, 파일을 메모장에서 열었을 때 글자처럼 보이면 텍스트 파일, 이상하게 보이면 바이너리 파일이다. 일반 텍스트 파일과 PNG 그림파일을 메모장에서 열면 다음과 같이 보인다.

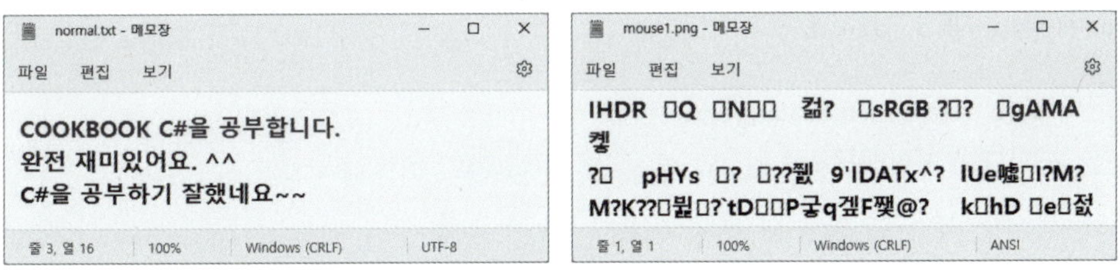

그림 10-11 텍스트 파일과 바이너리 파일을 메모장에서 연 결과

바이너리 파일은 대부분 별도의 소프트웨어에서 열어서 사용할 수 있다. PNG, JPG, BMP 등의 그림파일은 그림판, 포토샵 등의 소프트웨어를, HWP 파일은 한글 소프트웨어를, PPT 파일은 파워포인트 소프트웨어를 사용하면 된다. 그래서 텍스트 파일과 달리 C#에서 짠 소스 코드로는 모니터에 출력하기가 간단하지 않다.

2 바이너리 파일의 복사

바이너리 파일을 복사해서 새로운 바이너리 파일로 만드는 소스 코드는 모니터에 내용을 출력하는 것이 아니므로 쉽게 구현할 수 있다. 텍스트 파일을 복사했던 [소스 10-7]을 수정해서 바이너리 파일이 복사되도록 해보자.

바이너리 파일은 모든 Windows에 기본적으로 들어 있는 워드패드 실행 파일인 C:/Windows/write.exe 파일을 복사해보자. 복사할 파일이 텍스트 파일이 아니므로, **BinaryReader** 및 **BinaryWriter 클래스**를 사용해야 한다. 그리고 **파일스트림.ReadByte( )** 메서드로 한 바이트씩 읽어서, **파일스트림.WriteByte( )** 메서드로 한 바이트씩 쓰기를 반복하면 된다.

TIP • C:\Windows\ 폴더는 시스템 폴더이므로 C#이 BinaryReader를 사용할 때 접근 거부가 발생할 수 있다. [소스 10-9]를 실행하기 전에 C:/Windows/write.exe 파일을 C:\Temp\ 폴더에 복사해 놓도록 한다.

소스 10-9 바이너리 파일의 복사 (프로젝트명 : Project10_9)

```
1  static void Main(string[] args)
2  {
3      BinaryReader inFp;
4      BinaryWriter outFp;
5
6      string inFname = "C:/Temp/write.exe";
7      string outFname = "C:/Temp/write2.exe";
8
9      inFp = new BinaryReader(File.Open(inFname, FileMode.Open));
10     outFp = new BinaryWriter(File.Open(outFname, FileMode.Create));
11
12     long len = new FileInfo(inFname).Length;
13     for (long i = 0; i < len; i++)
14     {
15         byte data = inFp.ReadByte();
16         outFp.Write(data);
17     }
18
19     inFp.Close();
20     outFp.Close();
21     Console.WriteLine("--- 정상적으로 바이너리 파일이 복사되었음 ---");
22 }
```

출력 결과

```
--- 정상적으로 바이너리 파일이 복사되었음 ---
```

9, 10행에서 바이너리 읽기 / 쓰기 모드로 파일을 열었다. 12행에서는 바이너리 파일의 크기를 계산했다. 바이너리 파일의 크기는 바이트 단위로 계산된다. 13~17행을 파일의 끝까지 반복하며 한 바이트씩 읽어서 파일에 썼다. 파일 탐색기를 실행해서 새로 복사된 C:/Temp/write2.exe 파일을 실행해보자. 워드패드가 잘 실행될 것이다.

3 [프로그램 2]의 완성

이제 두 번째 프로그램인 흑백 사진 보기 프로그램을 완성할 차례이다. 이번 프로젝트는 흑백 사진을 윈도우 창에 출력하는 프로그램이라서 난이도가 있다. 알아야 할 것도 많고, 약간 어려울 것이다. 그래서 이번 프로그램을 완성하기 위해 먼저 몇 가지 개념을 파악하고 진행해보려고 한다.

RAW 사진 파일의 구성 이해하기

처리해야 할 사진 파일이 PNG, JPG, BMP 등의 컬러 사진이면 좋겠지만, 이 파일들의 내부 구조가 상당히 복잡해서 지금까지 우리가 학습한 내용으로는 이해하기 어렵다.

TIP • PNG, JPG, BMP 등의 컬러 사진 파일을 다루는 방법은 14장에서 배울 것이다.

그래서 지금까지 배운 실력으로 조작이 가능한 가장 단순한 사진 파일 형태인 RAW 사진 파일을 사용하려고 한다. 우리가 사용할 *.raw 파일은 512 × 512 픽셀 크기의 흑백 이미지이다. 정확히는 0과 1로만 나뉘는 흑백(Black-White) 이미지가 아니라, 0부터 255까지의 밝기로 구분되는 회색(Gray) 이미지이다.

TIP • *.raw 파일의 픽셀 크기는 512 x 512 외에도 정방형의 크기라면 구성이 가능하다. 하지만 *.raw 파일은 일반적으로 구하기가 쉽지 않으므로 책의 자료실(http://www.hanbit.co.kr/src/4627)에서 512 x 512 또는 256 x 256 크기의 RAW 사진 파일을 다운로드해 사용하도록 한다.

RAW 사진 파일의 구조는 다음과 같다.

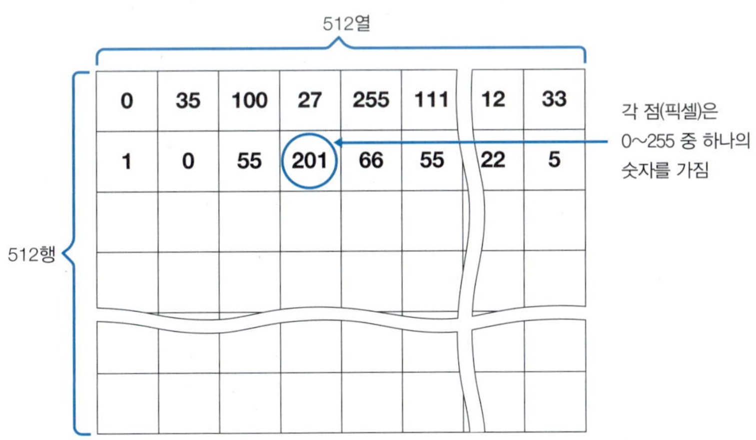

그림 10-12 RAW 사진 파일 구조

정방형 크기의 사진 파일에서 각각의 점(픽셀)은 0~255의 값을 가진다. 픽셀의 값이 0에 가까울수록 검정색에 가까운 회색이 되고, 255에 가까울수록 흰색에 가까운 회색이 된다. 모든 값이 0으로 채워지면 완전히 검은색의 이미지가 되고, 모든 값이 255로 채워지면 하얀색 이미지로 보인다.

윈도우 창 만들기

9장에서 다룬 윈폼을 이번 프로그램에도 사용하려 한다. 먼저 기본적인 윈폼을 띄우고 512 × 512 크기의 PictureBox를 준비한다. 그리고, 512 × 512 크기의 비트맵에 랜덤하게 값을 채운 후, PictureBox에 비트맵을 부착해보자. 필요한 전역 변수와 **Form1_Load( )** 메서드를 생성하고 소스 코드를 추가하자. 이번 프로젝트는 [Windows Forms 앱(.Net Framework)]으로 작성하고, PictureBox를 화면에 하나 추가한 뒤 (name) 속성을 **picturebox**로 지정한다.

소스 10-10 윈도 창의 기본 구성 (프로젝트명 : Project10_10) GUI

```
int XSIZE = 512;
int YSIZE = 512;

Bitmap bitmap;

private void Form1_Load(object sender, EventArgs e)
{
    this.ClientSize = new System.Drawing.Size(XSIZE, YSIZE);
    picturebox.Location = new System.Drawing.Point(0, 0);
    picturebox.Size = new System.Drawing.Size(XSIZE, YSIZE);

    bitmap = new Bitmap(XSIZE, YSIZE);

    Random rnd = new Random();
    for (int i = 0; i < XSIZE; i++)
        for (int k = 0; k < YSIZE; k++)
        {
            byte data = (byte)rnd.Next(0, 256);
            Color c = Color.FromArgb(data, data, data);
            bitmap.SetPixel(i, k, c);
        }

    picturebox.Image = bitmap;
}
```

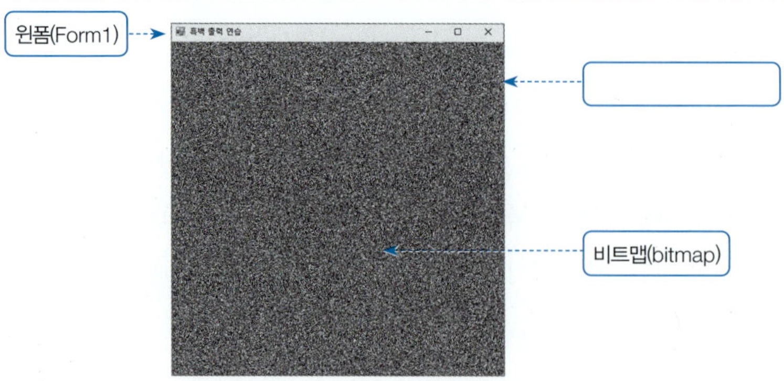

1~2행에서는 RAW 이미지의 크기를 512 × 512로 미리 결정해 두었다. 4행의 비트맵에서는 512 × 512개의 픽셀을 한 픽셀씩 표현할 것이다. 8행에서는 윈폼의 크기를 지정했다. 9~10행은 PictureBox의 위치를 윈폼 왼쪽 위부터 시작해 꽉 채운다. 12행은 512 × 512 크기의 비어 있는 비트맵을 생성한다. 14행에서 랜덤 변수를 준비했고, 15~21행은 이중 반복을 통해 512 × 512번 반복한다. 18행에서는 0~255 사이의 랜덤 값을 추출해 19행에서 회색(Gray) 색상 값으로 생성한다. 20행에서는 비트맵에 생성한 컬러를 한 픽셀 찍었다. 이렇게 512 × 512 크기의 랜덤한 회색(Gray) 색상 비트맵을 만든다. 23행에서는 생성한 비트맵을 PictureBox에 부착한다. 즉, 화면에 표시되게 한다.

RAW 파일을 메모리에 저장한 후 화면 출력

[소스 10-10]에서는 RAW 파일을 읽지 않고 랜덤하게 색상 값을 추출했다. 이제는 RAW 파일을 읽어서 메모리에 저장해보자. 메모리 변수는 2차원 배열로 구현하면 된다. 개념적으로 보면 다음과 같다.

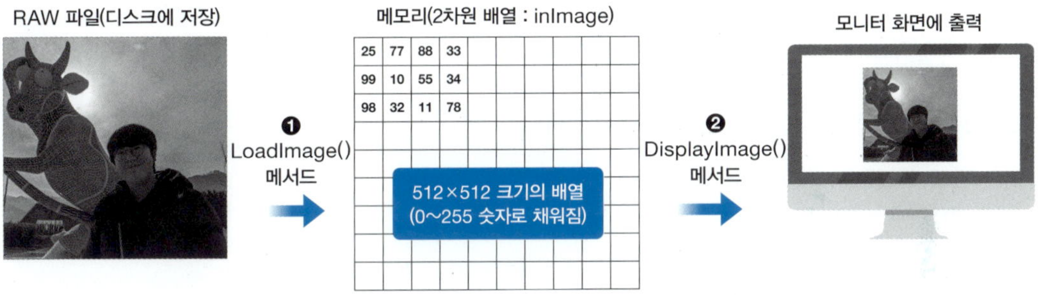

그림 10-13 RAW 파일을 메모리로 읽은 후 화면에 출력하는 개념

먼저 그림의 ❶은 디스크에 저장된 RAW 파일을 메모리(inImage)로 불러들이기 위한 작동이다. 이 작업을 **LoadImage( )** 메서드에 코딩할 것이다. LoadImage( ) 메서드의 핵심 코드는 다음과 같다.

```
inImage = new byte[XSIZE, YSIZE];
for (int i = 0; i < XSIZE; i++)
    for(int k = 0; k < YSIZE; k++)
        inImage[i, k] = fp.ReadByte();
```

먼저 RAW 이미지의 크기인 512 × 512에 맞게 2차원 배열을 할당한 후, 중첩 반복문을 통해 파일을 읽었다. 4행의 **fp.ReadByte( )** 메서드는 1바이트를 읽어들인 뒤 inImage 배열의 해당 위치에 저장한다. RAW 파일의 모든 값은 inImage 배열에 정수(0~255 범위)로 저장된다.

그림의 ❷는 메모리(inImage)를 윈도우 창에 출력하기 위한 기능으로, **DisplayImage( )** 메서드로 구현한다. DisplayImage( ) 메서드는 [소스 10-10]의 15~21행을 일부 수정해서 별도의 함수로 만든 것이다.

```
for (int i = 0; i < XSIZE; i++)
    for (int k = 0; k < YSIZE; k++)
    {
        byte data = inImage[k, i];
        Color c = Color.FromArgb(data, data, data);
        bitmap.SetPixel(i, k, c);
    }
```

[소스 10-10]과 다른 점은 랜덤한 값 대신에 4행에서 메모리(inImage)의 값을 사용한 것이다. 주의할 점은 비트맵에 i와 k의 위치를 반대로 표현해야 일반적으로 생각하는 그림의 모양이 나온다는 점이다. 이제 지금까지 배운 것들을 활용해 최종적으로 소스 코드를 완성해보자.

TIP • [소스 10-11]을 실행하기 전에 한빛아카데미(https://www.hanbit.co.kr/src/4627)에서 배포한 RAW 파일이 C:\CookC#\RAW\ 폴더에 들어 있어야 한다.

소스 10-11 흑백 사진 출력 (프로젝트명 : Project10_11) GUI

```
int XSIZE = 512, YSIZE = 512;
byte[,] inImage; // 2차원 배열(메모리)
Bitmap bitmap;

void LoadImage(string fname)
{
    BinaryReader fp = new BinaryReader(File.Open(fname, FileMode.Open));
    inImage = new byte[XSIZE, YSIZE];

    for (int i = 0; i < XSIZE; i++)
        for (int k = 0; k < YSIZE; k++)
            inImage[i, k] = fp.ReadByte();

    fp.Close();
}

void DisplayImage()
{
    for (int i = 0; i < XSIZE; i++)
        for (int k = 0; k < YSIZE; k++)
        {
            byte data = inImage[k, i];
```

```
23              Color c = Color.FromArgb(data, data, data);
24              bitmap.SetPixel(i, k, c);
25          }
26
27      picturebox.Image = bitmap;
28  }
29
30  private void Form1_Load(object sender, EventArgs e)
31  {
32      this.ClientSize = new System.Drawing.Size(XSIZE, YSIZE);
33      picturebox.Location = new System.Drawing.Point(0, 0);
34      picturebox.Size = new System.Drawing.Size(XSIZE, YSIZE);
35
36      bitmap = new Bitmap(XSIZE, YSIZE);
37
38      string fileName = "C:/CookC#/images/RAW/LENNA512.raw";
39      LoadImage(fileName);
40
41      DisplayImage();
42  }
```

[소스 10-11]은 앞에서 일부 나온 소스 코드를 모두 합친 것이다. 2행에서 메모리로 사용할 2차원 배열 inImage를 준비했다. 5~15행은 파라미터로 전달받은 RAW 파일을 메모리에 로딩한다. 7행에서 파일을 열고 8행에서 512 × 512 크기의 메모리를 할당한다. 10~12행에서는 RAW 파일의 각 픽셀을 메모리에 로딩한다. 17~28행은 inImage 메모리의 내용을 비트맵에 출력한다. 27행에서 비트맵의 내용을 PictureBox에 부착해 화면에 나타나게 했다.

30~42행은 폼이 화면에 나오면 자동으로 수행된다. 38행에서 파일을 지정하고 39행에서 파일을 메모리로 로딩한다. 41행에서 화면에 출력된다.

SELF STUDY 10-5

[소스 10-11]을 참조해서, RAW 파일 2개가 동시에 겹쳐서 화면에 출력되도록 해보자. 두 파일의 크기는 512 x 512로 동일해야 한다.

힌트1 inImage1, inImage2로 메모리를 2개 준비하고, 각 파일을 로딩한다.

힌트2 화면에 출력할 때, 각 픽셀마다 inImage1과 inImage2의 평균 값을 출력한다.

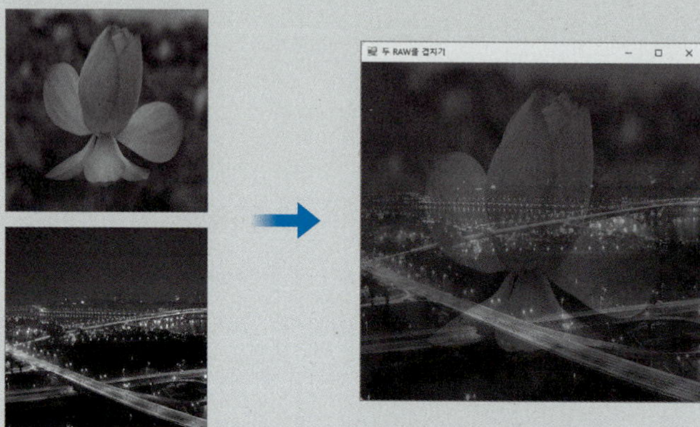

그림 10-14 Flower512.raw와 Night512.raw 파일을 합친 결과

SECTION

05 파일 입출력 심화

1 파일 및 디렉터리 기본 다루기

C#의 System.IO에는 다양한 파일과 디렉터리를 처리할 수 있는 메서드가 제공된다. 우선 각 메서드의 형태를 확인하고 소스 코드를 작성해보자.

TIP • 폴더(Folder)와 디렉터리(Directory)는 동일한 용어이다. C#의 System.IO에서는 주로 디렉터리라고 부르므로, 관련된 내용에서 폴더 대신 디렉터리로 지칭한다.

파일 복사

```
File.Copy(원본_파일, 타겟_파일)
```

원본 파일이 타겟 파일로 이동한다.

디렉터리 생성

```
Directory.CreateDirectory(디렉터리)
```

디렉터리를 생성한다.

파일 이동

```
File.Move(원본_파일, 타겟_파일)
```

원본 파일이 타겟 파일로 이동한다.

디렉터리 이동

```
Directory.Move(원본_디렉터리, 타겟_디렉터리)
```

원본 디렉터리가 타겟 디렉터리로 이동한다. 타겟 디렉터리는 새로 생성되는 것이므로, 이미 존재하는 디렉터리가 있다면 오류가 발생한다.

파일 삭제

```
File.Delete(파일)
```

원본 파일이 삭제된다.

디렉터리를 통째로 삭제

```
Directory.Delete(디렉터리, true)
```

디렉터리 및 하위의 모든 것이 삭제된다.

파일 존재 유무 체크

```
File.Exists(파일)
```

파일이 있으면 True를, 없으면 False를 반환한다.

디렉터리 존재 유무 체크

```
Directory.Exists(디렉터리)
```

디렉터리가 있으면 True를, 없으면 False를 반환한다.

지금까지 설명한 내용을 통합해 소스 코드로 작성해보자. [소스 10-12]를 작성하기 전, C:/Temp 디렉터리는 미리 만들어져 있어야 한다. 코드 실행에 대한 설명은 앞서 이야기하였으니 생략한다.

소스 10-12 파일과 디렉터리 다루기 기본 (프로젝트명 : Project10_12)

```
static void Main(string[] args)
{
    string file1, file2, folder1, folder2;

    folder1 = "C:/Temp/";
    if (!Directory.Exists(folder1))
    {
        Directory.CreateDirectory(folder1);
        Console.WriteLine("0. {0} 폴더가 없다면 새로 생성됨.", folder1);
    }

    file1 = "C:/Windows/write.exe";
    file2 = "C:/Temp/write.exe";
    if (!File.Exists(file2))
```

```
    {
        File.Copy(file1, file2);
        Console.WriteLine("1. {0}가 {1}로 복사됨.", file1, file2);
    }

    file1 = "C:/Temp/write.exe";
    file2 = "C:/Temp/write_new.exe";
    if (!File.Exists(file2))
    {
        File.Copy(file1, file2);
        Console.WriteLine("2. {0}가 {1}로 복사됨(이름 바뀜).", file1, file2);
    }

    folder1 = "C:/Temp/TestDir/";
    if (!Directory.Exists(folder1))
    {
        Directory.CreateDirectory(folder1);
        Console.WriteLine("3. {0} 폴더가 생성됨.", folder1);
    }

    file1 = "C:/Temp/write.exe";
    file2 = "C:/Temp/TestDir/write.exe";
    if (File.Exists(file1) && !File.Exists(file2))
    {
        File.Move(file1, file2);
        Console.WriteLine("4. {0}가 {1}로 이동됨.", file1, file2);
    }

    folder1 = "C:/Temp/TestDir/";
    folder2 = "C:/Temp/TestDir_new/";
    if (Directory.Exists(folder1) && !Directory.Exists(folder2))
    {
        Directory.Move(folder1, folder2);
        Console.WriteLine("5. {0} 폴더가 {1} 폴더로 이동됨.", folder1, folder2);
    }

    Console.WriteLine("\n** 지금 탐색기로 C:\\Temp\\ 폴더를 확인 후, Enter키 **");
    Console.ReadLine();

    file1 = "C:/Temp/write_new.exe";
    if (File.Exists(file1))
    {
        File.Delete(file1);
        Console.WriteLine("6. {0}가 삭제됨.", file1);
    }
```

```

        folder1 = "C:/Temp/TestDir_new/";
        if (Directory.Exists(folder1))
        {
            Directory.Delete(folder1, true);
            Console.WriteLine("7. {0} 폴더가 삭제됨.", folder1);
        }
    }
```

출력 결과

```
1. C:/Windows/write.exe가 C:/Temp/write.exe로 복사됨.
2. C:/Temp/write.exe가 C:/Temp/write_new.exe로 복사됨(이름 바뀜).
3. C:/Temp/TestDir/ 폴더가 생성됨.
4. C:/Temp/write.exe가 C:/Temp/TestDir/write.exe로 이동됨.
5. C:/Temp/TestDir/ 폴더가 C:/Temp/TestDir_new/ 폴더로 이동됨.

** 지금 탐색기로 C:\Temp\ 폴더를 확인 후, Enter키 **

6. C:/Temp/write_new.exe가 삭제됨.
7. C:/Temp/TestDir_new/ 폴더가 삭제됨.
```

2 파일 및 디렉터리 심화 다루기

이번에는 좀 더 어려운 처리를 수행해보자. 특정 디렉터리의 목록을 모두 확인하려고 한다. 예를 들어, C:\Windows\Help\ 디렉터리에는 하위에도 많은 디렉터리가 존재하고, 각 디렉터리에 파일이 1개 이상 있거나 없을 수도 있다. C:\Windows\Help\ 디렉터리 하위의 모든 파일 및 디렉터리 목록을 추출하는 방법을 살펴보자.

하위 디렉터리의 목록 추출

지정한 디렉터리의 하위 디렉터리를 모두 추출하려면 **DirectoryInfo 클래스**를 활용해야 한다.

```
DirectoryInfo 변수_이름 = new DirectoryInfo(지정_디렉터리);
DirectoryInfo[] 배열_이름 = 변수_이름.GetDirectories("*.*", SearchOption.AllDirectories);
```

위와 같이 사용하면 배열에는 지정 디렉터리 하위의 모든 디렉터리 정보가 저장된다. 이 정보는 DirectoryInfo형이므로 디렉터리의 이름은 **변수.FullName** 속성으로 확인할 수 있다.

디렉터리의 파일 목록 추출

지정한 디렉터리에 있는 파일 목록은 **DirectoryInfo.GetFiles( )** 메서드로 추출할 수 있다.

```
DirectoryInfo 변수_이름 = new DirectoryInfo(지정_디렉터리);
FileInfo[] 배열_이름 = 변수_이름.GetFiles();
```

위와 같이 소스 코드를 적용하면 배열에는 지정 디렉터리에 있는 모든 파일 정보가 저장된다. 이 정보는 FileInfo형이므로 파일의 이름은 **변수.FullName** 속성으로 확인할 수 있다.

이제 지정 디렉터리 하위의 모든 디렉터리와 파일 목록을 추출하는 소스 코드를 작성해보자. 하위 디렉터리가 너무 많으면 실행속도가 느려지므로, 적당한 C:\Windows\Help\ 디렉터리를 기준으로 확인한다.

소스 10-13 지정 디렉터리 하위의 모든 디렉터리 및 파일 목록 추출 (프로젝트명 : Project10_13)

```
static void Main(string[] args)
{
    string folder = "C:/Windows/Help/";
    string[] fileAry = new string[] { };
    string[] dirAry = new string[] { };

    DirectoryInfo dInfo = new DirectoryInfo(folder);
    DirectoryInfo[] dirs = dInfo.GetDirectories("*.*", SearchOption.AllDirectories);

    foreach (DirectoryInfo d in dirs)
    {
        Array.Resize(ref dirAry, dirAry.Length + 1);
        dirAry[dirAry.Length - 1] = d.FullName;

        foreach (FileInfo f in d.GetFiles())
        {
            Array.Resize(ref fileAry, fileAry.Length + 1);
            fileAry[fileAry.Length - 1] = f.FullName;
        }
    }

    Console.WriteLine("** 디렉터리 목록 : {0} 개 **", dirAry.Length);
    foreach (string dName in dirAry)
        Console.WriteLine(dName);

    Console.WriteLine("\n** 파일 목록 : {0} 개 **", fileAry.Length);
    foreach (string fName in fileAry)
        Console.WriteLine(fName);
}
```

출력 결과

```
** 디렉터리 목록 : 14 개 **
C:\Windows\Help\Corporate
C:\Windows\Help\en-US
~~~~ 중간 생략 ~~~~
C:\Windows\Help\Windows\ContentStore\en-US
C:\Windows\Help\Windows\IndexStore\en-US

** 파일 목록 : 17 개 **
C:\Windows\Help\en-US\credits.rtf
C:\Windows\Help\mui\0409\cliconf.chm
~~~~ 중간 생략 ~~~~
C:\Windows\Help\mui\0412\sqlsodbc.chm
C:\Windows\Help\mui\0412\sqlsoldb.chm
```

3행에서 시작 디렉터리를 지정했다. 4행은 파일 이름을 저장할 배열, 5행은 디렉터리 이름을 저장할 배열이다. 7~8행에서는 3행에서 지정한 디렉터리의 모든 하위 디렉터리 정보를 추출했다. 10~20행은 저장된 디렉터리 정보를 추출해서 반복한다. 즉, 모든 디렉터리에 대해 수행된다. 12~13행에서는 디렉터리 이름 배열을 1 증가시킨 후 디렉터리 이름을 저장했다. 15~19행은 현재 디렉터리에서 파일 목록을 추출한 후 파일 이름 배열을 1 증가시켜 파일 이름을 저장했다. 22~24행은 저장된 디렉터리 이름을 출력하고, 26~28행은 저장된 파일 이름을 출력한다.

SELF STUDY 10-6

[소스 10-13]은 처음 디렉터리인 C:\Windows\Help\ 디렉터리에 있는 파일은 출력되지 않는다. 이를 수정해서 C:\Windows\Help\ 디렉터리의 파일도 출력되도록 해보자. 먼저 C:\Windows\Help\에 적당한 파일을 몇 개 복사해 놓고 그 파일들이 나오는지 확인한다.

실행 결과

```
** 디렉터리 목록 : 15 개 **
C:\Windows\Help\Corporate
~~~~ 중간 생략 ~~~~

** 파일 목록 : 19 개 **
C:\Windows\Help\en-US\credits.rtf
~~~~ 중간 생략 ~~~~
C:\Windows\Help\mui\0412\sqlsoldb.chm
C:\Windows\Help\Flower512.raw
C:\Windows\Help\LENNA256.RAW
```

디렉터리 복사

C#에서는 디렉터리를 통째로 복사하는 기능을 제공하지 않지만 Visual Basic에서 제공하는 기능을 사용하면 간단히 해결된다.

```
using Microsoft.VisualBasic.FileIO;
FileSystem.CopyDirectory(원본_디렉터리, 타겟_디렉터리, UIOption.AllDialogs);
```

원본 디렉터리 안에 있는 모든 하위 디렉터리 및 파일이 전부 타겟 디렉터리로 복사된다. 만약 타겟 디렉터리가 이미 있다면 덮어씌우겠냐고 묻는 창이 나온다. [콘솔 앱(.NET Framework)] 형식의 **Project10_14** 프로젝트를 생성한 후, 먼저 **Microsoft VisualBasic**을 참조 추가하자.

TIP • 참조 추가는 391쪽 Project09_9에서 수행해보았다.

소스 10-14 디렉터리를 통째로 복사 (프로젝트명 : Project10_14)

```
// using Microsoft.VisualBasic.FileIO; 필요
// using System.IO; 필요
static void Main(string[] args)
{
    string folder1, folder2; ;

    folder1 = "C:/Windows/Help/";
    folder2 = "C:/Temp/C#Help/";
    if (Directory.Exists(folder1))
    {
        FileSystem.CopyDirectory(folder1, folder2, UIOption.AllDialogs);
        Console.WriteLine("{0} 폴더가 {1} 폴더로 복사됨.", folder1, folder2);
    }
}
```

출력 결과

```
C:/Windows/Help/ 폴더가 C:/Temp/C#Help/ 폴더로 복사됨.
```

3 예외 처리

try~catch 문

예외 처리(Exception Handling)란 예외가 발생할 경우에 C#이 처리되도록 하지 않고, 프로그래머가 작성한 코드가 실행되도록 하는 방식을 일컫는다. 예외(Exception)는 오류(Error)와는 좀 다르다. 오류(Error)는 프로그램의 문법에 문제가 생겨서 아예 컴파일이 안 되거나, 컴파일을 할 때 발견된다. 하지만 예외는 프로그램 작성이나 컴파일을 할 때 문법상 아무런 문제가 없다가 실행할

때 발생한다. 한 예로, [소스 10-12]에서 파일을 복사하는 다음의 코드는 문법상 아무런 문제가 없으나, 파일1이 없거나 파일2가 이미 있다면 실행 시 예외가 발생한다.

```
string file1 = "파일1";
string file2 = "파일2";
File.Copy(file1, file2);
```

오류 메시지 예

```
파일1이 없을 때 : 처리되지 않은 예외: System.IO.IOException: 핸들이 잘못되었습니다.
파일2가 있을 때 : 처리되지 않은 예외: System.IO.IOException: '파일2' 파일이 이미 있습니다.
```

try~catch 문을 활용하면 이러한 예외 대신 직접 메시지를 작성하여 흐름이 원활히 이어지도록 할 수 있다.

```
string file1 = "파일1";
string file2 = "파일2";
try
{
    File.Copy(file1, file2);
} catch  또는 catch (Exception e)
{
    Console.WriteLine("파일1이 없거나, 파일2가 이미 있어요.");
}
```

오류 메시지

```
파일1이 없거나, 파일2가 이미 있어요.
```

만약 파일1은 있고 파일2가 없는 정상적인 상황이라면 이상 없이 파일이 복사되었을 것이고, 파일1이 없거나 파일2가 있는 문제 상황이라면 catch 문에서 작성한 흐름이 처리된다. 여기서 중요한 점은 예외가 발생해도 프로그램이 중단되지 않고 이후의 흐름이 자연스럽게 이어진다는 점이다.

try~catch 문은 파일 조작뿐 아니라 배열 조작, 문자열 조작, 숫자 계산 등에서도 많이 활용된다. 만약 문자열 중 한 글자씩 출력하고자 할 때 다음 소스 코드와 같이 예외가 발생한다고 해보자.

소스 10-15 문자열 출력 예외 발생 (프로젝트명 : Project10_15)

```
static void Main(string[] args)
{
    string str = "C#은 재미 있어요.";
    int index = 0;

    while (true)
```

```
    {
        Console.WriteLine("{0}번째 글자 : {1}", index, str[index]);
        index++;
    }
    Console.WriteLine("끝 입니다. ^^");
}
```

출력 결과

```
0번째 글자 : C
1번째 글자 : #
2번째 글자 : 은
~~ 중간 생략 ~~
10번째 글자 : .

처리되지 않은 예외: System.IndexOutOfRangeException: 인덱스가 배열 범위를 벗어났습니다.
```

메시지를 보면 IndexOutOfRange 예외가 발생했다. 문자열 또는 배열의 첨자를 넘어선 인덱스에 접근했기 때문이다. 이 코드에서는 문자열이 str[0] ~ str[10]까지만 있는데 str[11]에 접근했기 때문에 예외가 발생했다. 여기에 예외 처리를 추가하면 간단히 해결할 수 있다.

소스 10-16 문자열 출력 예외 처리 (프로젝트명 : Project10_16)

```
static void Main(string[] args)
{
    string str = "C#은 재미 있어요.";
    int index = 0;

    while (true)
    {
        try
        {
            Console.WriteLine("{0}번째 글자 : {1}", index, str[index]);
            index++;
        }
        catch
        {
            break;
        }
    }

    Console.WriteLine("끝 입니다. ^^");
}
```

출력 결과

```
0번째 글자 : C
~~ 중간 생략 ~~
10번째 글자 : .
끝 입니다. ^^
```

try 문 아래의 코드 9~12행 중 예외가 발생하면 catch 문인 13행이 수행된다. 반복문을 정상적으로 빠져나와 프로그램이 문제없이 실행된다.

catch 문 뒤에 아무것도 명시하지 않고 사용하면 모든 예외에 해당되는데, 만약 구분이 필요하다면 예외의 종류에 따라서 다른 식의 처리도 가능하다.

```
try {
    실행할_문장;
}
catch (예외_종류1)
{
    예외_발생_시_실행할_문장
}
catch (예외_종류2)
{
    예외_발생_시_실행할_문장
}
...
```

예외의 종류 몇 가지를 정리하면 다음과 같다. 만약 [표 10-1]의 모든 예외를 포함하려면 **Exception** 용어를 사용하면 된다.

표 10-1 예외의 종류 © 마이크로소프트 도움말

예외 종류	설명
ArgumentException	메서드에 전달되는 null이 아닌 인수가 잘못되었을 때
ArgumentNullException	메서드에 전달되는 null 인수가 잘못되었을 때
ArgumentOutOfRangeException	인수가 유효한 값 범위를 벗어났을 때
DirectoryNotFoundException	디렉터리 경로의 일부가 잘못되었을 때
DivideByZeroException	0으로 나눌 때
DriveNotFoundException	드라이브를 사용할 수 없거나 존재하지 않을 때
FileNotFoundException	파일이 없을 때
FormatException	값이 문자열에서 변환할 형식이 아닌 경우

IndexOutOfRangeException	인덱스가 배열 또는 문자열의 범위를 넘었을 때
InvalidOperationException	메서드 호출이 개체의 현재 상태에서 유효하지 않을 때
NotImplementedException	메서드 또는 작업이 구현되지 않을 때
NotSupportedException	메서드 또는 작업은 지원되지 않을 때
ObjectDisposedException	삭제된 개체에 대해 작업이 수행될 때
OverflowException	오버플로가 발생할 때
PathTooLongException	경로 또는 파일 이름이 시스템 정의 최대 길이를 초과할 때
PlatformNotSupportedException	현재 플랫폼에서는 작업이 지원되지 않을 때
RankException	잘못된 수의 차원이 있는 배열이 메서드가 될 때
TimeoutException	작업에 할당된 시간 간격이 만료될 때
UriFormatException	잘못된 URI(Uniform Resource Identifier)가 사용될 때

다음과 같은 소스 코드는 예외의 종류에 따라서 다른 처리를 진행한다. 한번 살펴보자.

소스 10-17 다양한 예외 처리 (프로젝트명 : Project10_17)

```
static void Main(string[] args)
{
    int[] numAry = new int[2];

    Console.Write("숫자1 -->");
    numAry[0] = int.Parse(Console.ReadLine());
    Console.Write("숫자2 -->");
    numAry[1] = int.Parse(Console.ReadLine());

    try
    {
        int res = numAry[0] / numAry[1];                 // DivideByZeroException
        numAry[0] = int.Parse("백");                      // FormatException
        numAry[2] = numAry[0];                           // IndexOutOfRangeException
        Directory.Delete("C:/없는디렉터리/", true);          // DriveNotFoundException
        File.Move("C:/없는파일1.exe", "C:/없는파일2.exe"); // FileNotFoundException
    }
    catch (DivideByZeroException e)
    {
        Console.WriteLine(e.Message);
    }
    catch (FormatException e)
    {
        Console.WriteLine(e.Message);
```

```
25      }
26      catch (IndexOutOfRangeException e)
27      {
28          Console.WriteLine(e.Message);
29      }
30      catch (DriveNotFoundException e)
31      {
32          Console.WriteLine(e.Message);
33      }
34      catch (FileNotFoundException e)
35      {
36          Console.WriteLine(e.Message);
37      }
38      catch (Exception e) // 또는 그냥 catch만 사용해도 됨
39      {
40          Console.WriteLine(e.Message);
41      }
42  }
```

출력 결과

```
숫자1 --> 100
숫자2 --> 0

0으로 나누려 했습니다.
입력 문자열의 형식이 잘못되었습니다.
인덱스가 배열 범위를 벗어났습니다.
'C:\없는디렉터리\' 경로의 일부를 찾을 수 없습니다.
'C:\없는파일1.exe' 파일을 찾을 수 없습니다.
```

사용자가 입력한 값

12~16행은 모두 예외가 발생한다. 주의할 점은 12~16행은 한 행만 남기고 나머지를 주석처리해야 각 행에서 발생하는 예외의 결과를 확인할 수 있다는 점이다. 예외가 발생하면 18~37행 사이의 해당 예외 처리 부분이 실행된다. 만약, 예외는 발생했으나 18~37행 사이에 해당하는 예외가 아니라면 38~41행의 나머지 모든 예외에 해당하는 부분이 실행된다.

try~catch~finally 문

try 문에서 예외가 발생하면 catch 문이 실행되는 것은 앞에서 확인했다. 그러나 finally 문은 정상적으로 실행되든 예외가 발생하든 상관하지 않고 무조건 실행된다. 다음의 간단한 소스 코드를 살펴보자.

소스 10-18 try~catch~finally 문의 사용 예 (프로젝트명 : Project10_18)

```
static void Main(string[] args)
{
    int num1, num2; ;

    try
    {
        Console.Write("숫자1 --> ");
        num1 = int.Parse(Console.ReadLine());
        Console.Write("숫자2 --> ");
        num2 = int.Parse(Console.ReadLine());
    }
    catch
    {
        Console.WriteLine("오류가 발생했습니다.");
    }
    finally
    {
        Console.WriteLine("이 부분은 무조건 나옵니다.");
    }
}
```

출력 결과

```
숫자1 --> C#
오류가 발생했습니다.
이 부분은 무조건 나옵니다.

숫자1 --> 100
숫자2 --> 50
이 부분은 무조건 나옵니다.
```

사용자가 입력한 값

사용자가 입력한 값

요약

1 파일 입출력의 기본 단계는 다음과 같다.

2 파일을 열기 위해서는 읽기인지, 쓰기인지를 지정해야 한다. 그리고 파일과 관련된 모든 작업이 끝나면 파일을 정상적으로 닫아줘야 한다.

```
// 읽기용 파일 열기
StreamReader 변수_이름 = new StreamReader("파일_이름");
// 쓰기용 파일 열기
StreamWriter 변수_이름 = new StreamWriter("파일_이름");
...
// 파일 닫기
변수_이름.Close()
```

3 파일을 읽어서 화면에 출력하는 흐름은 다음과 같다.

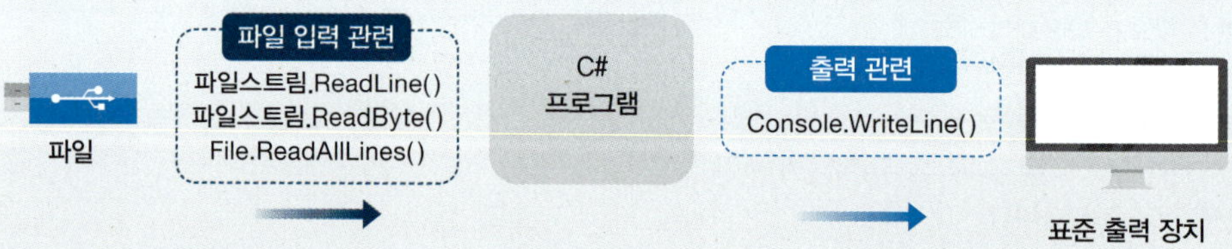

4 파일 입출력을 실행하기 위해서는 다음 코드를 소스 코드 상단에 추가해야 한다.

```
using System.IO;
```

5 파일의 모든 행을 한 행씩 읽어서 화면에 출력하기 위한 소스 코드의 일부는 다음과 같다.

```
while (true)
{
        inStr = inFp.ReadLine();
        if (inStr == null)
           break;
        Console.WriteLine(inStr);
}
```

6 파일의 모든 행을 한꺼번에 읽어서 화면에 출력하기 위한 소스 코드는 다음과 같다.

```
string[] inStrAry = File.ReadAllLines("파일_이름");
foreach (string inStr in inStrAry)
        Console.WriteLine(inStr);
```

7 파일이 없을 경우의 오류를 방지하기 위해서는 파일을 열기 전에 File.Exists(파일_이름) 메서드를 사용해 파일의 존재 여부를 먼저 확인해야 한다.

8 키보드로 입력한 내용을 파일로 출력하는 흐름은 다음과 같다.

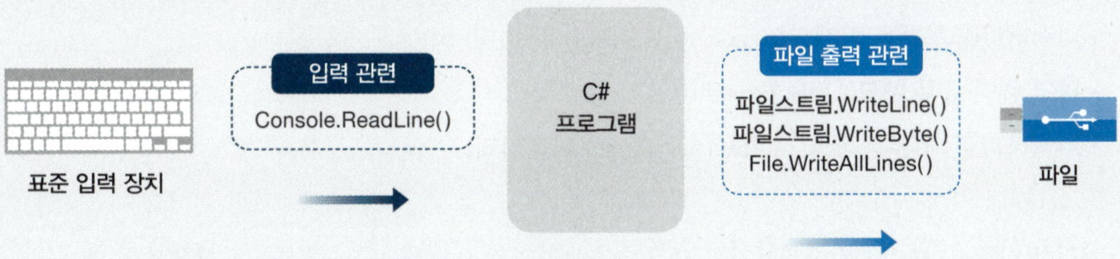

9 키보드로 입력한 내용을 파일로 출력하기 위한 소스 코드의 일부는 다음과 같다.

```
while (true)
{
        Console.Write("내용 입력 : ");
        outStr = Console.ReadLine();

        if (outStr != "")
            outFp.WriteLine(outStr);
        else
            break;
}
```

10 글자의 암호화 방식은 글자에 특정한 숫자를 더하면 된다.

요약

11 바이너리 파일의 복사는 BinaryReader 및 BinaryWriter 클래스를 사용하면 된다. 그리고 파일스트림.ReadByte( ) 메서드로 한 바이트씩 읽어서, 파일스트림.WriteByte( ) 메서드로 한 바이트씩 쓰기를 반복하면 된다.

12 파일 및 디렉터리를 다루는 형식을 정리하면 다음과 같다.

- **파일 복사** : File.Copy(원본_파일, 타겟_파일)
- **디렉터리 생성** : Directory.CreateDirectory(디렉터리)
- **파일 이동** : File.Move(원본_파일, 타겟_파일)
- **디렉터리 이동** : Directory.Move(원본_디렉터리, 타겟_디렉터리)
- **파일 삭제** : File.Delete(파일)
- **디렉터리를 통째로 삭제** : Directory.Delete(디렉터리, true)
- **파일 존재 유무 체크** : File.Exists(파일)
- **디렉터리 존재 유무 체크** : Directory.Exists(디렉터리)

13 지정한 디렉터리의 하위 디렉터리를 모두 추출하려면 DirectoryInfo 클래스를 활용하면 된다.

```
DirectoryInfo 변수_이름 = new DirectoryInfo(지정_디렉터리);
DirectoryInfo[] 배열_이름 = 변수_이름.GetDirectories("*.*", SearchOption.AllDirectories);
```

14 지정한 디렉터리에 있는 파일 목록은 DirectoryInfo.GetFiles( ) 메서드로 추출할 수 있다.

```
DirectoryInfo 변수_이름 = new DirectoryInfo(지정_디렉터리);
FileInfo[] 배열_이름 = 변수_이름.GetFiles();
```

15 C#에서는 디렉터리를 통째로 복사하려면 Visual Basic에서 제공하는 기능을 사용해야 한다.

```
using Microsoft.VisualBasic.FileIO;
FileSystem.CopyDirectory(원본_디렉터리, 타겟_디렉터리, UIOption.AllDialogs);
```

16 try~catch 문을 활용하면 파일 처리 중 발생하는 예외 대신 직접 메시지를 작성해 흐름을 정상적으로 이어지도록 할 수 있다.

```
string file1 = "파일1";
string file2 = "파일2";
try
{
        File.Copy(file1, file2);
} catch  또는 catch (Exception e)
{
        Console.WriteLine("파일1이 없거나, 파일2가 이미 있어요.");
}
```

17 catch 문 뒤에 아무것도 명시하지 않고 사용하면 모든 예외에 해당된다. 하지만 구분이 필요하다면 예외의 종류에 따라 다른 식의 처리가 가능하다.

```
try {
        실행할_문장;
}
catch (예외_종류1)
{
        예외_발생_시_실행할_문장
}
catch (예외_종류2)
{
        예외_발생_시_실행할_문장
}
…
```

18 try 문에서 예외가 발생하면 catch 문이 실행된다. 하지만 finally 문은 정상적으로 실행되든 예외가 발생하든 상관하지 않고 무조건 실행된다.

연습문제

1 다음 중 파일 입출력과 거리가 먼 메서드를 고르세요.

① 파일스트림.ReadLine( )

② File.ReadAllLines( )

③ 파일스트림.WriteByte( )

④ Console.WriteLine( )

2 다음은 텍스트 파일의 첫 행을 읽어서 화면에 출력하는 소스 코드입니다. 빈칸에 들어갈 용어로 알맞은 것을 보기에서 골라 적어보세요.

```
Scanf, Stop, Quit, Exit, Close, End, FileReader, FileWriter,
FScanf, StreamReader, StreamWriter, ReadLine, WriteLine
```

```
StreamReader inFp;
string inStr;
inFp = new [    ❶    ]("파일명");
inStr = inFp.[    ❷    ]();
Console.WriteLine(inStr);
inFp.[    ❸    ]();
```

3 다음 중 텍스트 파일의 내용을 한번에 읽어서 배열로 반환하는 메서드로 알맞은 것을 고르세요.

① File.ReadLines( )

② File.ReadAll( )

③ File.ReadAllLines( )

④ File.ReadEveryLines( )

⑤ File.ReadEndLines( )

4 다음 중 기존에 파일이 있는지 체크하는 메서드로 알맞은 것을 고르세요.

① File.IS( )

② File.Status( )

③ File.Exists( )

④ File.Place( )

⑤ File.Check( )

5 다음 중 파일 입출력과 관련된 기능을 사용하려면 using을 해야 하는 클래스로 알맞은 것을 고르세요.

① System.Input

② System.Output

③ System.InOut

④ System.InputOutput

⑤ System.IO

6 다음 중 53217 숫자를 문자로 변경하는 방법으로 알맞은 것을 고르세요.

① (string) 53217

② (char) 53217

③ (int) 53217

④ (float) 53217

7 다음 중 바이너리 파일의 입출력과 관련된 항목으로 거리가 먼 것을 고르세요.

① BinaryReader 클래스

② BinaryWriter 클래스

③ 파일스트림.ReadByte( )

④ 파일스트림.WriteLine( )

8 다음 각 문항이 설명하는 System.IO 관련 메서드로 알맞은 것을 보기에서 골라 적어보세요.

```
File.Equal( ), File.Save( ), File.Copy( ), Directory.CreateDirectory( ), File.Move( ),
Directory.Change( ), Directory.Goto( ), Directory.Move( ), File.Delete( ), File.Remove( ),
File.Erase( ), Directory.Delete( ), File.Exists( ), Directory.Exists( ), Directory.IS( )
```

(1) 디렉터리가 기존에 있는지 확인한다 :

(2) 파일을 삭제한다 :

(3) 디렉터리를 이동한다 :

(4) 파일을 복사한다 :

연습문제

9 다음은 지정 디렉터리에 있는 파일의 목록을 구하는 소스 코드입니다. 빈칸에 들어갈 알맞은 코드를 보기에서 골라 적어보세요.

```
DirectoryInfo, FileInfo, FolderInfo, ObjectInfo GetFiles,
GetDirectories, GetFolders, GetObject
```

```
DirectoryInfo 변수_이름 = new DirectoryInfo(지정_디렉터리);
[    ❶    ][] 배열_이름 = 변수_이름.[    ❷    ]();
```

10 다음은 파일을 복사할 때 예외 발생 시 처리되는 소스 코드입니다. 파일이 모두 정상이라면 "처리 끝남"만 출력되고, 파일에 문제가 있다면 "예외 발생함"과 "처리 끝남"이 출력됩니다. 실행 결과가 정상 출력되도록 빈칸에 알맞은 코드를 적어보세요.

```
string file1 = "파일1";
string file2 = "파일2";
[    ❶    ]
{
        File.Copy(file1, file2);
}
[    ❷    ] (Exception e)
{
        Console.WriteLine("예외 발생함");
}
[    ❸    ]
{
        Console.WriteLine("처리 끝남");
}
```

11 심화문제 452쪽 [응용예제 17]을 수정해 다음의 기능을 추가해봅니다.

> 조건 1 : 오른쪽 파일 리스트 상자에 파일의 크기도 함께 나오도록 한다. 1MB 미만은 KB 단위로 출력하고, 1MB 이상은 MB 단위로 출력한다.
>
> 조건 2 : 파일의 확장명에 따라 파일 이름 앞에 표시한다. 실행 가능한 파일인 exe, msi 등은 〈실행〉, 그림 파일인 jpg, bmp, png, gif 등은 〈그림〉, 문서 파일인 hwp, docx, doc, pdf, txt 등은 〈문서〉, 그 외는 〈기타〉가 표시되도록 한다.

힌트1 파일의 크기는 FileInfo.Length 속성를 사용한다.

힌트2 파일의 확장명은 FileInfo.Extension 속성을 사용하면 알 수 있다.

실행 결과

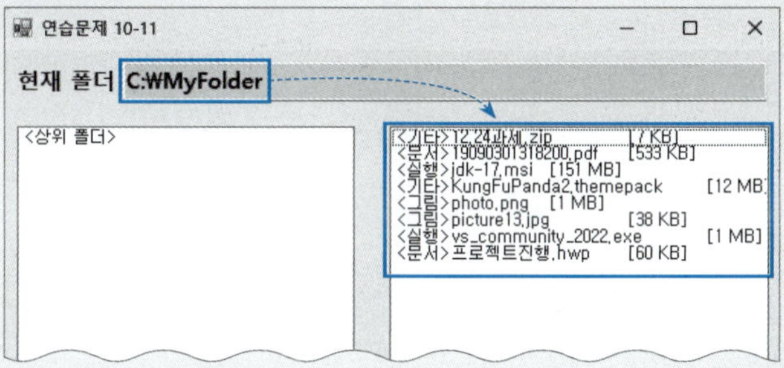

응용예제 17

파일 탐색기 만들기

난이도★★★★★

예제 설명 Windows의 파일 탐색기와 비슷한 기능의 프로그램을 만들어보려고 한다. 실행 그림을 보면 창의 제일 위쪽에는 현재 폴더명이 쓰여 있다. 그 아래 왼쪽 칸에는 현재 폴더의 하위 디렉터리 목록이, 오른쪽 칸에는 현재 디렉터리의 파일 목록이 나와 있다. 또한 왼쪽 칸의 디렉터리를 클릭하면 해당 디렉터리로 이동하고, 칸 제일 위쪽에 있는 〈상위 폴더〉를 클릭하면 현재 폴더의 바로 상위 폴더로 이동한다.

실행 결과

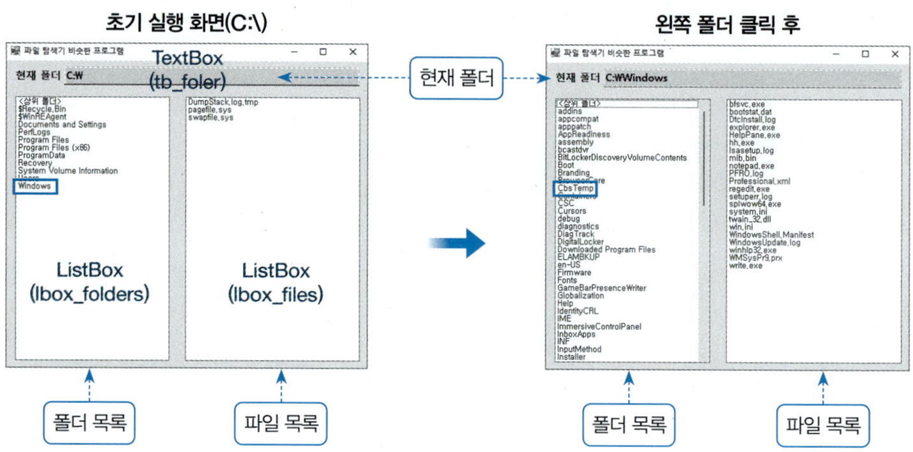

소스 코드

```
public partial class Form1 : Form
  {
      public Form1()
      {
          InitializeComponent();
      }

      DirectoryInfo parentFolder = new DirectoryInfo("C:\\");
      DirectoryInfo currentFolder;

      void SetFolderAndFile(DirectoryInfo folder)
      {
          currentFolder = folder;

          DirectoryInfo[] dirInfos = currentFolder.GetDirectories("*.*",
          SearchOption.TopDirectoryOnly);
```

```
            FileInfo[] fileInfos = currentFolder.GetFiles();

            lbox_folders.Items.Clear();
            lbox_files.Items.Clear();

            tb_folder.Text = currentFolder.FullName;
            lbox_folders.Items.Add("<상위 폴더>");
            foreach (DirectoryInfo dInfo in dirInfos)
            lbox_folders.Items.Add(dInfo.Name);

            foreach (FileInfo fInfo in fileInfos)
            lbox_files.Items.Add(fInfo.Name);
        }

        private void Form1_Load(object sender, EventArgs e)
        {
            SetFolderAndFile(parentFolder);
        }

        private void lbox_folders_SelectedIndexChanged(object sender,
        EventArgs e)
        {
            if (lbox_folders.SelectedIndex == -1)
                return;

            if (lbox_folders.SelectedIndex == 0)
            {
                if (tb_folder.Text == "C:\\")
                return;
                SetFolderAndFile(parentFolder);
                parentFolder = parentFolder.Parent;
            }
            else
            {
                parentFolder = currentFolder;
                string folderStr = parentFolder.FullName + "\\" + lbox_folders.
                SelectedItem.ToString();
                DirectoryInfo selectFolder = new DirectoryInfo(folderStr);
                SetFolderAndFile(selectFolder);
            }
        }
    }
}
```

코드 설명

8~9행	parentFolder는 현재의 상위 폴더, currentFolder는 현재 폴더에 대한 정보를 가지고 있다. 화면에서 〈상위 폴더〉를 클릭하면 이동하기 위해 준비했다.
11~28행	SetFolderAndFile( ) 메서드는 파라미터로 설정할 폴더의 정보를 받는다. 13행에서 넘겨 받은 파라미터를 현재 폴더로 설정한다. 15행에서 현재 폴더의 디렉터리만 추출해 dirInfos 배열에 넣는다. SearchOption.TopDirectoryOnly 옵션은 현재 폴더의 디렉터리만 추출한다. 16행은 현재 폴더의 파일들만 fileInfos 배열에 넣는다. 18~19행에서는 배열 박스를 비운다. 21행에서 상단의 TextBox에 현재 작업 중인 폴더의 전체 경로를 써준다. 22행에서 왼쪽 ListBox의 최상단에 〈상위 폴더〉를 먼저 추가한다. 향후 이 항목을 클릭하면 상위 폴더로 이동된다. 23~24행은 15행에서 추출한 디렉터리의 이름을 하나씩 왼쪽 ListBox에 추가한다. 26~27행은 16행에서 추출한 현재 폴더의 파일 목록을 오른쪽 ListBox에 추가한다.
30~33행	처음 프로그램이 실행되면 C:\ 폴더 정보를 파라미터로 하여 11행의 SetFolderAndFile( ) 메서드를 호출한다. 8행에서 초기의 parentFolder는 C:\로 설정했다.
35~54행	왼쪽 ListBox를 클릭하면 작동한다. 만약 빈 곳을 클릭하면 selectedIndex 값이 –1로 설정되는데, 37~38행에서 아무것도 하지 않고 종료된다. 만약 selectedIndex 값이 0인 최상단의 〈상위 폴더〉 항목을 선택하면 41~46행이 수행된다. 42~43행은 현재 위치가 C:\이어도 〈상위 폴더〉를 클릭하면 아무것도 하지 않고 종료된다. C:\가 아닌 폴더에서 〈상위 폴더〉를 클릭하면 44행을 통해 저장해 놓은 parentFolder 폴더 정보로 화면을 갱신한다. 그리고 45행에서 다시 parentFolder의 상위 폴더로 변경한다. 예를 들어, 현재 C:\aaa\bbb\ 폴더에서 〈상위 폴더〉를 클릭했다면 c:\aaa\ 폴더로 화면을 갱신하고, parentFolder는 c:\ 폴더로 설정된다. 〈상위 폴더〉 항목 외에 일반 폴더를 클릭하면 47~53행이 수행된다. 49행에서 우선 parent Folder를 현재 폴더인 currentFolder로 변경한다. 그리고 50행에서 이동할 폴더의 이름을 만든다. 예를 들어, 현재가 c:\aaa 폴더이고 bbb 폴더를 클릭했다면 c:\aaa\bbb 폴더 이름이 만들어진다. 51행에서는 폴더 정보를 생성하고, 52행에서 화면을 새로운 폴더로 갱신한다.

응용예제 18

흑백 사진에 메뉴 추가하기

난이도★★★☆☆

예제 설명 [프로그램 2]에서 완성한 흑백 사진 보기 프로그램에 메뉴를 추가하려고 한다. 어떤 해상도의 *.raw 파일이든 선택해서 열 수 있도록 하고, 사진에 밝게 / 어둡게 / 반전 효과를 주는 메뉴를 추가한다. 즉, 영상처리 소프트웨어(대표적으로 포토샵)와 비슷한 기능을 구현해본다.

실행 결과

GUI

소스 코드

```
public partial class Form1 : Form

  public Form1()
  {
     InitializeComponent();
  }

  int XSIZE, YSIZE;
  byte[,] inImage;      // 2차원 배열(메모리)
  Bitmap bitmap;
```

```
string fileName;

void LoadImage(string fname)
{
    BinaryReader fp = new BinaryReader(File.Open(fname, FileMode.Open));
    inImage = new byte[XSIZE, YSIZE];

    for (int i = 0; i < XSIZE; i++)
        for (int k = 0; k < YSIZE; k++)
            inImage[i, k] = fp.ReadByte();

    fp.Close();
}

void DisplayImage()
{
    for (int i = 0; i < XSIZE; i++)
        for (int k = 0; k < YSIZE; k++)
        {
            byte data = inImage[k, i];
            Color c = Color.FromArgb(data, data, data);
            bitmap.SetPixel(i, k, c);
        }

    picturebox.Image = bitmap;
}

private void 열기ToolStripMenuItem_Click(object sender, EventArgs e)
{
    OpenFileDialog ofd = new OpenFileDialog();
    ofd.Filter = "흑백 그림 파일 (*.raw)|";
    if (ofd.ShowDialog() == DialogResult.Cancel)
        return;
    fileName = ofd.FileName;

    long len = new FileInfo(ofd.FileName).Length;
    XSIZE = YSIZE = (int)Math.Sqrt(len);

    int menuHeight = menuStrip1.Height;
    this.ClientSize = new System.Drawing.Size(XSIZE, YSIZE + menuHeight);
    picturebox.Location = new System.Drawing.Point(0, menuHeight);
    picturebox.Size = new System.Drawing.Size(XSIZE, YSIZE);

    bitmap = new Bitmap(XSIZE, YSIZE);
    LoadImage(fileName);
```

```
        DisplayImage();
    }

    private void 종료ToolStripMenuItem_Click(object sender, EventArgs e)
    {
        this.Close();
    }

    private void 밝게하기ToolStripMenuItem_Click(object sender, EventArgs e)
    {
        string str = Microsoft.VisualBasic.Interaction.InputBox("밝게 할 값 입력");
        int value = int.Parse(str);

        for (int i = 0; i < XSIZE; i++)
            for (int k = 0; k < YSIZE; k++)
            {
                int data = inImage[i, k] + value;
                if (data > 255)
                    data = 255;

                inImage[i, k] = (byte)data;
            }

        DisplayImage();
    }

    private void 어둡게하기ToolStripMenuItem_Click(object sender, EventArgs e)
    {
        string str = Microsoft.VisualBasic.Interaction.InputBox("어둡게 할 값 입력");
        int value = int.Parse(str);

        for (int i = 0; i < XSIZE; i++)
            for (int k = 0; k < YSIZE; k++)
            {
                int data = inImage[i, k] - value;
                if (data < 0)
                    data = 0;

                inImage[i, k] = (byte)data;
            }

        DisplayImage();
    }

    private void 반전이미지ToolStripMenuItem_Click(object sender, EventArgs e)
```

```
101  {
102      for (int i = 0; i < XSIZE; i++)
103          for (int k = 0; k < YSIZE; k++)
104          {
105              inImage[i, k] = (byte)(255 - inImage[i, k]);
106          }
107  
108      DisplayImage();
109  }
110 }
```

코드 설명

8~11행	전역 변수를 선언했다. XSIZE와 YSIZE는 선택한 파일의 크기로 계산될 것이다. 나머지는 [프로그램 2]와 용도가 같다.
13~23행	[프로그램 2]에서 사용한 메서드와 동일하다.
25~36행	[프로그램 2]에서 사용한 메서드와 동일하다.
38~57행	메뉴의 [파일] – [열기]를 선택하면 실행되는 메서드이다. 40~44행은 파일 열기 대화 상자를 실행해서 RAW 파일을 선택하도록 한다. 46~47행은 RAW 파일의 크기를 알아낸 후 루트값을 계산하면 이미지의 높이와 폭이 나온다. RAW 이미지는 가로와 세로가 동일하다. 49~52행은 읽어온 RAW 파일의 크기로 화면을 조절한다. 49행은 메뉴의 높이를 전체 화면 크기에 반영하기 위해 계산한다. 54~56행은 RAW 파일의 이미지를 메모리로 로딩하고 화면에 출력한다.
64~80행	메뉴에서 [사진 효과] – [밝게 하기]를 선택하면 실행되는 메서드이다. 66~67행에서 밝게 할 값을 입력받는다. 69~77행은 영상의 가로 × 세로 크기만큼 반복된다. 72행에서 픽셀의 값에 입력된 값을 더한다. 73~74행은 더한 픽셀의 값이 255가 넘을 경우 255로 취급한다는 의미이다. 76행에서 결정된 새로운 값을 다시 inImage 메모리에 저장한다. 79행에서 변경된 내용을 화면에 다시 출력한다.
82~98행	밝게 하기와 동일한 개념이다. 단, 픽셀의 값이 0 이하가 될 수 없도록 처리한다.
100~109행	영상을 반전 처리했다. 반전 효과는 255에서 현재 픽셀의 값을 빼면 된다.

CHAPTER 11

객체지향 프로그래밍 기본

학습목표

- 객체지향 프로그래밍의 개념을 익힌다.
- 클래스에 대해서 알아보고, 구현하는 방법을 배운다.
- 생성자에 대해서 학습한다.
- 인스턴스 변수와 클래스 변수를 구분해 사용한다.

SECTION 01 이 장에서 만들 프로그램

객체지향 프로그래밍(Object Oriented Programming, OOP)이란 C#, 자바, C++ 등의 프로그래밍 언어에서 핵심적으로 제공되는 개념이다. 객체지향은 개념이 좀 어렵기도 하고, 활용하기도 쉽지 않다. 게다가 처음 보는 용어가 많이 나와서 혼란스러울 수 있다. 하지만 객체지향은 C#의 핵심 요소이므로 잘 이해한다면 향후 고급 프로그래밍을 작성하는 데 많은 도움이 될 것이다.

1 [프로그램 1] 객체지향 기본 프로그램

첫 번째로 만들 프로그램은 객체지향의 기본 개념을 적용한 프로그램이다. 포함될 내용은 클래스, 인스턴스, 필드, 메서드, 생성자 등이다. 객체지향 개념을 적용했을 뿐, 결과는 아주 단순하다.

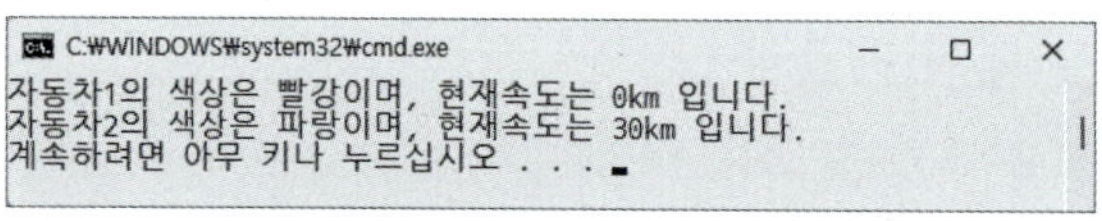

그림 11-1 객체지향 기본 프로그램

2 [프로그램 2] 정적 클래스를 활용한 간단 계산기

두 번째로 만들 프로그램은 객체지향 개념을 적용시킨 계산기 프로그램이다. 정적 클래스의 개념을 익힌 뒤 이를 적용한 간단한 계산기를 만들어보려고 한다.

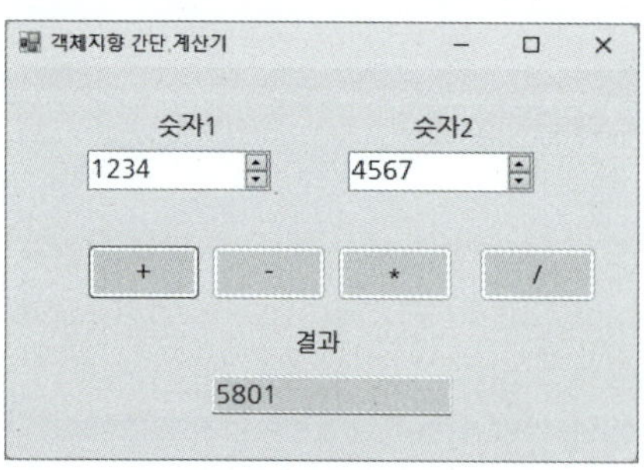

그림 11-2 정적 클래스를 활용한 간단 계산기

SECTION

02 클래스

클래스는 C#을 처음 공부하는 사람에게는 상당히 생소하게 느껴지는 개념 중 하나이다. 하지만 C#은 완전한 객체지향 프로그래밍 언어이다. 클래스의 개념을 이해하고 프로그래밍에 적용하는 데 익숙해진다면 오히려 클래스가 없는 프로그래밍이 더 어색하게 느껴질 것이다.

우선은 간단한 개념과 실제로 구현되는 소스 코드를 통해 클래스를 이해해보도록 하자. 먼저 한 가지 언급하자면, 많이 사용되는 객체지향 언어로는 C# 외에도 C++, 자바, 파이썬 등이 있다. 객체지향에 대한 큰 개념은 언어마다 비슷하지만 세부적인 내용이나 사용법은 약간씩 다르다. 이 책에서는 가능하면 C#에만 국한되는 객체지향보다 다른 언어에도 공통적으로 적용되는 객체지향에 대해 주로 언급하려고 한다. 향후 다른 객체지향 언어를 접할 때도 수월하게 이해하는 데 도움이 될 것이다.

객체지향 프로그래밍 언어에서 가장 핵심적인 단어는 **클래스**(Class)라고 할 수 있다. 11장 이전까지는 가능한 한 객체지향적 개념을 사용하지 않고 일반적인 프로그래밍 언어와 공통되는 내용으로만 학습했다. 하지만 이미 알게 모르게 클래스를 계속 사용해오긴 했다. 이번 장에서 자세하게 살펴보도록 하자.

1 클래스의 형태

```
internal class 클래스_이름
{
  // 이 부분에 관련 코드 구현
}
```

지금까지 작성했던 모든 소스 코드는 위와 같은 형태를 지니고 있었다. 즉, 우리가 작성했던 코드들이 클래스였던 것이다. 여기서 internal 글자를 지우면 다음과 같은 간단한 형태가 된다.

TIP • internal은 액세스 한정자(Access Modifiers)의 한 종류이다. 액세스 한정자로는 public, private, protected, internal, protected internal, private protected 등이 있다. 이에 대해서는 이번 장과 다음 장에서 필요할 때마다 언급하겠다.

```
class 클래스_이름
{
   // 이 부분에 관련 코드 구현
}
```

2 클래스의 생성

이제 클래스의 개념을 살펴보자. 클래스는 현실 세계의 사물(Object)을 컴퓨터 안에서 구현하기 위해 고안된 개념이다. 예를 들어 현실 세계의 자동차를 생각해보자. 자동차는 종류마다 그 자동차만의 색상과 속도 등의 특징이 있다. 또한 엑셀 밟기(= 속도 올리기), 브레이크 밟기(= 속도 내리기) 등의 기능도 구현할 수 있다. 이 요소들을 클래스 형태로 나타내면 다음과 같다.

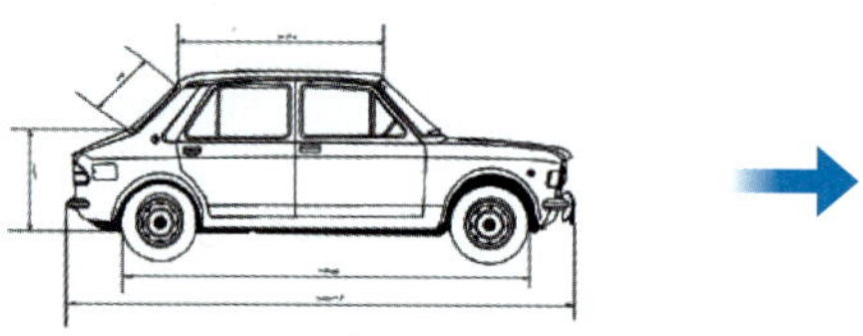

```
class 자동차
{
   // 자동차의 특징(필드)
   자동차_색상;
   자동차_속도;
   // 자동차의 기능(메서드)
   속도_올리기( );
   속도_내리기( );
}
```

그림 11-3 자동차를 클래스로 표현

특징과 기능을 갖춘 훌륭한 자동차 클래스가 완성되었다. 이제는 자동차 클래스의 개념을 실제 코드로 구현해보자.

우선 자동차의 특징은 지금까지 사용했던 변수처럼 생성하면 된다. 이것을 **필드**(Field)라고 부른다. 또한, 자동차의 기능은 지금까지 사용했던 메서드로 구현하면 된다.

여기서 잠깐

네임스페이스 (Namespace)

C#에서 소스 코드를 생성하면 using을 제외한 모든 코드가 namespace 프로젝트_이름 코드로 묶인다. 네임스페이스는 클래스보다 큰 단위인데, 비유하자면 파일이 클래스, 폴더가 네임스페이스가 된다. 네임스페이스는 단순히 클래스를 묶어주는 큰 단위 정도로 생각하면 되고, 앞으로 프로그램을 작성할 때도 별도로 신경 쓰지 않아도 된다. 이 책에서는 네임스페이스를 따로 생성하지 않을 예정이며 특별한 경우가 아니면 언급하지 않을 것이다. 참고로 자바에서는 네임스페이스와 비슷한 개념으로 패키지(Package)가 사용된다.

```
class Car
{
   // 자동차의 필드
   string 색상;
   int 현재_속도;

   // 자동차의 메서드
   void UpSpeed(int 증가할_속도량)
   {
      // 현재 속도에서 '증가할_속도량'만큼 속도를 올리는 코드
   }
   void DownSpeed(int 감소할_속도량)
   {
      // 현재 속도에서 '감소할_속도량'만큼 속도를 내리는 코드
   }
}
```

이제 자동차 클래스를 완전한 C# 소스 코드로 만들어보자. 우선 필드와 메서드 앞에는 액세스 한정자(Access Modifiers)를 붙여야 한다. 액세스 한정자 중 public과 internal은 현재 프로젝트의 모든 클래스에 공개된 것을 의미하고, private은 현재 클래스 외에는 공개되지 않은 것을 의미한다. 일단 클래스와 관련된 개념을 익히기 위해 대부분의 액세스 한정자를 public으로 지정하며, 다른 액세스 한정자는 필요할 때 다시 언급할 것이다.

```
class Car
{
    // 자동차의 필드
    public string color;
    public int speed;
    // 자동차의 메서드
    public void UpSpeed(int value)
    {
        speed = speed + value;
    }
    public void DownSpeed(int value)
    {
        speed = speed - value;
    }
}
```

소스 코드에서 필드의 이름과 메서드의 파라미터를 영문 변수명으로 변경했으며, 메서드는 자동차의 속도(speed)를 변경시키는 내용으로 완성했다. 또 액세스 한정자는 모두 public으로 설정했다. 이 소스 코드는 잠시 후 실습에서 사용해볼 것이다.

3 객체의 생성

앞에서 자동차 클래스를 잘 완성했다. 하지만, 자동차 클래스를 만들었다고 해서 자동차의 실체가 만들어지는 것은 아니다. 비유하자면, 자동차 클래스를 만드는 것은 자동차의 '설계도'를 만든 것과 같다. 설계도가 나왔다면 이제 이를 토대로 실제 자동차를 제작하면 되는데, 이 작업으로 실제 생산된 자동차를 **객체** 또는 **인스턴스**라고 부른다.

TIP • 객체와 인스턴스는 동일한 용어로 생각하면 된다. 앞으로 이 책에서는 인스턴스라고 부르겠다.

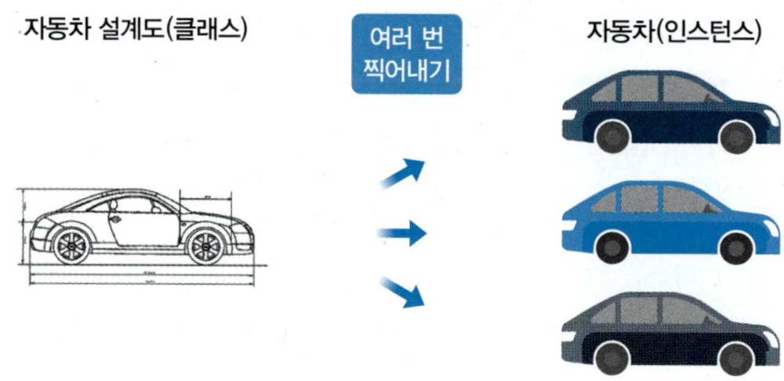

그림 11-4 클래스와 인스턴스 개념

자동차 설계도가 완성되면 실제 자동차를 여러 대 생산해낼 수 있듯, 클래스가 만들어지면 인스턴스를 여러 개 만들 수 있다. [그림 11-4]는 설계도(클래스)에 의해 여러 대의 자동차(인스턴스)가 생산되는 개념을 잘 보여주고 있다.

이제는 이러한 개념이 실제로 어떻게 구현되는지 형식을 살펴보자.

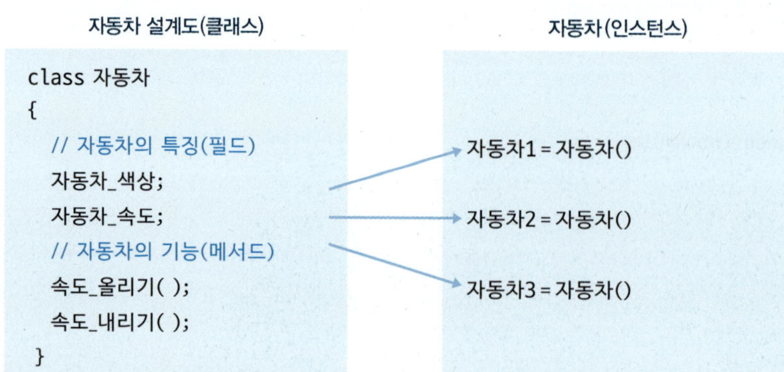

그림 11-5 클래스와 인스턴스 코드 구성

세 대의 자동차 인스턴스 생성을 실제 코드로 만들면 다음과 같다.

```
Car myCar1 = new Car( );
Car myCar2 = new Car( );
Car myCar3 = new Car( );
```

변수를 먼저 준비한 후 인스턴스를 생성해서 다음과 같이 대입해도 된다.

```
Car myCar1, myCar2, myCar3;
myCar1 = new Car( );
myCar2 = new Car( );
myCar3 = new Car( );
```

자동차1(myCar1), 자동차2(myCar2), 자동차3(myCar3)까지 총 세 대의 자동차 인스턴스를 생성했다. 이 인스턴스들은 자동차의 색상(color), 속도(speed) 필드를 별개로 가지고 있다. 즉, 자동차1은 파란색에 현재 속도 30km, 자동차2는 빨간색에 현재 속도 50km, 자동차3은 노란색에 현재 속도 0km인 것처럼 완전히 별개의 자동차가 되는 것이다.

4 필드에 값 대입

자동차 인스턴스가 생성되면 각각의 자동차는 독립적인 공간을 차지한다. 각 인스턴스에는 별도의 필드가 존재하고, 각각의 값을 대입할 수 있다.

그림 11-6 인스턴스의 필드에 값을 대입하는 개념

[그림 11-6]은 다음과 같은 소스 코드로 표현할 수 있다.

TIP • 자동차의 처음 상태는 멈춰 있는 것이므로 속도를 0으로 초기화했다. 필요하다면 30, 50 등의 값을 대입해도 된다.

```
myCar1.color = "빨간색";
myCar1.speed = 0;
myCar2.color = "파란색";
myCar2.speed = 0;
myCar3.color = "노란색";
myCar3.speed = 0;
```

형식을 보면 **인스턴스_이름.필드_이름**으로 되어 있으며 각 인스턴스마다 별도의 필드가 있음을 확인할 수 있다.

TIP • 인스턴스_이름.필드_이름을 인스턴스 변수라고 부르기도 한다. 이 장의 후반부에서 다시 언급하겠다.

5 메서드의 호출

앞서 실습한 Car 클래스에서 메서드는 UpSpeed( )와 DownSpeed( ) 2개를 만들어 놓았다. 이 메서드도 각각의 인스턴스마다 별도로 존재한다고 생각하면 된다. 메서드를 호출할 때도 **인스턴스_이름.메서드_이름( )** 형식을 사용하면 된다.

```
myCar1.UpSpeed(30);
myCar2.UpSpeed(60);
```

앞선 소스 코드와 다르게, myCar1은 속도를 30으로 증가시켰으며, myCar2는 60으로 증가시켰다.

TIP • 실제로 메서드는 인스턴스별로 존재하는 것이 아닌, 모든 인스턴스가 공유하는 개념이다. 메서드는 인스턴스의 상태를 저장하는 것이 아니라 동작을 표현한 것이기 때문에 공유해도 문제가 되지 않는다. 하지만 인스턴스마다 메서드를 각각 가지고 있다고 생각해도 별 문제는 없다.

여기서 잠깐

객체지향 프로그래밍의 특징

객체지향 프로그래밍을 지원하는 언어는 대표적으로 C#, C++, 자바, 파이썬 등이 있다. 객체지향 프로그래밍의 특징은 다음의 몇 가지로 요약할 수 있다.

- 추상화 : 불필요한 정보의 노출을 최소화하고, 꼭 필요한 정보만 노출하는 기법으로 캡슐화, 은닉화 등의 용어와 관련이 있다. 자료의 추상화를 위해 구현한 것이 클래스이다.
- 상속 : 기존에 만들어 놓은 클래스의 기능을 그대로 물려받아 사용하는 것이다. 기존의 코드를 재사용하는 것과 같으므로 상당히 효율적으로 프로그래밍할 수 있다.
- 다형성 : 이름이 같은 기능을 여러 개 만들어서 사용하는 것이다. 예를 들어, 메서드 이름이 같아도 경우에 따라서 다른 기능을 하도록 만들 수 있다.
- 동적 바인딩 : 컴파일을 할 때 동작이 결정되는 정적 바인딩과 반대되는 개념으로, 실행할 시점에 동작이 변경되는 것을 말한다.

6 클래스의 구현

이제 앞에서 작성했던 Car 클래스의 소스 코드를 완성해보자.

소스 11-1 자동차 클래스 생성과 사용 1 (프로젝트 명: Project11_1)

```
namespace Project11_1
{
    class Car
    {
        public string color;
        public int speed;

        public void UpSpeed(int value)
        {
            speed = speed + value;
        }

        public void DownSpeed(int value)
        {
            speed = speed - value;
        }
    }


    internal class Program
    {
        static void Main(string[] args)
        {
            Car myCar1 = new Car();
            myCar1.color = "빨강";
            myCar1.speed = 0;

            Car myCar2 = new Car();
            myCar2.color = "파랑";
            myCar2.speed = 0;

            Car myCar3 = new Car();
            myCar3.color = "노랑";
            myCar3.speed = 0;

            myCar1.UpSpeed(30);
            Console.WriteLine("자동차1의 색상은 {0}이며, 현재 속도는 {1}km 입니다.", myCar1.color, myCar1.speed);

            myCar2.UpSpeed(60);
```

```
40            Console.WriteLine("자동차2의 색상은 {0}이며, 현재 속도는 {1}km 입니다.", myCar2.
              color, myCar2.speed);
41
42            myCar3.UpSpeed(0);
43            Console.WriteLine("자동차3의 색상은 {0}이며, 현재 속도는 {1}km 입니다.", myCar3.
              color, myCar3.speed);
44        }
45    }
46 }
```

출력 결과

```
자동차1의 색상은 빨강이며, 현재속도는 30km 입니다.
자동차2의 색상은 파랑이며, 현재속도는 60km 입니다.
자동차3의 색상은 노랑이며, 현재속도는 0km 입니다.
```

1~46행 네임스페이스가 프로젝트 이름과 동일한 형태로 자동 생성되었다. 현재 네임스페이스에는 Car 클래스와 자동으로 생성된 Program 클래스가 있다. 즉, 네임스페이스에는 동일한 위상으로 여러 개의 클래스가 만들어질 수 있다.

TIP • 이후 실습할 소스 코드에서 namespace 부분은 별도로 표시하지 않는다.

3~17행은 Car 클래스를 선언한 부분이다. 5, 6행은 자동차의 색상과 속도 필드를 정의했고 8~11행과 13~16행은 속도를 올리거나 내리는 메서드를 선언했다. 파라미터로 추가 속도(value)를 받아서 현재 속도를 증가시키거나 감소시킨다.

24~26행은 myCar1 인스턴스를 생성해 색상과 속도를 지정했다. 속도는 초기에 0으로 설정했다. 28~30행, 32~34행에서는 myCar2, myCar3 인스턴스를 생성했다.

36, 37행은 myCar1의 속도를 30으로 올리고 자동차의 색상과 속도를 화면에 출력했다. 39, 40행과 42, 43행도 같은 방식으로 myCar2, myCar3 속성을 화면에 출력했다.

[소스 11-1]은 클래스의 생성과 사용에 대해 잘 표현하고 있다. 코드 자체는 어렵지 않지만 클래스를 처음 접하는 경우 혼란스러울 수 있으니, 다음과 같은 순서로 사용한다는 걸 기억해 두자. 앞으로 다양한 클래스를 만들고 사용하겠지만 큰 틀은 비슷하다.

단계	작업	형식	예

1단계	클래스 선언	`class 클래스_이름 {`
		`  // 필드 선언`
		`  // 메서드 선언`
		`}`
			`class Car {`
			`  public string color;`
			`  public void UpSpeed ( ) {`
			`     // ~~~`
			`  }`

2단계	인스턴스 생성	`클래스_이름 인스턴스_이름;` `인스턴스_이름 = new 클래스_이름( );`	`Car myCar1;` `myCar1 = new Car( );`
3단계	필드나 메서드를 사용	`인스턴스_이름.필드_이름 = 값;` `인스턴스_이름.메서드_이름( );`	`myCar1.color = "빨강";` `myCar1.UpSpeed( );`

SELF STUDY 11-1

[소스 11-1]의 클래스는 속도 제한이 없으므로, 속도가 200km가 넘어가면 최고 속도로 200km가 유지되도록 UpSpeed( ) 메서드를 수정해보자. 또한 속도는 0km 아래로 떨어질 수 없으므로 속도가 0km 이하가 되면 0km로 유지되도록 DownSpeed( ) 메서드를 수정해보자.

힌트 if 문으로 속도를 체크해서 최대 200, 최소 0이 되도록 한다.

SECTION

03 액세스 한정자

앞 예제에서 클래스를 이용해 인스턴스 변수를 만들어보았다. 필드나 메서드를 사용할 때는 **인스턴스_이름.필드_이름**이나 **인스턴스_이름.메서드_이름( )**형식으로 접근이 가능했는데, 이에 대해서 좀 더 자세히 살펴보자.

1 필드와 메서드 접근 방법

[소스 11-1]은 37, 40, 43행에서 직접 myCar1.color나 myCar1.speed에 접근해 색상과 속도를 출력했다. 이번에는 Car 클래스에 GetColor( )와 GetSpeed( ) 메서드를 추가한 뒤, 해당 메서드가 현재 색상과 속도를 반환하도록 해보자. 코드의 길이가 길어지니 인스턴스 변수는 myCar1 하나만 사용해 실습해본다.

TIP • 동일한 이름의 클래스는 같은 네임스페이스 안에 하나만 있어야 한다.

소스 11-2 자동차 클래스 생성과 사용 2 (프로젝트명 : Project11_2)

```
class Car
{
    public string color;
    public int speed;

    public void UpSpeed(int value)
    {
        speed = speed + value;
    }

    public void DownSpeed(int value)
    {
        speed = speed - value;
    }

    public string GetColor()
    {
        return color;
    }
```

```
20
21     public int GetSpeed()
22     {
23         return speed;
24     }
25 }
26
27 internal class Program
28 {
29     static void Main(string[] args)
30 {
31         Car myCar1 = new Car();
32         myCar1.color = "빨강";
33         myCar1.speed = 0;
34
35         myCar1.UpSpeed(30);
36         Console.WriteLine("자동차1의 색상은 {0}이며, 현재 속도는 {1}km 입니다.", myCar1.color, myCar1.speed);
37         Console.WriteLine("자동차1의 색상은 {0}이며, 현재 속도는 {1}km 입니다.", myCar1.GetColor(), myCar1.GetSpeed());
38     }
39 }
```

출력 결과

```
자동차1의 색상은 빨강이며, 현재 속도는 30km 입니다.
자동차1의 색상은 빨강이며, 현재 속도는 30km 입니다.
```

[소스 11-2]는 [소스 11-1]에 Car 클래스의 메서드 2개를 추가로 넣은 코드이다. 16~19행에 현재 자동차의 색상을 반환하는 메서드를, 21~24행에 현재 자동차의 속도를 반환하는 메서드를 추가했다. 그 결과, 36행과 37행은 동일한 문구를 출력한다.

관심있게 볼 행은 36행과 37행이다. 두 행 모두 myCar1의 색상과 속도를 출력하지만, 36행은 직접 color와 speed 필드에 접근했고, 37행은 **GetColor( )**와 **GetSpeed( )** 메서드를 호출함으로써 color와 speed 필드에 간접적으로 접근했다. 이 두 가지 방식 중 더 바람직한 것은 37행의 간접적인 접근방식이다. 36행처럼 직접 접근할 경우, 실수로 필드의 값을 변경해서 원치 않는 결과가 나올 수 있다.

2 private 액세스 한정자

대부분의 객체지향 언어에서는 필드 직접 접근과 관련해 대표적으로 public과 private 액세스 한정자를 제공하고 있다. [소스 11-2]를 보면 color와 speed 필드 앞에 public이 붙어 있는데, 이는 어디서든 자유롭게 필드에 접근하는 것이 허용된다는 의미이다. 만약 필드 앞에 private을 붙이면 클래스 안의 메서드에서는 접근이 가능하지만, 인스턴스를 통해 직접 접근할 수는 없다.

TIP • 액세스 한정자는 접근 제어 수식어라고도 부른다.

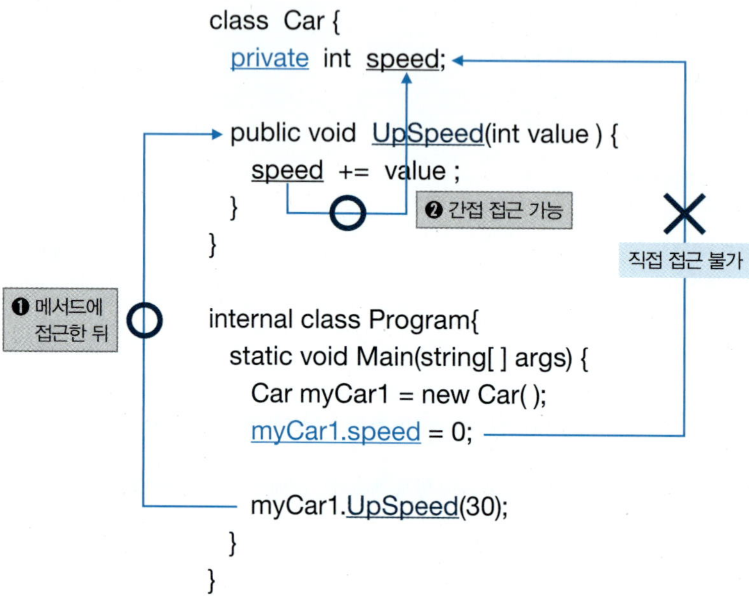

그림 11-7 필드에 private 액세스 한정자를 붙일 경우

[그림 11-7]을 살펴보면, speed 필드에 private 액세스 한정자를 붙였을 때 인스턴스 변수인 myCar1을 통해서는 더 이상 speed 필드에 직접 접근할 수 없다. 이러한 방식은 프로그램의 오류를 방지하기 위한 좋은 코딩 방법으로 권장된다. 필드는 Car 클래스 내부의 메서드에서 제한없이 접근할 수 있으므로, 메서드 내부에 필드 접근 코드를 작성해 놓으면 된다.

TIP • 필드에 private을 붙이는 것이 일반적으로 권장되는 방법이지만, 예외적인 경우도 종종 있다.

[소스 11-2]의 필드에 private 액세스 한정자를 붙여서 코드를 수정해보자.

소스 11-3 private 액세스 한정자 사용 예 (프로젝트명 : Project11_3)

```
class Car
 {
    private string color;
    private int speed;

     // [소스 11-2]의 6~24행과 동일

    public string SetColor(string color)
    {
```

```
28            return this.color = color;
29        }
30
31        public int SetSpeed(int speed)
32        {
33            return this.speed = speed;
34        }
35    }
36
37    internal class Program
38    {
39        static void Main(string[] args)
40        {
41            Car myCar1 = new Car();
42            myCar1.SetColor("빨강"); // myCar1.color는 오류
43            myCar1.SetSpeed(0);      // myCar1.speed는 오류
44
45            myCar1.UpSpeed(30);
46            Console.WriteLine("자동차1의 색상은 {0}이며, 현재 속도는 {1}km 입니다.", myCar1.
              GetColor(), myCar1.GetSpeed());
47        }
48    }
```

출력 결과

```
자동차1의 색상은 빨강이며, 현재 속도는 30km 입니다.
```

3, 4행에서 **private** 액세스 한정자를 사용했다. 필드에 private을 붙이면 클래스 내부의 메서드에서는 접근이 가능하지만, 그 외의 장소에서는 접근이 불가능하다. 이런 경우에는 26행과 31행처럼 값을 변경시켜주는 SetOOO(변경할 값)과 같은 이름의 메서드와 [소스 11-2]의 16, 21행에 만든 GetOOO( )와 같이 이름으로 값을 반환하는 메서드를 만들어주는 것이 일반적인 코딩 방법이다.

이후에는 Main( ) 메서드에서 42, 43행과 같이 **인스턴스_이름.SetOOO(변경할_값)** 형식의 메서드를 만들어 값을 변경해야 하며, 46행처럼 **인스턴스_이름.GetOOO( )** 형식의 메서드로 값을 얻어오면 된다. 28행과 33행의 **this**는 자신의 클래스를 가리킨다. 다음 그림을 보자.

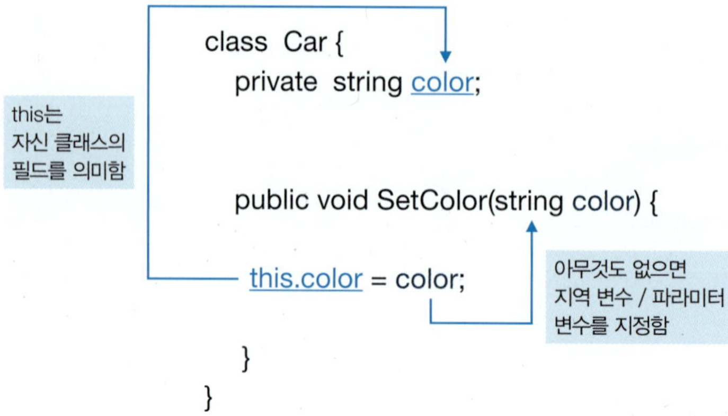

그림 11-8 this의 의미

SetColor( ) 메서드 안에는 color라는 변수가 2개 들어 있다. 파라미터 변수인 color와 Car 클래스의 필드인 color이다. 이 둘을 서로 구분하기 위해, Car 클래스의 필드에는 자신의 클래스를 의미하는 this를 붙였다. 아무것도 붙이지 않고 그냥 color로 사용하면 파라미터 변수를 가리키는 것이다.

TIP • GetColor( ) 메서드 안에서 변수를 표현할 때는 this를 쓰지 않아도 필드의 color라는 뜻으로 사용된다. GetColor( ) 메서드 안에는 color라는 지역 변수나 파라미터 변수가 없기 때문이다. 따라서 [소스 11-2]의 18행을 return this.color로 사용해도 동일한 의미를 가진다.

TIP • 지역 변수의 이름과 파라미터 변수의 이름은 동일하게 지정할 수 없으므로, 두 변수의 이름이 동일할 때의 우선순위는 고려하지 않아도 된다.

3 public 액세스 한정자

public 액세스 한정자는 private과 반대로 외부(모든 클래스)에서 접근이 가능하게 하는 액세스 한정자이다. 일반적으로 private은 필드 앞에 붙여서 사용하고, public은 메서드 앞에 붙여서 사용한다. 그래서 필드는 외부에서 함부로 변경할 수 없으며 외부에 공개된 메서드를 통해 접근할 수 있다. 앞으로 코딩할 때는 이러한 기본 원칙을 기억하도록 하자.

여기서 잠깐

액세스 한정자의 접근 범위

필요하다면 internal과 protected 액세스 한정자를 사용할 수도 있다. 둘 다 같은 네임스페이스 안에서는 접근이 가능하다. protected는 같은 클래스에서 파생된 클래스(= 하위 클래스)에서 접근이 가능하고, internal은 같은 네임스페이스 안에 있는 코드라면 접근이 가능하다. internal과 protected의 활용은 12장에서 자세히 살펴볼 예정이다.

참고로, 액세스 한정자의 공개 범위는 public 〉 internal 〉 protected 〉 private 순서이다. public이 가장 공개적이고, private이 가장 폐쇄적이다. C#은 이외에도 protected internal과 private protected를 제공하는데, 고급 객체지향 프로그래밍이 아니라면 자주 사용하지 않는 액세스 한정자이다.

```
// 필드
private 필드_이름 = // …

// 메서드
public 메서드_이름( ) {
  // …
}
```

4 private, public 액세스 한정자의 활용

private으로 필드에 대한 접근을 제한하는 것은 실수로 잘못된 값을 대입하는 것을 막아주는 효과가 있다. 예를 들어, speed 필드에 private 액세스 한정자가 없다면 자동차의 속도가 200km를 넘거나 0km 미만으로 떨어지는 것을 막을 수 없다. 하지만, UpSpeed( )나 DownSpeed( ) 메서드에서 값을 체크한다면 이런 오류를 방지할 수 있다. [소스 11-4]는 해당 내용 학습을 위해 소스 코드를 간략하게 하려고 색상(color)과 관련된 내용을 제거했다. 함께 살펴보자.

소스 11-4 private, public 액세스 한정자 활용 예 (프로젝트명 : Project11_4)

```
class Car
{
    private int speed = 0;

    public void UpSpeed(int value)
    {
        if (speed + value > 200)
            speed = 200;
        else
            speed = speed + value;

        Console.WriteLine("현재 속도 => {0}", GetSpeed());
    }

    public void DownSpeed(int value)
    {
        if (speed - value < 0)
            speed = 0;
        else
            speed = speed - value;

        Console.WriteLine("현재 속도 => {0}", GetSpeed());
    }

```

```
25     public int GetSpeed()
26     {
27         return speed;
28     }
29 }
30
31 internal class Program
32 {
33     static void Main(string[] args)
34     {
35         Car myCar1 = new Car();
36
37         myCar1.UpSpeed(100);
38         myCar1.UpSpeed(150);
39
40         myCar1.DownSpeed(50);
41         myCar1.DownSpeed(160);
42     }
43 }
```

출력 결과

```
현재 속도 => 100
현재 속도 => 200
현재 속도 => 150
현재 속도 => 0
```

[소스 11-4]는 private과 public 사용의 좋은 예이다. 3행에서는 speed에 private 액세스 한정자를 지정했다. 그래서 37~41행의 Car 클래스 myCar1 인스턴스에서 speed 변수를 직접 수정할 수 없다. 200km가 넘는 값이나 마이너스 값이 speed에 입력되는 실수를 미연에 방지할 수 있는 것이다. speed를 수정하기 위해서는 UpSpeed( )나 DownSpeed( ) 메서드를 통해야 하며, 두 메서드 내부에서는 0~200km의 속도만 적용 가능하다.

5 get과 set 접근자

앞에서 배운 것과 같이, 일반적인 객체지향 프로그램에서는 필드를 private으로 지정하고 GetOOO()이나 SetOOO() 메서드를 통해 필드에 접근하는 방식을 사용한다. 그런데 C#에서는 좀 더 간결하게 코드를 작성하기 위해 속성(Property)이라는 개념을 사용할 수 있다. 속성은 get과 set 접근자를 통해 값을 변경한다. 일반적으로 필드의 이름은 소문자로 만들고, 관련 속성은 제일 앞 글자만 대문자로 만든다. Car 클래스를 예로 들면, speed 필드의 관련 속성은 Speed로 지정할 수 있다. 그리고 속성의 접근은 get 접근자를, 속성의 변경은 set 접근자를 사용한다.

[소스 11-3]에서 GetSpeed( ), SetSpeed( ) 메서드 대신 속성, get 접근자, set 접근자를 사용해 [소스 11-5]를 만들어보자. 소스 코드를 간단히 하기 위해 색상(color)과 관련된 내용은 제거했다.

소스 11-5 get, set 접근자의 사용 (프로젝트명 : Project11_5)

```
1   class Car
2   {
3       private int speed = 0; // 필드
4
5       public int Speed // 속성
6       {
7           get { return speed; }
8           set { speed = value; }
9       }
10
11  }
12
13  internal class Program
14  {
15      static void Main(string[] args)
16      {
17          Car myCar1 = new Car();
18
19          myCar1.Speed = 100;
20          Console.WriteLine("차량 속도 ==> {0}", myCar1.Speed);
21      }
22  }
```

출력 결과

```
차량 속도 ==> 100
```

5~9행에서 Speed 속성을 생성했다. 7행은 get 접근자를 통해 speed 필드를 반환하고, 8행은 set 접근자를 통해 넘어올 value 값을 speed 필드에 대입한다. 19행에서 **인스턴스_이름.속성 = 값** 형식으로 필드 값을 설정하면 자동으로 8행의 set 접근자가 수행된다. 즉, 기존의 **SetSpeed(값)** 메서드를 사용한 것과 동일한 결과를 낸다. 20행의 **인스턴스_이름.속성** 형식에 접근하면 7행의 get 접근자가 수행되어 speed 필드 값을 돌려준다. 즉 **GetSpeed( )** 메서드를 사용한 것과 같은 결과를 가져온다.

TIP • GetSpeed( ) 메서드나 get 접근자를 합쳐서 게터(Getter)라고 부르며, SetSpeed( ) 메서드나 set 접근자를 합쳐서 세터(Setter)라고 부른다. 앞으로 종종 나올 용어이므로 기억해 두자.

SELF STUDY 11-2

[소스 11-4]의 GetOOO( ), SetOOO( ) 메서드를 get, set 접근자로 변경해보자. 실행 결과는 동일하게 출력되어야 한다. 또한 모든 메서드에서 필드에 접근하지 않도록 속성을 사용한다.

힌트 필드와 속성의 이름을 더 명확히 구분하기 위해 필드는 _speed, 속성은 Speed로 사용하면 좋다.

마이크로소프트에서는 C# 프로그래밍 시 GetOOO( )나 SetOOO( ) 메서드 대신 속성과 get, set 접근자의 사용을 권장하고 있다. 하지만 이번 장의 도입부에서 언급했듯이, 해당 책의 실습들은 일반적인 객체지향 언어에 초점을 맞추고 있으므로 GetOOO( )이나 SetOOO( ) 메서드를 주로 사용하고, 필요할 경우에만 속성과 get, set 접근자를 사용할 것이다.

SECTION 04

생성자

[소스 11-1]의 24~26행을 다시 살펴보자.

```
24행: Car myCar1 = new Car( );
25행: myCar1.color = "빨강";
26행: myCar1.speed = 0;
```

24행에서 myCar1 인스턴스를 생성한 후, 25행에서는 색상을 "빨강"으로, 26행에서는 속도를 0으로 초기화했다. 그런데, 24행에서 인스턴스를 생성하면서 동시에 "빨강"과 0으로 초기화하면 어떨까? 소스 코드도 훨씬 간결해지고 필드에 초기값을 대입하는 것을 잊어버리는 경우도 발생하지 않을 것이다. 이를 해결하는 것이 바로, **생성자**(Constructor)이다.

1 생성자의 기본

생성자의 기본 형식을 살펴보자.

```
class 클래스_이름 {
    클래스_이름( ) { // 생성자
      // 이 부분에 초기화할 코드를 입력
    }
}
```

우선 기억할 것은 생성자도 메서드의 한 종류라는 점이다. 단, return 문을 사용하지 않으므로 반환할 데이터 형식을 별도로 지정하지 않는다. 또한, 다른 클래스에서 접근해야 하므로 액세스 한정자는 public으로 지정해서 사용한다. 생성자의 이름과 클래스의 이름은 동일해야 한다. Car 클래스를 예로 들면 다음과 같이 생성자를 만들 수 있다.

```
class Car {
  private string color;
  private int speed;
  public Car( ) {
     color = "빨강";
```

```
        speed = 0;
    }
}
```

이렇게 하면 [소스 11-1]의 24~26행 중 24행만 있어도 정상적인 코드 실행이 가능해진다. 즉, 인스턴스를 생성하면 자동으로 생성자가 호출된다.

```
Car myCar1 = new Car( );
```

2 기본 생성자

생성자를 사용한 완전한 형식의 소스 코드를 살펴보자.

소스 11-6 생성자 사용 예 1 (프로젝트명 : Project11_6)

```
class Car
{
    private string color;
    private int speed;

    public Car()
    {
        color = "빨강";
        speed = 0;
    }

    public string GetColor()
    {
        return color;
    }

    public int GetSpeed()
    {
        return speed;
    }
}

internal class Program
{
    static void Main(string[] args)
    {
```

```
27          Car myCar1 = new Car();
28          Car myCar2 = new Car();
29
30          Console.WriteLine("자동차1의 색상은 {0}이며, 현재 속도는 {1}km 입니다.", myCar1.GetColor(), myCar1.GetSpeed());
31          Console.WriteLine("자동차2의 색상은 {0}이며, 현재 속도는 {1}km 입니다.", myCar2.GetColor(), myCar2.GetSpeed());
32      }
33  }
```

출력 결과

```
자동차1의 색상은 빨강이며, 현재 속도는 0km 입니다.
자동차2의 색상은 빨강이며, 현재 속도는 0km 입니다.
```

6~10행의 생성자에 의해 27, 28행에서 자동으로 값이 초기화되어 myCar1과 myCar2가 모두 빨강과 0으로 나왔다. 하지만 myCar1과 myCar2는 각기 다른 차이므로 다른 초기화가 필요하다.

3 [프로그램 1]의 완성

생성자도 다른 메서드처럼 파라미터를 사용할 수 있다. [소스 11-6]을 수정해서 파라미터가 있는 생성자를 적용해보자. 그리고 인스턴스를 만들 때 초깃값을 파라미터로 넘기는 방법을 사용해 보자.

소스 11-7 생성자 사용 예 2 (프로젝트명 : Project11_7)

```
class Car
{
    private string color;
    private int speed;

    public Car(string color, int speed)
    {
        this.color = color;
        this.speed = speed;
    }

…   // [소스 11-6]의 12~20행 GetColor( ) , GetSpeed( ) 메서드와 동일
}

internal class Program
{
```

```
25      static void Main(string[] args)
26      {
27          Car myCar1 = new Car("빨강", 0);
28          Car myCar2 = new Car("파랑", 30);
29
30          Console.WriteLine("자동차1의 색상은 {0}이며, 현재 속도는 {1}km 입니다.", myCar1.
            GetColor(), myCar1.GetSpeed());
31          Console.WriteLine("자동차2의 색상은 {0}이며, 현재 속도는 {1}km 입니다.", myCar2.
            GetColor(), myCar2.GetSpeed());
32      }
33  }
```

```
C:\WINDOWS\system32\cmd.exe
자동차1의 색상은 빨강이며, 현재속도는 0km 입니다.
자동차2의 색상은 파랑이며, 현재속도는 30km 입니다.
계속하려면 아무 키나 누르십시오 . . .
```

6행의 생성자에서 파라미터를 2개 받을 수 있도록 설정했다. 그리고 넘겨 받은 파라미터 값으로 색상과 속도를 초기화시켰다. 8~9행에서는 필드에 **this**를 붙여 필드와 파라미터 변수를 구분했다. 27~28행에 나와 있듯이, Car 인스턴스를 생성할 때는 파라미터를 2개 넘겨야 하며 파라미터가 없는 상태에서 Car 인스턴스를 생성하면 오류가 발생한다.

SECTION 05

메서드 오버로딩

메서드 오버로딩(Overloading)이란 같은 클래스 내에서 메서드의 이름이 같아도 파라미터의 개수나 데이터 타입만 다르면 선언을 여러 개 할 수 있는 것이다.

1 생성자 메서드 오버로딩

생성자도 메서드의 일종이므로 메서드 오버로딩을 할 수 있다. 즉, Car 클래스에 다음과 같이 여러 개의 생성자를 만들어 놓을 수 있다.

```
public Car()
{
}

public Car(string color)
{
    this.color = color;
}

public Car(string color, int speed)
{
    this.color = color;
    this.speed = speed;
}
```

인스턴스를 생성할 때마다 필요한 생성자를 호출해 생성하면 된다. 생성자 3개를 차례대로 사용하고 싶다면 다음과 같이 작성하면 된다.

```
Car myCar1 = new Car();
Car myCar2 = new Car("빨강");
Car myCar3 = new Car("파랑", 30);
```

전체 소스 코드로 이해해보자.

소스 11-8 생성자의 메서드 오버로딩 (프로젝트명 : Project11_8)

```
class Car
{
    private string color;
    private int speed;

    public Car()
    {
    }

    public Car(string color)
    {
        this.color = color;
    }

    public Car(string color, int speed)
    {
        this.color = color;
        this.speed = speed;
    }

    // 「소스 11-6」의 12~20행 GetColor( ), GetSpeed( ) 메서드와 동일
}

internal class Program
{
    static void Main(string[] args)
    {
        Car myCar1 = new Car();
        Car myCar2 = new Car("빨강");
        Car myCar3 = new Car("파랑", 30);


        Console.WriteLine("자동차1의 색상은 {0}이며, 현재 속도는 {1}km 입니다.", myCar1.GetColor(), myCar1.GetSpeed());
        Console.WriteLine("자동차2의 색상은 {0}이며, 현재 속도는 {1}km 입니다.", myCar2.GetColor(), myCar2.GetSpeed());
        Console.WriteLine("자동차3의 색상은 {0}이며, 현재 속도는 {1}km 입니다.", myCar3.GetColor(), myCar3.GetSpeed());
    }
}
```

출력 결과

```
자동차1의 색상은 이며, 현재 속도는 0km 입니다.
자동차2의 색상은 빨강이며, 현재 속도는 0km 입니다.
자동차3의 색상은 파랑이며, 현재 속도는 30km 입니다.
```

36행은 6행의 생성자가, 37행은 10행의 생성자가, 38행은 15행의 생성자가 호출된다. 즉, 생성자의 파라미터 개수에 맞는 생성자가 자동으로 호출된다.

myCar1이 출력된 41행의 결과를 살펴보면, string 데이터 형식은 별도로 초기화하지 않으면 빈 값이 들어간다. int형은 별도로 초기화하지 않아도 0 값이 들어가는 것을 확인할 수 있다.

2 일반 메서드 오버로딩

생성자뿐 아니라 일반 메서드도 오버로딩을 할 수 있다. 다음의 소스 코드는 간단한 더하기 메서드인데, 파라미터의 데이터 형식에 따라 다른 메서드가 호출되는 것을 확인할 수 있다.

소스 11-9 일반 메서드 오버로딩 (프로젝트명 : Project11_9)

```
1  class Calc
2  {
3      public void addValue(double v1, double v2)
4      {
5          Console.WriteLine("double값 계산 => {0}", (v1 + v2));
6      }
7      public void addValue(int v1, int v2)
8      {
9          Console.WriteLine("int값 계산 => {0}", (v1 + v2));
10     }
11 }
12
13 internal class Program
14 {
15     static void Main(string[] args)
16     {
17         Calc myCalc = new Calc();
18
19         myCalc.addValue(1.1, 1.1);
20         myCalc.addValue(1, 1);
21     }
22 }
```

출력 결과

```
double값 계산 => 2.2
int값 계산 => 2
```

3행과 7행에 같은 이름의 addValue( ) 메서드가 있지만, 파라미터의 형식이 다르므로 여러 개를 만들 수 있다. 19행은 실수값을 넘기므로 3행의 메서드가, 20행은 정수값을 넘기므로 7행의 메서드가 호출되었다.

SELF STUDY 11-3

[소스 11-9]에 파라미터가 long 및 float형인 addValue( ) 메서드를 추가해보자.

힌트 long형은 값 뒤에 l(엘)을, float형은 값 뒤에 f(에프)를 붙이면 된다. 100l(엘)은 long 데이터 형식으로, 100f는 실수형 데이터 형식으로 인식한다.

SECTION 06

인스턴스 변수와 클래스 변수

1 인스턴스 변수

인스턴스 변수란 인스턴스를 생성해야 비로소 사용할 수 있는 변수를 말한다. 지금까지 우리가 적용했던 필드는 모두 인스턴스 변수라고 봐도 무방하다. Car 클래스의 color나 speed 필드는 모두 인스턴스 변수였다. 예를 통해 개념을 파악해보자.

TIP • C#에서는 인스턴스 변수를 인스턴스 멤버라고 부른다. 이 책에서는 특별히 객체지향에서 많이 사용하는 용어인 인스턴스 변수를 사용한다.

```
class Car {
  private string color;     // 필드 : 인스턴스 변수
  private int speed;        // 필드 : 인스턴스 변수
}
```

이 두 필드는 클래스 안에 존재하며 아직 실제 공간이 할당되지 않았다. 클래스는 설계도에 해당하므로, 자동차의 색상이나 속도가 실제로 존재하지 않는 것과 같다. 설계도(클래스)를 이용해 Main( ) 메서드에서 자동차(인스턴스)를 만들면 다음과 같다.

```
Car myCar1 = new Car( );
Car myCar2 = new Car( );
```

이제 myCar1은 실제로 존재하는 자동차가 되며, myCar1 안에는 color와 speed의 공간이 만들어졌다. myCar2 역시 별도로 color, speed의 공간이 생성된다.

다음 그림을 보면 클래스(설계도)에는 실제 인스턴스 변수의 공간이 할당되어 있지 않고, 인스턴스(자동차)로 만들어져야 비로소 공간이 할당된다. 그 후 myCar1.color 등의 사용이 가능해진다. 지금까지 [소스 11-1] ~ [소스 11-9]는 모두 이런 방식이 적용되었다.

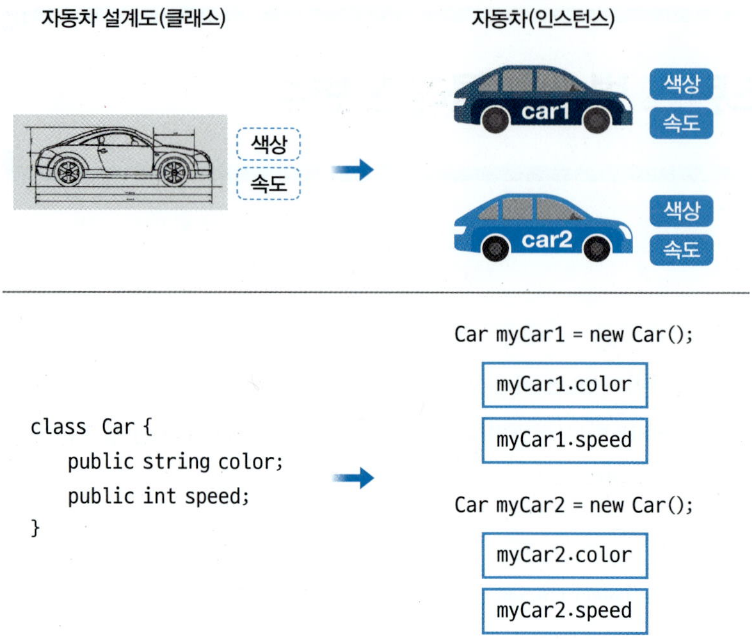

그림 11-9 인스턴스 변수의 개념

2 클래스 변수

클래스 변수는 클래스 안에서 메모리가 할당된 변수를 말한다. 클래스 변수는 인스턴스에 별도의 공간을 할당하지 않는다. 여러 인스턴스가 클래스 변수의 공간을 같이 사용한다. 다음 그림과 같이, 클래스 변수를 만들 때는 필드 앞에 **static** 키워드를 붙이기만 하면 된다. 그러면 해당 필드의 클래스 자체에 공간이 생긴다. 인스턴스를 생성해도 추가로 공간이 할당되지 않으며 이미 생성된 공간을 공유한다.

클래스 변수에 접근할 때는 **클래스_이름.클래스_변수** 형식을 이용하면 된다. 여기서는 Car.count로 접근해서 사용하면 된다.

TIP • C#에서는 클래스 변수를 정적 변수 또는 정적 멤버라고 부른다. 이 책에서는 특별히 객체지향에서 많이 사용하는 용어인 클래스 변수라고 지칭한다.

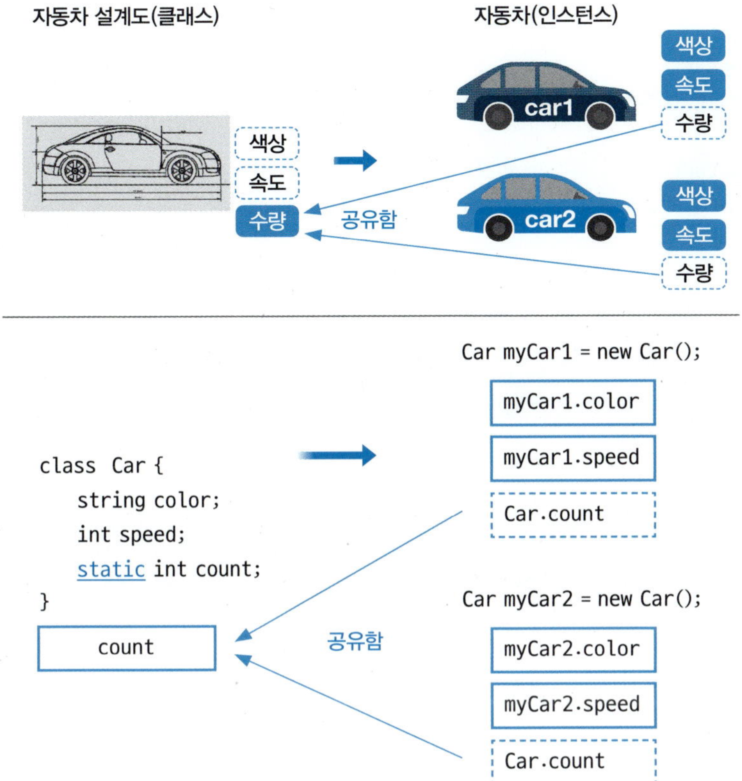

그림 11-10 클래스 변수의 개념

예제를 통해 확인해보자. [소스 11-10]은 자동차가 몇 대 생산되었는지를 확인하는 소스 코드이다.

소스 11-10 클래스 변수 활용 예 (프로젝트명 : Project11_10)

```
class Car
{
    private int speed;                  // 인스턴스 변수
    public static int count = 0;        // 클래스 변수

    public Car()
    {
        count++;
    }
}

internal class Program
{
    static void Main(string[] args)
    {
        Console.WriteLine("인스턴스 생성 전의 count => {0} ", Car.count);
```

```
17
18          Car myCar1 = new Car();
19          Console.WriteLine("차 1대 생성 후, 총 count => {0} ", Car.count);
20
21          Car myCar2 = new Car();
22          Console.WriteLine("차 2대 생성 후, 총 count => {0} ", Car.count);
23      }
24  }
```

출력 결과

```
인스턴스 생성 전의 count => 0
차 1대 생성 후, 총 count => 1
차 2대 생성 후, 총 count => 2
```

4행에서 클래스 변수 count를 선언하면 클래스 자체에 공간이 할당된다. 그리고 16행에서 인스턴스를 생성하기 전에도 클래스 변수의 값이 출력된다. 또한 18, 21행에서 인스턴스를 생성해도 count는 인스턴스에 속하지 않고 클래스에 남아 있다. 그래서 값이 초기화되지 않고 계속 0, 1, 2, … 식으로 인스턴스가 생성되면 생성자에서 count(생산된 총 차량 대수)를 1씩 증가시킨다. 클래스 변수는 **클래스_이름.count**로 접근한다는 것을 기억하자.

3 인스턴스 메서드와 클래스 메서드

필드가 인스턴스 변수와 클래스 변수로 나뉘듯이, 메서드도 인스턴스 메서드와 클래스 메서드로 나뉜다. 인스턴스 메서드는 인스턴스를 먼저 생성한 후 **인스턴스_이름.메서드_이름( )** 방식으로 호출한다. 지금까지는 이러한 방식으로 인스턴스 메서드를 사용해왔다.

클래스 메서드는 메서드 이름 앞에 **static** 키워드를 붙이면 된다. 클래스 메서드의 용도는 인스턴스를 생성하지 않고도 메서드를 사용하기 위함이다. 즉, 인스턴스 메서드는 인스턴스를 생성한 이후 호출이 가능하지만, 클래스 메서드는 그 이전에도 **클래스_이름.메서드_이름( )** 형식으로 사용이 가능하다. 다음 소스 코드를 통해 클래스 메서드의 용도를 이해해보자.

소스 11-11 클래스 메서드 활용 예 (프로젝트명 : Project11_11)

```
class Car
{
    private int speed;                      // 인스턴스 변수
    private static int count = 0;           // 클래스 변수

    public Car()
    {
```

```
8           count++;
9       }
10
11      public static int GetCount()
12      {
13          return count;
14      }
15  }
16
17  internal class Program
18  {
19      static void Main(string[] args)
20      {
21          Console.WriteLine("현재 생산된 자동차 숫자 ==> {0} ", Car.GetCount());
22
23          Car myCar1 = new Car();
24          Console.WriteLine("현재 생산된 자동차 숫자 ==> {0} ", Car.GetCount());
25      }
26  }
```

출력 결과

```
현재 생산된 자동차 숫자 ==> 0
현재 생산된 자동차 숫자 ==> 1
```

4행에서는 클래스 변수 count에 직접 접근하지 못하도록 **private**을 붙였다. 이제 count는 6행의 생성자와 11행의 GetCount( ) 메서드에서만 접근이 가능하다. 11행에서는 **static** 키워드를 붙여 GetCount( ) 메서드를 클래스 메서드로 지정했다. 그래서 21행에서 인스턴스가 생성되기 전에도 **클래스_이름.메서드_이름( )** 형식으로 메서드 호출이 가능하다. 24행에서는 인스턴스를 생성한 후 다시 클래스 메서드를 호출한다.

4 정적 클래스

정적 클래스(Static Class)란 인스턴스를 만들 수 없는 클래스를 뜻한다. 지금까지 생성한 클래스는 모두 인스턴스를 만들기 위한 용도로 사용해왔다. 그런데 인스턴스를 생성하지 않고 사용하기 위한 클래스도 있다. 예를 들어, C#에서 제공되는 Math 클래스에는 Math.Min( ), Math.Max( ), Math.Sqrt( ) 등이 있는데, Math 클래스를 사용해서 인스턴스를 생성할 수 없다. 정적 클래스는 인스턴스화를 할 수 없기 때문에 다음과 같은 오류가 발생한다.

```
Math myMath = new Math( );
```

즉, Math 클래스는 인스턴스를 생성하기 위한 클래스가 아닌, 인스턴스를 생성하지 않고 Math.Min( ), Math.Max( ), Math.Sqrt( ) 등을 편리하게 사용하기 위한 용도로 제공되는 것이다.

이번에는 정적 클래스를 활용해 CookMath 클래스를 만들고, 그 내부에는 덧셈 / 뺄셈 / 곱셈 / 나눗셈 등의 클래스 메서드(= 정적 메서드)를 제공해보자. 또 클래스 변수도 추가해본다. CookMath 정적 클래스의 형태는 다음과 같다.

TIP • 정적 클래스에는 일반적인 필드를 포함할 수 없다. 예를 들어, static 예약어가 생략된 public int value와 같은 필드는 인스턴스를 만들어야 메모리가 할당된다. 정적 클래스는 아예 인스턴스를 만들 수 없도록 설정되어 있기 때문이다.

```
public static class CookMath
{
    public static double COOK_PI = 3.141592653;
    public static int Add(int n1, int n2)
    {
        return n1 + n2;
    }

    public static int Subtract(int n1, int n2)
    {
        return n1 - n2;
    }

    // 필요한 메서드를 추가
}
```

우선 정적 클래스는 클래스 이름 앞에 **static**을 붙인다. 각 필드와 메서드에도 static을 붙여서 생성한다. 정적 클래스가 만들어지면 인스턴스 생성이 불가능하며, 필요한 경우에는 **클래스_이름.메서드_이름( )** 또는 **클래스_이름.필드** 형식으로 사용하면 된다.

```
int res1 = CookMath.Add(100,200);
int res2 = CookMath.Subtract(100,200);
int piValue = CookMath.COOK_PI;
```

5 [프로그램 2]의 완성

두 번째 프로그램을 완성해보자. [Windows Forms 앱(.NET Framework)] 형식의 프로젝트(**Project11_12**)를 생성하고 다음과 같이 컨트롤을 배치한다.

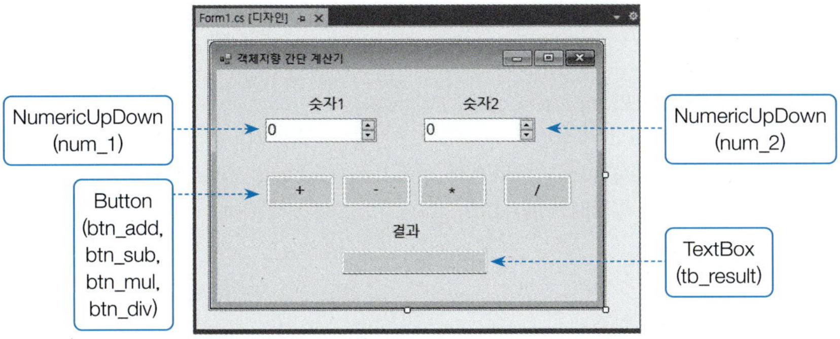

그림 11-11 간단 계산기 디자인 화면

디자인을 완성했으면 윈폼의 빈 곳을 더블클릭해서 Form1_Load( ) 메서드를 추가한다. 그리고 Button 4개를 각각 더블클릭해 메서드를 추가한다. 각각의 이벤트 메서드에 코드도 추가한다. 하지만 그 전에, Form1 클래스 아래쪽에는 CookMath 덧셈 / 뺄셈 / 곱셈 / 나눗셈 메서드와 PI 및 E 값을 갖는 정적 클래스를 생성해야 한다.

소스 11-12 객체지향 간단 계산기 (프로젝트명 : Project11_12)

```
namespace Project11_12
{
    public partial class Form1 : Form
    {
        public Form1()
        {
            InitializeComponent();
        }

        private void Form1_Load(object sender, EventArgs e)
        {
            num_1.Maximum = num_2.Maximum = Int32.MaxValue;
            num_1.Minimum = num_2.Minimum = Int32.MinValue;
        }

        private void btn_add_Click(object sender, EventArgs e)
        {
            int result = CookMath.Add( (int)num_1.Value, (int)num_2.Value);
            tb_result.Text = result.ToString();
        }

        private void btn_sub_Click(object sender, EventArgs e)
        {
            int result = CookMath.Subtract((int)num_1.Value, (int)num_2.Value);
            tb_result.Text = result.ToString();
```

```
        }

        private void btn_mul_Click(object sender, EventArgs e)
        {
            int result = CookMath.Multiply((int)num_1.Value, (int)num_2.Value);
            tb_result.Text = result.ToString();
        }

        private void btn_div_Click(object sender, EventArgs e)
        {
            int result = CookMath.Divide((int)num_1.Value, (int)num_2.Value);
            tb_result.Text = result.ToString();
        }

    }

    public static class CookMath
    {
        public static double COOK_PI = 3.141592653;
        public static double COOK_E = 2.718281;

        public static int Add(int n1, int n2)
        {
            return n1 + n2;
        }

        public static int Subtract(int n1, int n2)
        {
            return n1 - n2;
        }

        public static int Multiply(int n1, int n2)
        {
            return n1 * n2;
        }

        public static int Divide(int n1, int n2)
        {
            return n1 / n2;
        }
    }
}
```

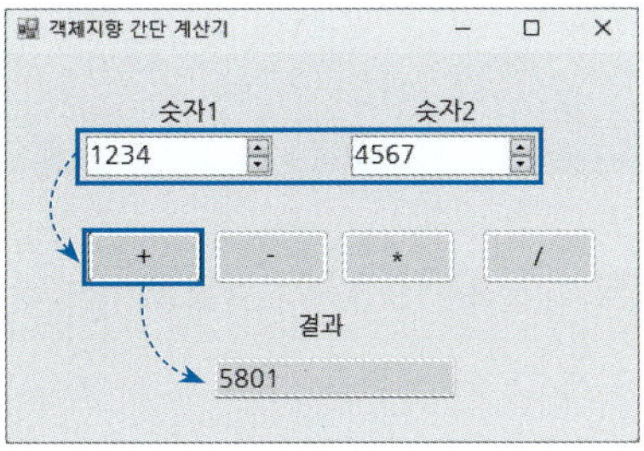

42~66행은 정적 클래스 CookMath를 선언했다. 하지만 윈폼 프로젝트는 3행의 Form1 클래스가 가장 먼저 나와야 하므로, 추가로 생성하는 클래스는 Form1 클래스 아래쪽에 작성하도록 한다. 44, 45행은 정적 필드 COOK_PI 값과 COOK_E 값을 선언했다. 필요하다면 메인 메서드에서 CookMath.COOK_PI 등으로 사용하면 된다. 47~50행은 클래스 메서드 **Add( )**를 선언했으며, 나머지 클래스 메서드 3개도 52~65행에 추가로 선언했다. 10~14행에서는 폼이 로딩될 때 뉴메릭업다운 컨트롤의 값을 정수 최소값 ~ 정수 최대값으로 설정했다. 뉴메릭업다운 컨트롤의 기본값은 0 ~ 100이다. 16~20행은 더하기 버튼을 클릭했을 때 뉴메릭업다운 컨트롤 2개의 값으로 클래스 메서드 **CookMath.Add( )**를 호출한다. 그 결과를 화면 아래쪽 TextBox에 출력한다. 22~38행에도 나머지 Button 3개에 대한 코드를 작성했다.

SELF STUDY 11-4

[소스 11-12]는 정수만 연산하는 프로그램이라 나누기 연산을 수행하면 실수값은 나오지 않는다. 실행 결과가 실수값으로도 나오도록 수정해보자.

힌트1 뉴메릭업다운 컨트롤의 DecimalPlaces 속성을 2로 하면 소수점 아래 2자리까지 입력된다.

힌트2 int 데이터 형식을 모두 double형으로 바꾼다.

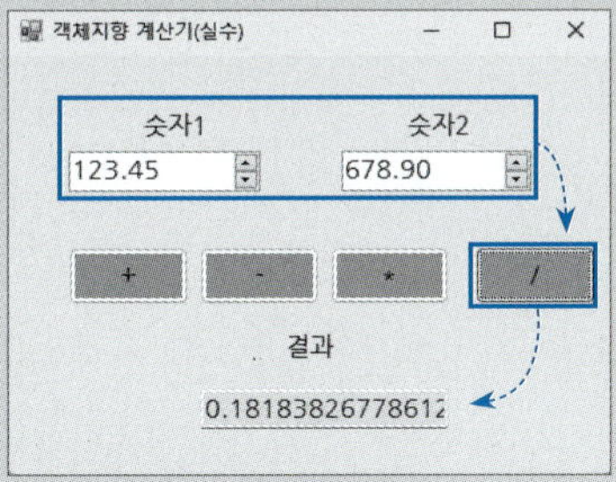

그림 11-12 실수 연산 결과

요약

1 C#은 완전한 객체지향 프로그래밍 언어이다. 객체지향 프로그래밍 언어에서 가장 핵심적인 단어는 클래스(Class)라고 할 수 있다. 클래스의 기본 형식은 다음과 같다.

```
class 클래스_이름
{
  // 이 부분에 관련 코드 구현
}
```

2 자동차를 이용해 클래스 개념을 표현하면 다음과 같다.

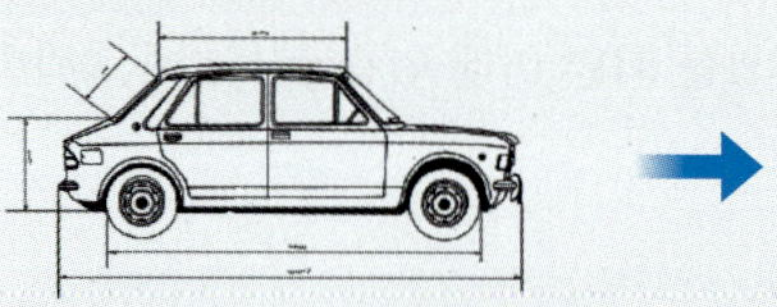

```
class 자동차
{
  // 자동차의 특징
  자동차_색상;
  자동차_속도;
  // 자동차의 기능
  속도_올리기( );
  속도_내리기( );
}
```

3 Car 클래스를 C# 소스 코드로 작성하면 다음과 같다.

```
class Car
{
        // 자동차의 필드
        public string color;
        public int speed;
        // 자동차의 메서드
        public void UpSpeed(int value)
        {
           speed = speed + value;
        }
        public void DownSpeed(int value)
        {
           speed = speed - value;
        }
}
```

4 자동차 세 대의 인스턴스 생성을 소스 코드로 작성하면 다음과 같다.

```
Car myCar1 = new Car( );
Car myCar2 = new Car( );
Car myCar3 = new Car( );
```

5 필드나 메서드를 사용하는 소스 코드는 다음과 같다.

```
myCar1.color = "빨강";
myCar1.UpSpeed( );
```

6 액세스 한정자 public은 어디서든 자유롭게 필드에 접근하도록 허용하는 역할을 한다. private은 클래스 안의 메서드에서는 접근이 가능하지만, 인스턴스를 통해 필드에 직접 접근할 수 없게 한다.

7 SetOOO( ) 형식으로 값을 변경하는 메서드와 GetOOO( ) 형식으로 값을 반환하는 메서드를 만들어 주는 것이 일반적인 프로그래밍 방법이다.

8 this는 자기 자신의 클래스를 의미한다. 변수 2개가 같은 이름일 때 다음과 같이 활용할 수 있다.

```
class Car {
   private string color;

   public void SetColor(string color) {
      this.color = color;
   }
}
```

this는 자신 클래스의 필드를 의미함

아무것도 없으면 지역 변수 / 파라미터 변수를 지정함

요약

9 코딩할 때 기본적인 액세스 한정자의 사용법은 다음과 같다.

```
// 필드
private 필드_이름 = // …

// 메서드
public 메서드_이름( )
{
  // …
}
```

10 C#에서 제공하는 get, set 접근자의 사용 예는 다음과 같다.

```
class Car
{
        private int speed = 0;
        public int Speed
        {
           get { return speed; }
           set { speed = value; }
        }
}
```

11 생성자의 기본 형식은 다음과 같다.

```
class 클래스_이름 {
// 생성자
        클래스_이름( )
{
           // 이 부분에 초기화할 코드를 입력
        }
}
```

12 메서드 오버로딩(Overloading)이란 같은 클래스 내에서 메서드의 이름이 같아도 파라미터의 개수나 데이터 타입만 다르면 선언을 여러 개 할 수 있는 것이다. 생성자도 메서드의 일종이므로 메서드 오버로딩을 할 수 있다.

```
public Car( ) {
        // …
}

public Car(string color)
{
        this.color = color;
}
```

13 인스턴스 변수란 인스턴스를 생성해야 비로소 사용할 수 있는 변수를 말한다. 클래스 변수는 클래스 안에 공간이 할당된 변수를 말한다. 클래스 변수에서는 인스턴스에 별도의 공간이 할당되지 않고, 여러 인스턴스가 공간을 같이 사용한다.

14 인스턴스 메서드는 인스턴스를 먼저 생성한 후 인스턴스_이름.메서드_이름( ) 방식으로 호출한다. 클래스 메서드는 메서드 이름 앞에 static 키워드를 붙여 사용한다. 클래스 메서드의 용도는 인스턴스를 생성하지 않고도 메서드를 사용하기 위함이다.

15 정적 클래스(Static Class)란 인스턴스로 만들 수 없는 클래스를 말한다. 클래스 이름 앞에 static을 붙여 사용한다. 정적 클래스를 만들고 난 후 필요하면 클래스_이름.메서드_이름( ) 또는 클래스_이름.필드_이름 형식으로 바로 사용할 수 있다.

연습문제

1 다음 중 객체지향과 관련된 설명으로 거리가 먼 것을 고르세요.

① 클래스는 객체지향에서 중요한 개념이다.

② C++, 자바 등도 객체지향을 지원한다.

③ C#은 완전한 객체지향 언어이다.

④ 파이썬은 객체지향을 지원하지 않는다.

2 다음은 자동차(Car) 클래스에 속도(speed) 속성과 속도 올리기(UpSpeed) 메서드를 생성하는 소스 코드입니다. 빈칸에 알맞은 코드를 적어보세요.

```
class [    ❶    ]
{
        public int [    ❷    ];

        public void [    ❸    ](int value)
        {
            speed = speed + value;
        }
}
```

3 다음 중 자동차(Car) 클래스의 인스턴스를 생성하는 소스 코드로 알맞은 것을 고르세요.

① Car myCar1 = new Car( );

② Car myCar1 = Car( );

③ Car myCar1; myCar1 = Car( );

④ new myCar1 = Car( );

4 다음 중 필드 및 메서드를 사용하는 방법으로 알맞은 것을 고르세요.

① 인스턴스_이름.필드_이름( ) 형식으로 사용한다.

② 인스턴스_이름( ).메서드_이름 형식으로 사용한다.

③ 인스턴스_이름.메서드_이름( ) 형식으로 사용한다.

④ 인스턴스_이름.필드_이름 형식으로 사용한다.

5 클래스를 사용하는 단계를 알맞게 나열해보세요.

A. 인스턴스 생성
B. 클래스 선언
C. 필드 / 메서드 사용

6 다음 중 GETOOO( ) 및 SETOOO( ) 메서드를 사용하는 이유로 가장 알맞은 것을 고르세요.

① 메서드에 대한 직접 접근을 제한하기 위함이다.

② 필드에 대한 직접 접근을 제한하기 위함이다.

③ 클래스에 대한 직접 접근을 제한하기 위함이다.

④ 인스턴스에 대한 직접 접근을 제한하기 위함이다.

7 다음 중 메서드에 주로 설정하는 액세스 한정자로 알맞은 것을 고르세요.

① private

② public

③ protected

④ internal

8 다음은 세터를 표현한 소스 코드입니다. 빈칸에 알맞은 코드를 적어보세요.

```
class Car {
      private string col;
      public void SetColor(string col) {
         [            ] = col;
      }
}
```

연습문제

9 다음은 GetOOO( ), SetOOO( ) 메서드 효과를 내는 소스 코드입니다. 빈칸에 알맞은 코드를 적어보세요.

```
pclass Car
{
        private int _speed = 0;
        public int Speed
        {
            [    ❶    ] { return _speed; }
            [    ❷    ] { _speed = value; }
        }
}

internal class Program
{
        static void Main(string[] args)
        {
            Car car1 = new Car();
            car1.[    ❸    ] = 100;
            Console.WriteLine("차량 속도 => {0}", car1.[    ❹    ]);
        }
}
```

10 다음 보기가 설명하는 것이 무엇인지 맞춰보세요.

> 같은 클래스 내에서 메서드의 이름이 같아도 파라미터의 개수나 데이터 타입만 다르면 선언을 여러 개 할 수 있는 것을 말한다.

11 다음 중 클래스 변수에 대한 설명으로 거리가 먼 것을 고르세요.

① 클래스 안에 공간이 할당된다.

② 필요하다면 인스턴스에 공간을 할당할 수 있다.

③ 인스턴스 생성 이전에 공간이 할당된다.

④ 클래스_이름.필드_이름, 클래스_이름.메서드_이름( ) 형식으로 접근한다.

12 다음 중 정적 클래스에 대한 설명으로 가장 알맞은 것을 고르세요.

① 인스턴스로 만들 수 있다.

② C#에서 제공하는 Math 클래스는 정적 클래스이다.

③ 인스턴스를 생성한 후 사용할 수 있다.

④ Static Class라고 부른다.

13 **심화문제** 506쪽 [응용예제 20]에서 마우스 오른쪽 버튼을 클릭하면 사각형, 가운데 버튼을 클릭하면 원이 그려지도록 기능을 추가해봅니다.

힌트1 선 배열, 사각형 배열, 원 배열을 따로 사용한다.

힌트2 마우스 이벤트 중 e.Button이 MouseButtons.Left이면 왼쪽 버튼, MouseButtons.Right이면 오른쪽 버튼, MouseButtons.Middle이면 가운데 버튼이다.

힌트3 사각형은 g.DrawRectangle( ) 메서드, 원은 g.DrawEllipse( ) 메서드로 그린다.

실행 결과

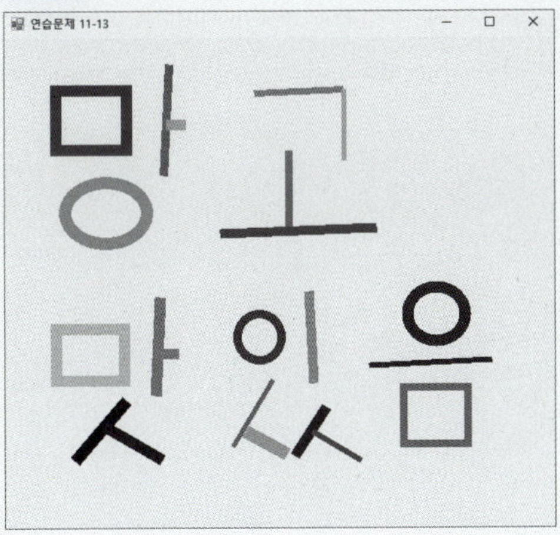

응용예제 19

동물의 정보를 담는 클래스 생성

난이도★☆☆☆☆

예제 설명 이번 장에서 학습한 객체지향 프로그래밍을 사용해 동물 클래스를 생성해보자. 클래스, 생성자, 액세스 한정자, 클래스 변수, 클래스 메서드 등을 모두 활용해본다.

실행 결과

```
C:\WINDOWS\system32\cmd.exe
강아지가 움직입니다.
고양이가 움직입니다.
강아지는 8개월 입니다.
고양이는 13개월 입니다.
현재 우리집 반려동물 수는 2마리 입니다.
계속하려면 아무 키나 누르십시오 . . .
```

소스 코드

```
public class Pet
{
    private string type;          // 반려동물의 종류
    private int age;              // 반려동물의 연령(개월 수)
    public static int count = 0;  // 반려동물의 수

    public Pet(String type, int age)
    {
        this.type = type;
        this.age = age;
    }

    public static int getCount()
    {
        return count;
    }

    public void move()
    {
        Console.WriteLine("{0}가 움직입니다.", this.type);
    }

    public string getType()
    {
        return this.type;
    }

    public int getAge()
    {
        return this.age;
```

```
31         }
32     }
33
34     internal class Program
35     {
36         static void Main(string[] args)
37         {
38             Pet pet1 = new Pet("강아지", 8);
39             Pet.count++;
40             Pet pet2 = new Pet("고양이", 13);
41             Pet.count++;
42
43             pet1.move();
44             pet2.move();
45
46             Console.WriteLine("{0}는 {1}개월입니다. ", pet1.getType(), pet1.getAge());
47             Console.WriteLine("{0}는 {1}개월입니다. ", pet2.getType(), pet2.getAge());
48             Console.WriteLine("현재 우리집 반려동물 수는 {0}마리입니다.", Pet.getCount());
49         }
50     }
```

코드 설명

1~32행	반려동물 Pet 클래스를 선언했다.
3~5행	반려동물의 종류와 개월 수를 필드로 선언하고, 전체 반려동물의 수를 클래스 변수로 선언했다.
7~11행	파라미터 2개를 넘겨 받는 생성자를 선언했다.
13~16행	반려동물의 수를 반환하는 클래스 메서드를 선언했다.
18~21행	반려동물이 움직이는 인스턴스 메서드를 선언했다.
23~31행	반려동물의 종류와 개월 수를 반환하는 게터(Getter) 메서드를 선언했다.
38~41행	반려동물 인스턴스 2개를 생성하고 카운트를 증가시켰다.
43, 44행	인스턴스 메서드를 호출했다.
46~47행	인스턴스 메서드를 통해 인스턴스 변수를 출력했다.
48행	클래스 메서드를 통해 클래스 변수의 내용을 출력했다.

응용예제 20 객체지향 선 그리기

난이도★★★☆☆

예제 설명 윈도우 창에 마우스를 클릭하면 선이 그려지는 프로그램을 작성해보자. 선과 관련된 클래스를 선언하고 그려지는 각 선은 인스턴스로 배열에 저장하는 방식으로 처리한다. 배열의 모든 인스턴스가 매번 그려지도록 한다.

선 클래스(CookLine)는 선이 시작하는 좌표, 선이 끝나는 좌표, 펜의 필드로 구성하고, 생성자 및 속성을 활용해서 게터를 생성한다.

실행 결과

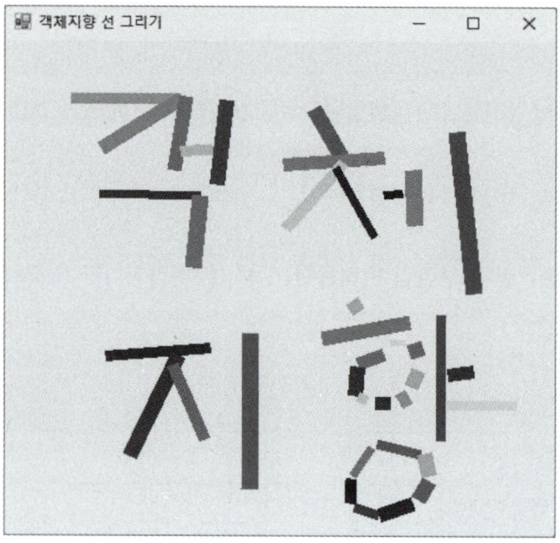

소스 코드

```
public partial class Form1 : Form
{
    public Form1()
    {
        InitializeComponent();
    }

    int x1, y1, x2, y2;
    CookLine[] lineAry = new CookLine[0];
    private void Form1_MouseDown(object sender, MouseEventArgs e)
    {
        x1 = e.X;
        y1 = e.Y;
    }
    private void Form1_MouseUp(object sender, MouseEventArgs e)
    {
        Array.Resize(ref lineAry, lineAry.Length + 1);
```

```
        x2 = e.X;
        y2 = e.Y;

        Random rnd = new Random();
        int pSize = (byte)rnd.Next(5, 15);

        byte r = (byte)rnd.Next(0, 256);
        byte g = (byte)rnd.Next(0, 256);
        byte b = (byte)rnd.Next(0, 256);
        Color c = Color.FromArgb(r, g, b);

        lineAry[lineAry.Length - 1] = new CookLine(x1, y1, x2, y2, pSize, c);

        DrawAllLine();
    }

    void DrawAllLine()
    {
        Graphics g = CreateGraphics();

        foreach (CookLine line in lineAry)
        {
            g.DrawLine(line.LinePen, line.X1, line.Y1, line.X2, line.Y2);
        }
    }

}

public class CookLine
{
    private int _x1, _y1, _x2, _y2;
    private Pen _linePen;
    public CookLine(int x1, int y1, int x2, int y2, int pSize, Color pColor)
    {
        this._x1 = x1;
        this._y1 = y1;
        this._x2 = x2;
        this._y2 = y2;
        this._linePen = new Pen(pColor, pSize);
    }

    public int X1
    {
        get { return _x1; }
```

```
63         }
64         public int Y1
65         {
66             get { return _y1; }
67         }
68         public int X2
69         {
70             get { return _x2; }
71         }
72         public int Y2
73         {
74             get { return _y2; }
75         }
76         public Pen LinePen
77         {
78             get { return _linePen; }
79         }
80     }
```

코드 설명

8~9행	마우스로 다운 / 업할 때 저장할 좌표와 선 객체(= 인스턴스)를 저장할 배열을 준비했다.
10~14행	마우스를 다운하면 시작 좌표를 저장한다.
15~33행	마우스를 업하면 17행에서 선 객체 배열의 크기를 1 증가시키고, 19~20행에서 끝 좌표를 추출한다. 22~28행은 선의 두께 및 색상을 랜덤하게 추출한다. 30행에서 선 객체를 생성해 배열에 추가한다. 32행에서 모든 객체 배열의 선을 그리는 메서드를 호출한다.
35~43행	객체 배열의 모든 선을 그린다. 39~42행은 선 객체를 하나씩 추출한다. 41행은 선 객체의 속성을 통해 값에 접근한다.
47~80행	선 클래스를 선언했다.
49, 50행	선의 좌표와 펜에 대한 필드를 준비했다. 이 값들의 접근은 60~79행의 각 속성을 통해 가능하도록 설정했다.
51~58행	생성자를 준비했다. 생성자의 파라미터는 선의 좌표와 펜 두께, 펜 색상을 넘겨받는다. 53~57행에서 필드에 값을 대입한다.
60~79행	선 필드에 접근하기 위한 각 속성을 준비하고, get 접근자를 통해서 게터를 생성했다.

CHAPTER 12

객체지향 프로그래밍 응용

학습목표

- 클래스 상속에 대한 개념을 익힌다.
- 추상 클래스에 대해 학습하고 활용법을 익힌다.
- 인터페이스를 통한 다중 상속 방법을 확인한다.

SECTION

01 이 장에서 만들 프로그램

앞 장에서는 클래스의 개념을 파악하고 용도를 확인해보았다면, 이번 장에서는 클래스를 상속하는 개념과 오버라이드, 추상 클래스, 인터페이스 등 객체지향 프로그래밍을 위한 심화 학습을 진행해 보려고 한다.

1 [프로그램 1] 메서드 오버라이딩

첫 번째로 만들 프로그램은 객체지향의 중요 기술 중 하나인 메서드 오버라이딩과 관련된 간단한 프로그램이다. 핵심으로 포함될 내용은 상속 후 메서드가 어떻게 오버라이딩되는지이다. 프로그램 내용은 간단하지만 중요한 개념이 포함되어 있다.

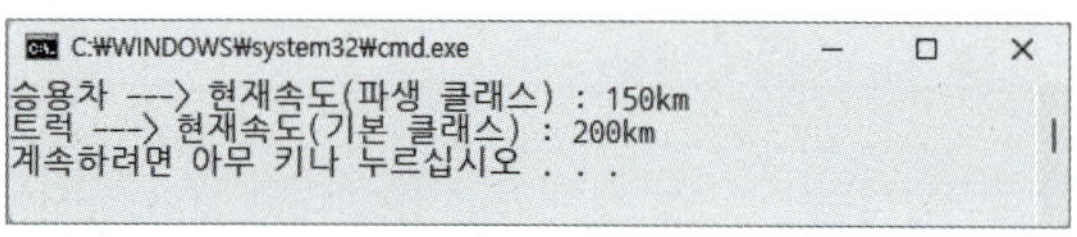

그림 12-1 메서드 오버라이딩

2 [프로그램 2] 객체지향 거북이

두 번째로 만들 프로그램도 객체지향 개념을 적용시킨 프로그램이다. 터틀 그래픽을 활용해, 거북이가 마우스를 다운 및 업한 좌표를 선 또는 사각형으로 그린다. 상속 및 추상 클래스, 추상 메서드를 활용해 프로그램을 작성해볼 것이다.

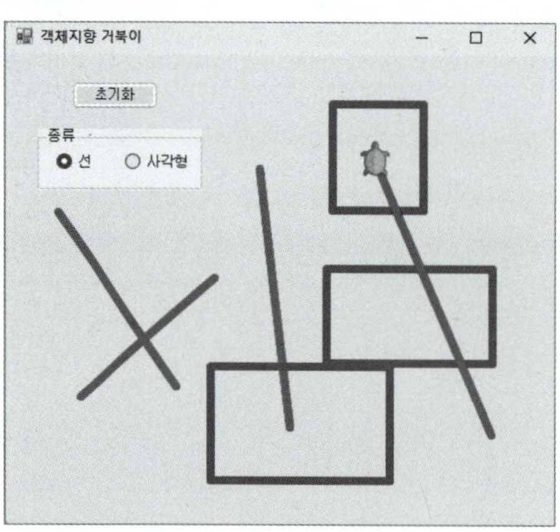

그림 12-2 객체지향 거북이 프로그램

SECTION

02 클래스의 상속

클래스의 **상속**(Inheritance)이란 기존의 클래스가 가지고 있는 필드와 메서드를 그대로 물려받는 새로운 클래스를 만드는 것이다. 필요하다면 새로운 클래스에서 추가로 필드나 메서드를 만들어서 사용해도 된다.

1 상속의 개념

앞 장에서 만든 내용을 토대로 승용차 클래스와 트럭 클래스를 만든다고 가정해보자.

승용차 클래스

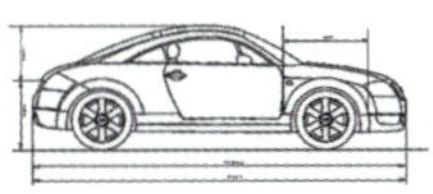

트럭 클래스

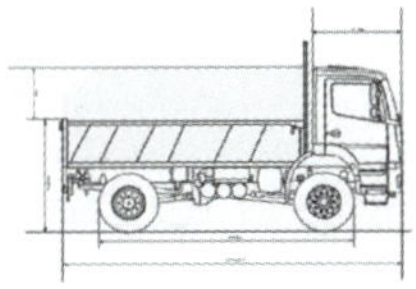

```
class 승용차 :                          class 트럭 :
{                                       {
  필드 : 색상, 속도, 좌석수                  필드 : 색상, 속도, 적재량
  메서드 : 속도_올리기()                     메서드 : 속도_올리기()
           속도_내리기()                              속도_내리기()
           좌석수_알아보기()                          적재량_알아보기()
}                                       }
```

그림 12-3 승용차와 트럭 클래스의 개념

특별히 문제는 없어 보인다. 하지만 승용차와 트럭은 공통된 부분을 많이 가지고 있다. 필드 중에는 색상, 속도가 동일하고, 메서드는 속도_올리기( )와 속도_내리기( )가 동일하다. 차이점이라면 승용차는 좌석수 필드, 트럭은 적재량 필드가 필요하며, 각각을 알아내는 좌석수_알아보기( ) 메서드와 적재량_알아보기( ) 메서드가 필요하다는 것뿐이다.

그렇다면 클래스를 각각 만드는 것보단 승용차와 트럭의 공통된 특징을 가진 자동차 클래스를 만든 후, 승용차와 트럭이 자동차 클래스의 특징을 그대로 물려받고 각각 필요한 필드와 메서드만 추가하는 것이 효율적이지 않을까? 다음 그림을 보자.

```
class 자동차
{
  필드 : 색상, 속도
  메서드 : 속도_올리기()
          속도_내리기()
}
```

자동차 클래스(공통 내용)

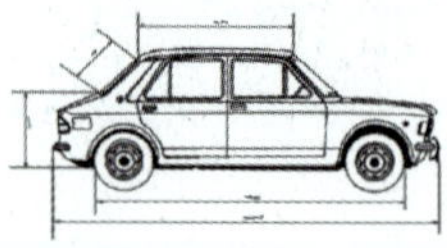

상속 ↙ 상속 ↘

승용차 클래스

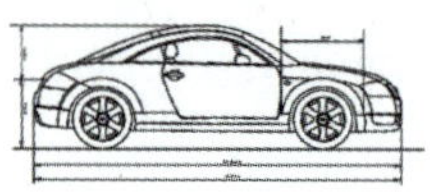

트럭 클래스

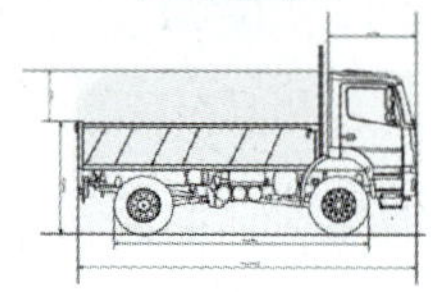

```
class 승용차 : 자동차를 상속
{
  필드 : 자동차 필드
         + 좌석수
  메서드 : 자동차 메서드
         + 좌석수_알아보기()
}
```

```
class 트럭 : 자동차를 상속
{
  필드 : 자동차 필드
         + 적재량
  메서드 : 자동차 메서드
         + 적재량_알아보기()
}
```

그림 12-4 상속의 개념

[그림 12-4]를 보면 승용차와 트럭의 공통 필드인 색상, 속도와 공통 메서드인 속도_올리기( ), 속도_내리기( )를 자동차 클래스에 정의했다. 그리고 자동차 클래스를 상속받아 승용차와 트럭 클래스를 만들었다. 승용차 클래스는 자동차 클래스의 필드와 메서드를 그대로 이어받고 추가로 좌석수 필드와 좌석수_알아보기( ) 메서드를 추가하였다. 트럭 클래스도 마찬가지로 자동차 클래스의 필드와 메서드를 그대로 이어받고 적재량 필드와 적재량_알아보기( ) 메서드를 추가하였다. 공통되는 부분을 자동차 클래스에 두고 상속받음으로써 일관되고 효율적인 프로그래밍이 가능해진 것이다. 참고로 C#은 상위 클래스인 자동차 클래스를 **기본 클래스**라고 부르며, 하위 클래스인 승용차와 트럭 클래스를 **파생 클래스**라고 부른다.

TIP • C# 외의 다른 언어에서는 기본 클래스를 슈퍼 클래스 또는 부모 클래스라고 부르며, 파생 클래스는 서브 클래스 또는 자식 클래스라고 부른다.

상속을 구현하기 위한 문법은 **: 기호**를 사용하면 된다.

```
class 파생_클래스 : 기본_클래스
{
  // 이곳에 파생 클래스의 내용을 코딩
}
```

2 상속의 구현

이제 [그림 12-4]를 완전한 소스 코드로 구현해보자.

소스 12-1 클래스 상속의 예 (프로젝트명 : Project12_1)

```
class Car
{
    public string color;
    public int speed;

    public void UpSpeed(int value)
    {
        speed = speed + value;
    }

    public void DownSpeed(int value)
    {
        speed = speed - value;
    }
}

class Sedan : Car
{
    public int seatNum;

    public int GetSeatNum()
    {
        return seatNum;
    }
}

class Truck : Car
{
    public int capacity;

    public int GetCapacity()
    {
        return capacity;
    }
}

internal class Program
{
    static void Main(string[] args)
    {
      Sedan sedan1 = new Sedan();
```

```
42          Truck truck1 = new Truck();
43
44          sedan1.UpSpeed(150);
45          truck1.UpSpeed(100);
46
47          sedan1.seatNum = 5;
48          truck1.capacity = 50;
49
50          Console.WriteLine("승용차 속도는 {0}km, 좌석수는 {1}개 입니다 ",sedan1.speed, sedan1.
            GetSeatNum());
51          Console.WriteLine("트럭 속도는 {0}km, 적재량은 {1}톤 입니다 ", truck1.speed, truck1.
            GetCapacity());
52      }
53  }
```

실행 결과

```
승용차 속도는 150km, 좌석수는 5개 입니다
트럭 속도는 100km, 적재량은 50톤 입니다
```

[소스 12-1]은 상속의 기본적인 내용을 잘 나타내고 있다. 1~15행은 먼저 자동차(Car) 클래스를 기본 클래스로 만들었다. 기본 클래스는 특별히 지정해주는 것은 없으며 일반 클래스와 동일한 형식으로 만들면 된다. 단, 모두 상속을 받아야 하므로 액세스 한정자를 **public**으로 지정했다.

이후 17행과 27행에서 Car 클래스를 상속받아 승용차(Sedan)와 트럭(Truck) 클래스를 생성한다. 상속을 위한 문법은 : 기호를 사용하면 된다. Sedan 및 Truck 클래스는 기본 클래스인 Car 클래스의 필드와 메서드를 모두 가진다. 41, 42행에서는 승용차와 트럭 인스턴스를 생성한다. 44, 45행에서는 Sedan과 Truck 클래스에 없는 **UpSpeed( ) 메서드**를 사용할 수 있으며, 50, 51행에서는 Sedan과 Truck 클래스에 없는 **speed 필드**를 출력할 수 있다.

47행에서는 Sedan 클래스에서 추가한 **좌석수(seatNum) 필드**를 사용했고, 48행에서는 Truck 클래스에서 추가한 **적재량(capacity) 필드**를 사용했다. 그래서 50행에서는 Sedan 클래스에 추가한 **GetSeatNum( )** 메서드를 사용할 수 있으며, 51행에서는 Truck 클래스에 추가한 **GetCapacity( )** 메서드를 사용할 수 있다.

SELF STUDY 12-1

[소스 12-1]에 자동차(Car) 클래스를 상속받는 전기차(Electric) 클래스를 추가해보자. 필드는 주행거리를, 메서드는 주행거리_보기( )를 추가한다.

실행 결과

```
승용차 속도는 150km, 좌석수는 5개 입니다
트럭 속도는 100km, 적재량은 50톤 입니다
전기차 속도는 200km, 주행거리는 500km 입니다
```

3 생성자의 상속

기본 클래스와 파생 클래스의 생성자 관계를 살펴보자. 파생 클래스의 인스턴스를 생성하면 먼저 기본 클래스의 생성자가 호출된 후 파생 클래스의 생성자가 호출된다.

파생 클래스의 생성자 호출

```
class 기본_클래스
{
  기본_클래스( )
  {
      // 기본 클래스 생성자 내용
  }
}

class 파생_클래스 : 기본_클래스
{
  파생_클래스( )
  {
      // 파생 클래스 생성자 내용
  }
}
```

위와 같은 상속 구조로 클래스가 구성되면, 다음과 같이 인스턴스를 생성할 수 있다.

```
파생_클래스 인스턴스_이름 = new 파생_클래스( );
```

인스턴스가 생성되면 먼저 자동으로 기본 클래스의 생성자 내용이 실행되고, 그다음 파생 클래스의 생성자 내용이 호출된다. 간단한 예제로 확인해보자.

소스 12-2 생성자 호출 순서 예 (프로젝트명 : Project12_2)

```
class Car
{
    public Car()
    {
        Console.WriteLine("기본 클래스 생성자 호출~~");
    }
}

class Sedan : Car
{
    public Sedan()
    {
        Console.WriteLine("파생 클래스 생성자 호출~~");
    }
}

internal class Program
{
    static void Main(string[] args)
    {
        Sedan sedan1 = new Sedan();
    }
}
```

실행 결과

```
기본 클래스 생성자 호출~~
파생 클래스 생성자 호출~~
```

결과를 보면 예상대로 기본 클래스인 Car( ) 생성자가 호출되었고, 그다음으로 파생 클래스인 Sedan( ) 생성자가 호출되었다.

여러 개의 생성자가 있을 때의 기본 생성자 호출

생성자는 파라미터만 다르다면 여러 개 만들 수 있다고 하였으니, 이번에는 기본 클래스에 여러 개의 생성자가 있을 때 호출되는 순서를 확인해보자. 그리고, 강제로 기본 클래스의 생성자를 호출하는 super( ) 메서드도 확인해보자.

소스 12-3 여러 생성자 호출 예 (프로젝트명 : Project12_3)

```
1   class Car
2   {
3       public Car()
4       {
5           Console.WriteLine("기본 클래스 생성자 호출(파라미터 없음)");
6       }
7
8       public Car(string str)
9       {
10          Console.WriteLine("기본 클래스 생성자 호출 => {0} ", str);
11      }
12  }
13
14  class Sedan : Car
15  {
16      public Sedan(string str)
17      {
18          Console.WriteLine("파생 클래스 생성자 호출 => {0} ", str);
19      }
20  }
21
22  internal class Program
23  {
24      static void Main(string[] args)
25      {
26          Sedan sedan1 = new Sedan("쿡북 C# ~");
27      }
28  }
```

실행 결과

```
기본 클래스 생성자 호출(파라미터 없음)
파생 클래스 생성자 호출 => 쿡북 C# ~
```

1~12행의 기본 클래스에는 생성자를 2개 만들어 놓았다. 파라미터가 없는 Car( ) 생성자와 파라미터가 있는 Car(string str) 생성자이다. 14~20행의 파생 클래스에는 파라미터가 있는 Sedan(string str) 생성자만 있다. 26행에서는 인스턴스를 생성했다. 실행 결과를 보면, 먼저 기본 클래스의 파라미터가 없는 생성자가 호출되었고 그다음 파생 클래스의 생성자가 호출되었다.

여기서 강제로 기본 클래스의 Car(string str) 생성자를 호출하려면 **base(파라미터)** 메서드를 사용하면 된다. 즉, [소스 12-3]의 16행을 다음과 같이 수정하면 된다.

```
public Sedan(string str) : base(str)
```

이후 실행 결과를 출력하면 다음과 같이 기본 클래스의 Car(string str) 생성자가 먼저 호출된다.

실행 결과

```
기본 클래스 생성자 호출 ==> 쿡북 C# ~
파생 클래스 생성자 호출 ==> 쿡북 C# ~
```

이처럼 파생 클래스의 생성자에서 기본 클래스의 여러 생성자 중 특정 생성자를 지정해 호출할 수 있다. 만약 파라미터를 생략하고 싶다면 **base( )**라고 쓰면 된다. 즉, [소스 12-3]의 16행을 다음과 같이 수정하면 된다.

```
public Sedan(string str) : base( )
```

4 상속의 제한과 오버라이딩

필드나 메서드 상속의 제한

기본 클래스의 필드와 메서드는 일반적으로 파생 클래스에 상속된다. 기본 클래스 중 일부를 파생 클래스로 상속하지 않으려면 **private** 액세스 한정자를 사용하면 된다. private으로 지정된 필드나 메서드는 파생 클래스로 상속되지 않는다. 다음 소스 코드를 살펴보자.

소스 12-4 상속의 제한 : private 예 (프로젝트명 : Project12_4)

```
class Car
{
    private string color;
    public int speed;
}

class Sedan : Car
{
    public void SetSpeed(int speed)
    {
    this.speed = speed;
    }

    public void SetColor(String color)
    {
        // (오류) this.color = color;
```

```
17      }
18  }
19
20  internal class Program
21  {
22      static void Main(string[] args)
23      {
24          Sedan sedan1 = new Sedan();
25
26          sedan1.SetSpeed(188);
27          Console.WriteLine("승용차 속도 => {0}", sedan1.speed);
28      }
29  }
```

실행 결과

```
승용차 속도 => 188
```

3행에서 private으로 지정된 필드는 아예 상속이 되지 않으므로, 7행의 Sedan 클래스에는 color 필드 자체가 존재하지 않는다. 그래서 16행에서 기본 클래스의 color 필드로 접근하면 오류가 발생한다. 4행의 speed 필드는 상속이 되므로 11행에서 speed 필드에 접근이 가능하다.

상속은 되지만 상속받은 파생 클래스 외엔 접근하지 못하도록 설정하는 것은 **protected** 접근 제한 지정자이다. 즉, protected는 상속받은 파생 클래스에서만 접근이 가능하다. 다음 소스 코드를 보자.

소스 12-5 상속의 허용 : protected 예 (프로젝트명 : Project12_5)

```
class Car
{
    protected string color;
    public int speed;
}

class Sedan : Car
{
    public void SetSpeed(int speed)
    {
        this.speed = speed;
    }

    public void SetColor(String color)
    {
        this.color = color;
    }
```

```
18
19      public string GetColor()
20      {
21          return color;
22      }
23  }
24
25  internal class Program
26  {
27      static void Main(string[] args)
28      {
29          Sedan sedan1 = new Sedan();
30
31          sedan1.SetSpeed(188);
32          sedan1.SetColor("빨강");
33          Console.WriteLine("승용차 속도 => {0}", sedan1.speed);
34          // (오류) Console.WriteLine("승용차 색상 => {0}", sedan1.color);
35          Console.WriteLine("승용차 색상 => {0}", sedan1.GetColor());
36      }
37  }
```

실행 결과

```
승용차 속도 => 188
승용차 색상 => 빨강
```

3행의 protected를 적용하면 상속이 가능해진다. 그래서 16행에서 오류가 발생하지 않는다. 하지만 public과 달리 기본 클래스나 파생 클래스에서만 접근이 가능하다. 34행처럼 파생 클래스 외부에서 직접 접근하면 오류가 발생한다. 만약 color에 접근하고 싶다면 19~22행과 같이 게터를 생성해 사용해야 한다.

TIP • internal은 상속받은 네임스페이스 전체에서 접근이 가능하다. 접근 허용을 많이 하는 액세스 한정자의 순서는 다음과 같다 : public 〉 internal 〉 protected 〉 private.

SELF STUDY 12-2

[소스 12-5]의 3행을 internal 액세스 한정자로 변경하고 34행의 주석을 풀어 실행해보자. 19~22행의 게터는 필요가 없으므로 제거한다.

실행 결과

```
승용차 속도 => 188
승용차 색상 => 빨강
```

메서드 오버라이딩

메서드 오버라이딩(Overriding)은 기본 클래스의 메서드를 파생 클래스에서 재정의하는 것이다. 다음 그림은 메서드 오버라이딩 개념을 잘 보여준다. 트럭은 속도 제한이 없지만, 승용차는 안전상의 이유로 최대 150km로 속도를 제한한다고 가정한 것이다.

TIP • 오버라이딩은 다른 말로 '재정의'라고 부르기도 한다.

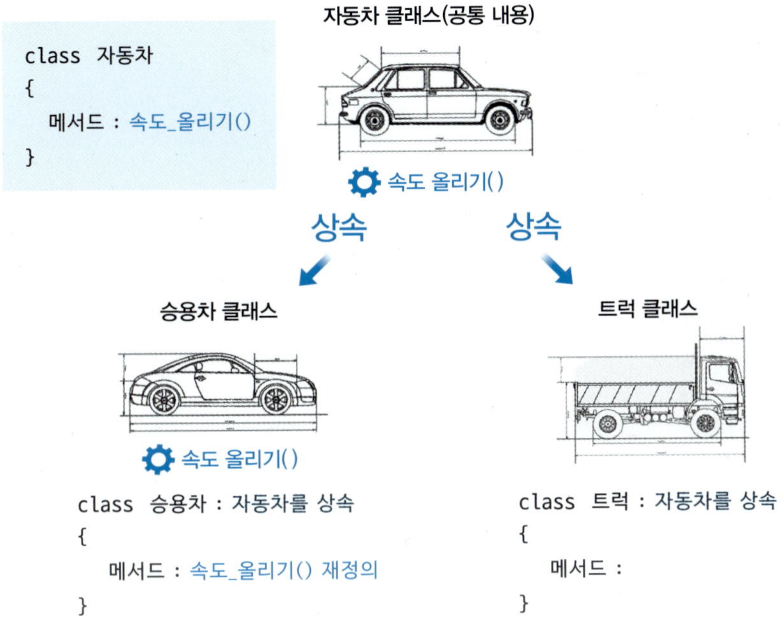

그림 12-5 메서드 오버라이딩의 개념(다른 필드나 메서드는 그림에서 생략)

기본 클래스(자동차)를 상속받은 파생 클래스(승용차, 트럭)는 속도_올리기( ) 메서드를 상속받은 상태이다. 트럭 클래스는 속도 제한이 필요 없으므로 자동차 클래스의 속도_올리기( ) 메서드를 그대로 사용하면 된다. 그런데 승용차 클래스는 속도 제한이 필요한 상황이므로 자동차 클래스의 속도_올리기( ) 메서드와 내용이 달라야 한다. 이럴 때는 그림과 같이 승용차 클래스에서 속도_올리기( ) 메서드를 다시 만들면 된다. 이렇게 기본 클래스에 존재하는 메서드를 파생 클래스에서 다시 만들어 사용하는 것을 오버라이딩 또는 재정의라고 한다.

5 [프로그램 1]의 구현

이제 [그림 12-5]를 그대로 구현해보자.

소스 12-6 메서드 오버라이딩 예 (프로젝트명 : Project12_6)

```
class Car
{
    public int speed;

    public void UpSpeed(int speed)
    {
        this.speed += speed;
        Console.WriteLine("현재 속도(기본 클래스) : {0}km", this.speed);
    }
}

class Sedan : Car
{
    public void UpSpeed(int speed)
    {
        this.speed += speed;
        if (this.speed > 150)
            this.speed = 150;
        Console.WriteLine("현재 속도(파생 클래스) : {0}km", this.speed);
    }
}

class Truck : Car
{
}

internal class Program
{
    static void Main(string[] args)
    {
        Sedan sedan1 = new Sedan();
        Truck truck1 = new Truck();

        Console.Write("승용차 ---> ");
        sedan1.UpSpeed(200);

        Console.Write("트럭 ---> ");
        truck1.UpSpeed(200);
    }
}
```

```
C:\WINDOWS\system32\cmd.exe
승용차 ---> 현재속도(파생 클래스) : 150km
트럭 ---> 현재속도(기본 클래스) : 200km
계속하려면 아무 키나 누르십시오 . . .
```

5~9행에서 기본 클래스(Car)의 UpSpeed( ) 메서드를 만들었다. 14~21행에선 파생 클래스(Sedan)에서 동일한 UpSpeed( ) 메서드를 다시 만들었다. 이후 35행에서 Sedan 인스턴스의 UpSpeed( ) 메서드를 호출하면 14행에서 재정의된 UpSpeed( ) 메서드가 호출된다. 23행의 파생 클래스(Truck)는 기본 클래스(Car)의 메서드를 그대로 상속받는다. 38행에서 Truck 인스턴스의 UpSpeed( ) 메서드를 호출하면 5행의 기본 클래스(Car)의 UpSpeed( ) 메서드가 호출된다.

SELF STUDY 12-3

[소스 12-6]의 기본 클래스에 DownSpeed( ) 메서드를 추가해 오버라이딩해보자. 오버라이딩한 DownSpeed( ) 메서드는 0 미만으로 내려가지 않도록 한다.

실행 결과

```
승용차(200 증가) ---> 현재 속도(파생 클래스) : 150km
승용차(300 감소) ---> 현재 속도(파생 클래스) : 0km
트럭(200 증가) ---> 현재 속도(기본 클래스) : 200km
트럭(300 감소) ---> 현재 속도(기본 클래스) : -100km
```

클래스 상속의 제한

클래스의 상속을 아예 제한하려면 클래스 이름 앞에 **sealed**를 붙이면 된다. 즉, 파생 클래스의 생성을 허용하지 않는 것이다. 생성한 클래스를 변경 없이 그대로 사용하고 싶을 때 사용한다. 간단한 소스 코드로 살펴보자.

여기서 잠깐

기본 클래스의 메서드 호출

파생 클래스에서 기본 클래스의 메서드를 강제로 호출하고 싶다면 base.메서드_이름( ) 형식으로 호출하면 된다. 예를 들어, [소스 12-6]의 15행과 16행 사이에 다음 한 줄을 추가한 뒤 실행하면 Car 클래스의 UpSpeed( ) 메서드가 호출된다.

```
base.UpSpeed(speed);
```

실행 결과

```
승용차 ---> 현재 속도(기본 클래스) : 200km
현재 속도(파생 클래스) : 150km
트럭 ---> 현재속도(기본 클래스) : 200km
```

소스 12-7 클래스 상속의 제한 예 (프로젝트명 : Project12_7)

```
1  sealed class Car
2  {
3     public int speed;
4  }
5
6  // (오류) class Sedan : Car { }
7
8  internal class Program
9  {
10    static void Main(string[] args)
11    {
12    }
13 }
```

실행 결과

없음

1행에서 Car 클래스 앞에 sealed를 붙였으므로, 6행의 상속은 허용되지 않는다.

TIP • sealed가 붙어서 상속이 제한된 클래스는 '봉인 클래스'라고 불리기도 한다.

SECTION 03 추상 클래스

1 추상 클래스의 기본

실제 도로에서는 승용차, 트럭, 전기차 등이 달리고 있지만, '자동차'라는 추상적인 개념은 실제로 도로를 달리는 것이 아니다. 이러한 추상적인 개념의 '자동차'가 추상 클래스의 개념이다. 그래서 추상 클래스(Abstract Class)는 일반 클래스처럼 인스턴스를 생성할 수 없다. 추상 클래스를 사용하려면 파생 클래스에서 추상 클래스를 상속받은 후, 파생 클래스의 인스턴스를 생성해서 사용해야 한다. 다음 그림을 보자.

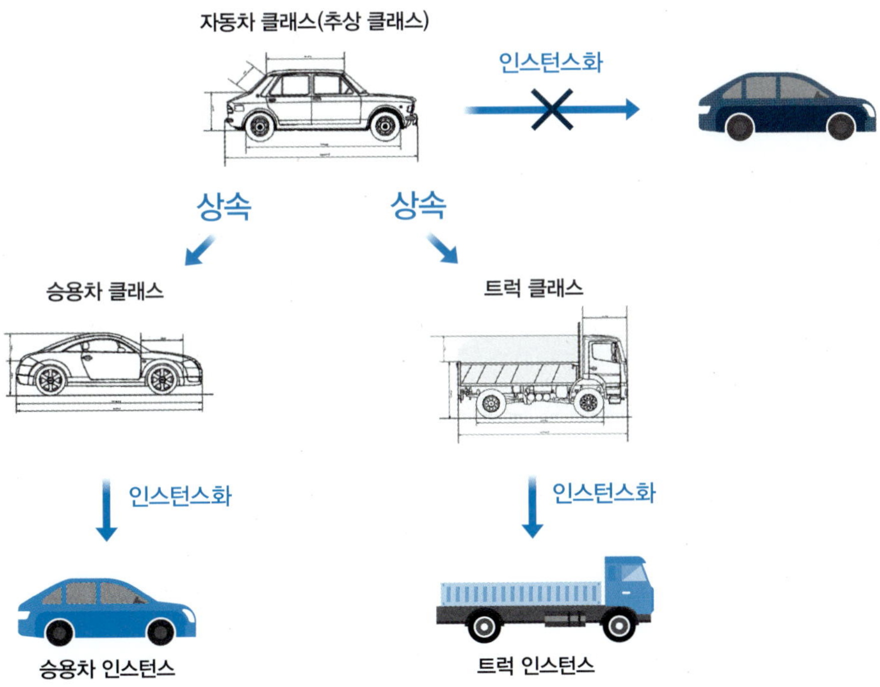

그림 12-6 추상 클래스 개념

자동차 클래스를 추상 클래스로 지정하면 인스턴스를 만들 수 없으며 기본 클래스의 역할만 담당하게 된다. 추상 클래스로 지정할 때는 클래스 이름 앞에 abstract 키워드를 붙이면 된다.

```
abstract class 클래스_이름 {
   // 필드 및 메서드 정의
}
```

2 추상 클래스의 사용

[그림 12-6]과 같이 간단한 추상 클래스를 만들어보자.

소스 12-8 추상 클래스 예 1 (프로젝트명 : Project12_8)

```
abstract class Car
{
    int speed = 0;

    void UpSpeed(int speed)
    {
        this.speed += speed;
    }
}

class Sedan : Car
{
}

class Truck : Car
{
}

internal class Program
{
    static void Main(string[] args)
    {
        // (오류) Car car1 = new Car();
        Sedan sedan1 = new Sedan();
        Console.WriteLine("승용차 인스턴스 생성~~~");
        Truck truck1 = new Truck();
        Console.WriteLine("트럭 인스턴스 생성~~~");
    }
}
```

실행 결과

```
승용차 인스턴스 생성~~~
트럭 인스턴스 생성~~~
```

1행에서 Car 클래스에 abstract를 붙여 추상 클래스로 만들었다. 추상 클래스로 만든 Car 클래스는 더 이상 인스턴스를 생성할 수 없다. 추상적인 개념으로는 자동차를 생산할 수 없으므로 [소스 12-8]에서 Car 클래스를 직접 인스턴스화하지 못하도록 추상 클래스로 만든 것은 적절한 방식이라고 볼 수 있다.

3 추상 메서드

추상 메서드의 개념

추상 메서드(Abstract Method)는 메서드 앞에 **abstract**를 붙인 것이다. 그런데 이 추상 메서드는 본체 코드가 존재하지 않는다. 즉, 본체가 없는 껍데기 메서드라고 보면 된다. 추상 메서드를 만드는 형식은 다음과 같다.

```
abstract 반환형 메서드_이름(파라미터) ;
```

Work( ) 메서드를 예로 들어 추상 메서드를 정의하면 다음과 같다.

```
abstract void Work( ) ;
```

본체 코드가 없다면 추상 메서드의 작동은 어떻게 이루어지는 것일까? 추상 메서드의 목적은 상속받은 파생 클래스에서 오버라이딩해 사용하도록 하는 것이다. 즉 "이 메서드는 이름만 지정해 놓을 테니까, 네가 상속받아서 다시 만들어!"라고 파생 클래스에 요구하는 것과 같다. 기본 클래스를 상속받은 파생 클래스에서는 **override**를 붙여 추상 메서드를 구현할 수 있다.

```
override void Work( )
{
   // 필요한 내용을 구현
}
```

결론적으로, 기본 클래스에서는 추상 메서드로 메서드의 껍데기만 만들어놓고 실제 내용은 각각의 파생 클래스에서 채워넣는다.

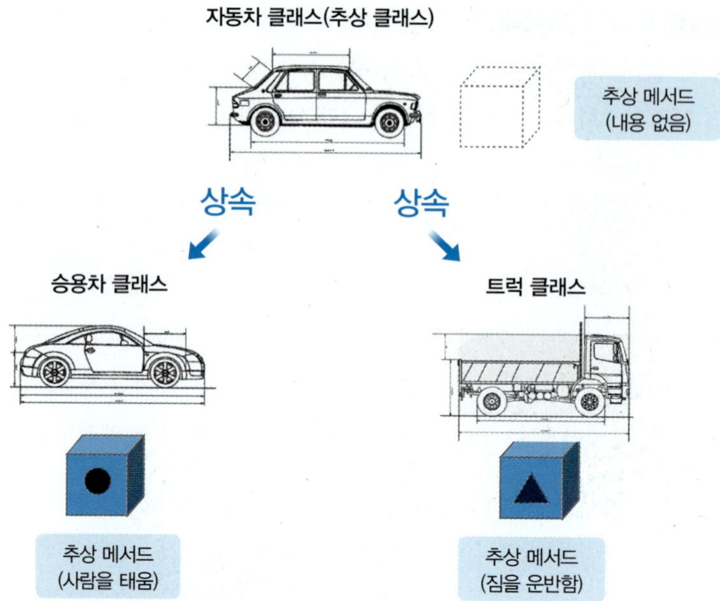

그림 12-7 추상 메서드의 개념

승용차는 사람을 태우는 동작을 하고 트럭은 짐을 싣는 동작을 한다. **동작한다( )**라는 메서드 이름은 동일하지만 실제로 작동하는 내용은 완전히 다르다. 기본 클래스인 자동차 클래스에 서로 다른 내용을 코딩해 놓을 순 없으므로, 자동차 클래스에는 빈 껍데기인 **동작한다( )** 추상 메서드만 만들어놓고 실제 각 클래스에서 오버라이드해 내용을 채우는 방식을 채택하는 것이다.

```
abstract class 자동차        // 추상 클래스
{
  abstract 동작한다() ;       // 추상 메서드
}

class 승용차 : 자동차
{
  override 동작한다()         // 오버라이딩
  {
          /* 사람을 자동차에 태우기 */
  }
}

class 트럭 : 자동차
{
  override 동작한다()         // 오버라이딩
  {
          /* 짐 싣기 */
  }
}
```

참고로 추상 메서드가 하나라도 들어 있는 클래스는 무조건 추상 클래스로 지정해야 한다. 그렇다면, **동작한다( )** 메서드를 기본 클래스에 만들지 말고 파생 클래스인 자동차와 트럭 클래스에서 생성하는 건 어떨까?

물론 그래도 상관 없다. 하지만, 추상 메서드를 만든다는 것은 '자동차 클래스를 상속받은 파생 클래스는 반드시 **동작한다( )** 메서드를 만들어야 한다'는 의미를 내포하고 있다. 즉, 추상 클래스의 상속을 받은 파생 클래스는 추상 메서드를 오버라이드하지 않으면 문법적인 오류가 발생한다. 그러므로 모든 추상 메서드를 반드시 오버라이드해서 그 내용을 다시 의무적으로 채워야 한다.

추상 메서드의 구현

이번엔 앞에서 설명한 내용을 소스 코드로 구현해보자.

소스 12-9 추상 클래스 예 2 (프로젝트명 : Project12_9)

```
abstract class Car
{
    int speed = 0;

    public void UpSpeed(int speed)
    {
        this.speed += speed;
    }

    public abstract void Work();
}

class Sedan : Car
{
    public override void Work()
    {
        Console.WriteLine("승용차가 사람을 태우고 있습니다.");
    }
}

class Truck : Car
{
    public override void Work()
    {
        Console.WriteLine("트럭이 짐을 싣고 있습니다.");
    }
}

internal class Program
```

```
30 {
31     static void Main(string[] args)
32     {
33         Sedan sedan1 = new Sedan();
34         sedan1.Work();
35         Truck truck1 = new Truck();
36         truck1.Work();
37 
38         truck1.UpSpeed(200);
39     }
40 }
```

실행 결과

```
승용차가 사람을 태우고 있습니다.
트럭이 짐을 싣고 있습니다.
```

10행의 Work( ) 메서드를 추상 메서드로 지정했다. 이로 인해, 1행의 Car 클래스는 반드시 추상 클래스로 지정해야 한다. 15~18행과 23~26행은 파생 클래스에서 추상 메서드를 오버라이딩했다. 추상 메서드를 오버라이딩하지 않으면 오류가 발생하므로 반드시 오버라이딩해야 한다. 그리고 각각의 파생 클래스에 필요한 내용으로 메서드를 채웠다. 34, 36행에서는 오버라이딩된 메서드를 호출했다. 한 가지 기억할 점은, 추상 클래스에는 필드, 일반 메서드, 추상 메서드가 모두 존재할 수 있다는 점이다. 그래서 38행에 있는 기본 클래스에서 상속받은 일반 메서드를 사용할 수 있다. 또한 추상 클래스는 인스턴스화할 수 없다는 것도 잊지 말자.

SELF STUDY 12-4

[소스 12-9]에서 UpSpeed( )를 추상 메서드로 만들고 오버라이딩해보자. 오버라이딩시킬 때 Sedan 클래스의 최대 속도는 150km, Truck 클래스의 최대 속도는 130km로 제한한다.

힌트 코드를 간결히 하기 위해 Work( ) 메서드와 관련된 코드는 제거한다.

실행 결과

```
승용차 속도(300가속) => 150
트럭 속도(300가속) => 130
```

4 [프로그램 2]의 완성

이제 두 번째 프로그램인, 추상 클래스와 터틀 그래픽을 활용해 선 또는 사각형을 그리는 거북이를 만들어보자. 우선 도형(Figure) 추상 클래스를 기본 클래스로 해서, 이를 상속받는 선(Line) 및 사각형(Rectangle) 클래스를 만든다. 화면에서 마우스를 다운 / 업하면 두 좌표 사이에 거북이가 선 또는 사각형 인스턴스를 생성하고, 각 인스턴스의 DrawLine( ) 메서드를 호출해 선 또는 사각형을 그리도록 한다. 프로젝트는 **Project12_10**으로 지정한다.

TIP • 이 프로젝트는 터틀 그래픽을 사용할 윈폼 화면 및 코드를 준비해야 한다. 162쪽 [실습 4-1] 과정을 그대로 반복하되, 프로젝트 이름만 변경하면 된다.

다음과 같이 화면을 구성한다. 기존 터틀 그래픽의 〈그리기〉 버튼은 필요 없으니 삭제하고, RadioButton 2개를 GroupBox로 묶는다.

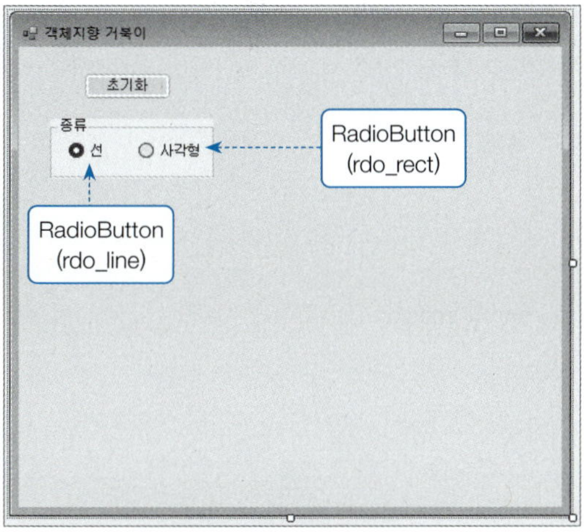

그림 12-8 객체지향 거북이 디자인 화면

[Form1] 창에 MouseDown 및 MouseUp 이벤트 메서드를 추가한다. 그리고, 다음과 같이 소스 코드를 작성한다.

소스 12-10 객체지향 거북이 (프로젝트명 : Project12_10)

```
public partial class Form1 : Form
{
    int startX, startY, endX, endY;

    private void btn_init_Click(object sender, EventArgs e)
    {
        Turtle.Reset();
    }

    public Form1()
    {
        InitializeComponent();
    }

    private void Form1_MouseDown(object sender, MouseEventArgs e)
```

```
    {
        startX = e.X;
        startY = e.Y;
        startX = startX - ClientSize.Width / 2;
        startY = ClientSize.Height / 2 - startY;
    }

    private void Form1_MouseUp(object sender, MouseEventArgs e)
    {
        endX = e.X;
        endY = e.Y;
        endX = endX - ClientSize.Width / 2;
        endY = ClientSize.Height / 2 - endY;

        if (rdo_line.Checked)
        {
            Line line1 = new Line(startX, startY, endX, endY);
            line1.DrawLine();
        }
        else
        {
            Rectangle rect1 = new Rectangle(startX, startY, endX, endY);
            rect1.DrawLine();
        }
    }
}

abstract class Figure
{
    public int x1, y1, x2, y2;          // 클릭한 두 좌표
    abstract public void DrawLine();
}

class Line : Figure
{
    public Line(int x1, int y1, int x2, int y2)
    {
        this.x1 = x1;
        this.y1 = y1;
        this.x2 = x2;
        this.y2 = y2;
    }
    public override void DrawLine()
    {
        Turtle.PenUp();
```

```
        Turtle.MoveTo(x1, y1);

        Turtle.PenColor = Color.Red;
        Turtle.PenDown();
        Turtle.MoveTo(x2, y2);
    }
}

class Rectangle : Figure
{
    public Rectangle(int x1, int y1, int x2, int y2)
    {
        this.x1 = x1;
        this.y1 = y1;
        this.x2 = x2;
        this.y2 = y2;
    }
    public override void DrawLine()
    {
        Turtle.PenUp();
        Turtle.MoveTo(x1, y1);

        Turtle.PenColor = Color.Green;
        Turtle.PenDown();
        Turtle.MoveTo(x1, y2);
        Turtle.MoveTo(x2, y2);
        Turtle.MoveTo(x2, y1);
        Turtle.MoveTo(x1, y1);
    }
}
```

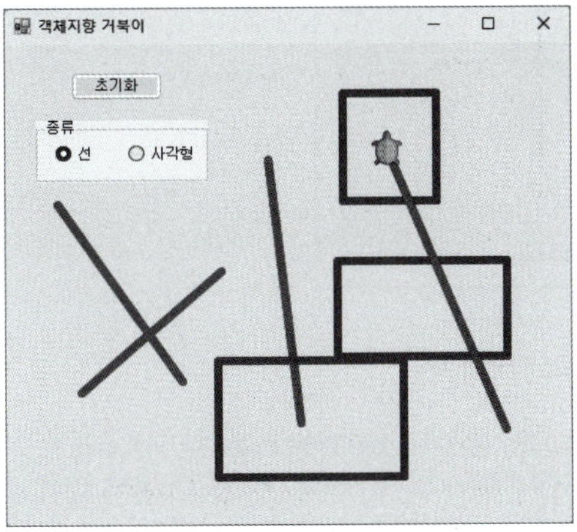

우선 43행의 Figure 클래스를 살펴보자. 이 클래스는 추상 클래스로 지정됐으며, 46행에서 추상 메서드 **DrawLine( )**을 선언했다. Figure 클래스를 상속받은 49행의 Line 클래스와 69행의 Rectangle 클래스에서는 DrawLine( ) 메서드를 오버라이딩해 내용을 채웠다. DrawLine( ) 메서드의 내용은 거북이가 45행의 기본 클래스에서 선언된 좌표에 해당하는 선 및 사각형을 그리는 것이다. 각 좌표는 파생 클래스의 생성자인 51~57행과 71~77행에서 파라미터로 전달받아 필드에 대입한다. 58~66행의 Line 클래스의 DrawLine( ) 메서드는 거북이가 (x1, y1)과 (x2, y2) 좌표 사이에 빨간색 선을 그리게 한다. 78~89행의 Rectangle 클래스의 DrawLine( ) 메서드는 거북이가 (x1, y1), (x1, y2), (x2, y2), (x2, y1) 좌표에 초록색 선으로 네모를 그리게 한다.

15~21행의 마우스 다운 메서드는 마우스로 클릭한 시작점과 끝점을 가진다. 23~40행의 마우스 업 이벤트 메서드에서는 끝점의 좌표를 구한 후, 30~39행에서 RadioButton의 선이 선택되어 있으면 32행에서 선 인스턴스를 생성하고, 선의 DrawLine( ) 메서드를 호출한다. RadioButton의 사각형이 선택되어 있으면 37행에서 사각형 인스턴스를 생성하고, 사각형의 DrawLine( ) 메서드를 호출한다.

여기서 잠깐

윈폼 좌표계와 터틀 그래픽의 좌표계

윈폼의 좌표계와 터틀 그래픽의 좌표계는 다음 그림과 같이 차이점이 있다. 윈폼은 화면의 좌측 상단이 원점이고, 터틀 그래픽은 화면의 중앙이 원점이다.

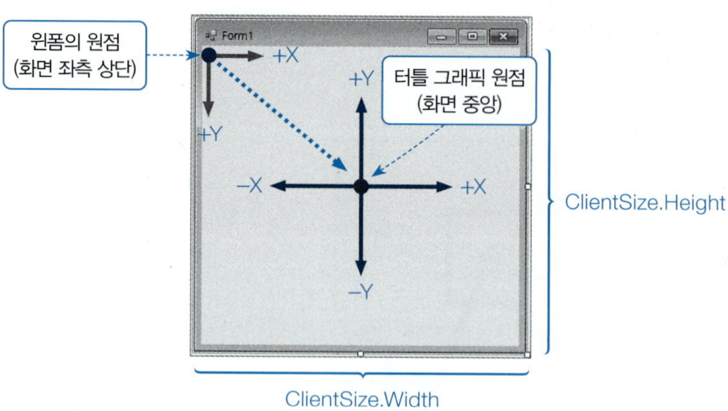

그림 12-9 윈폼의 원점과 터틀 그래픽의 원점의 변환 방식

마우스로 클릭한 좌표는 윈폼의 좌표이므로, 터틀 그래픽으로 변경하려면 [소스 12-10]과 같이 약간 수정해야 한다. X좌표는 19행처럼 X좌표에서 클라이언트 창의 폭을 2로 나눈 값을 빼면 되고, Y좌표는 윈폼과 터틀 그래픽의 방향이 반대이므로 20행처럼 클라이언트 창의 높이를 2로 나눈 값에서 Y좌표를 빼면 된다.

SECTION

04 인터페이스

추상 클래스는 추상 메서드뿐 아니라 필드, 속성, 일반 메서드, 생성자 등을 모두 가질 수 있다. 일반 클래스와 다른 점은 추상 클래스로 직접 인스턴스를 만들지 못하고 상속한 후 사용할 수 있다는 점뿐이다. 인터페이스도 추상 클래스와 비슷한 개념이다.

1 인터페이스의 개념

인터페이스는 추상 클래스와 마찬가지로 인스턴스를 직접 생성할 수 없다. 다른 점이라면 속성, 추상 메서드는 가질 수 있지만 필드, 일반 메서드, 생성자 등은 가질 수 없다는 점이다. 또한, 추상 메서드는 abstract나 액세스 한정자를 붙이지 않고, 반환형과 메서드 이름만 표현한다.

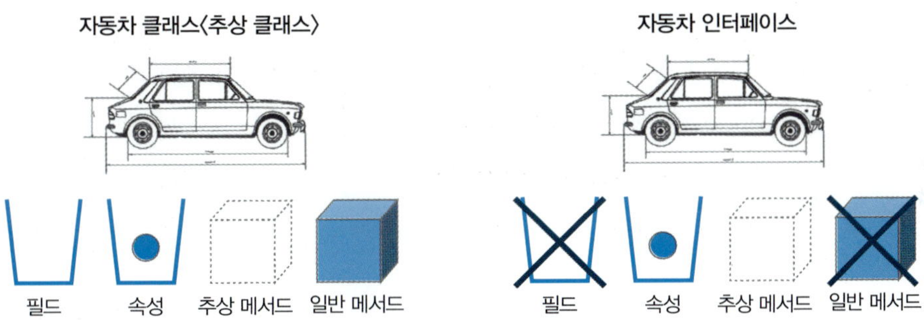

그림 12-10 추상 클래스와 인터페이스의 비교

인터페이스의 형태는 다음과 같다. 인터페이스는 class 키워드 대신 **interface** 키워드를 사용한다.

```
interface 인터페이스_이름 {
   // 속성 및 추상 메서드 정의
}
```

자동차 인터페이스를 사용한다면 다음과 같이 구현할 수 있다. 기본 클래스를 상속 받기 위해서 : 기호를 사용하는 것과 동일하다.

```
interface 자동차
{
  동작한다() ; // 추상 메서드. 단, abstract 용어는 사용 안 함
}

class 승용차 : 자동차
{
  동작한다()  // 오버라이딩. 단, override 용어는 사용 안 함
  {
          /* 사람을 태우는 동작을 코딩 */
  }
}

class 트럭 : 자동차
{
  동작한다()  // 오버라이딩. 단, override 용어는 사용 안 함
  {
          /* 짐을 싣는 동작을 코딩 */
  }
}
```

인터페이스를 구현하는 것과 추상 클래스를 상속받는 것은 별 차이가 없지만, 인터페이스의 추상 메서드에는 abstract나 public 같은 액세스 한정자를 사용하지 않는다. 그리고 인터페이스는 상속받은 파생 클래스에서 추상 메서드를 구현할 때 override 용어를 사용하지 않는다.

TIP • 인터페이스에 들어가는 메서드는 추상 메서드밖에 없어서 abstract가 생략된다. 또한, 인터페이스는 클래스처럼 '상속받는다'라고 표현하기보다는 '구현한다(Implement)'라고 표현한다.

2 인터페이스의 구현

[소스 12-9]를 인터페이스로 변경해서 구현해보자. 인터페이스의 이름으로는 인터페이스를 의미하는 **대문자 I(아이)**를 앞에 붙이는 것이 일반적이다.

소스 12-11 인터페이스 예 (프로젝트명 : Project12_11)

```
interface ICar
{
   void Work();
}

class Sedan : ICar
{
```

```
8       public void Work()
9       {
10          Console.WriteLine("승용차가 사람을 태우고 있습니다.");
11      }
12  }
13
14  class Truck : ICar
15  {
16      public void Work()
17      {
18          Console.WriteLine("트럭이 짐을 싣고 있습니다.");
19      }
20  }
21
22  internal class Program
23  {
24      static void Main(string[] args)
25      {
26          Sedan sedan1 = new Sedan();
27          sedan1.Work();
28          Truck truck1 = new Truck();
29          truck1.Work();
30      }
31  }
```

실행 결과

```
승용차가 사람을 태우고 있습니다.
트럭이 짐을 싣고 있습니다.
```

1행에서 인터페이스를 만들었다. 인터페이스의 이름은 ICar로 지정했다. 3행에서 추상 메서드를 만들었지만 abstract는 사용하지 않는다. 6행과 14행에서 클래스를 상속받는 : 기호를 동일하게 사용했다. 8행과 16행에서는 파생 클래스에서 추상 메서드를 구현할 때 override 문을 사용하지 않았다.

그런데 이런 경우라면 추상 클래스를 사용해도 충분할 듯한데 굳이 인터페이스를 사용하는 이유는 뭘까? 이어서 배울 다중 상속에서 그 이유를 알 수 있다.

3 다중 상속

다중 상속이란 여러 개의 클래스에서 상속받는 것을 의미한다. 다음 그림은 다중 상속을 표현한 것이다.

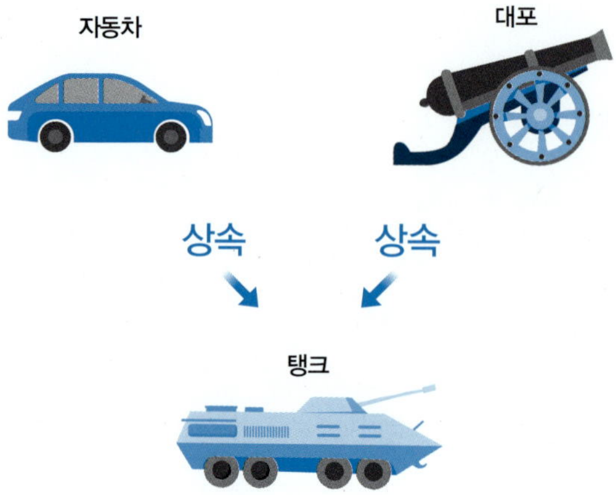

그림 12-11 다중 상속의 개념

탱크는 자동차처럼 움직이기도 하며, 대포처럼 포탄을 발사하는 기능도 가지고 있다.

```
탱크 = 자동차 + 대포
```

이때 기본 클래스인 자동차와 대포 2개를 이용해 파생 클래스인 탱크를 만드는 것이 다중 상속이다. 즉, 여러 개의 기본 클래스를 통해 1개의 서버 클래스를 만드는 것이다. 이를 소스 코드로 표현하면 다음과 같다.

```
class 자동차
{
  동작한다();
}

class 대포
{
  발사한다();
}

class 탱크 : 자동차, 대포
{
  동작한다()  // 오버라이딩
  {
             // 탱크가 움직이는 코드를 구현
  }
  발사한다()  // 오버라이딩
  {
             // 탱크에서 대포를 발사하는 코드를 구현
  }
}
```

이처럼 탱크가 클래스 2개를 상속받도록 구현하면 좋겠지만 C#은 다중 상속을 허용하지 않는다. 이에 대한 대안이 바로, 인터페이스이다. 탱크 클래스를 인터페이스로 구현하면 다음과 같다.

```
interface 자동차
{
  동작한다();
}

interface 대포
{
  발사한다();
}

class 탱크 : 자동차, 대포
{
  동작한다()  // 오버라이딩
  {
             // 탱크가 움직이는 코드를 구현
  }
  발사한다()  // 오버라이딩
  {
             // 탱크에서 대포를 발사하는 코드를 구현
  }
}
```

다중 상속을 완전한 C# 소스 코드로 만들어보자.

소스 12-12 다중 상속의 예 (프로젝트명 : Project12_12)

```
interface ICar
{
   void Run();
}

interface ICannon
{
   void Fire();
}

class Tank : ICar, ICannon
{
   public void Run()
```

```
14     {
15         Console.WriteLine("탱크가 앞으로 굴러갑니다.");
16     }
17
18     public void Fire()
19     {
20         Console.WriteLine("탱크에서 대포를 발사합니다.");
21     }
22 }
23
24
25 internal class Program
26 {
27     static void Main(string[] args)
28     {
29         Tank tank1 = new Tank();
30         tank1.Run();
31         tank1.Fire();
32     }
33 }
```

실행 결과

```
탱크가 앞으로 굴러갑니다.
탱크에서 대포를 발사합니다.
```

1~4행, 6~9행에서 ICar, ICannon 인터페이스를 만들었다. 두 인터페이스에는 각각의 추상 메서드를 선언했다. 11행에서 Tank 클래스는 2개의 인터페이스를 다중 상속 개념으로 구현했다. 13행과 18행에서는 추상 메서드를 완성했다. 29행에서는 탱크 인스턴스를 생성하고 30, 31행에서 메서드를 호출한다.

SELF STUDY 12-5

[소스 12-12]에 기관총(IMachineGun) 인터페이스를 추가하고 그 안에 Shoot( ) 추상 메서드도 추가해보자. 그리고 탱크 클래스에 추가로 다중 상속시키도록 한다.

실행 결과

```
탱크가 앞으로 굴러갑니다.
탱크에서 대포를 발사합니다.
탱크에서 기관총을 쏩니다.
```

일반 클래스, 추상 클래스, 인터페이스의 비교

지금까지 배운 일반 클래스, 추상 클래스, 인터페이스를 전체적으로 비교하면 다음과 같다.

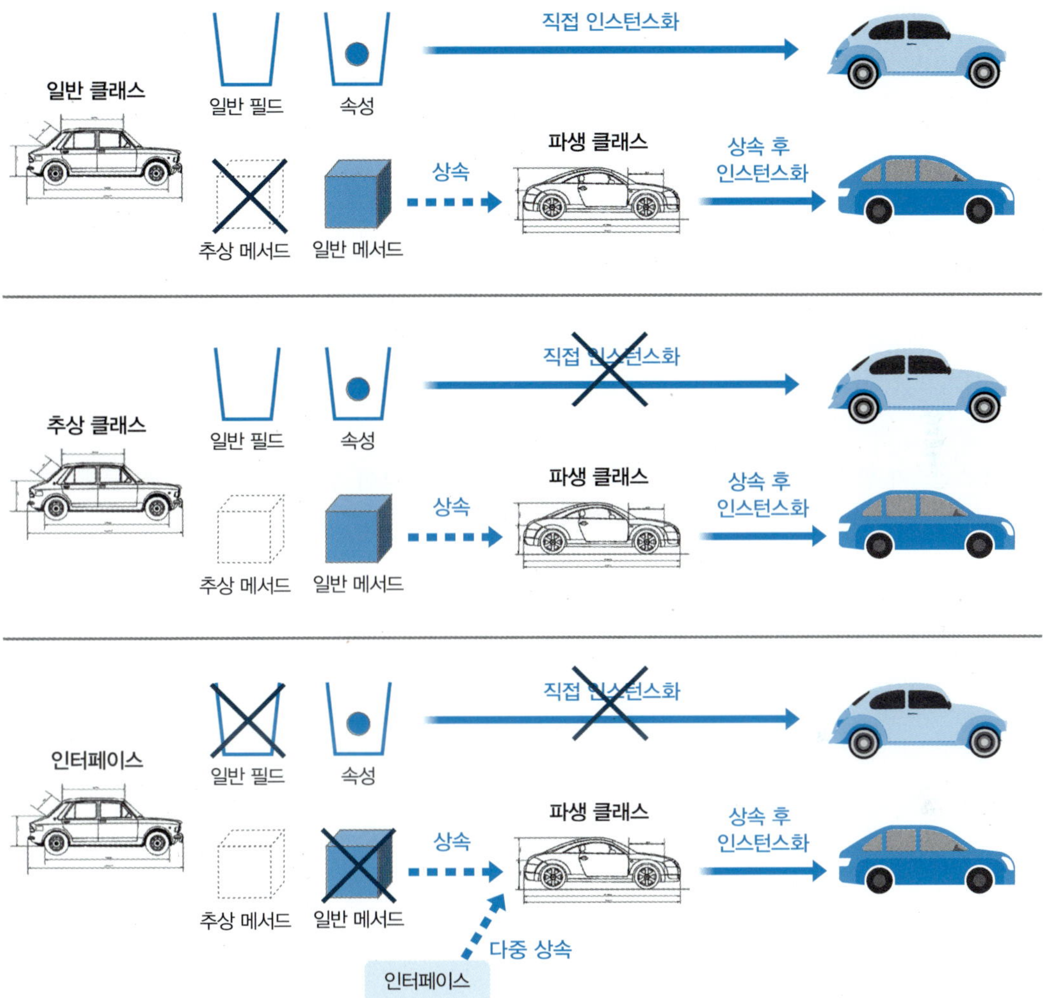

그림 12-12 일반 클래스, 추상 클래스, 인터페이스 비교

일반 클래스는 추상 메서드를 제외한 모든 내용을 포함할 수 있고, 직접 인스턴스도 만들 수 있으며 상속을 통해서도 인스턴스를 만들 수 있다.

TIP • 추상 메서드가 들어간 클래스는 추상 클래스가 되어야 하므로, 일반 클래스에는 추상 메서드가 있으면 안 된다.

추상 클래스는 추상 메서드를 포함한 모든 내용을 포함할 수 있지만, 직접 인스턴스를 만들 순 없다. 반드시 파생 클래스에서 상속을 받은 후 인스턴스로 만들어야 한다.

인터페이스는 추상 메서드와 속성만 허용된다. 역시 직접 인스턴스를 만들 수 없으며 파생 클래스에서 상속을 받은 후 만들어야 한다. 인터페이스는 다중 상속이 가능하다.

요약

1 클래스의 상속(Inheritance)은 기존의 클래스가 가지고 있는 필드와 메서드를 그대로 물려받는 새로운 클래스를 만드는 것을 말한다.

2 상속을 구현하기 위한 문법은 : 기호를 사용한다.

```
class 파생_클래스 : 기본_클래스
{
    // 이곳에 파생 클래스의 내용을 코딩
}
```

3 인스턴스가 생성되면 자동으로 먼저 기본 클래스의 생성자 내용이 실행되고, 그다음 파생 클래스의 생성자 내용이 호출된다.

4 기본 클래스의 필드와 메서드는 기본적으로 파생 클래스에 상속된다. 하지만, 기본 클래스 중에서 일부를 파생 클래스로 상속하지 않으려면 private 접근 제한 지정자를 사용하면 된다.

5 상속은 되지만 상속 받은 파생 클래스 외에서는 접근되지 않도록 설정하는 것은 protected 접근 제한 지정자이다. 즉, protected는 상속받은 파생 클래스에서만 접근이 가능하다.

6 메서드 오버라이딩(Overriding)은 상위 클래스의 메서드를 하위 클래스에서 재정의하는 것을 말한다.

```
class 자동차
{
    메서드 : 속도_올리기()
}
```

자동차 클래스(공통 내용)

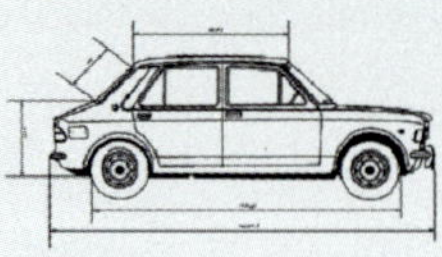

속도 올리기()

상속 상속

승용차 클래스

속도 올리기()

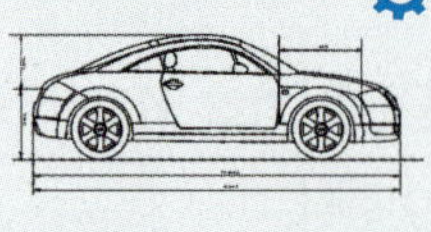

트럭 클래스

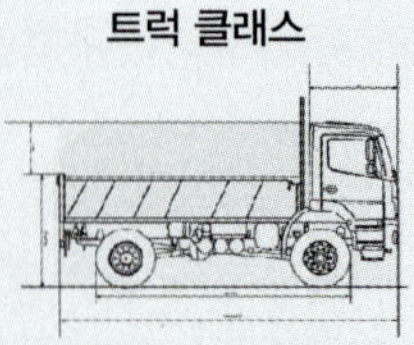

```
class 승용차 : 자동차를 상속
{
    메서드 : 속도_올리기() 재정의
}
```

```
class 트럭 : 자동차를 상속
{
    메서드 :
}
```

7 클래스의 상속을 아예 제한하려면 클래스 이름 앞에 sealed를 붙이면 된다. 즉, 파생 클래스의 생성을 허용하지 않는 것이다.

8 추상 클래스(Abstract Class)는 일반 클래스처럼 인스턴스를 생성할 수 없다. 추상 클래스를 사용하려면 먼저 파생 클래스에서 추상 클래스를 상속받은 후에, 파생 클래스의 인스턴스를 생성해서 사용해야 한다.

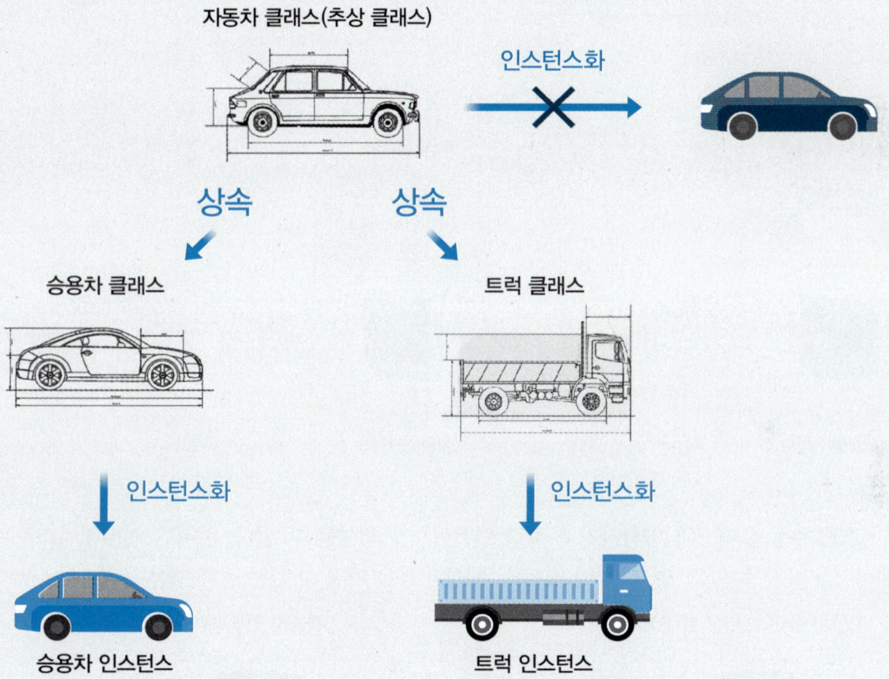

요약

9 추상 메서드(Abstract Method)는 메서드 앞에 abstract를 붙인 것이다. 그런데, 이 추상 메서드는 본체 코드가 존재하지 않는다. 추상 메서드의 목적은 상속받은 파생 클래스에서 오버라이딩해서 사용하도록 하는 것에 있다.

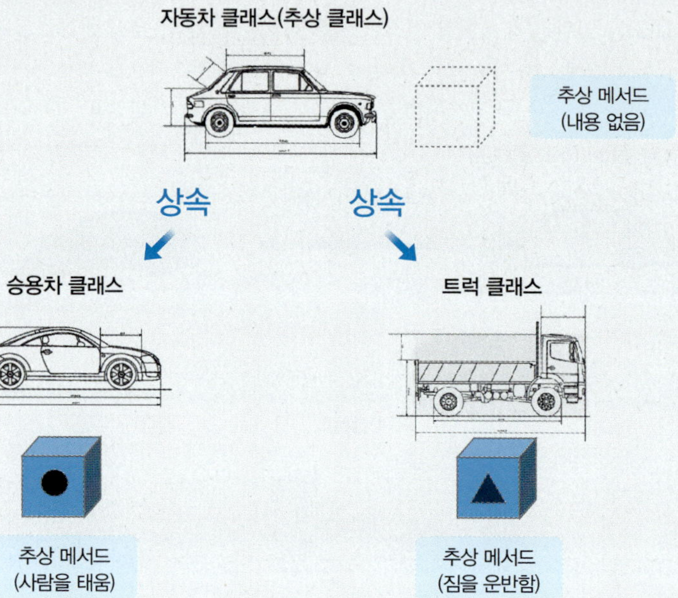

10 인터페이스도 추상 클래스와 마찬가지로 직접 인스턴스를 생성할 수 없다. 하지만 인터페이스는 속성, 추상 메서드를 가질 수 있고, 필드, 일반 메서드, 생성자 등은 가질 수 없는 점이 추상 클래스와 다르다.

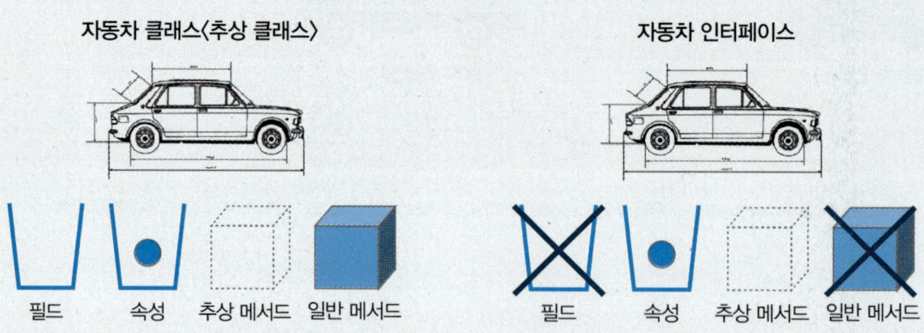

11 인터페이스는 class 키워드 대신에 interface 키워드를 사용한다.

```
interface 인터페이스_이름 {
   // 속성 및 추상 메서드 정의
}
```

12 다중 상속이란 여러 개의 클래스에서 상속받는 것을 의미한다. 다중 상속을 위해서는 인터페이스를 사용해야 한다.

13 다중 상속의 예제 소스 코드는 다음과 같다.

```
interface ICar
{
        void Run();
}

interface ICannon
{
        void Fire();
}

class Tank : ICar, ICannon
{
        public void Run()
        {
           // Run() 재정의
        }

        public void Fire()
        {
           // Fire() 재정의
        }
}
```

연습문제

1 다음 중 객체지향에서 의미하는 '상속'의 영문명을 고르세요.

① Succession ② Heredity

③ Instance ④ Inheritance

2 다음은 자동차(Car) 클래스를 상속받는 파생 클래스인 스포츠카(Sports)와 경차(Mini)를 생성하는 소스 코드입니다. 빈칸에 알맞은 코드를 적어보세요.

```
class [ ❶ ]
{
}
class Sports [ ❷ ]
{
}
class Mini [ ❸ ]
{
}
```

3 다음의 소스 코드를 실행하면 출력되는 결과로 알맞은 것을 고르세요.

```
class Car
{
      public Car() { Console.Write("AAA "); }
}
class Sedan : Car
{
      public Sedan() { Console.Write("BBB "); }
}
internal class Program
{
      static void Main(string[] args)
      {
         Sedan s1 = new Sedan();
      }
}
```

① AAA ② BBB

③ AAA BBB ④ 아무것도 출력되지 않음

4 다음의 소스 코드를 실행하면 화면에 무엇이 출력되는지 적어보세요.

```
class Car
{
        public Car() { Console.Write("AAA "); }
}
class Sedan : Car
{
        public Sedan() { Console.Write("BBB "); }
}
internal class Program
{
        static void Main(string[] args)
        {
            Sedan s1 = new Sedan();
        }
}
```

5 다음 중 필드나 메서드의 상속을 제한하기 위해 사용되는 액세스 한정자로 알맞은 것을 고르세요.

① public
② private
③ protected
④ internal

6 다음 중 메서드 오버라이딩에 대한 설명으로 알맞은 것을 고르세요.

① 기본 클래스의 메서드를 파생 클래스에 재정의하는 것을 말한다.
② 파생 클래스의 메서드를 기본 클래스에 재정의하는 것을 말한다.
③ 기본 클래스의 메서드를 다시 기본 클래스에 재정의하는 것을 말한다.
④ 파생 클래스의 메서드를 다시 파생 클래스에 재정의하는 것을 말한다.

7 다음에 제시된 설명 중 틀린 것을 고르세요.

① 파생 클래스의 생성을 허용하지 않으려면 클래스 이름 앞에 sealed를 붙여야 한다.
② 추상 클래스를 만들려면 클래스 이름 앞에 abstract를 붙여야 한다.
③ 추상 메서드를 만들려면 메서드 이름 앞에 abstract를 붙여야 한다.
④ 추상 메서드를 재정의하려면 파생 클래스에 redefine을 붙여야 한다.

연습문제

8 다음 중 인터페이스에 포함할 수 있는 것 두 가지를 고르세요.

① 필드　　② 속성

③ 추상 메서드　　④ 일반 메서드

9 다음 중 인터페이스를 사용하는 목적에 가장 가까운 것을 고르세요.

① 접근 제한　　② 게터, 세터의 사용

③ 상속의 제한　　④ 다중 상속

10 **심화문제** [프로그램 2]에 별 모양 그리기도 추가해봅니다. 별의 시작점은 마우스를 누르고 뗀 두 점의 중심으로 하며, 별의 한 변의 길이는 두 점의 거리로 합니다.

힌트 처음 각도를 18도로 두고 그린 후, 144도씩 회전해 가면서 그리면 별 모양이 된다.

실행 결과

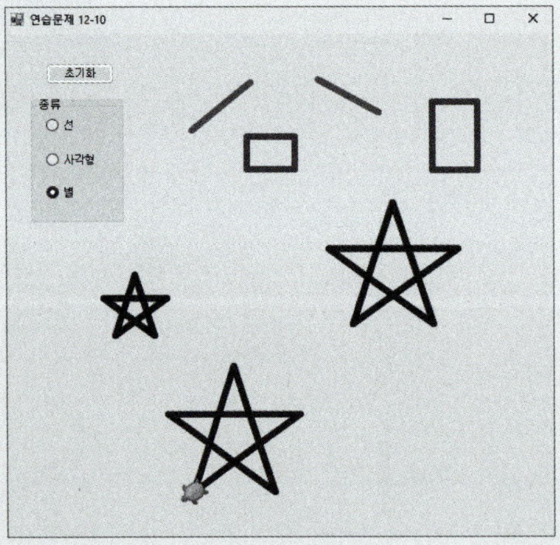

응용예제 21 다중 상속

난이도★★☆☆☆

예제 설명 포유류(Mammal)와 물고기(Fish), 두 가지의 기본 클래스가 필요한 고래(Whale) 클래스를 만들어보자. 이번 예제는 클래스와 인터페이스를 동시에 상속하는 방법을 적용한다.

실행 결과

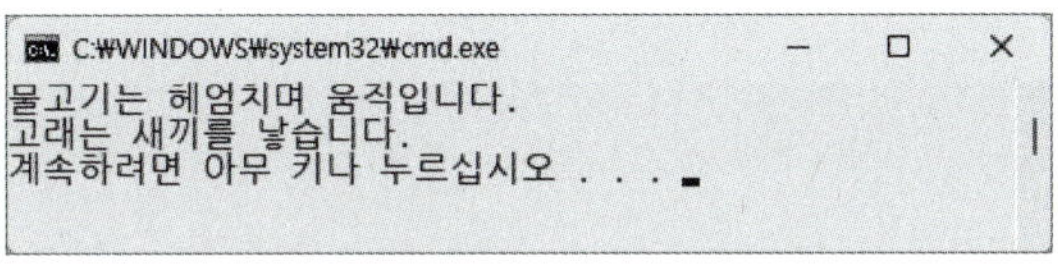

소스 코드

```
interface Mammal      // 포유류
{
    void Bear();      // 새끼를 낳음
}

abstract class Fish   // 물고기
{
    public void Swim()
    {
        Console.WriteLine("물고기는 헤엄치며 움직입니다.");
    }
}

class Whale : Fish, Mammal
{
    public void Bear()
    {
        Console.WriteLine("고래는 새끼를 낳습니다.");
    }
}

internal class Program
{
    static void Main(string[] args)
    {
        Whale whale1 = new Whale();

        whale1.Swim();
        whale1.Bear();
    }
}
```

코드 설명

1~4행	포유류 인터페이스를 정의하고 추상 메서드 Bear( )를 선언했다.
6~12행	물고기 추상 클래스를 정의하고 메서드 Swim( )을 정의했다.
14~20행	추상 클래스와 인터페이스를 다중 상속받는 고래 클래스를 정의했다.
16~19행	Bear( ) 메서드를 오버라이딩했다.
26행	고래 인스턴스를 생성했다.
28, 29행	고래 인스턴스의 메서드를 호출했다.

응용예제 22 객체지향 그림판 프로그램

난이도★★★★☆

예제 설명 이번에 만들 프로그램은 마우스로 사각형 및 원을 그리는 그림판이다. 마우스 왼쪽 버튼으로는 사각형을 그리고, 오른쪽 버튼으로는 타원형을 그린다. 이번 프로그램은 객체지향 프로그래밍의 최종판으로, 클래스의 상속, 추상 메서드, 생성자 등을 적극 활용해 소스 코드를 작성해본다.

실행 결과

소스 코드

```
public partial class Form1 : Form
{
    public Form1()
    {
        InitializeComponent();
    }

    int startX, startY, endX, endY;
    private void Form1_MouseDown(object sender, MouseEventArgs e)
    {
        startX = e.X;
        startY = e.Y;
    }

    private void Form1_MouseUp(object sender, MouseEventArgs e)
    {
        endX = e.X;
        endY = e.Y;

        if (startX > endX)
```

```
        {
            int tmp = startX;
            startX = endX;
            endX = tmp;
        }

        if (startY > endY)
        {
            int tmp = startY;
            startY = endY;
            endY = tmp;
        }

        if (e.Button == MouseButtons.Left)
        {
            CookRectangle rect1 = new CookRectangle(startX, startY, endX, endY, this);
            rect1.DrawShape();
        } else if (e.Button == MouseButtons.Right)
        {
            CookCircle circle1 = new CookCircle(startX, startY, endX, endY, this);
            circle1.DrawShape();
        }
    }
}

abstract class Shape
{
    public Color color;
    public int pSize;
    public int x1, y1, x2, y2;

    abstract public void DrawShape();
}

class CookRectangle : Shape
{
    Form baseForm;
    public CookRectangle(int x1, int y1, int x2, int y2, Form form)
    {
        this.x1 = x1;
        this.y1 = y1;
        this.x2 = x2;
        this.y2 = y2;
```

```

        Random rnd = new Random();
        pSize = rnd.Next(1, 15);
        byte r = (byte)rnd.Next(0, 256);
        byte g = (byte)rnd.Next(0, 256);
        byte b = (byte)rnd.Next(0, 256);
        color = Color.FromArgb(r, g, b);

        baseForm = form;
    }

    override public void DrawShape()
    {
        Graphics g = baseForm.CreateGraphics();
        g.DrawRectangle(new Pen(color, pSize), new Rectangle(x1, y1, x2 - x1,
        y2 - y1));
    }
}

class CookCircle : Shape
{
    Form baseForm;
    public CookCircle(int x1, int y1, int x2, int y2, Form form)
{
        this.x1 = x1;
        this.y1 = y1;
        this.x2 = x2;
        this.y2 = y2;

        Random rnd = new Random();
        pSize = rnd.Next(1, 15);
        byte r = (byte)rnd.Next(0, 256);
        byte g = (byte)rnd.Next(0, 256);
        byte b = (byte)rnd.Next(0, 256);
        color = Color.FromArgb(r, g, b);

        baseForm = form;
    }

    override public void DrawShape()
    {
        Graphics g = baseForm.CreateGraphics();
        g.DrawArc(new Pen(color, pSize), x1, y1, x2 - x1, y2 - y1, 0, 360);
    }
}
```

코드 설명

8행	마우스로 입력받을 두 점의 좌표 변수를 준비했다.
9~13행	마우스를 다운하면 시작점을 저장한다.
15~43행	마우스를 업하면 일단 17, 18행에서 끝점을 저장한다. 20~32행은 시작점을 작은 값으로 변경한다. 34~42행은 마우스 왼쪽 버튼을 사용했다면 사각형 클래스의 인스턴스를 만들고 DrawShape( ) 메서드를 호출한다. 마우스 오른쪽 버튼을 사용했다면 원 클래스의 인스턴스를 만들고 DrawShape( ) 메서드를 호출한다.
46~53행	도형의 공통적인 색상, 선 두께, 좌표 4개의 필드를 준비하고 DrawShape( ) 이름의 추상 메서드를 준비했다.
55~80행	Shape 클래스를 상속받는 사각형 클래스를 정의한다. 57행의 baseForm은 메인 클래스의 폼을 전달받기 위해 준비했다. 58~73행은 생성자로 시작점, 끝점 및 윈도폼을 파라미터로 받는다. 72행에서 전달받은 폼을 전역 변수에 대입한다. 75~79행은 화면에 사각형을 그린다. 77행에서 baseForm.CreateGraphics( ) 메서드를 호출해야 화면에 도형을 그릴 수 있다.
82~107행	CookRectangle과 거의 비슷한 클래스지만, 타원을 그려준다.

CHAPTER 13

데이터베이스

학습목표

- 데이터베이스 개념을 익힌다.
- SQL Server의 사용법과 SQL 문을 배운다.
- 데이터베이스를 연동하는 프로그램을 작성한다.
- 데이터베이스를 응용한 다양한 소스 코드를 작성한다.

SECTION 01 이 장에서 만들 프로그램

이 책에서는 데이터베이스에 대한 내용 전체를 다루기보단, 데이터베이스의 기본 개념과 작동 방법을 익힌 후 C#에서 데이터베이스를 활용할 수 있는 방법 위주로 살펴보려고 한다.

1 [프로그램 1] 데이터베이스 기본 운영

첫 번째로 만들 프로그램은 SQL Server에서 데이터베이스를 조회하는 것이다. 이번 장에서 SQL Server와 데이터베이스를 학습한 후 실습을 진행해보자.

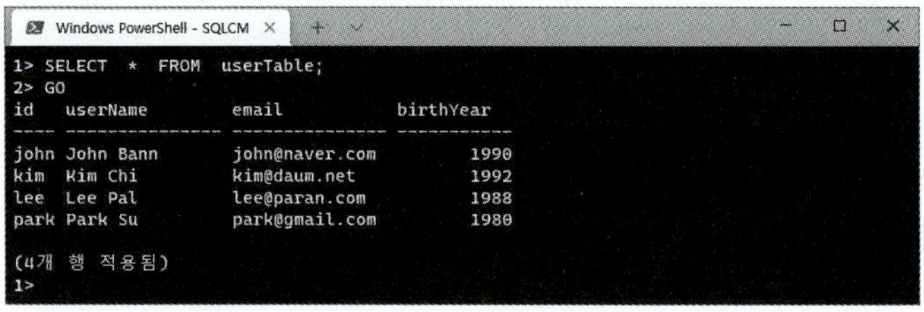

그림 13-1 데이터베이스 기본 운영

2 [프로그램 2] 데이터 조회

두 번째로 만들 프로그램은 C#에서 데이터베이스를 입력 및 조회하는 프로그램이다. 다음 그림과 같이 GUI를 활용해서 작성해볼 것이다.

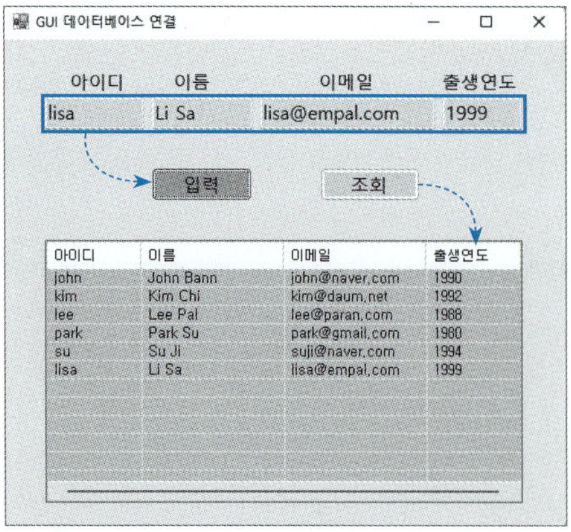

그림 13-2 데이터 조회 프로그램

SECTION 02

데이터베이스 개념

컴퓨터에 별로 관심이 없더라도 데이터베이스라는 말은 신문, 인터넷, SNS 등을 통해 종종 들어봤을 것이다. 데이터베이스(Database)는 모바일, 서버 컴퓨터, 인터넷 환경에서 없어서는 안 될 요소로 자리 잡았다. 지금까지 C# 프로그램을 여러 개 작성해보았는데, 대부분은 실행될 때만 데이터가 잠깐 나타났다가 다시 실행하면 데이터를 새로 입력해야 했다. 즉, 데이터가 저장되지 않았다. 그래서 이 문제를 해결하기 위해 10장에서 파일 처리를 공부했다. 파일에 데이터를 입력해놓았다가 다음에 사용할 때 파일의 내용을 불러 사용하는 방법이다.

이처럼 파일 처리는 데이터를 저장하기 좋은 방법이지만, 소량의 데이터에 적합한 형태이다. 대량의 데이터를 처리해야 하는 현대 사회에서는 파일 처리 방법으로 한계가 있을 수밖에 없다. 이에 대한 해결책이 바로, 데이터베이스이다. 데이터베이스를 사용한다면 수십, 수백 억 건의 데이터를 무리 없이 저장하고 운영할 수 있다.

문제는, 데이터베이스를 사용하는 방법을 배우는 것에도 상당한 학습 시간이 필요하다는 점이다. 그래서 이번 장에서는 데이터베이스의 핵심 개념을 이해하고 활용하는 방법 정도만 익혀보려고 한다.

C# 프로그래밍을 공부하기 위해 C# 소프트웨어인 Visual Studio를 설치하고 공부했듯이, 데이터베이스를 공부하려면 데이터베이스 소프트웨어를 설치해야 한다. 데이터베이스 소프트웨어는 DBMS(Database Management System 또는 Software)라고도 부르며, 제품의 종류로는 대표적으로 Oracle, SQL Server, MySQL, Access, SQLite 등이 있다. 우리는 이 중 C#과 연동이 잘 되는 SQL Server 제품을 사용할 것이다.

SQL Server를 이해하려면 최소한의 데이터베이스(특히 관계형 데이터베이스)에 대한 기본 개념과 용어를 파악하고 있어야 하므로, 함께 알아보도록 하자.

1 데이터베이스 정의

정보화 사회에서는 대부분의 생활과 업무가 데이터베이스와 직·간접적으로 연관되어 있다고 생각해도 무방하다. SNS 메시지, 지하철 / 버스에서 사용하는 교통카드, 편의점에서 산 우유 등의 정보도 모두 데이터베이스에 저장된다고 할 수 있다. 하지만 이렇게 지속적으로 발생하는 다양한 형태의 대량 정보를 보관하기에는 기존의 파일 시스템에 한계가 있다. 그래서 고안된 것이 바로, 데이터베이스 시스템이다.

TIP • 파일 시스템은 10장에서 배운 파일 입출력을 말한다.

데이터베이스는 대량의 데이터를 체계적으로 저장해놓은 것 정도로 간단히 정의할 수 있다. 또한 데이터베이스는 여러 명의 사용자나 시스템이 서로 공유 가능해야만 한다. 데이터베이스 관리 시스템(DBMS, DataBase Management System)은 이러한 데이터베이스를 관리해주는 시스템 또는 소프트웨어를 말한다.

2 관계형 데이터베이스

DBMS는 크게 계층형(Hierarchical) DBMS, 망형(Network) DBMS, 관계형(Relational) DBMS, 객체지향형(Object-Oriented) DBMS, 객체관계형(Object-Relational) DBMS 등의 유형으로 나뉜다. 관계형 DBMS가 가장 많이 사용되고 있으며, 일부 멀티미디어 분야에서 객체지향형이나 객체관계형 DBMS가 활용되고 있는 추세이다. 앞에서 잠깐 소개한 Oracle, Access, MySQL, SQLite 등은 모두 관계형 DBMS(줄여서 RDBMS)라고 보면 된다. 이따가 다룰 SQL Server도 관계형 DBMS이다.

관계형 DBMS의 가장 큰 단점은 시스템 자원을 많이 차지해서 시스템이 전반적으로 느려질 수밖에 없다는 점이다. 그러나 최근 들어 하드웨어가 급속하게 발전하면서 이러한 단점이 많이 보완되었다.

3 데이터베이스 관련 용어

건물을 지으려면 건축설계도부터 그려야 하듯이, 데이터베이스를 구축하려면 데이터베이스 모델링을 먼저 수행해야 한다. 데이터베이스 모델링이란 현실 세계에서 사용되는 데이터를 DBMS 안에 어떻게 옮길지를 결정하는 과정이다.

네이버나 카카오 같은 포털 사이트의 회원가입 절차를 떠올려보자. 사람들이 포털 사이트에 회원으로 가입을 한다면 '해당 회원'을 어떻게 DBMS에 넣을 것인가를 생각해야 한다. 회원인 사람의 몸을 컴퓨터에 넣을 수는 없으므로, 회원을 나타내는 특성(또는 속성)들을 추출해 DBMS에 데이터로 넣어야 한다. 즉 회원의 신분을 알 수 있는 이름, 생년월일, 이메일, 주소, 연락처 등의 정보를 DBMS에 저장하는 것이다. 해당 정보는 단편적으로 저장하는 것이 아니라 테이블(Table)이라는 표 형태의 틀에 맞춰서 넣어야 한다. 이를 구현하면 [그림 13-3]과 같다.

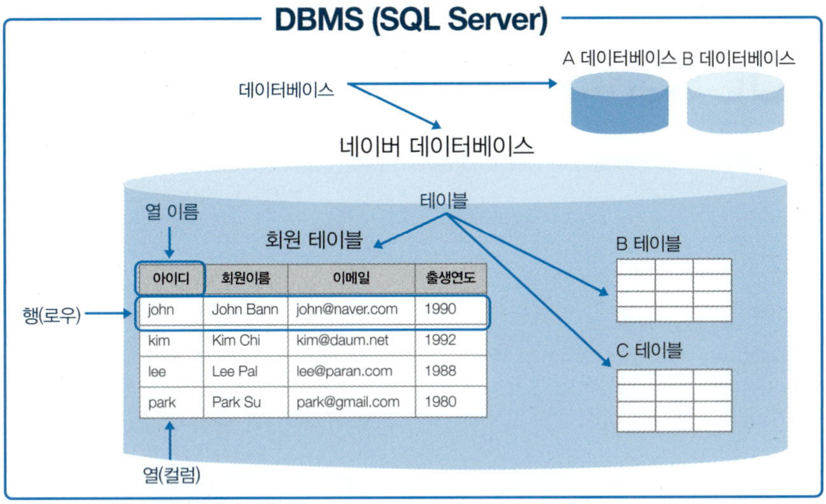

그림 13-3 DBMS 구성도

[그림 13-3]에 나온 용어를 몇 가지 살펴보자.

- 데이터 : john, lee@paran.com, 1980과 같이 하나하나의 단편적인 정보를 뜻한다.
- 테이블 : 회원 데이터가 표 형태로 표현된 것을 말한다. [그림 13-3]에서는 네이버 데이터베이스를 구현하기 위해 '회원 테이블'을 만들었다.
- 데이터베이스(DB) : 테이블이 저장되는 저장소를 말한다. 그림과 같이 주로 원통 모양으로 표현한다. [그림 13-3]에는 네이버 데이터베이스, A 데이터베이스, B 데이터베이스까지 총 3개의 데이터베이스가 있다. 각 데이터베이스는 서로 다른 고유한 이름을 가지고 있어야 한다. 이 예에서 사용하게 될(또는 생성하게 될) 데이터베이스의 이름은 네이버 데이터베이스이다.
- DBMS : DataBase Management System의 약자로, 데이터베이스를 관리하는 시스템 또는 소프트웨어를 뜻한다. 우리가 잠시 후에 사용할 SQL Server 소프트웨어가 이에 해당한다.
- 열(컬럼 또는 필드) : 각 테이블은 1개 이상의 열로 구성된다. 회원 테이블의 경우에는 아이디, 회원이름, 이메일, 출생연도 등 4개의 열로 구성되어 있다.
- 열 이름 : 각 열을 구분하기 위한 이름이다. 열 이름은 테이블 내에서 겹치지 않아야 한다.
- 데이터 형식 : 열의 데이터 형식을 말한다. 회원 테이블의 회원이름 열은 당연히 숫자 형식이 아닌 문자 형식이어야 한다. 출생연도는 숫자(특히, 정수) 형식이어야 할 것이다. 출생연도에 "빠른88" 같은 글자가 들어가서는 안 되기 때문이다. 데이터 형식은 테이블을 생성할 때 열 이름과 함께 지정해줘야 한다.
- 행(로우) : 실질적인 데이터를 뜻한다. "john / John Bann / john@naver.com / 1990"이 하나의 행 데이터이다.
- SQL(Structured Query Language, 구조화된 질의 언어) : DBMS(SQL Server)에 어떤 작업을 하고 싶다면 DBMS가 알아듣는 말로 해야 하는데, 그것이 SQL이다. 즉, SQL은 사용자와 DBMS가 소통하기 위해 개발된 말(언어)이다.

SECTION

03 SQL Server에서 데이터베이스 구축

데이터베이스에 대한 용어와 기본 개념을 익혔다면, 이제 [그림 13-3]과 같은 데이터베이스를 SQL Server에서 구축해보자.

TIP • [그림 13-4]의 절차는 SQL Server에만 적용되는 사항이 아니라, 일반적인 관계형 DBMS에 공통적으로 적용된다.

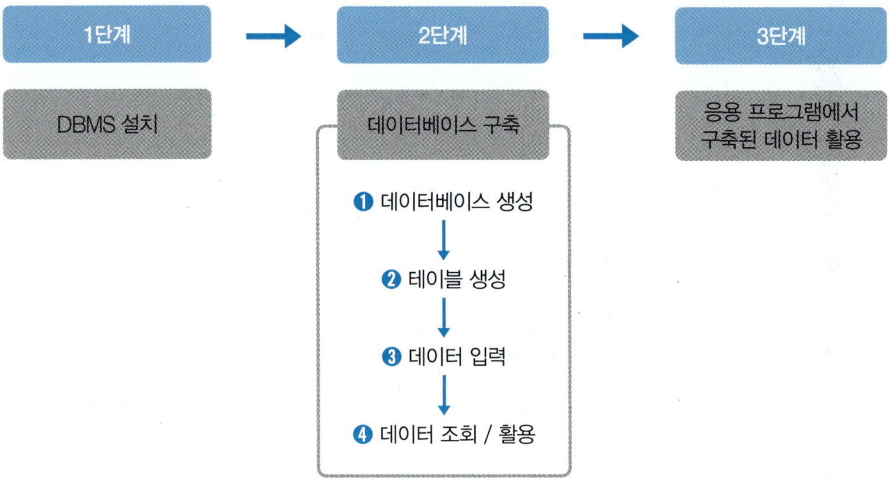

그림 13-4 데이터베이스 구축 및 운영 절차

1 DBMS 실습 준비

데이터베이스를 구축하기 위해 SQL Server를 설치하도록 한다. SQL Server에는 여러 종류가 있으며, 그중 가볍고 무료로 사용할 수 있는 SQL Server 2019 Express를 사용한다.

실습 13-1 SQL Server 2019 Express 설치하기

1 웹 브라우저에서 https://www.microsoft.com/ko-kr/download/details.aspx?id=101064 주소로 접속하거나, 구글(https://www.google.com)에서 'SQL Server 2019 Express'로 검색하면 다운로드 사이트에 접근할 수 있다. 다운로드받을 파일명은 SQL2019-SSEI-Expr.exe(6.08 MB)이다.

TIP • 책과 동일한 SQL Server를 사용하고 싶다면 책의 사이트(https://www.hanbit.co.kr/src/4627)에 등록된 파일을 다운로드하면 된다.

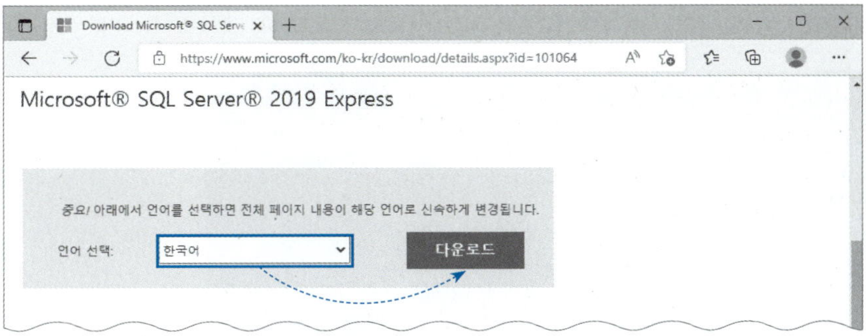

그림 13-5 SQL Server 2019 Express 다운로드

2 다운로드받은 파일을 실행한다. 설치 화면에서 제일 왼쪽의 [기본]을 클릭해 설치를 진행한다.

TIP • SQL Server의 설치에는 다양한 옵션이 있지만, 해당 실습에서는 최대한 간단하게 진행한다.

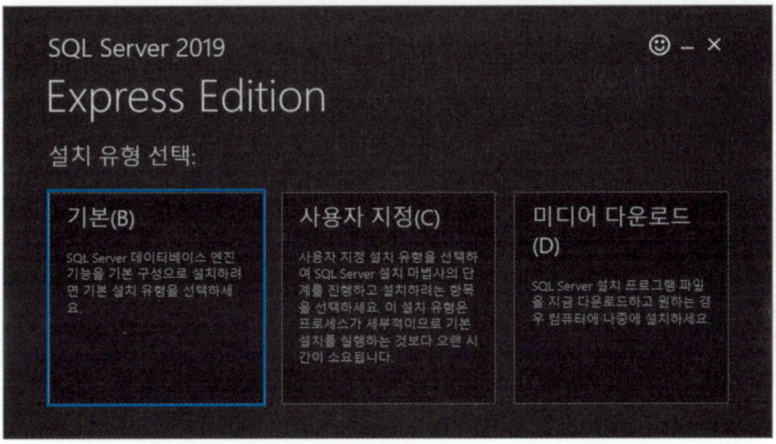

그림 13-6 SQL Server 2019 Express 설치 1

3 [Microsoft SQL Server 사용 조건] 창이 나오면 〈수락〉을 클릭한다.

그림 13-7 SQL Server 2019 Express 설치 2

4 [SQL Server 설치 위치 지정] 창이 뜨면 기본 값으로 두고 〈설치〉를 클릭한다.

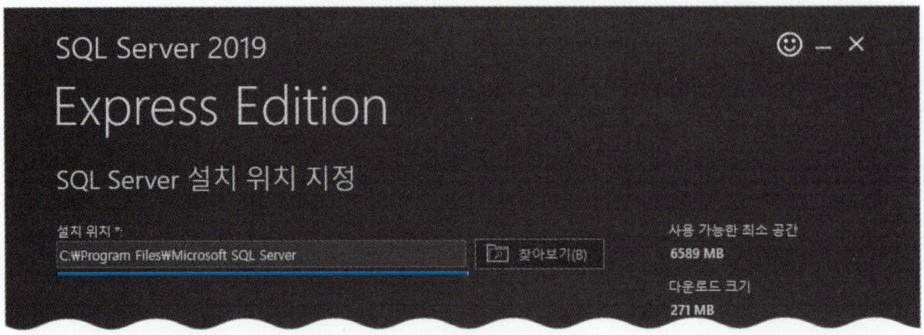

그림 13-8 SQL Server 2019 Express 설치 3

5 한동안 다운로드 및 설치가 진행된다.

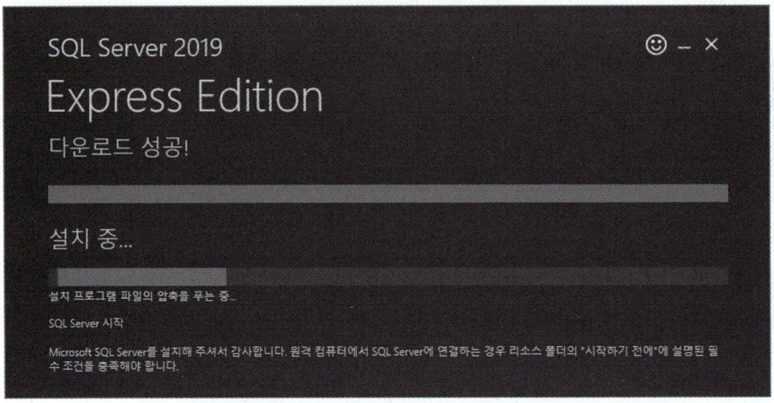

그림 13-9 SQL Server 2019 Express 설치 4

6 설치가 완료되었다는 창이 뜨면, [인스턴스 이름] 옆 [연결 문자열]의 복사 버튼을 누른다. 메모장을 실행해 복사된 내용을 저장한다. 나중에 C# 소스 코드를 만들 때 사용할 것이다. 〈닫기〉를 클릭해서 설치를 종료한다.

```
Server=localhost\SQLEXPRESS;Database=master;Trusted_Connection=True;
```

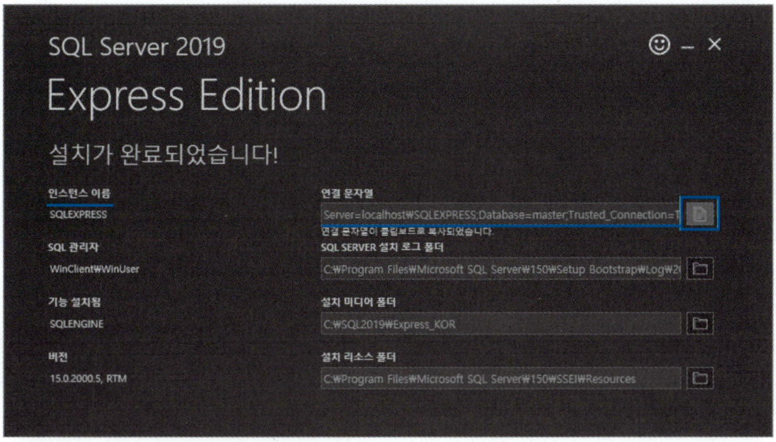

그림 13-10 설치 완료 및 연결 문자열 복사

7 Windows [시작] – [M] – [Microsoft SQL Server 2019] 메뉴를 클릭하면 설치된 목록을 확인할 수 있다. SQL Server의 설치가 완료된 것이 보일 것이다.

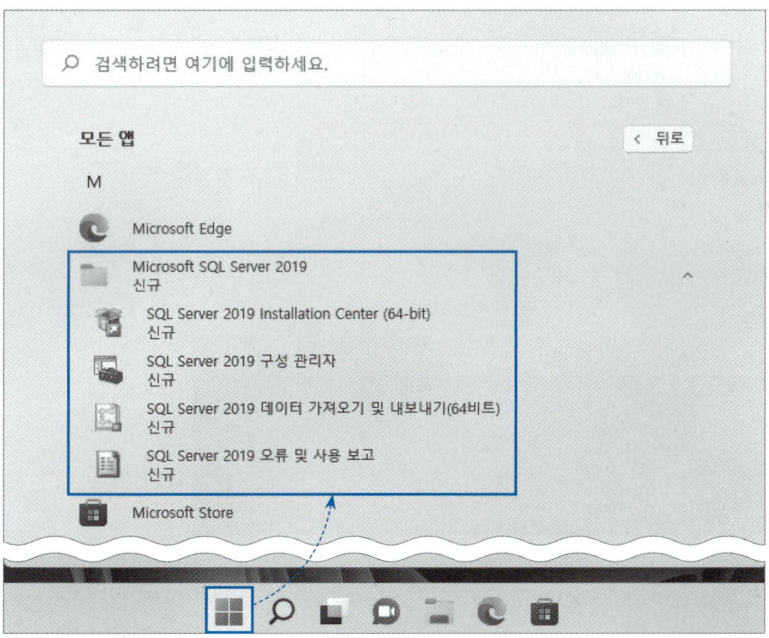

그림 13-11 설치 확인

8 Windows [시작]에서 마우스 오른쪽 버튼을 클릭하고 [Windows 터미널] 또는 [Windows PowerShell]을 클릭해 파워셸 창을 연다. 다음 명령을 모두 대문자로 입력하고 실행한다. 프롬프트 창에 '1>'이 표시될 것이다.

```
SQLCMD -S LOCALHOST\SQLEXPRESS -E
```

2 [프로그램 1]의 완성

첫 번째 프로그램은 C# 소스 코드를 작성하는 것이 아니라, SQL Server에서 [그림 13-3]의 네이버 데이터베이스를 완성하는 것이다. [그림 13-4]의 2단계를 차례대로 진행하면 된다.

실습 13-2 SQL Server 사용해보기

1 데이터베이스 생성

데이터베이스를 생성하려면 CREATE DATABASE 문을 실행해야 한다. 다음 SQL을 실행하면 [그림 13-3]의 네이버 데이터베이스(이름 : naverDB)가 생성된다. naverDB의 내부는 아직 비어 있다.

```
CREATE DATABASE naverDB;
GO
USE naverDB
GO
```

TIP • SQL의 맨 마지막에는 세미콜론(;)을 붙여주는 것이 좋다. 그리고 SQL 문을 입력한 후 다음 줄에 GO를 써줘야 입력한 SQL이 실행된다. GO에는 세미콜론을 붙이지 않는다. 만약 이전에 naverDB를 생성해본 적이 있다면 **DROP DATABASE naverDB;** 명령으로 기존 DB를 삭제하고 다시 생성하도록 한다.

2 테이블 생성

naverDB 안에 테이블을 생성해보자. 테이블을 생성하는 SQL 문의 형식은 다음과 같다.

```
CREATE TABLE 테이블이름 (열이름1 데이터형식, 열이름2 데이터형식, …);
```

[그림 13-3]의 회원 테이블을 생성한다. 만들어진 테이블을 확인하기 위한 소스 코드는 다음과 같다.

```
CREATE TABLE userTable (id CHAR(4), userName CHAR(15), email CHAR(15), birthYear
INT);
GO
```

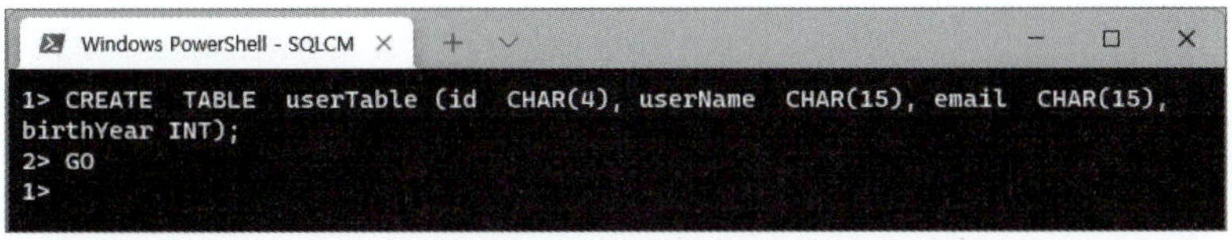

TIP • 생성된 테이블을 삭제하려면 **DROP TABLE 테이블이름;** 명령을 사용하면 된다.

3 데이터 입력

생성한 회원 테이블(userTable)에 행 데이터를 입력할 차례이다. 행 데이터를 입력하는 SQL 문의 형식은 다음과 같다.

```
INSERT INTO 테이블이름 VALUES(값1, 값2, …);
```

[그림 13-3]의 회원 테이블에 행 4개를 입력하는 SQL 문의 소스 코드는 다음과 같다.

```
INSERT INTO userTable VALUES( 'john' , 'John Bann' , 'john@naver.com' , 1990);
INSERT INTO userTable VALUES( 'kim' , 'Kim Chi' , 'kim@daum.net' , 1992);
INSERT INTO userTable VALUES( 'lee' , 'Lee Pal' , 'lee@paran.com' , 1988);
INSERT INTO userTable VALUES( 'park' , 'Park Su' , 'park@gmail.com' , 1980);
GO
```

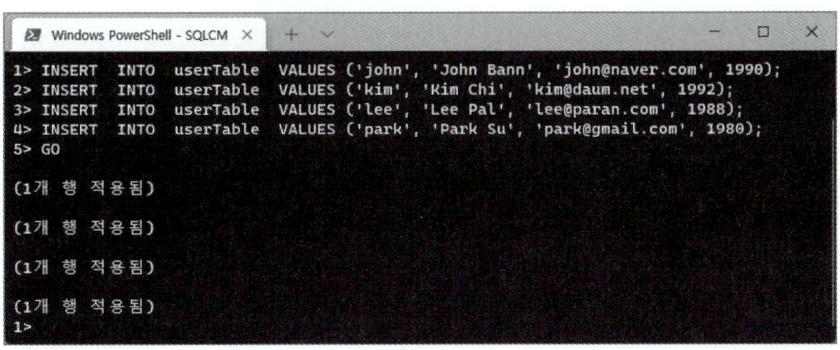

TIP • 행 데이터를 제거하려면 **DELETE FROM 테이블이름 WHERE 열이름 = 값;** 형식을 사용하면 된다. 예를 들어, park 사용자의 행 데이터를 제거하려면 DELETE FROM userTable WHERE id = 'park';을 실행하면 된다. 또한 행 데이터의 값을 수정하려면 **UPDATE 테이블이름 SET 열이름 = 새값 WHERE 열이름 = 값;** 형식을 사용한다. park 사용자의 출생연도를 1981로 수정하려면 UPDATE userTable SET birthYear = 1981 WHERE id = 'park';을 실행하면 된다.

4 데이터 조회 / 활용

데이터를 조회 / 활용하는 SQL 문은 SELECT이며, 기본 형식은 다음과 같다.

```
SELECT * FROM 테이블이름 ;
```

앞서 입력한 [그림 13-3]의 데이터를 조회해보자.

```
SELECT * FROM userTable ;
GO
```

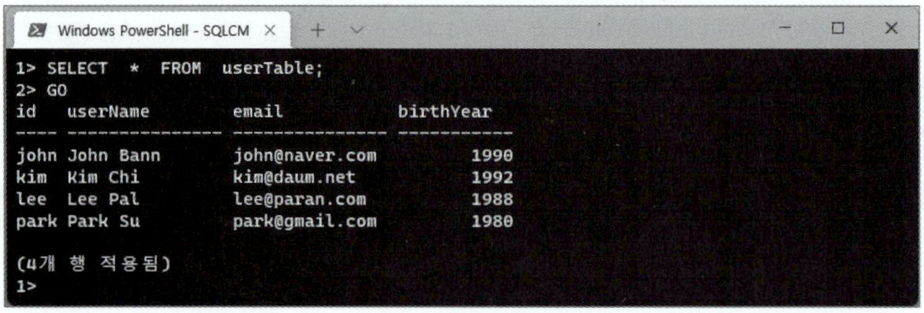

네 건의 데이터가 뜬 것이 확인되었다면 [프로그램 1]을 성공적으로 코딩한 것이다.

SELECT 문은 WHERE 조건과 함께 사용할 수도 있다. 형식은 다음과 같다.

```
SELECT 열이름1, 열이름2, … FROM 테이블이름 WHERE 조건;
```

예를 들어, 출생연도가 1990년 이전인 사람의 아이디와 출생연도를 확인하려면 다음과 같이 조회하면 된다.

```
SELECT id, birthYear FROM userTable WHERE birthYear <= 1990 ;
GO
```

아이디가 'park'인 사람의 모든 정보를 조회하려면 다음과 같이 사용하면 된다. * 기호는 모든 열을 의미한다.

```
SELECT * FROM userTable WHERE id = 'park' ;
GO
```

조회한 결과를 정렬하려면 ORDER BY 문을 사용한다. 전체 테이블을 출생연도가 낮은(= 오름차순) 순서로 정렬하려면 다음과 같이 조회하면 된다. 이와 반대로 높은(= 내림차순) 순서부터 조회하려면 코드 제일 뒤에 DESC를 붙이면 된다.

```
SELECT * FROM userTable ORDER BY birthYear ;
GO
```

작업이 모두 끝났다면 SQL Server를 종료한다.

```
EXIT
```

SELF STUDY 13-1

SQL Server에 접속해서 제시된 테이블(productTable)을 naverDB에 구축해보자.

제품코드(pCode)	제품명(pName)	가격(price)	재고수량(amount)
p0001	노트북	110	5
p0002	마우스	3	22
p0003	키보드	2	11

힌트 제품코드 / 제품명은 char형으로, 가격 / 재고수량은 int형으로 지정한다.

실행 결과

```
pCode      pName    price     amount
--------  ---------- ---------- ----------
p0001      노트북    110         5
p0002      마우스     3          22
p0003      키보드     2          11
```

SECTION 04 C#에서 SQL Server 활용

데이터베이스의 기본 개념과 명령 프롬프트 창에서 SQL Server에 접속해 사용하는 방법을 잘 익혔을 것이다. 이번에는 C#에서 직접 SQL Server를 활용하는 방법에 대해 살펴보자.

1 SQL Server 데이터 입력을 위한 C# 코딩 순서

C# 코딩 순서 요약

C#에서 데이터를 입력하기 위해서는 다음의 단계를 거쳐야 한다. 단계가 좀 많아 보이지만, 작업할 때마다 거의 동일하게 적용되므로 보다 보면 익숙해질 것이다.

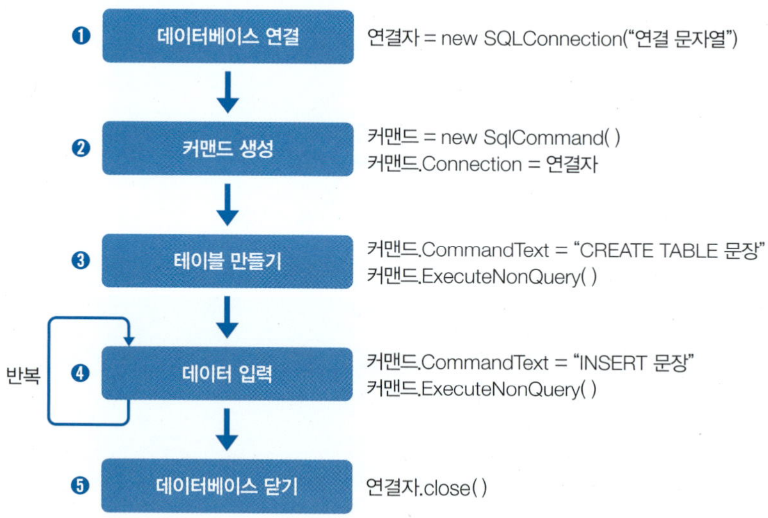

그림 13-12 SQL Server에 데이터를 입력하는 단계

[그림 13-12]의 단계에 따라, [프로그램 1]에서 진행했던 [그림 13-3]의 네이버 데이터베이스를 동일하게 구축해볼 것이다. 단계별로 코드를 살펴보고 통합된 소스 코드를 작성한다.

❶ 데이터베이스 연결

SQL Server를 사용하려면, 먼저 관련 패키지인 System.Data.SqlClient를 using 문에 포함시킨 후, **SqlConnection("연결 문자열")**로 데이터베이스와 연결해야 한다. 연결 문자열은 이번 장의 초반부에서 SQL Server를 설치한 후 메모장에 저장해 놓은 내용을 사용하면 된다. 이번 실습에서는 conn이라는 변수를 데이터베이스와 연결된 연결자로 사용했다.

```
using System.Data.SqlClient;

string connStr =
  "Server = localhost\\SQLEXPRESS;Database = naverDB;Trusted_Connection = True;";
SqlConnection conn = new SqlConnection(connStr);
conn.Open();
```

TIP • 연결 문자열(connStr)의 Server는 SQL Server가 설치된 컴퓨터와 SQL Server의 이름이다. 이 책에서는 localhost\SQLEXPRESS로 되어 있다. 주의할 점은, 문자열로 저장하기 위해 \\를 2개 써줘야 한다는 점이다. Database는 앞에서 생성한 naverDB를 지정했다. 그 외는 필수로 써줘야 하는 예약어이다.

❷ 커맨드 생성

커맨드(Command)는 데이터베이스에 SQL 문을 실행하거나, 실행된 결과를 돌려받는 통로로 생각하면 된다. ❶에서 연결한 연결자에 커맨드를 연결해야 하며, 이번 실습에서는 cmd라는 변수를 커맨드로 사용한다.

```
SqlCommand cmd = new SqlCommand();
cmd.Connection = conn;
```

❸ 테이블 만들기

먼저 테이블을 만들기 위해 실행할 SQL 문을 **cmd.CommandText**에 대입한 후 **cmd.ExecuteNonQuery( )** 메서드로 SQL 문을 실행한다.

```
cmd.CommandText = "CREATE TABLE userTable(id CHAR(4), userName CHAR(15), email CHAR(15),
birthYear INT)";
cmd.ExecuteNonQuery( );
```

❹ 데이터 입력

데이터 입력은 필요한 만큼 반복해서 입력하면 된다. 데이터 입력도 SQL 문을 사용해야 하므로 **cmd.CommandText**에 대입한 후 **cmd.ExecuteNonQuery( )** 메서드로 SQL 문을 실행하면 된다.

```
cmd.CommandText =
  "INSERT INTO userTable VALUES('john', 'John Bann', 'john@naver.com', 1990)";
cmd.ExecuteNonQuery( );
```

❺ 데이터베이스 닫기

데이터베이스를 모두 사용했다면 ❶에서 연결한 데이터베이스를 닫아야 한다.

```
conn.Close();
```

데이터베이스 연결 소스 코드 완성

앞에서 단편적으로 알아본 데이터베이스 연결 및 테이블 생성, 데이터 입력이 함께 실행되는 완전한 소스 코드를 작성해보자.

TIP • 이번 장의 모든 소스 코드에서 제일 상단에는 **using System.Data.SqlClient**를 추가해야 한다.

소스 13-1 데이터베이스 연결, 테이블 생성, 데이터 입력 예 (프로젝트명 : Proejct13_1)

```
static void Main(string[] args)
{
    // 데이터베이스 연결
    string connStr = "Server = localhost\\SQLEXPRESS;Database = naverDB;Trusted_Connection = True;";
    SqlConnection conn = new SqlConnection(connStr);
    conn.Open();

    // 커맨드 생성
    SqlCommand cmd = new SqlCommand();
    cmd.Connection = conn;

    // 테이블 만들기
    try
    {
        cmd.CommandText = "DROP TABLE userTable";
        cmd.ExecuteNonQuery();
    }
    catch (Exception e) { }

    cmd.CommandText = "CREATE TABLE userTable(id CHAR(4), userName CHAR(15), email CHAR(15), birthYear INT)";
    cmd.ExecuteNonQuery();

    // 데이터 입력
    cmd.CommandText = "INSERT INTO userTable VALUES('john', 'John Bann', 'john@naver.com', 1990)";
    cmd.ExecuteNonQuery();
    cmd.CommandText = "INSERT INTO userTable VALUES('kim', 'Kim Chi', 'kim@daum.net', 1992)";
```

```
27      cmd.ExecuteNonQuery();
28      cmd.CommandText = "INSERT INTO userTable VALUES('lee', 'Lee Pal', 'lee@paran.com',
        1988)";
29      cmd.ExecuteNonQuery();
30      cmd.CommandText = "INSERT INTO userTable VALUES('park', 'Park Su', 'park@gmail.
        com', 1980)";
31      cmd.ExecuteNonQuery();
32
33      // 데이터베이스 닫기
34      conn.Close();
35      Console.WriteLine("SQL Server 연결 성공!!");
36  }
```

실행 결과

```
SQL Server 연결 성공!!
```

각 행은 앞에서 설명한 내용과 같다. 단, 13~18행에서는 기존의 naverDB에 userTable을 생성해 놓았거나, 이 프로그램을 2회 이상 실행시킨 경우 userTable을 삭제한다. try~catch 문을 사용한 이유는 소스 코드가 정상적으로 진행되도록 하기 위함이다. userTable이 없으면 15~16행에서 예외가 발생하기 때문이다. 20~21행에서는 새로운 userTable을 만든다.

2 데이터 입력 프로그램 작성

이번에는 사용자가 반복해서 데이터를 입력하는 소스 코드를 작성해보자. naverDB의 userTable에 Enter를 입력할 때까지 반복해서 한 행씩 데이터를 입력한다.

소스 13-2 사용자가 키보드로 데이터 입력 (프로젝트명 : Proejct13_2)

```
static void Main(string[] args)
{
    string connStr = "Server = localhost\\SQLEXPRESS;Database = naverDB;Trusted_
    Connection = True;";
    SqlConnection conn = new SqlConnection(connStr);
    conn.Open();

    SqlCommand cmd = new SqlCommand();
    cmd.Connection = conn;

    string data1, data2, data3, data4, sql;
    while (true)
    {
        Console.Write("사용자 ID ==> ");
```

```
14          data1 = Console.ReadLine();
15          if (data1.Length == 0)
16             break;
17          Console.Write("사용자 이름 => ");
18          data2 = Console.ReadLine();
19          Console.Write("사용자 이메일 => ");
20          data3 = Console.ReadLine();
21          Console.Write("사용자 출생연도 => ");
22          data4 = Console.ReadLine();
23
24          sql = "INSERT INTO userTable VALUES('" + data1 + "','" + data2 + "','" + data3 + "',"
            + data4 + ")";
25          cmd.CommandText = sql;
26          cmd.ExecuteNonQuery();
27       }
28    conn.Close();
29 }
```

실행 결과

```
사용자 ID => su
사용자 이름 => Su Ji
사용자 이메일 => suji@naver.com
사용자 출생연도 => 1994
~~~ 반복해서 입력 ~~~
사용자 ID =>
```

사용자가 입력한 값

사용자가 입력한 값 (Enter를 누르면 종료됨)

3~8행은 데이터베이스를 연결하고 커맨드를 준비했다. 테이블은 이미 생성되어 있으므로, "CREATE TABLE ~~" 문은 생략했다. 10행의 data1~data4는 사용자 ID, 이름, 이메일, 출생연도를 입력받을 변수이다. sql 변수는 24행에서 "INSERT INTO~~" 문을 입력한 data 값과 함께 문자열로 생성할 것이다.

11~27행은 무한반복되며 data1~data4를 입력받는다. 만약, data1에서 아무것도 입력하지 않고 Enter를 누르면 while 문을 빠져나간다.

24행에서는 입력된 데이터를 이용해 INSERT 문을 문자열로 만든다. 주의할 점은, data1~data3은 작은 따옴표(' ')로 묶어야 하고, 마지막 data4는 정수이므로 작은 따옴표(' ')로 묶으면 안 된다는 점이다. 25~26행에서는 생성된 문자열을 실행해 데이터를 입력한다. 28행에서는 연결된 데이터베이스를 닫는다.

SELF STUDY 13-2

[소스 13-2]를 수정해 [SELF STUDY 13-1]의 productTable이 입력되도록 해보자.

힌트 테이블을 생성해야 하므로 "CREATE TABLE~~ 문"도 수행해야 한다.

실행 결과

```
제품코드 ==> p0001
제품명 ==> 노트북
가격 ==> 110
재고수량 ==> 5
~~~ 중간 생략 ~~~
제품코드 ==>
```

(입력값: 사용자가 입력한 값 / 마지막 제품코드: 사용자가 입력한 값 (Enter를 누르면 종료됨))

3 SQL Server 데이터 조회를 위한 C# 코딩 순서

C#에서 데이터를 조회하기 위해서는 다음의 단계를 거쳐야 한다.

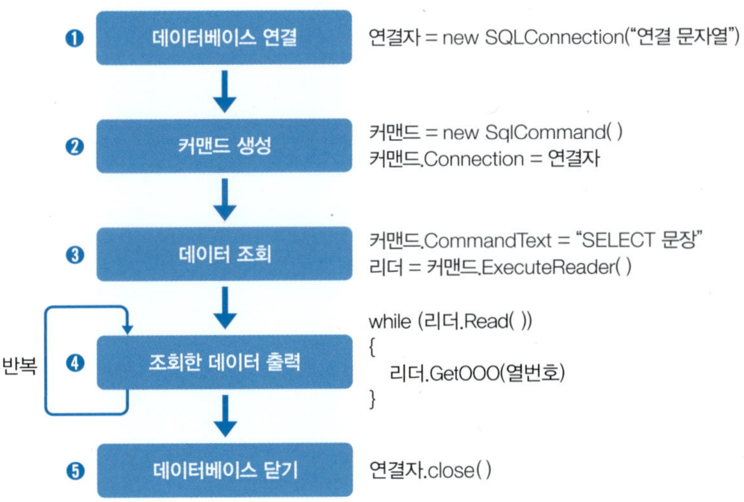

그림 13-13 SQL Server의 데이터 조회 단계

데이터 조회 순서는 [그림 13-12]의 데이터 입력 단계와 비슷하지만 ❸, ❹ 단계가 다르다. ❸에서는 커맨드에 SELECT 문으로 문장을 전달하고, 커맨드를 실행한 결과를 리더(reader)에 저장한다. 리더는 SQLDateReader형으로 조회된 결과를 한꺼번에 저장해 놓는다. ❹에서는 조회한 데이터를 한 행씩 리더.Read( ) 메서드로 접근한 후, 리더.GetOOO(열번호) 메서드로 추출한다.

4 데이터 조회 프로그램 작성

[소스 13-3]은 [프로그램 1]과 비슷한 결과를 출력한다. 하지만 [프로그램 1]에서는 파워셸 창에서 직접 SQL 문을 사용해 결과를 냈다. 이번에는 C# 소스 코드에서 결과를 생성해낼 것이다. [그림 13-4]의 세 번째 단계인 [응용 프로그램에서 구축된 데이터 활용]을 진행해본다.

소스 13-3 데이터 조회 프로그램 (프로젝트명 : Proejct13_3)

```
static void Main(string[] args)
{
    // 데이터베이스 연결
    string connStr = "Server = localhost\\SQLEXPRESS;Database = naverDB;Trusted_Connection = True;";
    SqlConnection conn = new SqlConnection(connStr);
    conn.Open();

    // 커맨드 생성
    SqlCommand cmd = new SqlCommand();
    cmd.Connection = conn;

    // 데이터 조회
    cmd.CommandText = "SELECT * FROM userTable";
    SqlDataReader reader = cmd.ExecuteReader();

    // 조회한 데이터 출력
    Console.WriteLine("아이디\t이름\t\t이메일\t\t출생연도");
    Console.WriteLine("----------------------------------------------");
    while (reader.Read())
    {
        Console.Write(reader.GetString(0) + "\t");
        Console.Write(reader.GetString(1) + "\t");
        Console.Write(reader.GetString(2) + "\t");
        Console.WriteLine(reader.GetInt32(3) + "\t");
    }
    reader.Close()

    // 데이터베이스 닫기
    conn.Close();
}
```

실행 결과

```
아이디  이름        이메일           출생연도
---------------------------------------------------
john    John Bann   john@naver.com   1990
kim     Kim Chi     kim@daum.net     1992
lee     Lee Pal     lee@paran.com    1988
park    Park Su     park@gmail.com   1980
```

[소스 13-2]를 실행하면서 데이터를 추가로 입력했다면 해당 데이터까지 실행 결과로 보일 것이다. [소스 13-3]의 코드는 [소스 13-1]과 거의 비슷하다. 다른 점을 몇 가지 설명하면 다음과 같다. 13행에서 **SELECT** 문으로 테이블을 조회했다. 조회한 결과는 14행의 **reader** 변수에 들어간다고 생각하면 된다. 그리고 그 결과를 19행의 **reader.Read( )** 메서드로 한 행씩 추출하는 것이다. reader.Read( ) 메서드는 조회한 결과가 없다면 false를 반환하므로 while 문을 빠져나온다. 조회한 결과가 있다면 21~24행이 실행된다. 21행의 reader.GetString(0)은 0번째 열(= 사용자 ID)의 값을 문자열로 추출한다. 24행의 reader.GetInt32(3)은 3번째 열(= 출생연도)을 정수형으로 추출한다. 한 번 조회된 행마다 한 줄씩 화면에 출력하는 것이다. 모든 행을 읽었다면 26행에서 리더를 닫는다.

SELF STUDY 13-3

[소스 13-3]을 수정해서 [SELF STUDY 13-1]의 productTable이 출력되도록 해보자.

실행 결과

```
제품코드  제품명  가격  재고수량
----------------------------------------
p0001     노트북  110   5
p0002     마우스  3     22
p0003     키보드  2     11
```

5 [프로그램 2]의 완성

[프로그램 2]는 GUI 화면에서 데이터를 입력하거나 수정하는 프로그램이다. 앞에서 배운 내용을 활용하므로 어렵지 않게 이해할 수 있을 것이다. **Project13_4** 이름으로 [Windows Forms 앱(.Net Framework)] 형식의 프로젝트를 생성하고 화면을 다음과 같이 디자인하자.

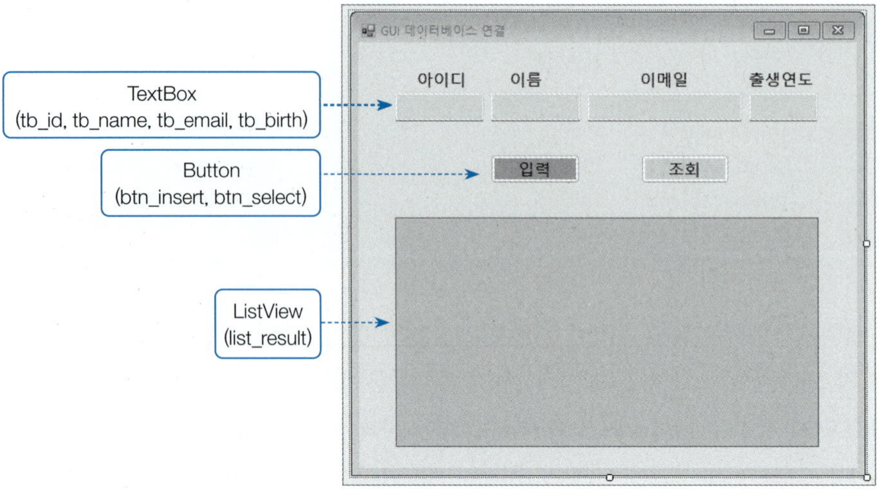

그림 13-14 GUI 데이터베이스 연결의 디자인 화면

[Form1] 창을 선택하고 [속성] 창의 [이벤트] 중 FormClosed와 Load 이벤트의 메서드를 추가한다.

TIP • 이벤트 옆 빈 곳을 더블클릭하면 메서드가 추가된다. 9장에서 여러 번 다루었다.

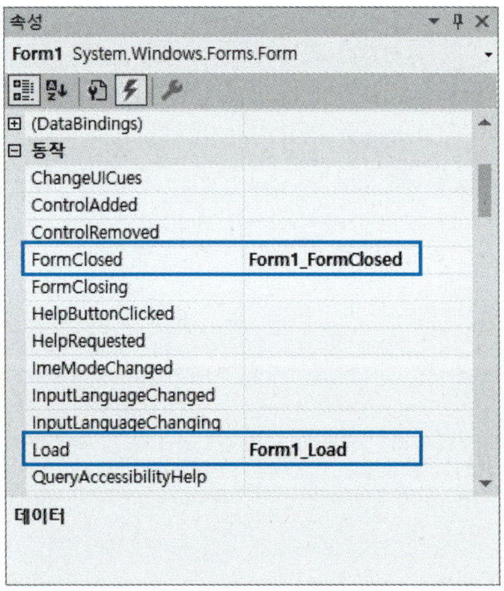

그림 13-15 이벤트 메서드 추가

〈입력〉, 〈조회〉 버튼을 더블클릭해서 클릭 이벤트 메서드를 추가한 후, 다음과 같이 소스 코드를 작성한다.

소스 13-4 GUI 화면에서 데이터 입력 및 수정 (프로젝트명 : Proejct13_4)

```
public partial class Form1 : Form
{
    public Form1()
    {
```

```
        InitializeComponent();
    }

    string connStr;
    SqlConnection conn;
    SqlCommand cmd;

    private void Form1_Load(object sender, EventArgs e)
    {
        connStr = "Server = localhost\\SQLEXPRESS;Database = naverDB;Trusted_Connection = True;";
        conn = new SqlConnection(connStr);
        conn.Open();

        cmd = new SqlCommand();
        cmd.Connection = conn;

        list_result.View = View.Details;
        list_result.GridLines = true;
        int listWidth = list_result.Width;
        list_result.Columns.Add("아이디", (int)(listWidth * 0.2));
        list_result.Columns.Add("이름", (int)(listWidth * 0.3));
        list_result.Columns.Add("이메일", (int)(listWidth * 0.3));
        list_result.Columns.Add("출생연도", (int)(listWidth * 0.2));
    }

    private void Form1_FormClosed(object sender, FormClosedEventArgs e)
    {
        conn.Close();
        MessageBox.Show("DB 연결을 종료합니다~");
    }

    private void btn_insert_Click(object sender, EventArgs e)
    {
        string data1, data2, data3, data4, sql;

        data1 = tb_id.Text;
        data2 = tb_name.Text;
        data3 = tb_email.Text;
        data4 = tb_birth.Text;

        sql = "INSERT INTO userTable VALUES('" + data1 + "','" + data2 + "','" + data3 + "'," + data4 + ")";
        cmd.CommandText = sql;
        cmd.ExecuteNonQuery();
```

```
48      }
49
50      private void btn_select_Click(object sender, EventArgs e)
51      {
52          string data1, data2, data3, data4;
53          cmd.CommandText = "SELECT * FROM userTable";
54          SqlDataReader reader = cmd.ExecuteReader();
55
56          list_result.Items.Clear();
57          ListViewItem item;
58          while (reader.Read())
59          {
60              data1 = reader.GetString(0);            // 아이디
61              data2 = reader.GetString(1);            // 이름
62              data3 = reader.GetString(2);            // 이메일
63              data4 = reader.GetInt32(3).ToString(); // 출생연도
64
65              item = new ListViewItem(data1);
66              item.SubItems.Add(data2);
67              item.SubItems.Add(data3);
68              item.SubItems.Add(data4);
69
70              list_result.Items.Add(item);
71          }
72          reader.Close();
73      }
74  }
```

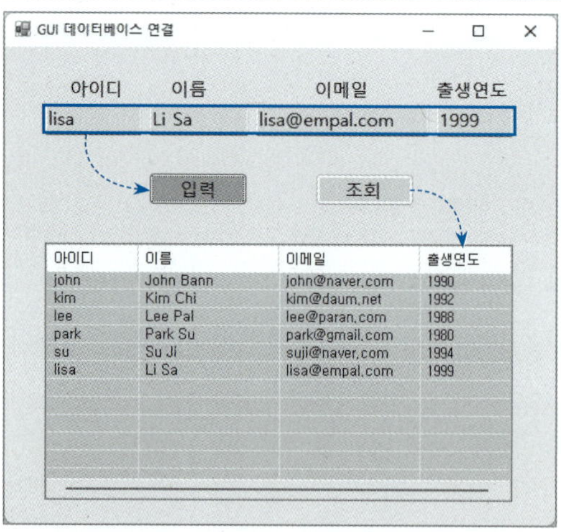

8~10행에서는 여러 메서드에서 접근할 수 있도록 데이터베이스 연결과 관련된 변수를 전역 변수로 준비했다. 12~28행은 폼이 화면에 나오면 자동으로 실행된다. 14~19행에서 프로그램과 데이

터베이스가 연결할 준비를 한다. 21~22행은 리스트뷰의 형태를 설정했다. 목록 내용이 상세히 보이고 리스트뷰 안 격자선이 보이도록 설정했다. 23행에서 리스트뷰의 폭을 구한 후, 24~27행에서 리스트뷰의 각 열의 제목을 설정했다. 각 열의 폭은 리스트뷰 폭의 20%, 30%, 30%, 20%로 적당히 조절했다. 30~34행에서는 폼을 닫으면 데이터베이스 연결이 종료되도록 했다. 36~48행은 〈입력〉 버튼을 클릭하면 TextBox에 입력한 값으로 테이블에 값이 입력된다.

50~73행은 〈조회〉 버튼을 클릭하면 리스트뷰에 조회된 결과를 채운다. 56행에서 우선 리스트뷰를 깨끗하게 비우고, 57행에서 리스트뷰에 채울 아이템을 준비한다. 이후 58~71행을 반복하면서 읽은 행을 모두 처리한다. 65행은 첫 번째 열의 값을 채운다. 66~68행도 두 번째 열부터 차례대로 채운다. 70행에서 화면의 리스트뷰에 리스트뷰 아이템을 한 행 추가한다. 모두 처리했으면 72행에서 리더를 닫는다.

TIP • 65~70행은 리스트뷰의 한 행을 채우는 방식인데, 첫 번째 열과 나머지 열을 채우는 방식이 다르므로 주의한다.

SELF STUDY 13-4

[소스 13-4]에 〈수정〉 및 〈삭제〉 버튼도 추가해보자. 아이디를 기준으로 입력한 내용이 수정되거나, 아이디에 해당하는 행이 삭제되도록 한다. 그리고 [소스 13-4]는 〈삽입〉 버튼을 클릭해도 화면에는 즉각 반영되지 않는데, 이를 수정해 버튼을 클릭하면 바로 결과에 반영되도록 해보자.

힌트1 삽입 / 수정 / 삭제 코드의 제일 마지막 부분에 〈조회〉 버튼을 클릭하는 효과를 내는 btn_select.PerformClick( ) 메서드를 넣으면 된다.

힌트2 아이디 john의 이름 / 메일 / 출생연도를 수정하는 구문은 다음과 같다.

```
UPDATE userTable SET userName = 'Li Li', email = 'aa@aa.com', birthYear = 2020 WHERE, id = 'john' ;
```

힌트3 아이디가 john인 행을 삭제하는 구문은 다음과 같다.

```
DELETE FROM userTable WHERE id = 'john';
```

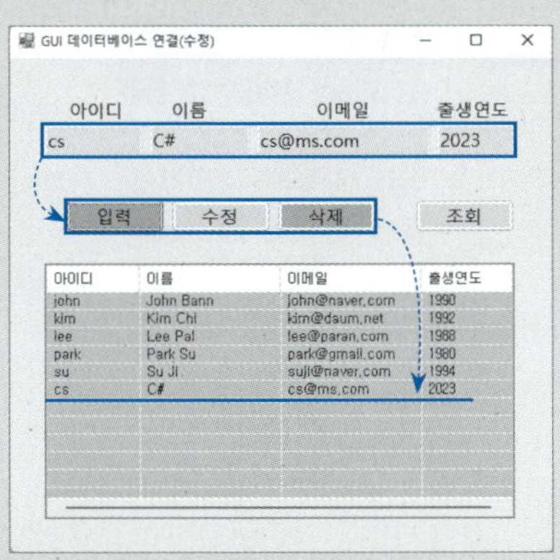

그림 13-16 프로그램 수정 결과

요약

1 데이터베이스는 대량의 데이터를 체계적으로 저장해 놓은 것 정도로 정의할 수 있다. 또한 데이터베이스는 여러 명의 사용자나 시스템이 서로 공유 가능해야만 한다.

2 데이터베이스 관리 시스템(DBMS, DataBase Management System)은 데이터베이스를 관리해주는 시스템 또는 소프트웨어를 말한다.

3 DBMS의 구성도 및 관련 용어는 다음 그림과 같다.

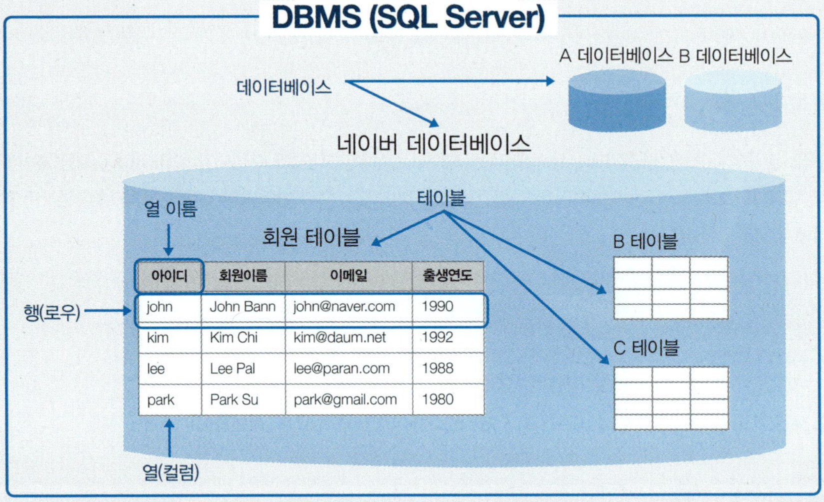

4 데이터베이스 구축 및 운영 절차는 다음 그림과 같다.

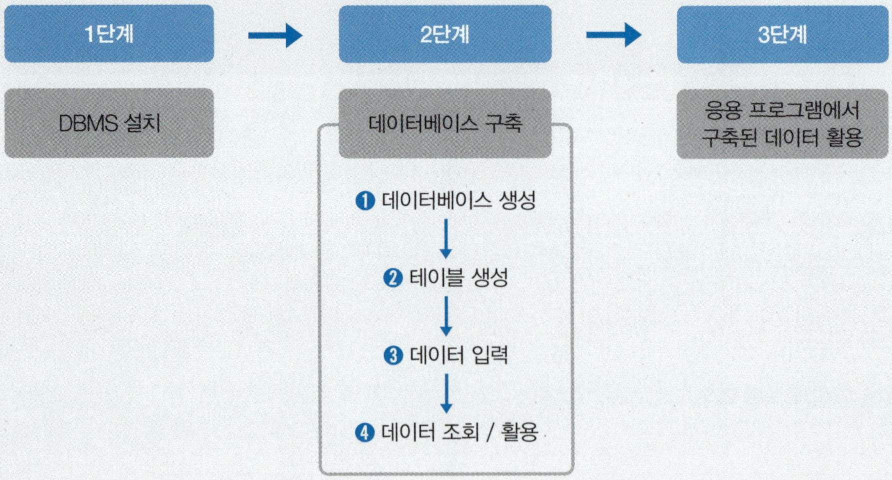

5 데이터베이스 구축 절차에 적용되는 명령 및 SQL 문은 다음과 같다.

(0) 파워셸에서 SQL Server에 접속

```
SQLCMD -S LOCALHOST\SQLEXPRESS -E
```

(1) 데이터베이스 생성

```
CREATE DATABASE 데이터베이스이름;
```

(2) 테이블 생성

```
CREATE TABLE 테이블이름 (열이름1 데이터형식, 열이름2 데이터형식, …);
```

(3) 데이터 입력

```
INSERT INTO 테이블이름 VALUES(값1, 값2, …);
```

(4) 데이터 조회 / 활용

```
SELECT * FROM 테이블이름;
```

6 C#에서 SQL Server에 데이터를 입력하기 위한 순서는 다음과 같다.

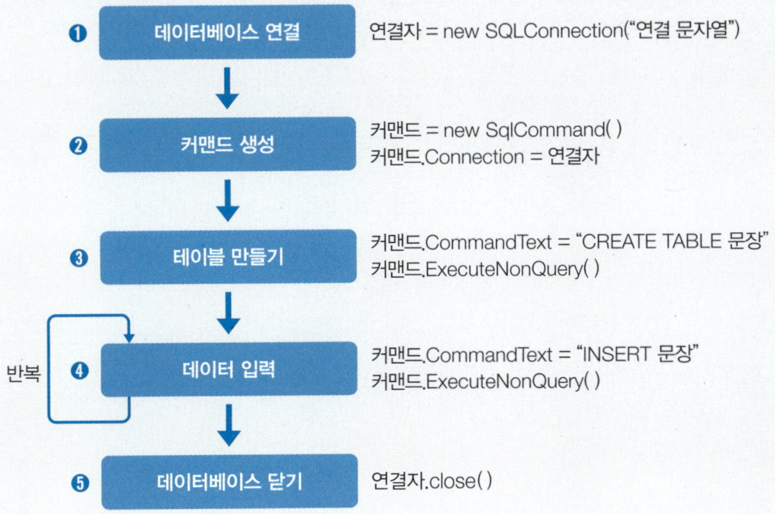

요약

7 C#에서 SQL Server의 데이터를 조회하기 위한 순서는 다음과 같다.

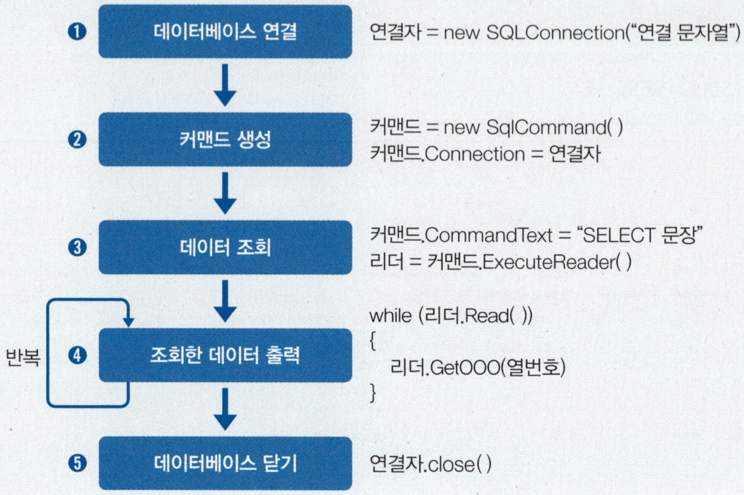

IT@COOKBOOK

연습문제

1 다음 중 데이터베이스와 관련된 설명으로 가장 거리가 먼 것을 고르세요.

① 소량의 데이터를 체계적으로 저장해 놓은 것이다.

② 데이터의 저장소이다.

③ 계층형, 망형, 관계형 등으로 구분된다.

④ SQL Server는 계층형이다.

2 다음 중 DBMS 제품이 아닌 것을 모두 고르세요.

① Oracle　② Excel

③ MySQL　④ SQLite

⑤ HWP

3 다음 각 문항이 의미하는 것을 보기에서 골라 적어보세요.

> 데이터, 테이블, 데이터베이스, DBMS, 컬럼, 열 이름, 데이터 형식, 행, SQL, Primary Key, Foreign Key, Unique, Connection, Cursor

(1) SQL Server나 Oracle을 지칭하는 용어 :

(2) 숫자형, 문자형 등 열에 지정하는 것 :

(3) 실질적인 데이터로 가로 한 줄을 뜻하며 Row라고도 부름 :

(4) 하나하나의 가장 작은 단편적인 정보 :

(5) 데이터가 표 형태로 표현된 것 :

(6) 데이터의 저장소이며 주로 원통 모양으로 표현함 :

4 데이터베이스 구축 절차를 순서대로 나열하세요.

> A. 테이블 생성　B. 데이터 조회　C. 데이터베이스 생성　D. 데이터 입력

5 다음 중 SQL Server에 접속하기 위한 명령어로 알맞은 것을 고르세요.

① SQLCMD -R LOCALHOST\SQLEXPRESS -H

② SQLCMD -T LOCALHOST\SQLEXPRESS -G

③ SQLCMD -W LOCALHOST\SQLEXPRESS -F

④ SQLCMD -S LOCALHOST\SQLEXPRESS -E

연습문제

6 C#에서 SQL Server에 데이터를 입력하는 순서를 차례대로 나열하세요.

A. 커맨드 =new SqlCommand( )
   커맨드.Connection =연결자

B. 커맨드.CommandText = "INSERT 문장"
   커맨드.ExecuteNonQuery( )

C. 연결자.Close( )

D. 커맨드.CommandText = "CREATE TABLE 문장"
   커맨드.ExecuteNonQuery( )

E. 연결자 =new SQLConnection("연결 문자열")

7 C#에서 데이터를 조회하는 순서를 차례대로 나열하세요.

A. 데이터베이스 연결 B. 데이터 조회 C. 커맨드 생성 D. 데이터베이스 닫기 E. 조회한 데이터 출력

8 다음은 데이터를 조회하는 소스 코드의 일부입니다. 빈칸에 들어갈 코드로 알맞은 것을 고르세요.

```
cmd.CommandText = "SELECT * FROM userTable";
SqlDataReader reader = cmd.ExecuteReader();

[          ]
{
        Console.Write(reader.GetString(0) + "\t");
        Console.Write(reader.GetString(1) + "\t");
        Console.Write(reader.GetString(2) + "\t");
        Console.WriteLine(reader.GetInt32(3) + "\t");
}
```

① while (reader.Read( ))

② while (!reader.Read( ))

③ for (int i = 0; i 〈 reader.Length; i++)

④ for (int i = 0; i 〈 reader.GetCount( ); i++)

9 심화문제 4장의 [프로그램 2]는 거북이가 자유롭게 이동하는 프로그램입니다. 이와 동일한 프로그램을 작성하되, 거북이의 이동경로를 데이터베이스 테이블에 저장하는 기능을 추가해봅니다. 또, 거북이가 선을 다 그리면 화면을 깨끗하게 지운 후 마지막 선부터 처음 선 순서로 다시 그려지도록 설정합니다.

힌트 그려진 선이 저장될 테이블의 구조는 다음과 같다.

모든 선분은 (0, 0) 좌표에서 시작한다. 첫 번째 선분이 (0, 0) → (10, 10) → (20, 20) → (30, 30) 으로 그려지고, 두 번째 선분이 (0, 0) → (70, 70) → (80, 80) → (90, 90) 으로 그려졌다고 가정하면 테이블에는 다음과 같이 저장될 수 있다. 시작점인 (0, 0)의 좌표는 저장하지 않는다(색상은 랜덤하게 뽑힌 것이 저장된다).

선분 ID	색상R	색상G	색상B	순번	X좌표	Y좌표
1	123	77	88	1	10	10
1	33	222	6	2	20	20
1	55	213	33	3	30	30
2	126	77	11	1	70	70
2	12	254	222	2	80	80
2	156	234	45	3	90	90

이 테이블을 기준으로 다시 반대로 그리면, 선분 ID가 2번인 것부터 (90, 90) → (80, 80) → (70, 70) → (0, 0)이 그려지고, 선분 ID가 1번인 것은 (30, 30) → (20, 20) → (10, 10) → (0, 0)이 그려진다. 즉, 끝은 다시 (0, 0)으로 돌아와야 한다.

실행 결과

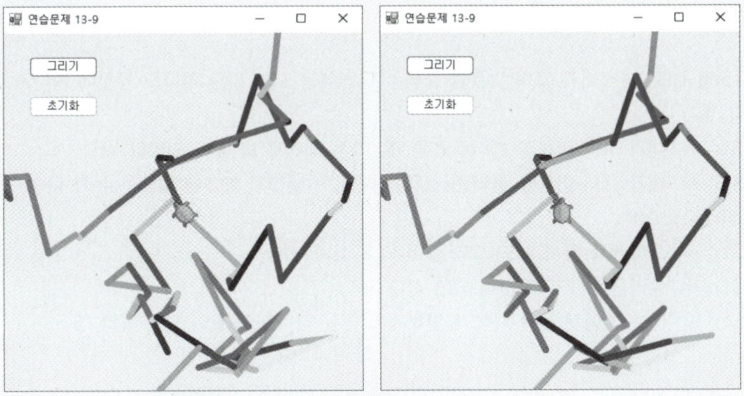

응용예제 23 문자의 발생 빈도를 DB에 저장

난이도★★★☆☆

예제 설명 이번 프로그램은 8장의 [응용 예제 13]과 비슷한 기능을 수행하지만, 문자와 발생 빈도수를 DB에 기록해 놓은 후 최대 빈도의 글자부터 출력하도록 수정한 프로그램이다. DB에 직접 문자 및 발생 빈도수를 저장한 후 다시 DB를 조회해 결과를 출력하는 방식을 사용한다. 단, 한글만 발생 빈도수를 세고 나머지 글자들은 무시한다.

프로그램을 실행하기 전, SQLCMD에서 DB 테이블을 다음과 같이 만든다. 여기서 NCHAR는 한글 문자 형식을 가리킨다.

```
USE naverDB;
GO
CREATE TABLE countTable(onechar NCHAR(1), count INT);
GO
```

실행 결과

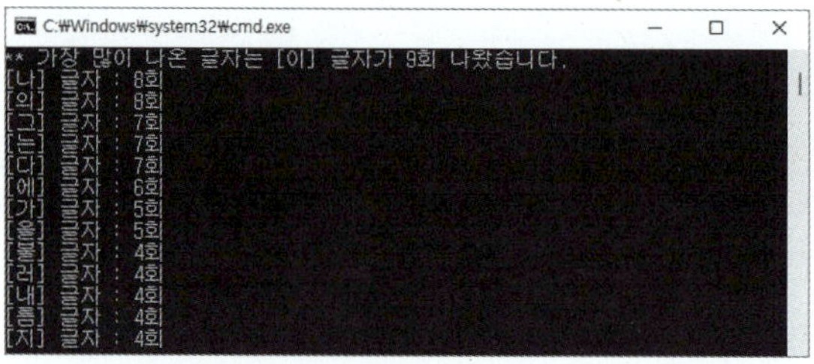

소스 코드

```
static void Main(string[] args)
{
    string inStr = "내가 그의 이름을 불러주기 전에는 그는 다만 하나의 몸짓에 지나지 않았다.\n";
    inStr += "내가 그의 이름을 불러주었을 때, 그는 내게로 와 꽃이 되었다.\n";
    inStr += "내가 그의 이름을 불러준 것처럼 나의 이 빛깔과 향기에 알맞는 누가 나의 이름을 불러다오.\n";
    inStr += "그에게로 가서 나도 그의 꽃이 되고 싶다.\n";
    inStr += "우리들은 모두 무엇이 되고 싶다.\n";
    inStr += "나는 너에게 너는 나에게 잊혀지지 않는 하나의 눈짓이 되고 싶다.";

    string connStr = "Server = localhost\\SQLEXPRESS;Database = naverDB;Trusted_Connection = True;";
    SqlConnection conn = new SqlConnection(connStr);
    conn.Open();
    SqlCommand cmd = new SqlCommand();
```

```
    cmd.Connection = conn;

    string sql;
    SqlDataReader reader;
    foreach (char ch in inStr)
    {
        if (!('가' <= ch && ch <= '힣'))
            continue;

        cmd.CommandText = "SELECT * FROM countTable WHERE oneChar = '" + ch + "'";
        reader = cmd.ExecuteReader();

        if (!reader.Read()) // 기존에 저장된 문자가 없으면
        {
            reader.Close();
            sql = "INSERT INTO countTable VALUES('" + ch + "', 1)";
            cmd.CommandText = sql;
            cmd.ExecuteNonQuery();
        } else              // 기존에 저장된 문자가 있으면
        {
            int cnt = reader.GetInt32(1);
            reader.Close();
            sql = "UPDATE countTable SET count = " + (cnt+1) + " WHERE oneChar = '" + ch + "'";
            cmd.CommandText = sql;
            cmd.ExecuteNonQuery();
        }

    }

    cmd.CommandText = "SELECT * FROM countTable ORDER BY count DESC";
    reader = cmd.ExecuteReader();
    // 1등을 먼저 출력
    reader.Read();
    Console.WriteLine("** 가장 많이 나온 글자는 [{0}] 글자가 {1}회 나왔습니다.", reader.GetString(0), reader.GetInt32(1));
    // 2등 이후를 출력
    while (reader.Read())
        Console.WriteLine("[{0}] 글자 : {1}회 ", reader.GetString(0), reader.GetInt32(1));

    reader.Close();
}
```

코드 설명

3~8행	긴 문자열을 준비했다. 구문은 같지 않아도 상관없다.
10~14행	데이터베이스를 열고 준비한다.
16~17행	반복문에서 사용할 sql 변수와 reader 변수를 준비했다.
18~41행	문자열에서 한 글자씩 추출한 뒤 데이터베이스에 문자와 문자의 발생 빈도수를 기록한다.
23, 24행	추출한 문자를 가지고 테이블을 조회한다.
26~31행	해당 문자가 테이블에 없다면(= 처음 문자가 그대로 나왔을 때), 28행에서는 24행에서 오픈한 리더를 일단 닫고 29~31행에서 새로운 행을 입력한다. 예를 들어, '내'라는 글자가 처음 나왔다면 countTable의 onChar 열은 '내'를, count 열은 1을 입력한다. '내' 글자가 1회 나온 것으로 기록된다.
32~39행	기존에 저장된 문자가 있다면, 34행에서 지금까지 나왔던 문자의 개수를 일단 추출한다. 35행은 24행에서 오픈한 리더를 일단 닫는다. 36~38행에서 해당 문자의 카운트를 1 증가시켜 값을 업데이트한다.
43~44행	입력이 모두 끝나면 테이블을 전체 조회한다. 단, 빈도수(count)가 큰 행부터 내림차순으로 정렬한다.
46~47행	첫 번째 행이 가장 높은 빈도수를 가진 문자이므로, 이를 출력한다.
49~50행	두 번째 행 이후의 문자와 빈도수를 출력한다.

응용예제 24 흑백 사진을 데이터베이스에 저장하기

난이도★★★★☆

예제 설명 10장의 [프로그램 2]는 RAW 파일을 읽어서 화면에 바로 출력하는 프로그램이었다. 이를 수정해서 RAW 파일 → 데이터베이스 → 화면 출력이 이루어지게 하려고 한다. 실행 결과는 동일하겠지만, 다음과 같이 내부적으로 데이터베이스에 저장된 내용을 화면에 출력하는 식이다. 10장의 [그림 10-13] 과정은 다음과 같이 변경된다.

실행 결과

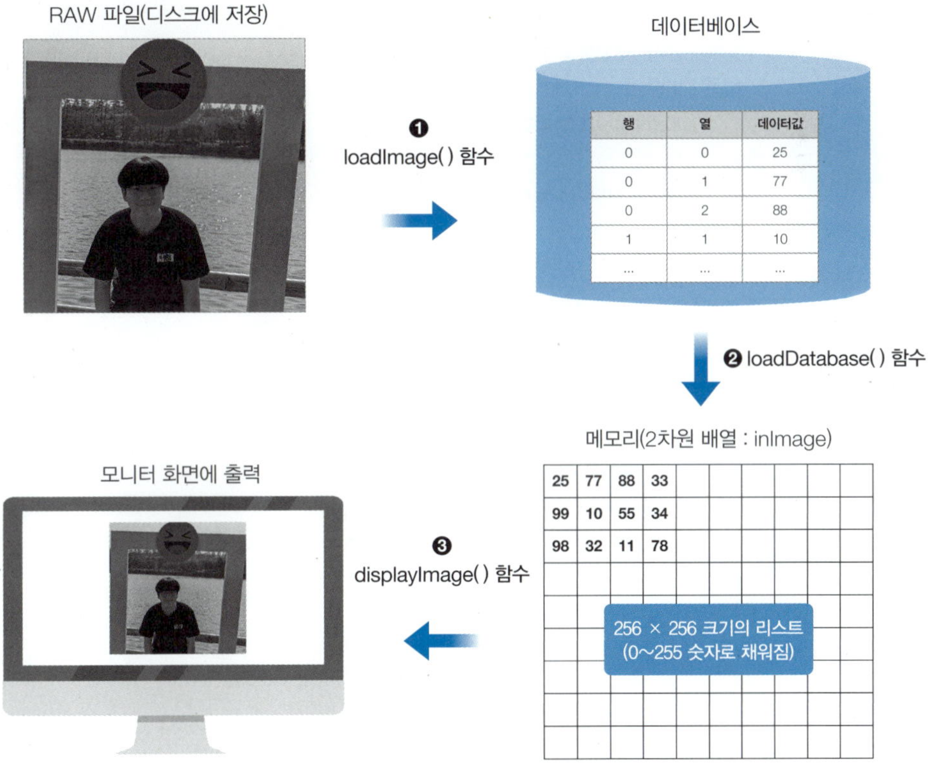

그림 13-17 RAW 이미지를 데이터베이스에 저장한 후 출력하는 개념 ([그림 10-13]과 비교)

프로그램을 실행하기 전에 SQLCMD에서 DB 테이블을 다음과 같이 만든다.

```
USE naverDB;
GO
CREATE TABLE rawTable(row INT, col INT, data INT);
GO
```

프로그램의 [디자인] 창에는 PictureBox를 하나 추가하고, (name) 속성을 picturebox로 변경한다.

소스 코드

```
public partial class Form1 : Form
{
    public Form1()
    {
        InitializeComponent();
    }

    string connStr;
    SqlConnection conn;
    SqlCommand cmd;

    int XSIZE = 256, YSIZE = 256;
    byte[,] inImage;                    // 2차원 배열(메모리)
    Bitmap bitmap;

    void LoadImage(string fname)      // RAW --> DB
    {
        BinaryReader fp = new BinaryReader(File.Open(fname, FileMode.Open));
        inImage = new byte[XSIZE, YSIZE];

        string sql;
        sql = "DELETE FROM rawTable";
        cmd.CommandText = sql;
        cmd.ExecuteNonQuery();

        for (int i = 0; i < XSIZE; i++)
            for (int k = 0; k < YSIZE; k++)
            {
                int data = fp.ReadByte();
                sql = "INSERT INTO rawTable VALUES(" + i + "," + k + "," + data + ")";
                cmd.CommandText = sql;
                cmd.ExecuteNonQuery();
            }
        fp.Close();
    }

    void LoadDatabase()
    {
        cmd.CommandText = "SELECT * FROM rawTable";
        SqlDataReader reader = cmd.ExecuteReader();

        int data1, data2, data3;
        while (reader.Read())
```

```
            {
                data1 = reader.GetInt32(0);
                data2 = reader.GetInt32(1);
                data3 = reader.GetInt32(2);

                inImage[data1, data2] = (byte)data3;
            }
            reader.Close();
        }

        void DisplayImage()
        {
            for (int i = 0; i < XSIZE; i++)
                for (int k = 0; k < YSIZE; k++)
                {
                    byte data = inImage[k, i];
                    Color c = Color.FromArgb(data, data, data);
                    bitmap.SetPixel(i, k, c);
                }
            picturebox.Image = bitmap;
        }

        private void Form1_FormClosed(object sender, FormClosedEventArgs e)
        {
            conn.Close();
            MessageBox.Show("DB 연결을 종료합니다~");
        }

        private void Form1_Load(object sender, EventArgs e)
        {
            connStr = "Server=localhost\\SQLEXPRESS;Database=naverDB;Trusted_Connection=True;";
            conn = new SqlConnection(connStr);
            conn.Open();

            cmd = new SqlCommand();
            cmd.Connection = conn;

            this.ClientSize = new System.Drawing.Size(XSIZE, YSIZE);
            picturebox.Location = new System.Drawing.Point(0, 0);
            picturebox.Size = new System.Drawing.Size(XSIZE, YSIZE);

            bitmap = new Bitmap(XSIZE, YSIZE);

            string fileName = "C:/CookC#/images/RAW/LENNA256.raw";
```

```
88            LoadImage(fileName);
89            LoadDatabase();
90            DisplayImage();
91        }
92    }
```

코드 설명

0행	다음의 두 구문에 using을 사용해야 한다. using System.IO; using System.Data.SqlClient;
12행	256 x 256 크기의 RAW 이미지를 사용한다. 87행에서 LENNA256.raw 파일을 사용했는데 프로그램을 실행해도 몇 분 후에 화면이 나올 수 있다(512 x 512 크기의 파일은 실행 시간이 오래 걸린다).
16~35행	RAW 파일의 내용은 DB에 입력한다. 22~24행은 기존 rawTable의 모든 행을 삭제한다. 26~33행은 파일에서 한 픽셀을 rawTable에 삽입한다. i, k 첨자를 픽셀의 X, Y위치로 사용하면 된다.
37~52행	DB의 내용을 2차원 배열로 읽어들인다. 39, 40행에서 모든 행을 읽은 후, 43~50행에서 한 행씩 행, 열, 픽셀값을 읽어 그 위치의 inImage에 값을 대입한다.
54~64행	2차원 배열을 화면에 출력한다. [소스 10-11]에서 사용한 메서드와 동일하다.
72~91행	데이터베이스를 연결하고 화면의 크기를 설정한 후 LoadImage( ), LoadDatabase( ), DisplayImage( ) 메서드를 차례로 호출한다.

14

CHAPTER

미니 프로젝트

학습목표

- 실무에서 사용할 수 있는 GUI 기반의 회원 관리 시스템을 작성한다.
- 컬러 이미지를 처리하고 이미지에 효과를 주는 미니 포토샵 프로그램을 작성한다.

SECTION

01 이 장에서 만들 프로그램

이번 장에서는 지금까지 배운 내용을 종합한 완성도 높은 미니 프로젝트 2개를 진행해보려고 한다. 두 프로젝트는 GUI 환경에서 사용하며, 외부에서 제공하는 라이브러리도 함께 설치해 사용한다. 다양한 외부 라이브러리를 활용함으로써 완성도 높은 응용 프로그램을 제작하는 능력을 갖추도록 하자.

1 [미니 프로젝트 1] 회원 관리 프로그램

첫 번째 프로젝트는 C#과 데이터베이스를 적극 활용한 회원 관리 프로그램이다. GUI로 관리되는 회원 관리 프로그램을 완성해보면 향후에 더 크고 다양한 데이터베이스 관련 프로그램도 어렵지 않게 작성할 수 있을 것이다.

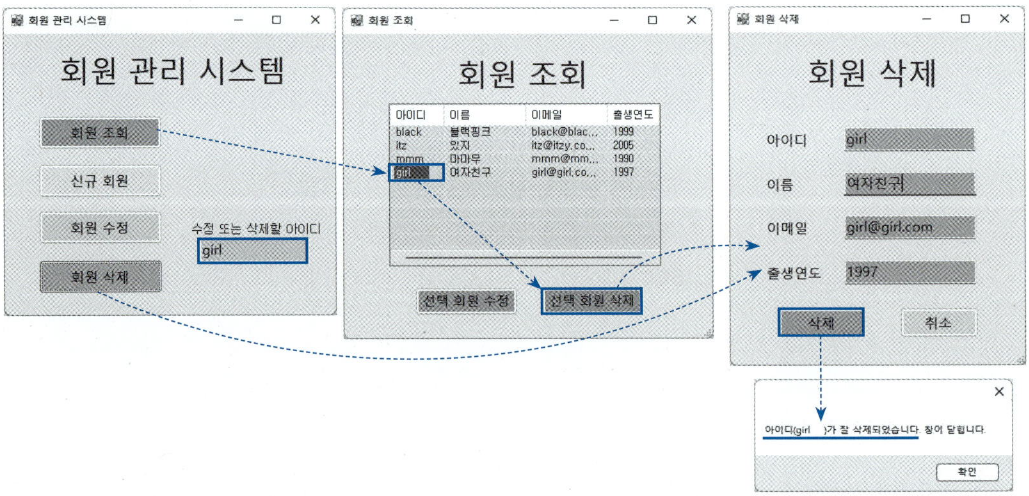

그림 14-1 회원 관리 프로그램 실행 예

2 [미니 프로젝트 2] 미니 포토샵

두 번째로 만들 프로젝트는 미니 포토샵 프로그램이다. 포토샵은 사진에 여러 효과를 적용하는 대표적인 소프트웨어이다. 이번 실습에서 포토샵의 기능과 비슷하게 구현해본다. 원래는 어려운 코딩 과정이 필요하지만, 외부 라이브러리가 제공한 기능을 통해 생각보다 쉽게 완성할 수 있을 것이다. [그림 14-2]는 프로그램 실행 시 차례대로 원본 이미지, 회색 이미지, 반전 이미지가 나타난 결과이다.

그림 14-2 미니 포토샵

SECTION

02 회원 관리 시스템

1 회원 관리 시스템의 구성도

13장에서 데이터베이스의 생성 및 테이블 생성, 데이터 입력, 데이터 조회에 대해 알아보았다. 이제 단편적으로 학습한 내용을 종합해 회원 관리 시스템을 만들어보자. 회원 관리 시스템은 회원 정보의 조회 / 입력 / 수정 / 삭제를 윈도우 폼에서 처리하는 응용 프로그램이다.

주의 • 해당 실습에서는 화면의 디자인 측면을 고려하지 않았다. 화면이 너무 단순해서 마음에 들지 않는다면 이미지 등을 활용해 화면을 보기 좋게 구성해도 된다.

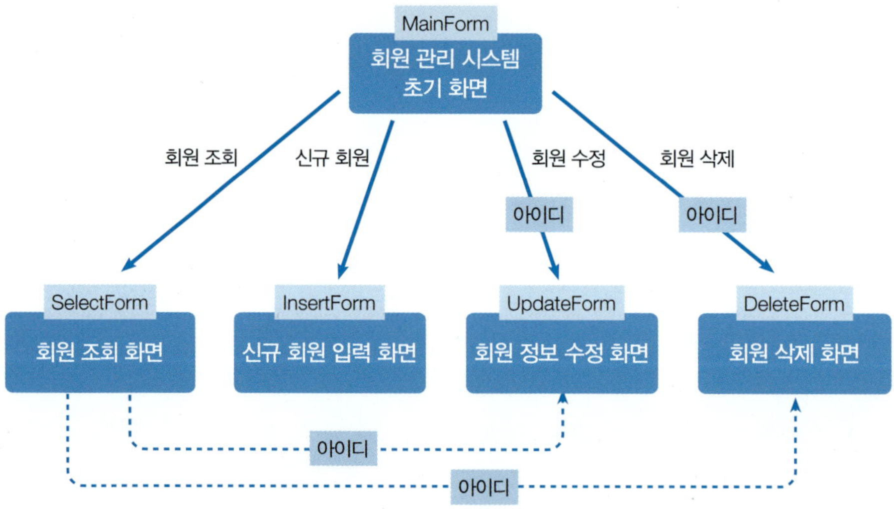

그림 14-3 회원 관리 시스템 구성도

회원 관리 시스템은 [그림 14-3]의 구성으로 되어 있으며 각 화면은 다음과 같이 작동하도록 프로그래밍할 것이다.

① 윈폼으로 회원 관리 시스템의 초기 화면을 만들고, [회원 조회], [신규 회원], [회원 수정], [회원 삭제] 등 네 가지 기능을 선택할 수 있도록 한다.

② [회원 조회]를 선택하면 전체 회원 목록이 출력되도록 한다. 〈수정〉, 〈삭제〉 버튼을 만들어, 회원 목록을 조회한 후 선택한 회원에 대한 정보를 수정하거나 삭제할 수 있도록 처리한다.

③ [신규 회원]을 선택하면 신규 회원의 정보를 입력하는 화면이 나오도록 하고, 신규 회원의 정보를 모

두 입력한 후 〈입력〉 버튼을 클릭하면 회원 정보가 등록되도록 한다.

④ [회원 수정]은 수정할 회원의 아이디를 입력한 후 선택하도록 한다. 그러면 입력한 아이디의 회원 정보 화면이 나온다. 필요한 정보를 수정하고 〈수정〉 버튼을 클릭하면 회원의 정보가 수정되고 수정된 결과는 화면에 출력된다.

⑤ [회원 삭제]는 삭제할 회원의 아이디를 입력한 후 선택하도록 한다. 그러면 해당 회원 정보의 삭제 확인을 위한 화면이 나온 후, 〈삭제〉 버튼을 클릭하면 해당 회원 정보가 삭제된다.

⑥ [회원 조회], [신규 회원], [회원 수정], [회원 삭제] 기능이 다 이루어진 후에는 창이 닫히고 초기 화면으로 돌아가도록 한다.

2 데이터베이스 및 테이블 생성

SQLCMD로 접속

회원 관리에 사용될 데이터베이스 및 테이블을 생성한다. Windows [시작]에서 마우스 오른쪽 버튼을 클릭하고 [터미널] 또는 [Windows PowerShell]을 선택한다. 파워셸이 열리면 다음의 명령을 입력해 SQL Server에 접속한다.

```
SQLCMD -S LOCALHOST\SQLEXPRESS -E
```

데이터베이스 및 테이블 생성

다음 명령으로 CookDB 데이터베이스를 생성한다. 이후 SQL이 CookDB에 적용되도록 한다.

```
CREATE DATABASE CookDB;
GO
USE CookDB;
GO
```

다음 명령으로 회원 테이블(member)을 생성한다. 회원의 아이디 / 이름 / 이메일 / 출생연도 열을 만든다.

```
CREATE TABLE member ( id CHAR(8), name NCHAR(10), email CHAR(20), birth INT );
GO
```

샘플 데이터의 입력

몇 건의 데이터를 미리 입력해놓도록 하자.

```
INSERT  INTO member  VALUES ( 'black', '블랙핑크' , 'black@black.com', 1999 );
INSERT  INTO member  VALUES ( 'itz', '있지' , 'itz@itzy.com', 2005 );
INSERT  INTO member  VALUES ( 'mmm', '마마무' , 'mmm@mmm.com', 1990 );
INSERT  INTO member  VALUES ( 'girl', '여자친구' , 'girl@girl.com', 1997 );
GO
```

데이터 확인

다음 명령으로 사용할 데이터를 확인한다.

```
SELECT * FROM member;
GO
```

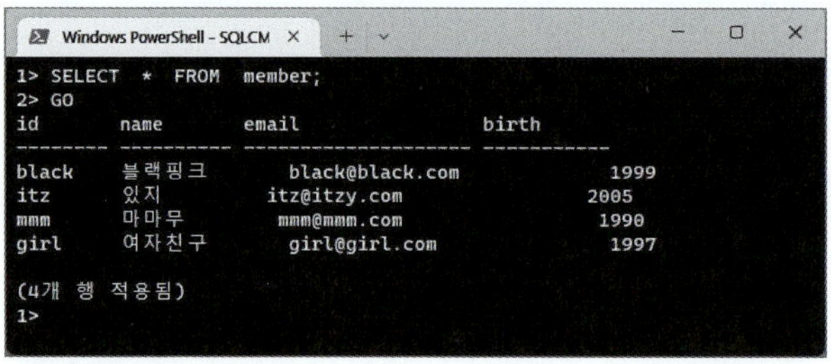

접속을 종료한다.

```
EXIT
GO
```

3 프로젝트 생성 및 화면 디자인

초기 화면 폼(MainForm)의 화면 디자인

[Window Forms 앱(.Net Framework)] 형식으로 **Project14_1** 프로젝트를 생성한다. 초기 화면 폼의 (name) 속성을 MainForm으로 변경한 후, 다음과 같이 화면을 구성한다.

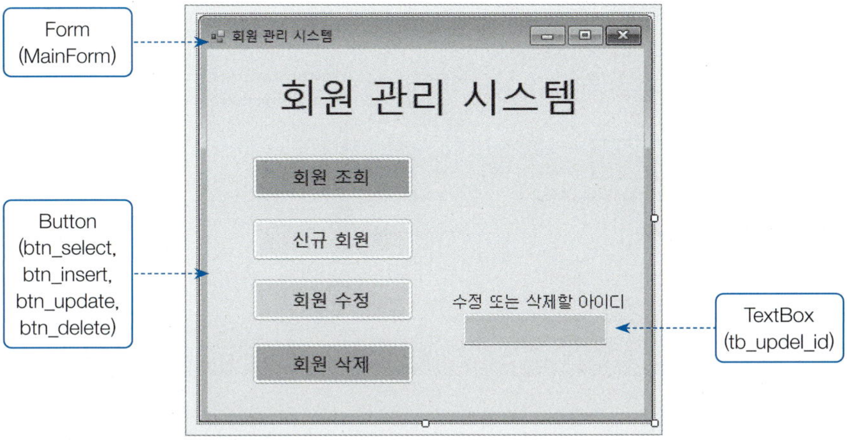

그림 14-4 초기 화면의 디자인 구성

폼의 추가

메인 폼에서 버튼을 클릭하면 나타날 폼을 추가한다. 창 오른쪽에 위치한 [솔루션 탐색기]의 [Project14_1]에서 마우스 오른쪽 버튼을 클릭하고 [추가] – [양식(Windows Forms)]을 선택한다.

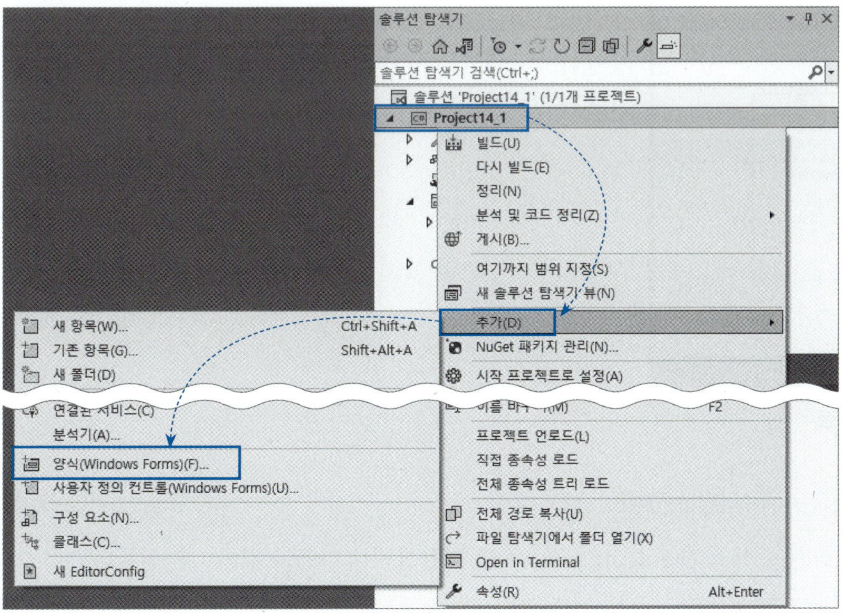

그림 14-5 폼의 추가 1

[새 항목 추가] 창이 나오면 [양식(Windows Forms)]을 선택하고, [그림 14-3]의 [회원 조회 화면]에 해당하는 'SelectForm.cs'를 아래쪽 이름 부분에 입력한다. 〈추가〉를 클릭하면 오른쪽 솔루션 탐색기에 [SelectForm.cs] 폼이 생성된다.

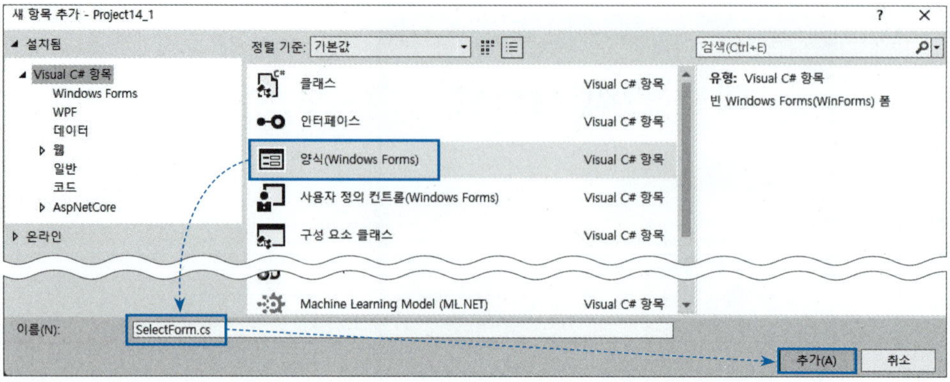

그림 14-6 폼의 추가 2

같은 방식으로 [그림 14-3]의 나머지 폼(InsertForm, UpdateForm, DeleteForm)을 추가한다. 마지막으로 [솔루션 탐색기]의 'Form1.cs'에서 마우스 오른쪽 버튼을 클릭해 [이름 바꾸기]를 선택한 뒤 'MainForm.cs'로 변경하자. 최종 완성된 [솔루션 탐색기]는 다음과 같다.

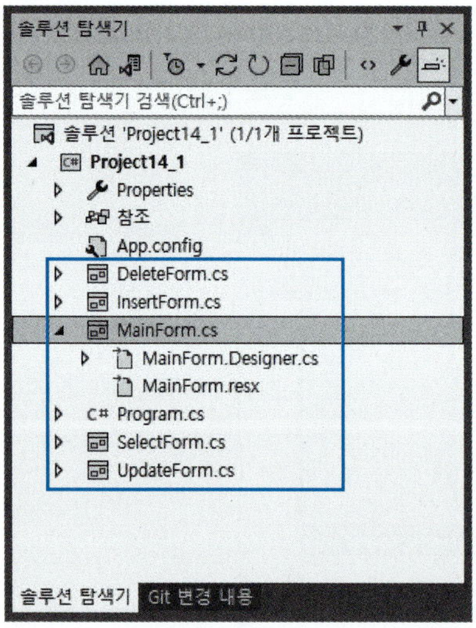

그림 14-7 최종 완성된 폼

회원 조회 화면(SelectForm)의 디자인

[솔루션 탐색기]의 회원 조회 화면(SelectForm.cs)을 더블클릭해 다음과 같이 디자인한다.

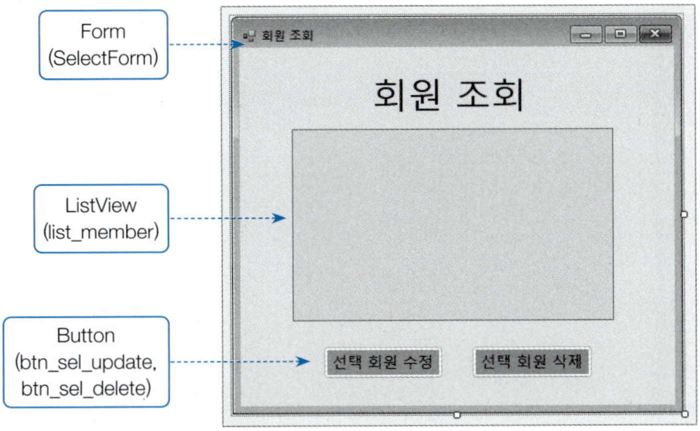

그림 14-8 회원 조회 화면의 구성

신규 회원 입력 화면(InsertForm)의 디자인

[솔루션 탐색기]의 신규 회원 입력 화면(InsertForm.cs)을 더블클릭해서 다음과 같이 디자인한다.

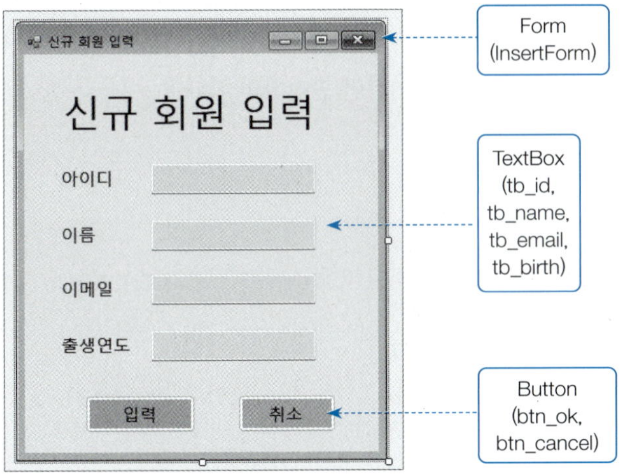

그림 14-9 신규 회원 입력 화면의 구성

회원 정보 수정 화면(UpdateForm)의 디자인

[솔루션 탐색기]의 회원 정보 수정 화면(UpdateForm.cs)을 더블클릭해서 다음과 같이 디자인한다. TextBox(tb_id)의 속성 중 **ReadOnly**를 **True**로 변경하자. 아이디를 직접 입력하는 것이 아니라 앞 화면에서 넘겨받은 아이디를 그대로 사용해야 하기 때문이다. 아이디 외 이름, 이메일, 출생연도는 수정할 수 있다.

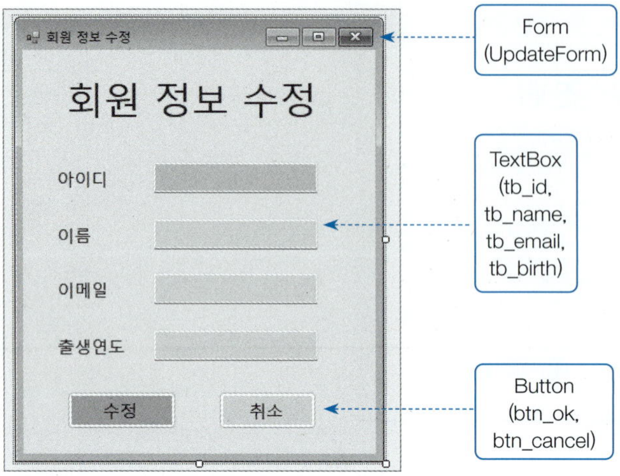

그림 14-10 회원 정보 수정 화면의 구성

회원 삭제 화면(DeleteForm)의 디자인

[솔루션 탐색기]의 회원 삭제 화면(DeleteForm.cs)을 더블클릭해서 다음과 같이 디자인한다. 그리고 모든 TextBox의 속성 중 **ReadOnly**를 **True**로 변경하자. 이 화면은 회원 정보를 확인만 할 뿐 수정하지는 못한다. 즉, 회원 정보를 확인한 후 삭제할지 여부만 판단하면 된다.

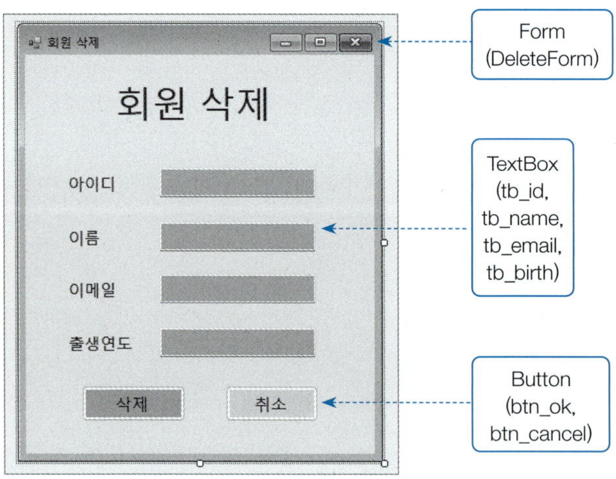

그림 14-11 회원 삭제 화면의 구성

4 소스 코드의 작성

초기 화면 폼(MainForm)의 소스 코드 작성

초기 화면 폼(MainForm)의 Button 4개를 각각 더블클릭해서 메서드를 추가한다. 다음과 같이 소스 코드를 작성한다.

소스 14-1 메인 폼의 소스 코드 (프로젝트명 : Proejct14_1)

```
private void btn_select_Click(object sender, EventArgs e)
{
    SelectForm subFrom = new SelectForm();
    subFrom.ShowDialog();
}

private void btn_insert_Click(object sender, EventArgs e)
{
    InsertForm subFrom = new InsertForm();
    subFrom.ShowDialog();
}

private void btn_update_Click(object sender, EventArgs e)
{
    if (tb_updel_id.Text == "")
    {
        MessageBox.Show("수정할 아이디를 먼저 입력하세요");
        return;
    }

    UpdateForm subFrom = new UpdateForm();
    subFrom.ShowDialog();
}

private void btn_delete_Click(object sender, EventArgs e)
{
    if (tb_updel_id.Text == "")
    {
        MessageBox.Show("삭제할 아이디를 먼저 입력하세요");
        return;
    }

    DeleteForm subFrom = new DeleteForm();
    subFrom.ShowDialog();
}
```

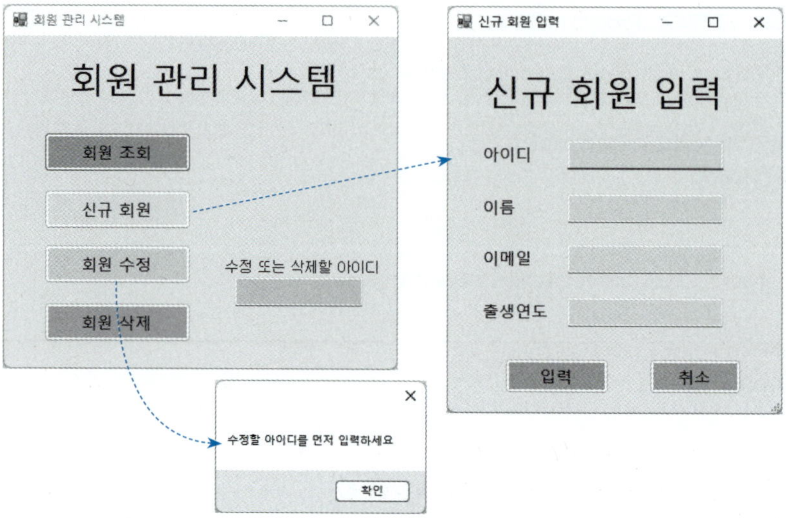

1~5행은 〈회원 조회〉 버튼을 클릭하면 실행된다. 3~4행에서 회원 조회 폼(SelectForm)을 호출하고 화면에 띄운다. 나머지 메서드도 같은 방식인데, 13행과 25행의 회원 수정 및 회원 삭제 폼을 호출할 때는 아이디를 꼭 입력해야 한다. 15~19행, 27~31행에서 아이디를 입력하지 않으면 메시지가 나타나고 아무 작동도 일어나지 않는다.

회원 조회 폼(SelectForm)의 소스 코드 작성

회원 조회 폼(SelectForm)에 Load, FormClosed 이벤트 메서드를 추가한다. 그리고 〈선택 회원 수정〉 및 〈선택 회원 삭제〉 버튼을 더블클릭해 메서드를 추가하고 소스 코드를 작성한다.

소스 14-2 회원 조회 폼의 소스 코드 (프로젝트명 : Proejct14_1) GUI

```
string connStr;
SqlConnection conn;
SqlCommand cmd;

private void SelectForm_Load(object sender, EventArgs e)
{
    connStr = "Server = localhost\\SQLEXPRESS;Database = CookDB;Trusted_Connection = True;";
    conn = new SqlConnection(connStr);
    conn.Open();

    cmd = new SqlCommand();
    cmd.Connection = conn;

    list_member.View = View.Details;
    list_member.GridLines = true;
    int listWidth = list_member.Width;
```

```
    list_member.Columns.Add("아이디", (int)(listWidth * 0.2));
    list_member.Columns.Add("이름", (int)(listWidth * 0.3));
    list_member.Columns.Add("이메일", (int)(listWidth * 0.3));
    list_member.Columns.Add("출생연도", (int)(listWidth * 0.2));

    string data1, data2, data3, data4;

    cmd.CommandText = "SELECT * FROM member";
    SqlDataReader reader = cmd.ExecuteReader();

    list_member.Items.Clear();
    ListViewItem item;
    while (reader.Read())
    {
        data1 = reader.GetString(0);
        data2 = reader.GetString(1);
        data3 = reader.GetString(2);
        data4 = reader.GetInt32(3).ToString();

        item = new ListViewItem(data1);
        item.SubItems.Add(data2);
        item.SubItems.Add(data3);
        item.SubItems.Add(data4);

        list_member.Items.Add(item);
    }
    reader.Close();
}

private void SelectForm_FormClosed(object sender, FormClosedEventArgs e)
{
    conn.Close();
}

private void btn_sel_update_Click(object sender, EventArgs e)
{
    if (list_member.SelectedItems.Count == 0)
    {
        MessageBox.Show("수정할 아이디를 먼저 선택하세요.");
        return;
    }

    UpdateForm subFrom = new UpdateForm();
    subFrom.ShowDialog();
    this.Close();
```

```
62 }
63
64 private void btn_sel_delete_Click(object sender, EventArgs e)
65 {
66     if (list_member.SelectedItems.Count == 0)
67     {
68         MessageBox.Show("삭제할 아이디를 먼저 선택하세요.");
69         return;
70     }
71
72     DeleteForm subFrom = new DeleteForm();
73     subFrom.ShowDialog();
74     this.Close();
75 }
```

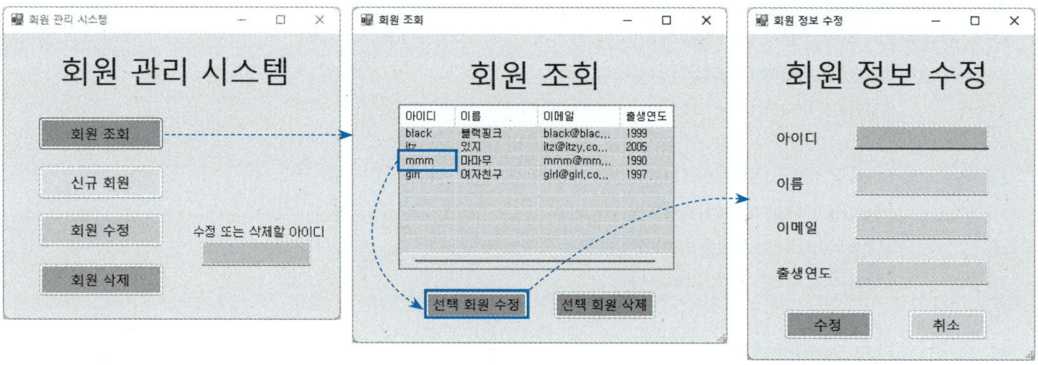

1~3행은 전역 변수를 선언했다. 7~20행은 데이터베이스 연결 및 리스트뷰를 준비했다. 13장 [소스 13-4]의 8~27행과 거의 동일하다. 22~43행은 member 테이블의 모든 내용을 리스트뷰에 출력한다. 13장 [소스 13-4]의 52~72행과 거의 동일하다.

51~62행은 〈선택 회원 수정〉 버튼이 클릭되면 회원 정보 수정 화면으로 연결한다. 단, 리스트뷰에서 회원 아이디를 선택하지 않았다면 메시지를 출력하고 아무 기능도 일어나지 않는다. 61행에서는 현재 화면인 [회원 조회] 창을 닫는다. 64~75행은 〈선택 회원 삭제〉 버튼이 클릭되면 실행된다.

회원 수정 폼(UpdateForm)의 소스 코드 작성

회원 수정 폼(UpdateForm)에 Load, FormClosed 이벤트 메서드를 추가한다. 그리고 〈수정〉 및 〈취소〉 버튼을 더블클릭해 메서드를 추가하고 소스 코드를 작성한다.

회원 수정에서 중요한 코드는 앞 화면에서 수정할 아이디를 전달받아 [회원 정보 수정] 창이 로딩되면 그 아이디에 대한 정보를 화면에 나타내주는 부분이다. 〈수정〉 버튼을 클릭하면 수정된 이름 / 이메일 / 출생연도가 Update 문으로 수정되고, 〈취소〉 버튼을 클릭하면 아무것도 하지 않고 창을 닫는다.

소스 14-3 회원 수정 폼의 소스 코드 (프로젝트명 : Proejct14_1)

GUI

```
public partial class UpdateForm : Form
{
    string memberID; // 아이디의 전역 변수
    public UpdateForm(string paraID)
    {
        InitializeComponent();
        memberID = paraID;
    }

    string connStr;
    SqlConnection conn;
    SqlCommand cmd;
    SqlDataReader reader;

    private void UpdateForm_Load(object sender, EventArgs e)
    {
        connStr = "Server = localhost\\SQLEXPRESS;Database = CookDB;Trusted_Connection = True;";
        conn = new SqlConnection(connStr);
        conn.Open();

        cmd = new SqlCommand();
        cmd.Connection = conn;

        cmd.CommandText = "SELECT * FROM member WHERE id = '" + memberID + "'";
        reader = cmd.ExecuteReader();

        if (!reader.Read()) // 전달받은 회원 아이디가 없다면
        {
            reader.Close();
            MessageBox.Show("아이디(" + memberID + ")는 회원이 아닙니다.");
            this.Close();
        }
        else // 전달받은 회원 아이디가 있다면
        {
            string data1, data2, data3, data4;
            data1 = reader.GetString(0).Trim();
            data2 = reader.GetString(1).Trim();
            data3 = reader.GetString(2).Trim();
            data4 = reader.GetInt32(3).ToString();

```

```
            tb_id.Text = data1;
            tb_name.Text = data2;
            tb_email.Text = data3;
            tb_birth.Text = data4;
            reader.Close();
        }
    }

    private void UpdateForm_FormClosed(object sender, FormClosedEventArgs e)
    {
        conn.Close();
    }

    private void btn_ok_Click(object sender, EventArgs e)
    {
        string data1, data2, data3, data4, sql;

        data1 = tb_id.Text;
        data2 = tb_name.Text;
        data3 = tb_email.Text;
        data4 = tb_birth.Text;

        sql = "UPDATE member SET name = '" + data2 + "', email = '" + data3 + "', birth = " + data4;
        sql += " WHERE id = '" + data1 + "'";
        cmd.CommandText = sql;
        cmd.ExecuteNonQuery();

        MessageBox.Show("아이디(" + memberID + ")가 잘 수정되었습니다. 창이 닫힙니다.");
        this.Close();
    }

    private void btn_cancel_Click(object sender, EventArgs e)
    {
        this.Close();
    }
}
```

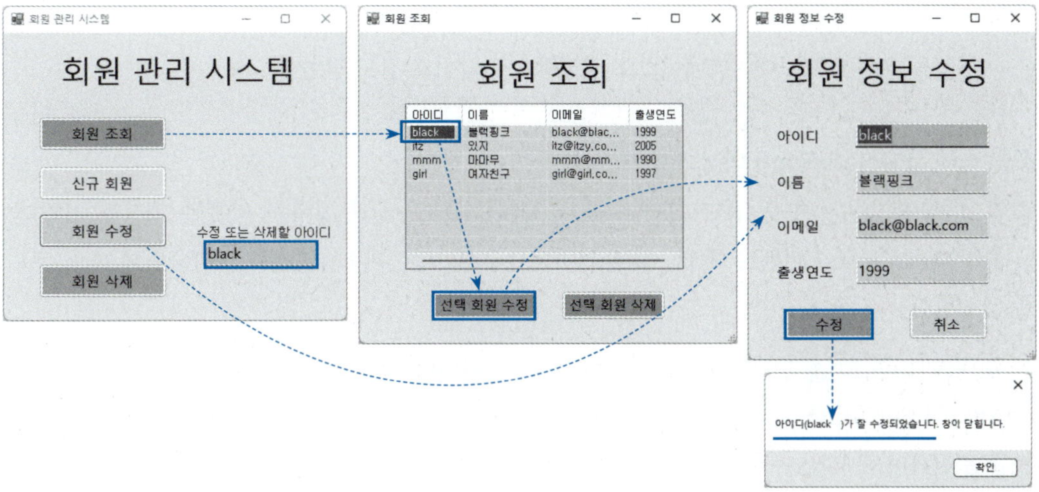

우선 3~8행을 자세히 보자. 3행에서는 아이디를 저장할 전역 변수를 하나 준비했고 4행은 생성자의 파라미터 paraID에 수정할 회원의 아이디를 전달받는다. 7행에는 전역 변수에 넘겨받은 파라미터의 값을 대입했다. 생성자로 넘겨받은 파라미터를 전역 변수로 저장해서 사용하는 방법이므로 잘 기억해 두자. 주의할 점은, UpdateForm 창을 ShowDialog( ) 메서드로 호출하는 [소스 14-1]의 21행을 다음과 같이 수정해서 아이디를 파라미터로 전달해야 한다는 점이다.

```
UpdateForm subFrom = new UpdateForm(tb_updel_id.Text);
```

그리고 [소스 14-2]의 59행도 역시 다음과 같이 수정해 아이디를 파라미터로 전달해야 한다. 리스트뷰에서 선택한 텍스트를 추출해 전달하는 방법이다.

```
int selectRow = list_member.SelectedItems[0].Index;
string selectID = list_member.Items[selectRow].SubItems[0].Text;
UpdateForm subFrom = new UpdateForm(selectID);
```

15~47행은 회원 정보 수정 폼이 화면에 뜨면서 넘겨받은 아이디의 회원 정보를 화면에 함께 보여준다. 27행에서 넘겨받은 아이디가 회원이 아니라면 29~31행을 실행해서 메시지를 내보내고 창을 닫는다. 즉 호출한 곳에서는 회원이 없다는 메시지 외에는 아무것도 작동하지 않는다. 회원 아이디가 정상적으로 있다면 33~46행에서 텍스트상자의 각 위치에 회원 정보를 출력한다. 36~38행에는 Trim( ) 메서드를 붙여 앞뒤의 공백을 제거했다.

54~70행은 〈수정〉 버튼이 클릭되면 화면의 TextBox 내용으로 해당 아이디의 회원 정보를 업데이트한다. 그리고 68~69행에서 메시지를 출력하고 창을 닫는다.

72~75행은 〈취소〉 버튼이 클릭되면 아무 작업도 하지 않고 창을 닫는다. this.Close( ) 메서드는 63~66행을 호출하므로 데이터베이스도 정상적으로 닫히고 창도 닫힌다.

회원 삭제 폼(DeleteForm)의 소스 코드 작성

회원 삭제 폼(DeleteForm)도 회원 수정 폼(UpdateForm)과 상당히 비슷한 과정을 거친다. Load, FormClosed 이벤트 메서드를 추가하고 〈삭제〉 및 〈취소〉 버튼을 더블클릭해 소스 코드를 작성한다.

앞 화면에서 아이디를 전달받고 [회원 삭제] 창이 로딩되면 해당 아이디의 회원 정보를 화면에 보여준다. 그리고 〈삭제〉 버튼이 클릭되면 해당 아이디를 Delete 문으로 삭제하면 된다. 〈취소〉 버튼을 클릭하면 아무것도 하지 않고 창이 닫힌다.

소스 14-4 회원 삭제 폼의 소스 코드 (프로젝트명 : Proejct14_1) GUI

```
public partial class DeleteForm : Form
 {
    string memberID;  // 아이디의 전역 변수
    public DeleteForm(string paraID)
    {
        InitializeComponent();
        memberID = paraID;
    }

    string connStr;
    SqlConnection conn;
    SqlCommand cmd;
    SqlDataReader reader;

    private void DeleteForm_Load(object sender, EventArgs e)
    {
        connStr = "Server = localhost\\SQLEXPRESS;Database = CookDB;Trusted_Connection
        = True;";
        conn = new SqlConnection(connStr);
        conn.Open();

        cmd = new SqlCommand();
        cmd.Connection = conn;

        cmd.CommandText = "SELECT * FROM member WHERE id = '" + memberID + "'";
        reader = cmd.ExecuteReader();

        if (!reader.Read())    // 해당 아이디를 사용하는 회원이 없다면
        {
```

```
            reader.Close();
            MessageBox.Show("아이디(" + memberID + ")는 회원이 아닙니다.");
            this.Close();
        }
        else        // 해당 아이디를 사용하는 회원이 있다면
        {
            string data1, data2, data3, data4;
            data1 = reader.GetString(0).Trim();
            data2 = reader.GetString(1).Trim();
            data3 = reader.GetString(2).Trim();
            data4 = reader.GetInt32(3).ToString();

            tb_id.Text = data1;
            tb_name.Text = data2;
            tb_email.Text = data3;
                tb_birth.Text = data4;
            reader.Close();
        }
    }

    private void DeleteForm_FormClosed(object sender, FormClosedEventArgs e)
    {
        conn.Close();
    }

    private void btn_ok_Click(object sender, EventArgs e)
    {
        string data1, sql;

        data1 = tb_id.Text;

        sql = "DELETE FROM member WHERE id = '" + data1 + "'";
        cmd.CommandText = sql;
        cmd.ExecuteNonQuery();

        MessageBox.Show("아이디(" + memberID + ")가 잘 삭제되었습니다. 창이 닫힙니다.");
        this.Close();
    }

    private void btn_cancel_Click(object sender, EventArgs e)
    {
        this.Close();
    }
}
```

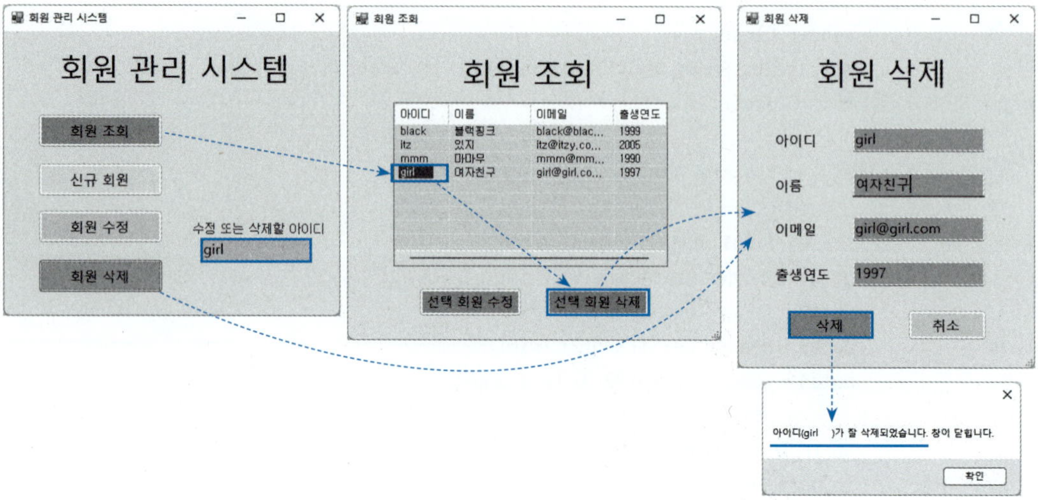

3~8행은 [소스 14-3]에서 설명한 것과 동일하다. 여기서도 주의해야 할 점은 DeleteForm 창을 ShowDialog( ) 메서드로 호출하는 [소스 14-1]의 33행을 다음과 같이 수정해 아이디를 파라미터로 전달해야 한다는 점이다.

```
DeleteForm subFrom = new DeleteForm(tb_updel_id.Text);
```

그리고 [소스 14-2]의 72행도 다음과 같이 수정해 아이디를 파라미터로 전달해야 한다. 리스트뷰에서 선택한 텍스트를 추출해 전달하는 방법이다.

```
int selectRow = list_member.SelectedItems[0].Index;
string selectID = list_member.Items[selectRow].SubItems[0].Text;
DeleteForm subFrom = new DeleteForm(selectID);
```

15~47행도 [소스 14-3]과 동일하다. 54~66행은 〈삭제〉 버튼이 클릭되면 화면의 TextBox 내용으로 해당 아이디의 사용자 행을 삭제한다. 64~65행에서는 메시지를 출력하고 창을 닫는다. 나머지 행도 [소스 14-3]과 거의 동일하다.

신규 회원 폼(InsertForm)의 소스 코드 작성

신규 회원 폼(InsertForm)은 새로운 사용자의 정보를 입력하면 된다. FormClosed 이벤트 메서드를 추가하고 〈입력〉 및 〈취소〉 버튼을 더블클릭해 소스 코드를 작성한다.

메인 화면에서 〈신규 회원〉 버튼을 클릭하면 [신규 회원 입력] 빈 창이 나온다. 관련 정보를 입력한 후 〈입력〉 버튼을 클릭하면 Insert 문으로 행이 삽입된다. 〈취소〉 버튼을 클릭하면 아무것도 하지 않고 창이 닫힌다.

소스 14-5 신규 회원 폼의 소스 코드 (프로젝트명 : Proejct14_1)

```
public partial class InsertForm : Form
{
        public InsertForm()
        {
        InitializeComponent();
    }

    string connStr;
    SqlConnection conn;
    SqlCommand cmd;
    SqlDataReader reader;

    private void InsertForm_FormClosed(object sender, FormClosedEventArgs e)
    {
        conn.Close();
    }

    private void btn_ok_Click(object sender, EventArgs e)
    {
        connStr = "Server = localhost\\SQLEXPRESS;Database = CookDB;Trusted_Connection = True;";
        conn = new SqlConnection(connStr);
        conn.Open();

        cmd = new SqlCommand();
        cmd.Connection = conn;

        string data1, data2, data3, data4, sql;

        data1 = tb_id.Text;
        data2 = tb_name.Text;
        data3 = tb_email.Text;
        data4 = tb_birth.Text;

        sql = "INSERT INTO member VALUES('" + data1 + "','" + data2 + "','" + data3 + "'," + data4 + ")";
        cmd.CommandText = sql;
        cmd.ExecuteNonQuery();

        MessageBox.Show("아이디(" + data1 + ")가 잘 입력되었습니다. 창이 닫힙니다.");
        this.Close();
    }

    private void btn_cancel_Click(object sender, EventArgs e)
    {
        this.Close();
```

```
45      }
46  }
```

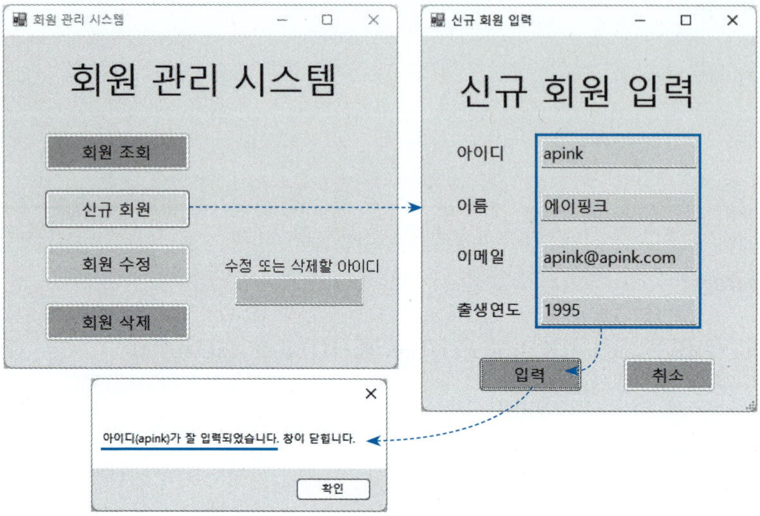

〈입력〉 버튼을 클릭하면 18~40행이 실행된다. 20~25행에서 데이터베이스 연결 및 커맨드를 준비한다. 27~36행에서는 TextBox에 입력된 내용으로 Insert 문을 생성해 실행한다. 38~39행에서 입력 확인 메시지를 출력하고 창을 닫는다. 그 외 코드는 앞에서 설명한 바와 거의 비슷하다.

SECTION

03 미니 포토샵

이번에는 지금까지 배운 C# 기능을 적극 활용해 컬러 사진이 처리되는 미니 포토샵 프로그램을 구현해본다. 그런데 우리가 배운 내용만으로 미니 포토샵의 다양한 기능을 코딩하기에는 난이도가 너무 높다. 실제 포토샵 프로그램과는 다르겠지만 공부한 내용을 토대로 비슷하게나마 기능을 구현해보자.

1 OpenCV 외부 라이브러리 설치

미니 포토샵 프로그램에서는 JPG, BMP, PNG, TIF 파일 등을 불러오는 기능과 이미지의 확대 / 축소 / 회전 / 블러링 / 윤곽선 추출 등의 기능을 구현할 것이다. C#은 이미지에 효과를 주는 고급 기능은 지원하지 않으므로, 외부에서 제작된 기능을 사용할 것이다. 이는 C#의 가장 큰 장점 중 하나인데, 외부 라이브러리를 사용함으로써 어떤 코딩이든 가능해진다. 게임, 네트워크 프로그래밍, 고급GUI, 이미지 처리, 데이터베이스 연동 등 많은 분야가 C#에서 구현 가능하다.

미니 포토샵 프로그램에서 사용할 외부 라이브러리는 OpenCV라는 제품이다. OpenCV 라이브러리를 설치한 후 C#에서 약간의 추가 작업만 해주면 OpenCV가 제공하는 다양하고 훌륭한 이미지 처리 기능을 구현할 수 있다.

TIP • OpenCV는 Open Source Computer Vision의 약자로, 영상 처리 및 컴퓨터 비전을 구현하는 데 사용하는 오픈 소스 라이브러리이다. 최근에 버전이 업그레이드되면서 인공지능과 관련된 이미지 인식 등 활용 범위가 확대되고 있다. OpenCV는 C#뿐 아니라 C++, 자바, 파이썬 등도 모두 지원한다.

OpenCV 라이브러리 설치

먼저 [Windows Forms 앱(.NET Framework)] 형식으로 **Project14_2** 프로젝트를 생성한다. Visual Studio 메뉴의 [프로젝트] – [NuGet 패키지 관리]를 선택한다. [찾아보기] 탭을 클릭해 'OpenCV'로 검색한 후, **OpenCVSharp4**와 **OpneCVSharp4.runtime.win** 라이브러리 2개를 설치한다.

TIP • 라이브러리 중 이름이 비슷한 것들이 많으니 혼동하지 않도록 주의한다.

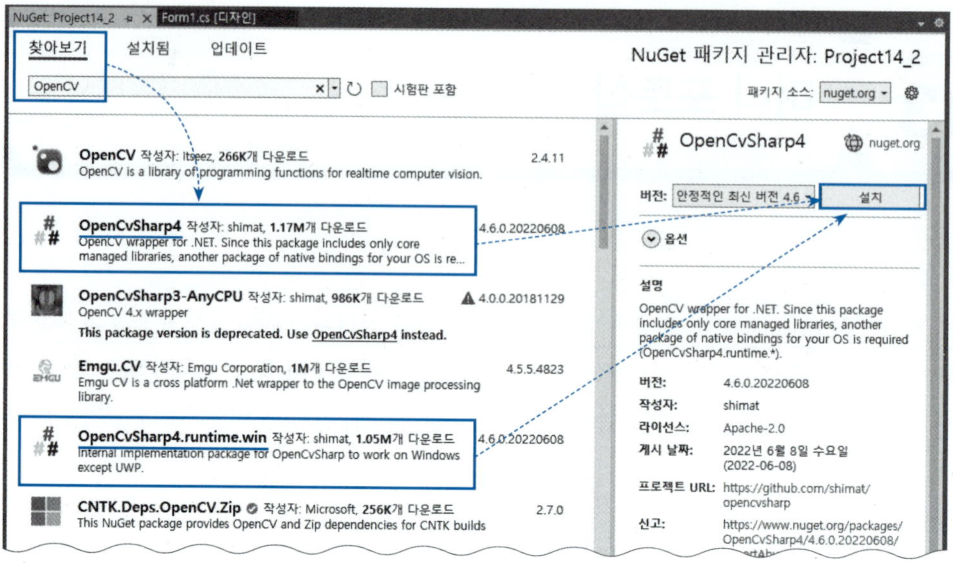

그림 14-12 OpenCV 관련 라이브러리 설치 1

설치가 완료되었다면 이번에는 OpenCVSharp.Extensions를 검색해 설치한다.

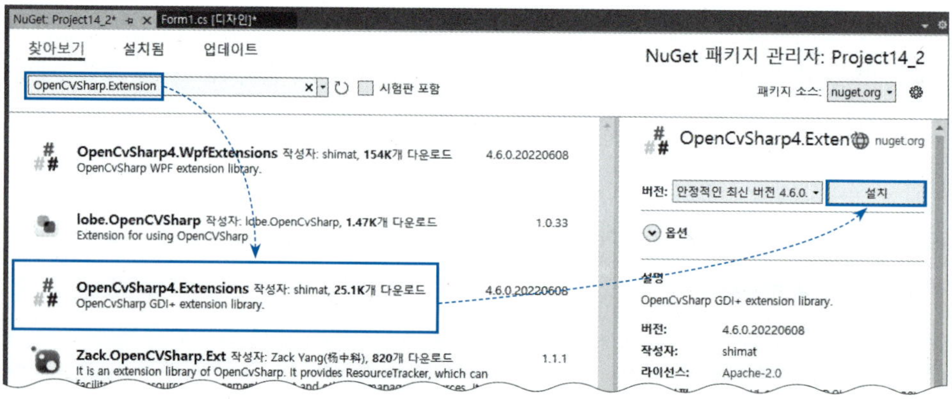

그림 14-13 OpenCV 관련 라이브러리 설치 2

여기서 잠깐

영상 처리 프로그램

포토샵 등과 같은 소프트웨어를 영상 처리(Image Processing) 프로그램이라고 부르기도 한다. 영상 처리는 주로 컴퓨터 관련 학과나 대학원에서 별도의 학문으로 배운다. 원칙적으로는 영상 처리에 대한 이론과 알고리즘을 모두 익힌 후 미니 포토샵 프로그램을 작성하는 것이 좋겠지만, 현실적으로 어려운 일이므로 이론은 배제하고 화면이 구현되는 것 위주로 진행한다.

2 미니 포토샵 기능 구성

미니 포토샵 프로그램은 다음과 같은 기능을 구현한다. 우선 메뉴 구성을 확인해보자.

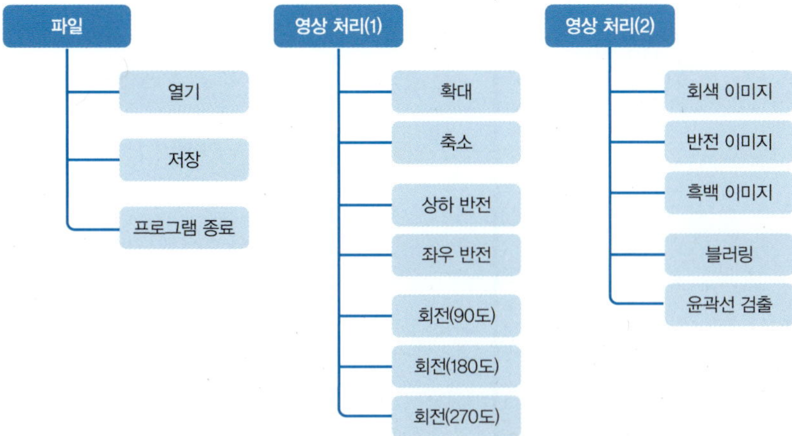

그림 14-14 미니 포토샵 메뉴 구성

메뉴 구성을 보면, 파일을 열고 저장하는 기능이 있다. 또한 [영상 처리(1)]과 [영상 처리(2)] 메뉴에서는 포토샵과 비슷한 기법의 이미지 처리를 구현한다. 이를 통해 JPG, BMP, PNG, TIF 등 어떤 컬러 이미지라도 처리가 가능하다.

3 메뉴 구성과 화면 디자인

창 왼쪽 [도구 상자]의 [메뉴 및 도구 모음] 아래 [MenuStrip]을 더블클릭해 메뉴를 추가한다. 그리고 [대화 상자] 아래 [OpenFileDialog]와 [SaveFileDialog]를 더블클릭해서 추가한다. [그림 14-15]와 같이 메뉴를 입력하고 PictureBox도 하나 추가하자.

TIP • 메뉴 / 대화 상자 추가는 9장의 Project09_8에서 이미 상세히 다루었으니 확인해보자.

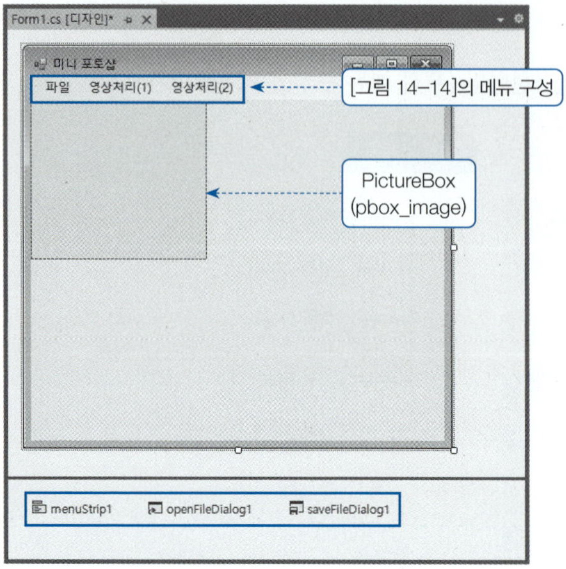

그림 14-15 미니 포토샵 화면 디자인

4 이미지 열기 및 화면 출력

메뉴의 [파일] – [열기]를 선택하면 이미지 파일을 여는 파일 대화 상자가 나오고, 파일을 선택하면 이미지가 화면에 출력되어야 한다. 이미지는 JPG, BMP, PNG, TIF 파일 등이 모두 처리되어야 하므로 OpenCV 라이브러리에서 제공하는 **Cv2.ImRead(파일명)** 메서드를 사용한다.

이미지는 화면에 보여야 의미가 있으므로 다음과 같은 기본 방식을 적용할 것이다. 원본 이미지는 inCvImage 변수에 넣고, 이미지 처리한 결과 이미지는 outCvImage 변수에 넣을 것이다. 그리고 모니터에는 항상 **outCvImage**가 보이도록 한다.

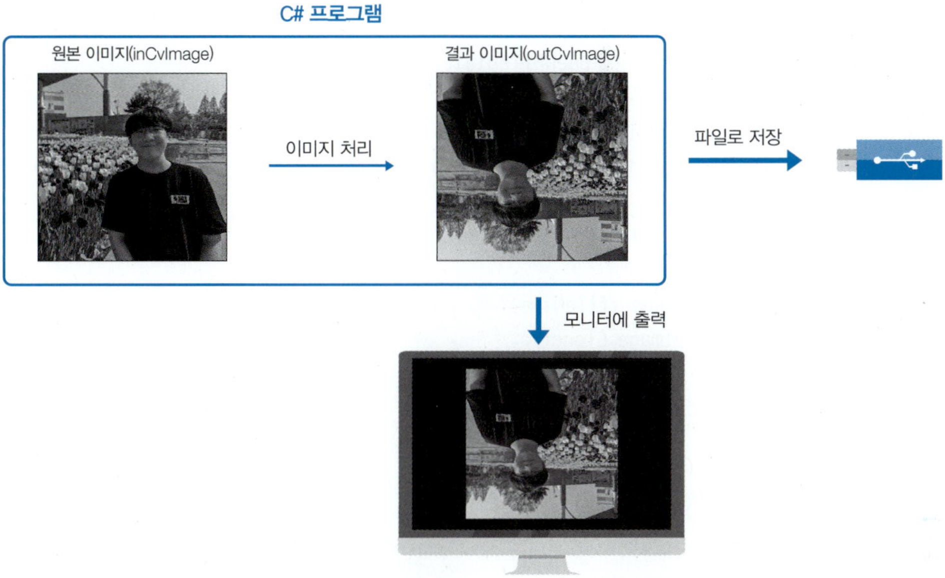

그림 14-16 이미지를 처리하고 화면에 출력하는 기본 구조

[열기] 메뉴를 통해 이미지 파일을 선택한 뒤 파일을 열면 원본 이미지가 나오므로 inCvImage에 저장된다. 그런데 [그림 14-16]과 같이, 화면에 보이는 이미지는 항상 처리된 결과인 outCvImage로 보여져야 한다. 그러므로 이미지를 바로 오픈한 후 동일한 이미지를 결과 이미지인 outCvImage에 복사하는 방식을 사용할 것이다. Project14_2의 메뉴 중 [파일] – [열기]를 더블클릭해 이벤트 메서드를 다음과 같이 코딩해보자. outCvImage를 화면에 출력하는 Display( ) 메서드도 함께 작성한다.

소스 14-6 이미지 열기 및 화면 출력 소스 코드 (프로젝트명 : Proejct14_2)

```
using OpenCvSharp;
using OpenCvSharp.Extensions;

namespace Project14_2
{
    public partial class Form1 : Form
    {
        public Form1()
        {
            InitializeComponent();
        }

        Mat inCvImage, outCvImage;

        private void 파일열기ToolStripMenuItem_Click(object sender, EventArgs e)
```

```
        {
            OpenFileDialog ofd = new OpenFileDialog();
            ofd.DefaultExt = "";
            ofd.Filter = "컬러 필터 ¦ * .jpg; * .png; * .bmp; * .tif";
            if (ofd.ShowDialog() != DialogResult.OK)
                return;
            string fileName = ofd.FileName;

            inCvImage = Cv2.ImRead(fileName);
            outCvImage = inCvImage.Clone();

            DisplayImage();
        }

        void DisplayImage()
        {
            int outH = outCvImage.Height;
            int outW = outCvImage.Width;

            int menuHeight = menuStrip1.Height;
            this.ClientSize = new System.Drawing.Size(outW, outH + menuHeight);
            pbox_image.Location = new System.Drawing.Point(0, menuHeight);
            pbox_image.Size = new System.Drawing.Size(outW, outH);

            pbox_image.Image = BitmapConverter.ToBitmap(outCvImage);
        }
    }
}
```

먼저 1, 2행은 OpenCV 관련 라이브러리를 using으로 사용했다. 13행의 Mat은 OpenCV 라이브러리에서 제공하는 이미지를 저장하기 위한 데이터 형식이다. [그림 14-16]의 원본 이미지 inCvImage와 결과 이미지 outCvImage를 위한 변수를 준비했다.

메뉴의 [파일] – [열기]를 클릭하면 15~28행이 수행된다. 17~22행은 열기 대화 상자를 띄워서 컬러 파일을 선택하게끔 했다. 24행에서는 선택한 파일을 OpenCv용 inCvImage로 읽었고, 25행에서는 inCvImage를 outCvImage로 복사했다. 27행에서는 화면 출력을 위한 메서드를 호출했다.

30~41행은 항상 outCvImage를 화면에 출력시킨다. 32, 33행에서 outCvImage의 높이와 폭을 구하고, 35~38행에서 윈도우 폼의 크기 및 PictureBox의 크기를 outCvImage의 크기에 맞게 조절한다. 메뉴의 크기까지 고려했는데, 이와 관련된 코드는 10장의 [응용예제 18]에서 이미 사용한 적이 있다. 40행에서는 outCvImage를 비트맵 형태로 변환해서 PictureBox에 출력한다.

5 이미지 저장

이미지를 처리한 뒤 저장할 때는 결과 이미지인 outCvImage를 저장해야 한다. Project14_2의 메뉴 중 [파일] – [저장]을 더블클릭해 이벤트 메서드를 다음과 같이 코딩한다.

소스 14-7 이미지 저장 소스 코드 (프로젝트명 : Proejct14_2)

```
1  private void 저장ToolStripMenuItem_Click(object sender, EventArgs e)
2  {
3      SaveFileDialog sfd = new SaveFileDialog();
4      sfd.DefaultExt = "";
5      sfd.Filter = "PNG 파일(* .png) | * .png";
6      if (sfd.ShowDialog() != DialogResult.OK)
7          return;
8      string saveFname = sfd.FileName;
9
10     Cv2.ImWrite(saveFname, outCvImage);
11 }
```

3~8행은 저장 대화 상자를 띄워서 저장할 파일명을 saveFname에 저장한다. 10행에서 OpenCV 메서드인 ImWrite( )로 결과 이미지인 outCvImage를 파일로 저장한다.

6 기본 이미지 처리

이미지 확대 / 축소

이미지 확대는 확대할 배수를 입력받아 그 배수만큼 이미지 크기를 확대한다. 축소는 반대로 입력받은 배수만큼 이미지를 축소한다. 숫자를 간단히 입력받으려면 Visual Basic의 기능을 사용하면 된다.

TIP • Visual Basic의 간단한 입력 기능은 391쪽 Project09_9에서 학습한 적 있으니, 방법이 기억이 나지 않는다면 참고하자.

확대 및 축소를 위해서는 OpenCV 라이브러리에서 제공하는 **Resize(원본, 결과, new Size(폭, 높이))** 메서드를 사용하면 된다. Project14_2의 메뉴 중 [영상 처리 (1)] – [확대] 및 [축소]를 더블클릭해 이벤트 메서드를 다음과 같이 코딩한다.

소스 14-8 이미지 확대 / 축소 소스 코드 (프로젝트명 : Proejct14_2)

```
private void 확대ToolStripMenuItem_Click(object sender, EventArgs e)
{
    string str = Microsoft.VisualBasic.Interaction.InputBox("확대 배율 입력");
    double value = double.Parse(str);

    int inH = inCvImage.Height;
    int inW = inCvImage.Width;
    Cv2.Resize(inCvImage, outCvImage, new OpenCvSharp.Size(inW * value, inH * value));
    DisplayImage();
}

private void 축소ToolStripMenuItem_Click(object sender, EventArgs e)
{
    string str = Microsoft.VisualBasic.Interaction.InputBox("축소 배율 입력");
    double value = double.Parse(str);

    int inH = inCvImage.Height;
    int inW = inCvImage.Width;
    Cv2.Resize(inCvImage, outCvImage, new OpenCvSharp.Size(inW / value, inH / value));
    DisplayImage();
}
```

실행 결과는 원본 이미지를 2배 확대, 2배 축소한 화면이다. 3행에서는 확대할 배율을 입력받는다. 배율은 실수로 입력해도 된다. 6, 7행에서 원본 이미지의 크기를 구한다. 8행에서 Resize(원본, 결과, 새로운_크기) 메서드로 크기를 결정했다. 입력한 숫자만큼 곱하면 크기가 그 배율대로 커진다. 12~21행의 이미지 축소도 동일한 개념이지만, 19행에서 입력 배율로 나누는 것만 차이가 있다.

이미지 상하 / 좌우 반전

이미지의 상하 및 좌우 반전은 **Flip(원본, 결과, 모드)** 메서드를 사용하면 된다. FlipMode.X는 상하, FlipMode.Y는 좌우로 반전된다. [소스 14-8]과 비슷한 구조이지만, 원본의 크기를 구하지 않고 입력받을 값도 없으므로 코드가 더 간단하다.

Project14_2의 메뉴 중 [영상 처리 (1)] – [상하 반전] 및 [좌우 반전]을 더블클릭해 이벤트 메서드를 다음과 같이 코딩한다.

소스 14-9 이미지 상하 / 좌우 반전 소스 코드 (프로젝트명 : Proejct14_2) GUI

```
private void 상하반전ToolStripMenuItem_Click(object sender, EventArgs e)
{
    Cv2.Flip(inCvImage, outCvImage, FlipMode.X);
    DisplayImage();
}

private void 좌우반전ToolStripMenuItem_Click(object sender, EventArgs e)
{
    Cv2.Flip(inCvImage, outCvImage, FlipMode.Y);
    DisplayImage();
}
```

실행 결과는 원본 이미지를 상하 반전, 좌우 반전 처리한 화면이다.

이미지 회전

이미지 회전은 **Rotate(원본, 결과, 회전방법)** 메서드를 사용하면 된다. 회전 방법은 RotateFlags.Rotate90Clockwise, RotateFlags.Rotate90Counterclockwise, RotateFlags.Rotate180로 세 가지가 있다.

Project14_2의 메뉴 중 [영상 처리 (1)] – [회전(90도)], [회전(180도)], [회전(270도)]를 더블클릭해 이벤트 메서드를 다음과 같이 코딩한다.

소스 14-10 이미지 회전 소스 코드 (프로젝트명 : Proejct14_2)

```
private void 회전90도ToolStripMenuItem_Click(object sender, EventArgs e)
{
    Cv2.Rotate(inCvImage, outCvImage, RotateFlags.Rotate90Clockwise);
    DisplayImage();
}

private void 회전180도ToolStripMenuItem_Click(object sender, EventArgs e)
{
    Cv2.Rotate(inCvImage, outCvImage, RotateFlags.Rotate180);
    DisplayImage();
}

private void 회전270도ToolStripMenuItem_Click(object sender, EventArgs e)
{
    Cv2.Rotate(inCvImage, outCvImage, RotateFlags.Rotate90Counterclockwise);
    DisplayImage();
}
```

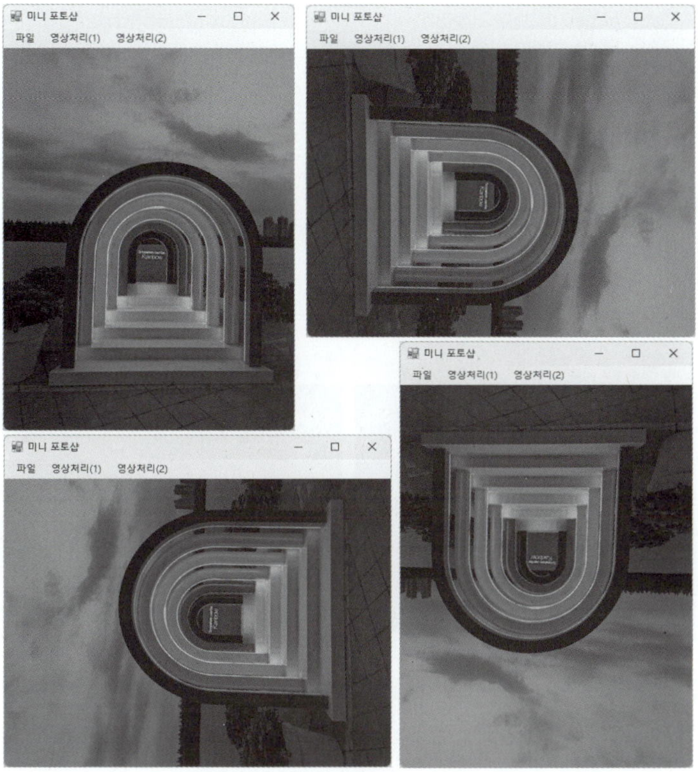

실행 결과는 시계 방향을 기준으로 원본 이미지, 회전(90도, 180도, 270도) 이미지 화면이다.

7 고급 이미지 처리

이번에는 고급 영상 처리 메서드를 사용해보자.

회색 변환 및 색 반전

컬러 이미지를 다른 색상으로 변경하려면 **CvtColor(원본, 결과, 옵션)** 메서드를 사용하면 된다. 여기서 옵션을 ColorConversionCodes.BGR2GRAY로 사용하면 원본이 회색(Grayscale)으로 변경되어 결과에 저장된다. 컬러 이미지를 반전하려면 **BitwiseNot(원본, 결과)** 메서드를 사용하면 된다. Project14_2의 메뉴 중 [영상 처리 (2)] – [회색 이미지], [반전 이미지]를 더블클릭해 이벤트 메서드를 다음과 같이 코딩한다.

소스 14-11 이미지 회색 변환 / 색 반전 소스 코드 (프로젝트명 : Proejct14_2) GUI

```
private void 회색이미지ToolStripMenuItem_Click(object sender, EventArgs e)
{
    Cv2.CvtColor(inCvImage, outCvImage, ColorConversionCodes.BGR2GRAY);
```

```
    DisplayImage();
}

private void 반전이미지ToolStripMenuItem_Click(object sender, EventArgs e)
{
    Cv2.BitwiseNot(inCvImage, outCvImage);
    DisplayImage();
}

```

실행 결과는 원본 이미지, 회색 이미지, 반전 이미지 화면이다.

흑백 변환

컬러 이미지를 흑백으로 변환하려면 먼저 회색 이미지로 변환한 후 **Threshold(원본, 결과, 기준값, 255, ThresholdTypes.Binary)** 메서드를 사용하면 된다. 여기서 기준값보다 작은 것은 검정색으로, 기준값보다 큰 것은 흰색으로 변환된다. 즉, 어두운 이미지는 기준값을 중간값인 127보다 작게 주는 것이 효과적이고, 밝은 이미지는 기준값을 127보다 크게 주는 것이 효과적이다. Project14_2의 메뉴 중 [영상 처리 (2)] – [흑백 이미지]를 더블클릭해 이벤트 메서드를 다음과 같이 코딩한다.

소스 14-12 이미지 흑백 변환 소스 코드 (프로젝트명 : Proejct14_2) GUI

```
private void 흑백이미지ToolStripMenuItem_Click(object sender, EventArgs e)
{
    string str = Microsoft.VisualBasic.Interaction.InputBox("기준값 입력(0~255)");
    int value = int.Parse(str);

    Cv2.CvtColor(inCvImage, outCvImage, ColorConversionCodes.BGR2GRAY);
    Cv2.Threshold(outCvImage, outCvImage, value, 255, ThresholdTypes.Binary);
    DisplayImage();
}
```

실행 결과는 원본 이미지, 기준값 50, 기준값 100, 기준값 150으로 이미지를 흑백 처리한 화면이다.

블러링

블러링은 화면을 뿌옇게 하는 효과를 말한다. **Blur(원본, 결과, new OpenCvSharp.Size(크기, 크기), new OpenCvSharp.Point(–1, –1), BorderTypes.Default)** 메서드를 사용하면 된다. 여기서 '크기'는 블러링하는 작은 사각형의 가로와 세로 크기인데, 이 값이 클수록 더 뿌옇게 나타난다. 최소 3 ~ 최대 20 정도를 사용하면 적당하다. 그 외 옵션은 특별히 변경하지 않고 그대로 사용한다. Project14_2의 메뉴 중 [영상 처리 (2)] – [블러링]을 더블클릭해 이벤트 메서드를 다음과 같이 코딩한다.

소스 14-13 이미지 블러링 소스 코드 (프로젝트명 : Proejct14_2)

GUI

```
private void 블러링ToolStripMenuItem1_Click(object sender, EventArgs e)
{
    string str = Microsoft.VisualBasic.Interaction.InputBox("블러링 값 입력(3~20)");
    int value = int.Parse(str);

    Cv2.Blur(inCvImage, outCvImage, new OpenCvSharp.Size(value, value),
    new OpenCvSharp.Point(-1, -1), BorderTypes.Default);

    DisplayImage();
}
```

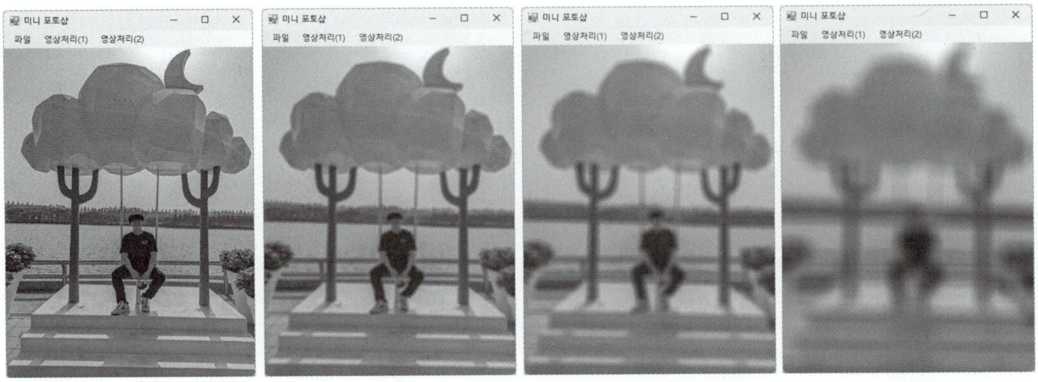

실행 결과는 원본 이미지, 크기 5, 크기 10, 크기 15로 이미지를 블러링 처리한 화면이다.

윤곽선 검출

윤곽선 검출은 화면에서 경계선(Edge)을 추출하는 것을 말한다. OpenCV 라이브러리에서 윤곽선을 검출하는 메서드는 여러 개가 있는데, 그중 **Canny(원본, 결과, 임계치1, 임계치2)** 메서드를 사용한다. 일반적으로 임계치 1은 100, 임계치 2는 200 정도를 주면 효과적이다. Project14_2의 메뉴 중 [영상 처리 (2)] – [윤곽선 검출]을 더블클릭해 이벤트 메서드를 다음과 같이 코딩한다.

소스 14-14 이미지 윤곽선 검출 소스 코드 (프로젝트명 : Proejct14_2) GUI

```
private void 윤곽선검출ToolStripMenuItem_Click(object sender, EventArgs e)
{
    Cv2.Canny(inCvImage, outCvImage, 100, 200, 3, true);
    DisplayImage();
}
```

실행 결과는 원본 이미지와 윤곽선을 검출한 이미지 화면이다.

기호

번호

A

B

C

D

E

F

G

INDEX